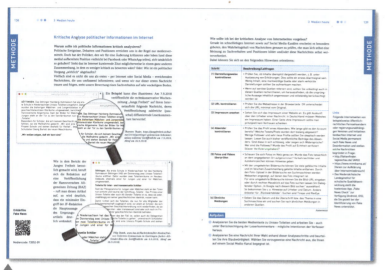

Methoden

Grundlegende Methoden und Arbeitstechniken für das Fach werden für Schülerinnen und Schüler verständlich und strukturiert eingeführt und beispielhaft ausgearbeitet. In Bausteinen werden die Aspekte der Urteilsbildung dargestellt und mit Arbeitshilfen versehen.

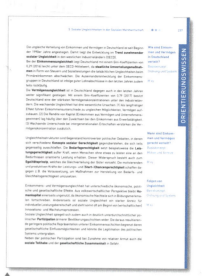

Orientierungswissen

Orientierungswissen am Ende der Unterkapitel hilft, das erworbene Wissen konzentriert zu sichern, und ermöglicht eine Wiederholung zentraler Inhalte.

Kompetenzen anwenden

Kompetenzseiten runden die Kapitel ab. Mit diesen können die Schülerinnen und Schüler die am Kapitelanfang formulierten Kompetenzen an komplexen Aufgabenstellungen zeigen und weiter ausbauen.

Serviceanhang

Am Ende des Buches finden die Schülerinnen und Schüler viele hilfreiche Angebote, mit denen sie selbstständiges, strukturiertes Arbeiten einüben und sich auf die Herausforderungen der Qualifikationsphase vorbereiten können: Beschreibung der erwarteten Leistung zu allen **Operatoren** des niedersächsischen Zentralabiturs, Hinweise zur **Bearbeitung von Aufgabenstellungen,** eine **Musterklausur mit Erwartungshorizont** und **Formulierungshilfen** sowie ein **Methodenglossar.**

Kolleg Politik und Wirtschaft

Politik – Wirtschaft

Qualifikationsphase 12
(erhöhtes Anforderungsniveau)

herausgegeben von
Kersten Ringe
Jan Weber

bearbeitet von
Kersten Ringe
Oliver Thiedig
Jan Weber
Bernd Wessel

C.C. Buchner Verlag · Bamberg

Niedersachsen

Kolleg Politik und Wirtschaft – Niedersachsen

Politik – Wirtschaft
Qualifikationsphase 12
(erhöhtes Anforderungsniveau)

Herausgegeben von Kersten Ringe und Jan Weber

Bearbeitet von Kersten Ringe, Oliver Thiedig, Jan Weber, Bernd Wessel

---

Zu diesem Lehrwerk sind erhältlich:
- Digitales Lehrermaterial **click & teach** Einzellizenz, Bestell-Nr. 720551
- Digitales Lehrermaterial **click & teach** Box (Karte mit Freischaltcode), ISBN 978-3-661-72055-5

Weitere Materialien finden Sie unter www.ccbuchner.de

Dieser Titel ist auch als digitale Ausgabe **click & study** unter www.ccbuchner.de erhältlich.

1. Auflage, 2. Druck 2020

Alle Drucke dieser Auflage sind, weil untereinander unverändert, nebeneinander benutzbar.

Dieses Werk folgt der reformierten Rechtschreibung und Zeichensetzung. Ausnahmen bilden Texte, bei denen künstlerische, philologische oder lizenzrechtliche Gründe einer Änderung entgegenstehen.

Die Mediencodes enthalten ausschließlich optionale Unterrichtsmaterialien. Auf verschiedenen Seiten dieses Buches finden sich Verweise (Links) auf Internetadressen. Haftungshinweis: Trotz sorgfältiger inhaltlicher Kontrolle wird die Haftung für die Inhalte externer Seiten ausgeschlossen.

© 2019 C.C.Buchner Verlag, Bamberg

Das Werk und seine Teile sind urheberrechtlich geschützt. Jede Nutzung in anderen als den gesetzlich zugelassenen Fällen bedarf der vorherigen schriftlichen Einwilligung des Verlags. Das gilt insbesondere auch für Vervielfältigungen, Übersetzungen und Mikroverfilmungen. Hinweis zu § 52 a UrhG: Weder das Werk noch seine Teile dürfen ohne eine solche Einwilligung eingescannt und in ein Netzwerk eingestellt werden. Dies gilt auch für Intranets von Schulen und sonstigen Bildungseinrichtungen.

Redaktion: Meike Rademacher
Layout und Satz: HOCHVIER GmbH & Co. KG, Bamberg
Umschlag: tiff.any GmbH, Berlin
Druck und Bindung: Mohn Media Mohndruck GmbH, Gütersloh

www.ccbuchner.de

ISBN 978-3-661-72052-4

Liebe Schülerinnen und Schüler,

Sie starten nun in die Qualifikationsphase der gymnasialen Oberstufe. Wir Autoren freuen uns, dass Sie sich für eine vertiefende Beschäftigung mit den Themen im Fach Politik-Wirtschaft entschieden haben und möchten Ihnen mit diesem Schulbuch eine bestmögliche Vorbereitung auf das Abitur ermöglichen.

Damit Sie einen möglichst guten Zugang zum Fach und seinen Themen finden und die theoretischen Erkenntnisse anwenden können, arbeiten wir konsequent mit aufschlussreichen Beispielen, die Sie in Ihrem Umfeld oder in den Medien bereits wahrgenommen haben könnten.

In diesem Buch haben wir die grundlegenden Lern- und Arbeitstechniken des Faches für Sie verständlich und strukturiert aufbereitet sowie die Arbeit mit Operatoren in den Mittelpunkt gestellt. Für Ihre persönliche Vorbereitung auf die Abiturprüfung dürfte insbesondere der Service-Anhang am Ende dieses Buches interessant sein:

Dort haben wir beispielsweise sieben häufig verwendete Operatoren näher erklärt und geben Antworten auf die Fragen: Was wird von Ihnen bei der Lösung der Aufgaben erwartet, welche Aspekte sollten Sie unbedingt berücksichtigen, welche Schwierigkeiten könnten Ihnen begegnen und welche Tipps können Ihnen helfen? Außerdem haben wir eine Musterklausur ausgewählt, in einer Lösungsskizze die zentralen Aspekte der erwarteten Antwort zusammengetragen und diese mit Formulierungshilfen angereichert. Mit diesen Bausteinen können Sie sich frühzeitig und selbständig in die Arbeitsweise der Qualifikationsphase einfinden.

Interessante Diskussionen, gewinnbringende Erkenntnisse und vor allem viel Spaß mit Politik-Wirtschaft wünschen

Die Autoren und der Verlag

Hinweis: Um den Anforderungen an eine geschlechtergerechte Sprache gerecht zu werden und gleichzeitig die Lesbarkeit der Texte nicht zu sehr einzuschränken, haben Autoren und Redaktion entschieden, im gesamten Buch nach Möglichkeit abwechselnd und paritätisch die männliche oder die weibliche Form oder geschlechtsneutrale Formulierungen zu verwenden. Ausnahmen bilden Originalquellen sowie Funktions- und Rollenbezeichnungen mit Nähe zu formalen und juristischen Texten oder domänenspezifischen Fachbegriffen (zum Beispiel „Erwerbstätiger", „Bundespräsident", „Auftraggeber" etc.). Selbstverständlich sind auch in diesen Fällen Personen jeglichen Geschlechts gemeint.

INHALT

1 **Verfassungsorgane und politische Akteure im Willensbildungs- und Entscheidungsprozess. Das Gesetz zur Vorratsdatenspeicherung**

1.1 „Vorratsdatenspeicherung" – politisches Problem = politische Entscheidung? **10**

Methode: Der Politikzyklus – mit einem Modell politische Prozesse analysieren **12**

1.2 **Warum (k)eine Vorratsdatenspeicherung? Eine politische Auseinandersetzung** **14**

1.2.1 Die Auseinandersetzung im Bundestag: Welche Positionen vertraten die Fraktionen? 14

1.2.2 Welche Interessen versuchen Verbände durchzusetzen? 16

1.2.3 Einfluss von Initiativen und Bewegungen: Wie vertreten Bürger ihre Position? 19

1.2.4 Sicherheit und/oder Freiheit? Vorratsdatenspeicherung als Konflikt zwischen Grundwerten 21

1.3 **Wer fällt die Entscheidung über ein Gesetz (zur Vorratsdatenspeicherung)?** **26**

1.3.1 Die Bundesregierung – das mächtigste Verfassungsorgan? 26

1.3.2 Wie entsteht ein Gesetz? 30

1.3.3 Die Bundestagsabgeordneten – Entscheidungsfreiheit oder Fraktionsdisziplin? 32

1.3.4 Der Bundestag – eine reine Abstimmungsinstitution für die Regierung? 35

1.3.5 Der Bundesrat: Schlagkräftiger Vertreter der Länderinteressen? 38

1.3.6 Der Bundespräsident – zu machtlos, um Gesetze zu stoppen? 42

Methode: Sachverhalte, Thesen und Problemstellungen kategorien- und kriteriengeleitet beurteilen **44**

1.4 **Wie wird die „neue" Vorratsdatenspeicherung umgesetzt und bewertet?** **48**

1.4.1 Welchen Einfluss hat das Bundesverfassungsgericht im politischen Entscheidungsprozess? 48

1.4.2 Beurteilung der „neuen" Vorratsdatenspeicherung - in Gesellschaft und Rechtsprechung 51

Kompetenzen anwenden:
Der politische Prozess um die Atommüll-Endlagersuche – eine Chronologie **54**

2 **Wie könn(t)en Bürger politisch partizipieren?**

2.1 **Partizipation: Wie nutzen Bürger ihre Beteiligungsmöglichkeiten?** **58**

Methode: Partizipationsformen analysieren und vergleichen **60**

2.2 **Schaffen politische Parteien genügend Partizipationschancen?** **62**

2.2.1 Welche Funktionen Parteien erfüllen (sollten) 62

2.2.2 Wofür stehen und warum entstehen (neue) Parteien? 64

2.2.3 Repräsentieren Parteien annähernd die Bevölkerung? 67

Methode: Karikaturen analysieren **70**

2.2.4 Mitarbeiten und Mitentscheiden – ermöglichen Parteien das wirklich? 72

2.2.5 (Wie) Kann wieder mehr Bürgerbeteiligung durch Parteien geschaffen werden? 74

2.2.6 Europäische Parteien – machtvolle Repräsentanten der EU-Bürger? 76

2.3 **Ermöglichen Verbände gerechte Partizipationschancen?** **80**

2.3.1 Wie können Bürger und Unternehmen über Verbände Einfluss nehmen? 80

2.3.2 Warum überhaupt Interessenverbände? 83

2.3.3 Hat jeder Verband dieselben Durchsetzungschancen? 85

2.3.4 (Unter welchen Bedingungen) Ist Verbandseinfluss nützlich und legitim? 88

| 2.4 | Bürgerinteressen an der Basis durchsetzen? Initiativen und soziale Bewegungen | 92 |

2.4 Bürgerinteressen an der Basis durchsetzen? Initiativen und soziale Bewegungen **92**

2.4.1 Bürgerinitiativen – wirkungsvolle Alternative zu Parteien und Verbänden? 92

2.4.2 Eine neue, alte Beteiligungsform: Kommen soziale Bewegungen wieder? 96

2.5 Reichen demokratische Wahlen zur politischen Teilhabe? **100**

2.5.1 Wozu dienen Wahlen? 100

2.5.2 Wer wählt(e) wie? 102

2.5.3 Warum beteiligen sich Bürgerinnen und Bürger (nicht) an Wahlen? 106

2.5.4 Wie wird in Deutschland gewählt? Grundlagen des Wahlsystems 109

2.5.5 (Wie) Sollte das Wahlrecht reformiert werden? 113

2.6 Sollte die direkte Einflussnahme der Bürger erweitert werden? **116**

2.6.1 Welche direktdemokratischen Rechte hat ein Niedersachse in Land und Bund? 116

2.6.2 Repräsentative und direktdemokratische Demokratiemodelle in der Theorie 118

2.6.3 Sollten direktdemokratische Elemente auf Bundesebene verankert werden? 122

2.6.4 Sollten deliberative Entscheidungsstrukturen auf- oder ausgebaut werden? 125

2.6.5 Welche Beteiligungsmöglichkeiten haben EU-Bürger? 127

Kompetenzen anwenden: Jason Brennan: Für eine Epistokratie 131

3 Medien heute – Kanäle zur politischen Partizipation und demokratischen Kontrolle?

3.1 (Wie) Machen Medien Politik? Politikvermittlung in der Mediengesellschaft **134**

3.1.1 Informieren und mehr – welche Aufgaben haben „die" Medien? 134

Methode: Kritische Analyse politischer Informationen im Internet 138

3.1.2 Wie wird Politik medial vermittelt? Formen und Akteure politischer Kommunikation 140

3.1.3 Wer beherrscht wen? Das Verhältnis von Politik und Medien 143

3.2 Medienvielfalt unter Druck. Wie entwickelt sich die Medienlandschaft? **148**

3.2.1 Pressefreiheit – Voraussetzung der Demokratie? 148

3.2.2 Alles gleich? Formen und (ökonomische) Ursachen der Medienkonvergenz 150

3.2.3 Gibt es eine demokratiegefährdende Konzentration im Mediensektor? 154

3.2.4 (Wozu) Brauchen wir den öffentlich-rechtlichen Rundfunk? 158

3.3 Partizipation 2.0: Chancen und Risiken einer „digitalen Demokratie" **162**

3.3.1 Schauen, klicken, kommentieren: Wie findet Partizipation im Internet statt? 162

3.3.2 (Wie) Erweitern sich Partizipationsspielräume durch das Internet? 164

3.3.3 Erhöhte Chancengleichheit oder digitale Spaltung? Die Sozialstruktur internetbasierter politischer Partizipation 168

3.3.4 Sowieso nur „Filterblasen" oder: Ist echte Meinungsbildung mit digitalen Medien möglich? ... 170

3.3.5 Das Internet – Ort eines demokratischen Diskurses? 174

Kompetenzen anwenden: Machtverhältnisse zwischen Politik und Medien im Internetzeitalter .. 177

4   Mit (reguliertem) Wettbewerb zu Wohlstand? Die Wirtschaftsordnung der Sozialen Marktwirtschaft

4.1   (Wie) Soll die Wirtschaft geordnet sein? **180**

4.1.1   Welche Ziele soll staatliche Wirtschaftspolitik verfolgen? 180

4.1.2   Garantiert die freie Marktwirtschaft eine optimale Versorgung? 184

4.1.3   Ist Wirtschaften in der Zentralverwaltungswirtschaft effizient? 188

Methode: Vergleiche systematisieren – am Beispiel Wirtschaftsordnungen 192

4.2   Die Soziale Marktwirtschaft in Theorie und Praxis **196**

4.2.1   Soziale Marktwirtschaft als „dritter Weg"? Prinzipien unserer Wirtschaftsordnung 196

4.2.2   Markt oder Staat – wer soll für digitale Infrastruktur sorgen? Strukturpolitik in der Praxis 200

4.2.3   Wettbewerb schaffen oder regulieren? Ordnungspolitik in der Praxis 204

4.2.4   Mit Prozesspolitik aus der Konjunkturkrise? 208

4.3   Die „Magie" der Wirtschaftspolitik: Herausforderungen wirtschaftspolitischer Ziel(konflikt)e **214**

4.3.1   Welche Ziele soll deutsche Wirtschaftspolitik verfolgen? 214

4.3.2   „Die schwarze Null" um jeden Preis? Staatliches Handeln vor dem Hintergrund wirtschaftspolitische Ziel(konflikt)e 216

Kompetenzen anwenden: Die chinesische Wirtschaftsordnung 221

5   „Wohlstand für alle"? Soziale Ungleichheiten in der Sozialen Marktwirtschaft

5.1   „Wohlstand für alle"? Einkommens- und Vermögensverteilung in Deutschland **224**

5.1.1   Wie sind Einkommen in Deutschland verteilt? 224

5.1.2   Sind Einkommen und Vermögen in Deutschland gerecht verteilt? 226

Methode: Statistiken analysieren 229

5.1.3   Wann sind Einkommen und Vermögen gerecht verteilt? Prinzipien sozialer Gerechtigkeit in der Diskussion 232

5.1.4   Folgen von Ungleichheit aus verschiedenen Perspektiven 234

5.2   Mit Vermögensteuer zu sozialer Gerechtigkeit? Umverteilungspolitik in der politischen Auseinandersetzung **238**

5.2.1   Wie soll Gerechtigkeit hergestellt werden? Das Instrument der Vermögensteuer 238

Methode: Politische Positionen analysieren 241

5.2.2   Schafft der Staat gerechte Einkommen und Vermögen? Umverteilung durch Steuern und Transfers 244

5.2.3   Mit „Reichensteuer" zu mehr Gerechtigkeit? Die Vermögensteuer in der Diskussion 247

5.3   Wohlstand für alle – aber wie? Alternativen zur Sozialen Marktwirtschaft in der Diskussion **252**

5.3.1   Ein „bedingungsloses Grundeinkommen" – wozu? 252

5.3.2   Mit dem „bedingungslosen Grundeinkommen" Armut und Ungleichheit beseitigen? Kann das gelingen? 254

Kompetenzen anwenden: Vermögensungleichheit in Deutschland – Ist eine 100-prozentigen Erbschaftsteuer die Lösung? 259

6 Wirtschaftswachstum, Lebensqualität und Umweltschutz – ein Konflikt?

6.1 (Wie) Können Wirtschaftswachstum und Umweltschutz sinnvoll vereinbart werden? 262
6.1.1 Der globale Klimawandel – ein politisches Problem? 262
6.1.2 Ein neues Kohlekraftwerk für Stade? Ein umweltpolitischer Konflikt in Niedersachsen 264
6.1.3 (Warum) Versagt der Markt beim Umweltschutz? 268

6.2 Wie kann umweltschonendes Verhalten erzielt werden? Instrumente der Umweltpolitik ... 272
6.2.1 Verbote, Auflagen und Strafen – rechtliche Instrumente der Umweltpolitik 272
6.2.2 Umweltverbrauch besteuern? Finanzpolitische Instrumente der Umweltpolitik 275
6.2.3 Mit Verschmutzungsrechten handeln? Marktförmige Instrumente der Umweltpolitik 278
6.2.4 Zu umweltverträglichem Verhalten „anstupsen"? Alternative Verhaltensanreize in der Umweltpolitik 282
6.2.5 Was wirkt? Umweltpolitische Instrumente im Spiegel der ökonomischen Theorie 286

6.3 Wirtschaftswachstum = Wohlstandsmehrung = Lebensqualität? 292
6.3.1 Wie dient das Bruttoinlandsprodukt als Wirtschaftsindikator? 292
6.3.2 Ist das BIP ein sinnvoller Indikator für Lebensqualität? 294
6.3.3 Green Growth vs. Degrowth – (sinnvolle) Auswege aus der Wachstumskrise? 297
Kompetenzen anwenden: Mit einem Ökobonus dem Klimawandel begegnen? 301

Anhang

Erläuterungen zu Operatoren 302
Hinweise zur Bearbeitung von Aufgabenstellungen 303
Musterklausur mit Erwartungshorizont 308
Methodenglossar 312
Register 318
Bildnachweis 321

Über QR-Codes können in verschiedenen Kapiteln digitale Inhalte direkt angesteuert werden. Diese können außerdem über die Eingabe von Mediencodes im Suchfeld auf www.ccbuchner.de aufgerufen werden.
Beispiel: Unter 72052-00 finden Sie eine Übersicht zum Kerncurriculum.

Für die jährlich wechselnden Schwerpunktthemen des niedersächsischen Abiturs haben wir Zusatzmaterial hinterlegt. Dieses ist online abrufbar und explizit auf die Abiturvorbereitung zugeschnitten, z.B. in Form von längeren Texten mit Aufgaben, Material zu aktuellen Diskussionen u.v.m.

Mediencode: 72052-01

Zusatzmaterial zu aktuellen Abitur-schwerpunkten

Mediencode: 72052-01

Rede im Deutschen Bundestag

Sitzung des Bundeskabinetts

Zeitungsproduktion in der Druckerpresse

Bundestagsabgeordnete bei geheimer Abstimmung im Bundestag

Pressekonferenz der Polizeigewerkschaft

Demonstration vor dem Bundestag gegen den Beschluss zur Vorratsdatenspeicherung (16.10.2015)

Urteilsverkündung im Bundesverfassungsgericht

Verfassungsorgane und politische Akteure im Willensbildungs- und Entscheidungsprozess. Das Gesetz zur Vorratsdatenspeicherung

1

Die Vorratsdatenspeicherung – also die Speicherung von Verbindungs- und Standortdaten der Telekommunikation der in Deutschland Lebenden ohne vorherigen Verdacht einer Straftat – ist eines der umstrittensten innenpolitischen Gesetze in Deutschland im 21. Jahrhundert. Bereits bevor sie 2008 in einer ersten Fassung vom Bundestag beschlossen worden war, formierte sich erheblicher politischer und gesellschaftlicher Widerstand. Wegen Unvereinbarkeit mit dem Grundgesetz kassierte das Bundesverfassungsgericht die gesetzliche Regelung, merkte aber an, dass es eine Vorratsdatenspeicherung in abgeschwächter Form durchaus für vereinbar mit dem Grundgesetz hält. Ab dem Jahr 2014 unternahm dann die Bundesregierung einen erneuten Anlauf.

Wie dieser politische Willensbildungs- und Entscheidungsprozess ablief, können Sie in Grundzügen im vorliegenden Kapitel erarbeiten. Zuerst grenzen Sie das politische Problem ein, das dem Gesetzesvorhaben zugrunde liegt, und lernen die letztliche Entscheidung des Bundestages kennen (Kap. 1.1). Wie es zu dieser Entscheidung gekommen ist und welche Institutionen und Organisationen Einfluss geltend gemacht haben, erarbeiten Sie im Anschluss (Kap. 1.2). Danach wenden Sie sich der unmittelbaren Entscheidungsfindung mit den beteiligten Staatsorganen zu (Kap. 1.3). Um den politischen Prozess als Ganzen zu analysieren, können Sie zuletzt eine mögliche Reaktion des Bundesverfassungsgerichts begründet antizipieren, gesellschaftliche Reaktionen auf die Vorratsdatenspeicherung von 2015 analysieren sowie aus Ihrer Sicht zur Vorratsdatenspeicherung Stellung nehmen (Kap. 1.4). Der Gesamtaufbau des Kapitels orientiert sich am sogenannten Politikzyklus.

KOMPETENZEN

Am Ende dieses Kapitels sollten Sie Folgendes wissen und können:

... die Positionen, Interessen und Machtmittel der Akteure im politischen Konflikt um die Einführung einer anlasslosen Vorratsdatenspeicherung darstellen.

... einen politischen Willensbildungs- und Entscheidungsprozess mithilfe des Politikzyklus-Modells analysieren.

... politische Forderungen (hier: Vorratsdatenspeicherung) auch unter Bezugnahme auf gesellschaftliche Grundwerte (hier: Sicherheit und Freiheit) bewerten.

... Nutzen und Grenzen politikwissenschaftlicher Modelle beurteilen.

Was wissen und können Sie schon?

1. Ordnen Sie in Gruppen die Bilder in einer schlüssigen Struktur an. Sie können einzelne Bilder auch mehrfach verwenden.
2. Vergleichen Sie die von Ihnen gefundene Struktur mit den Schaubildern anderer Gruppen und überarbeiten Sie bei Bedarf Ihr Ergebnis.

1 Verfassungsorgane und politische Akteure

1.1 „Vorratsdatenspeicherung" – politisches Problem = politische Entscheidung?

Anschlag auf Satirezeitschrift

Am 7.1.2015 erschossen zwei islamistische Terroristen bei einem Überfall auf die linke Pariser Satirezeitschrift „Charlie Hebdo" zwölf Menschen (darunter bekannte Karikaturisten) und verletzten weitere zwanzig. Am folgenden Tag tötete ein Komplize der Täter bei einer Geiselnahme in einem koscheren Supermarkt in Paris vier Menschen. Alle drei Terroristen wurden von Sicherheitskräften erschossen.

Autorentext

Agenda Setting
→ vgl. Kap. 3.1.3

Politische Gegenwartsprobleme aus Sicht der Deutschen (2015)

 46% Einwanderung

 21% Bildungssystem

 15% Gesundheit und Krankenversicherung

 14% Renten

13% Kriminalität

 13% Arbeitslosigkeit

 12% Terrorismus

12% Umwelt sowie Klima- und Energiefragen

Frage: „Welches sind Ihrer Meinung nach die (zwei) wichtigsten Probleme, denen Deutschland derzeit gegenübersteht?"

Zahlen: Standard-Eurobarometer 83, Europäische Kommission, Juli 2015

E Stellen Sie Vermutungen dazu an, ob sich die CSU mit einer Forderung der Speicherung von Telefon- und Internetverbindungsdaten politisch durchsetzen konnte (M 1).

M 1 ● Wie kommt die Vorratsdatenspeicherung 2015 (erneut) auf die politische Agenda?

Die CSU nimmt den Anschlag auf die französische Satirezeitung „Charlie Hebdo" [am 7.1.2015] zum Anlass, auf alten Forderungen zur Terrorabwehr zu bestehen und fordert die Einführung der Vorratsdatenspeicherung. [...]
[Der damalige] Bundesjustizminister Heiko Maas (SPD) müsse dafür sorgen, dass die Behörden auf die Kommunikationsdaten von Terroristen zugreifen könnten, erklärten die Innen- und Rechtsexperten der CSU-Bundestagsgruppe am Donnerstag am Rande der CSU-Winterklausur im oberbayerischen Wildbad Kreuth. Die Vorratsdatenspeicherung sei ein unerlässliches Ermittlungsinstrument, um Anschläge wie am Mittwoch in Paris effektiv verhindern zu können. [...]
In Deutschland gibt es keine gesetzliche Regelung zur Vorratsdatenspeicherung, seit das Bundesverfassungsgericht die deutschen Vorgaben 2010 gekippt hatte. Union und SPD vereinbarten zwar im Koalitionsvertrag, das Instrument wieder einzuführen. Die Pläne liegen aber auf Eis, seit der Europäische Gerichtshof [2014] auch ein EU-Gesetz zur Vorratsdatenspeicherung gekippt hat.
Die CSU ist sich in der Frage aber nicht einig: Die CSU-Netzpolitiker und die Berliner Staatssekretärin Dorothee Bär wiesen die Forderung zurück. Frankreich habe die Vorratsdatenspeicherung „und es hat gestern auch nichts verhindert", schrieb Bär auf Twitter.

dpa, Frankfurter Rundschau, 8.1.2015

Info

Problem, politisches

Ein politisches Problem unterscheidet sich von einem privaten und auch einem technischen Problem. Anders als das private Problem ist das politische Problem von großer, manchmal sogar von existenzieller **Bedeutsamkeit für eine gesellschaftliche Gruppe**. Für diese Gruppe ist die Problemlösung daher dringlich. Im Gegensatz zum technischen Problem, für das es eine optimale Lösung gibt (Konvergenz), existieren für das politische Problem eine Vielzahl von – teilweise einander gegenüberstehenden – Lösungsansätzen (**Divergenz**). Welcher Bürger oder welcher Politiker welchen dieser Lösungsansätze bevorzugt, hängt vom jeweiligen Interesse und den eigenen Wertorientierungen ab. Doch nicht nur die Lösungsansätze unterscheiden sich voneinander; denn ein politisches Problem steht nicht von vornherein exakt fest, sondern ist **definitionsabhängig**. Daher ringen bereits vor der Problembearbeitung die politischen Akteure um die Definitionshoheit für ein Problem.

Autorentext

M 2 ● Kurze Geschichte der Vorratsdatenspeicherung

2006 — Eine EU-Richtlinie verpflichtet die Mitgliedstaaten Gesetze zu erlassen, um Verbindungs- bzw. Standortdaten von Festnetz- bzw. Mobiltelefonen sowie Internetanschlüssen anlasslos für einen gewissen Zeitraum zu speichern.

2008 — In Deutschland tritt ein Gesetz in Kraft, das Telekommunikationsanbieter verpflichtet, die oben genannten Daten für sechs Monate anlasslos zu speichern.

2.3.2010 — Das Bundesverfassungsgericht erklärte unter Berufung auf Art. 10, Abs. 1 GG das Gesetz von 2008 für verfassungswidrig. Es wies die Telekommunikationsanbieter an, alle Daten umgehend zu löschen. Initiiert wurde das Verfahren 2008 durch die Verfassungsbeschwerde von 35.000 Bürgern. Sie war damit die größte Massenklage in Deutschland bis dahin.

8.4.2015 — Der Europäische Gerichtshof (EuGH) urteilt, dass die EU-Richtlinie zur Vorratsdatenspeicherung ungültig sei. Sie verstoße gegen die Europäische Charta der Menschenrechte. Die Richtlinie bleibt trotzdem in Kraft.

18.12.2015 — In Deutschland tritt ein geändertes Gesetz zur Vorratsdatenspeicherung in Kraft (vgl. M 3). Ab dem 1. Juli 2017 müssten demnach Standortdaten vier Wochen und alle anderen Verbindungsdaten zehn Wochen gespeichert werden.

Autorentext/-grafik

M 3 ● Was umfasst die Vorratsdatenspeicherung 2015?

Der Bundestag hat im Oktober 2015 auf Initiative der Bundesregierung die Wiedereinführung der Vorratsdatenspeicherung beschlossen.

Quelle: Bundesjustizministerium / dpa•22664

Aufgaben

1. Geben Sie die Kernelemente der 2015 vom Bundestag beschlossenen Vorratsdatenspeicherung wieder (M 3).
2. Stellen Sie begründete Vermutungen zu der Frage an, welche politischen Institutionen und (gesellschaftlichen) Interessengruppen am politischen Prozess um die Vorratsdatenspeicherung beteiligt gewesen sein könnten.
3. Nehmen Sie vor dem Hintergrund Ihrer bisherigen Ergebnisse vorläufig Stellung zur Vorratsdatenspeicherung.

H zu Aufgabe 3
Arbeiten Sie heraus, welche Informationen staatliche Stellen über Ihre Privat- und Intimsphäre erhalten könnten, wenn sie verfügen über: Ihre Kommunikationspartner, Ihre Handy-Standortdaten sowie den Zeitpunkt und die Dauer Ihrer Telefonate.

M zu Aufgabe 3
Halten Sie Ihre erste Stellungnahme inkl. Begründung schriftlich fest, um Sie am Ende des Kapitels zu differenzieren und ggf. zu verändern.

Der Politikzyklus – mit einem Modell politische Prozesse analysieren

Wozu sollte ich mit einem Modell politische Prozesse analysieren können?
Politische Wirklichkeit ist komplex und wirkt oft schwer durchschaubar. Selbst politisch überdurchschnittlich interessierte Menschen haben häufig Schwierigkeiten, politische Vorgänge für sich selbst zu ordnen. Modelle von Politik dienen nun genau zu diesem Zweck – nämlich dazu, wiederkehrende Elemente in der Politik zu erkennen und die Abläufe so genauer deuten und vielleicht sogar besser vorhersehen zu können. (Empirische) Modelle sind dabei nicht die Wirklichkeit selbst, sondern vereinfachte Annahmen der Wirklichkeit, die aus der wissenschaftlichen Beobachtung der Realität abgeleitet wurden.
Es existiert aber nicht nur ein Modell zur Analyse von Politik. Welches Modell gewählt wird, hängt maßgeblich davon ab, welcher Begriff von Politik zugrunde gelegt wird.

Was muss ich bei der Analyse mit dem Politikzyklus-Modell beachten?
Zunächst einmal ist es – wie bei jedem Modell – wichtig, das Modell nicht mit der Wirklichkeit zu verwechseln. Es hilft lediglich dabei, einen Ausschnitt der Wirklichkeit unter bestimmten Voraussetzungen zu betrachten und vorstellbar zu machen. Insofern ist es sehr bedeutsam, das Modell und auch seine Grenzen immer wieder zu reflektieren.
Das Modell des Politikzyklus basiert auf der Vorstellung von Politik als Problemlösen (s.o.). Die Besonderheiten dieses Modells bestehen darin, dass es erstens den zeitlichen Ablauf eines politischen Prozesses veranschaulicht und dass es zweitens nicht davon ausgeht, die Problemlösung sei nach einem Durchlauf durch den „Problemlösekreislauf" zwingend abgeschlossen. Vielmehr wird Politik verstanden als (möglicherweise sogar unendliche) Kette aufeinander folgender bzw. sich auseinander ergebender „Problemlösekreisläufe".

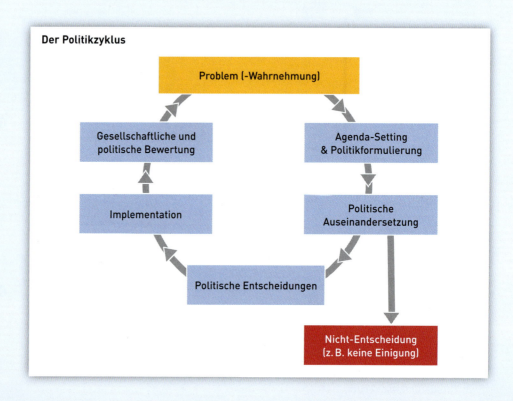

1 Verfassungsorgane und politische Akteure

METHODE

Schrittfolge zur Analyse mit dem Politikzyklus

Die hier in Form von Leitfragen dargestellte Analyse-Schrittfolge kann nur komplett durchgeführt werden, wenn der politische Problembearbeitungsprozess mindestens einmal bis zum Ende durchlaufen wurde. Bei gerade laufenden Prozessen kann man ermitteln, an welcher Stelle des Zyklus sich der Vorgang gerade befindet.

Schritt	Beschreibung/Leitfragen
(1) Problem (-wahrnehmung)	• Worin besteht das politische Problem? • Welche Aufgabe haben die politischen Entscheidungsträger zu lösen?
(2) Agenda-Setting und Problemformulierung	• Welchen gesellschaftlichen Gruppen gelingt es, das Problem auf die politische „Tagesordnung" zu setzen? • Welche der Problemwahrnehmungen und -lösungsvorschläge dominieren dabei? Welche bleiben außen vor? • Welche gesellschaftlichen Interessen werden dadurch (stark, wenig oder gar nicht) repräsentiert?
(3) Politische Auseinandersetzung	• Welche politischen Akteure sind im Konflikt und bei der politischen Entscheidungsfindung beteiligt? • Welche politischen Strategien sowie – formelle und informelle – Machtmittel setzen die Akteure ein, um ihre Interessen zu verfolgen und ihre Ziele durchzusetzen?
(4) Politische (Nicht-) Entscheidung	• Zu welchen Politikergebnissen hat die Auseinandersetzung geführt? • Warum konnte ggf. gar keine Entscheidung getroffen werden? • Welche Akteure konnten sich (in welchem Maß) durchsetzen?
(5) Implementation	• Auf welchen politischen Ebenen wird die Entscheidung umgesetzt (EU, Bund, Bundesland, Kommune)? • Welche Schwierigkeiten treten dabei auf?
(6) Politische und gesellschaftliche Bewertung	• Ist das Problem gelöst? Oder ist nur die Problemlage verändert? • Erweist sich die Entscheidung als geeignet, die Ursachen des Problems zu bekämpfen oder nur die Folgen/Symptome? • Wird das Problem – sofern es weiter besteht – von den Akteuren anders wahrgenommen? • Schafft es das (verändert wahrgenommene) Problem erneut auf die politische Agenda?
(7) Modellreflexion	Die Modellreflexion gehört nicht zwingend zur Analyse mittels des Politikzyklus. Zentrale Fragen: • Hat sich das Politikzyklus-Modell als geeignet erwiesen, den ausgewählten politischen Prozess hinreichend zu beschreiben? • An welchen Stellen sind u. U. Schwierigkeiten aufgetreten? • Welche Modifikationen wären vonnöten, um das Modell sinnvoll anzupassen?

Autorentext

Aufgaben

1. Erschließen Sie den politischen Willensbildungs- und Entscheidungsprozess um die Vorratsdatenspeicherung mithilfe des Politikzyklus-Modells, indem Sie unterrichtsbegleitend die Leitfragen beantworten.

2. Arbeiten Sie mögliche Grenzen des Politikzyklus-Modells heraus.

1 Verfassungsorgane und politische Akteure

1.2 Warum (k)eine Vorratsdatenspeicherung? Eine politische Auseinandersetzung

1.2.1 Die Auseinandersetzung im Bundestag: Welche Positionen vertraten die Fraktionen?

M 1 ● Die Regierungsfraktionen: Die Position von CDU/CSU und SPD

18. Deutscher Bundestag

Die insg. 630 Abgeordnetensitze des 18. Deutschen Bundestages (2013-2017) verteilten sich wie folgt:

- B90/Die Grünen: 63
- Unabhängige: 1
- CDU/CSU: 309
- SPD: 193
- Die Linke: 64

CDU/CSU und SPD bildeten die Regierungskoalition mit nahezu 80% der Mandate und damit deutlich mehr als einer Zweidrittel-Mehrheit.

Bei der Aufklärung schwerer Straftaten und bei der Gefahrenabwehr sind Verkehrsdaten ein wichtiges Hilfsmittel für die staatlichen Behörden. [...] Es geht nicht um die Inhalte
5 der Telekommunikation, sondern um die Frage, ob und wann Telekommunikation überhaupt stattgefunden hat. Gegenwärtig können die Strafverfolgungsbehörden [...] Verkehrs-
10 daten bei den Telekommunikationsunternehmen bei Vorliegen eines Anfangsverdachts und entsprechender richterlicher Anordnung erheben. Dies gilt jedoch nur
15 für zukünftig anfallende Daten sowie für Daten, die zum Zeitpunkt der Anfrage noch gespeichert sind, zum Beispiel, weil sie aus geschäftlichen Gründen noch benötigt werden.
20 Die Speicherdauer ist bei den einzelnen Unternehmen unterschiedlich und reicht von sehr wenigen Tagen bis zu vielen Monaten. Es ist daher vom Zufall abhängig, ob Verkehrsdaten zum Zeitpunkt der Anfrage noch vorhanden sind oder nicht. Dies führt zu Lücken 25 bei der Strafverfolgung und bei der Gefahrenabwehr und kann im Einzelfall dazu führen, dass strafrechtliche Ermittlungen ohne Erfolg bleiben [...].
Dieser Zustand ist mit der Bedeu- 30 tung, die einer effektiven Strafverfolgung zukommt, nur schwer zu vereinbaren. [...]
[D]ie Erhebung der Daten durch staatliche Stellen [wird] aber nur 35 unter sehr engen Voraussetzungen ermöglicht [...]. Die Eingriffsintensität wird durch [...] eine sehr kurze Speicherfrist (vier bzw. zehn Wochen) im Vergleich zur vorher- 40 gehenden Ausgestaltung deutlich reduziert.

Entwurf eines Gesetzes zur Einführung einer Speicherpflicht und einer Höchstspeicherfrist für Verkehrsdaten. Gesetzentwurf der Fraktionen der CDU/CSU und SPD vom 9.6.2015, S. 1f. (Drucksache 18/5088)

M 2 ● Opposition I: Die Position der Linken

Whistleblower

Person, die als geheim deklarierte Informationen (z. B. aus der Politik, von Geheimdiensten oder aus Unternehmen) an die Öffentlichkeit bringt, um Missstände aufzudecken (z. B. Korruption, Datenmissbrauch...)

[Z]ur Wahrung des Fernmeldegeheimnisses, der informationellen Selbstbestimmung, aber auch der Meinungs-, Presse- und Berufsfreiheit [ist] allein der sofortige, endgül-
5 tige und vollständige Verzicht auf jegliche Form der Vorratsdatenspeicherung geeignet [...]. Die Vorratsdatenspeicherung ist wegen ihrer enormen Streubreite, weil sie stets anlasslos und
10 flächendeckend erfolgt und einen Generalverdacht gegenüber allen Bürgerinnen und Bürgern bedeutet, immer ein unverhältnismäßiger Eingriff in die Grundrechte. Sie kann neben der Einschränkung in der
15 alltäglichen Kommunikation Einschüchterungseffekte bewirken und Menschen u. a. davon abhalten, sich über digitale Medien politisch zu engagieren, als Whistleblower zu agieren oder anonyme Beratungsdienste zu kontaktieren. In unserem digitalen Zeitalter 20 stellt die Vorratsdatenspeicherung eine Gefahr für die offene Gesellschaft und Demokratie dar.
Hinzu kommt, dass [...] [w]eder der Evaluationsbericht der EU-Kom- 25 mission aus 2011 noch der neueste Bericht aus 2013 [...] statistische Belege dafür liefern [konnten], dass sich die Vorratsdatenspeicherung messbar auf die Aufklärungsquote oder gar Kriminalitätsrate 30 auswirkt.

Fraktion DIE LINKE, Endgültig auf Vorratsdatenspeicherung verzichten. Antrag an den Deutschen Bundestag vom 17.1.2014, S. 1, 3f. (Drucksache 18/302)

1 Verfassungsorgane und politische Akteure

M 3 ● Opposition II: Die Position der Grünen

[Wir fordern die Bundesregierung auf,] eindeutig und unmissverständlich von der geplanten Wiedereinführung der Vorratsdatenspeicherung von Telekommunikationsver-
5 kehrsdaten abzusehen. [...]
Die geplante Neuauflage einer anlass- bzw. verdachtslosen, massenhaften Speicherung individueller Telekommunikationsverkehrsdaten
10 bedeutet einen tiefen Eingriff insbesondere in das Telekommunikationsgeheimnis, die Grundrechte auf Privatsphäre und das Recht auf informationelle Selbstbestimmung.
15 Zugleich bedeutet sie einen historischen Einschnitt in die freiheitlich-rechtsstaatliche Verfasstheit unserer Demokratie. Denn die geplante Massenspeicherung stellt alle Bürgerinnen und Bürger unter einen unzuläs-
20 sigen Generalverdacht. Sie ermöglicht präziseste Verhaltens-, Kontakt- und Bewegungsprofile sowohl Einzelner als auch ganzer Bevölkerungsgruppen. Der damit verbundene Überwachungsdruck ist geeignet, nicht nur einzelne, sondern auch besonders zu schüt- 25 zende Gruppen sowie die Gesamtbevölkerung insgesamt einzuschüchtern. Sie bedroht damit die freiheitliche Kommunikation unseres Landes auf einer fundamentalen Ebene und damit 30 die Funktionsbedingungen unserer Demokratie insgesamt. Dazu birgt jede Vorratsdatenspeicherung nicht zuletzt wegen des inzwischen erreichten Vernetzungsgrades der beteiligten Infrastrukturen 35 extreme Risiken des Datenmissbrauchs.

Fraktion BÜNDNIS 90/DIE GRÜNEN, Vorratsdatenspeicherung verhindern. Antrag an den Deutschen Bundestag vom 29.1.2014, S. 1ff. (Drucksache 18/381)

Info

Opposition, parlamentarische

Gruppe der Parlamentsabgeordneten, die nicht den Fraktionen angehören, aus denen die Regierungsmitglieder entstammen. Die Arbeit der Opposition ist (grund)gesetzlich nicht festgelegt. Ihr stehen prinzipiell drei Strategien zur Verfügung: Entweder zeigt sie sich als „kooperative Opposition", die durchaus Gesetzentwürfen der Regierung zustimmt. Oder sie erweist sich als „kompetitive Opposition", die Vorschlägen der Regierung(smehrheit) meist sehr kritisch gegenübersteht. Oder sie verhält sich als „Ad-hoc-Opposition", die von Thema zu Thema und in Abhängigkeit vom Wahltermin mehr oder weniger Nähe zu Regierungsvorlagen signalisiert.
Gerade in einem parlamentarischen Regierungssystem wie dem deutschen, in dem der Regierungschef von der Parlamentsmehrheit gewählt wird und damit im Parlament i. d. R. über eine deutliche Machtbasis verfügt, hat die Opposition wichtige **Funktionen**: Sie soll erstens die Regierung kritisieren und dadurch alternative politische Lösungsvorschläge und Politikkonzepte aufzeigen. Zweitens soll sie die Regierung kontrollieren, wozu ihr in Deutschland mehrere Kontrollrechte zustehen (u. a. Anfragen, Kontrollausschüsse).
Manche Wissenschaftler kritisieren die heutige Oppositionsarbeit in Mitteleuropa als zu wenig kritisch in der Sache und zu sehr an der Machtübernahme interessiert.
Autorentext

Aufgaben

1. Geben Sie die Positionen der Bundestagsfraktionen zur Vorratsdatenspeicherung wieder (M 1-M 3).

2. Vergleichen Sie die Positionen und deren Begründungen miteinander.

3. Charakterisieren Sie die Anträge von Bündnis 90/Die Grünen sowie Die Linke als typisches Oppositionshandeln (M 2, M 3, Infobox).

4. Arbeiten Sie die Machtverhältnisse von Regierungs- und Oppositionsfraktionen zur Zeit der Debatte um die Vorratsdatenspeicherung heraus (Randspalte).

Informationelle Selbstbestimmung
Grundrecht, eigenständig darüber zu bestimmen, ob, an wen und wofür die eigenen personenbezogenen Daten weitergegeben werden. Der Begriff wurde 1971 erstmals erwähnt und als eigenständiges Grundrecht vom Bundesverfassungsgericht 1983 im sog. „Volkszählungsurteil" anerkannt.

Bundestagsfraktion
Zusammenschluss von min. 5% der Bundestagsabgeordneten (in aller Regel aus einer Partei oder einem dauerhaften Parteienbündnis). Sie genießen wesentliche Kontrollrechte wie das Stellen „Großer Anfragen" oder das Beantragen „Aktueller Stunden" (→ vgl. Kap. 1.3.4).

Ⓜ zu Aufgabe 1
Arbeiten Sie arbeitsteilig und stellen Sie sich Ihre Ergebnisse in 3er-Gruppen vor.

Ⓕ zu Aufgabe 3
Charakterisieren Sie die Oppositionsstrategien der Fraktionen von Bündnis 90/Die Grünen und Die Linke (M 2, M 3, Infobox).

1.2.2 Welche Interessen versuchen Verbände durchzusetzen?

E Entscheiden Sie sich spontan für eine der beiden Aussagen (M 4) und halten Sie die Begründung für Ihr vorläufiges Urteil fest.

M 4 ● Verbandspositionen zur Vorratsdatenspeicherung

a) Die Strukturen organisierter und terroristischer krimineller Netzwerke können angesichts fehlender Vorratsdaten nicht aufgedeckt und schwere Straftaten nicht aufgeklärt werden.

Bernhard Witthaut (von 2010 bis 2013 Vorsitzender der Gewerkschaft der Polizei), www.gdp.de, 8.1.2012

b) Eine grundrechtlich geschützte Presse- und Rundfunkfreiheit kann [mit Vorratsdatenspeicherung] nicht verwirklicht werden [...]. Die für den öffentlichen Meinungsbildungsprozess wichtige Aufgabe der Journalistinnen und Journalisten, Missstände an die Öffentlichkeit zu bringen, ist massiv gefährdet, wenn Informanten befürchten müssen, dass ihre Informationen nicht vertraulich bleiben [...]. Dasselbe gilt, wenn Journalistinnen und Journalisten zudem damit rechnen müssten, dass ihre Kontakte staatlicherseits ausgeforscht werden können.

Benno H. Pöppelmann, Gemeinsame Stellungnahme von ARD, ZDF, Deutschem Presserat und fünf Journalistenverbänden, 7.9.2015, S. 13

M 5 ● Die Gewerkschaft der Polizei

Die Gewerkschaft der Polizei (GdP) ist die größere von zwei Polizeigewerkschaften und setzt sich für die Interessen ihrer ca. 190.000 Mitglieder ein (Stand: Mai 2019). Allerdings verfolgt sie dabei nicht nur Kernaufgaben von Gewerkschaften (Tarifverhandlungen...), um die Arbeitsbedingungen ihrer
5 Mitglieder zu verbessern, sondern sie positioniert sich auch zu gesellschaftlichen und politischen Fragen. So befürwortet sie u. a. den Ausbau von Ermittlungs- und Kontrollmethoden, um die polizeilichen Aufklärungsquoten (weiter) zu erhöhen und – aus ihrer Sicht – erfolgreicher Verbrechensprävention betreiben zu können. Damit stiege auch das gesellschaftliche Ansehen der Polizei weiter.
10 Die Polizei stellt in Ermittlungsverfahren immer wieder Anfragen an die Telefonanbieter und Internetprovider, um Telekommunikationsdaten Verdächtiger auswerten zu können. Die meisten davon bleiben wegen der vorherigen Löschung unbeantwortet. Daher steht die Gewerkschaft der Polizei einer Vorratsdatenspeicherung sehr wohlwollend gegenüber.

Autorentext

1 Verfassungsorgane und politische Akteure

M 6 ● Der Deutsche Journalisten-Verband

Der Deutsche Journalisten-Verband (DJV) mit Sitz in Berlin ist Gewerkschaft und Berufsverband mit derzeit 32.000 Mitgliedern. Er kümmert sich um die Arbeitsbedingungen der angestellten, wie der freiberuflich tätigen Journalistinnen und Journalisten. Gleichzeitig setzt sich der DJV auch für gesellschaftliche und
5 politische Positionen ein. Er versucht, die möglichst freie und teilweise geheime Arbeit von (investigativen) Journalisten (als Berufsgeheimnisträger) zu sichern und auszubauen. Damit leistet er einen Beitrag, dass die Presse als ganze ihrer Funktion als Kontroll- und Kritikinstanz gegenüber Politik und Wirtschaft nachkommen kann. Eine Vorratsdatenspeicherung wird dementsprechend abgelehnt, insbesondere wenn es um
10 Journalisten als Berufsgeheimnisträger geht. *Autorentext*

M 7 ● Der Bundesverband Breitbandkommunikation

Der Bundesverband Breitbandkommunikation e. V. (BREKO) ist der Branchenverband der ca. 320 Telekommunikationsunternehmen mit eigener Netzinfrastruktur in Deutschland, die sich mit der Deutschen Telekom im Wettbewerb befinden. Er vertritt die politischen und wirtschaftlichen Interessen seiner Mitglieder
5 und leistet Unterstützung bei der technischen und administrativen Umsetzung neuer gesetzlicher Vorgaben. So gab BREKO 2008 seinen Mitgliedern Informationen zur rechtskonformen Umsetzung der Vorratsdatenspeicherung.
BREKO kennt die Schätzung der Bundesnetzagentur, wonach die Einführung der Vorratsdatenspeicherung für die deutschen Unternehmen (inkl. Deutsche Telekom) min-
10 destens 260 Millionen Euro Anfangsinvestitionen bedeuten würde. Jedes Kleinstunternehmen (unter 1.000 Kunden) müsste ca. 100.000 Euro aufbringen, um polizeiliche Anfragen nach Vorratsdaten bearbeiten zu können, von denen es durchschnittlich alle zwei Jahre eine bekommt. Entsprechend hält der BREKO die Vorratsdatenspeicherung – zumindest ohne finanzielle Hilfe durch den Staat – für nicht leistbar. *Autorentext*

M 8 ● Der Deutsche Richterbund

Der Deutsche Richterbund (DRB) ist mit fast 17.000 Mitgliedern der größte Interessenverband der deutschen Richter und Staatsanwälte. Er vertritt die beruflichen Interessen seiner Mitglieder. Er berät die Parlamente in Bund und Ländern in der Gesetzgebung und macht sich für eine gut ausgestattete Justiz stark,
5 damit Richter und Staatsanwälte ihre Aufgaben bestmöglich erfüllen können.
Nach Einschätzung des Richterbundes ist die Vorratsdatenspeicherung bei hohen rechtsstaatlichen Hürden für einen Datenzugriff vertretbar. Die Ermittlungsbehörden brauchen aus Sicht des Verbandes dieses Instrument, denn in vielen Bereichen schwerer Kriminalität seien Telefon- und Internetverbindungsdaten ein wesentlicher und oft
10 der einzige Ansatz für Ermittlungen. Der DRB konkurriert mit der liberaleren, aber auch deutlich kleineren Neuen Richtervereinigung (NRV) um Mitglieder und Posten. Die NRV lehnt die Vorratsdatenspeicherung ab. *Autorentext*

Berufsgeheimnisträger
Angehörige von Berufsgruppen, die nach § 53 Strafprozessordnung Zeugnisverweigerungsrecht in Strafverfahren haben (u. a. Ärzte, Rechtsanwälte, Journalisten, Geistliche)

1 Verfassungsorgane und politische Akteure

Info

Ausschüsse des Deutschen Bundestages und öffentliche Anhörungen

Der Anhörungssaal im Marie-Elisabeth-Lüders-Haus des Bundestages in Berlin.

Die Ausschüsse des Deutschen Bundestages haben die wichtige Funktion, die konkrete Gesetzgebung des Bundestagsplenums vorzubereiten („abstimmungsreif" zu machen). Sie bestehen aus Bundestagsabgeordneten und sind in etwa proportional nach der Größe der Fraktionen zusammengesetzt. Jeder der 24 Ausschüsse im 19. Deutschen Bundestag kümmert sich um ein größeres Politikfeld bzw. einen Themenbereich. Die eigentlichen Diskussionen über die Ausgestaltung der Gesetze finden demnach eher in den Ausschüssen als im Bundestagsplenum statt.

Im Arbeitsprozess können Ausschüsse öffentliche Anhörungen („Hearings") von Experten anberaumen. Verbände müssen sich hierzu in eine öffentliche Liste zur Registrierung eintragen lassen (vgl. Abbildung). Diese Anhörungen werden protokolliert und – anders als die in der Regel nicht öffentlichen Ausschusssitzungen – teilweise auch im Parlamentsfernsehen übertragen.

Autorentext

Aufgaben

M zu Aufgabe 2
Halten Sie Ihre Ergebnisse in einem Venn-Diagramm fest.

F Beurteilen Sie hypothetisch die Chancen der jeweiligen Verbände, Einfluss auf die Entscheidung um die Vorratsdatenspeicherung zu nehmen (M 5-M 8).

❶ a) Sie sind als *Verbandsvertreter* zu einer öffentlichen Anhörung im Innenausschuss des Bundestages zum Thema „Wiedereinführung der Vorratsdatenspeicherung" eingeladen. Arbeiten Sie die Haltung „Ihres" Verbandes zum Gesetzesentwurf einer Vorratsdatenspeicherung der Bundesregierung und Ihre Hauptargumente heraus (M 1, M 5-M 8).

b) Bereiten Sie ein Statement vor, in dem Sie Ihre Verbandsposition möglichst schlüssig begründen. Ihre Redezeit beträgt maximal drei Minuten.

c) Tragen Sie das Statement vor, nachdem Sie vom/von der *Ausschussvorsitzenden* vorgestellt und dazu aufgefordert worden sind. Beantworten Sie im Anschluss ggf. Rückfragen von *Ausschussmitgliedern*.

❷ Vergleichen Sie als *Medienvertreter* die Positionen und Argumentationen der Verbände miteinander, um einen Bericht über die Sitzung vorzubereiten (M 5-M 8).

1.2.3 Einfluss von Initiativen und Bewegungen: Wie vertreten Bürger ihre Position?

E Beschreiben Sie die Demonstration (M 9). Achten Sie dabei auf teilnehmende Personen und Organisationen.

M 9 ● Demonstration gegen Vorratsdatenspeicherung

Mit Plakaten und Transparenten wird am 07.09.2013 am Alexanderplatz in Berlin im Rahmen der Veranstaltung „Freiheit statt Angst" für Bürgerrechte und Datenschutz demonstriert. Initiatoren der Demonstration sind unter anderem der Arbeitskreis Vorratsdatenspeicherung.

Info

Arbeitskreis Vorratsdatenspeicherung

Beim Arbeitskreis Vorratsdatenspeicherung (AK Vorrat) handelt es sich um einen seit 2005 bestehenden Zusammenschluss von Bürgerrechtlern, Datenschützern, Vertretern eines freien Internet u. a. zur Abstimmung eines zivilgesellschaftlichen Vorgehens gegen die Vorratsdatenspeicherung; der AK Vorrat ist keine Vereinigung o. ä. mit formaler Mitgliedschaft. Man beteiligt sich als Einzelperson oder Organisation, indem man sich auf eine Mailingliste eintragen lässt. Über diese oder online werden interne Diskussionen geführt und bundesweite Aktionen geplant. Entscheidungen sollen im Konsens aller an der Diskussion Beteiligten gefällt werden. Der AK Vorrat finanziert sich über Spenden. Die Kosten für Aktionen werden teilweise auch von den beteiligten Organisationen getragen. *Autorentext*

Logo des Arbeitskreises Vorratsdatenspeicherung

M 10 ● „Eselsohren" gegen Vorratsdatenspeicherung

Der Arbeitskreis Vorratsdatenspeicherung bietet seinen Unterstützern sog. Pagepeels („Eselsohren") an (hier die Version 1.6), die auf den eigenen Internetseiten implementiert werden können. Dieses Verfahren wird auch als Online-Demonstration bezeichnet.

M 11 ● Petition gegen Vorratsdatenspeicherung

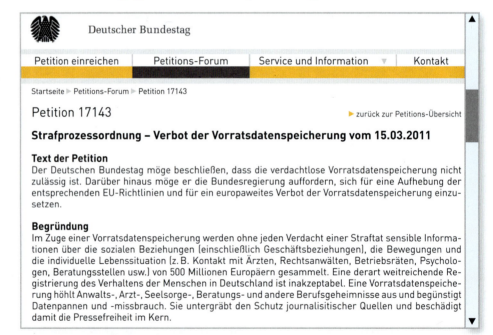

Petition 17143, https://epetitionen.bundestag.de, Abruf am 7.8.2018

Am 15.3.2011 richtete ein Mitglied der AK Vorrat eine Petition zum europaweiten Verbot der Vorratsdatenspeicherung an den Deutschen Bundestag. Insgesamt wurde die Petition von 64.704 Bürgern online gezeichnet.

Petition
(lateinisch *petitio* „Gesuch") Eingabe bzw. Ersuchen an ein Gremium oder Organ mit Entscheidungsbefugnis. Seit 2005 ist das Einreichen von Online-Petitionen beim Deutschen Bundestag möglich. Erreicht solch eine Petition 50.000 Unterzeichner, wird der Einreichende vor den Petitionsausschuss des Bundestages eingeladen.

H zu Aufgabe 2
Charakterisieren Sie dabei die Einflussmöglichkeiten u. a. als formell bzw. informell.

F Entwickeln Sie weitere Ideen, wie der Arbeitskreis möglichst viele Menschen erreichen und seine Überzeugungen durchsetzen könnte.

Aufgaben

1. Beschreiben Sie den Arbeitskreis Vorratsdatenspeicherung (M 10, M 11, Infobox).
2. Analysieren Sie die Möglichkeiten des Arbeitskreises, seine Interessen zu artikulieren und durchzusetzen (M 9-M 11).
3. Beurteilen Sie die Chancen des Arbeitskreises, mit seinen Mitteln seine Interessen durchzusetzen.

1 Verfassungsorgane und politische Akteure

1.2.4 Sicherheit und/oder Freiheit? Vorratsdatenspeicherung als Konflikt zwischen Grundwerten

E Ordnen Sie die Zitate (M 12) in die Auseinandersetzung um die Vorratsdatenspeicherung ein.

M 12 ● Freiheit und Sicherheit – zwei Ansichten

„Wer die Freiheit aufgibt, um Sicherheit zu gewinnen, der wird am Ende beides verlieren."
Benjamin Franklin (1706–1790), einer der Gründerväter der Vereinigten Staaten von Amerika

„Mehr Sicherheit bedeutet auch mehr Freiheit."
Franz Josef Jung (CDU), von 2005 bis 2009 Bundesverteidigungsminister

---

Info

Gesellschaftliche Grundwerte

Mit **Sicherheit**, **Freiheit** und **Gerechtigkeit** existieren drei „klassische" gesellschaftliche Grundwerte. Gesellschaftliche Konflikte lassen sich in zweierlei Hinsicht sehr häufig auf diese drei Grundwerte beziehen. Zum einen entstehen Konflikte aus unterschiedlichen Verständnissen ein und desselben Grundwerts: Z. B. lehnen radikale Verfechter eines rein formalen Freiheitsbegriffs („Freiheit als Abwesenheit von Zwang") bzw. einer liberalistischen Gerechtigkeitsvorstellung u. U. gesellschaftliche Umverteilung ab, während sie Vertreter eines materialen Freiheitsbegriffs („Freiheit benötigt die Ausstattung zu ihrer Verwirklichung") bzw. eines egalitären oder bedarfs-

orientierten Gerechtigkeitsbegriffs diese Umverteilung eher ausbauen möchten.
Zum anderen stehen zumindest Freiheit und Sicherheit sowohl in einem Bedingungs- als auch in einem Spannungsverhältnis zueinander: Ohne ein Mindestmaß an staatlich geschaffener Sicherheit können sich bürgerliche Freiheiten nicht entfalten. Starke Sicherheitsmaßnahmen schränken die Freiheitsrechte aber (zu) stark ein (vgl. M 14).
Zu den gesellschaftlichen Grundwerten, die in allen Politikbereichen berücksichtigt werden sollten, können auch noch **Frieden**, **ökologische Nachhaltigkeit** und **Solidarität** gerechnet werden.

Autorentext

Zu **gesellschaftlichen Grundwerten**
→ vgl. Kap. 4.1.1

M 13 ● Gesetze zur inneren Sicherheit

2001
- Telefonüberwachung bereits nach Anfangsverdacht
- Sky Marshalls (Bundespolizei) in Flugzeugen möglich
- Rasterfahndung (2006 vom BVerfG mit hohen Hürden versehen)

2002
- Einreiseverbote Verdächtiger möglich ohne konkrete Straftat

2004
- US-Behörden erhalten Zugang zu Fluggastdaten

2005
- Luftsicherheitsgesetz (Abschuss entführter Passagierflugzeuge) (vom BVerfG aufgehoben)

2006
- Einrichtung einer „Anti-Terror-Datei" zwischen 38 Behörden

2008
- biometrische Daten in Personalausweisen
- anlasslose Vorratsdatenspeicherung (2010 vom BVerfG aufgehoben)
- Online-Durchsuchungen („Bundestrojaner") (durch BVerfG mit hohen Hürden versehen, als neues „Grundrecht auf Gewährleistung der Vertraulichkeit und Integrität informationstechnischer Systeme")

2011
- Verlängerung der Anti-Terror-Gesetze von 2001 um weitere vier Jahre

2015
- Die Bundestagsmehrheit aus CDU/CSU und SPD beschließt ein Gesetz zur anlasslosen Vorratsdatenspeicherung von Standort- und Verbindungsdaten.

2017
- Terrorverdächtigen (sog. „Gefährdern") kann das Bundeskriminalamt auferlegen, eine sog. elektronische Fußfessel zu tragen, mit der ihr Aufenthaltsort jederzeit feststellbar sein soll.

Autorentext/-grafik

M 14 ● Wie weit darf der Staat in Fragen innerer Sicherheit gehen?

Der ehemalige Verfassungsrichter Dieter Grimm setzt sich kritisch mit den Forderungen des ehemaligen Bundesinnenministers Wolfgang Schäuble (CDU) nach einer Ausweitung staatlicher Befugnisse im Kampf gegen den Terrorismus auseinander.

Wer die Freiheit für den Preis der Sicherheit hält, hat schlecht gerechnet. Zwar stimmt es, dass die Freiheit wenig nutzt, wenn man unausgesetzt um Leib und Leben fürchten
5 muss. Seinen Bürgern Sicherheit zu gewährleisten ist die erste Aufgabe des Staates. Wenn er sie nicht mehr erfüllt, verliert er seine Legitimation. Aber stimmt es auch, dass jemand, der seine grundrechtlich ge-
10 schützte Freiheit gegenüber der Staatsgewalt aufgibt, sich sicher fühlen kann? Oder hat er nur eine Gefahrenquelle gegen die andere ausgewechselt? [...]
Freiheit und Sicherheit sind keine Gegen-
15 sätze. Sie sind aber auch nicht notwendig in Harmonie. Freiheit produziert Sicher-

heitsrisiken, die sich nur durch Freiheitsbeschränkungen eindämmen lassen. Dabei darf aber das Ziel nicht aus den Augen verloren werden. In einem Land, das sich nach 20 bitteren Erfahrungen in seinem obersten Verfassungsgrundsatz auf Achtung und Schutz der Menschenwürde festgelegt hat, geht es um die Sicherheit der Freiheit. In einem solchen Land darf dem Staat nicht 25 jedes Mittel zur Bewahrung der Sicherheit recht sein. [...]
In Deutschland zieht sich dieser Streit mitten durch die Regierung. Dem Bundesinnenminister fallen ständig neue Sicherheitslücken 30 auf, die er mit freiheitsbeschränkenden Gesetzen stopfen will. Die Bundesjustizministerin verweist darauf, dass sich nicht alle Vorschläge mit dem Grundgesetz vereinbaren lassen. In der Tat hat das Bundesverfas- 35 sungsgericht zwei von drei nach den Anschlägen vom 11. September 2001 verabschiedeten Antiterrorgesetzen des Bundes und der Länder für verfassungswidrig erklärt

und für das dritte eine einschränkende Interpretation vorgeschrieben. [...]
Mit Ausnahme des Luftsicherheitsgesetzes, das den Einsatz der Luftwaffe im Innern vorsah, betreffen die Gesetze allesamt die heimliche Informationsgewinnung. Das ist charakteristisch für die Bekämpfung neuartiger Gefahren wie organisierte Kriminalität, Waffenschmuggel und eben Terrorismus. Der Staat setzt in diesem Kampf auf Prävention. Er sucht der Straftat zuvorzukommen und die Gefahr schon im Keim zu ersticken. Prävention gibt es nicht erst seit dem Terrorismus. Immer schon war die Polizei auch dazu da, Straftaten zu verhüten und Gefahren abzuwenden. Doch brauchte sie, um einschreiten zu dürfen, zumindest eine bevorstehende Tat oder eine manifeste Gefahr. Angesichts der neuartigen Bedrohungen ist die Prävention aber immer weiter nach vorn verschoben worden. Es geht heute nicht mehr nur darum, einen Verdächtigen zu observieren, sondern überhaupt erst Anhaltspunkte für einen Verdacht oder einen künftigen Gefahrenherd zu finden.

Damit wächst der Informationshunger des Staates erheblich. Er lässt sich freilich nur heimlich stillen. Deswegen wachsen auch die Geheimdienste und ihre Befugnisse. Die Vorteile der vorverlagerten Prävention sind allerdings nicht kostenlos zu haben. Wo erst Verdachtsmomente gesammelt werden sollen, trifft sie potenziell jeden und alles, weil bei der Verdachtssuche nichts unverdächtig ist, nicht das Buch aus der Bibliothek, nicht der Wecker auf dem Nachttisch, nicht der Ort, an dem man seine Freunde trifft.
Deswegen darf man auch nicht der Beschwichtigung trauen, wer sich nichts vorzuwerfen habe, habe auch nichts zu befürchten. Jeder muss befürchten, dass seine Kommunikation überwacht wird. Niemand kann sicher sein, dass ihm daraus keine unangenehmen Folgen erwachsen. Ist man einmal im Verdachtsraster hängen geblieben, sind Beschattung und Ausforschung der Nachbarn, Beförderungsverweigerungen im Flugzeug, der Verlust des Arbeitsplatzes wegen Sicherheitsbedenken nicht mehr völlig fern.

Karikatur: Gerhard Mester, Baaske Cartoons

Daher muss man dem staatlichen Informationshunger Grenzen ziehen. Je geringfügiger die Straftat, je kleiner der
95 mögliche Schaden, je schwächer die Anhaltspunkte dafür, dass er eintreten könnte, je einschneidender die möglichen Folgen der Informationserlangung für den Einzelnen, desto höher müssen die Schwel-
100 len für Überwachungsmaßnahmen sein. Umgekehrt: Je schwerer die Straftat, je stärker die Anhaltspunkte, dass sie vorbereitet wird, je größer der mögliche Schaden, desto niedriger darf die Schwelle aus-
105 fallen. [...]
Indessen setzt das Grundgesetz auch der Verfassungsänderung Grenzen. Die Grundsätze der Demokratie, des Rechtsstaats und des Bundesstaats sind ebenso unabänder-
110 lich wie die Garantie der Menschenwürde, die Existenz unveräußerlicher Menschenrechte und die Grundrechtsbindung der gesamten Staatsgewalt. Die Rechtlosstellung feindlicher Kombattanten wie in den USA könnte in Deutschland auch mit einer Ver- 115 fassungsänderung nicht erreicht werden.
Erhöhte Terrorismusgefahren verlangen erhöhte Sicherheitsvorkehrungen. Darüber darf aber nicht vergessen werden, dass es die Sicherheit einer freiheitlichen Gesell- 120 schaft ist, die erhöht werden soll. Wenn man im Kampf gegen den Terrorismus zu denselben Mitteln greift, welche die Terroristen anwenden, gibt man den grundlegenden Unterschied zu ihnen auf. Es ist 125 dieser Widerspruch zu den eigenen obersten Prinzipien, der es verbietet, sie gegenüber ihren Verächtern zu missachten.

Dieter Grimm, Die Zeit Nr. 49, 29.11.2007, S. 14

Info

Bürgerliche Freiheitsrechte

Bürgerliche Freiheitsrechte, wie sie auch in den ersten 20 Artikeln des Grundgesetzes für die Bundesrepublik Deutschland verbrieft werden, sind vornehmlich als Abwehrrechte der Bürger gegen staatlichen Zugriff zu verstehen. Zum Kernbestand dieser Rechte gehören u.a. die allgemeine Handlungs- (Art. 2 GG), die Versammlungs- (Art. 8 GG), die Vereinigungs- und Koalitionsfreiheit (Art. 9 GG) sowie die Freiheit des Eigentums (Art. 14 GG), der Meinung (Art. 5 GG) und die Glaubens-, Gewissens- und Bekenntnisfreiheit (Art. 4 GG). Freiheitsrechte sind nicht statisch, sondern müssen den kulturellen und technischen Entwicklungen angepasst werden. So formulierte das Bundesverfassungsgericht angesichts der Bedeutung der elektronischen Datenverarbeitung die Grundrechte auf informationelle Selbstbestimmung (personenbezogener Daten) sowie auf „digitale Intimsphäre" (also der Schutz der auf Computern u. Ä. gespeicherten, persönlichen Daten). In Bürgerrechte darf nach dem Grundsatz der Verhältnismäßigkeit nur durch ein Gesetz eingegriffen werden.

Autorentext

Aufgaben

M zu Aufgabe 3
Geben Sie nach der Lektüre Ihrem Sitznachbarn den Text bewusst lückenhaft wieder. Dieser hat die Aufgabe, die Auslassungen zu entdecken und zu füllen.

1 Ordnen Sie die Zitate in die Systematik gesellschaftlicher Grundwerte ein (M 12, Infobox).

2 Charakterisieren Sie die Entwicklung der Gesetzgebung zur inneren Sicherheit in der Bundesrepublik seit 2001 (M 13).

3 Fassen Sie die zentralen Aussagen Dieter Grimms zum Verhältnis von Staat und Bürgern zusammen (M 14).

4 Erörtern Sie die Aussagen Benjamin Franklins und Franz Josef Jungs (M 12).

1 Verfassungsorgane und politische Akteure

Im Jahr 2014 nahm die Bundesregierung mit der Vorratsdatenspeicherung (VDS) ein im Jahr 2010 vor dem Bundesverfassungsgericht gescheitertes Gesetzgebungsprojekt wieder auf. Dabei sollten Standort- und Verbindungsdaten der Telekommunikation (jedoch keine Inhalte) für vier (Standortdaten) bzw. 10 Wochen (alle anderen Daten) gespeichert werden. Davon erhoffte sich die Regierung, schwere Kriminalität (inkl. Terrorismus) besser bekämpfen zu können. Das **politische Problem** definierte sie als Gesetzesinitiator also mit der Bedrohung der inneren Sicherheit und damit der Sicherheit der Bürger.

Die **Opposition** (Bündnis 90/Die Grünen, Die Linke) kritisierte die Absicht scharf und kam damit einer zentralen Aufgabe einer (kompetitiven) Opposition nach. Aufseiten von **Interessenverbänden** gab es vergleichsweise wenige Befürworter des Gesetzesvorhabens (u. a. versprachen sich die Gewerkschaft der Polizei und der Deutsche Richterbund höhere Verbrechensaufklärungsquoten). Insbesondere Verbände von Berufsgeheimnisträgern (u. a. Journalisten- und Ärzteverbände) beklagten zu große Eingriffe in die Arbeitsgrundlagen ihrer Mitglieder und die Verbände der Telekommunikationsanbieter befürchteten sehr hohe Zusatzkosten. Stärker verfassungsrechtlich mit der Einschränkung bürgerlicher Freiheitsrechte argumentierte der Arbeitskreis Vorratsdatenspeicherung („AK Vorrat"), eine informelle bürgerschaftliche **Initiative**, der sich sowohl Verbände als auch Einzelpersonen anschließen konnten.

Hier tritt hinter dem konkreten Streit um die VDS der **Wertekonflikt** deutlich zutage: Während Befürworter der VDS den gesellschaftlichen **Grundwert** Sicherheit sehr hoch gewichten, sehen Gegner den **Grundwert Freiheit** zu stark eingeschränkt.

> **Das politische Problem und die Interessenlage in Bezug auf die Vorratsdatenspeicherung**
> (Basiskonzept: Motive und Anreize)
> M 1-M 3
>
> M 14

Der politische Willensbildungsprozess um die VDS lässt sich mithilfe des **Politikzyklus**-Modells nachzeichnen: Die **Problemdefinition** (mangelnde Sicherheit im Bereich der Schwerkriminalität und des Terrorismus) nahm die Bundesregierung vor, womit sie durchaus das subjektive Bedrohungsempfinden von Teilen der Bürger bediente. Die **Auseinandersetzung** fand sowohl zwischen Regierungs- und Oppositionsfraktionen im Bundestag statt als auch in verschiedenen „Öffentlichkeiten" mittels alternativer Protestformen (Demonstrationen, Internetkampagnen...).

> **Die politische Auseinandersetzung um die Vorratsdatenspeicherung**
> (Basiskonzept: Interaktionen und Entscheidung)

Im Fall der VDS spielen Institutionen auf verschiedenen Ebenen eine Rolle: **Institutionen im engeren Sinn** (hier die **Staatsorgane** Bundesregierung und Bundestag) boten den demokratischen Rahmen für einen erheblichen Teil der Politikinitiierung und der Konfliktaustragung. Als Institution im weiteren Sinn kann hier der verfassungsrechtliche Rahmen der Interessenartikulation angesehen werden: So ermöglichte erst das Grundrecht auf freie Meinungsäußerung (Art. 5 GG) durch das Grundrecht auf Versammlungsfreiheit (Art. 8 GG) es den bürgerschaftlichen Gegnern der VDS, ihre Position in die Öffentlichkeit zu bringen.

> **Institutionen für und rechtliche Grundlagen der Interessenartikulation**
> (Basiskonzept: Ordnungen und Systeme)

ORIENTIERUNGSWISSEN

1.3 Wer fällt die Entscheidung über ein Gesetz (zur Vorratsdatenspeicherung)?

1.3.1 Die Bundesregierung – das mächtigste Verfassungsorgan?

E Analysieren Sie die Karikatur (M 1). Stellen Sie auf dieser Grundlage Vermutungen zur politischen Gestaltungsmacht der Bundesregierung an.

M 1 ● Die Regierung – ein mächtiger Problemlöser?

Karikatur: Thomas Plaßmann, Baaske Cartoons, 19.3.2005

Info

Aufgaben der Bundesregierung

Parlamentarische Regierungen haben zwei Grundfunktionen zu erfüllen. Erstens eine **Steuerungsfunktion**: [Die] Regierung soll die politischen Vorstellungen einer parlamentarischen Mehrheit in die Form konkreter Gesetzesvorschläge bringen und diesen zur Gesetzeskraft verhelfen. Da dieser Mehrheitswille vielfach nur als allgemeine Orientierung existiert, wird sie diesen ihrerseits auch mitgestalten. Regierungsaufgabe ist es dabei, über Einzelentscheidungen hinaus eine [...] Politik zu betreiben, welche sich im Rahmen der finanziellen Möglichkeiten bewegt und in sich einigermaßen widerspruchsfrei ist. [...] Zweitens eine **Durchführungsfunktion**: [Die] Regierung soll darüber hinaus auch durch ergänzende Rechtsetzung (Verordnungen) sowie durch organisatorische, personelle und sachliche Maßnahmen die Durchführung jener Gesetze sichern (Gesetzesvollzug).

Wolfgang Rudzio, Das politische System der Bundesrepublik Deutschland, 10. Auflage, Wiesbaden 2018, S. 253

Erklärfilm Regierungsbildung

Mediencode: 72052-02

M 2 Arbeitsprinzipien der Bundesregierung

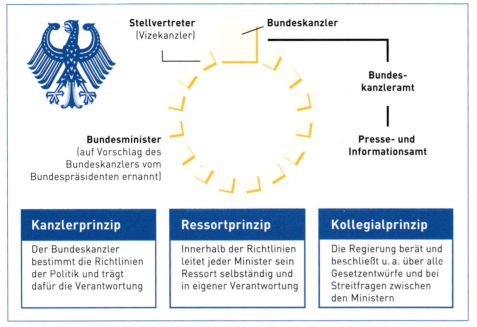

Kanzlerprinzip
Der Bundeskanzler bestimmt die Richtlinien der Politik und trägt dafür die Verantwortung.

Ressortprinzip
Innerhalb der Richtlinien leitet jeder Minister sein Ressort selbständig und in eigener Verantwortung.

Kollegialprinzip
Die Regierung berät und beschließt u. a. über alle Gesetzentwürfe und bei Streitfragen zwischen den Ministern.

Bergmoser + Höller Verlag AG, Zahlenbilder 67123

Macht, politische
keine einheitliche politikwissenschaftliche Definition. Der Soziologe Max Weber definierte instrumentelle Macht als „Chance, innerhalb einer sozialen Beziehung den eigenen Willen auch gegen Widerstreben durchzusetzen". Kommunikative Macht zielt demgegenüber nicht auf Durchsetzung, sondern ist konsensorientiert.

Autorentext

M 3 Welche Gestaltungsmacht hat die Bundesregierung?

	14. WP 1998–2002		15. WP 2002–2005		16. WP 2005–2009		17. WP 2009–2013		18. WP 2013–2017	
	Anzahl	in %	Anzahl	in %	Anzahl	in %	Anzahl	in %	Anzahl	in %
Vom Bundestag verabschiedete Gesetze	559	100	400	100	616	100	553	100	555	100
Regierungsvorlagen	394	70,5	281	70,2	488	79,2	434	78,5	488	87,9
Initiativen des Bundesrates	22	3,9	17	4,2	19	3,1	17	3,1	10	1,8
Initiativen des Bundestages	108	19,3	85	21,2	89	14,4	88	15,8	52	9,3
Beim Bundestag eingebrachte Gesetzentwürfe	864	100	643	100	905	100	844	100	731	100
Regierungsvorlagen	443	51,3	320	49,8	537	59,3	484	57,1	526	72,0
Initiativen des Bundesrates	93	10,8	112	17,4	104	11,5	82	9,7	57	7,8
Initiativen des Bundestages	328	38,0	211	32,8	264	29,2	278	32,8	148	20,2

Deutscher Bundestag (6.12.2013 und 27.11.2017)

Die Differenz zwischen den verabschiedeten Gesetzen und deren Vorlagen ergibt sich aus Zusammenlegungen von Gesetzesinitiativen im Laufe des Verfahrens.

M 4 ● Regieren nur in kleinen Schritten?

Der internationale Vergleich zeigt [...],
- dass im Allgemeinen Regierungen an die Macht kommen mit inkonsistenten und vage definierten Handlungsprogrammen;
- dass sie geplagt werden von Mangel an Zeit, Informationen, Fachkenntnis, Energie und anderen Ressourcen;
- dass ihr Entscheidungsspielraum durch Verpflichtungen begrenzt wird, die sie von ihren Vorgängern erben;
- dass ihre Pläne häufig durch Ereignisse gestört werden, die sofortige Krisenbekämpfung erforderlich machen;
- dass, angesichts der Risiken von Neuem, Abwarten und Nichtstun häufig eine vernünftige Alternative scheint.

Infolgedessen sind demokratische Regierungen mit tiefgehend verändernden Politikergebnissen exzeptionell [= sehr außergewöhnlich]. Solche Reformregierungen erscheinen nur unter der Bedingung einer schweren Krise und eines starken Wählermandats möglich, und selbst dann benötigen sie ein umfassendes Programm, eine fähige Führung und eine längere Amtsdauer.
Der Normalfall ist daher [...] Politik mit kleinen, häufig auch wieder korrigierten Schritten statt eines großen politischen Wurfs. Dies ist [aber] nicht von vornherein negativ zu bewerten [...].

Wolfgang Rudzio, Das politische System der Bundesrepublik Deutschland. 10. Auflage, Wiesbaden 2018, S. 254

M 5 ● Die verfassungsrechtliche Stellung des Bundeskanzlers

Absolut zentral in der Regierung ist die Stellung des Bundeskanzlers, und diese Zentralität verleiht dem Amt eine ungeheure Machtfülle. Diese wird allerdings eingeschränkt durch dessen Abhängigkeit vom Bundestag, der ihn wählt [...]. Ist er auf Vorschlag des Bundespräsidenten gewählt, so schlägt er die Namen der Minister und Ministerinnen vor, die seinem Kabinett angehören sollen. Dem Bundespräsidenten wiederum obliegt dann die Ernennung. Eine genauso zentrale Stellung hat der Kanzler bezüglich der Entlassung der Minister und Ministerinnen inne, er schlägt vor und der Bundespräsident entlässt (Art. 64 GG). Und schließlich endet die Amtszeit der Kabinettsmitglieder auch mit derjenigen des Kanzlers (Art. 69 Abs. 3). [...]
Art. 65 GG weist dem Amt des Bundeskanzlers keinesfalls nur die Stellung eines *primus inter pares* zu, sondern echte Führungsfunktionen:
- Der Kanzler schlägt die Minister und Ministerinnen zur Ernennung und Entlassung vor
- er bestimmt „die Richtlinien der Politik und trägt dafür die Verantwortung" (Art. 65 Abs. 1 S. 1)
- er allein ist gegenüber dem Parlament mit voller Sanktionsmöglichkeit verantwortlich
- und schließlich hat er die Organisationsgewalt der Regierung, d.h., er bestimmt über Anzahl und Struktur der Ministerien.

Die verfassungsrechtliche Basis für die Machtstellung des Bundeskanzlers liegt eindeutig in seiner Richtlinienkompetenz. Sie ist das Instrument zur „Disziplinierung" seines Kabinetts.

Irene Gerlach, Bundesrepublik Deutschland, 3. Auflage, Wiesbaden 2010, S. 239f.

Die Mitglieder der Bundesregierung um Bundeskanzlerin Merkel bei der Klausurtagung im Schloss Meseberg, 10.4.2018.

M 6 ● Grenzen der Macht des Bundeskanzlers

Bei der Regierungsbildung unterliegen aber auch die weitgehenden Rechte des Bundeskanzlers faktischen Einschränkungen. [...] [Es] hat sich die Rücksichtnahme auf eine
5 Reihe von „Proporzüberlegungen" bei der Zusammensetzung der Kabinette eingebürgert. So sind neben den parteipolitischen Interessen der Koalitionspartner z.B. unterschiedliche konfessionelle Inter-
10 essen durch eine entsprechende Personalauswahl zu berücksichtigen genauso wie die der ostdeutschen und der westdeutschen Bevölkerung und sonstiger regionaler Gruppen, die von wichtigen Interessenver-
15 bänden (z.B. bei der Besetzung des Landwirtschafts-, Wirtschafts- oder Sozialministeriums) oder auch die der Geschlechter. Dies erklärt, dass es im Zuge der Kabinettsbildung vorkommen kann, dass für ein be-
20 stimmtes Ressort nur eine Kandidatin aus Ostdeutschland mit katholischer Konfession in Frage kommt, die günstigerweise auch noch Mitglied der CDA ist. Der su-

chende Blick landet dann notgedrungen zuweilen auf Neulingen. 25
Die trotz dieser Einschränkungen immer noch bestehende Machtfülle des Kanzleramts in der Demokratie der Bundesrepublik hat zu deren Etikettierung als Kanzlerdemokratie geführt. [...] 30
Viel stärker, als es in den ersten Jahrzehnten der Existenz der Bundesrepublik Deutschland der Fall war, wird aber das Kanzlerprinzip heute von den Handlungsprinzipien des Parteienstaates überdeckt, 35 was wiederum zu einer faktischen Schwächung des Prinzips beiträgt. Schwer wiegt dabei die Tatsache, dass Entscheidungen von Koalitions- und nicht nur von Kanzlerrunden vorgeprägt werden, denn die 40 Koalitionsrunde als empirisch identifizierbarer Kern der politischen Entscheidungsfindung ist weder dafür legitimiert noch kontrollierbar.

Irene Gerlach, Bundesrepublik Deutschland, 3. Auflage, Wiesbaden 2010, S. 241f.

Info

Verfassungsnorm – Verfassungswirklichkeit

Unter „Verfassungsnorm" versteht man die Normen, die in der Verfassung festgeschrieben sind. Beispielsweise wird in Art. 3 GG die Gleichberechtigung von Männern und Frauen festgelegt. In der Realität ist die Gleichberechtigung aber noch nicht in allen Bereichen verwirklicht. Diesen Zustand nennt man „Verfassungsrealität", d.h. die tatsächliche Umsetzung und Verwirklichung einer im Grundge-

setz festgeschriebenen Norm. Oftmals hinkt die Umsetzung der Norm dem Anspruch der Verfassung hinterher.
„Der Staat schützt auch in Verantwortung für die künftigen Generationen die natürlichen Lebensgrundlagen und die Tiere im Rahmen der verfassungsmäßigen Ordnung durch die Gesetzgebung und nach Maßgabe von Gesetz und Recht durch die vollziehende Gewalt und die Rechtspre-

chung." (Art. 20a GG) Die Verfassungsrealität deckt sich (noch) nicht mit dem Anspruch der Norm, da die natürlichen Lebensgrundlagen durch vielfältige Umwelteinwirkungen nach wie vor gefährdet sind.
Im Bereich der politischen Institutionen lassen sich häufig Unterschiede zwischen Verfassungsnorm und Verfassungswirklichkeit feststellen.
Autorentext

Aufgaben

1 Analysieren Sie die Statistik zur Gesetzgebung des Bundestages (M 3).

2 a) Geben Sie die Befugnisse des Bundeskanzlers wieder (M 5).

 b) Der Politikwissenschaftler Klaus von Beyme spricht von einer „magische[n] Überhöhung der Richtlinienkompetenz" des Bundeskanzlers in der Öffentlichkeit. Überprüfen Sie diese Einschätzung (M 6).

3 Beurteilen Sie abschließend die politische Gestaltungsmacht von Bundeskanzler und Bundesregierung (M 2-M 6).

H zu Aufgabe 1
Arbeiten Sie dazu heraus, wie groß die Gestaltungsmacht der Bundesregierung ist.

F zu Aufgabe 3
Unterscheiden Sie dabei nach Verfassungsnorm und Verfassungswirklichkeit.

1.3.2 Wie entsteht ein Gesetz?

M 7 • **Die formalen Etappen der Gesetzgebung**

Autorengrafik

1 Verfassungsorgane und politische Akteure

1 Die meisten Gesetze, die in den Bundestag eingebracht werden, sind Vorlagen der Regierung. Die Entwürfe werden in den zuständigen Fachministerien erarbeitet.

2 Generell können Gesetzentwürfe von der Bundesregierung, aus dem Bundestag oder vom Bundesrat eingebracht werden.

3 Die erste Beratung im Plenum des Bundestages dient der Begründung des Gesetzesvorhabens und der Erörterung der Grundsätze der Vorlage. Es erfolgt noch kein Beschluss.

Der Gesetzentwurf wird anschließend an die fachlich zuständigen Ausschüsse überwiesen und dort intensiv beraten. Dort können in sogenannten „hearings" auch Experten von außerhalb zu einem Gesetz gehört werden. Der Ausschuss kann dann dem Plenum eine Abänderung, Annahme oder Ablehnung des Entwurfs empfehlen.

4 Die zweite Lesung (Beratung) des Entwurfs erfolgt auf der Grundlage der Ausschussempfehlung. Über die einzelnen Bestimmungen wird dann abgestimmt.

Die dritte Lesung schließt sich unmittelbar an. Anschließend erfolgt die Schlussabstimmung.

5 Das im Bundestag beschlossene Gesetz wird dann dem Bundesrat zugeleitet. Die Zustimmung des Bundesrats ist erforderlich, wenn es sich um ein Zustimmungsgesetz handelt, in der Sache also Bund und Länder zuständig sind. Bei einem Einspruchsgesetz kann der Bundestag einen Einspruch des Bundesrats in einer weiteren Abstimmung überstimmen.

6 Bei Uneinigkeit über ein Zustimmungsgesetz und einer drohenden Ablehnung kann der Vermittlungsausschuss angerufen werden, der einen Kompromissvorschlag erarbeitet, über den Bundestag und Bundesrat erneut abstimmen. Bundestag und Bundesrat entsenden je 16 ihrer Mitglieder in den Vermittlungsausschuss. Können sich die Vertreter dabei nicht einigen, ist das Gesetz – wenn es sich um ein zustimmungspflichtiges Gesetz handelt – gescheitert.

7 Nach der Verabschiedung des Gesetzes wird es dem zuständigen Minister und dem Bundeskanzler zur Unterzeichnung vorgelegt.

Anschließend muss noch der Bundespräsident das Gesetz unterzeichnen. Er kann seine Unterschrift nur verweigern, wenn er der Auffassung ist, dass das Gesetz gegen die Verfassung verstößt.

Das Gesetz wird im Bundesgesetzblatt verkündet und tritt in Kraft.

Autorentext

Aufgaben

1. a) Beschreiben Sie den formalen Gang der Gesetzgebung in der Bundesrepublik Deutschland.

   b) Erklären Sie hypothesenartig, bei welchen Etappen besonders die Gefahr des Scheiterns für einen Gesetzesvorschlag besteht.

1.3.3 Die Bundestagsabgeordneten – Entscheidungsfreiheit oder Fraktionsdisziplin?

Artikel 21 GG
(1) Die Parteien wirken bei der politischen Willensbildung des Volkes mit. Ihre Gründung ist frei. Ihre innere Ordnung muss demokratischen Grundsätzen entsprechen. Sie müssen über die Herkunft und Verwendung ihrer Mittel sowie über ihr Vermögen öffentlich Rechenschaft geben.

Artikel 38 GG
(1) Die Abgeordneten des Deutschen Bundestages werden in allgemeiner, unmittelbarer, freier, gleicher und geheimer Wahl gewählt. Sie sind Vertreter des ganzen Volkes, an Aufträge und Weisungen nicht gebunden und nur ihrem Gewissen unterworfen.

E Analysieren Sie die Karikatur und stellen Sie dar, woran sich ein Abgeordneter Ihrer Meinung nach bei Abstimmungen orientieren sollte (M 8).

M 8 ● Freie Meinungsäußerung der Abgeordneten?

Karikatur: Erl, 16.4.2012

M 9 ● Wie funktioniert Fraktionsdisziplin?

Es gibt in Deutschland keinen Fraktionszwang [vgl. Art. 38 (1) GG]. [...] Und doch gibt es ihn – das beweist ein Blick in die Koalitionsverträge der drei letzten Regierungskoalitionen auf Bundesebene. „Im Bundestag und in allen von ihm beschickten Gremien stimmen die Koalitionsfraktionen einheitlich ab", heißt es einheitlich bei Rot-Grün [1998, 2002], Schwarz-Rot [2005, 2013] und Schwarz-Gelb [2009].
Aber was bringt Abgeordnete dazu, den Koalitionsvertrag in fast allen Abstimmungen für wichtiger zu halten als das Grundgesetz? Was rechtlich nicht bindend ist – wie der Koalitionsvertrag –, wird auf anderer Ebene abgesichert. Als das „kollektive Ergebnis individueller Kosten-Nutzen-Analysen der Abgeordneten" beschreibt der Bamberger Politikwissenschaftler Thomas Saalfeld die Geschlossenheit einer Fraktion [...]. Dieser hat ein Modell entwickelt, das zeigt, woraus sich Fraktionsdisziplin im Einzelfall speist: Beeinflusst von parteispezifischen und staatlichen Normen, sachwie karrierebezogenen Vorlieben trifft der einzelne Abgeordnete seine Entscheidung. Sie ist in Deutschland zumeist eine für die Fraktionsdisziplin. Was nicht zuletzt ein Ergebnis des deutschen Parteiensystems ist. Es macht die weitere Karriere eines Ab-

geordneten in hohem Maß vom Gutdünken [hier: Urteil, Geschmack] seiner Partei abhängig. Anders als politische Systeme beispielsweise in den USA oder Großbritannien verpflichtet die deutsche Verhältniswahl den Abgeordneten nur nachrangig den Wählern und Lobbygruppen seines Wahlkreises, zuvörderst aber der Partei, die ihn aufgestellt hat. Die muss ihn – sei es auf der Landesliste, sei es als Direktkandidat – überhaupt erst einmal wieder nominieren. Wer es sich da verscherzt, steht schnell im politischen Abseits. Das wird dort noch einmal verschärft, wo – wie in den deutschen Volksparteien üblich – die wichtigsten Akteure und Funktionsträger innerhalb einer Partei zugleich Mitglieder der zu stützenden Regierung sind.

Doch auch darüber hinaus gibt es zahlreiche Argumente für die Unterordnung des Einzelnen unter die Abstimmungsführung einer Fraktion. Dazu gehört nicht zuletzt, dass eine allzu deutliche Destabilisierung dem großen Ganzen der Partei und damit auch der eigenen politischen Karriere und dem Durchsetzen eigener Ideen schadet. Zerstrittene Fraktionen geben nur allzu oft ein schlechtes Bild nach außen ab, und destabilisierte Parteien verlieren an Macht- und Handlungsfähigkeit. Vorstöße gegen die Linie wollen daher wohlüberlegt sein. „Risikofaktoren" für die Fraktionsdisziplin sind demnach vor allem Politiker, die von ihrer politischen Gruppe – ob durch Alter oder durch unüberbrückbare Differenzen – nichts mehr zu erwarten haben. Außerdem natürlich solche, die Schlüsselfiguren im eigenen Lager mit ihrem Wissen erpressen können, ohne selbst erpressbar geworden zu sein.

Johannes Schneider, in: Der Tagesspiegel, 3.10.2011, Abruf am 8.8.2018

M 10 • **Vorratsdatenspeicherung: Wie stimmten die Abgeordneten ab?**

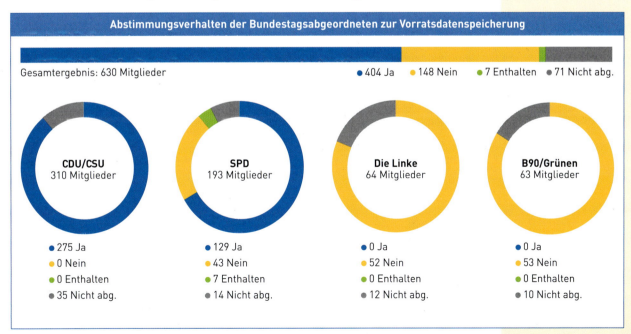

Deutscher Bundestag, Namentliche Abstimmungen, 16.10.2015

Abstimmungsergebnis vom 16.10.2015 zur Einführung einer Speicherpflicht und einer Höchstspeicherfrist für Verkehrsdaten („Vorratsdatenspeicherung") nach Fraktionen. Die Regierungsfraktionen CDU/CSU und SPD hatten den Gesetzentwurf gemeinsam eingebracht.

M 11 ● Die Unabhängigkeit der Abgeordneten stärken?

Christian Ströbele war von 1998 bis 2017 Abgeordneter im Deutschen Bundestag. Seit 2002 war er erster und einziger direkt gewählter Abgeordneter von Bündnis 90/Die Grünen (Wahlkreis Friedrichshain-Kreuzberg in Berlin). Insofern war seine Wahl unabhängig von einem Platz auf einer Landesliste.

a) Bundestag entscheidet über Gentests an Embryonen

b) Legalisierung der Sterbehilfe

c) Neuregelung der Organspende im Transplantationsgesetz

d) Adoptionsrecht für gleichgeschlechtliche Paare

e) Recht auf einen gesetzlich garantierten Kindergartenplatz

f) Auslandseinsätze der Bundeswehr

F zu Aufgabe 2
Erklären Sie hypothesenartig das Abstimmungsverhalten der 43 mit „Nein" votierenden SPD-Abgeordneten.

Herr Ströbele, wie frei ist ein Abgeordneter Ihrer Meinung nach?
Gesetzlich sind die Abgeordneten nicht nur frei, sondern sogar verpflichtet, ihrem Gewissen zu folgen. Politisch sollen sie allerdings auch verantwortungsvoll das Programm ihrer Partei umsetzen, denn auf dieser Basis sind sie gewählt worden. Tatsächlich wird von Abgeordneten einer Regierungspartei oft verlangt, dass sie den Vorlagen der Regierung ohne Widerspruch zur Mehrheit verhelfen. Es hängt von jedem Abgeordneten selbst ab, wie viel Rückgrat er gegenüber Regierung und Fraktionsspitze im Konfliktfall beweist. Richtig wäre es, wenn die Regierung mit den Abgeordneten spricht, ihre Bedenken anhört und einarbeitet. Für falsch dagegen halte ich eine „Basta"-Strategie, bei der die Regierung einfach den Abgeordneten das vorsetzt, was sie für richtig hält und dann Zustimmung verlangt. [...]

Sie sind mit Ihrer Fraktion Bündnis 90/Die Grünen [...] in der Opposition. Ist der Druck auf den einzelnen Abgeordneten nun geringer geworden?
Natürlich ist der Druck in einer Regierungsfraktion bei einer Mehrheit von vier Stimmen sehr viel höher als in einer Oppositionsfraktion. Doch auch in der Opposition wird Fraktionstreue erwartet, nur in Ausnahmefällen wird mal akzeptiert, dass Anträgen anderer Fraktionen, die man selbst richtig findet, zugestimmt wird. Leider. Aber auch in einer großen Koalition mit großen Mehrheiten müsste es doch möglich sein, dass die einzelnen Abgeordneten sich nicht ständig einer Fraktionsdisziplin unterwerfen. [...]

Gibt es Ihrer Auffassung nach Wege, wie die Unabhängigkeit der Abgeordneten erhöht werden könnte?
Es geht nicht einfach um Unabhängigkeit, um Querulantentum und Dickköpfigkeit bei jeder passenden Gelegenheit. Natürlich braucht eine Regierung eine Verlässlichkeit bei den Abgeordneten, auf die sie sich stützt. Aber in wichtigen Entscheidungen, z.B. über Krieg und Frieden, muss der Abgeordnete seiner vom Grundgesetz festgeschriebenen Pflicht nachkommen und evtl. auch anders entscheiden. Das muss dann doch nicht der Untergang der Koalition sein. Ich meine, zum einen sollten die Abgeordneten selbst mehr Selbstbewusstsein gegenüber ihrer Fraktionsführung entwickeln. Die Wähler können dies unterstützen, indem sie Abgeordneten mit eigener Meinung den Rücken stärken, vor allem bei Wahlen, aber auch in Zuschriften bzw. E-Mails, in Leserbriefen, in Gesprächen.

Interview: Erik Müller, 27.6.2008

Aufgaben

1. Erläutern Sie das Spannungsverhältnis von freiem Mandat und Fraktionsdisziplin. Berücksichtigen Sie dabei auch die Kategorien „Verfassungsnorm" und „Verfassungswirklichkeit" (M 9, Kap. 1.3.1).

2. Analysieren Sie das Abstimmungsergebnis über das Gesetz zur Vorratsdatenspeicherung. Arbeiten Sie insbesondere heraus, inwieweit Fraktionsdisziplin geherrscht haben könnte (M 10).

3. Im Falle der Gewissensentscheidung wird von den Fraktionen im Deutschen Bundestag manchmal der „Fraktionszwang" aufgehoben. Wählen Sie Themen aus (Randspalte), die Sie als Gewissensentscheidung ansehen, vergleichen Sie Ihre Ergebnisse und definieren Sie abschließend „Gewissensentscheidung" (M 11).

1.3.4 Der Bundestag – eine reine Abstimmungsinstitution für die Regierung?

E Stellen Sie – ausgehend von dem Zitat von Beymes – Hypothesen zur tatsächlichen Macht des Deutschen Bundestages auf (M 12).

M 12 ● Bundestag ohne Macht?

Ist das [direkt gewählte] Parlament der institutionelle Sitz der Volkssouveränität, so liegt bei der Regierung das faktische [= tatsächliche] Leitungszentrum. Die Bezeichnung parlamentarische Regierung ist [...] überholt. In England wird daher folgerichtig [...] von *cabinet government* oder p*rime minister government* gesprochen.

Klaus von Beyme, Das politische System der Bundesrepublik Deutschland. Eine Einführung, 12. Auflage, Wiesbaden 2017, S. 333

Volkssouveränität

Prinzip, wonach – in Abgrenzung z. B. zur Monarchie – die Bürger die Träger der Staatsgewalt sind

M 13 ● Welche Aufgaben hat der Deutsche Bundestag?

Wahlfunktion

Der Bundestag wählt eine Reihe von Personen, zum Beispiel interne Funktionsträger wie den Bundestagspräsidenten oder externe wie den Präsidenten des Rechnungshofes oder die Hälfte der Bundesverfassungsrichter. Vor allem aber wählt der Bundestag zu Beginn seiner Legislaturperiode den Bundeskanzler/die Bundeskanzlerin.

Bislang liefen die Bundeskanzlerwahlen relativ überraschungsfrei und unkompliziert ab, obgleich die Mehrheiten in einigen Situationen reichlich knapp waren. Der jeweils vom Bundespräsidenten vorgeschlagene Kandidat ist stets im ersten Wahlgang von mehr als der Hälfte der Mitglieder des Bundestages gewählt worden. In gegebenenfalls erforderlichen weiteren Wahlgängen muss der Vorschlag aus der Mitte des Parlaments kommen.

Finden auch diese Kandidaten keine „Kanzlermehrheit", dann findet nach Ablauf von 14 Tagen ein abschließender Wahlgang statt. Erhält der Kandidat auch dann nur eine relative, aber keine absolute Mehrheit der Mitglieder, kann der Bundespräsident den Bundestag auflösen und Neuwahlen anberaumen. Der Bundespräsident hat aber auch die Option, den mit der relativen Mehrheit gewählten Kandidaten zum Kanzler einer Minderheitsregierung zu ernennen. [...]

Gesetzgebungsfunktion

Der Bundestag wird in der Sprache der Juristen als der „Gesetzgeber" bezeichnet. Das Gesetzgeben ist in der Tat diejenige Aufgabe, die der klassischen Gewaltenteilung zufolge dem Parlament zugewiesen wird. Das Grundgesetz zementiert diese Idee im Artikel 77 Abs. 1: „Die Bundesgesetze werden vom Bundestage beschlossen". Das Bundesverfassungsgericht hat diese Festlegung um die „Wesentlichkeitstheorie" ergänzt. Diese besagt, dass der Bundestag dasjenige Organ ist, das „grundlegende und wesentliche Entscheidungen" treffen muss. Es darf seine Entscheidungskompetenz in wichtigen Belangen nicht an andere, z. B. die Regierung, abtreten. [...]

Interpellative Verfahren

Verfahren des Bundestags zur Regierungskontrolle:

- **Große Anfragen:** auf Antrag einer Fraktion muss die Bundesregierung zu einer Frage Stellung nehmen und im Plenum diskutieren
- **Kleine Anfragen:** auf Antrag von min. 5% der Abgeordneten muss die Bundesregierung zu einer Frage schriftlich Stellung nehmen
- **Fragerecht:** jede/r Abgeordnete darf kurze Einzelanfragen an die Regierung stellen (Antwort im Rahmen einer Fragestunde)
- **Aktuelle Stunde:** auf Antrag von min. 5% der Abgeordneten werden „Themen von allg. Interesse" im Plenum diskutiert

Untersuchungsausschuss, parlamentarischer

Von min. 25% der Abgeordneten beantragter Ausschuss (Besetzung nach Fraktionsstärke im BT) zum Untersuchen von Missständen u. Ä., gerichtsähnliche Arbeit mit Zeugenladung und öffentlicher Beweiserhebung

Kontrollfunktion

Demokratie bedeutet, dass die Macht verteilt ist und sich die staatlichen Institutionen gegenseitig kontrollieren. Gegenstand der parlamentarischen Kontrolle ist in erster Linie die Bundesregierung, die dem Parlament gegenüber verantwortlich ist. Der Bundestag verfügt über ein großes Arsenal an Instrumenten, die Regierungsarbeit einer kritischen Beobachtung zu unterziehen. Zunächst stehen ihm die so genannten „interpellativen Verfahren" zur Verfügung, mit denen das Parlament die Bundesregierung öffentlich zur Rede stellen und Informationen gewinnen kann. Je nach Anzahl der Antragsteller können unterschiedliche Verfahren zum Einsatz kommen.

Kontrollieren können die Parlamentarier ferner im Rahmen der Fachausschüsse oder über eine Klage beim Bundesverfassungsgericht, z. B. in Form eines Normenkontroll- oder Organstreitverfahrens. Wird das Bundesverfassungsgericht angerufen, überträgt der Bundestag seine Kontrollaufgabe den obersten Richtern. [...]

Kommunikationsfunktion

Der Bundestag hat als „Volksvertretung" kommunikative Aufgaben, nämlich zwischen den Bürgern auf der einen Seite und dem staatlichen Entscheidungsbereich auf der anderen Seite zu „vermitteln". So ist es eine zentrale Funktion von Parlamenten, die Interessen der Bevölkerung wahrzunehmen und in den politischen Prozess einzubringen.

Die Abgeordneten werden unmittelbar von den Bürgern gewählt und sollen auch danach in einem engen Kontakt mit ihren Wählern stehen. Hierzu dienen auf der Ebene der einzelnen Abgeordneten beispielsweise Wahlkreissprechstunden oder andere Foren der Begegnung in den Heimatwahlkreisen oder am Parlamentssitz. Eine zunehmende Rolle in der Abgeordneten-Bürger-Kommunikation spielen onlinebasierte Medien. Bundestagsmitglieder (MdBs) greifen intensiv auf die Möglichkeiten des Social Web zurück.

Stefan Marschall, Das politische System Deutschlands, 3. Auflage, Konstanz, München 2014, S. 141-143, 145

M 14 ● Bundestag – ein Parlament ohne Macht?

Hinter den Begriffen [Entparlamentarisierung bzw. Deparlamentarisierung] steht die These, dass das Parlament nicht mehr die zentrale Instanz im politischen System sei.
5 Dies lasse sich, so die entsprechenden Analysen, vor allem an der Gesetzgebung festmachen. Der eigentliche „Gesetzgeber", der Bundestag, sei zum „Stempelkissen" andernorts gefällter Entscheidungen geworden. Aber auch die übrigen parlamentarischen Funktionen könnten vom Parlament nur noch bedingt ausgeübt werden.
Welche Entwicklungen werden für die Entmachtung des Bundestages verantwortlich
15 gemacht? Wer nimmt dem Parlament die Macht, die ihm zusteht?

Der kritische Blick fällt zunächst auf eine Reihe innenpolitischer Akteure [...]: Verbände seien im Gesetzgebungsprozess übermächtig geworden. Die Medien, nicht 20 mehr das Parlament, stellten die Orte der politischen Auseinandersetzung dar und bestimmten über die Themen der öffentlichen Agenda. Vorabsprachen in Koalitionsgremien setzten Fakten, die von den Parla- 25 mentariern nur noch zur Kenntnis genommen werden könnten. Auch andere Staatsorgane grenzten die gesetzgeberischen Möglichkeiten des Bundestages weiter ein: die Regierung durch ihre Dominanz 30 bei der Gesetzesinitiative, das Bundesverfassungsgericht durch seine Rechtsprechung, der Bundesrat durch seine Mitsprachemöglichkeiten. [...]

Der Befund vom machtlosen Parlament ist in seiner Pauschalität gleichwohl nicht stichhaltig. Zunächst: Der Bundestag ist kein bloßes Stempelkissen. So finden im Parlament in vielen Fällen eine intensive Beratung und eine Veränderung von Gesetzesvorlagen statt. Es gilt in der Tat das Wort: Kaum ein Gesetz kommt aus dem Bundestag so heraus, wie es als Entwurf hineingekommen ist. Zudem sind Parlamentsakteure an den vor- und außerparlamentarischen Entscheidungsprozessen mitbeteiligt. So sind Regierungsvorlagen, die in den parlamentarischen Prozess eingebracht werden, in der Regel bereits im Vorfeld mit den Fraktionsspitzen abgeklärt worden. Die Regierungsfraktionen steuern also frühzeitig mit. Auch in den Koalitionsgremien, die oftmals als „Beweis" für die Entmachtung der MdBs ins Feld geführt werden, sind neben den Regierungsvertretern und Parteispitzen desgleichen die Fraktionsspitzen vertreten und repräsentieren so unmittelbar die Parlamentsabgeordneten der Regierungsfraktionen.

Das heißt nicht, dass es keine Fälle gibt, in denen das Parlament machtpolitisch umgangen worden ist. Aber hier muss differenziert werden: Streng genommen müsste für jedes Politikfeld, ja für jeden einzelnen Entscheidungsfall die tatsächliche Macht des Parlaments tariert [= bestimmt] werden. Ohnehin betrifft die tatsächliche Entparlamentarisierung weniger die Regierungsfraktionen als die Opposition – allemal in Zeiten „Großer Koalitionen". [...]
Entparlamentarisierung ist jedenfalls kein Schicksal: Die Abgeordneten können durch Parlamentsreformen entsprechende Entwicklungen, wenn nicht verhindern, so zumindest abbremsen. Der Bundestag hat die Mittel zu seiner Stärkung zum Teil in der eigenen Hand. Es bedarf selbstbewusster Parlamentarier und einer kritisch begleitenden Öffentlichkeit (sowie eines aufmerksamen Verfassungsgerichts), damit die bundesdeutsche Demokratie ihre „parlamentarischen" Facetten bewahrt und ausbaut. Das Selbstbewusstsein muss insbesondere bei den Abgeordneten der Regierungsfraktionen Raum greifen, denn Parlamentsreformen benötigen Mehrheiten. Diese „Emanzipation" ist aufgrund der „Schicksalsgemeinschaft" von Bundesregierung und Parlamentsmehrheit schwierig, aber nicht unmöglich.

Stefan Marschall, Das politische System Deutschlands, 3. Auflage, Konstanz, München 2014, S. 147f.

Konstituierende Sitzung des 19. Deutschen Bundestages im Plenarsaal des Reichstagsgebäudes in Berlin, 24.10.2017. Wolfgang Schäuble sitzt auf dem Podium als neu gewählter Bundestagspräsident und übernimmt damit das zweithöchste Staatsamt.

Rede- und Arbeitsparlament

In sog. Redeparlamenten werden Gesetzesentwürfe vorwiegend im Plenum debattiert. In sog. Arbeitsparlamenten (wie dem Deutschen Bundestag) werden die Gesetzesvorlagen vor allem in (nicht öffentlichen) Fachausschüssen, die ungefähr nach Fraktionsproporz zusammengesetzt sind, sowie zwischen den Fraktionen ausgehandelt. Die Plenumsdebatten dienen hier eher der Information und der Meinungsbildung der Öffentlichkeit (sowie der Werbung um potenzielle Wähler).

Autorentext

Aufgaben

1. Fassen Sie die Aufgaben des Deutschen Bundestages zusammen (M 13).
2. „[D]ie tatsächliche Entparlamentarisierung [betrifft] weniger die Regierungsfraktionen als die Opposition". Erklären Sie diese Aussage Stefan Marschalls (M 14).

1.3.5 Der Bundesrat: Schlagkräftiger Vertreter der Länderinteressen?

E Formulieren Sie vor dem Hintergrund des Antrags von Thüringen (M 15) und dem Ausgang der Abstimmung Fragen zum Bundesrat.

M 15 ● Ein Antrag Thüringens zur Vorratsdatenspeicherung an den Bundesrat

> ## Vorratsdatenspeicherung könnte im Bundesrat scheitern
>
> Thüringen hat [am 3.11.2015 im Bundesrat] einen Antrag auf Einberufung des Vermittlungsausschusses eingebracht. Ziel soll eine „generelle Überarbeitung" des Gesetzentwurfs sein. Der Innenausschuss des Landtags Schleswig-Holstein hat heute entschieden, den Antrag zu unterstützen. [...] Da es sich um ein zustimmungspflichtiges Gesetz handelt, kann es nicht ohne Zustimmung des Bundesrates rechtskräftig werden.

Peter Marwan, www.itespreso.de, 5.11.2015, Abruf am 8.8.2018

Die Landesregierung Thüringens begründete den Antrag v. a. mit erheblichen verfassungs- und europarechtlichen Bedenken gegen die vom Bundestag beschlossene Form der Vorratsdatenspeicherung.

Landesregierungen im Bundesrat

Im November 2015 regierte in Thüringen eine Koalition aus Die Linke, SPD und Bündnis 90/Die Grünen. Dem Antrag stimmte neben Thüringen nur noch Schleswig-Holstein zu (damalige Regierungskoalition aus SPD, Bündnis 90/Die Grünen und Südschleswigscher Wählerverband). Damit wurde der Antrag abgelehnt. Nicht für den Antrag stimmten (mit damaliger Regierungszusammensetzung):

Baden-Württemberg (Grüne, SPD)

Bayern (CSU)

Berlin (SPD. CDU)

Brandenburg (SPD, Linke)

Bremen (SPD, Grüne)

Hamburg (SPD, Grüne)

Hessen (CDU. Grüne)

Mecklenburg-Vorpommern (SPD, CDU)

Niedersachsen (SPD, Grüne)

Nordrhein-Westfalen (SPD, Grüne)

Rheinland-Pfalz (SPD, Grüne)

Saarland (CDU, SPD)

Sachsen (CDU, SPD)

Sachsen-Anhalt (CDU, SPD)

Autorentext

Info

Abstimmungsmodus im Bundesrat

Das Stimmgewicht der einzelnen Landesregierungen im Bundesrat ist [...] nicht gleich, sondern orientiert sich an der Bevölkerungszahl der Länder. Dabei wird aber strikte Proportionalität vermieden. Das heißt, der Bevölkerungsanteil eines Landes bestimmt dessen Stimmenanteil im Bundesrat nicht eins zu eins, sondern nur in eingeschränktem Maße („gemäßigtes Bundesratsprinzip"). Dieses Prinzip vereint den Gedanken der relativen Gleichbehandlung der Länder mit dem Respekt vor der Bevölkerungszahl eines Landes. Die kleineren Länder sind gemessen an ihrer Einwohnerzahl im Bundesrat überrepräsentiert. [...] Die Stimmen eines Landes können im Bundesrat nur einheitlich abgegeben werden. Dazu genügt es, wenn ein Stimmführer im Plenum anwesend ist. Dies verdeutlicht, dass im Bundesrat bei Abstimmungen das Land abstimmt und nicht der einzelne Abgeordnete wie im Bundestag. Der Beschluss über die Stimmabgabe eines Landes fällt auch nicht im Plenum des Bundesrates, sondern in den Hauptstädten der Länder. Die Landeskabinette einigen sich über ihre Position zu den anstehenden Gesetzesentscheidungen. Für den Fall, dass dies nicht gelingen sollte, sehen die Koalitionsvereinbarungen der Länderregierungen in der Regel vor, dass sich das betreffende Land bei strittigen Gesetzesvorhaben der Stimme enthält.

Roland Sturm, Zusammenarbeit im deutschen Föderalismus, in: Informationen zur politischen Bildung. Föderalismus in Deutschland (Nr. 318), Bonn 2013, S. 22

M 16 ● Welche Funktion hat der Bundesrat?

Der Bundesrat ist [...] die Institution, in der die Landesregierungen an der Bundesgesetzgebung und außerdem an der Gesetzgebung, die Angelegenheiten der Europäischen Union zum Inhalt hat, mitwirken. Die Besonderheit des Bundesrats besteht darin, dass er [...] Länderinteressen in die Bundespolitik einbringt. Dafür sorgt die Art seiner Bestellung aus den Reihen der Landesregierungen. Mitglieder des Bundesrates sind die Ministerpräsidenten und weitere entsandte Mitglieder der Landesregierungen. Die Mitgliedschaft im Bundesrat verändert sich deshalb nach jeder Landtagswahl.

Der Bundesrat als Ganzes wird – im Unterschied zu anderen Zweiten Kammern, die [...] aus volksgewählten Abgeordneten bestehen – nicht gewählt. Insofern ist er ein „ewiges Organ". [...] [D]ie Besonderheit des Bundesrates [besteht] darin, dass seine Mitglieder aus den Landesregierungen den Interessen ihrer Länder verpflichtet sind. Auch wenn die Parteipolitik im deutschen Bundesrat eine große Rolle spielt, kommt es immer wieder vor, dass bei einzelnen Entscheidungen alle Länder sich gemeinsam gegen den Bund wenden oder dass einzelne Länder aus den parteipolitischen Reihen ausbrechen, um ihr Länderinteresse zu wahren. Abklärungen politischer Positionen finden meist im Vorfeld der Abstimmungen im Plenum des Bundesrates statt. [...]

Der Bundesrat ist in jede Phase der Bundesgesetzgebung einbezogen. Er hat auch das Recht, Gesetze zu initiieren, also eigene Vorschläge zur Gesetzgebung zu machen. [...] Zustimmungsgesetze bedürfen, weil sie Länderangelegenheiten berühren, der Zustimmung der Länder im Bundesrat. Bei allen anderen Bundesgesetzen kann der Bundesrat nur Einspruch einlegen. Der Bundestag kann diesen Einspruch mit der gleichen Mehrheit, mit der er vom Bundesrat beschlossen wurde, überstimmen, und das Gesetz tritt dennoch in Kraft. Wenn also der Bundesrat mit absoluter Mehrheit einen Einspruch anmeldet, bedarf es im Bundestag ebenso einer absoluten Mehrheit, um diesen abzuwenden. Entscheidet der Bundesrat mit Zweidrittelmehrheit, muss der Bundestag den Einspruch mit zwei Dritteln seiner Stimmen überwinden.

Bei Zustimmungsgesetzen können Bundestag, Bundesregierung und Bundesrat den Vermittlungsausschuss anrufen (um das Scheitern eines Gesetzes zu vermeiden). [...] Für die Länder ist der Bundesrat das politische „Nadelöhr", durch das ihre Positionen in die Bundespolitik und die Europapolitik eingefädelt werden. Aus der Sicht des einzelnen Landes heißt das aber auch, dass kein Land in der Lage ist, seine Position eigenständig [...] einzubringen. Wenn politisch Einfluss genommen werden soll, muss erst die Abstimmung mit den anderen Ländern erfolgen. Diese Abstimmung geschieht in erster Linie nach den Regeln der Parteipolitik.

Roland Sturm, Zusammenarbeit im deutschen Föderalismus, in: Informationen zur politischen Bildung. Föderalismus in Deutschland (Nr. 318), Bonn 2013, S. 22, 24ff.

Vermittlungsausschuss

gemeinsames Gremium von Bundestag und Bundesrat (nach Art. 77 Abs. 2 GG), bestehend aus jeweils 16 Mitgliedern der beiden Organe; Zweck: Vermittlung bei Uneinigkeiten zwischen Bundes- und Ländervertretung mit dem Ziel eines positiven Ergebnisses eines Gesetzgebungsverfahrens (oft ein Kompromiss)

M 17 ● Bundesrat – blockiert durch Parteienvielfalt?

In der Wissenschaft wurde diskutiert, ob die Gleichzeitigkeit von parteipolitischer und landespolitischer Interessenvertretung im Bundesrat ein Verfassungsproblem sei. Der Politikwissenschaftler Gerhard Lehmbruch spricht von einem „Strukturbruch": Der Bundesrat sei im Grundgesetz als Länderkammer vorgesehen, und Parteipolitik widerstrebe dieser Strukturentscheidung. Dagegen lässt sich jedoch einwenden, dass Parteipolitik in einer Parteiendemokratie schlecht von politischen Institutionen, wie dem Bundesrat, ferngehalten werden kann. Ein größeres, praktisches Problem für Ent-

Zusatzmaterial Vetospielertheorie

Mediencode: 72052-03

Föderalismus/ Bundesstaatlichkeit

Staatsstrukturprinzip; charakterisiert durch erhebliche Befugnisse zur eigenen Rechtssetzung einzelner Bundesländer in bestimmten Politikfeldern (Inneres, Bildung, Wirtschaft...) bei gleichzeitiger Existenz einer Zentralregierung und -verwaltung. Zur Erledigung ihrer Aufgaben erhalten die Bundesländer Einnahmen aus vom Bund erhobenen Steuern. Im Wettbewerbsföderalismus (z. B. USA) haben die Länder größere Autonomie als im kooperativen Föderalismus (z. B. Deutschland).

Autorentext

scheidungen im Bundesrat ist, dass es in Deutschland immer mehr Parteien in den Parlamenten gibt. Damit vergrößert sich das Spektrum der Koalitionen auf Landesebene, und es wird unwahrscheinlicher, dass diese Koalitionen entweder alleine von Oppositionsparteien oder alleine von Regierungsparteien im Bund gestellt werden. Das behindert die Einigung auf das Stimmverhalten im Bundesrat bei kontroversen Themen, was wiederum eine Zunahme von Enthaltungen zur Folge hat. Im Ergebnis verstummen die Länder, was schlecht für deren politische Repräsentation ist. Häufig stehen so weder der Regierung noch der Opposition im Bundesrat absolute Mehrheiten zur Verfügung.

Roland Sturm, Zusammenarbeit im deutschen Föderalismus, in: Informationen zur politischen Bildung. Föderalismus in Deutschland (Nr. 318), Bonn 2013, S. 24

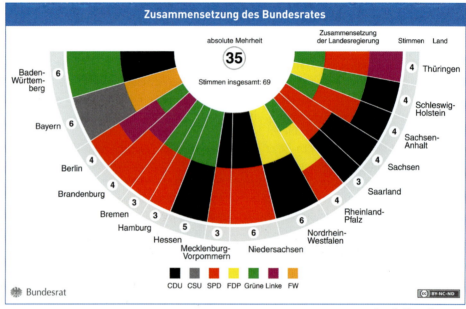

Stand: November 2018

M 18 ● Blockiert der Bundesrat Gesetze?

Gesetze vor dem Bundesrat in der 18. Wahlperiode (22.10.2013 - 22.9.2017)	
vom Bundestag beschlossene und dem Bundesrat zugeleitete Gesetzesvorlagen	555
davon zustimmungsbedürftige Gesetze	197
davon Gesetzesinitiative der Bundesregierung	493
davon Gesetzesinitiative des Bundestages	52
davon Gesetzesinitiative des Bundesrates	10
vom Bundesrat beraten (und zugestimmt)	553
davon Zustimmung nach Verfahren vor dem Vermittlungsausschuss	2
Zustimmung vom Bundesrat versagt	2
davon durch den Bundespräsidenten ausgefertigt und verkündet	547

Zahlen: Statistik der parlamentarischen Arbeit des Bundesrates, Berichtszeitraum: 916. bis 960. Sitzung des Bundesrates, Berlin 2017, S. 1-3

1 Verfassungsorgane und politische Akteure

M 19 ● Bundesrat abschaffen?

Der Bundesrat ist [...] längst nicht mehr das, was er einmal war. Er war nach dem Zweiten Weltkrieg ursprünglich nur als föderales Korrektiv vorgesehen, in dem die Bun-
5 desländer ihre Interessen gegenüber dem Gesamtstaat geltend machen sollten. Nach den Erfahrungen mit dem totalen NS-Staat sollte so die Macht der Zentralregierung begrenzt werden.
10 Doch mit der Zunahme der zustimmungs-
pflichtigen Gesetze wandelte sich die Län-
derkammer seit den 1970er Jahren mehr und mehr zu einem parteipolitisch funktio-
nalisierten Blockadeinstrument. Quasi
15 durch die verfassungsrechtliche Hintertür haben sich die Ministerpräsidenten und die Landesregierungen großen Einfluss auf die Bundespolitik gesichert – mehr, als ihnen die Väter des Grundgesetzes zugedacht hat-
20 ten.
Trotzdem war die föderale Welt lange Zeit noch übersichtlich, weil sich die Parteien und ihre Wähler zwei Lagern zuordnen ließen. Jeder wusste: Schwand die Mehrheit
25 der Parteien, die die Bundesregierung stellten, im Bundesrat und begann die Opposi-
tion, dort eine gesetzgeberische Blockade zu organisieren [...], stand auch der Bund vor einem Machtwechsel.
30 Doch nun droht die Blockade zur Anarchie und zum Dauerzustand zu verkommen. Schon jetzt sind im Bundesrat [...] [zehn (Stand: 11/2017)] verschiedene Regierungs-
konstellationen vertreten [...]. Jede der be-
35 teiligten Parteien wird versuchen, über die Länderebene Einfluss auf die Bundespolitik zu nehmen, der ihr im Bundestag fehlt. Deutschland würde unregierbar und stünde vor einer veritablen Verfassungskrise.
40 Die Lösung kann jedoch nicht sein, die fö-
derale Macht der kleinen Parteien über einen verfahrenstechnischen Umweg zu be-
grenzen. Schließlich würden sich die beiden großen Volksparteien so nur mehr Macht
45 sichern, als ihnen angesichts ihrer brö-
ckelnden Verankerung bei den Wählern zusteht.
Stattdessen wäre es an der Zeit, dem ge-
wachsenen Einfluss der Länderkammer und der veränderten Parteienlandschaft durch
50 eine echte Bundesrats-Reform Rechnung zu tragen. Die Mitglieder sollten nicht mehr von den Landesregierungen gestellt werden, sondern sie sollten sich alle vier Jahre an einem Termin in allen Ländern gleich-
55 zeitig zur Wahl stellen. Endlich erhielte der Bundesrat so eine unmittelbare demokratische Legitimation, der seinem gewachsenen demokratischen Einfluss entspräche. Deutschland bekäme ein echtes Zweikam-
60 mern-Parlament.
Zudem könnte so dem Missstand begegnet werden, dass jede Landtagswahl mittlerweile eine kleine Bundestagswahl ist, und die Landespolitik [...] in den Hintergrund
65 treten lässt. Deutschland braucht eine De-
mokratiereform.

Christoph Seils, Schafft den Bundesrat ab!, www.zeit.de, 25.11.2008, Abruf am: 8.8.2018

Aufgaben

1. Geben Sie die Funktionen des Bundesrats sowie die Besonderheiten der Abstim-
mungsmodalitäten darin wieder (M 16, Infobox).

2. Erläutern Sie das von Sturm benannte Problem des „Verstummens von Ländern" im Bundesrat (M 16, M 17, Infobox).

3. Überprüfen Sie die These Roland Sturms mithilfe des Abstimmungsverhaltens des Bundesrats 2013 bis 2017 (M 18).

4. Nehmen Sie Stellung zu Seils' Reformvorschlag für den Bundesrat (M 19).

H zu Aufgabe 2
Beziehen Sie sich dabei auf die aktuelle Zusammensetzung der Regierungen der Bundesländer.

H zu Aufgabe 4
Berücksichtigen Sie dabei das von Sturm aufgeworfene Problem.

1.3.6 Der Bundespräsident – zu machtlos, um Gesetze zu stoppen?

E Wählen Sie Befugnisse aus, über die ein Staatsoberhaupt unbedingt verfügen sollte (M 19), und begründen Sie Ihre Auswahl.

M 19 ● Mögliche Rechte und Aufgaben eines Staatsoberhauptes

- Vorschlagsrecht für Gesetze
- Oberbefehl über die Streitkräfte
- Abberufung von Regierungen
- Aushandlung internationaler Verträge
- Appelle an die Bevölkerung
- Eigenständige Auflösung des Parlaments
- Überprüfung von Gesetzen auf Verfassungsmäßigkeit
- Zeitweises Außerkraftsetzen der Verfassung und Erlassen von Notverordnungen bei Gefährdung der inneren Sicherheit
- Begnadigungsrecht

M 20 ● Die verfassungsrechtliche Stellung des Bundespräsidenten

Der Bundespräsident

ist das **Staatsoberhaupt** der Bundesrepublik Deutschland.
Er wird **von der Bundesversammlung gewählt**.

Die **Abgeordneten** des Deutschen Bundestages — gleiche Anzahl von **Delegierten** der 16 Bundesländer

Amtssitze sind **Schloss Bellevue** in Berlin und **Villa Hammerschmidt** in Bonn.

Er wird **vom Präsidenten des Bundesrats** vertreten.

Die **Amtszeit** beträgt **fünf Jahre**; eine zweite Amtszeit ist möglich.

Schloss Bellevue

Der Bundespräsident ...

- **repräsentiert** Deutschland nach innen und außen
- **vertritt den Bund** völkerrechtlich und schließt Staatsverträge
- schlägt dem Bundestag **Kandidaten** für das Amt des **Bundeskanzlers** vor
- **ernennt und entlässt** Kanzler, Minister, Bundesrichter, Offiziere und Bundesbeamte
- kann in besonderen Fällen den **Bundestag auflösen** (z. B. nach einer gescheiterten Vertrauensfrage)
- **prüft und unterschreibt Gesetze**
- kann **Straftäter begnadigen**, die von einem Bundesgericht verurteilt wurden

- Der Bundespräsident ist von der Tagespolitik unabhängig und soll sich **parteipolitisch neutral** verhalten. Um politische Wirkung zu erzielen, kann er in Reden gesellschaftliche Diskussionen anstoßen oder aufgreifen.

- Nach seiner Amtszeit erhält der Bundespräsident einen **lebenslangen Ehrensold** in Höhe seiner ehemaligen Amtsbezüge.

© Globus 11373

Bundespräsident zur Vorratsdatenspeicherung

Am 10.12.2015 unterzeichnete der damalige Bundespräsident Joachim Gauck das Gesetz zur Vorratsdatenspeicherung, wodurch es in Kraft trat.

Erklärfilm Wahl des Bundespräsidenten

Mediencode: 72052-04

M 21 • Handlungsspielräume des Bundespräsidenten?

Die Mitglieder der Bundesregierung werden auf Vorschlag des Bundeskanzlers vom Bundespräsidenten ernannt. Der Bundespräsident hat hier zwar einen Ermessensspielraum, aber keinen politischen. „Das Ermessen des Bundespräsidenten erstreckt sich allenfalls auf Sachverhalte, welche die Autorität des Staates berühren, wie die Ablehnung eines Ministerkandidaten wegen NS-Vergangenheit, Amtsmissbrauch oder Straftaten." (Beyme 2004).

Das Amt des Bundespräsidenten ist primär parteifern konzipiert. Der Bundespräsident soll das ganze Volk repräsentieren und wirkt durch das mahnende Wort. Seine Aufgabe, Gesetze zu unterzeichnen, damit sie in Kraft treten können, ist allerdings nicht nur als Automatismus zu verstehen. Es besteht Einigkeit dahin, dass der Bundespräsident berechtigt ist, auf ein korrektes Verfahren bei der Gesetzgebung zu achten und dass er Gesetze nicht unterzeichnen muss, von deren Übereinstimmung mit der Verfassung er nicht überzeugt ist.

Im Unterschied zu einem Staatsoberhaupt in einem präsidentiellen Regierungssystem wie in den USA, das unmittelbar Regierungsaufgaben wahrnimmt, ist der Bundespräsident in der Tagespolitik nur präsent, wenn er sich „einmischen" möchte.

Roland Sturm, Bundespräsident und Bundesregierung, www.bpb.de, 31.5.2012

Frank-Walter Steinmeier
(SPD), seit 2017
12. Bundespräsident der Bundesrepublik Deutschland; zuvor u. a. Kanzleramtschef (1999-2005) und Bundesaußenminister (2005-2009, 2013-2017)

M 22 • Abschaffung des Amts des Bundespräsidenten – eine Online-Petition

http://openpetition.de

Der Deutsche Bundestag möge im Rahmen einer Änderung des Grundgesetzes beschließen, das Amt des Bundespräsidenten abzuschaffen.
Begründung: […] Betriebswirtschaftlich unter Kosten-Nutzen-Aspekten betrachtet rechnet sich dieses Amt nicht. Der Bundespräsident, der vor allem repräsentative Aufgaben zu erfüllen hat, gestaltet weder die Politik noch ist er essenziell für unsere auswärtigen Beziehungen. Da Deutschland keine konstitutionelle Monarchie ist und auch keine entsprechende Tradition hat, wäre ein Abschaffen diesen Amtes kein Bruch mit unserer Geschichte sondern befreite Haushaltsmittel für wichtigere Aufgaben. Außerdem gewänne dadurch unsere politische Führung an Glaubhaftigkeit, da sie somit verdeutlicht, dass sie nicht nur von uns Bürgern Verzicht verlangt, sondern auch bereit ist, ihren eigenen Apparat zu verschlanken.

Christof Schadt, www.openpetition.de, 9.1.2012

H zu Aufgabe 2
Gestalten Sie Ihre Antwort in Form eines Blog-Eintrags zur Online-Petition.

F „Der Bundespräsident – machtloser Repräsentant?" Überprüfen Sie diese Aussage. Beachten Sie dabei, in welchen Phasen des Politikzyklus der Bundespräsident in welcher Weise aktiv werden kann.

Aufgaben

1. Vergleichen Sie die von Ihnen ausgewählten Rechte eines Staatsoberhaupts mit den Befugnissen des deutschen Bundespräsidenten (M 19-M 21).
2. Nehmen Sie Stellung zur Forderung, das Amt des Bundespräsidenten abzuschaffen (M 22).

METHODE

Sachverhalte, Thesen und Problemstellungen kategorien- und kriteriengeleitet beurteilen

Warum sollte ich kriteriengeleitet politisch urteilen können?

Im Alltag stößt jeder Bürger immer wieder auf politische Fragen, die entschieden werden müssen. Sollen die Mittel der Gemeinde vordringlich in die Ausstattung der Schulen fließen oder soll das kommunale Schwimmbad ausgebaut werden? Soll die Leiharbeit eingeschränkt werden? Soll sich die Bundeswehr an militärischen Auslandseinsätzen beteiligen? Für politische Probleme gibt es – anders als z.B. bei technischen – nicht eine richtige Lösung. Die jeweilige Antwort auf die Frage bzw. bevorzugte Problemlösung hängt nämlich von der eigenen politischen Überzeugung ab und kann nur besser oder weniger gut begründet werden. Um sich ein Urteil zu bilden und dieses – auch jemandem mit anderer Meinung gegenüber – möglichst schlüssig zu begründen, stehen bei politischen und ökonomischen Entscheidungsfragen Kategorien bzw. Kriterien als Hilfsmittel zur Urteilsbildung zur Verfügung. Vielleicht gelingt es sogar, damit jemanden von der eigenen Position zu überzeugen…

Was sind Urteilskategorien?

Kategorien sind Oberbegriffe. Neben der Ebene der gesellschaftlichen Grundwerte sind die beiden zentralen Kategorien der politischen Urteilsbildung die der Legitimität (also die Anerkennungswürdigkeit einer politischen Position oder Entscheidung) und die der Effizienz (also die Wirtschaftlichkeit im weiteren Sinne einer politischen Entscheidung oder eines politischen Vorschlags). Kategorien bzw. die unter ihnen versammelten politischen Urteilskriterien können zu zweierlei dienen: Erstens haben sie die Funktion, bisher ungenannte Argumente aufzuspüren. Zweitens können damit Pro- und Kontra-Argumente besser aufeinander bezogen werden (z.B. in einer Pro-Kontra-Debatte oder einer schriftlichen Erörterung); sie helfen also bei der Strukturierung von Gesprächen und Texten.

Kriterien politischer Urteile

Im Folgenden werden mögliche Kriterien – geordnet nach Kategorien – zur Orientierung dargestellt. Bei keiner Urteilsfrage sollen alle Kriterien schematisch „abgearbeitet" werden, sondern Sie sollten jeweils zuerst prüfen, welche Kriterien bei der speziellen Urteilsfrage überhaupt hilfreich sind.

vom Sachurteil zum Werturteil ⟶

Effizienz	Legitimität	Grundwerte
Politische Durchsetzbarkeit (Handlungsmöglichkeiten/-beschränkungen politischer Entscheider)	Legalität (Rechtmäßitkeit)	Freiheit
Effektivität, Wirksamkeit	Grund- und Menschenrechte, Verfassungsmäßigkeit	Gerechtigkeit (Leistungs-, Egalitäts-, Bedarfsprinzip)
Kosten (Minimalprinzip)	Gemeinwohlorientierung	Sicherheit
Nutzen (Maximalprinzip)	Responsivität (politische Umsetzung der Wählerwünsche)	Solidarität
Schnelligkeit	Repräsentativität	ökologische Nachhaltigkeit
Genauigkeit	Partizipation (Mitbestimmung)	
(un)erwünschte Nebenfolgen	Transparenz (Nachvollziehbarkeit)	
	Kontrollierbarkeit	
	Autonomie (Selbstbestimmung)	
	Verhältnismäßigkeit der Mittel	
	Subsidiarität	

Beim Umgang mit Wert-Argumenten ist besonders zu beachten, dass Werte (sogar gleichzeitig) in Bedingungs- und Spannungsverhältnissen zueinander stehen können. So ist ein Mindestmaß an Sicherheit notwendig (Rechtssystem, staatliches Gewaltmonopol), um Handlungsfreiheit verwirklichen zu können (Bedingungsverhältnis). Aber es besteht tendenziell die Gefahr (insb. bei innenpolitischen Maßnahmen, die der Kriminalitätsprävention dienen sollen), dass die Freiheit der Bürger durch die staatlichen Behörden aus (angeblichen) Sicherheitserwägungen heraus über das notwendige Maß hinaus eingeschränkt wird (Spannungsverhältnis). Genauso kann die (absolute) Freiheit wirtschaftlicher Betätigung aufgrund umweltschädlicher Folgen des Wirtschaftens die ökologische Nachhaltigkeit gefährden.

Mögliche Schrittfolge zur kriteriengeleiteten Urteilsbildung

Auch wenn im Folgenden eine Schrittfolge zur Urteilsbildung beschrieben wird, sollten Sie sie nicht rein schematisch verstehen. So sind häufig die Schritte 2, 3 und ggf. 4 miteinander verzahnt, ebenso auch die Schritte 4, 5 und 6.

Schritt	Beschreibung
(1) Urteilsfrage verstehen	Grenzen Sie genau den Bereich ein, zu dem ein Urteil gefällt werden soll.
	Manchmal wird auch „nur" ein Sachurteil von Ihnen gefordert („beurteilen"), manchmal ein integriertes Sach- und Werturteil („Stellung nehmen", „bewerten").
(2) Kriterien sichten	Überlegen Sie, welche der Ihnen bekannten Urteilskriterien auf die Entscheidungsfrage angewendet werden können und welche eher nicht.
(3) Argumente herausarbeiten und/oder (multiperspektivisch) entwickeln	Arbeiten Sie aus Materialien (meinungsbetonte Texte, aber ggf. auch statistisches Material) Argumente für beide Positionen zur Entscheidungsfrage heraus.
	Entwickeln Sie (zusätzlich) plausible Argumente.
	Dabei hilft es, unterschiedliche Perspektiven auf die Urteilsfrage einzunehmen (vgl. Urteilsbildung 1, Kap. 1.3.1).
	Denken Sie unbedingt daran, Ihre Argumente nachvollziehbar zu belegen bzw. plausibel und logisch herzuleiten.
(4) Argumente ordnen	Um in Diskussionen ein Argument erwidern zu können oder eine Erörterung zu strukturieren, ist es sinnvoll, die Pro- und Kontra-Argumente aufeinander zu beziehen. Dazu können die Kriterien dienen, wenn sich Argumente den gleichen bzw. ähnlichen Kriterien zuordnen lassen.
(5) Hauptargument/e identifizieren	Sie sollten begründet ein oder zwei übergeordnete Argumente identifizieren.
	Dabei geht es nicht um eine willkürliche Auswahl, sondern wiederum um eine kriteriengeleitete Entscheidung. Die Kriterien der Auswahl ergeben sich aus der Urteilsfrage (z. B. Art und Schwere der Folgen für Betroffene, Zahl der Betroffenen, eigene Handlungsmöglichkeiten von Akteuren und Betroffenen...).
(6) eigenes abschließendes Urteil bilden	Hier formulieren Sie Ihre eigene Position möglichst prägnant.
	In der Bearbeitung einer solchen Klausuraufgabe nutzen Sie die Ergebnisse der Schritte 3 bis 6 (s. u.).
(7) einordnen und reflektieren eigener Position	Hier können Sie zusätzlich Ihre eigene Position in ein Theoriegebäude einordnen (z. B. Vorstellung sozialer Gerechtigkeit zwischen Leistungsgerechtigkeit und Egalitätsprinzip; angebots- oder nachfragetheoretische Wirtschaftspolitik...).
	Zudem wäre es möglich, dass Sie der Herkunft Ihrer politischen Überzeugung nachspüren (Einfluss von Familie, Freunden, Vorbildern; soziales Herkunftsmilieu...).

Autorentext

Zum Aufbau einer kriteriengeleiteten Erörterung

Mediencode: 72052-05

Die Rolle von Bundeskanzler und Bundesregierung im politischen Prozess
(Basiskonzept: Ordnungen und Systeme)
M 2, M 5, M 6

Der Bundeskanzler hat das wichtigste politische Amt in Deutschland inne. Er bestimmt die Richtlinien der Politik und leitet die Geschäfte der Bundesregierung. Er schlägt dem Bundespräsidenten die Minister zur Ernennung oder Entlassung vor. Gegenüber den Ministern ist der Bundeskanzler nach GG Art. 65 Abs. 1 S. 1 mit der **Richtlinienkompetenz** ausgestattet, die es ihm erlaubt, den Ministern die Richtung der Politik vorzuschreiben.

Die Minister decken verschiedene Politikressorts (z. B. Wirtschaft, Verteidigung, Finanzen usw.) ab, für die sie verantwortlich zeichnen (**Ressortprinzip**). Hinter jedem Ministerium steht ein riesiger, hierarchisch organisierter Verwaltungsapparat. Die sogenannte **Ministerialbürokratie** fertigt auf Weisung und unter Einbeziehung externer Fachleute die Gesetzentwürfe aus, die dann vom jeweiligen Minister im Kabinett (= Regierung) vorgelegt, dort beschlossen und schließlich in den Bundestag eingebracht werden (**Kollegialprinzip**). In der politischen Praxis von Koalitionsregierungen tritt das verfassungsrechtliche Instrument der Richtlinienkompetenz des Kanzlers weitgehend zurück. Aufgrund der Tatsache, dass der Bundeskanzler von der (absoluten) Mehrheit der Bundestagsabgeordneten gewählt wird, hat die Regierung stets deutliche Chancen, dass die von ihr initiierten Gesetze auch vom Parlament verabschiedet werden. Allerdings ist das politische Durchsetzen von Maximalforderungen („Durchregieren") auch einem Bundeskanzler nicht möglich, da er i. d. R. an Koalitionsvereinbarungen gebunden ist und auch innerhalb der Bundestagsfraktionen unterschiedliche Positionen zu Gesetzgebungsfragen existieren.

Die Rolle des Deutschen Bundestages und seiner Abgeordneten im politischen Prozess
(Basiskonzept: Ordnungen und Systeme)
M 9, M 13, M 14

Im parlamentarischen System der Bundesrepublik kommt dem Bundestag eine besondere Bedeutung zu. Die vom Volk gewählten Repräsentanten (Abgeordnete) wählen den Bundeskanzler (Wahlfunktion), stimmen im Bundestag über eingebrachte Gesetze ab (Gesetzgebungsfunktion), arbeiten in den Ausschüssen an der Ausgestaltung von Gesetzen mit, kontrollieren die Regierung (Kontrollfunktion) und tragen über die öffentlichen Parlamentsdebatten zur Willensbildung der Bevölkerung (Willensbildungsfunktion) bei.

In einer repräsentativen Demokratie wird das Mandat als Auftrag des Volkes an den Abgeordneten (Mandatsträger) in der Volksvertretung (Parlament) verstanden. Unterschieden wird das **freie Mandat**, das den Abgeordneten (im engeren Sinne) nicht an Aufträge und Weisungen bindet und das **imperative Mandat**, bei dem der Abgeordnete an die konkreten Entscheidungen und Aufträge der Partei oder Gruppe gebunden ist, von der er sein Mandat erhält. Das Grundgesetz sichert den Abgeordneten zwar ein freies Mandat zu (Verfassungsnorm), im politischen Alltag stehen die Abgeordneten aber in einem vielschichtigen Spannungsverhältnis. Die Fraktionen haben großen Einfluss auf das Verhalten der Abgeordneten. Wird der **Fraktionszwang** bei einer Abstimmung nicht aufgehoben, müssen Abgeordnete mit Konsequenzen rechnen, wenn sie gegen den Beschluss der Fraktion votieren (z. B. geringere Wahlchancen durch schlechteren Platz auf der Landesliste).

Die Bundestagsabgeordneten verfügen prinzipiell über eine Vielzahl von Kontrollrechten gegenüber der Regierung. Sie können große und kleine **Anfragen** an Kanzler und

1 Verfassungsorgane und politische Akteure

Minister richten, **Untersuchungsausschüsse** einsetzen und das Bundesverfassungsgericht zur Überprüfung von Gesetzen anrufen (**Normenkontrollklage**). Für die beiden letztgenannten, die für die Oppositionsfraktionen sehr wirkungsvoll sind, benötigt man aber die Stimmen von 25 % der Abgeordneten. Die Grünen und Die Linke verfügten als Opposition der Großen Koalition (CDU/CSU und SPD) von 2013-2017 lediglich über 20 % der Sitze im Bundestag.

Im parlamentarischen System der Bundesrepublik Deutschland besteht eine enge inhaltliche und auch personelle Verbindung zwischen der Regierung und der Regierungsmehrheit im Parlament. Man spricht in diesem Zusammenhang von einem Dualismus von Regierung und Regierungsmehrheit auf der einen Seite und den Oppositionsparteien auf der anderen Seite. Die **Kontrolle politischer Herrschaft** erfolgt deshalb hauptsächlich durch die Oppositionsparteien. Dieses System stellt eine Abkehr von der klassischen Gewaltenteilungslehre dar, da Teile der **Legislative** eng mit der **Exekutive verwoben** sind.

Der Bundesrat ist die Interessenvertretung der Länder auf Bundesebene. Über den Bundesrat nehmen die **Länder** ihr **Mitwirkungsrecht bei der Gesetzgebung** des Bundes wahr. Dabei kann der Bundesrat Gesetze einbringen (Initiativrecht), er kann Stellungnahmen zu Gesetzen abgeben, bei Ablehnung eines Gesetzes den Vermittlungsausschuss anrufen oder zustimmungspflichtige Gesetze durch sein Vetorecht verhindern. Damit hat der Bundesrat erheblichen Einfluss auf die Ausgestaltung der Gesetzgebung. Aus der Perspektive der Gewaltenteilung ist er ein Garant der Demokratie und des Konsenses (Legitimität), aus der Perspektive der politischen Steuerungsfähigkeit (Effizienz) eher Ursache einer gewissen Reformträgheit.

Früher wurde häufig der Vorwurf erhoben, dass der Bundesrat – bei entsprechenden Mehrheitsverhältnissen – als „Blockadeinstrument" bei zustimmungspflichtigen Gesetzen missbraucht würde. Aufgrund der zunehmenden Parteienvielfalt auch in den Landtagen besteht heute eher das Problem, dass Länder ganz „verstummen": Sie enthalten sich häufig der Stimme, da die Landesregierung nur z. T. von den Parteien gestellt wird wie die Bundesregierung.

Die Rolle des Bundesrates im politischen Prozess
(Basiskonzept: Ordnungen und Systeme)
M 16, M 17

Der Bundespräsident ist das Staatsoberhaupt der Bundesrepublik. Neben **repräsentativen Aufgaben** schließt der Bundespräsident Verträge mit anderen Staaten. Er ernennt oder entlässt den Bundeskanzler und seine Minister und kann Straftäter begnadigen. Im Gesetzgebungsprozess hat der Bundespräsident die Aufgabe der Prüfung, Unterzeichnung und Verkündung von Gesetzen. Dabei hat er ein formelles Prüfungsrecht, ob die Gesetze verfassungsgemäß zustande gekommen sind. Umstritten ist seine materielle Prüfungskompetenz, also die Frage, ob der Bundespräsident ein ihm zur Unterzeichnung vorgelegtes Gesetz auf seine inhaltliche Übereinstimmung mit dem Grundgesetz überprüfen darf. Als informelle Machtressource verfügt der Bundespräsident über die „**Macht der Rede**". Geschickt platzierte und eindrücklich vorgetragene Reden können von Massenmedien aufgegriffen werden und im Sinne von Agenda-Setting politische Prozesse anstoßen.

Die Rolle des Bundespräsidenten im politischen Prozess
(Basiskonzept: Ordnungen und Systeme)
M 20, M 21

1.4 Wie wird die „neue" Vorratsdatenspeicherung umgesetzt und bewertet?

1.4.1 Welchen Einfluss hat das Bundesverfassungsgericht im politischen Entscheidungsprozess?

Interpretationshilfe
Zur Rolle des Bundesverfassungsgerichts in der Geschichte der Vorratsdatenspeicherung in Deutschland vgl. Kap. 1.1, M 2.

E Analysieren Sie die Karikatur (M 1) und finden Sie einen passenden Titel.

M 1 ● Die Vorratsdatenspeicherung vor dem Bundesverfassungsgericht

Karikatur: Klaus Stuttmann, 2015

M 2 ● Welche Funktionen und Aufgaben hat das Bundesverfassungsgericht?

Das Entscheidungshandeln der Richter kann sich nachhaltig in drei Dimensionen des Politischen niederschlagen: im Verfassungsrahmen, im politischen Prozess und in den Inhalten.
(1) Als Hüterin der Verfassung hat das Gericht die Substanz des Grundgesetzes zu bewahren und wo erforderlich weiterzuentwickeln.
(2) Das Bundesverfassungsgericht kann mitentscheiden, wer mit welcher Macht wann im politischen Prozess teilhat und nach welchen Spielregeln die Entscheidungsfindung abläuft. Im Fall des Konflikts zwischen politischen Akteuren hat es die Kompetenz, im Sinne der einen oder der anderen Position zu entscheiden.
(3) In einigen Politikfeldern vermag das Bundesverfassungsgericht das materielle Recht weitgehend mitzugestalten, wenn es auf Grundlage einer Verfassungsinterpretation gesetzliche Regelungen verwirft und den Gesetzgeber auffordert, Recht nach Vorgaben des Gerichts zu schaffen. [...]

Zuständigkeiten
[...] Jeder, der sich durch das staatliche Handeln in seinen vom Grundgesetz geschützten Rechten verletzt sieht, kann eine **Verfassungsbeschwerde** einreichen. Voraus-

setzung für die Zulässigkeit ist, dass der Rechtsweg bereits vollständig ausgeschöpft wurde, also die ordentliche oder Fachgerichtsbarkeit dem Klageführer nicht recht gegeben hat. [...]

Die zweithäufigste Verfahrensart ist die **Normenkontrolle**: Hierbei wird ein bereits verabschiedetes Gesetz oder sonstiger Rechtsakt auf seine Verfassungsmäßigkeit hin überprüft, also eine geltende „Norm" kontrolliert. Zu unterscheiden ist zwischen der konkreten und der abstrakten Normenkontrolle; die Einordnung hängt davon ab, wer aus welcher Situation heraus den Antrag auf verfassungsrechtliche Überprüfung eines Gesetzes stellt:

(1) Bei der „konkreten" Variante leitet ein ordentliches oder ein Fachgericht die Normenkontrolle ein, wenn es in einem bei ihm anhängigen Verfahren auf die Unvereinbarkeit einer Norm mit der Verfassung meint gestoßen zu sein.

(2) Bei der „abstrakten" Variante kann das Verfahren entweder auf Antrag der Bundesregierung, einer Landesregierung oder auf Antrag von mindestens einem Viertel der Abgeordneten des Deutschen Bundestages eingeleitet werden – also auch von der Opposition, vorausgesetzt sie umfasst so viele MdBs.

Bei einem **Organstreit**, einer weiteren Verfahrensart, geht es – wie der Name schon sagt – um die Beilegung eines Konflikts zwischen zwei Staatsorganen respektive Teilen von ihnen. Auch den Parteien wird die Eigenschaft eines „Organs" zugesprochen. Somit sind diese gleichermaßen klageberechtigt. Bei den zu schlichtenden Streitigkeiten handelt es sich in der Regel um die unterstellte Beschneidung von Kompetenzen des klagenden Organs durch ein weiteres. [...]

Konflikte sind in einem Bundesstaat zudem zwischen den Interessen der Bundes- und der Länderebene denkbar, vertreten durch die jeweiligen Regierungen. Dabei kann es sich beispielsweise um Streitfälle handeln, die bei der Anwendung von Bundesrecht durch die Länder entstehen. [...]

Die Zuständigkeit des Bundesverfassungsgerichts bei Parteiverbotsverfahren wird im Artikel 21 Abs. 2 des Grundgesetzes zementiert. [...]

Wie das **Parteiverbotsverfahren** ist auch das Verfahren nach Artikel 18 GG (**Verwirkung von Grundrechten**) ein Instrument der wehrhaften Demokratie. Antragsberechtigt sind hierbei Bundestag, Bundesrat und Bundesregierung. [...]

Das Bundesverfassungsgericht kann [in keinem Fall] aus sich selbst heraus politische Streitfragen thematisieren oder Entscheidungen blockieren, sondern es gilt: Wo kein Kläger, da kein Richter.

Stefan Marschall, Das politische System Deutschlands, Konstanz, München 2014, S. 197ff., Reihenfolge geändert, Hervorhebungen hinzugefügt.

Verfahrenszahlen am Bundesverfassungsgericht
Zahl der erledigten Verfahren zwischen dem 7.7.1951 und dem 31.12.2015

Verfassungsbeschwerden 209.374 (96,60%)
davon erfolgreich 4.872

Normenkontrollverfahren 3.717 (1,71%)

Parteiverbotsverfahren 8 (0,01%)

andere Verfahren 3.642 (1,68%)

www.bundesverfassungsgericht.de

M 3 ● Wie werden Bundesverfassungsrichter gewählt?

SWR, www.planet-schule.de, Abruf am 9.8.2018

Art. 10 GG

(1) Das Briefgeheimnis sowie das Post- und Fernmeldegeheimnis sind unverletzlich.

(2) Beschränkungen dürfen nur auf Grund eines Gesetzes angeordnet werden. Dient die Beschränkung dem Schutze der freiheitlichen demokratischen Grundordnung oder des Bestandes oder der Sicherung des Bundes oder eines Landes, so kann das Gesetz bestimmen, dass sie dem Betroffenen nicht mitgeteilt wird [...].

Verhältnismäßigkeit

für jede staatliche Gewalt verbindlicher Rechtsgrundsatz, nach dem eine Maßnahme, mit der man einen (legitimen) Zweck erreichen möchte, geeignet, erforderlich und angemessen ist.

Verfassungsbeschwerden zur Vorratsdatenspeicherung 2015

Bezüglich der 2015 beschlossenen Vorratsdatenspeicherung hat das Bundesverfassungsgericht im Jahr 2016 zwei Eilanträge zur Aufhebung wegen des großen „Gewichts" der Verfolgung schwerer Straftaten abgelehnt. Allerdings liegen dem Gericht noch mehrere aussichtsreiche Verfassungsbeschwerden vor (Stand: 08/2018).

Autorentext

M 4 ● Wie begründete das Bundesverfassungsgericht 2010 sein Urteil gegen die Vorratsdatenspeicherung?

[Es] handelt sich bei einer solchen Speicherung um einen besonders schweren Eingriff mit einer Streubreite, wie sie die Rechtsordnung bisher nicht kennt. Auch wenn sich
5 die Speicherung nicht auf die Kommunikationsinhalte erstreckt, lassen sich aus diesen Daten bis in die Intimsphäre hineinreichende inhaltliche Rückschlüsse ziehen. Adressaten, Daten, Uhrzeit und Ort von
10 Telefongesprächen erlauben, wenn sie über einen längeren Zeitraum beobachtet werden, in ihrer Kombination detaillierte Aussagen zu gesellschaftlichen oder politischen Zugehörigkeiten sowie persönlichen Vor-
15 lieben, Neigungen und Schwächen. Je nach Nutzung der Telekommunikation kann eine solche Speicherung die Erstellung aussagekräftiger Persönlichkeits- und Bewegungsprofile praktisch jeden Bürgers ermögli-
20 chen. Auch steigt das Risiko von Bürgern, weiteren Ermittlungen ausgesetzt zu werden, ohne selbst hierzu Anlass gegeben zu haben. Darüber hinaus [...] ist die anlasslose Speicherung von Telekommunikations-
25 verkehrsdaten geeignet, ein diffus bedrohliches Gefühl des Beobachtetseins hervorzurufen, das eine unbefangene Wahrnehmung der Grundrechte in vielen Bereichen beeinträchtigen kann.
30 Dennoch kann eine solche Speicherung unter bestimmten Maßgaben mit Art. 10 Abs. 1 GG vereinbar sein. Maßgeblich dafür ist zunächst, dass die vorgesehene Speicherung der Telekommunikationsverkehrsdaten nicht direkt durch den Staat, sondern 35 durch eine Verpflichtung der privaten Diensteanbieter verwirklicht wird. Die Daten werden damit bei der Speicherung selbst noch nicht zusammengeführt, sondern bleiben verteilt auf viele Einzelunter- 40 nehmen und stehen dem Staat unmittelbar als Gesamtheit nicht zur Verfügung. Eine Speicherung der Telekommunikationsverkehrsdaten für sechs Monate stellt sich auch nicht als eine Maßnahme dar, die auf 45 eine Totalerfassung der Kommunikation oder Aktivitäten der Bürger insgesamt angelegt wäre. Sie knüpft vielmehr in noch begrenzt bleibender Weise an die besondere Bedeutung der Telekommunikation in 50 der modernen Welt an und reagiert auf das spezifische Gefahrenpotential, das sich mit dieser verbindet. [...]

[Es wird nicht sichergestellt], dass allgemein und auch im Einzelfall nur schwer- 55 wiegende Straftaten Anlass für eine Erhebung der entsprechenden Daten sein dürfen, sondern lässt unabhängig von einem abschließenden Katalog generell Straftaten von erheblicher Bedeutung genügen. 60

Bundesverfassungsgericht, Konkrete Ausgestaltung der Vorratsdatenspeicherung nicht verfassungsgemäß. Pressemitteilung Nr. 11/2010 vom 2. März 2010, Abruf am 9.8.2018

Aufgaben

1 a) Geben Sie Funktionen und Aufgaben des Bundesverfassungsgerichts wieder (M 2).

  b) Erklären Sie, warum das Bundesverfassungsgericht für die Überprüfung der Vorratsdatenspeicherung von 2015 zuständig ist (M 2).

2 a) Fassen Sie die Ausführungen des Bundesverfassungsgerichts zur Vorratsdatenspeicherung aus dem Jahr 2010 zusammen (M 4).

  b) Gegen die 2015 beschlossene Vorratsdatenspeicherung sind Verfassungsbeschwerden eingelegt. Begründen Sie die Erfolgsaussichten dieser Beschwerden (Kap. 1.1.2, M 2, M 3).

3 „Lange, bevor es zur Eröffnung eines Verfahrens in Karlsruhe kommt, hat das Bundesverfassungsgericht bereits seine Wirkungen entfaltet – als ‚Damoklesschwert', also als Drohung im politischen Prozess." (Stefan Marschall) Erläutern Sie diese Aussage.

1 Verfassungsorgane und politische Akteure

1.4.2 Beurteilung der „neuen" Vorratsdatenspeicherung – in Gesellschaft und Rechtsprechung

E Schildern Sie, welche gesellschaftlichen Reaktionen Sie auf den Beschluss der Vorratsdatenspeicherung 2015 erwarten.

M 5 ● „Vorratsdatenspeicherung wichtig zur Straf- und Terrorbekämpfung"

Der jetzt gefundene Kompromiss [zur Vorratsdatenspeicherung] ist gut und ausgewogen, denn er trägt sowohl dem Wunsch nach einer wirksamen Terror- und Krimi-
5 nalitätsbekämpfung wie auch dem berechtigten Anliegen eines angemessenen Datenschutzes Rechnung. [...] Mit diesen Regelungen ist somit ein guter Ausgleich gelungen zwischen dem Sicherheitsbedürf-
10 nis der Bürgerinnen und Bürger einerseits und der Wahrung von Freiheits- und Persönlichkeitsrechten andererseits.

Mit der neu geregelten Vorratsdatenspeicherung bekommen die Sicherheitsbehörden ein wichtiges weiteres Instrument an 15 die Hand, um Straftaten aufzuklären und zu verfolgen, Mörder, Erpresser, Sexualstraftäter, Menschenhändler und Terroristen dingfest zu machen, und um Planungen für Terroranschläge oder Straftaten bereits 20 frühzeitig erkennen zu können."

Peter Tauber, damaliger Generalsekretär der CDU, Pressemitteilungen www.cdu.de, 15.4.2015, Abruf am 3.9.2018

M 6 ● Reaktion der liberalen Presse auf die „neue" Vorratsdatenspeicherung

Die schwarz-rote Koalition bemüht sich, die Auswirkungen des Gesetzes [zur Vorratsdatenspeicherung] kleinzureden und trifft auf Verständnis bei jenen, die ohnehin glauben,
5 dass sie nichts zu befürchten haben. Doch viele der Verharmlosungen stimmen schlicht nicht oder nur eingeschränkt:
Das ist doch gar keine Überwachung.
Technisch richtig, sinngemäß aber gerade-
10 zu gefährlich verfälschend. Ein Unionspolitiker im Rechtsausschuss des Bundestages hat gesagt, man solle vorsichtiger sein mit Begriffen im Zusammenhang mit Vorratsdaten, das sei „keine Überwachung". Die
15 Vorratsdaten werden bei den Anbietern gesammelt, also bei der Telekom, Vodafone et cetera. Solange sie nur dort liegen, findet tatsächlich keine Überwachung statt. In dem Moment aber, in dem jemand darauf
20 zugreift und sie nutzt, ändert sich das. Streng genommen ist die Vorratsdatenspeicherung also die Basis, um eine flächende-

ckende Überwachung aller Bürger erst zu ermöglichen. Zu behaupten, sie wäre „keine Überwachung", ignoriert die Gefahr, die al- 25 lein schon in der Datensammlung liegt. Und die Aussage leugnet, dass es ohne Vorratsdaten diese Überwachung gar nicht geben könnte. [...]
Es sind doch nur Metadaten. 30
Falsch. Erstens stimmt es faktisch nicht, weil die Mobilfunkanbieter – aus derzeit nicht zu ändernden technischen Gründen, wie sie sagen – mit den SMS-Verbindungsdaten auch die Inhalte der SMS speichern. 35
Das berichtet die Süddeutsche Zeitung heute. Einziger Trost: Diese Inhalte dürfen sie Strafverfolgern im Rahmen der Vorratsdatenspeicherung nicht aushändigen.
Zweitens kann von „nur" keine Rede sein. 40
Metadaten verraten, wer wann mit wem kommunizierte, wo und wie lange. So werden Netzwerke, Beziehungen und Tagesabläufe – sprich: Profile – sichtbar. Nicht um-

---

Bundesnetzagentur setzt Speicherpflicht vorläufig aus

Die eigentlich seit 1.7.2017 geltende Pflicht zur Vorratsdatenspeicherung für Internetprovider und Telefonanbieter wird von der Bundesnetzagentur (die für die technische Umsetzung von Überwachungsmaßnahmen zuständig ist) vorläufig nicht durchgesetzt. Im Vorfeld hatte das Oberverwaltungsgericht (OVG) für das Land Nordrhein-Westfalen in einem Beschluss begründet, die deutsche Rechtslage verstoße nach einem Urteil des Europäischen Gerichtshofs vom Dezember 2016 gegen europäische Datenschutzrichtlinien.

Autorentext

Interpretationshilfe
Zur Rolle des Bundesverfassungsgerichts in der Geschichte der Vorratsdatenspeicherung in Deutschland → vgl. Kap. 1.1, M 2.

45 sonst sind Metadaten auch für Geheimdienste wie die NSA die wertvollsten Daten. [...]

Wer nichts verbrochen hat, hat doch nichts zu verbergen.

50 Falsch. Das Recht auf Privatsphäre ist ein Menschenrecht. Wer nichts verbrochen hat, muss deshalb noch lange nicht offenlegen, was er getan hat oder mit wem er kommuniziert. [...] Wer so argumentiere, sagte er, 55 der könne auch behaupten: Ich brauche keine Meinungsfreiheit, ich habe ja nichts zu sagen.

Es wird doch nur zehn bzw. vier Wochen lang gespeichert.

60 Einerseits richtig. Strafverfolger hätten gerne längere Speicherfristen. Andererseits ist auch dieses „nur" irreführend. Nach zehn beziehungsweise vier Wochen sind ja nicht alle Daten weg. Ein Datensatz, der ein präzises Bewegungs- und Kommunikations- 65 profil ergibt, ist jederzeit gespeichert. Wer seine Kommunikationspartner und seinen Bewegungsradius einigermaßen konstant hält – was für die meisten Menschen gelten dürfte – hat keinen Vorteil durch die kurze 70 Speicherfrist. [...]

Es gilt doch der Richtervorbehalt.

Theoretisch ja. Nur haben Richter bei diesem Thema offenbar nie Vorbehalte. Das jedenfalls sind die Erfahrungen des Berliner E- 75 Mail-Providers Posteo. In dessen Transparenzbericht heißt es: „In der Praxis werden offenbar alle Anträge auf Überwachungsmaßnahmen bewilligt." Posteo beruft sich auf Zahlen aus Berlin, dem einzigen Bun- 80 desland, das erfasst, wie viele Anträge auf Überwachungsmaßnahmen von Richtern abgelehnt werden. Und abgelehnt wurden nach 2007 genau: null Anträge.

85

Patrick Beuth, Kai Biermann, Größtenteils harmlos? Von wegen!, www.zeit.de, 16.10.2015, Abruf am 9.8.2018

M 7 ● Vorratsdatenspeicherung – nötig zur Kriminalitätsbekämpfung?

Zahlen zur (Schwer)Kriminalität										
Fälle (Aufklärungsquote in %)										
	2008	2009	2010	2011	2012	2013	2014	2015	2016	2017
Straftaten gegen das Leben (Mord, Totschlag)	3.244 (92,2)	3.269 (91,6)	3,216 (91,7)	3.135 (92,2)	3.028 (91,1)	2.951 (91,8)	2.962 (93,3)	2.991 (91,0)	3.242 (91,6)	3.227 (92,1)
Besitz und/oder Verschaffung von Kinderpornografie	6.707 (94,2)	3.823 (93,5)	3.160 (87,2)	3.896 (90,6)	3.239 (91,8)	4.144 (91,4)	3.982 (85,0)	3.753 (83,9)	2.843 (89,8)	3.262 (89,4)

Zusammenstellung des Autors nach: Bundeskriminalamt, Polizeiliche Kriminalstatistik

Ⓜ zu Aufgabe 1
Gehen Sie arbeitsteilig vor: Erschließen Sie jeweils in Partnerarbeit eines der Materialien und stellen Sie Ihre Ergebnisse in 6er-Gruppen vor.

Ⓗ zu Aufgabe 3
Berücksichtigen Sie dabei die wahrscheinliche Wirksamkeit der Maßnahme sowie deren Verfassungs- und Verhältnismäßigkeit. Beziehen Sie sich dabei auch auf die Kriminalitätsstatistiken (M 7).

Aufgaben

❶ Beschreiben Sie die Reaktionen auf die 2015 beschlossene Vorratsdatenspeicherung (M 5, M 6).

❷ Erklären Sie, warum vor allem die Reaktionen der Presse auf die Vorratsdatenspeicherung der Tendenz nach kritisch ausfallen.

❸ Nehmen Sie aus Ihrer Sicht Stellung zur 2015 beschlossenen Vorratsdatenspeicherung.

1 Verfassungsorgane und politische Akteure   53

Das Bundesverfassungsgericht ist zugleich das oberste Gericht. Es hat die Aufgabe, das Handeln aller Staatsorgane auf Verfassungskonformität hin zu überprüfen. Konkret entscheidet das Bundesverfassungsgericht bei **Streitigkeiten zwischen Organen** des Bundes, der Länder und zwischen Bund und Ländern. Über die **Verfassungsbeschwerde** steht es jedem Bürger frei, sich an das Bundesverfassungsgericht zu wenden, wenn er sich in seinen **Grundrechten** eingeschränkt fühlt. Bei der abstrakten Normenkontrolle überprüft das Bundesverfassungsgericht die Verfassungskonformität eines Gesetzes auf Antrag der Bundesregierung, einer Landesregierung oder mindestens einem Drittel der Bundestagsabgeordneten. Bei der konkreten Normenkontrolle geschieht dies auf Antrag eines Gerichts.

Auf Antrag der Bundesregierung oder des Bundesrates kann das Bundesverfassungsgericht eine politische Partei verbieten, wenn sie gegen die freiheitlich-demokratische Grundordnung verstößt. Verfassungsgerichtsurteile enthalten häufig einen deutlichen inhaltlichen Auftrag an die Legislative für die Änderung bzw. den Entwurf eines Gesetzes. Daher sprechen Kritiker des höchsten Gerichts davon, dass es sich zum „Ersatzgesetzgeber" erhebe. Sicher ist, dass die Akteure in den politischen Entscheidungsinstitutionen meist schon vor den Gesetzesbeschlüssen mögliche Reaktionen des Bundesverfassungsgerichts mitbedenken.

Die Rolle des Bundesverfassungsgerichts im politischen Prozess (Basiskonzept: Ordnungen und Systeme) M 2, M 3

Der Deutsche Bundestag beschloss im Jahr 2015 mit der deutlichen Mehrheit der Abgeordneten (ausschließlich aus den Regierungsfraktionen CDU/CSU und SPD) eine gegenüber 2007 modifizierte **Vorratsdatenspeicherung**, die im Juli 2017 verbindlich umgesetzt sein sollte. Danach sollen die Mobilfunk-Standortdaten für vier, alle anderen Verbindungsdaten für 10 Wochen gespeichert werden. Der Zugriff auf die gespeicherten Daten von Berufsgeheimnisträgern (Ärzte, Anwälte, Journalisten u. ä.) wurde ausgenommen.

Offensichtlich konnten also weder parlamentarische Opposition noch außerparlamentarische Gruppen genügend öffentlichen Druck entfalten, um die aus ihrer Sicht illegitime Vorratsdatenspeicherung zu verhindern.

Die Entscheidung über die Vorratsdatenspeicherung (Basiskonzept: Interaktionen und Entscheidung) Kap. 1.1, M 3

Wenig überraschend fällt die gesellschaftliche Bewertung daher tendenziell kritisch aus. Die **liberale Presse** rügt, dass die Bürger unter Generalverdacht gestellt würden und dass ihnen das Verfügungsrecht über ihre privaten Daten genommen werde. **Verwaltungsgerichtlich** wurde die Verpflichtung zur Vorratsdatenspeicherung bis zur endgültigen rechtlichen Klärung ausgesetzt, da das deutsche Gesetz gegen das Urteil des Europäischen Gerichtshofes (EuGH) verstoße. Dieser hatte 2016 geurteilt, dass die Europäische Richtlinie zur Vorratsdatenspeicherung, auf der die deutsche Regelung beruht, gegen die (ebenfalls für alle Mitgliedstaaten verbindliche) Europäische Datenschutzrichtlinie verstoße.

Gesellschaftliche (und juristische) Bewertung der Vorratsdatenspeicherung (Basiskonzept: Interaktionen und Entscheidung) M 6, M 7

ORIENTIERUNGSWISSEN

KOMPETENZEN ANWENDEN

Der politische Prozess um die Atommüll-Endlagersuche – eine Chronologie

1957 – Inbetriebnahme des ersten westdeutschen Forschungsreaktors (München-Garching)

1962 – Inbetriebnahme des erstens kommerziellen Kernkraftwerks in Deutschland (Kahl)

1977 – Die niedersächsische Landesregierung unter Ernst Albrecht (CDU) beschließt, in Gorleben – in einer relativ dünn besiedelten, strukturschwachen Region an der Grenze zur damaligen DDR – ein nukleares Entsorgungszentrum zu gründen. Dort sollen in einem ehemaligen Salzbergwerk hochradioaktive Abfälle aus Kernkraftwerken dauerhaft unter Tage gelagert werden („Endlager").

1978 – Erstmals kandidiert eine grüne Partei (GLU – Grüne Liste Umweltschutz) für den niedersächsischen Landtag und erhält bei der Wahl auf Anhieb 3,9 %.

1980 – Tiefbohrungen beginnen, um den Salzstock auf seine Eignung als Atommüllendlager zu erkunden. Es formieren sich Bürgerinitiativen in Gorleben. U. a. besetzen bis zu 5.000 Aktivisten ein Erkundungsbohrloch und rufen – bis zur polizeilichen Räumung nach ca. einem Monat – die „Republik Freies Wendland" aus. Die Partei „Die Grünen" wird in Karlsruhe von Aktivisten aus der Umwelt-, Anti-Atomkraft-, Bürgerrechts sowie Friedensbewegung und der Neuen Linken gegründet.

1983 – Die Erkundung des Salzstocks unter Tage beginnt. SPD und Grüne werfen der Regierung von CDU-Kanzler Helmut Kohl vor, politischen Einfluss bei der Durchsetzung von Gorleben als Endlagerstandort genommen zu haben. Fertigstellung des oberirdischen „Zwischenlagers" Gorleben.

1986 – Nuklearkatastrophe („Super-GAU") in Tschernobyl (heutige Ukraine, damals Teil der Sowjetunion): Brand und Explosionen im Kernkraftwerk führen zu Austritt hochradioaktiver Isotope, die in die Atmosphäre gelangen und mit dem Regen Teile Nord-, Mittel- und Osteuropas kontaminieren. Im betroffenen Gebiet deutlich erhöhtes Krebsrisiko.

1995 – Von massiven Protesten begleitet, trifft im Zwischenlager der erste Castor-Behälter mit Atommüll ein.

Atomkraftgegner demonstrieren in Hannover mit einer nachgestellten Sitzblockade gegen das Endlager in Gorleben (16.11.2011).

1 Verfassungsorgane und politische Akteure

KOMPETENZEN ANWENDEN

Das bundesweite Kampagnennetzwerk „X-tausendmal" quer bildet sich aus verschiedenen Protestinitiativen heraus. Es organisiert seitdem Informationskampagnen und Proteste sowie (Sitz-)Blockaden u. a. von Bahngleisen und Straßen, auf denen der Atommüll ins „Zwischenlager" Gorleben gebracht wird. Dabei kommt es auch zur Beschädigung von Sachen (z. B. Schienendemontage), aber die Protestierenden gehen nicht gewaltsam gegen Personen vor.

Im sog. „Atomkonsens" vereinbart die rot-grüne Bundesregierung mit den Stromversorgern den Ausstieg aus der Kernenergie. Die Erkundung in Gorleben wird bis spätestens 2010 ausgesetzt.

Norbert Röttgen (CDU), Umweltminister der seit 2009 amtierenden CDU/CSU-FDP-Bundesregierung, teilt die Aufhebung des Erkundungsstopps mit. Gorleben habe weiter „oberste Priorität". Ein Bundestags-Untersuchungsausschuss wird eingerichtet zu der Frage, ob die Bundesregierung unter Helmut Kohl (CDU) um 1982 politischen Einfluss bei der Festlegung auf den Endlagerstandort Gorleben genommen und Sicherheitsanforderungen gesenkt hat.

Der Bundestag beschließt das sog. „Standortauswahlgesetz", das eine Suche nach einem möglichen Endlagerstandort ergebnisoffen und mit für die Öffentlichkeit transparenten Kriterien vorsieht. Damit wird die Erkundung des Salzstocks Gorleben b. a. W. gestoppt.

1996 — 1999 — 2000 — 2005 — 2010 — 2011 — 2013 — 2017

Nach dem Regierungswechsel richtet der aus Niedersachsen stammende Bundesumweltminister Jürgen Trittin (Bündnis 90/Die Grünen) den Arbeitskreis Auswahlverfahren Endlagerstandorte (AK End) ein. Er soll Ideen für ein neues Suchverfahren entwickeln.

Trittin legt einen Entwurf für ein Standortauswahlgesetz vor: In einem bundesweiten Verfahren sollen neben Gorleben auch andere Standorte untersucht werden. Neuwahlen, aus denen eine CDU/CSU-SPD-Regierung hervorgeht, lassen den Plan scheitern.

Nuklearkatastrophe („Super-GAU") in Fukushima (Japan): Ein Erdbeben mit anschließendem Tsunami löst Kettenexplosionen in einem Kernkraftwerkskomplex aus. Große Mengen hoch radioaktiven Materials gelangen in die Umwelt. 170.000 Menschen müssen evakuiert werden. Bislang letzter Atommülltransport nach Gorleben; insg. lagern dort bis heute oberirdisch 113 Atommüll-Behälter, die in 13 Castor-Transporten dorthin geschafft wurden.

Nach mehrjährigen Vorarbeiten beginnt die Bundesgesellschaft für Endlagersuche mit der bundesweiten Suche nach einem geeigneten Standort. Ziel: Standortauswahl bis zum Jahr 2031.

dpa, Chronologie: Die lange Endlager-Suche, in: Frankfurter Neue Presse, www.fnp.de, 27.9.2012, Abruf am 9.8.2018; aktualisiert und ergänzt

Aufgaben

1. Arbeiten Sie das politische Problem heraus sowie die Beteiligten und deren Interessen am politischen Willensbildungs- und Entscheidungsprozess um die Endlagersuche für hochradioaktive Abfälle.

2. Analysieren Sie den politischen Willensbildungs- und Entscheidungsprozess um die Endlagerfestlegung mithilfe des Politikzyklus-Modells.

3. Beurteilen Sie die Eignung des Politikzyklus-Modells zur Analyse dieses politischen Prozesses.

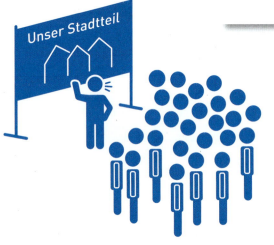

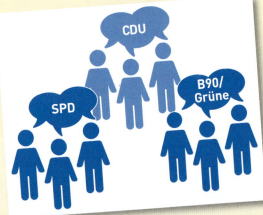

Wie könn(t)en Bürger politisch partizipieren?

2

Sie verfügen (bald), wie alle anderen deutschen Bürger auch, über eine erhebliche Zahl von politischen Beteiligungsrechten und -möglichkeiten, die Sie im folgenden Kapitel erschließen und hinsichtlich ihres partizipativen Gehalts bewerten können. Zunächst können Sie Ihr Bild politischer Parteien erweitern und diese hinsichtlich der Frage analysieren, inwieweit sie die Bevölkerung repräsentieren und deren Interessen artikulieren (Kap. 2.2). Anschließend lernen Sie die Funktionen von Interessenverbänden für das politische System kennen sowie deren Strategien politischer Einflussnahme und Kriterien für ihre Durchsetzungschancen, um gesetzliche Regulierungen für deren Einflussnahme zu diskutieren (Kap. 2.3). Bürgerinitiativen gehören zu den wichtigsten Teilnahmemöglichkeiten auf Landes- und Gemeindeebene. In nicht wenigen Fällen waren Bürgerinitiativen auch Teil ganzer sozialer Bewegungen (z. B. der Umweltbewegung), die gemäß einer bestimmten Stoßrichtung die Gesellschaft reformieren wollten. Beide Phänomene analysieren Sie in Kapitel 2.4. Ein weiteres „klassisches" Beteiligungsrecht sind die Wahlen. Sie erhalten die Gelegenheit, sich weiterführende Kenntnisse über das bundesdeutsche Wahlsystem anzueignen, Gründe für die Wahlentscheidung bzw. -enthaltung von Bürgern herauszuarbeiten und schließlich Reformoptionen für das deutsche Wahlrecht zu erörtern (Kap. 2.5). Abschließend erarbeiten Sie sich bestehende Elemente direkter Demokratie in Deutschland und Europa sowie die theoretischen Grundlegungen für repräsentative und direktdemokratisch politische Systeme (Kap. 2.6).

KOMPETENZEN

Am Ende dieses Kapitels sollten Sie Folgendes wissen und können:

… zentrale Partizipationsrechte und -möglichkeiten der Bürger in der Bundesrepublik Deutschland und der Europäischen Union sowie deren Funktionen für das politische System erklären (Parteien, Interessenverbände, Wahlen, Bürgerinitiativen).

… analysieren, inwieweit die bestehenden Beteiligungselemente geeignet sind, die Bevölkerung zu repräsentieren, ihre Interessen politisch zu artikulieren, alle Bevölkerungsteile ins politische System zu integrieren und die politischen Entscheider zu kontrollieren.

… repräsentative und direktdemokratische Systeme unter Verwendung politiktheoretischer Annahmen erläutern.

… Reformvorschläge für Elemente des demokratischen Systems der Bundesrepublik (z. B. Wahlrecht, Parteien) erörtern.

Was wissen und können Sie schon?

1 Benennen Sie die auf der linken Seite abgebildeten Formen politischer Beteiligung für Bürgerinnen und Bürger.

2 Gruppieren Sie die Beteiligungsformen nach selbst gewählten Kriterien.

3 Schätzen Sie ein, mit welcher Beteiligungsform Bürgerinnen und Bürger die größte Durchsetzungskraft entfalten.

2.1 Partizipation: Wie nutzen Bürger ihre Beteiligungsmöglichkeiten?

M 1 Wahlbeteiligung in Deutschland

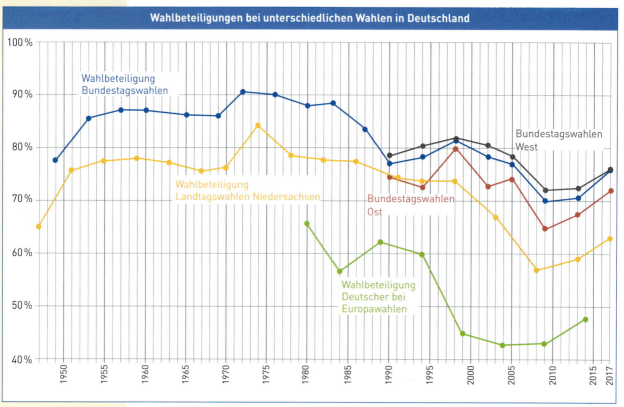

Beteiligung an Wahlen zum Deutschen Bundestag zum niedersächsischen Landtag und zum Europäischen Parlament in % der Wahlberechtigten

Zahlen: Bundes- bzw. Landeswahlleiter

M 2 Parteimitglieder im Vergleich

1990 saßen Abgeordnete von SPD, CDU, CSU, FDP, Bündnis 90/Die Grünen und PDS (später: Die Linke) im ersten gesamtdeutschen Bundestag. 2017 kamen noch Abgeordnete der AfD hinzu.

Zahlen: Oskar Niedermayer, Parteimitglieder in Deutschland, Arbeitshefte aus dem Otto-Stammer-Zentrum, Nr. 29, Berlin 2018, S. 6

M 3 ● Beteiligung außerhalb politischer Institutionen

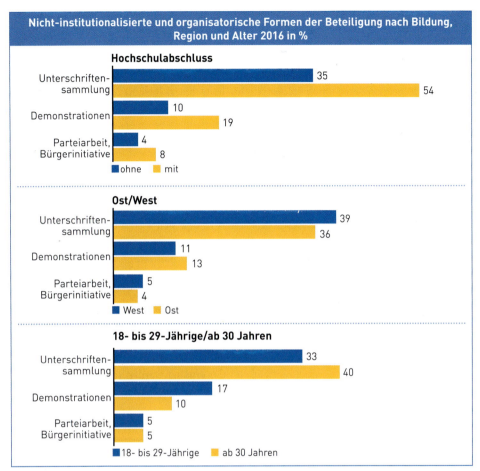

Zahlen: Statistisches Bundesamt, Datenreport 2018, Bonn 2018, S. 353

Zusatzmaterial: Mitmachen in der Demokratie

Mediencode: 72052-18

Info

Partizipationsformen

Formen legaler politischer Beteiligung lassen sich grob unterscheiden in einerseits konventionelle, institutionalisierte Formen und andererseits weniger konventionelle, schwächer oder nicht verfasste Formen. Zu den **institutionalisierten Formen** gehören die Wahlbeteiligung sowie die Mitgliedschaft in Parteien und Verbänden.

Zu den **weniger bzw. nicht institutionalisierten** Formen zählt man beispielsweise die Beteiligung an Demonstrationen oder politischen Versammlungen, das Zeichnen von Petitionen, aber auch die Teilnahme an Bürgerinitiativen oder politisch motiviertem Konsum.
Autorentext

Aufgaben

1. Beschreiben Sie die politische Beteiligung bzw. deren Entwicklung in institutionalisierten und nicht institutionalisierten Formen (M 1–M 3).
2. Stellen Sie Hypothesen zu den Ursachen der beschriebenen (Entwicklung der) politischen Beteiligung in den unterschiedlichen Formen auf.

Ⓜ **zu Aufgabe 1**
Gehen Sie in einem Partnerpuzzle arbeitsteilig vor (M 1 und M 2–M 3).

METHODE

Partizipationsformen analysieren und vergleichen

Wozu sollte ich Partizipationsformen analysieren und vergleichen können?
Es ist das wesentliche Merkmal demokratischer Systeme, dass sich die Bürgerinnen und Bürger in gleicher Weise politisch beteiligen können, also die Möglichkeit haben, sich für ihre Interessen und Überzeugungen einzusetzen. Denkbar sind für politische Partizipation sehr viele Möglichkeiten – auch solche, die in Deutschland (bisher) nicht eingeführt sind. Um beurteilen zu können, ob die in der Bundesrepublik existierenden politischen Beteiligungsrechte ausreichen oder ob sie um die eine oder andere Form erweitert werden sollten, müssen diese bestehenden Partizipationselemente zunächst einmal systematisch analysiert und miteinander verglichen werden.

Wie können Beteiligungsformen analysiert und verglichen werden?
Die folgende Darstellung soll Ihnen dazu dienen, vier zentrale Funktionen politischer Bürger-Partizipation zu verstehen. Diese Funktionen finden sich – so der Anspruch – in unterschiedlichster Ausprägung in den verschiedenen Formen der politischen Beteiligungsmöglichkeiten der Bürger – sei es die Mitgliedschaft in politischen Parteien, Interessenverbänden, Bürgerinitiativen und -bewegungen, die Beteiligung an Wahlen und Abstimmungen oder die (spontane) Teilnahme an Protestformen wie z. B. Demonstrationen.
Diese vier Funktionen – Artikulation, Repräsentation, Kontrolle und Integration – können Sie als sogenannte Analysekategorien nutzen. Sie können mit anderen Worten bei jeder analysierten Partizipationsform immer wieder herausarbeiten, in welchem Maße die jeweiligen Funktionen realisiert werden. Und Sie können auf dieser Grundlage beurteilen, ob die betrachtete Beteiligungsform weiterentwickelt oder ergänzt werden sollte, um die Funktionen noch umfänglicher umzusetzen.

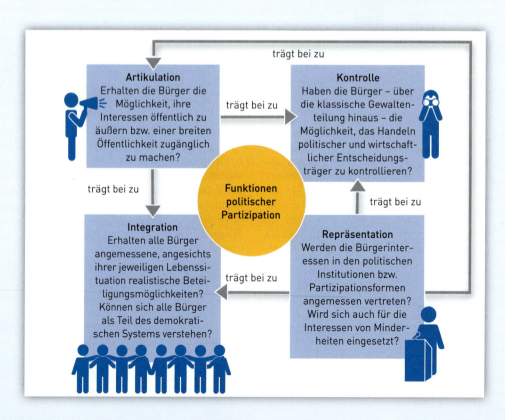

2 Wie könn(t)en Bürger politisch partizipieren?

METHODE

Schrittfolge zur Analyse einer politischen Partizipationsform

Es existiert keine festgelegte Schrittfolge zur Analyse politischer Beteiligungsformen. Insofern sind die Schritte 2 bis 5 grundsätzlich vertauschbar. Allerdings kann es häufig sinnvoll sein, den Grad der Repräsentativität und der Artikulationsmöglichkeit zu untersuchen, da beide Einfluss auf den Grad der Integration und der Kontrolle haben.

Schritt	Hinweise
(1) Benennung und Beschreibung der Partizipationsform	Eine genaue Beschreibung der Elemente der Beteiligungsform ist wichtig, um diese Informationen in den Schritten 2 bis 5 verwenden zu können. Die Beschreibung kann allerdings auch an die Analyse der jeweiligen Funktion „angedockt" werden.
(2) Analyse des Grads der Repräsentativität	Untersucht werden kann Repräsentation in demografischer (Alter, Geschlecht, regionale Verteilung...) und sozialer (Bildungsabschluss, Einkommen, Vermögen, ethnischer Hintergrund, Religionsangehörigkeit...) Hinsicht. Zu fragen ist immer, ob die gesamte Bevölkerung oder nur ein gewisser Teil in der Beteiligungsform repräsentiert sein soll.
(3) Analyse der Artikulationschancen	Untersucht werden können (a) die Menge der mit den Botschaften erreichten Personen, (b) der Einfluss/die Macht der erreichten Personen, (c) die Wirkung der Artikulation und (d) die Artikulationsmittel.
(4) Analyse von Art und Grad der Kontrolle	Hier ist zu fragen, ob durch das Beteiligungsformat Zugriff auf für politische oder wirtschaftliche Kontrolle relevante Informationen ermöglicht oder zumindest erleichtert wird. In diesem Kontext kann ebenfalls analysiert werden, ob die themenbezogene Expertise von Personen durch die Beteiligung so stark steigt, dass sie zu fachlicher Kritik befähigt werden. Außerdem kann betrachtet werden, ob durch die Partizipationsform in politische Entscheidungsinstitutionen (z. B. Parlament, Verfassungsgericht) in kontrollierender Hinsicht hineingewirkt werden kann.
(5) Analyse des gesellschaftlichen Integrationspotenzials	In dieser Dimension stellt sich die Frage, inwieweit die Beteiligungsform dazu beiträgt, soziale, ethnische, religiöse etc. Bevölkerungsgruppen in den politischen Prozess einzubinden.
(6) Abschließende Einschätzung	Am Ende der Analyse sollten Sie eine Einschätzung darüber abgeben können, welche der Funktionen politischer Partizipation sich in der analysierten Beteiligungsform primär findet. An dieser Stelle ist noch keine Bewertung gefordert, ob die analysierte Partizipationsform eine oder mehrere der Funktionen umfassender erfüllen sollte, als sie dies bislang tut.

Autorentext

Aufgabe

Schätzen Sie begründet ein, in welchem Maß die politischen Beteiligungsformen auf der Einführungsseite die Funktionen politischer Partizipation erfüllen.

2.2 Schaffen politische Parteien genügend Partizipationschancen?

2.2.1 Welche Funktionen sollten Parteien erfüllen?

E Arbeiten Sie heraus, welche Merkmale die Reutlinger Abiturientinnen politischen Parteien zuschreiben (M 1).

M 1 • Eine Schülervorstellung von Parteien

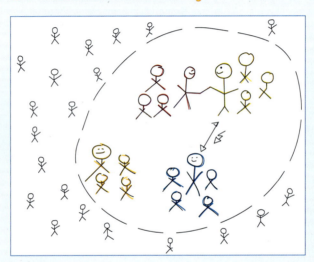

Lösungsskizze von Abiturientinnen aus Reutlingen (Jahrgang 12/13)

M 2 • Die rechtliche Stellung von Parteien

§ 1 Verfassungsrechtliche Stellung und Aufgaben der Parteien
(1) Die Parteien sind ein verfassungsrechtlich notwendiger Bestandteil der freiheitlichen demokratischen Grundordnung. Sie erfüllen mit ihrer freien, dauernden Mitwirkung an der politischen Willensbildung des Volkes eine ihnen nach dem Grundgesetz obliegende und von ihm verbürgte öffentliche Aufgabe.
(2) Die Parteien wirken an der Bildung des politischen Willens des Volkes auf allen Gebieten des öffentlichen Lebens mit, indem sie insbesondere auf die Gestaltung der öffentlichen Meinung Einfluss nehmen, die politische Bildung anregen und vertiefen, die aktive Teilnahme der Bürger am politischen Leben fördern, zur Übernahme öffentlicher Verantwortung befähigte Bürger heranbilden, sich durch Aufstellung von Bewerbern an den Wahlen in Bund, Ländern und Gemeinden beteiligen, auf die politische Entwicklung in Parlament und Regierung Einfluss nehmen, die von ihnen erarbeiteten politischen Ziele in den Prozess der staatlichen Willensbildung einführen und für eine ständige lebendige Verbindung zwischen dem Volk und den Staatsorganen sorgen.
(3) Die Parteien legen ihre Ziele in politischen Programmen nieder.

Gesetz über die politischen Parteien (Parteiengesetz), in der Fassung der Bekanntmachung vom 31.1.1994

Artikel 21 GG
(1) Die Parteien wirken bei der politischen Willensbildung des Volkes mit. Ihre Gründung ist frei. Ihre innere Ordnung muss demokratischen Grundsätzen entsprechen. Sie müssen über die Herkunft und Verwendung ihrer Mittel sowie über ihr Vermögen öffentlich Rechenschaft geben.

M 3 ● Die Funktionen von Parteien für das politische System

Für das Funktionieren der bundesrepublikanischen Demokratie entscheidend sind gerade jene Funktionen, die Parteien als Mittler zwischen Gesellschaft und Staat
5 wahrnehmen. [...]

• **Auswahlfunktion**
Durch Parteien findet die Rekrutierung und Auswahl der politischen Elite aus der Gesellschaft - vom Ortsrat bis zum Kanzleramt
10 - statt. Was häufig übersehen und moralisierend abgewertet wird: Parteien waren und sind immer auch Patronageorganisationen, das bedeutet Vereinigungen von Bürgern, die Ämter, Posten, Funktionen, Beför-
15 derungen und Karrieren zu vergeben haben. Daran ist nichts Anrüchiges. Politisch problematisch (und dann moralisch fragwürdig) ist es, wenn Machtpositionen um ihrer selbst willen erobert werden, es also nicht
20 mehr um die Durchsetzung von Inhalten geht. [...]

• **Vermittlungsfunktion**
Parteien und ihre Vertreter in Parlamenten und Regierungen sind Repräsentanten von
25 Partikularinteressen, von spezifischen Interessen, die in der Gesellschaft angelegt sind. Parteien vertreten immer nur Teilinteressen, nicht das Gesamtinteresse einer Gesellschaft, nicht das Gemeinwohl. Der
30 Politikwissenschaftler Ernst Fraenkel hat das sinngemäß so ausgedrückt: Erst wenn die Parteien und ihre Parlamentarier sich auch dazu bekennen, Repräsentanten von - zugespitzt formuliert - Sonderinteressen
35 bzw. Sonderbedürfnissen zu sein, wird die freimütige Austragung von kollektiven Interessengegensätzen möglich. [...]

• **Interessenausgleichsfunktion**
Auch innerparteilich bemühen Parteien sich, gegenläufige und widerstreitende In- 40 teressen verschiedener gesellschaftlicher Gruppen, die außerhalb wie innerhalb der Partei organisiert sein können, auszugleichen, zwischen ihnen einen Kompromiss zu finden und zugleich eine eigene „parteili- 45 che" Position zu formulieren. [...]

• **Legitimierungsfunktion**
Indem Parteien die Vermittlungs- und die Interessenausgleichsfunktionen wahrnehmen, tragen sie zur Begründung des politi- 50 schen Systems und zur Konsensstiftung bei. Die bundesrepublikanische Demokratie, der Parteienstaat, bietet Regelungsmechanismen zur Konfliktaustragung zwischen den Parteien und innerhalb der Parteien und 55 damit auch zwischen auseinandergehenden gesellschaftlichen Interessen. [...]

Peter Lösche, Informationen zur politischen Bildung (Heft 292), Bonn 2013, S. 12f.

---

§ 2 Partei
(1) Parteien sind Vereinigungen von Bürgern, die dauernd oder für längere Zeit für den Bereich des Bundes oder eines Landes auf die politische Willensbildung Einfluss nehmen und an der Vertretung des Volkes im Deutschen Bundestag oder einem Landtag mitwirken wollen, wenn sie nach dem Gesamtbild der tatsächlichen Verhältnisse, insbesondere nach Umfang und Festigkeit ihrer Organisation, nach der Zahl ihrer Mitglieder und nach ihrem Hervortreten in der Öffentlichkeit eine ausreichende Gewähr für die Ernsthaftigkeit dieser Zielsetzung bieten. [...]

Parteiengesetz

Info

Parteienprivileg

Parteien erhalten durch Art. 21 GG aufgrund ihrer zentralen Bedeutung für das demokratische System der Bundesrepublik gegenüber anderen Vereinigungen besondere Schutz- bzw. Bestandsgarantien. So darf eine Partei nur durch das Bundesverfassungsgericht (BVerfG) verboten werden (Vereinigungen hingegen durch die Innenminister von Bund bzw. Ländern). Dazu muss das Gericht vorher erstens die Verfassungswidrigkeit der Partei festgestellt haben, zu der (a) eine verfassungsfeindliche Gesinnung und (b) ein aggressiv-kämpferisches Vorgehen gegen die demokratische Ordnung gehören. Zweitens muss – so das BVerfG in einem Urteil aus dem Jahr 2017 – die Partei von ihrer Größe und Schlagkraft her auch in der Lage sein, die verfassungsmäßige Ordnung ernsthaft anzugreifen. In der Bundesrepublik waren von acht Parteiverbotsverfahren zwei erfolgreich: 1953 gegen die rechtsextreme Sozialistische Reichspartei (SRP), 1956 gegen die Kommunistische Partei Deutschlands (KPD).

Autorentext

Aufgaben

1. Vergleichen Sie die Vorstellung mit Ihrer eigenen Vorstellung politischer Parteien (M 1).
2. Arbeiten Sie heraus, welche Funktionen politischer Parteien in Deutschland in dem Schülerbild angesprochen werden und welche nicht (M 1 – M 3).

zu Aufgabe 2
Verändern Sie das Parteien-Bild der Reutlinger Schülerinnen (M 1) bzw. ergänzen es um fehlende Elemente.

2.2.2 Wofür stehen und warum entstehen (neue) Parteien?

E Ordnen Sie die Parteipositionen den in der Randspalte aufgeführten Parteien zu (M 4).

M 4 ● (Worin) Unterscheiden sich aussichtsreiche deutsche Parteien?

SPD

CDU

AfD

*B90/
Die Grünen*

FDP

Die Linke

a) „Vorankommen durch eigene Leistung" könnte das Motto dieser Partei sein. Dazu soll der Staat in vielen Bereichen zurückgedrängt werden: Die Partei strebt nach Steuersenkungen, wirtschaftspolitisch möchte sie Leiharbeit weniger stark beschränken und generell Regulierungen für Unternehmer abbauen. Sozialpolitisch soll das Renteneintrittsalter flexibilisiert und alle Sozialleistungen sollen zusammengefasst werden („Bürgergeld"). Innenpolitisch verbiete die Freiheit des Bürgers eine Ausweitung von Überwachungsmaßnahmen. Die Partei ist pro-europäisch.

b) Traditionell setzt diese Partei einen (gewissen) inhaltlichen Schwerpunkt auf sozialen Ausgleich: Zurzeit möchte sie das gesetzliche Rentenniveau bis 2030 mindestens bei 48% des letzten Einkommens und die Beitragssätze bei höchstens 22% stabilisieren. Auch soll das Arbeitslosengeld I länger bezogen werden dürfen, wenn der Arbeitslose an Qualifizierungsmaßnahmen teilnimmt. Zudem sollen Geringverdiener steuerlich entlastet werden. In puncto Migration plant diese Partei ein Einwanderungsgesetz mit flexibler Quote und Punktesystem, auch um den Mangel an qualifiziertem Personal zu bekämpfen. Umstritten sind in der Partei die Positionen zur inneren Sicherheit; beispielsweise gibt es einflussreiche Befürworter und Gegner der Vorratsdatenspeicherung. Die Partei ist EU-freundlich.

c) Diese Partei hält die anderen Parteien für eine „Oligarchie", die dem Volk seine Souveränität genommen habe. Sozial- und wirtschaftspolitisch ist sie für eine Beibehaltung des Mindestlohns, allerdings für einen Austritt Deutschlands aus dem Euro-Raum (auch generell ist sie sehr europaskeptisch). Zudem soll die Umsatzsteuer um 7% gesenkt werden. Wichtig ist der Partei gesellschaftspolitisch ein weitgehender Stopp der Einwanderung; Integration versteht sie als Pflicht zur Anpassung der Einwandernden, sie befürchtet eine Ausbreitung des Islams. Sie möchte, dass Deutsche mehr Kinder bekommen, um das „eigene Staatsvolk" zu erhalten.

d) Diese Partei hat wirtschafts- und sozialpolitisch die Forderungen, den Mindestlohn auf 12 €/Std. zu erhöhen und durch die Senkung der Wochenarbeitszeit von 40 auf 30 Stunden bei vollem Lohnausgleich Arbeitsplätze zu schaffen. Es soll eine Mindestsicherung und -rente von 1.050,- € für jeden Bürger eingeführt werden. Auch dazu soll der Spitzensteuersatz auf 53% (von zurzeit 45%) steigen und früher greifen („Reiche" müssten einen Steuersatz von 60% in der Spitze zahlen). Außerdem soll eine „Bürgerversicherung" eingeführt und somit die gesetzliche und private Krankenversicherung zusammengeführt werden. Innenpolitisch spricht sich die Partei gegen eine Ausweitung von Überwachungsmaßnahmen aus. In puncto Migration sollen legale Einwanderungswege in die EU eröffnet werden. Die Partei befürwortet grundsätzlich die EU, nicht jedoch deren Freihandelspolitik und auch nicht einen Türkeibeitritt. Auch spricht sie sich vehement gegen Kampfeinsätze der Bundeswehr aus.

e) Diese Partei definiert sich vornehmlich über ihre wirtschaftspolitische Stärke. Zwar soll nicht dem Markt allein die Steuerung der Wirtschaft überlassen bleiben, zu starke staatliche Eingriffe sollen aber vermieden werden. Gesellschaftspolitisch wird die Ehe gegenüber anderen Lebensgemeinschaften (steuerlich) bevorzugt. Migrationspolitisch betreibt die Partei eine Senkung der Flüchtlingszahlen durch intensivierte Grenzkontrollen und „Rückführung" so vieler Flüchtlinge wie möglich in „sichere" Länder. Die Partei ist proeuropäisch ausgerichtet, allerdings gegen eine weitere fiskalpolitische Vertiefung der EU und auch gegen einen Türkeibeitritt.

f) Die Partei hat einen Schwerpunkt auf Umwelt- und Klimapolitik. Sie hat u. a. vor, dass ab 2030 in Deutschland keine neuen Autos mit Verbrennungsmotoren mehr zugelassen werden und will Kohlekraftwerke schließen. Systemisch möchte sie das Wahlalter auf 16 Jahre senken und setzt sich für Volksentscheide auf Bundesebene ein. Gesellschaftspolitisch sollen Kinder von Geringverdienern stärker gefördert, gleichgeschlechtliche Partnerschaften „klassischen" Ehen gleichgestellt werden. Außen- und integrationspolitisch befürwortet sie deutlich die Vertiefung der EU und will Rüstungsausgaben kürzen; Einwanderung soll zwar gesteuert, aber nicht drastisch beschränkt werden.

Autorentexte (Stand: November 2018)

M 5 ● Parteienentstehung entlang gesellschaftlicher Konfliktlinien

Parteien sind ein Produkt gesellschaftlicher Konflikt- oder Spaltungslinien (*cleavages*). Diese stellen einerseits einen Reflex der sozialen Verhältnisse dar, können
5 also an Merkmalen wie Erwerbsposition, Gruppenzugehörigkeit, Lebensstil u. a. festgemacht werden. Auf der anderen Seite dienen sie als analytische Klammer, um eine Vielzahl von politischen Streitfragen
10 zu wenigen Grundkonflikten zusammenzufassen. In der heutigen Parteienforschung wird angenommen, dass für eine solche Zusammenfassung im Wesentlichen zwei Kategorien genügen. Alle Kon-
15 flikte lassen sich danach entweder auf ökonomische oder kulturelle Gegensätze zurückverfolgen.

Die kulturelle Konfliktlinie hat ihren historischen Ursprung im Staat-Kirche Gegen-
20 satz, der in Deutschland durch den konfessionellen Gegensatz zwischen Protestanten und Katholiken zusätzlich überlagert wurde. Er trennte im 19. Jahrhundert die liberalen von den konservativen Parteien und
25 diese wiederum von der Zentrumspartei als politischem Arm des Katholizismus.

Die ökonomische Konfliktlinie bildete sich zuerst entlang des Stadt-Land-Gegensatzes heraus, bevor sie ausgangs des 19. Jahr-
30 hunderts vom Klassenkonflikt beherrscht wurde. Auf ihr positionierten sich die sozialdemokratischen und kommunistischen Parteien als Interessenvertreterinnen der Arbeiterschaft, während die konservativen
35 und liberalen Parteien auf der Gegenseite für die Landbesitzer und das aufstrebende Bürgertum eintraten. [...]

[A]usgangs der siebziger Jahre zog eine „postmaterialistische" Konfliktlinie die Eta-
40 blierung der Grünen als vierter Partei nach sich. Charakteristisch für das neue *cleavage* war zum einen, dass es sich weniger an sozialstrukturellen als an Einstellungs- und Lebensstilmerkmalen festmachte. Zum an-
45 deren lag das Umweltthema, aus dem sich der Gegensatz Materialismus – Postmaterialismus speiste, quer zu den bestehenden kulturellen und ökonomischen Konfliktlinien. [...]

Die unverhofft möglich gewordene deut- 50 sche Vereinigung bescherte der Bundesrepublik 1989/90 eine nochmalige Erweiterung ihres Parteiensystems in Gestalt der postkommunistischen PDS. [...] Mit der PDS hielt also ein regionalistisches *cleavage* 55 in das Parteiensystem Einzug, das durch ökonomische und kulturelle Konflikte gleichermaßen unterfüttert wurde. Ablesen ließ sich das zum einen an der sozialstrukturellen Zusammensetzung der PDS-Wähler in 60 Ostdeutschland, unter denen Arbeitslose und Leistungsempfänger keineswegs überrepräsentiert waren. [...]

Der Übergang von der Viereinhalb- zur Fünfparteienstruktur wurde möglich, nach- 65 dem sich in den alten Ländern 2005 eine Abspaltung von der SPD gebildet hatte und diese mit der ostdeutschen PDS zur Partei „Die Linke" fusionierte. [...]

Frank Decker, Regieren im „Parteienbundesstaat", Wiesbaden 2011, S. 81ff.

M 6 ● Deutsche Parteien zwischen Konfliktlinien

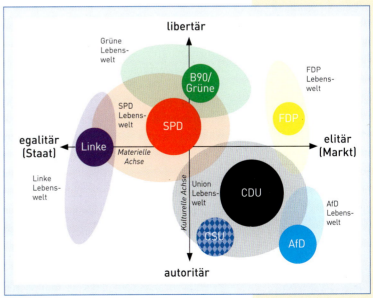

Nach: Marc Saxer, Friedrich-Ebert-Stiftung, April 2017

M 7 ● Neue entscheidende Konfliktlinie? Einstellungen zur Globalisierung

Kosmopolitismus

philosophische Strömung, wonach die gesamte Erde als Heimat betrachtet wird; starke Abgrenzung zum Nationalismus und Kommunitarismus

Kommunitarismus

philosophische Strömung, für die die eigene (kulturelle) Gemeinschaft und die Familie übergeordneten Wert besitzt

„Die neue Konfliktlinie hat weitreichende Auswirkungen auf die Politik in den westeuropäischen Ländern. [...] [Durch sie ist] ein „Gelegenheitsfenster" für [...] eine neue Parteienfamilie entstanden, die radikale populistische Rechte, die sich in den meisten Ländern dauerhaft in den Parteiensystemen etablieren konnte [...].

Edgar Grande, Neue Konfliktlinien durch die Globalisierung, in: Erwin Teufel, Winfried Mack (Hg.), Aus der Krise lernen, Freiburg i. Br. 2014, S. 50, 52f.

ⓗ **zu Aufgabe 3**
Berücksichtigen Sie dabei u. a. die Zusammensetzungen der Koalitionsregierungen in Niedersachsen und Brandenburg sowie in Baden-Württemberg und Sachsen-Anhalt.

Es gibt eine [...] Konfliktlinie, die sich im Zuge der Globalisierung in unseren Gesellschaften zu etablieren beginnt: der Konflikt zwischen kosmopolitischen Eliten [...] und
5 den geistig, geographisch wie sozial eher immobilen [= unbeweglichen] Teilen unserer Gesellschaften. Kosmopoliten wollen offene Grenzen, liberale Zuwanderung, erleichterte Einbürgerung, kulturellen Pluralismus [hier:
10 gleichberechtigte Vielfalt] sowie eine globale Verantwortung für universell gültige Menschenrechte und Umweltschutz. Kosmopoliten betonen die Chancen der Globalisierung, Kommunitaristen dagegen beto-
15 nen die Gefahren. Letztere bevorzugen solidarische Gemeinschaften, kontrollierte Grenzen, sie befürworten eine Beschränkung der Zuwanderung, beharren auf kultureller Identität und legen Wert auf sozialen
20 Zusammenhalt, der leichter in kleinen abgrenzbaren Gemeinschaften herzustellen sei als in unbegrenzten sozialen Räumen. [...] Kosmopolitische Einstellungen sind vor allem unter den gebildeten Mittelschichten
25 zu finden. Viele von ihnen sind Globalisierungsgewinner. [...] Die untere Hälfte der Gesellschaft ist weniger mobil und kritischer gegenüber offenen Grenzen, Zuwanderung, Mobilitätszumutung, Multikultu-
30 ralismus; auch fürchtet sie Konkurrenz in den weniger qualifizierten Bereichen des Arbeitsmarktes. Sie sind eher die Verlierer der Globalisierung. Gleichzeitig tragen insbesondere sie die Hauptlasten offener
35 Grenzen, und zwar im Wohnquartier genauso wie im Alltags- und Berufsleben – während die oberen und Teile der mittleren Schichten davon profitieren.

Wie haben die politischen Parteien in Deutschland auf diese neue Konfliktlinie 40 reagiert? Die Grünen zeigen sich programmatisch als die kosmopolitischste Partei, gefolgt von der Linken. CDU und CSU verzeichnen in ihren Parteiprogrammen den höchsten Anteil kommunitaristischer Aus- 45 sagen. Bei der FDP und der SPD lässt sich seit Mitte der 1970er Jahre ein Zuwachs an kosmopolitischen Positionen erkennen. Bei der SPD halten sich Kosmopolitismus und Kommunitarismus die Waage. 50
Die neuen Konfliktlinien allerdings haben sich längst zu einem Dilemma für die Sozialdemokraten verdichtet: Machen sie Zugeständnisse auf der einen, haben sie mit Stimmenverlusten auf der anderen Seite zu 55 rechnen. Der Wählerrückgang der zurückliegenden zehn Jahre spiegelt dieses Dilemma deutlich wider. Der Zustrom von Flüchtlingen und die bisher europaweit einzigartige kosmopolitische Politik der 60 Bundesregierung [im Jahr 2015/16] können dieses Dilemma verstärken. Die kommunitaristisch-konservativ positionierte Christdemokratie fordert es freilich noch weit stärker heraus. Denn Offenheit wollte 65 sie vor allem für den freien Austausch von Waren und Dienstleistungen und nicht für fremde Kulturen oder im Sinne eines massenhaften Zuzugs von Menschen [...]

Wolfgang Merkel, So spaltet die Globalisierung die Gesellschaft, in: Cicero, 3.2.2016

Wolfgang Merkel (*1952) ist Direktor der Abteilung Demokratie und Demokratisierung am Wissenschaftszentrum Berlin und Professor für Politikwissenschaft an der Humboldt-Universität zu Berlin.

Aufgaben

❶ a) Erklären Sie das Schaubild (M 6).

b) Überprüfen Sie die Einordnung der Parteien durch Decker anhand der Darstellung der Programmschwerpunkte (M 4 – M 6).

❷ Erklären Sie die Wahlerfolge der AfD seit 2014 mithilfe der Cleavage-Theorie (M 5, M 7).

❸ Edgar Grande sagt, dass die Teilung in ein bürgerliches und ein linkes Regierungslager „zunehmend obsolet" sei. Beurteilen Sie diese Aussage (M 7).

2.2.3 Repräsentieren Parteien annähernd die Bevölkerung?

E Antworten Sie als eine bei Wahlen stimmberechtigte Bürgerin auf die Aussage des CDU-Schriftzugs (M 8).

M 8 ● Parteientwicklung karikiert

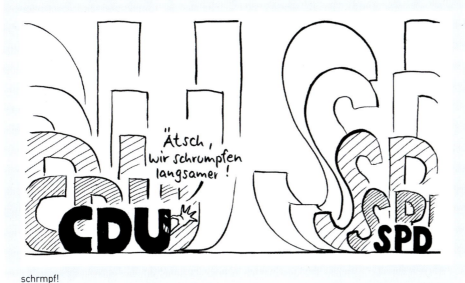

schrmpf!

Karikatur: Pfohlmann, 22.7.2008

M 9 ● Mitgliederentwicklung deutscher Parteien

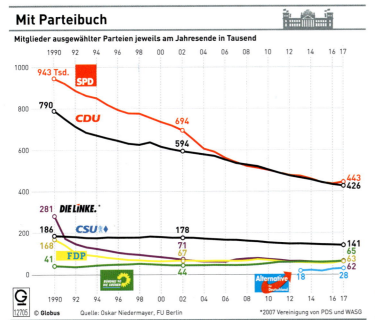

Mitglieder der im Deutschen Bundestag vertretenen Parteien

Sind deutsche Parteien rekrutierungsfähig?
2016 waren knapp 1,7% aller prinzipiell beitrittsberechtigten Bürger in Deutschland Mitglied in einer Partei, 1990 waren es 3,65%.

Zahlen: Oskar Niedermayer, Parteimitglieder in Deutschland: Version 2018, Arbeitshefte aus dem Otto-Stammer-Zentrum, Nr. 29, Berlin 2018, S. 2

Info

Typen politischer Parteien

Es gibt verschiedene Möglichkeiten, eine Parteientypologie zu strukturieren. Man kann Parteien erstens nach ideologischer Zugehörigkeit bzw. Programmatik ordnen oder zweitens nach Bedingungen ihres historischen Entstehens. Heute gängige Typologien unterscheiden Parteien aber drittens meistens nach ihrer Organisationsstruktur: Am ältesten sind dabei die Honoratioren- oder **Kaderparteien**, die letztlich reine Wählervereinigungen darstellten und darüber hinaus kaum Parteiarbeit betrieben. Gegen Ende des 19. Jahrhunderts entstanden die ersten **Massenparteien** mit breiter Mitgliederbasis und straffer Führung sowie bürokratischer Organisation. Heutzutage dominieren die **professionalisierten Wählerpar-**

teien (auch: Berufspolitiker-Parteien) die immer mehr Gewicht auf Öffentlichkeitsarbeit und Wähleransprache (und im Zweifel weniger auf Programmentwicklung) legen. Eine vierte Unterscheidungsmöglichkeit ergibt sich durch die Betrachtung der Anhänger- bzw. Wählerschaft: Während **Volksparteien** (auch: catch-all-parties) den Anspruch verfolgen, über Klassen- bzw. Milieu-Unterschiede hinweg eine möglichst große Gruppe von Wählern anzusprechen, vertreten (die kleineren) **Klientelparteien** die Interessen nur einer bestimmten gesellschaftlichen Gruppe. Daneben existieren **Regionalparteien**, die für die Berücksichtigung der spezifischen Bedürfnisse von Regionen und/oder dort lebenden Minderheiten kämpfen. *Autorentext*

M 10 ● Soziale Zusammensetzung der Mitglieder ausgewählter Parteien

a) Altersverteilung in Prozent

	CDU	CSU	SPD	Die Linke	B 90/ Die Grünen	FDP	Gesamtbevölkerung
unter 30	6	6	9	18	14	12	17,3*
31–40	9	10	9	11	12	17	12,5
41–50	14	16	10	10	18	19	13,4
51–60	19	21	19	16	27	20	14,5
über 60	52	48	54	46	24	33	27,9

* Anteil der 16-30-Jährigen an der Gesamtbevölkerung

b) Bildungsabschluss der Mitglieder in Prozent

	CDU	CSU	SPD	Die Linke	B 90/ Die Grünen	FDP	Gesamtbevölkerung
Hochschule	38	33	37	46	68	56	31,9
(Fach-)Abitur	14	9	13	17	17	17	
Mittlere Reife	26	27	22	18	11	17	23,1
Hauptschule/ ohne Abschluss	22	32	28	19	5	10	34,4

2 Wie könn(t)en Bürger politisch partizipieren?

c) Geschlechterverteilung der Mitglieder in Prozent

	CDU	CSU	SPD	Die Linke	B 90/ Die Grünen	FDP	AfD	Gesamtbevölkerung
Frauen	26	21	33	37	40	22	17	51
Männer	74	79	67	63	60	78	83	49

a) – c) Angaben gerundet (Stand: a) + c) 31.12.2017), b) 2009)

a), c) Oskar Niedermayer, Parteimitglieder in Deutschland: Version 2018, Arbeitshefte aus dem Otto-Stammer-Zentrum, Nr. 29, Berlin 2018, S. 23, 27f.; b) Markus Klein, Wie sind die Parteien gesellschaftlich verwurzelt, in: Tim Spier et al. (Hg.), Parteimitglieder in Deutschland, Wiesbaden 2011, S. 47

M 11 ● „Professionalisierte Wählerpartei" – hat sich der Parteitypus in Deutschland durchgesetzt?

Nein, es gibt keine Volkspartei CDU mehr – genauso wenig, wie es noch eine Volkspartei SPD gibt. Die Volkspartei [...] war nichts als ein historisches Übergangsstadium par-
5 teipolitischer Großorganisationen, das seinen Höhepunkt in den sechziger und siebziger Jahren hatte und seit den Achtzigern langsam zu verfallen beginnt.
Parteien mit einer Massenmitgliedschaft
10 nahe der Millionengrenze und insbesondere mit regelmäßigen Wahlergebnissen von 40 Prozent und mehr gehören der Vergangenheit an. Die CDU, die sich lange Zeit als die Mutter dieses Typus verstand, konnte
15 dem Niedergang einige Jahre länger trotzen als die Sozialdemokratie, doch auch ihr schwinden Mitglieder und Wähler. [...]
Eine Prognose scheint nicht besonders gewagt: Die einstige Volkspartei CDU wird
20 sich zu einer professionellen Wählerpartei entwickeln – oder besser gesagt, sie ist schon auf dem besten Wege dorthin. Im Gegensatz zu einer pluralistischen Volkspar-

tei, deren massenhafte Aktivitas für Leben in den Kommunen, den Landesverbänden 25 und den Vereinigungen beiträgt, konzentrieren sich die Kräfte der professionalisierten Wählerpartei zunehmend auf die Parteizentrale. Dies sei an einem Beispiel erläutert: Versicherte sich Helmut Kohl 30 [CDU, Bundeskanzler von 1982-1998] noch in seinen berüchtigten Telefonanrufen regelmäßig der Unterstützung einzelner Kreisverbände, wird Angela Merkel zwar vorgeworfen, die Parteibasis zu übergehen, 35 doch eine Revolte gegen sie bleibt aus.
Das Machtzentrum der CDU verlagert sich zunehmend ins Kanzleramt und das Konrad-Adenauer-Haus [Bundesgeschäftsstelle der CDU in Berlin]. Das einzelne Mitglied 40 wird dadurch zwar nicht völlig entwertet, aber es ist auch nicht mehr unentbehrlich. Vermutlich wird eine professionelle Wahlkampfführung im Zentrum stehen.

Oliver D'Antonio, Von der Volks- zur Wählerpartei, in: The European, 28.3.2012

Staatliche Parteienfinanzierung

Nach §18 Parteiengesetz erhalten die Parteien staatliche Beihilfen, die bei der jeweils letzten Europa- bzw. Bundestagswahl min. 0,5% oder Landtagswahl min. 1,0% der Stimmen bekommen haben. Dabei gibt es Finanzmittel für jede erhaltene Zweitstimme (0,83 bis 1€) sowie 0,45€ für jeden Euro, den die Partei über Beiträge oder Spenden (bis 3.000€) eingenommen hat. Der Gesamtbetrag darf die Eigeneinnahmen der Partei nicht überschreiten.

Autorentext

Aufgaben

1. Analysieren Sie die Mitgliederentwicklung und die soziale Zusammensetzung der seit 2013 im Bundestag vertretenen Parteien (M 9, M 10).

2. Geben Sie die wesentlichen Merkmale des Typus „professionalisierte Wählerpartei" in eigenen Worten wieder und grenzen Sie ihn gegen den der (modernen) Volkspartei ab (M 11, Infobox).

3. Beurteilen Sie vor dem Hintergrund Ihrer Ergebnisse, ob die rechtlich bzw. verfassungsmäßig eingeräumten Privilegien der Parteien in Deutschland – insb. die staatliche Mitfinanzierung – beibehalten werden sollten (M 9–M 11).

Ⓜ zu Aufgabe 1
Gehen Sie – in 4er-Gruppen – arbeitsteilig vor und präsentieren Sie im Anschluss einander Ihre Ergebnisse.

Karikaturen analysieren

Warum sollte ich Karikaturen analysieren können?

Die Fähigkeit, eine Karikatur analysieren zu können, ist von Bedeutung, weil es sich bei ihr erstens um die knappste Form handelt, seine eigene Meinung zu einem politischen Sachverhalt äußern zu können. Zweitens schult das Deuten von Karikaturen die eigene Ironie- und auch Urteilsfähigkeit, da ihre Aussagen häufig mit dem Gegenteil des tatsächlich Gemeinten bildlich ausgedrückt werden und die Position des Zeichners zur eigenen Stellungnahme herausfordert. Drittens sind Karikaturen (historisch) bedeutsam, da mit ihnen seit über 250 Jahren politische und gesellschaftliche Missstände angeprangert werden und die Karikaturisten dafür nicht selten verfolgt wurden.

Was muss ich bei einer Karikaturanalyse beachten?

Bei einer politischen Karikatur handelt es sich um eine zugespitzte Meinungsäußerung eines Zeichners zu einer politischen, gesellschaftlichen oder ökonomischen (Streit-)Frage in Form eines gezeichneten Bildes oder einer Bild-Text-Kombination. Dabei werden bestimmte Eigenheiten von Personen oder Charakteristika von Umständen überzeichnet, nicht selten auch ironisierend dargestellt. Die Karikatur verfolgt die Zwecke der Provokation und – damit verbunden – die Anregung zur eigenen Meinungsbildung. Daher verzichtet die Karikatur bewusst auf eine differenzierte Argumentation.

Daraus ergeben sich vier Hauptschwierigkeiten der Karikaturanalyse: Aufgrund ihrer zeichnerischen Verdichtung werden erstens in der Beschreibung häufig für die Deutung wesentliche Details vergessen. Zweitens kann es schwerfallen, die Karikatur in einen (aktuellen) politischen Zusammenhang einzuordnen. Drittens hängt es vom Grad des Vorwissens ab, ob die Bedeutung von Symbolen und von Ironie verstanden werden. Und viertens ist es nicht immer einfach, die Gesamtaussage der Karikatur (also die Position des Zeichners) exakt zu bestimmen.

Mögliche Schrittfolge zur Karikaturanalyse

Hier wird eine idealtypische Schrittfolge skizziert, wobei die Schritte zwei und drei auch getauscht und die Schritte zwei und vier miteinander verzahnt werden können.

Schritt	Beschreibung
(1) Formalia nennen	• Nennen Sie Zeichner, Veröffentlichungsmedium und -datum. • Nennen Sie den Titel – falls vorhanden.
(2) Karikatur kontextualisieren	• Ordnen Sie die Karikatur (vorläufig) in einen politischen Zusammenhang ein: Zu welcher politischen Streitfrage bzw. welchem politischen Problem bezieht der Zeichner oder die Zeichnerin Stellung?
(3) Karikatur beschreiben	• Gehen Sie vom Allgemeinen ins Detail: • Geben Sie zunächst einen Überblick über den Bildaufbau und die Hauptelemente. • Beschreiben Sie dann die Elemente und deren wichtige Details (z. B. Mimik der Figuren). • Wenn Sie allgemein bekannte Symbole erkennen (deutscher Michel, gallischer Hahn...), können Sie deren Bedeutung auch hier bereits nennen.
(4) Karikatur deuten	• Deuten Sie nötigenfalls erst die Hauptelemente der Karikatur einzeln: Um wen oder was handelt es sich? • Formulieren Sie eine Gesamtdeutung der Karikatur: Welche Position vertritt der Zeichner zu der politischen Frage? Welches „Argument" stellt er zeichnerisch dafür in den Vordergrund?

(5) Einschätzung der Qualität der Karikatur	• Die Karikaturanalyse erfordert nicht zwingend die Bewertung der Güte der Karikatur. • Dennoch können Sie kurz ausführen, in welchen wesentlichen Punkten Sie die Karikatur für gelungen halten, in welchen Sie Veränderungsmöglichkeiten sehen. Machen Sie diese konkret.
(6) eigenes Urteil bilden	• Zu einer Karikaturanalyse gehört eine eigene Positionierung zur Aussage eigentlich nicht. • Wenn Sie zur Karikaturaussage Stellung nehmen möchten, gehen Sie auch unbedingt auf das „gezeichnete Argument" des Karikaturisten ein. Sie können auch weitere Argumente abwägend aufwerfen.

Karikatur: Walter Hanel (Künstler), Haus der Geschichte, Bonn, 1993

Gliederungsaspekt der Aufgabenbearbeitung	inhaltliche Anforderungen	Beispiele
Einleitung	→ Nennung des Zeichners, des Titels sowie des Veröffentlichungsmediums und -datums	„Die titellose Karikatur stammt von Walter Hanel und ist im Jahr 1993 entstanden. Das Veröffentlichungsmedium ist nicht angegeben."
	→ Bereits hier kann der vermutliche politische Kontext angedeutet werden.	„Mit der Karikatur kritisiert der Zeichner ‚unbewegliche' Volksparteien, die langsam, aber sicher von der Frustration der Wählerinnen und Wähler aufgezehrt würden."
Beschreibung	→ Beschreibung des allgemeinen Bildaufbaus und zentraler Details.	„Die Karikatur in Schwarz-Weiß zeigt zwei comicartig gezeichnete, nebeneinander stehende, gigantische, langhalsige Dinosaurier. Diese sind zum linken Bildrand ausgerichtet und schauen mit großen, weit aufgerissenen Augen in Richtung Betrachter und vermitteln dadurch einen Eindruck der Ratlosigkeit. Die sogar noch für Saurier überdimensionierten Körper sind mit der Aufschrift ‚Volksparteien' versehen. Von hinten werden die Saurier schon bis zum Schwanzansatz verschlungen von einem riesigen Krokodil, das das Maul zu diesem Zweck weit aufgerissen hat. Durch die nur halb geöffneten Augen wirkt es gelangweilt. Auf dem Körper ist das Krokodil beschrieben mit ‚Parteienfrust'."
Deutung und Gesamtaussage	→ Deuten Sie zunächst wichtige Bildelemente inkl. Symbolen.	„Die dickleibigen Saurier stehen in dieser Darstellung für die (inhaltlich und personell) schwerfälligen und nicht anpassungsfähigen (ehemaligen) Volksparteien. Auch können die Volksparteien (programmatisch) – ähnlich wie die Saurier – nur schwer voneinander unterschieden werden. Dieses Symbol verweist gleichzeitig darauf, dass die Volksparteien (wie einst die Saurier) akut vom Aussterben bedroht sind."
	→ Kommen Sie dann zu einer Gesamtdeutung.	„Die zentrale Bedrohung für die Volksparteien liegt laut Walter Hanel nicht etwa in äußeren Umständen, sondern die CDU und die SPD seien selbst für ihre angefangene Vernichtung verantwortlich. Durch ihre geringe Anpassungsfähigkeit, ihre nur wenig ausgeprägten inhaltlichen Differenzen und auch ihre Unbeweglichkeit (es scheint, als hätten sie sich an der Macht ‚überfressen') würden sie in der Bevölkerung den Parteienfrust auslösen oder zumindest drastisch vergrößern. Folgen dieses Frustes könnten sein, dass die Wählerinnen und Wähler anderen Parteien ihre Stimme gäben, dass sie sich der Wahl ganz enthielten (was zumeist den kleineren Parteien nutzt) und dass die Mitgliederbasis der Parteien wegbräche bzw. es zu deutlichen Unterrepräsentationen ganzer Bevölkerungsschichten kommt. Dieses ‚Aufgezehrtwerden' der Parteien vollziehe sich nicht in einem einzigen eruptiven Akt, sondern schleichend. Die Volksparteien seien zu einfallslos, um wirksame Gegenmaßnahmen zu ergreifen und müssten folglich aussterben."

Autorentext

2.2.4 Mitarbeiten und Mitentscheiden – ermöglichen Parteien das wirklich?

E Sammeln Sie in Ihrem Kurs Ursachen, warum Sie sich politisch (nicht) in einer Partei engagieren (M 12).

M 12 ● Parteimitgliedschaft – (un)attraktiv?

„Wenn sich Jugendliche politisch beteiligen wollen, dann soll es Spaß machen, zeitlich begrenzt sein, man will Ergebnisse sehen, man will sich auch nicht ganz allgemein beteiligen, sondern nur in bestimmten Bereichen. Wenn man die Welt retten will und dann in den SPD-Ortsverein mit lauter 60-Jährigen geht, die über die Kommunalverbandsabgabe diskutieren, ist das schon ein Unterschied."

Oskar Niedermayer, www.n-tv.de, 15.6.2011

Info

Parteitage

Parteitage sind das zentrale Organ einer Partei, in dem Parteimitglieder und -funktionäre zusammentreffen. Auf ihnen wird die inhaltliche Ausrichtung der Parteipolitik diskutiert und festgelegt und es werden personelle und finanzielle Entscheidungen getroffen. Bei den meisten Parteien ist satzungsgemäß der **Bundesparteitag** das höchste Entscheidungsgremium. Dort werden Grundsatzprogramm und Bundestagswahlprogramme beschlossen sowie der Parteivorstand gewählt und eventuell ein Kanzlerkandidat nominiert. Auf **Länder-, Bezirks- bzw. Ortsebene** (bzw. Mitgliederversammlungen) werden ebenfalls für die entsprechenden Wahlen Kandidaten aufgestellt und Programme beschlossen.

Autorentext

M 13 ● Wie sind die Entscheidungsstrukturen in einer Partei?

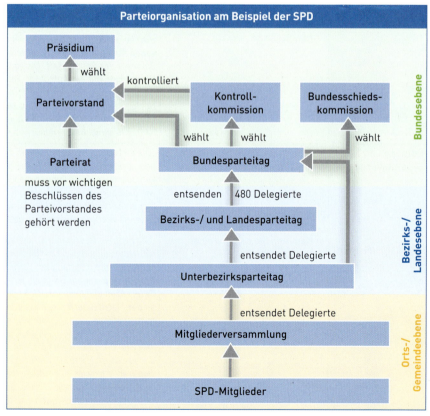

Erweitert nach: Joachim Jens Hesse, Thomas Ellwein, Das Regierungssystem der Bundesrepublik Deutschland, Baden-Baden 2012, S. 302

M 14 ● Kontrovers diskutiert: Mitgliederentscheide über Regierungsbeteiligung?

a) Pro Mitgliederentscheid

Der neueste Vorwurf [gegen die SPD]: Die Idee, die rund 450.000 SPD-Mitglieder über die Große Koalition abstimmen zu lassen, sei undemokratisch. [...] Dieser Vorwurf,
5 mit Verlaub, ist grober Unfug. [...]
Bei der Union machen traditionell die Führungsgremien unter sich aus, ob und wie regiert wird. Solche Top-down-Prozesse machen vieles einfacher, aber demokrati-
10 scher sind sie sicher nicht. [...] Die Parteien wirken bei der politischen Willensbildung mit. Und das Parteiengesetz verpflichtet sie zur innerparteilichen Demokratie – nicht ohne Grund hat das Verfassungsgericht Kla-
15 gen gegen den Mitgliederentscheid abgewiesen. Was die SPD vorführt, ist ein Stück gelebte Demokratie. Es mag in der Union

nerven, dass die SPD-Führung [...] versucht, Extrawünsche ihrer Basis durchzukämpfen. Aber ihre Regierungsarbeit wird – im Fall 20 des Falles – breit legitimiert sein.
Die Volksparteien sind in einer veritablen [= ernstzunehmenden] Krise. Ihre Macht schwindet, ihre Milieus sind zersplittert, sie gelten als veränderungsresistent. Gleichzei- 25 tig gedeihen die Rechtspopulisten, weil viele Menschen die sogenannten etablierten Parteien verachten. In diesen Wochen treten viele Menschen in die SPD ein, weil sie das gute Gefühl haben, mitentscheiden zu kön- 30 nen. Angesichts dessen über Mitgliederentscheide herzuziehen, ist keine gute Idee.

Ulrich Schulte, in: die tageszeitung, 6.2.2018, Abruf am 3.9.2018

b) Kontra Mitgliederentscheid

Das Eigenlob will gar kein Ende nehmen, wenn die Sozialdemokraten über ihren Mitgliederentscheid zum Groko-Koalitionsvertrag sprechen. [...] Was für ein Irrglaube.
5 Nicht alles, über das abgestimmt wird, ist gleich auch demokratisch.
Die Wählerinnen [und Wähler] haben im September darüber entschieden, wer sie vertreten soll. Man nennt es repräsentative
10 Demokratie. Doch statt den gewählten Volksvertreterinnen im Bundestag entscheidet nun ein exklusiver Klub namens SPD darüber, wie die künftige Bundesregierung aussieht und was genau sie umsetzen
15 wird. Das ist nicht demokratisch, sondern eine Entmündigung der Wählerinnen [und Wähler].

Dieses Mal geht es außerdem um weit mehr als nur einen Koalitionsvertrag mit der ungeliebten Union und die parteipolitisch 20 durchaus nachvollziehbare Sorge um die Zukunft der SPD. Die Genossen entscheiden darüber, ob es zu Neuwahlen kommt. Es geht bei den derzeitigen Verhandlungen um die Frage, wie Deutschland mit der derzei- 25 tigen politischen Konstellation im Bundestag überhaupt regiert werden kann. Darüber stimmen nicht die Mandatsträger, sondern 450.000 SPD-Mitglieder ab. Sie haben kein Mandat, sondern sich ihre 30 Stimmberechtigung quasi per Mitgliederbeitrag erworben. [...]

Silke Mertins, in: die tageszeitung, 6.2.2018, Abruf am 3.9.2018 (sprachlich verändert)

Aufgaben

❶ Beschreiben Sie die Organisation einer politischen Partei in Deutschland (M 13).

❷ Arbeiten Sie heraus, welche Chance ein einzelnes Parteimitglied hat, auf Entscheidungen auf Bundesebene Einfluss zu nehmen (M 13).

❸ Nicht nur bei der Frage eines Koalitionsvertrags, sondern auch bei anderen parteiintern strittigen Entscheidungen auf Bundesebene sollten Mitgliederentscheide eingeführt werden. Setzen Sie sich mit der Forderung auseinander (M 14).

Hintergrund:
Im Februar 2018 befragte die SPD nach langwierigen Koalitionsverhandlungen die eigene Basis nach ihrer Zustimmung zu einem Eintritt in eine Große Koalition und erklärte das Abstimmungsergebnis zuvor als bindend.

Autorentext

Top-down-Prozesse
hier: politischer Entscheidungsvorgang von der (Partei-)Führung („oben") hin zu den untergeordneten Gremien und Mitgliedern („unten"); Gegensatz: bottom-up

Mitgliederentscheid und Grundgesetz
2013 wies das Bundesverfassungsgericht eine Verfassungsbeschwerde gegen einen SPD-Mitgliederentscheid über den Koalitionsvertrag mit der CDU und CSU ab. Der Mitgliederentscheid schränke die Abstimmungsfreiheit der Bundestagsabgeordneten nicht verfassungswidrig ein.

Autorentext

ⓗ zu Aufgabe 3
Stellen Sie die Argumentationen für und gegen den SPD-Mitgliederentscheid zum Koalitionsvertrag 2018 einander gegenüber.

2.2.5 (Wie) Kann wieder mehr Bürgerbeteiligung durch Parteien geschaffen werden?

E Charakterisieren Sie die Entwicklung der Mitgliederzahlen der britischen Labour Party: Welche Tendenzen haben Sie erwartet? Welche kommen für Sie überraschend (M 15)?

M 15 ● Die britische Labour Party – gefallen und wiedererstarkt?

a) Mitgliederentwicklung der britischen Labour Party

Mit ca. 550.000 Mitgliedern ist die Labour Party (sozialdemokratische Partei) die mitgliederstärkste politische Partei Europas (Stand: Mai 2018).

Zahlen: House of Commons Library, Membership of UK political parties, 1.5.2018

b) Direktwahl des Parteivorsitzes

[Der damalige Vorsitzende der Labour Party Ed] Miliband sah ein, dass seine auf 156.000 Mitglieder geschrumpfte Partei ohne drastische Änderungen verschwinden würde. Also setzte er eine Kommission ein, die im Februar 2014 unter dem Motto „Building a One Nation Labour Party" [...] Vorschläge unterbreitete. Der Parteivorsitz sollte nun nach dem demokratischen Prinzip „One member, one vote" von drei klar umrissenen Mitgliedergruppen bestimmt werden: a) von den Parteimitgliedern, b) von den Mitgliedern parteinaher Vorfeldorganisationen und den mit Labour verbundenen Gewerkschaftsmitgliedern und c) von allen Unterstützern, die sich zu den Werten von Labour bekennen, sich registrieren lassen und eine einmalige Gebühr von drei Pfund bezahlen. Die letzte Gruppe löste [im Anschluss an die Wahl des Parteivorsitzenden] eine regelrechte Eintrittslawine aus.

Wolfgang Michal, Reiter der Lawine, in: der Freitag, 4.1.2018

Vorfeldorganisation
Organisation, die einer Partei nahe steht und ggf. von ihr organisatorisch und strukturell unterstützt wird. Die Mitarbeit ist allerdings nicht an eine Parteimitgliedschaft gebunden. Zu den bekanntesten gehören die Arbeiterwohlfahrt (AWO) als Vorfeldorganisation der SPD sowie die parteinahen Jugendorganisationen (z. B. Jusos, Junge Union, Junge Liberale, Grüne Jugend...).

2 Wie könn(t)en Bürger politisch partizipieren?

M 16 ● Vorschläge zur Reform deutscher Parteien

Angebote nach Lebenswelt ausrichten

[...] Zeitsouveränität, ortsungebundene Engagementmöglichkeiten und effektive Arbeits- und Debattenabläufe müssen selbstverständlich werden. Dabei sollten Parteien davon ausgehen, dass Mitglieder und potenziell Engagierte mit ihrem Handeln etwas bewirken wollen – und die Strukturen entsprechend danach ausrichten. Ziel muss sein, den Aufwand für selbstzweckgebundene Aufgaben (interne Sitzungen, Verwaltung, Prozessfragen etc.) zu reduzieren, um Ressourcen für andere und v. a. aktivierende Formate freizusetzen [...]. Hinzu kommt: Parteimitglieder haben unterschiedliche Motivationen für ihre Mitgliedschaft, ebenso wie sie individuelle Qualifikationen und Kompetenzen, Zeitbudgets und Partizipationswünsche mitbringen. Mitmachangebote sollten diese Vielfalt anerkennen, anstatt auf das eine Angebot für alle zu setzen.

Handlungsempfehlungen:

Verschiedene Mitgliedschaftsmodelle: Neumitglieder geben schon bei Parteieintritt an, wo und wie sie sich schwerpunktmäßig einbringen möchten. Es gibt verschiedene Mitgliedschafts-Optionen, deren entsprechende Tätigkeitsschwerpunkte den individuellen Bedürfnissen Rechnung tragen [...]. Die ortsunabhängige, meist virtuelle Mitarbeit ist als Themen-Mitglied in landes- oder bundesunmittelbaren Arbeitsgruppen möglich. Diese Arbeitsgruppen sind formal mit den Gliederungen der Partei gleichgestellt und können Delegierte entsenden. **Engagierten-Agentur:** Eine zentrale Engagierten-Agentur auf Landes- und Bundesebene macht Engagementbereiten maßgeschneiderte Angebote. [...]

Strategiefähigkeit durch Diversität und Dialog

Vielfalt ist [...] die wichtigste Ressource für den Umgang mit komplexen Herausforderungen. Deshalb ist Diversität für Parteien kein Selbstzweck, sondern strategisches Gebot. [...] Parteien sollten deshalb Dialogformate etablieren, die den Austausch mit Nicht-Mitgliedern verstärken und zu neuen Mitmachangeboten führen. Die Partei, die das ernsthaft angeht, erwirbt sich strategische Vorteile. Der Dialog mit engagierten Nichtmitgliedern konfrontiert Parteien mit gesellschaftlichen Meinungsbildern, die ihren Weg sonst vielleicht nicht bis in die Parteigremien finden würden.

Handlungsempfehlungen:

Strategische Dialoge: Parteien etablieren auf Kommunal-, Landes- und Bundesebene strategische Dialoge, in denen Parteimitglieder in den themengebundenen Austausch mit ausgewählten Fachexperten, Multiplikatoren, Vertretern von Vorfeldorganisationen usw. treten und gezielt Impulse zu programmatischen oder organisatorischen Fragen suchen. Wichtig dabei: klarer thematischer Fokus, zeitliche Begrenzung, möglichen Impact [= Einfluss] definieren, Feedback zu Wirksamkeit bereitstellen. [...] **Vor-Ort-Initiativen:** Thematisch fokussierte, zeitlich begrenzte Vor-Ort-Initiativen bringen Parteien zurück auf die Straße und eröffnen die Chance für begrenztes, niedrigschwelliges Engagement von Nichtmitgliedern.

Hanno Burmester, Agil, vielfältig, innovativ. Fünf Zukunftsimpulse für politische Parteien, Berlin 2015, S. 1-3

Parteireform-Projekt

Im Jahr 2015 veröffentlichte der politisch unabhängige Berliner Think Tank „Das progressive Zentrum" in Kooperation mit den parteinahen Stiftungen von CDU (Konrad Adenauer Stiftung) und Bündnis 90/Die Grünen (Heinrich Böll Stiftung) eine Studie mit Handlungsempfehlungen zu zentralen Bereichen, wie (die Mitarbeit in) Parteien in Deutschland wieder attraktiver gemacht werden könnte. Weitere Informationen zum stiftungsübergreifenden Kooperationsprojekt finden Sie unter → http://parteireform. org/

Autorentext

Aufgaben

1. Vergleichen Sie die Mitgliederentwicklung der britischen Labour Party (M 15 a). mit der von CDU und SPD (Kap. 2.2.3, M 9).
2. Erklären Sie die Mitgliederentwicklung der Labour Party (M 15).
3. Geben Sie die Vorschläge für Parteireformen nach Hanno Burmester wieder (M 16).
4. Beurteilen Sie die Reformvorschläge für Parteien nach Hanno Burmester (M 16).

2.2.6 Europäische Parteien – machtvolle Repräsentanten der EU-Bürger?

E Sehen Sie sich das Plakat für zwei bis drei Sekunden an. Nennen Sie im Anschluss, für welche Wahl damit geworben bzw. für welches Amt kandidiert werden soll (M 17).

M 17 • Wahlwerbung 2014

Wahlplakat der deutschen CDU für die Europawahl 2014. Die CDU ist Mitglied der Europäischen Volkspartei (EVP).

M 18 • Neue Rolle der europäischen Parteien?

Europäische Kommission
Organ der Europäischen Union mit alleinigem Initiativrecht für EU-Gesetzgebung und Exekutivaufgaben – bestehend aus dem Kommissionspräsidenten und 28 sogenannten Kommissaren aus den Mitgliedstaaten, die für jeweils ein Ressort zuständig sind.

„Politische Parteien auf europäischer Ebene sind wichtig als Faktor der Integration in der Union. Sie tragen dazu bei, ein europäisches Bewusstsein herauszubilden und den politischen Willen der Bürger der Union zum Ausdruck zu bringen." [§ 138 a EGV] [...] Aber erfüllen sie auch die[se] Rollen und Funktionen [...]? Nationale politische Parteien werden oft als Organisationen beschrieben, die politische Inhalte, Wählerstimmen und Ämter erreichen wollen. In ihrem Versuch, „echte" Parteien zu werden, haben die europäischen Parteien sich dasselbe Ziel gesetzt. Als Organisationen, die politische Inhalte verfolgen, veröffentlichen sie vor jeder Europawahl immer detailliertere und besser durchdachte Wahlprogramme mit Politikversprechen. Die nationalen Mitgliedsparteien sind dabei am Schreibprozess beteiligt und müssen die europäischen Wahlprogramme auch ratifizieren. [...] Wichtig ist [...], dass die europäischen Parteien in den letzten Jahren auch im Streben nach Ämtern eine Rolle spielen. In der Vergangenheit wurden Spitzenposten wie die Präsidentschaft der Europäischen Kommission von den Regierungschefs hinter den verschlossenen Türen des Europäischen Rates ausgehandelt. [...] Eine Anzahl von Europaabgeordneten nahm [2013] eine Resolution an,

die vorschlug, dass die europäischen Parteien ihre Kandidaten für das Amt des Kommissionspräsidenten deutlich vor der Europawahl 2014 ernennen sollten, sodass diese
35 einen europaweiten Wahlkampf über europäische Themen führen könnten. [...] Der Kommissionspräsidentschaftskandidat der größten Fraktion im neu gewählten Parlament sollte dann aus Sicht der Abgeordne
40 ten als Erster für das Amt in Betracht gezogen werden.
Als Nächstes wählten alle größeren europäischen Parteien ihre Kandidaten für die Kommissionspräsidentschaft aus. Diese
45 „Spitzenkandidaten" führten 2014 einen europaweiten Wahlkampf und erschienen zusammen in Fernsehdebatten. Dies führte dazu, dass EU-Politiker wie der Präsident des Europäischen Parlaments Martin Schulz
50 und der frühere Eurogruppen-Vorsitzende Jean-Claude Juncker weitaus sichtbarer wurden und EU-Themen in der Kampagne eine zentrale Rolle spielten. [...]
Das Beispiel der Europawahl 2014 zeigt
55 also, dass die europäischen Parteien zunehmend wie klassische, nach Ämtern strebende Parteien geworden sind. Es zeigt auch, dass die europäischen Parteien beginnen, durch ihre Beteiligung am Wahlkampf ei
60 nen Beitrag zur Entstehung eines „europäischen Bewusstseins" unter Europas Bürgern zu leisten.
Doch trotz der steigenden Bemühungen der europäischen Parteien, politische Inhalte zu
65 gestalten und Ämter zu gewinnen, sind ihnen teilweise durch ihre Mitgliedsparteien die Hände gebunden. Dies wird deutlich, wenn man die dritte Funktion von Parteien betrachtet: das Streben nach Wählerstim
70 men.

Obwohl die Europawahl 2014 den Aufstieg der Spitzenkandidaten und der dahinterstehenden europäischen Parteien brachte, waren es weiterhin die nationalen Parteien, die die Kandidaten für das Parlament selbst 75 auswählten. Mehr noch, die nationalen Parteien organisierten auch weiterhin ihre eigenen Wahlkampagnen und identifizierten dafür selbst die Schlüsselthemen. [...] Nationale Parteien sehen es also weiterhin als 80 ihre Aufgabe an, den „politischen Willen der Bürger der Union zum Ausdruck zu bringen" und setzen sich der Stärkung der europäischen Parteien vehement entgegen. Dieser Widerstand wird noch deutlicher, 85 wenn wir die jüngsten Versuche der europäischen Parteien betrachten, eine Individualmitgliedschaft [statt wie bisher nur die von Vereinigungen] einzuführen. [...] Entscheidend [hierbei] aber ist, dass sich bisher 90 nur die europäischen Liberalen dazu entschieden haben, ihren Individualmitgliedern das Stimmrecht beim jährlichen Parteikongress zu geben. Dabei muss man bedenken, dass es sich hier nicht um die gesamte Individualmitgliedschaft handelt, sondern um eine Handvoll Delegierte. Pro 500 Individualmitglieder wird ein/e Delegierte/r für den Parteikongress gewählt.

Isabelle Hertner,
www.foederalist.eu, 2.2.2016
Isabelle Hertner lehrt Deutsche
und Europäische Politik an der
Universität Birmingham.

Im EU-Parlament mit Fraktionen vertretene deutsche Parteien(-Familien)		
Fraktion im EP	**Ausrichtung**	**Deutsche Mitglieder**
EVP	Christdemokraten, Konservative	CDU, CSU
S&D	Sozialdemokraten	SPD
EKR	Konservative, EU-Skeptiker	ALFA, Familie
ALDE	Liberale	FDP, FW
GUE/NGL	Sozialisten, Kommunisten	Linke
Grüne/ EFA	Grüne	Grüne, Piraten, ÖDP
EFDD	EU-Skeptiker, Rechtspopulisten	AfD
ENF	Rechtspopulisten, Rechtsextreme	AfD

Aufgaben

1 Geben Sie die dargestellten Probleme europäischer Parteien wieder (M 18).

2 Vergleichen Sie die aktuellen Schwierigkeiten europäischer Parteifamilien mit denen deutscher Parteien auf nationaler Ebene.

3 Entwickeln Sie Möglichkeiten, die europäischen Parteien in der Wahrnehmung der EU-Bürger aufzuwerten, und dadurch der EU zugleich mehr Input-Legitimität zu verleihen.

ORIENTIERUNGSWISSEN

Funktionen und Rechtsstellung politischer Parteien in Deutschland
(Basiskonzept: Ordnung und System)
M 2, M 3

Anders als in den meisten anderen Staaten genießen die politischen Parteien in Deutschland Verfassungsrang. Durch Art. 21 GG wird ihre bevorzugte Stellung bei der politischen **Willens- und Meinungsbildung des Volkes** gesichert. Dafür müssen Parteien aber auch **innerparteilich demokratisch** organisiert sein und über **Herkunft und Verwendung ihrer Mittel öffentlich Rechenschaft** ablegen.

Durch § 1 Parteiengesetz werden die Aufgaben der Parteien konkretisiert, die sich als Funktionen für das politische System beschreiben lassen. Parteien sollen dazu dienen, politisches Personal aufzufinden und auf Ämter vorzubereiten bzw. sie dafür zu bestimmen (**Auswahl- bzw. Rekrutierungsfunktion**). Sie sollen die unendlich vielfältigen Interessen der Bevölkerung bündeln und eine Verbindung herstellen zwischen dem Souverän und seinen Repräsentanten (**Vermittlungs- und Bündelungsfunktion**). Parteien sollen innerparteiliche Konflikte – die auch Spiegel gesellschaftlicher Konflikte sein können – mit dem Ziel eines befriedenden Kompromisses moderieren (**Interessenausgleichfunktion**). Insgesamt sollen Parteien das politische System als Ganzes stabilisieren und gegenüber dem Souverän rechtfertigen (**Legitimationsfunktion**).

Deutsche Parteienlandschaft zwischen den Konfliktlinien
(Basiskonzept: Motive und Anreize)
M 5, M 6

Die Parteienforschung hat einerseits zur Beschreibung bestehender Parteiensysteme und andererseits zur Erklärung, warum neue Parteien entstehen bzw. sich etablieren, das Modell der sogenannten **Konfliktlinien (*cleavages*)** entwickelt. Zurzeit kann das deutsche Parteienspektrum anhand einer Kombination der **kulturellen Konfliktlinie** (Kernfrage: Verhältnis von Staat zu Bürger?) libertär – autoritär und dem **ökonomischen *cleavage*** „Staatsorientierung/sozialer Ausgleich – Marktorientierung/Wirtschaftsfreiheit" beschrieben werden.

Die Etablierung rechtsgerichteter Parteien in Europa wird mit einer vergleichsweise neuen gesellschaftlichen Konfliktlinie erklärt, dem sogenannten **Globalisierungs-Cleavage**: Globalisierungsgewinner, die in der Masse der gebildeten oberen Mittelschicht angehören, würden sowohl die freie Bewegung der Menschen (inkl. kultureller Vielfalt im eigenen Land), als auch die der Handelswaren begrüßen. Menschen aus gesellschaftlichen Schichten, die nicht (in diesem Maße) von der Globalisierung profitiert hätten und jetzt (zumindest subjektiv) mit Migranten um Arbeitsplätze und Wohnraum konkurrieren würden, sprächen sich für stärkere Abschottung gegenüber Zuzug und tendenziell auch dem Weltmarkt aus.

Die **Grenzen des Cleavage-Modells** zur Erklärung von Parteientstehung liegen darin, dass sich neu gegründete Parteien nicht immer auf beiden Konfliktlinien verorten lassen. Denn z. T. verfügen diese (noch) nicht über umfangreiche z. B. sozialpolitische Programme. Auch weitere Konfliktlinien wären denkbar wie eine ökologische.

Entwicklung deutscher Parteien
(Basiskonzept: Ordnungen und Systeme)
M 9–M 11

Die deutschen Parteien – insbesondere CDU und SPD – haben seit 1990 massiv an Mitgliedern verloren, wodurch die **Rekrutierungsfähigkeit des Parteiensystems** signifikant gesunken ist. Auch hinsichtlich der sozialen Zusammensetzung der Mitgliedschaft repräsentieren die Parteien die deutsche Bevölkerung keineswegs. Trotz Unterschieden zwischen den Parteien kann man feststellen, dass die Gruppe der Mitglieder männlich dominiert und überdurchschnittlich alt ist. Auch höhere Bildungsabschlüsse sind häufiger vertreten.

Ursächlich für diese Entwicklungen könnte ein zunehmendes allgemeines Institutionenmisstrauen sein. Plausibler ist sogar noch die Überlegung, dass gerade junge Menschen eher ihre Position zu Einzelfragen diskutieren und durchsetzen möchten, während die Entscheidungsstrukturen hierarchisch organisiert und auf lange Dauer der Mitgliedschaft ausgerichtet sind.

Um Parteien wieder attraktiver zu machen, werden verschiedene Vorschläge diskutiert: Der britischen Labour Party gelang es Mitglieder zu werben, indem sie einerseits die Eintrittshürden drastisch senkte und auch den Neumitgliedern sofort vergleichsweise große Mitentscheidungsrechte einräumte (Wahl des Parteivorsitzes). Empfohlen wird darüber hinaus, **projektförmiges bzw. punktuelles Arbeiten** in der Parteitätigkeit deutlich zu stärken und auch in Projekten engagierten Nichtmitgliedern in diesem Bereich Abstimmungsmöglichkeiten einzuräumen.

Kontrovers diskutiert wird das Thema der **Mitgliederentscheide** in Sachfragen (bis hin zu Koalitionsverträgen). Befürworter sehen darin eine zur weiteren Parteiarbeit motivierende Partizipationschance. Gegner befürchten, dass bundespolitische Entscheidungen zu stark von einer vergleichsweise kleinen Gruppe von Parteimitgliedern beeinflusst werden und dass damit gleichsam so etwas wie das imperative Mandat eingeführt würde.

Entwicklungsvorschläge für Parteien
(Basiskonzept: Ordnungen und Systeme)
M 14, M 16

Die europäischen Parteien, in denen nationale Parteien aus EU-Ländern Mitglieder sind, haben im Bewusstsein der Bevölkerung nur eine **marginale Bedeutung**. So werben nationale Parteien teilweise ohne Nennung ihrer europäischen Bezugspartei und ohne Bewerberbilder für die Wahl zum Europäischen Parlament.

Reformbemühungen – z. B. das Recht, einen **Spitzenkandidaten** für das Amt des EU-Kommissionspräsidenten aufzustellen – verfehlten die beabsichtigte Wirkung bislang. Um eine stärkere Verankerung der europäischen Parteien in der Bevölkerung zu erreichen, werden z. B. das Recht auf Einzelmitgliedschaft sowie ein staatenübergreifender Zuschnitt der Wahlkreise erwogen.

Bedeutung und Reform europäischer Parteien
(Basiskonzept: Ordnungen und Systeme)
M 18

2.3 Ermöglichen Verbände gerechte Partizipationschancen?

2.3.1 Wie können Bürger und Unternehmen über Verbände Einfluss nehmen?

E Ordnen Sie das Foto (M 1) in einen politischen Zusammenhang ein: Was bezwecken die Personen? Mit welchen Mitteln arbeiten sie?

M 1 • Protest gegen Diesel-Abgase

Aktivisten der Deutschen Umwelthilfe demonstrieren vor der Internationalen Automobilausstellung in Frankfurt a. M. am 14.9.2017 gegen die Luftbelastung in Städten durch Diesel-Abgase.

M 2 • Die Deutsche Umwelthilfe zu Diesel-Auflagen

Deutsche Umwelthilfe (DUH)
Umwelt- und Verbraucherschutzorganisation u. a. mit den Themen biologische Vielfalt, erneuerbare Energien, Luftreinheit und nachhaltige Mobilität; gemeinnütziger Verein mit Sitz in Hannover und Geschäftsstellen in Radolfzell und Berlin, 1975 gegründet. Die DUH ist als Verbraucherschutzverband klageberechtigt.

Nachdem durch Gerichtsentscheidungen Diesel-Fahrverbote in Düsseldorf, München und Stuttgart als erforderlich bestätigt wurden, fordert die Deutsche Umwelthilfe (DUH),
5 dass sich die Politik endlich von den in Hinterzimmern verabredeten unzureichenden Software-Updates verabschiedet und wirklich wirksame Maßnahmen ergreift. [...]
Die realen Stickoxid-Abgasemissionen von
10 Euro 5 + 6 Diesel-Pkw liegen um das 5- bis 8-fache höher als erlaubt. Einen kürzlich untersuchten Audi A8, Abgasnorm Euro 6 hat die DUH im Rahmen ihres Emissions-Kontroll-Instituts (EKI) mit knapp 2.000 mg
15 NOx/km gemessen; das Fahrzeug war damit 24-mal schmutziger als bei der Zulassung erlaubt. Aus Sicht der DUH ist es nicht akzeptabel, dass nun „freiwillige Software-Updates" mit nur 25 Prozent Reduktion der NOx-Emissionen akzeptiert werden sollen. 20
Bei Temperaturen unter plus 10 Grad Celsius und damit insbesondere im gesundheitlich besonders sensiblen Winterhalbjahr dürfen die Diesel-Pkw zudem so schmutzig bleiben wie bisher. [...] 25
Weder das Bundesverkehrs- noch das Bundesumweltministerium waren bisher zu Arbeitsgesprächen mit der DUH bereit. Umwelt- und Verbraucherverbände sind auch für die Teilnahme am Nationalen Diesel- 30
Forum trotz aller Bemühungen bisher nicht eingeladen. So bleibt der DUH nur der Weg

über die Öffentlichkeit, ihr mit Experten entwickeltes „Acht-Punkte-Sofortprogramm für saubere Luft" als neue Verhandlungsgrundlage für den Dieselgipfel [...] zu präsentieren, mit denen sowohl die Luftqualitätswerte ab dem 1.1.2018 eingehalten als auch die die Mobilität der Menschen sichergestellt werden kann.

Die notwendigen Maßnahmen des „Acht-Punkte-Sofortprogramm für saubere Luft":

1. Verbindliche Zusage der Autokonzerne, ab 1.1.2018 nur noch Diesel-Neuwagen zu verkaufen, die den Euro 6-Grenzwert für NOx von 80 mg/km auf der Straße einhalten ([...] und dies bei Temperaturen bis minus 15 Grad Celsius). [...]

2. Verpflichtender Rückruf sämtlicher Euro 5 + 6 Diesel-Fahrzeuge zur Hardware-Nachrüstung mit Harnstoff-betriebener SCR Abgasreinigungsanlage. Sicherstellung der Einhaltung des Euro 6-Grenzwerts für NOx von 80 mg/km auf der Straße (RDE) bis -15 Grad Celsius. Falls Hersteller technische Nachrüstung verweigert, Rückkauf des Schmutz-Diesel-Pkws. [...]

3. Einführung der Sammelklage ins deutsche Recht, um dem Verbraucher verbesserte Rechte gegenüber betrügerischen Unternehmen zu geben.

4. Transparenzzusage der Industrie: Verpflichtung zur Veröffentlichung der RDE-Messwerte aller Fahrzeugmodelle für CO_2 und NOx (für den Temperaturbereich minus 15 Grad Celsius bis plus 35 Grad Celsius) und des fahrzeugspezifischen Temperaturbereichs mit von der Software gesteuerter, ordnungsgemäßer Abgasreinigung.

5. Transparenz der Behörden: Offenlegung aller CO - und emissionsbezogener Daten durch das Kraftfahr-Bundesamt [...].

Deutsche Umwelthilfe, www.duh.de, Pressemitteilung, 31.7.2017, Abruf am 6.9.2018

Diesel-Skandal
auch: Abgasaffäre, Dieselgate; im Jahr 2015 bekannt gewordene Software-Manipulation durch große Automobilfirmen (u. a. VW) an Diesel-Fahrzeugen, um eigentlich bei den Fahrzeugen deutlich überschrittene Schadstoffgrenzwerte in behördlichen Tests nach unten zu manipulieren.

Diesel-Fahrverbote
Im Februar 2018 wurden vom Bundesverwaltungsgericht zeitlich begrenzte Diesel-Fahrverbote für legal erklärt, die von Städten und Gemeinden bei Überschreitung der Luftreinhaltungsgrenzwerte ausgesprochen werden können.

Autorentext

M 3 ● Der Verband der Automobilindustrie zu Diesel-Auflagen

Die Automobilindustrie ist sich mit der Politik einig in dem Ziel, die Luftqualität weiter zu verbessern. Fahrverbote können und müssen in Deutschland vermieden werden. [...] Wir haben gemeinsam mit der Bundesregierung und den Ländern den Ehrgeiz, dass Deutschland das Land zukunftsfähiger und nachhaltiger Mobilität ist und bleibt. [...]

Die deutschen Automobilhersteller und Zulieferer sind global aktiv und erfolgreich. Wir sind diesem Land besonders verpflichtet. Das Beschäftigungsniveau in unserer Branche befindet sich mit über 817.000 Stammbeschäftigten auf einem 25-Jahres-Hoch. Unsere hohe Wertschöpfung trägt entscheidend zu Wohlstand und sozialer Sicherheit in Deutschland bei. [...]

Damaliger VDA-Präsident und ehem. Bundesverkehrsminister (1993-96) Matthias Wissmann mit Bundeskanzlerin Angela Merkel bei der Eröffnung der Internationalen Automobil-Ausstellung IAA 2017 in Frankfurt.

Verband der Automobilindustrie (VDA)
Interessenverband der deutschen Automobilhersteller und -zulieferer; 1901 gegründeter Verein mit Sitz in Berlin; u. a. Veranstalter der Internationalen Automobilausstellungen (IAA) in Frankfurt a. M. (Pkw) und Hannover (Nutzfahrzeuge)

2 Wie könn(t)en Bürger politisch partizipieren?

1. Nachrüstung

Deutsche Pkw-Hersteller bieten an, freiwillig einen Großteil ihrer Euro-5- und teilweise Euro-6-Diesel-Pkw über Software-Updates nachzurüsten. Ziel dieser Initiative ist die durchschnittliche Stickoxidreduzierung von 25–30 Prozent der nachgerüsteten Fahrzeuge. Das ist ein wesentlicher Beitrag für eine bessere Luftqualität. [...]

3. Diesel

[...] Zu einem zukunftsfähigen und nachhaltigen Antriebsmix gehört auch der Diesel. Moderne Diesel-Pkw haben im Schnitt bis zu 15 Prozent geringere CO_2-Emissionen als vergleichbare Pkw mit Otto-Motor, ihr Kraftstoffverbrauch ist um bis zu 25 Prozent geringer. [...]

Die Stickoxidemissionen des Straßenverkehrs sind im Zeitraum 1990 bis 2015 in Deutschland um rund 70 Prozent zurückgegangen (lt. UBA [= Umweltbundesamt]).

Die vom europäischen Gesetzgeber vorgeschriebenen NOx-Grenzwerte für Euro-5-Diesel-Pkw und die erste Generation von Euro-6-Diesel-Pkw waren auf dem Prüfstand in einem Fahrzyklus nachzuweisen. Der reale Straßenverkehr weicht aber von diesem für alle Hersteller gesetzlich vorgeschriebenen Prüfzyklus deutlich ab, was sich auf das Emissionsverhalten nachteilig auswirkt. [...] Einen gesetzlich neu vorgeschriebenen „Straßenwert" (RDE) gibt es europaweit ab September 2017 für neu typgeprüfte Pkw. Daher ist auch die Forderung, alle Diesel-Pkw müssten heute den Laborwert auf der Straße erfüllen, nicht sachgerecht. Zum Zeitpunkt der Entwicklung dieser Fahrzeuge entsprach das weder dem Stand der Technik noch der Gesetzgebung. [...]

Verband der Automobilindustrie (VDA), Nationales Forum Diesel, Pressemitteilung vom 2.8.2017

Typen von Verbänden

Heutzutage werden die Verbände zumeist nach Handlungsfeldern geordnet:
- Wirtschaft (Arbeitgeberverbände, Gewerkschaften, Berufsverbände, Branchenverbände)
- Soziales (Hilfe → z. B. Freiwillige Feuerwehr; Unterstützung einer Gruppe → z. B. Arbeiterwohlfahrt)
- Umweltschutz
- Frieden, Menschenrechte, Emanzipation
- Freizeit/Erholung
- Religion, Kultur, Wissenschaft
- Globalisierungskritik

Info

Interessenverbände ≠ Parteien

	Interessenverbände	Parteien
Programmatik	eher auf wenige Themen bezogen (bis zu *single-issue*-Verbänden)	eher umfassend
Ziel	Durchsetzung von Partikularinteressen; keine Regierungsbeteiligung	Erhalt formal abgesicherter Macht (z. B. Regierungsbeteiligung)
Machtquelle/n	informelle Einflussnahme; offizielle Anhörung vor politischen Repräsentanten; Aufbau öffentlichen Drucks	Souverän → Wahlen → (Mit)Entscheidungsbefugnis Delegation auf Zeit
innere Organisation	unbestimmt; auch abhängig von der juristischen Verfasstheit (eingetragener Verein etc.)	verpflichtend demokratisch
Grundgesetz	Art. 9 GG (Vereinigungsfreiheit)	Art. 21 GG (Parteien)
Sonstiges	erbringen z. T. Serviceleistungen für Mitglieder (z. B. ADAC, Mieterschutzbund)	

Aufgaben

1. Vergleichen Sie die Positionen und Argumentationen der Verbände DUH und VDA zur Frage des zukünftigen Umgangs mit Diesel-Pkw miteinander (M 2, M 3).
2. Beurteilen Sie hypothesenartig die Durchsetzungschancen der beiden Verbände für ihre jeweilige Position.

2.3.2 Warum überhaupt Interessenverbände?

E Interessenverbände als demokratische Schlüsselakteure (M 4)? Positionieren Sie sich spontan zu der Aussage (M 4) und begründen Sie Ihre Meinung.

M 4 • Interessenverbände – ein Zitat

„Interessenverbände sind Schlüsselakteure in der Demokratie und erfüllen unverzichtbare Funktionen als Scharniere zwischen Gesellschaft und Staat."

Thomas von Winter, Ulrich Willems, Interessenverbände in Deutschland, Wiesbaden 2007, Klappentext

M 5 • Welche Funktionen haben Interessenverbände?

Wenn hier von „Funktionen" gesprochen wird, sind damit die Leistungen gemeint, die für das politische System als solches erbracht werden. [...]

Die Artikulationsfunktion

Interessengruppen ermöglichen es gesellschaftlichen Interessen, Gehör zu finden. Umgekehrt heißt dies für das politische System, dass es diese Interessen besser wahrnehmen kann. [...] Kein demokratisches System kann auf Dauer gegen die Interessen der Bürger funktionieren.

Die Aggregationsfunktion

Interessengruppen bündeln die zahllosen Einzelinteressen und machen diese überschaubarer. Damit reduzieren sie ganz wesentlich die Komplexität der gesellschaftlichen Interessen. Dies geschieht häufig in einem durchaus konflikthaften innerorganisatorischen Prozess. Da gibt es Machtkämpfe zwischen den Flügeln eines Verbandes, Intrigen werden gesponnen und schließlich müssen Kompromisse gesucht und gefunden werden. Schafft es die jeweilige Interessengruppe jedoch, eine halbwegs konsistente Position zu erarbeiten, erbringt sie nicht nur für das politische System eine zentrale Leistung, sondern erhöht auch substantiell die Chancen, die eigenen, nun einheitlichen Forderungen, wirkungsvoll in den politischen Prozess einzubinden.

Die Vermittlungsfunktion

Werden Interessengruppen an wichtigen politischen Entscheidungen beteiligt, müssen sie das Ergebnis der Verhandlungen ihren Mitgliedern vermitteln. Wie weit die Interessengruppen hierbei gehen können, mit anderen Worten, wie weitgehend die Zugeständnisse in den Verhandlungen sein können, ist nicht immer leicht zu beurteilen. Weil die Verhandlungsergebnisse anschließend den Mitgliedern vermittelt werden müssen, ist hier sehr viel Fingerspitzengefühl gefragt. Eine gewisse Rolle spielt dabei auch, wie zuverlässig ein Verband zentralistisch und hierarchisch organisiert ist.

Zuletzt erfüllen Verbände zeitweise auch eine

Informationsfunktion

Deren Mitarbeiter und Funktionäre verfügen sehr häufig über ein hohes Maß an Expertenwissen, das von politischen Entscheidungsträgern benötigt werden kann, um eventuelle Folgen ihrer Entscheidungen abzusehen.

Wilhelm Hofmann, Nicolai Dose, Dieter Wolf, Politikwissenschaft, Konstanz 2015, S. 123f.

Pluralismus

empirisch: Vielfalt der gesellschaftlichen Interessen, die um Macht und Einfluss bemüht sind;
normativ: Forderung nach gesellschaftlicher Machtverteilung und legitimem Wettbewerb zwischen Interessengruppen mit dem Ergebnis eines Kompromisses/Interessenausgleichs

M 6 ● Interessenverbände im Pluralismus

Die Mitwirkung des Bürgers muss die Möglichkeit einschließen, durch Mitgliedschaft und Mitarbeit in den Interessenorganisationen an der Regelung der Alltagsfragen teilzunehmen, die ihn unmittelbar berühren. [...] Mitarbeit des Bürgers in der parlamentarischen Demokratie gewährt dem einzelnen das unmittelbare politische Wahlrecht; Mitarbeit des Bürgers in der pluralistischen Demokratie gewährt dem einzelnen ein mittelbares durch die Parteien und Verbände geltend zu machendes Mitgestaltungsrecht auf die öffentliche Meinung, die Fraktionen und damit auch auf Regierung und Parlament. [...] Ein richtig verstandener Pluralismus ist sich der Tatsache bewusst, dass das Mit- und Nebeneinander der Gruppen nur dann zur Begründung eines [...] Gemeinwohls zu führen vermag, wenn die Spielregeln des politischen Wettbewerbs mit Fairness gehandhabt werden, wenn die Rechtsnormen, die den politischen Willensbildungsprozess regeln, unverbrüchlich eingehalten werden, und wenn die Grundprinzipien gesitteten menschlichen Zusammenlebens uneingeschränkt respektiert werden [...].

Ernst Fraenkel, in: Ders., Gesammelte Schriften, Bd. 5: Demokratie und Pluralismus, Baden-Baden 2007, S. 294f. (Reihenfolge geändert)

„Interessenverbände verfügen über ein enormes Gestaltungspotenzial, das einerseits einen wertvollen Input in gesellschaftliche und politische Prozesse darstell[t], andererseits aber auch zu Manipulationen und Machtasymmetrien führen kann."

Thomas von Winter, Ulrich Willems (Hg.), Interessenverbände in Deutschland, Wiesbaden 2007 (Klappentext)

Info

Vereinigungsfreiheit

Die Vereinigungsfreiheit ist als Grundrecht in Art. 9 des Grundgesetzes für die Bundesrepublik Deutschland festgehalten. In Absatz 1 heißt es: „Alle Deutschen haben das Recht, Vereine und Gesellschaften zu bilden." Eingeschränkt wird dieses sehr weit gefasste Recht durch Absatz 2: „Vereinigungen, deren Zwecke oder deren Tätigkeit den Strafgesetzen zuwiderlaufen oder die sich gegen die verfassungsmäßige Ordnung oder gegen den Gedanken der Völkerverständigung richten, sind verboten." Verbote können – anders als bei Parteien – durch die Innenminister des Bundes bzw. der Länder ausgesprochen werden.
In Art. 9, Abs. 3 GG wird ergänzt: „Das Recht, zur Wahrung und Förderung der Arbeits- und Wirtschaftsbedingungen Vereinigungen zu bilden, ist für jedermann und für alle Berufe gewährleistet." Hierdurch werden Gewerkschaften, Arbeitgeberorganisationen, Branchen- und Berufsverbände abgesichert.
Autorentext

H zu Aufgabe 1
Unterscheiden Sie dabei nach Funktionen für die Verbandsmitglieder und für das politische System.

F zu Aufgabe 2
Beurteilen Sie die Frage, ob alle Interessenverbände gesellschaftlich als gleich legitim anzusehen sind.

Aufgaben

❶ Arbeiten Sie heraus, welche Funktionen Interessenverbände erfüllen (M 5, M 6).

❷ Erörtern Sie die Frage: „Interessenverbände – genauso legitim und notwendig wie politische Parteien?". Beziehen Sie dabei auch das Zitat mit ein.

2.3.3 Hat jeder Verband dieselben Durchsetzungschancen?

E Arbeiten Sie die zentrale Aussage der Karikatur (M 7) heraus und stellen Sie dabei einen Bezug zu Interessenverbänden her.

M 7 ● Durchsetzungschancen von Verbänden karikiert

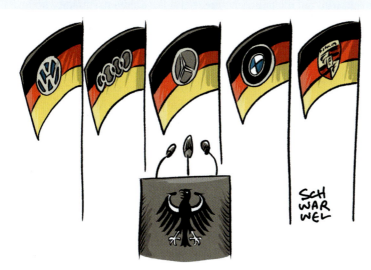

Karikatur: Schwarwel, August 2017

M 8 ● Wie nehmen Verbände Einfluss auf politische Entscheidungen?

Am wichtigsten für lobbyistische Kontakte und Einflussanstrengungen – wenigstens in parlamentarischen Regierungssystemen – ist die Ministerialbürokratie. In deren
5 Referaten werden nämlich die Gesetzentwürfe und die Entwürfe für Verordnungen „gefertigt" [...].
Doch selbst wenn ein Lobbyist beste Verbindungen in „sein" Referat unterhält, mag
10 dies unzureichend sein, um die spezifisch vertretenen Interessen durchzusetzen und frühzeitig auf den Gesetzgebungs- oder Verordnungsprozess Einfluss zu nehmen. Die Frage stellt sich nämlich, wer eigentlich
15 den Anstoß für eine Gesetzesinitiative gibt, die dann in dem Referat eines Ministeriums ausgearbeitet wird. [...] Die Initiative kann natürlich von politischer Seite, von einem Minister oder einem Staatssekretär, von einem Parlamentarier kommen. Denkbar ist 20 aber auch, dass andere Verbände und Lobbyisten einen politischen Akteur entsprechend beeinflusst haben. Nicht immer eindeutig und nach keinem klaren Muster wird also ein bestimmtes Problem auf die Tages- 25 ordnung gesetzt. Der gewiefte Lobbyist [...] muss aber in der Lage sein, sich bereits in den Prozess des „Agenda Setting" einzuschalten. Oder er wird schon eine Stufe früher tätig, indem er selbst oder jemand an- 30 deres, ein kollegial verbundener Lobbyist, das zu lösende Problem identifiziert, das dann in einen Gesetzgebungs- oder Verordnungsprozess mündet. Der Gang eines Ge-

setzes oder einer Verordnung durchläuft […] mehrere Phasen, bevor das Parlament damit überhaupt befasst wird:

(1) Identifikation eines latent vorhandenen, aber noch nicht aktualisierten Problems.

(2) Das Problem wird auf die politische Tagesordnung gesetzt: Die Initialzündung geht in der Regel von einem Politiker, nicht von einem Lobbyisten aus.

(3) Ein Referent bzw. Hilfsreferent im Ministerium wird beauftragt, einen Gesetzentwurf zu „fertigen".

(4) Der Abteilungsleiter erhält den Gesetzentwurf zur Kontrolle und Überarbeitung.

(5) Vom Abteilungsleiter geht der Entwurf weiter an einen beamteten, u. U. auch an einen parlamentarischen Staatssekretär.

(6) Der Minister bringt den Entwurf als Vorlage in das Kabinett ein.

(7) Das Kabinett beschließt über die Gesetzesvorlage. Für einen Minister bedeutet es eine schwere politische Niederlage, wenn ein derartiger Gesetzesentwurf zur Überarbeitung an „sein" Haus zurückverwiesen wird.

(8) Die Kabinettsvorlage wird im Parlament eingebracht und geht im bundesrepublikanischen Regierungssystem zunächst an den Bundesrat zur Stellungnahme.

Alle Stufen einer Gesetzesvorlage bzw. des Entwurfs einer Verordnung „begleiten" die an der Materie interessierten Lobbyisten. Je weiter eine Vorlage voranschreitet, um so weniger ist an ihr allerdings noch etwas zu ändern. […]
In parlamentarischen Regierungssystemen wird die eigentliche Gesetzgebungsarbeit in der Ministerialbürokratie „geleistet". Aus dieser Tatsache kann leicht der Verdacht entstehen, dass die Legislative, das Parlament, von den Bürokraten entmachtet worden ist. Unumstößlich ist aber, dass nach Art. 77 GG der Bundestag die Bundesgesetze beschließt. Ob sie im Parlament beraten, diskutiert, im Plenum beraten und dann entschieden werden, ist in der Verfassung nicht geregelt.

Peter Lösche, Verbände und Lobbyismus in Deutschland, Stuttgart 2007, S. 66ff.

Info

Lobby, Lobbyist

Viele Gesetze, die im Parlament von den Abgeordneten beschlossen werden, betreffen verschiedene Interessengruppen: Gesetze über Wohnungsbau zum Beispiel betreffen einerseits die Mieter und andererseits die Vermieter von Wohnungen.
Derartige Interessengruppen bezeichnet man als Lobby, wenn ihre Vertreter versuchen, Beamte und Abgeordnete im Sinne ihrer Interessengruppen zu beeinflussen. Die Vertreter solcher Interessengruppen nennt man Lobbyisten.
Die Gespräche der Lobbyisten mit den Abgeordneten finden manchmal in der Wandelhalle des Parlamentsgebäudes statt, die englisch ‚lobby' heißt. [Der Begriff Lobbyismus wird in Deutschland häufig negativ konnotiert verwendet.]

Hilde Kammer, Elisabet Bartsch, Jugendlexikon Politik, Reinbek 2011, S. 131

Erklärfilm Lobbyismus

Mediencode: 72052-06

M 9 ● Welcher Verband hat die größten politischen Durchsetzungschancen?

a) Art der Interessen und der Motive

Der bekannte Politikwissenschaftler Fritz W. Scharpf analysiert die Durchsetzungsfähigkeit von Verbänden, indem er unterscheidet zwischen den Motiven der Mitglieder, dem Verband anzugehören, und der Beschaffenheit der Verbandsinteressen. [5] Motive unterscheidet er in egoistische und moralisch-gemeinwohlorientierte. Egoistisch sind Motive vor allem dann, wenn ein Verband versucht, die materiellen Gewinne [10] seiner Mitglieder zu erhöhen. Moralisch-gemeinwohlorientiert sind sie, wenn ethisch begründete, das Gemeinwesen betreffende Ziele verfolgt werden. Interessen können nach Scharpf konzentriert und diffus sein: [15] Konzentriert sind sie, wenn die Mitglieder nahezu identische Interessen haben; diffus sind sie, wenn die Interessen der Mitglieder weiter auseinanderdriften. In folgender Matrix kann man die Durchsetzungsfähig- [20] keit nach Scharpf systematisieren:

Interessen / Motive	konzentriert	diffus
egoistisch	Durchsetzungschancen hoch	Durchsetzungschancen variabel/mittel
altruistisch-gemeinwohlorientiert	Durchsetzungschancen variabel/mittel	Durchsetzungschancen niedrig

Autorentext

b) Weitere Faktoren

Der Erklärungsansatz wurde ergänzt um weitere Faktoren:

Grad vorhandener Fachkompetenz

Häufig verfügen Verbände bzw. deren Mitglieder über einen sehr hohen oder sogar höheren Grad an (speziellen) Fachkenntnissen als die Politik. Insofern sind die Entscheidungsträger z. T. auch auf Verbände angewiesen, um sachgerechte Entscheidungen zu treffen.

Autorentext

Relativer Organisationsgrad

Darunter versteht man den prozentualen Anteil der potenziellen Mitglieder, die auch tatsächlich Mitglieder sind. Je höher der relative Organisationsgrad ist, desto eher ist er in der Lage, viele Menschen zu mobilisieren. Das erhöht die politische Durchschlagskraft.

Finanzkraft

Die Finanzkraft eines Verbandes spiele eine gewisse Rolle, dürfe aber nicht überschätzt werden. Hier geht es weniger um Großspenden an politische Parteien, sondern eher um die Umsetzung von öffentlichkeitswirksamen Kampagnen. Außerdem können finanzstarke Verbände ihre Mitarbeiter umfassender schulen.

Plausibilität und Überzeugungskraft der Argumente

Um ihre Position öffentlichkeitswirksam zu machen und möglichst viele Sympathisanten zu finden, versuchen Verbandsvertreter (z. B. durch öffentliche Auftritte) Menschen zu überzeugen. Je besser das gelingt, desto höher wird der öffentliche Druck, dem Verbandsinteresse zumindest teilweise nachzugeben.

Aufgaben

1. Erläutern Sie die Mittel der politischen Einflussnahme, die die Interessenvertreter der Automobilindustrie bisher genutzt haben könnten, um stärkeren Auflagen bzw. Fahrverboten für Diesel-Fahrzeuge entgegenzuwirken (M 3, M 8).

2. Erklären Sie die Durchsetzungschancen der Interessenverbände VDA und DUH mithilfe der entsprechenden politikwissenschaftlichen Annahmen (M 2, M 3, M 9).

3. Überprüfen Sie vor dem Hintergrund Ihrer bisherigen Ergebnisse, inwieweit die Karikaturaussage – obgleich überspitzt – zutreffen könnte (M 7).

H zu Aufgabe 2
Vergleichen Sie die (öffentlichen und verdeckten) Mittel der DUH und der VDA zur Durchsetzung ihrer jeweiligen Position.

F Schätzen Sie die Durchsetzungschancen folgender Verbände ein: IG Metall (Gewerkschaft), Verband der Automobilindustrie, Greenpeace (Umweltschutzorganisation), Amnesty International (Menschenrechtsorganisation), Verbraucherverband (M 9).

2.3.4 (Unter welchen Bedingungen) Ist Verbandseinfluss nützlich und legitim?

E Mit dem Bild (M 10) weist LobbyControl auf einen möglichen Schaden für die Demokratie hin, der durch Lobbyeinfluss entstehen könnte. Zeichnen Sie ebenfalls ein Bild (oder beschreiben Sie eines), das demokratieschädigenden Lobbyismus kritisiert.

LobbyControl
gemeinnütziger Verein, der sich mittels aktueller Recherchen und wissenschaftlicher Hintergrundanalysen für die Offenlegung und die Regulierung des Einflusses von Interessenvertretern auf politische Entscheidungsträger einsetzt. Finanziert wird der Verein mit Sitz in Köln überwiegend durch private Spenden und Fördermitglieder.

M 10 ● Lobbyismus karikiert

LobbyControl

M 11 ● Mittel der Einflussnahme auf politische Entscheidungen

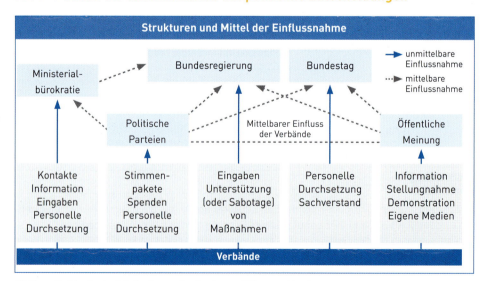

Wolfgang Rudzio, Das politische System der Bundesrepublik Deutschland, 10. Auflage, Wiesbaden 2018, S. 86

M 12 ● Einflussnahme von Verbänden – die deutsche Rechtslage

Registrierung

Die „Öffentliche Liste über die Registrierung von Verbänden und deren Vertretern" („Lobbyliste"), vom Bundestagspräsidenten
5 geführt, ist nur für überregionale Verbände. Der Eintrag ist freiwillig. Ohne Registrierung können Verbandsvertreter i. d. R. nicht zu Anhörungen in Bundestagsausschüsse geladen werden; festgelegt in der Ge-
10 schäftsordnung des deutschen Bundestages.

Parteispenden

Parteispenden über 50.000 Euro müssen unverzüglich beim Bundestagspräsidenten
15 angezeigt werden, der sie anschließend veröffentlicht. Spenden über 10.000 Euro (Jahressumme) werden im jährlichen Rechenschaftsbericht einer Partei dokumentiert. Spenden, die erkennbar auf eine erwartete
20 Gegenleistung schließen lassen, und Spenden von Berufsverbänden sind (laut Parteispendengesetz) verboten.

Bundestagsabgeordnete

Abgeordnete können prinzipiell unbegrenzt
25 Nebeneinkünfte erzielen. Anzeigepflichtig sind generell Nebentätigkeiten als Mitglied eines Vorstandes, Aufsichtsrates, Verwaltungsrates, Beirates u. Ä.. Alle Nebeneinkünfte, die 1.000 Euro im Monat bzw. 10.000 Euro im Jahr übersteigen, müssen 30 angezeigt werden und werden in zehn Stufen veröffentlicht (Stufe 1: 1.000 bis 3.500 Euro; Stufe 10: über 250.000 Euro).

„Drehtüreffekt"

Regierungsmitglieder und parlamentari- 35 sche Staatssekretäre müssen nach dem Ausscheiden aus dem Amt der Bundesregierung melden, wenn sie eine Tätigkeit außerhalb des öffentlichen Dienstes annehmen möchten. Der Fall wird einem dreiköp- 40 figen Gremium vorgelegt, das der Regierung eine Empfehlung ausspricht. Wenn die Regierung feststellt, dass „durch die Aufnahme [der Tätigkeit] öffentliche Interessen beeinträchtigt werden können", kann sie 45 die Übernahme der Stelle für 12 Monate, bei besonders problematischen Überschneidungen bis zu 18 Monate untersagen (sog. „Karenzzeit").

Autorentext

M 13 ● Forderungen zur Kontrolle von politischem Verbandseinfluss

Registrierung

Seit Jahren setzt sich LobbyControl für ein verpflichtendes Lobbyregister ein. So, wie es in anderen Ländern – unter anderem den
5 USA, Kanada, Irland oder Slowenien – längst üblich ist.
Im Februar 2017 haben wir mit abgeordnetenwatch einen Gesetzentwurf vorgelegt [...]. In einem Transparenzregister müssten
10 alle Lobbyisten angeben, mit welchem Budget, in wessen Auftrag und zu welchem Thema sie Einfluss auf die Politik nehmen. Ein Lobbyregister erschwert verdeckte Einflussnahme und macht Verflechtungen er-
15 kennbar. Es hilft, Machtungleichgewichte sichtbar zu machen und damit in die öffentliche Debatte zu bringen. Als wichtige Informationsquelle für Journalistinnen und Journalisten, Organisationen und Bürgerinnen stärkt es die demokratische Kontrol- 20 le.

Parteispenden

Immer wieder kommt es [in diesem Bereich] zu Missständen. Parteispenden fließen an den gesetzlichen Offenlegungspflichten 25 vorbei. Unternehmen nutzen Regulierungslücken beim Sponsoring aus. Und immer wieder kommt der Verdacht auf, dass Geldgeber Einfluss auf politische Entscheidungen der Parteien nehmen. 30
Wir setzen uns für klare Regeln bei der Parteienfinanzierung ein. Dazu gehört Transparenz: Alle Bürgerinnen und Bürger haben das Recht zu wissen, welche Summen von welchen Akteuren an die Parteien fließen. 35
Und dazu gehören Schranken: Geldflüsse

2 Wie könn(t)en Bürger politisch partizipieren?

abgeordnetenwatch.de

eine von dem gemeinnützigen Verein Parlamentwatch e. V. getragene, mehrfach für ihre Arbeit ausgezeichnete Internetplattform mit den Zielen, erstens das Abstimmungsverhalten und die Nebeneinkünfte von Politikern transparent zu machen und zweitens Bürgeranfragen an alle Abgeordneten in Landesparlamenten, dem Bundestag und dem Europäischen Parlament zu ermöglichen

von Unternehmen, Verbänden und Einzelpersonen müssen gedeckt werden. Dies wirkt dem Machtgefälle zwischen finanz-
40 starken und finanzschwachen Interessengruppen entgegen.

Bundestagsabgeordnete

Wir setzen uns dafür ein, die Nebentätigkeiten von Abgeordneten komplett trans-
45 parent zu machen und zu beschränken. Lobby-Tätigkeiten sollten mit einem Abgeordnetenmandat nicht vereinbar sein. Bislang ist Abgeordneten alles erlaubt: sie können ohne jede Grenze nebenbei Geld
50 verdienen. Das ist problematisch. Bezahlte Nebentätigkeiten können zu finanziellen Abhängigkeiten und Interessenkonflikten führen. Für die Auftraggeber können Nebentätigkeiten einen bevorzugten Zugang
55 zur Politik und Insider-Informationen bedeuten. [...] [E]s gibt weiter Transparenzlücken für Anwälte. Die Angaben werden kaum kontrolliert [...].

„Drehtüreffekt"

Von den Seitenwechslern [= ehemalige 60 Amtsinhaber, die in Verbänden oder Unternehmen arbeiten] profitieren vor allem finanzstarke Akteure, die ihnen attraktive Jobs anbieten können. Arbeitslosenorganisationen und Umweltverbände können sich 65 das selten leisten. So werden durch den „Drehtür Effekt" gesellschaftliche Machtverhältnisse erhalten und verstärkt.

Wir fordern deshalb eine dreijährige Karenzzeit – eine Abkühlphase – für die Kanz- 70 lerin, die Minister, Staatsminister, parlamentarische und beamtete Staatssekretäre sowie Abteilungsleiter. Innerhalb dieser Zeit muss ein Wechsel in Lobbytätigkeiten gesetzlich verboten sein. 75

www.lobbycontrol.de, Schwerpunkte, Abruf am 6.9.2018

M 14 ● Anforderungen an Lobby-Kontrolle

Definition	Beschrän-kungen	Aufsicht	Sanktionen	Sonder-regeln
Was ist Lobbying? Wer ist Lobbyist und wer Amtsträger?	Was müssen Lobbyisten, was müssen Amtsträger tun?	Wer ist für den Vollzug der Regeln verantwortlich?	Wie werden Verstöße geahndet?	Welche anderen Regeln gibt es?

Maciej Drozd, Lobbying-Regulierung im europäischen Vergleich, in: Public Affairs Manager 2/2006, S. 82

Ⓜ zu Aufgabe 2

Visualisieren Sie dazu jeden Teilbereich in Form eines Venn-Diagramms mit zwei Kreisen.

Aufgaben

❶ a) Begründen Sie die gesetzliche Regulierung des Einflusses von Verbänden und anderen Interessenvertretern auf die Politik (M 11, M 12).

b) Entwickeln Sie gegebenenfalls weitergehende Regulierungsvorschläge.

❷ Vergleichen Sie die Forderungen von LobbyControl mit den bestehenden Regulierungen (M 12, M 13).

❸ Beurteilen Sie, ob bzw. unter welchen Umständen die Vorschläge von LobbyControl notwendig und politisch durchsetzbar sind.

Der Zusammenschluss zu Interessenverbänden ist durch Art. 9, Abs. 1 GG (**Vereinigungsfreiheit**) streng geschützt. Dieser Schutz ist vor allem deswegen bedeutsam, da Partikularinteressen keinesfalls unterdrückt werden dürfen, es sei denn, dass sie den Staatsbestand gefährden.

In einer pluralistischen Demokratie wie der deutschen werden Interessenverbände auch viel weniger als Problem denn als Chance gesehen: Sie haben die Funktionen, (1) durch das Expertenwissen ihrer Mitglieder die **Problemlösefähigkeit** des politischen Systems zu erhöhen. Es erhalten (2) durch Interessenverbände auch Minderheiten die Möglichkeit, ihre Anliegen öffentlich zu machen (**Artikulationsfunktion**). Auch dadurch werden (3) die Bürgerinnen und Bürger enger in das politische System eingebunden, und dieses wird von jenen (zumindest indirekt) kontrolliert (**Legitimations- und Vermittlungsfunktion**). Schließlich werden (4) Einzelkonflikte gebündelt und damit das gesellschaftliche Konfliktpotenzial insgesamt verkleinert (**Aggregationsfunktion**).

Ernst Fraenkel begründet politikwissenschaftlich die Bedeutung von organisierten Interessen, indem er das Bild einer heterogenen Gesellschaft zeichnet, in der jedes Interesse auch zwischen den Wahlen das Recht hat, diskutiert zu werden. Die Grenzen der Interessenvertretung lägen aber in unhintergehbaren Rechten, die in etwa den Grundrechten im Grundgesetz für die Bundesrepublik Deutschland entsprechen dürften. Ohne diese drohe ein System despotisch zu werden.

Funktionen und Rechtsstellung von Interessenverbänden in der Demokratie
(Basiskonzept: Ordnungen und Systeme)
M 5, M 6

Nach Fritz Scharpf hängen die politischen Durchsetzungschancen von Interessenverbänden von zwei Faktoren ab, der Konzentriertheit der Interessen und der Frage, ob sie eher egoistisch oder eher gemeinwohlorientiert sind. Je konzentrierter und egoistischer die vertretenen Interessen seien, desto wahrscheinlicher sei deren Durchsetzung.

Die Bedeutung der Finanzkraft von Verbänden wird in der Öffentlichkeit häufig diskutiert, allerdings mit der Tendenz, sie zu überschätzen. Mindestens ebenso wichtig ist die im Verband vorhandene Fachkenntnis sowie der relative Organisationsgrad (also die Zahl der Mitglieder verglichen mit der der potenziellen Mitglieder).

Macht und Durchsetzungschancen von Interessengruppen
(Basiskonzept: Interaktionen und Entscheidungen)
M 9

Kritik am Einfluss von Interessengruppen wird immer wieder hinsichtlich der (mangelnden) **Transparenz der Einflussnahme** auf die politischen Entscheider geübt. Gefordert wird u. a. ein Lobbyregister, in dem jeder Interessenverband seine politischen Kontakte und deren Nutzung öffentlich machen müsste. Zudem werden eine komplette **Offenlegung der Nebentätigkeiten von Abgeordneten und eine Begrenzung der Parteispenden** gefordert.

Lobbyeinfluss regulieren?
(Basiskonzepte: Motive und Anreize/Ordnungen und Systeme)
M 12, M 13

2.4 Bürgerinteressen an der Basis durchsetzen? Initiativen und soziale Bewegungen

2.4.1 Bürgerinitiativen – wirkungsvolle Alternative zu Parteien und Verbänden?

E Vervollständigen Sie die Sätze (M 1) und vergleichen Sie Ihre Ergebnisse.

M 1 ● Eine Bürgerinitiative: Was könnte das sein?

- Eine Bürgerinitiative bildet sich z. B. anlässlich…
- Eine Bürgerinitiative setzt sich zusammen aus…
- Eine Bürgerinitiative möchte Einfluss ausüben auf…
- Im Unterschied zu Parteien konzentriert sich eine Bürgerinitiative meist auf … Themen.

M 2 ● Bürgerinitiative „Gegenwind" gegen geplante Windräder

Die Bürgerinitiative Gegenwind Groß Ellershausen/Hetjershausen e.V. - zwei kleinen Ortschaften im Westen Göttingens - wurde gegründet, um den Bau großer
5 *Windkraftanlagen und eine Höchstspannungsleitung in der Umgebung zu verhindern.*
Die Stadt Göttingen plant die westliche Feldmark von Hetjershausen und Groß El-
10 lershausen als Vorranggebiet für Windkraftanlagen (WKA) auszuweisen. Diese Fläche liegt deutlich erhöht (80 – 100 m) und genau westlich der Wohngebiete. Dadurch befinden sie sich stets im Einzugsbe-
15 reich der Lärm- und Infraschallemission entsprechend der ganzjährig vorherrschenden Westwinde sowie der täglich im Westen untergehenden und somit von Natur aus tief stehenden Sonne.
20 Das Vorranggebiet ist ca. 19 ha groß und hat einen Abstand von 1.000 m zum Ortsrand Hetjershausen und von 500 m zu Aussiedlerhöfen und Einzelbebauungen. Der Abstand zu Rotmilanhorsten beträgt 1.250 m.
25 Auf dieser Fläche sollen Windkraftanlagen vom Typ E-101 ENERCON gebaut werden, mit einer Gesamthöhe von fast 200 m. Damit wären sie höher als der Fernsehturm in Bovenden (155 m) und der Kölner Dom
30 (157 m).
Allein durch die Höhenlage werden die WKA zusätzlich zur Eigenhöhe von rund 200 m um weitere rund 100 m gegenüber den Orten erhöht. Daraus ergeben sich
35 Schlagschatten von monströsem Ausmaß (2 km und mehr) mit jahreszeitlich wechselnden Zielorten (im Winter mehr über Hetjershausen, im Sommer mehr über Groß Ellershausen).
40 Durch die exponierte Lage und die vorherr-

Zu **Bürgerentscheid/ Volksentscheid**
→ vgl. Kap. 2.6.1

schende Windrichtung sehen wir uns als Bewohner dieser Orte gesundheitlichen Gefahren und einer Beeinträchtigung unserer Lebensqualität ausgesetzt, was uns zu gro-
45 ßer Sorge veranlasst.

Wer entscheidet?

Der Rat der Stadt Göttingen entscheidet darüber, welche Gebiete zu Vorrangflächen umgewandelt werden. Er trägt dabei eine
50 starke Verantwortung für die hier lebenden Menschen und die uns umgebende Natur. Die Entscheidung sollte nicht gegen die Bürger, sondern stets in Absprache mit ihnen getroffen werden. Der Ortsrat von Groß
55 Ellershausen/Hetjershausen/Knutbühren hat schon bei der ersten Anfrage im Dezember [2013] einstimmig im Sinne der Bürger gegen den Plan einer Umwandlung der zur Diskussion stehenden Gebiete votiert. [...]
60 **Wer könnte der Betreiber sein?**

Während immer wieder die Idylle eines Bürgerwindparks beschworen wird, ist davon auszugehen, dass ein bundesweit agierender Großinvestor wie derzeit die Wind-
65 kraft Nord AG in Rosdorf in Absprache mit seiner Hausbank die Anlagen erstellt.

Wer profitiert von der Windkraft?

Angeblich sollen wir als Bürger profitieren, aber die Realität sieht eher so aus, dass wir
70 lediglich unserer natürlichen Umgebung beraubt werden und darunter leiden sollen. Hauptprofiteure sind unserer Meinung nach eher große Aktiengesellschaften wie die Windkraft Nord AG und ihre Bank so-
75 wie die Grundeigentümer, die bei der Verpachtung ihrer Flächen an die Betreiber mit mehr oder minder hohen, jährlichen Pachteinnahmen rechnen können. Weiterhin die Betonindustrie,
80 Fachingenieure und eventuell auch ein Teil der heimischen Handwerker während der Bauphase.
85 Ob darüber hinaus die Betreiber mit einer angemessenen Rendite rechnen können,
90 Gewerbesteuereinnahmen in die Stadtkasse fließen und das Klima deutlich entlastet
95 wird, hängt ganz wesentlich von der Wirtschaftlichkeit der Anlagen an den gewählten
100 Standorten ab.

*Bürgerinitiative
Gegenwind,
www.bi-gegenwind.de, Abruf am 10.9.2018*

Größenvergleich:
Windkraftanlage,
Kölner Dom, Wohnhaus

Info

Bürgerinitiative

Gegen Ende der 1960er Jahre aufgekommene Vereinigung von Bürgerinnen und Bürgern, die meist ein einziges konkretes gemeinsames Interesse (one-purpose organization) auf lokaler, regionaler, nationaler oder (selten) internationaler Ebene vertreten. Dabei sind Bürgerinitiativen nicht selten in der Lage, kurzfristig eine größere Anhängerschaft – häufig aus Schichten mit höherem Bildungs- und Einkommensniveau – zu mobilisieren.
Hinsichtlich ihrer Strategie versuchen Bürgerinitiativen oft Druck auf staatliche Institutionen oder Parteien aufzubauen, indem sie die öffentliche Meinung in ihrem Sinne beeinflussen.
Bürgerinitiativen bilden sich häufig zunächst als lose Zusammenschlüsse, die meist basisdemokratisch organisiert sind bzw. zumindest starke basisdemokratische Elemente aufweisen. Nicht selten nutzen länger bestehende Bürgerinitiativen die Organisationsform eines eingetragenen Vereins, wodurch sie „juristische Personen" werden und dadurch u. a. das Recht der gerichtlichen Klage erhalten.

Autorentext

Phasen der Etablierung einer Bürgerinitiative

- **Phase 1:** Bürger empfinden bestehende Verhältnisse als misslich oder wollen die Verwirklichung öffentlicher Planungen verhindern.
- **Phase 2:** Bürger betreiben Öffentlichkeitsarbeit: Flugblätter, Zeitungsanzeigen, Artikel in der Lokalzeitung
- **Phase 3:** Briefe der Bürger an die Verwaltung, Gemeinderat, Fraktionen und Parteien bleiben ohne Erfolg
- **Phase 4:** Gründung einer Bürgerinitiative: Schaffung eines organisatorischen Rahmens, Öffentlichkeitsarbeit, Gewinnung von Mitstreitern, Einschaltung von Experten
- **Phase 5:** Parteien schalten sich ein. Es folgen Presseerklärungen und Anfragen an die Verwaltung
- **Phase 6:** Verwaltung und Mehrheitsfraktion(en) suchen nach Kompromissmöglichkeiten
- **Phase 7:** Kompromissmöglichkeiten werden geprüft. Die Bürgerinitiative entscheidet, ob sie sich mit einer angebotenen Lösung zufrieden geben und auflösen oder eine neue Aktion einleiten will. [...]

Horst Pötzsch, Die deutsche Demokratie, Bonn 2009, S. 54f.

M 3 ● Wer sind die „initiativen Bürger"?

Die Hochphase zivilgesellschaftlicher Protestbewegungen, deren Sinnbild ab 2010 der Protest gegen „Stuttgart 21" wurde, veranlasste das Göttinger Institut für Demokratieforschung dazu, die Motive, Ziele und das Protestverhalten dieser Gruppierungen genauer zu untersuchen.

Die Voraussetzung schlechthin für Aktivität und Protest ist Zeit. Wer sich engagieren will, braucht Zeit. Wer das Engagement zu öffentlichen Protestaktivitäten wendet und steigert, benötigt noch mehr Zeit. [...] Nicht jeder Mensch ist dazu zu jeder Zeit seiner Biographie in der Lage. Insofern findet man in der Trägergruppe des Protests auffällig viele Hausmänner, Teilzeitangestellte, Freiberufler, Schüler, Pastoren, Lehrer – und besonders Vorruheständler, Rentner und Pensionäre. Sie alle haben entweder reichlich freie Zeit oder doch das Privileg, über ihren Zeithaushalt vergleichsweise individuell und autonom disponieren zu können. [...]
Wenn eine Konstellation die Bereitschaft und Fähigkeit für zielstrebige, kontinuierliche Proteste ausschließt, dann ist das diese: Kinder im Vorschulalter, die Eltern unmittelbar nach der Ausbildung ohne bereits fest kalkulierbare Berufsperspektiven. Die Kohorte der Fünfundzwanzig- bis Fünfunddreißigjährigen ist in unseren Protestgruppen bezeichnenderweise auch am geringsten vertreten. Zugespitzt formuliert: Der Protest in Deutschland findet im Milieu der Kinderlosen statt, genauer: bei denen, in deren Haushalt ein unter achtzehn Jahre alter Nachwuchs nicht (mehr) lebt. [...]
Der Bürgerprotest ist ganz buchstäblich ein Protest von Bürgern [...]. Zu Kundgebungen und Straßendemonstrationen haben sich in den letzten Jahren nicht die Deklassierten oder Marginalisierten aufgemacht, nicht diejenigen, die am stärksten Opfer der ökonomischen Umstrukturierungen [...] geworden sind. Auf die Barrikaden gingen vornehmlich Bürger mit hoher Bildung, ordentlichem Einkommen, vielseitigen sozialen Kontakten, anspruchsvollen Berufstätigkeiten. [...]

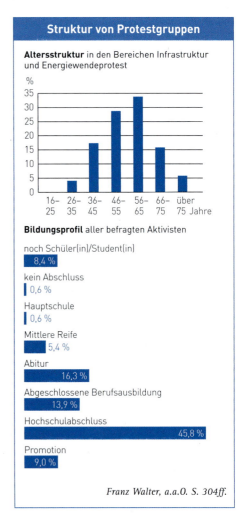

Franz Walter, a.a.O. S. 304ff.

Selbst da, wo sich Protestgruppen konfrontativ gegenüberstanden – wie insbesondere in der Bildungsfrage –, rekrutierten sich die Beteiligten hier wie dort aus bildungsbürgerlichen Lebenswelten. Während früher die Auseinandersetzung zwischen Kapital und Arbeit die Konfliktstruktur der kapitalistischen Gesellschaft beherrschte, sind es heute vielfach innerbürgerliche Kontroversen. Die Opposition gegen Windräder ist ähnlich bürgerlich gestrickt [...] wie die Protagonisten *für* die Windkraft. [...]
Je anspruchsvoller das Partizipationsbegehren ist, desto stärker schlägt die Bildungsbürgerlichkeit durch und verfestigt sich spiralförmig weiter. Bildungsbürgerliche Akti-

visten ziehen zusätzliche bildungsbürgerliche Neugierige und Interessenten an, die sich durch die Affinität in Sprache, Habitus und Argumentationsweise rasch zurechtfinden und wohl fühlen. Hingegen erweitert sich die Kluft zu den Zugehörigen nichtakademischer Schichten, die sich schon atmosphärisch am falschen Platz fühlen [...]. Die neue Partizipationsdemokratie fördert keineswegs die zivilgesellschaftliche Integration, sie öffnet vielmehr die Schere zwischen „unten" und „oben" noch mehr, vertieft also die soziale Ungleichheit, statt sie einzudämmen. Im Akt der Partizipation und des aktiven Protests steckt gar ein Katalysator der Ungleichheitsverschärfung.

Franz Walter, Bürgerlichkeit und Protest in der Misstrauensgesellschaft. Konklusion und Ausblick, in: Stine Marg u. a., Die neue Macht der Bürger, Reinbek 2013, S. 302ff.

M 4 ● Bürgerinitiativen – Partizipation für Besserverdiener?!

Gerade bildungs- und einkommensstarke Gruppen artikulieren ihre Interessen gleich mehrfach, wenn sie es für nötig halten, während die Ressourcenschwachen häufiger ganz darauf verzichten. Die soziale Schieflage des Wählens wird durch das Aufkommen anspruchsvoller alternativer Teilhabewege weiter verschärft.

Für die Demokratie besteht die Gefahr ungleicher Partizipation darin, dass die Politik sich an den Aktiven und Vernehmbaren orientiert, während die Passiven und Stillen übergangen werden. Dass unterschiedliche Gruppen unterschiedlich wehrhaft sind, merken Politiker an vielen Stellen. Entscheidungen, die den gut Organisierten zuwiderlaufen, stoßen auf Widerstand – von den Politikfernen werden sie hingenommen. So erzählte ein Mitglied des Kölner Stadtrats, dass schon ein Kinderspielplatz an der falschen Stelle im wohlhabenden Stadtteil Lindenthal massive Proteste hervorrufen würde, während auf dem zentralen Platz im armen Chorweiler ein Atomkraftwerk gebaut werden könne, ohne dass mit Widerstand zu rechnen sei. Man muss schon ein heroisches Bild von Entscheidungsträgern haben, um anzunehmen, dass derartige Unterschiede in der politischen Beteiligung deren Entscheidungen nicht beeinflussen.

Eltern und Gymnasiasten demonstrieren gegen das G 8, also eine Gymnasialzeit von 8 Jahren (Ingolstadt, 2010). Die Eltern bayerischer Gymnasiasten haben unter dem Motto „Chancengerechtigkeit für bayerische Abiturienten" zu der Kundgebung aufgerufen.

Armin Schäfer, Demokratie? Mehr oder weniger, www.faz.net, 16.12.2015, Abruf am 29.10.2018, © Alle Rechte vorbehalten. Frankfurter Allgemeine Zeitung GmbH, Frankfurt. Zur Verfügung gestellt vom Frankfurter Allgemeine Archiv

Aufgaben

1 Beschreiben Sie die Ziele des Vereins „Gegenwind" (M 2).

2 a) Charakterisieren Sie „Gegenwind" als Bürgerinitiative (M 2, Infobox).
   b) Überarbeiten Sie ggf. Ihre Vorstellung von Bürgerinitiativen aus dem Einstieg (M 1).

3 Analysieren Sie Bürgerinitiativen als Partizipationsform hinsichtlich Artikulation, Repräsentation, Kontrolle und Integration (M 2–M 4, Infobox).

4 Setzen Sie sich mit Bürgerinitiativen als Mittel der Bürgerbeteiligung auseinander.

H zu Aufgabe 3
Fassen Sie zuvor die soziale Struktur von Protestgruppen wie Bürgerinitiativen zusammen (M 3).

F Recherchieren Sie eine für Sie inhaltlich interessante Bürgerinitiative bzw. eine aus Ihrer Region und stellen Sie sie Ihrem Kurs in einem Kurzvortrag vor.

2.4.2 Eine neue, alte Beteiligungsform: Kommen soziale Bewegungen wieder?

E Zu den Unterstützern von #Aufstehen gehören SPD-Politiker des linken Parteiflügels, aber auch linke Regierungskritiker aus der Zivilgesellschaft. Erklären Sie hypothesenartig mögliche Absichten, eine solche Plattform zu gründen (M 5).

M 5 ● Was will #Aufstehen?

Am 4. September 2018 startete die von Sahra Wagenknecht, einer der Vorsitzenden der Bundestagsfraktion „Die Linke", maßgeblich initiierte „Sammlungsbewegung" #Aufstehen offiziell. Seit dem Start der Internetpräsenz einen Monat zuvor hatten sich bereits über 100.000 Unterstützer kostenlos auf der Homepage registrieren lassen. Formal ist #Aufstehen als Verein (e. V.) gegründet worden.

Autorentext

Wir wollen die Politik zurück zu den Menschen bringen. Und die Menschen zurück in die Politik. Denn wir sind überzeugt: nur dann hat die Demokratie eine Zukunft. Es gibt in der Bevölkerung Mehrheiten für eine neue Politik: für Abrüstung und Frieden, für höhere Löhne, bessere Renten, gerechtere Steuern und mehr Sicherheit. Für höhere öffentliche Investitionen in Bildung und Infrastruktur. Aber es gibt keine mehrheitsfähige Parteienkoalition, die für eine solche Politik steht. In anderen europäischen Ländern sind aus dem Niedergang der etablierten Parteien neue Bewegungen entstanden, die die Politik verändert haben. Wir gehören unterschiedlichen Parteien an oder sind parteilos. Viele der Initiatoren von Aufstehen sind keine Politiker.

Aufstehen ist auch keine neue Partei, sondern eine überparteiliche Sammlungsbewegung, in die jede und jeder sich einbringen kann, die oder der die in diesem Gründungsaufruf benannten Ziele unterstützt. Ein detaillierteres Programm wird sich Aufstehen in einem transparenten Diskussionsprozess selbst erarbeiten. Bei uns hat jede Stimme Gewicht. Wir setzen auf eine neue Nähe und direkte [digitale] Kommunikation. [...] Wir wollen aufklären, Diskussionen organisieren und im Ergebnis für unsere gemeinsamen Forderungen gesellschaftlichen Druck entfalten. Wir werden interessanten Ideen und kreativen Gedanken ein Podium bieten. Vor allem aber werden wir die Forderungen, die die Menschen am meisten bewegen, auf die Straße und in die Politik tragen.

Gründungsaufruf, www.aufstehen.de/gruendungs-aufruf, Abruf am 10.9.2018

M 6 ● Wie könnte sich #Aufstehen entwickeln?

Als Sahra Wagenknecht [...] ihre Sammlungsbewegung #Aufstehen vorgestellt hat, richtete sich das Augenmerk erst einmal auf die politischen Ziele. Dabei ist das strategische Kalkül womöglich viel interessanter. #Aufstehen soll an der Schnittstelle von politischen Parteien und Bewegungen tätig werden, also selbst erst einmal keine neue Partei sein. Dabei soll die Sammlungsbewegung nicht nur die erreichen, „die sich von der Politik zurückgezogen haben und keiner

Partei mehr vertrauen", wie Wagenknecht in einem Interview erklärte. Man will auch Menschen mit ähnlichen Überzeugungen aus den im linken Teil des politischen Spektrums angesiedelten Parteien, also der SPD, den Grünen und Wagenknechts eigener Partei, der Linken, ansprechen.

Also eine „Bewegung", die erst einmal keine „Partei" sein will und daher vorgeben kann, mit den im Parlament vertretenen Parteien nicht in Konkurrenz zu treten.

Trotzdem möchte sie deren Mitglieder erreichen: „Dafür ist es wichtig, dass niemand
25 seine Organisation verlassen muss, um bei
uns mitzumachen", so lautet Wagenknechts
zentrales Angebot. [...]
Das Angebot von Wagenknechts #Aufste-
hen ist [...] niedrigschwellig [...]: Eine Re-
30 gistrierung auf der Website genügt [...]. Es
reicht, sich von den sympathischen, im besten Sinne durchschnittlichen Gesichtern
und ihren Forderungen auf der Internetseite angesprochen zu fühlen. Bisher gibt es
35 weder ein ausformuliertes Programm noch
viel Prominenz.
Spricht etwas dagegen? Das Hauptproblem
hat Wagenknecht selbst angesprochen:
Ihre Bewegung kann sich nicht zur Wahl
40 stellen. Vorerst stellt sie eine „Querfront"
zur Beeinflussung etablierter, in den Parlamenten vertretener Parteien dar. Diesen
wenig glücklichen Ausdruck, der an demo-
kratiefeindliche Allianzen der Weimarer
45 Zeit erinnert, hat Wagenknecht selbst gebraucht. Oskar Lafontaine, Wagenknechts
Parteifreund und Ehemann, hat schon den
nächsten Schritt ins Auge gefasst. Er muss
aus der Öffentlichkeit ins Parlament führen.
50 „Denn wir können noch so gute Ziele haben: Wenn es dafür nicht die parlamentarische Mehrheit gibt, ist das schlecht."
Dies kann nur auf zwei Wegen erreicht werden: Entweder gelingt es #Aufstehen, die
55 Politik der linken Parteien zu drehen und zu
sammeln, oder die Bewegung wird selbst
zur Partei und nimmt eine weitere Spaltung

in Kauf, diesmal nicht von einer, sondern
von drei Parteien.
Das deutsche Parteiensystem war nach der 60
Erfahrung mit den Nationalsozialisten – einer Bewegung, die als Partei legal an die
Macht kam – außerordentlich stabil. Es
blieb bis zum Auftreten der AfD auch jene
Schule der Besonnenheit, die traditionsrei- 65
che Parteien im besten Fall darstellen. Ob
dies so bleibt, ist eine offene Frage.

Gustav Seibt, Von der Bewegung zur Partei, www.sued-
deutsche.de, 8.8.2018, Abruf am 11.9.2018

Info

(Neue) Soziale Bewegungen

Soziale Bewegungen sind Arten kollektiven Verhaltens, die es zunächst
von ähnlichen Phänomenen des Sozialen wie Massenpaniken, Trends [...]
und Revolutionen abzugrenzen gilt. [...]
Soziale Bewegungen umfassen Phänomene sozialen Handelns, bei denen
sich Akteurinnen und Akteure aufgrund der Unterstellung gemeinsamer
Ziele zumindest diffus organisieren und für einen längeren Zeitraum zu
einem Kollektiv zusammenschießen, um mit institutionalisierter Ent-
scheidungsgewalt ausgestattete individuelle oder kollektive Akteure [z. B.
gewählte Politiker, Parteien] im Modus des Konflikts zu beeinflussen.
Jenes Bewegungskollektiv zerfällt dann oft wiederum in Teilgruppen, sogenannte Bewegungsorganisationen, die mitunter durchaus unterschiedliche Vorstellungen hinsichtlich der strategischen und taktischen
Ausrichtung, der konkreten Ziele und der Bewegungsidentität als solcher
haben. Dennoch eint diese Organisationen im Normalfall ein gemeinsamer Feind sowie das sprichwörtliche große Ganze, also die abstrakte Idee
des ersehnten Soll-Zustands. [...] In der Regel dürfte das Ziel Sozialer
Bewegungen zwar fraglos darin bestehen, einen gesellschaftlichen Ist-
Zustand zu verändern, es kommt aber durchaus vor, dass sich Soziale
Bewegungen formieren, um einen Ist-Zustand zu verteidigen.

Heiko Beyer, Annette Schnabel, Theorien Sozialer Bewegungen. Eine Einführung, Frank-
furt a.M. 2017, S. 13f., 16, Reihenfolge geändert, sprachlich angepasst

M 7 ● Soziale Bewegungen heute – nur mit und aus dem Internet?

Die Webseite *aufstehen.de* ist [...] der Dreh-
und Angelpunkt der Bewegung. Sie erzeugt
das wichtigste Instrument einer Polit-Kampa-
gne: die Datenbank. Eine gute Datenbank ist
5 das A und O von „Online-Movements". Die
Washingtoner Digital-Agentur „Revolution
Messaging", die 2008 Barack Obamas und
2016 Bernie Sanders' Kampagne steuerte, hat
die Blaupause für moderne linke Bewegungen
10 geschaffen: Solche Bewegungen entwickeln

sich im Netz, gehen aber anschließend –
bestens organisiert – auf die Straße. [...]
Die Webseiten politischer Initiativen analysieren die Daten der Nutzer, die sich auf ihnen registrieren. Sie speichern, wer welche 15
Links im Newsletter anklickt, wer welches
Video auf der Webseite wie lange anschaut,
wer welches Material bestellt, wer welchen
Geldbetrag spendet. Diese Informationen
bilden das Grundgerüst für die spätere Kam- 20

Bernie Sanders

(*1941) parteiloser US-Politiker und Senator des Bundesstaats Vermont, der – für die USA sehr ungewöhnlich – konsequent sozialdemokratische Forderungen vertritt. Bei den Vorwahlen der Kandidaten zur Präsidentschaftswahl 2016 entwickelte sich Sanders vollkommen überraschend zum (erst spät unterlegenen) Hauptkonkurrenten Hillary Clintons in der Demokratischen Partei.

pagne. Denn die Unterstützer gehen erst auf die Straße oder klopfen an den Türen potenzieller Wähler, wenn die Datenbank groß genug ist, um aussagekräftige Aktivisten-25 profile zu liefern und Unterstützer wirklich effektiv einsetzen zu können.

Während die Datensammlung läuft, wird die Webseite optimiert und an jede Nutzerin wie jeden Nutzer individuell angepasst. Das geht 30 bis in die Formulierung von Überschriften und die Farbgebung des Seitenhintergrunds hinein. Die Sanders-Kampagne, die von Mai 2015 bis Juli 2016 dauerte, kam ohne Fernsehspots und Großspenden aus. Ihr Erfolg 35 beruhte einzig und allein auf der digitalen Infrastruktur. [...] 557 Youtube-Videos, unzählige Tweets, Selfies auf Instagram, Chats

auf Whatsapp und Dutzende Facebook-Gruppen brachten die Sanders-Forderungen unters Volk. Am Ende hatte die Internetseite 40 218 Millionen Dollar von 2,8 Millionen Kleinspendern eingesammelt.

[...] [I]m Anschluss an die Kampagne gründete sich die Organisation „Our Revolution".

[...] Aus ihr gingen nicht nur linke Medien 45 wie Jacobin, sondern auch linke Kandidaten der Demokratischen Partei wie Alexandria Ocasio-Cortez hervor. Das ist der Weg, den moderne linke Bewegungen heute gehen: Sie beginnen digital und stehen irgend- 50 wann – im günstigsten Fall – vor der Regierungsübernahme.

Wolfgang Michal, Sie machen sich nicht ehrlich, in: der Freitag, 19.9.2018

M 8 ● Bedeutende soziale Bewegungen in der Vergangenheit

Es werden in der Geschichte zwei Arten sozialer Bewegungen unterschieden. Zu den „klassischen" sozialen Bewegungen gehörten u.a. die weitgehend bürgerliche Demo-5 kratiebewegung (in Europa v.a. ab dem ausgehenden 18. Jahrhundert) und die Arbeiterbewegung, die sich als Folge und Reaktion auf die Industrialisierung und Verelendung der Arbeiterschaft im 19. Jahr-10 hundert bildete. An der Arbeiterbewegung lässt sich die Heterogenität sozialer Bewegungen aufzeigen: Innerhalb dieser Bewegung existierten kommunistische Flügel, die für eine Vergesellschaftung aller Produkti-15 onsmittel eintraten, und sozialdemokratisch-gewerkschaftliche Flügel, die im Wesentlichen für eine Verbesserung der Arbeitsbedingungen kämpften. Zwischen diesen und anderen Gruppierungen gab es 20 teils erbitterten Richtungsstreit.

Ab den 1960er Jahren begannen sich die so-

genannten neuen sozialen Bewegungen zu etablieren. Gemeinsam war bzw. ist ihnen, dass sie die gesellschaftlichen Normen als starr und reformbedürftig ansahen und sich 25 für entsprechende Veränderungen einsetzten. Prominent sind z.B. die neue Frauenbewegung, die neue Friedensbewegung sowie die Umwelt- und Anti-Atomkraft-Bewegung. Aus Teilen der genannten Bewegungen ent- 30 stand 1980 die heute bundesweit etablierte Partei „Die Grünen", die sogar von 1998 bis 2005 Teile der Bundesregierung stellte.

In jüngster Zeit entwickelte sich eine globalisierungs- und finanzmarktkritische Be- 35 wegung, die sich prominent durch die Gruppierungen Attac und Occupy Wall Street zeigte. Auch das Wiedererstarken rechtsextremistischer Kräfte in Europa wird von einigen Autoren als soziale Bewegung 40 gedeutet.

Autorentext

F zu Aufgabe 1
Arbeiten Sie mögliche Anlässe für die Gründung von #Aufstehen heraus. Berücksichtigen Sie dabei auch die Wahlergebnisse und Mitgliederentwicklung der sozialdemokratischen bzw. linken Parteien in Deutschland sowie in England (Kap. 2.1.3, 2.1.5, 2.4.3).

H zu Aufgabe 3
#Aufstehen fordert v.a. höhere Löhne, Renten u.ä. Begründen Sie, warum Menschen mit diesen Interessen schwierig in einer Bewegung zu organisieren sein könnten.

Aufgaben

1 Geben Sie die Zielsetzung und die Strategie von #Aufstehen wieder (M 5, M 6).

2 Erläutern Sie, ob es sich bei #Aufstehen um eine soziale Bewegung (im Entstehen) handeln könnte (M 6–M 8).

3 Beurteilen Sie die Erfolgsaussichten von #Aufstehen.

Um eine Bürgerinitiative handelt es sich, wenn sich Menschen außerhalb von Parteien und auf Dauer angelegten Interessenverbänden zusammenschließen, um ihr Interesse durch die **Ausübung informeller Macht** (öffentlicher Druck auf politische Entscheider) durchzusetzen. Die meisten Bürgerinitiativen bilden sich dabei auf kommunaler Ebene, da hier die Interessen gegen (oder für) konzentrierter sind und damit das Beteiligungspotenzial und das Durchhaltevermögen steigt. Es gibt aber auch nationale oder sogar europaweite Bürgerinitiativen (z. B. zur Erhöhung der Bürgerpartizipation an politischen Entscheidungen). Zudem sind in manchen Inhaltsfeldern (z. B. beim Einsatz gegen den Bau von großen Windrädern oder Strommasten im Binnenland) **kommunale Initiativen** exzellent miteinander vernetzt, um sich gegenseitig inhaltlich zu schulen und Erfolg versprechende Strategien auszutauschen.

Grundsätzlich wird das Bestehen von Bürgerinitiativen als Partizipationsinstrument begrüßt. Kritisiert wird allerdings, dass sich – empirisch gesehen – nur eine vergleichsweise **kleine Schicht an Personen** tatsächlich **daran beteiligt**, nämlich gut ausgebildete, vergleichsweise wohlhabende Menschen der (oberen) Mittelschicht, die über die zeitlichen und finanziellen Möglichkeiten sowie Kenntnisse über die Kanäle politischer Einflussnahme verfügen. Daher droht die Gefahr, dass deren Interessen sich politisch eher Gehör verschaffen als die von weniger privilegierten Bevölkerungsgruppen, die nicht über solche Ressourcen verfügen.

Bürgerinitiativen als Partizipationsinstrument
(Basiskonzepte: Interaktionen und Entscheidungen, Ordungen und Systeme)
M 3, M 4, Info

Neue soziale Bewegungen sind nach innen **heterogene Zusammenschlüsse** von Menschen bzw. initiativen Gruppen, die ein gemeinsames Interesse meist an **gesellschaftlicher Veränderung** in einem bestimmten Bereich haben. Durch dieses Interesse werden die Personen zusammengehalten.

In der Geschichte kam es seit dem 19. Jahrhundert häufig vor, dass bestimmte Ideen sozialer Bewegungen nach Jahren in den gesellschaftlichen Konsens sowie ins Recht aufgenommen worden sind. So ist die Gleichberechtigung der Frauen (zumindest juristisch) durchgesetzt, die Arbeiterbewegung setzte zentrale Arbeitnehmerrechte durch, und die Umweltbewegung hat erheblich zu einer ökologischen Bewusstseinsentwicklung und Gesetzgebung beigetragen. Politisch weniger erfolgreich war bisher die (Neue) Friedensbewegung sowie die globalisierungskritische Bewegung aus dem linken Spektrum (inkl. Attac und Occupy Wall Street).

(Neue) Soziale Bewegungen als Partizipationsinstrument
(Basiskonzept: Interaktionen und Entscheidungen)
M 8, Info

2.5 Reichen demokratische Wahlen zur politischen Teilhabe?

2.5.1 Wozu dienen Wahlen?

(E) Erläutern Sie – ausgehend von den Aussagen der Erst(nicht)wählerinnen und -wählern (M 1) – Ihre Motive, an den kommenden Wahlen (nicht) teilzunehmen.

M 1 ● Junge Menschen über ihre erste (Nicht-)Wahlentscheidung

Ich finde, es ist meine Pflicht wählen zu gehen. Andere Menschen auf der Welt haben dieses Recht gar nicht. Dann kann ich doch dieses Recht nicht einfach so wegschmeißen [...].
Luisa

Eigentlich ist es doch logisch, dass man wählen geht, wenn man das Recht dazu hat. Aber bei mir ist einfach mein Desinteresse größer. Denn es wird sich nichts ändern, egal ob ich wählen gehe oder nicht.
Andrea

Jede Stimme, die nicht abgegeben wird, ist eine Stimme für eine extreme Partei.
Alex

Toll wäre es, wenn mir eine Partei 500 Euro rübergeben würde, dafür, dass ich sie wähle. [...] Das wäre für mich ein Anreiz.
Wolfram

Zitiert nach: Alexandra von Streit, Fluter Nr. 3/Juni 2002

Info

Funktionen von Wahlen für das politische System

Wenn Demokratie auf der Freiheit beruht, sich politisch durch regelmäßige Wahlen zu organisieren, dann müssen bestimmte Grundfunktionen erfüllt sein [...].

• **Repräsentation des Volkes**
Die Gewählten, zum Beispiel die Abgeordneten, repräsentieren die Gesamtheit der Bürgerinnen und Bürger. Repräsentiert wird das gesamte Volk. Jede soziale Gruppe muss sich an dem politischen Wettbewerb beteiligen können, um die Offenheit der Machtkonkurrenz zu gewährleisten. Repräsentative Demokratien verlangen Mehrheitsentscheidungen.

• **Legitimation und Kontrolle von politischer Herrschaft**
Durch Wahlen legitimieren die Wählerinnen und Wähler bestimmte Personen, politische Funktionen auszuüben. Diese sind legitimiert, im Namen aller und für alle verbindlich zu entscheiden. Durch die regelmäßige Wiederholung der Wahl gewinnt sie die Funktion der Machtkontrolle. Die Opposition muss immer die Chance haben, an die Macht zu kommen.

• **Integration der Meinungen**
Die Wahl ist die Stimmabgabe jedes einzelnen Wahlberechtigten. Das Wahlergebnis spiegelt insgesamt die Willensartikulation der Wählerinnen und Wähler wider. Durch die Wahlen erfolgt eine Integration des gesellschaftlichen Pluralismus und die Bildung eines politisch aktionsfähigen Gemeinwillens. Letzteres ist jedoch auch vom jeweiligen Wahlsystem abhängig, das die Integration der Wählerschaft fördern oder auch hemmen kann. Nicht immer geht aus dem Wahlprozess eine handlungsfähige Regierung hervor. Je strikter sich die [...] Gruppen voneinander abkapseln, desto weniger sind die Funktionsbedingungen der Integration der Meinungen durch Wahlen zu erreichen.

Karl-Rudolf Korte, Wahlen in Deutschland, bpb, Bonn 2013, S. 13f.

2 Wie könn(t)en Bürger politisch partizipieren?

M 2 ● Was bedeutet „demokratische Repräsentation"?

Repräsentation steht im Zentrum moderner Demokratien, tritt aber in einer Konstellation auf, die von drei Besonderheiten gekennzeichnet ist.

5 *Erstens* verlangt die demokratische Repräsentation, dass politische Repräsentanten die Macht nicht personalisieren oder verkörpern. [...] Denn die Macht gehört nicht ihnen, sondern dem Volk, das in der Demo-
10 kratie als politisches Subjekt und kollektiver Akteur betrachtet wird. *Zweitens* ist die Repräsentation des Volkes selbst ein schwieriges Unternehmen, denn die Demokratie erkennt die Vielfalt der Gesellschaft als eines
15 ihrer Prinzipien an. Dadurch kann das Volk nicht mehr als homogene Einheit oder Körper symbolisiert werden. Es gibt daher eine Spannung zwischen der Bildung des Volkes als politisches Subjekt und der Repräsenta-
20 tion seiner Heterogenität, die eine einheitliche Symbolisierung des Volkes schwierig macht. *Drittens* verlangt die Demokratie, dass die politischen Repräsentanten den Kontakt zu den Bürgerinnen und Bürgern
25 suchen und die Impulse aus der Zivilgesellschaft aufnehmen, um zu erkennen, was das Volk braucht und will. Es bedarf eines regen Austauschs zwischen Repräsentanten und Repräsentierten, zwischen Staat und Zivil-
30 gesellschaft, um den Willen des Volkes auszudrücken und umzusetzen. [...]
Allerdings ist politische Repräsentation nicht nur eine Aufgabe für Amtsinhaber. Auch informelle oder nicht gewählte Re-
35 präsentanten wie Führer einer Bewegung, Akteure der Zivilgesellschaft oder Prominente, die sich für eine Sache engagieren, sind für die demokratische Repräsentation von Bedeutung. Sie alle versuchen, die kollektiv geteilten Vorstellungen von Politik
40 zu beeinflussen. Der Politikwissenschaftler Michael Saward hat deshalb von politischer Repräsentation als „claim making" gesprochen. Demnach ist politische Repräsentation immer (auch) ein symbolischer Akt, bei
45 dem ein Akteur (Repräsentant) beansprucht, eine Idee, eine Gruppe oder eine Forderung zu repräsentieren, unabhängig davon, ob er ein Amt innehat. Allerdings ist es nicht sicher, ob die Repräsentation gelingt. Das
50 Publikum der Repräsentation kann durchaus den Repräsentanten nicht anerkennen, seinen Anspruch, die Gruppe zu repräsentieren, nicht annehmen oder die Vorstellungen der Politik, die er zum Ausdruck bringt,
55 nicht teilen. Damit die Repräsentation gelingen kann, müssen politische Repräsentanten einen Resonanzboden bei den Adressaten aktivieren, der durch die benutzten Symbole zum „Schwingen" gebracht wird.
60 Findet dies bei Amtsinhabern und gewählten Repräsentanten nicht statt, kommt es zum Verlust an Glaubwürdigkeit, und die Distanz zwischen Regierung und Zivilgesellschaft wächst. [...]
65 Melden sich Minderheiten nicht, finden sie keine symbolischen Ausdrucksweisen oder wird ihre Expressivität zugunsten einer homogenen Identität unterdrückt, kann die demokratische Repräsentation ihre symboli-
70 sche Grundlage verlieren.

Paula Diehl, Demokratische Repräsentation und ihre Krise, in: Aus Politik und Zeitgeschichte 40-42/2016, S. 12f., 15

Resonanzboden
ursprünglich Fichtenholzboden von Klavieren oder Flügeln, durch den die Schwingung der Saiten verstärkt und damit der Klang intensiviert wurde

---

Aufgaben

1. Stellen Sie „demokratische Repräsentation" nach Paula Diehl dar (M 2).

2. Arbeiten Sie die Bedeutung demokratischer Wahlen für politische Repräsentation heraus (M 2, Infobox).

3. Auch Nichtwähler werden politisch repräsentiert. Begründen Sie diese Aussage.

Ⓜ zu Aufgabe 1
Fertigen Sie dazu ein möglichst anschauliches Schaubild an, das auch Repräsentation als „symbolischen Akt" enthält.

2.5.2 Wer wählt(e) wie?

M 3 ● Ergebnisse der Bundestagswahl

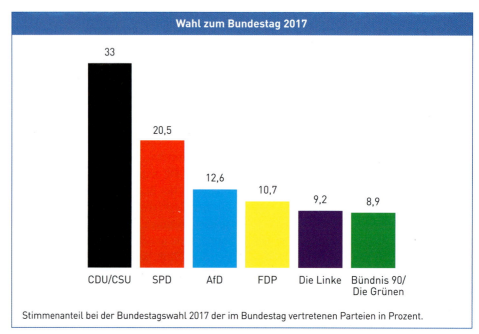

Stimmenanteil bei der Bundestagswahl 2017 der im Bundestag vertretenen Parteien in Prozent.

Zahlen: Bundeswahlleiter

M 4 ● Wählerstruktur bei der Bundestagswahl 2017

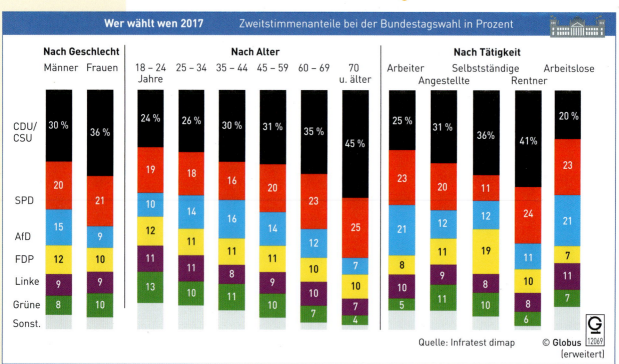

Quelle: Infratest dimap

M 5 ● Ist auf den Wähler Verlass? Zahlen zur Wählerwanderung

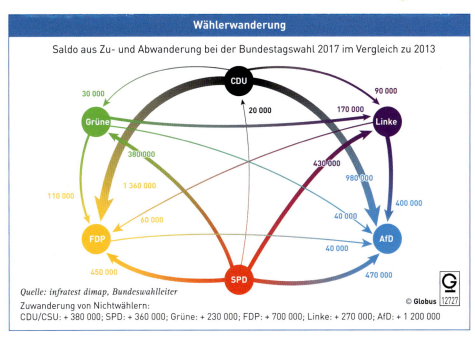

M 6 ● Der Wähler der Zukunft – eher flüchtig als treu?

Der Wähler hat aus einem beschaulichen Parteiensystem einen Koalitions- und Parteienmarkt gemacht. Er ist vom Bürger zum Kunden geworden, der von den Parteien
5 erwartet, dass sie seinen Lebensstil widerspiegeln. Hing seine Wahlentscheidung früher davon ab, wie sehr er sich an eine Partei gebunden fühlte, so fragt er sich heute in der Wahlkabine: Was bringt mir die
10 Partei eigentlich? [...] Obwohl es viele wichtige politische Entscheidungen zu treffen gibt, nimmt die Zahl der Nichtwähler derzeit zu, sodass letztlich immer weniger Wähler über immer mehr Dinge entschei-
15 den. Von denjenigen, die wählen gehen, wechseln viele die Partei – ihr Anteil bei den Bundestagswahlen hat sich in den vergangenen 20 Jahren verdoppelt. Rationale Koalitionswähler wiederum splitten be-
20 wusst ihre Stimme, um einer bestimmten Regierungsformation ins Amt zu verhelfen. Auch ihr Anteil hat deutlich zugenommen. Unpolitische Gesinnungswähler hingegen legen sich erst wenige Stunden vor der Wahl fest. [...] 25
[O]bwohl der deutsche Wähler flüchtig ist, kann er sich dennoch nicht vom Rechts-links-Schema lösen. [...] Selbst wenn er sich nicht mehr mit ihr identifiziert, ist die Bindung an eine Partei immer noch wahlent- 30
scheidender als die Sympathie für einzelne Politiker oder aktuelle Themen. [...]
Wir werden uns künftig auf das Unerwartete im Parteienwettbewerb einstellen müssen. Komplexe Systeme wie unsere Demo- 35
kratie können jederzeit spontan neue Eigenschaften herausbilden, wie beispielsweise, dass Neuwahlen normal werden oder sich neue Parteien etablieren. Die politische Stabilität unserer Demokratie ist 40
durch diese Entwicklungen nicht gefährdet. [...] Ein auf Kontinuität und Stabilität ausgerichtetes politisches System wie das deutsche kann eine solche Mixtur aus Überraschungen nicht so leicht destabili- 45
sieren.

Karl-Rudolf Korte, Deutsch und unordentlich, Die Zeit, 24.6.2012

M 7 • Theoretische Ansätze des Wählerverhaltens

[Theoretische Erklärungsmodelle] stellen einen Bezug zwischen dem Wahlverhalten und entsprechenden, vorgelagerten Einflussfaktoren her [...].

a) Der soziologische Erklärungsansatz
Ein erster klassischer Ansatz betont die verhaltensrelevante Bedeutung des sozialen Umfelds: Wahlverhalten ist Gruppenverhalten. [...] Weniger der ursprünglich angenommene Einfluss der Massenmedien oder der Wahlpropaganda als vielmehr die Zugehörigkeit zu verschiedenen sozialen Gruppen mit festen politischen Verhaltensnormen bestimmte demnach die individuelle Wahlentscheidung. Das Zusammenspiel der verschiedenen Gruppenzugehörigkeiten konnte mithilfe der Merkmale sozioökonomischer Status, Konfessionszugehörigkeit und Größe des Wohnorts in hohem Ausmaß nachgewiesen werden. [...] Bis zu den jüngsten Wahlanalysen konnten auch neuere Untersuchungen immer wieder den großen Einfluss des sozialen Umfelds auf den individuellen politischen Meinungsbildungsprozess nachweisen. Die Mitgliedschaft in einer Gewerkschaft, eine starke Bindung an die katholische Kirche oder auch eine Verwurzelung im protestantischen Selbstständigen- bzw. Handwerkermilieu haben auch heute noch – insbesondere bei Koppelung mehrerer Faktoren – einen hohen Vorhersagewert für die Wahlentscheidung.

Das Erklärungsmodell sieht das Individuum idealtypisch im Mittelpunkt konzentrischer, sich gegenseitig verstärkender sozialer Einflusskreise und veranschaulicht aus dieser Perspektive in besonderer Weise ein stabiles, über einen längeren Zeitraum hinweg konstantes Wahlverhalten. Kurzfristige Änderungen der Wahlentscheidung können auf diese Weise hingegen nur unzureichend erklärt werden.

Schild gesehen im Bundesentwicklungsministerium (2008)

Karl-Rudolf Korte, Wahlen in Deutschland, bpb, Bonn 2013, S. 105ff.

b) Der individualpsychologische Erklärungsansatz
Einen deutlichen Perspektivenwechsel nimmt der zweite klassische Erklärungsansatz vor: Wahlverhalten ist Ausdruck einer individuellen psychologischen Beziehung zu einer Partei. [...] Kernstück dieses als individualpsychologisches „Ann Arbor"- oder „Michigan-Modell" bezeichneten Ansatzes bildet die individuelle Parteiidentifikation. Damit ist eine längerfristige emotionale Bindung der Wählerinnen und Wähler an ihre Partei gemeint. Sie wird erworben bei der politischen Sozialisation durch Elternhaus, Freundeskreis oder Mitgliedschaft in politischen Gruppen und beeinflusst – einmal ausgeprägt – die Wahrnehmung sowie die Bewertung politischer Ereignisse in hohem Maße. Neben dieser Langzeitvariable Parteiidentifikation existieren zwei weitere Einflussfaktoren: die Bewertung der Kandidatinnen und Kandidaten sowie die Einstellungen zu aktuellen politischen Streitfragen (die sogenannte Issue-Orientierung). Die individuelle Wahlentscheidung resultiert nun aus dem spezifischen Zusammenspiel dieser drei Faktoren (Parteiidentifikation, Kandidatenorientierung, politische Streitfragen) [...].

Karl-Rudolf Korte, Wahlen in Deutschland, bpb, Bonn 2013, S. 109f.

Motive für Wahlverhalten

Christian: Die Wahl könnte für mich ein Weg sein für meine Ziele und Wünsche. Eine Partei zu wählen, die meine Vorstellungen in gewisser Weise bestmöglich vertreten kann.

Anne-Katrin: Auf lange Sicht macht es schon einen Unterschied, ob eine Partei an der Macht ist, die viel für Sozialpolitik macht, wenn ich irgendwann mal eine Familie gründen will. Im Vergleich zu einer Partei, die alles in die Wirtschaft buttert oder in die Rüstung.

Aus: Interview: Alexandra von Streit, Fluter Nr.3/Juni 2002

2 Wie könn(t)en Bürger politisch partizipieren?

c) Das Modell des rationalen Wählers

Ein anderer Blick auf den Prozess der Wahlentscheidung kennzeichnet den dritten wichtigen Erklärungsansatz. In seiner in den fünfziger Jahren entwickelten ökonomischen Theorie der Demokratie konzentriert sich Anthony Downs ganz auf die Analyse von individuellen Entscheidungskalkülen: Die persönliche Wahlentscheidung wird bestimmt durch ihren maximal zu erzielenden politischen Nutzen. Ein „rationaler Wähler" entscheidet sich demnach für diejenige Partei, von deren Politik er sich den größten Vorteil verspricht. [...] In der wissenschaftlichen Wahlforschung wird rationales Wahlverhalten im Allgemeinen mit der Orientierung der Wählerinnen und Wähler an aktuellen politischen Streit- und Sachfragen (issue-voting) gleichgesetzt. [...] Soziale Loyalitäten oder längerfristige emotionale Parteineigungen spielen aus dieser Perspektive nur eine untergeordnete Rolle. [...]

Allerdings hat auch das rationale Erklärungsmodell seine Grenzen. Innerhalb seiner engen Modellannahmen lässt sich die Frage, warum jemand überhaupt an einer Wahl teilnimmt, nicht schlüssig beantworten. Die Wirkung der eigenen Stimme, also der Nutzen einer Beteiligung, ist verschwindend gering gegenüber den entstehenden Kosten, den Mühen einer Teilnahme. Ebenfalls unbefriedigend bleibt die Erklärung der Wahlentscheidung zugunsten kleiner Parteien, die keine Chance auf eine Regierungsbeteiligung haben.

Karl-Rudolf Korte, Wahlen in Deutschland, bpb, Bonn 2013, S. 110

d) Das Modell sozialer Milieus

Seit den achtziger Jahren ist ein neuer Zugang zur Erklärung von Wahlverhalten entwickelt worden: die Einteilung der Wählerinnen und Wähler in sozial-moralische Milieus. [...] Die Einteilung der Gesellschaft in soziale Milieus erfolgt [...] durch die Identifikation fundamentaler Wertorientierungen, die die jeweilig vorherrschenden Lebensstile und -strategien bestimmen. Und auch die Einstellungen zu Arbeit, Familie oder Konsumverhalten werden dabei genauso einbezogen wie Wunschvorstellungen, Ängste oder Zukunftserwartungen. [...]

Den Vorteil des Milieukonzepts sehen seine Entwickler darin, dass es damit den politischen Parteien möglich ist, zielgruppengerechter zu agieren und auf diese Weise neue Wählerpotenziale zu erschließen. [...]

Karl-Rudolf Korte, Wahlen in Deutschland, bpb, Bonn 2013, S. 111

Aufgaben

1 a) Ordnen Sie hypothesenartig den genannten Bevölkerungsgruppen (Randspalte neben M 3) die von diesen mehrheitlich bevorzugten Parteien zu.

   b) Analysieren Sie – vor dem Hintergrund Ihrer Hypothesen – das Wählerverhalten bei der Bundestagswahl 2017 (M 3–M 5).

2 a) Fassen Sie die gegenwärtigen Tendenzen des Wählerverhaltens nach Karl-Rudolf Korte (M 6) zusammen.

   b) Überprüfen Sie die Aussagen anhand Ihrer Wahlanalyse.

3 a) Stellen Sie die Erklärungsansätze des Wählerverhaltens (M 7) in einer (tabellarischen) Übersicht dar.

   b) Überprüfen Sie anhand des Wählerverhaltens bei der Bundestagswahl 2017 (M 3–M 5) die Aussagekraft dieser Erklärungsansätze.

H zu Aufgabe 3
Gliedern Sie die Darstellung anhand folgender Aspekte: Ebene der Erklärung (Individuum vs. soziale Gruppen), Menschenbild, wichtige Einflussfaktoren auf die Wahlentscheidung (ggf. gewichtet), Kritik am Modell.

F Entwickeln Sie auf der Grundlage Ihrer Wahlanalyse sowie der Theorien des Wählerverhaltens Maßnahmen zur Steigerung der Wahlbeteiligung (insbesondere bei Jungwählern).

2.5.3 Warum beteiligen sich Bürgerinnen und Bürger (nicht) an Wahlen?

E Analysieren Sie die Karikatur (M 8).

M 8 ● **Wahlsieger**

Karikatur: Nel

M 9 ● **Unterscheidet sich die Wahlbeteiligung in den Bundesländern?**

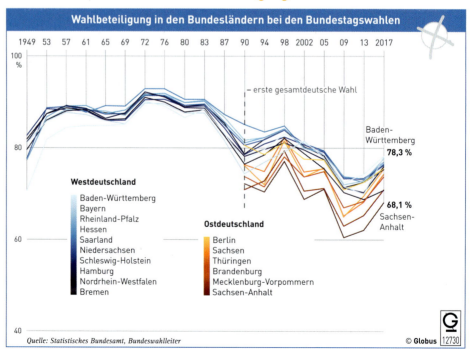

M 10 ● Wer wählt (nicht)?

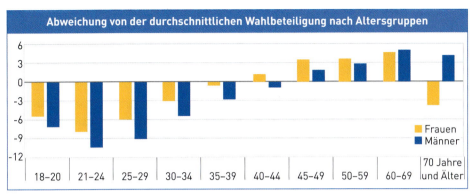

Abweichungen von der durchschnittlichen Wahlbeteiligung (76,2 %) bei der Bundestagswahl 2017: 76,2 %
Zahlen: Kevin Kobold, Sven Schmiedel, Wahlverhalten bei der Bundestagswahl 2017 nach Geschlecht und Alter, in: Statistisches Bundesamt (Hg.), WISTA – Wirtschaft und Statistik 3/2018, S. 146

Anteil von Alterskohorten an Gesamtmenge der Wahlberechtigten

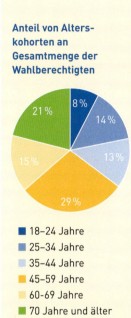

- 18–24 Jahre
- 25–34 Jahre
- 35–44 Jahre
- 45–59 Jahre
- 60–69 Jahre
- 70 Jahre und älter

Zahlen: Kevin Kobold, Sven Schmiedel, a.a.O, 2018

M 11 ● Warum enthalten sich Bürger der Wahl?

a) Typen von Nichtwählern

Die **politikfernen** Nichtwähler [...] zeichnen sich durch fehlendes Interesse am politischen Geschehen aus. Sie sind in bestimmten sozialen Gruppen stärker zu finden als
5 in anderen, weil soziale Merkmale wie z. B. die Bildung einen positiven Einfluss auf das politische Interesse und damit auch auf die Wahlbeteiligung haben. Die Abhängigkeit der Wahlbeteiligung vom politischen Inter-
10 esse kann aber den allgemeinen Beteiligungsrückgang ab Mitte der Siebzigerjahre nicht erklären, da das politische Interesse in diesem Zeitraum nicht wesentlich zurückgegangen ist. [...] Mit zunehmender sozialer
15 Integration steigt die Wahlbeteiligung. Dies ist [...] auch auf den sozialen Druck durch das Umfeld [zurückzuführen]. [...] Werden diese Faktoren schwächer oder fallen ganz weg, wie es in Deutschland durch den Pro-
20 zess der gesellschaftlichen Individualisierung seit längerer Zeit der Fall ist, bleiben die Uninteressierten vermehrt zu Hause und die Wahlbeteiligung sinkt.

Zentrales Kennzeichen [...] des **unzufriede-**
25 **nen** Nichtwählers, ist seine Unzufriedenheit mit den politischen Führungspersonen (bzw. ihrer Politik) und/oder den politischen Institutionen (insbesondere den Parteien) und/oder der demokratischen politischen Ordnung insgesamt. [...]
30 Während die bisherigen Nichtwählertypen zur permanenten Wahlenthaltung neigen, trifft der **abwägende** Nichtwähler seine Entscheidung über die Wahlteilnahme bei jeder Wahl neu, und zwar unter Abwägung der
35 ihm dabei entstehenden Kosten und des zu erwartenden Nutzens. Solche Personen lassen sich z. B. eher zur Wahl bewegen, wenn der Wahlausgang sehr knapp ist. Sie [...] beteiligen sich an von ihnen als wichtig ange-
40 sehenen Wahlen eher [...] als an unwichtigen.

Oskar Niedermayer, www.bpb.de, 31.5.2013

b) Einstellungen von Nichtwählern

Zahlen: Manfred Güllner, Nichtwähler in Deutschland. Eine Studie im Auftrag der Friedrich-Ebert-Stiftung, Berlin 2013, S. 24

M 12 ● Eine Wahlpflicht einführen!

Wahlsieger [bei der Bundestagswahl 2013] war die Union [CDU/CSU], die mit einem Zweitstimmenanteil von allen Wahlberechtigten auf 29 Prozent kam. Damit verpasste sie die absolute Mehrheit im Bundestag um nur fünf Sitze. Vergessen wird aber in dem Zusammenhang häufig, dass bei der Bundestagswahl 2013 eine fiktive „Partei der Nichtwähler" mit 29 Prozent genauso stark wurde wie der Wahlsieger CDU/CSU. [...] Nichtwähler sind immer weniger ein repräsentativer Querschnitt der Bevölkerung. [...] Je höher der Anteil der Menschen ohne Schulabschluss oder mit einem Hauptschulabschluss, desto niedriger ist die Wahlbeteiligung. Je höher dagegen der Anteil der Menschen mit (Fach-)Abitur ist, desto höher fällt auch die Wahlbeteiligung aus. [...] Je mehr Haushalte in einem Stadtbezirk von Arbeitslosigkeit betroffen sind, desto geringer ist die Wahlbeteiligung. [...] [N]eben sozial Benachteiligten sind vor allem junge Menschen eine weitere „Problemgruppe" mit außerordentlich geringen Beteiligungsraten. Hierbei treffen häufig beide Faktoren aufeinander: Viele Nichtwähler sind sozial benachteiligt und jung. [...] Es gibt Anzeichen, dass sich durch die zunehmende soziale Spaltung der niedrigen Wahlbeteiligung das politische Angebot und wahrscheinlich auch die politische Nachfrage zuungunsten der jungen und sozial Schwächeren verändert. Das sogenannte Robin-Hood-Paradoxon spiegelt sich in der empirischen Realität wider: Umverteilung von den Reichen an die Armen ist dort am unwahrscheinlichsten, wo sie am meisten benötigt würde. Doch warum ist das so?

Bei steigender sozialer Ungleichheit sollte sich in der Bevölkerung eigentlich eine Mehrheit für mehr soziale Umverteilung finden lassen. Doch da sich sozial Benachteiligte überproportional häufig der Wahl enthalten, verschiebt sich die „Mitte der politischen Gesellschaft" auf der Einkommensskala nach oben [...].

Eine Wahlteilnahmepflicht verhindert den ungleich größeren Einfluss der besser gestellten Schichten; sie verhindert, dass immer nur bestimmte soziale Schichten über die Zukunft eines Landes entscheiden. Wir sehen dieser Tage, dass Demokratie einer alltäglichen Verteidigung bedarf. Es ist daher sinnvoll, sich ernsthaft mit einer Wahlteilnahmepflicht auseinanderzusetzen.

Eine Wahlteilnahmepflicht hält die politischen Eliten an, Wählerstimmen aus allen sozialen Schichten zu gewinnen. Die wachsende Gruppe junger, abgehängter, notorischer Nichtwähler und Nichtwählerinnen würde in das politische System Deutschlands reintegriert. Die Repräsentationskraft der Gewählten würde deutlich gestärkt. Derzeit ist es für Parteien nur rational, die eigenen Wahlkämpfe besonders auf jene Stadtviertel auszurichten, in denen die eigene Partei zuletzt hohe Werte erzielen konnte und die eine hohe Wahlbeteiligung aufweisen, da dort automatisch mehr Stimmen zu holen sind.

Michael Kaeding, Für eine Wahlpflicht, in: Aus Politik und Zeitgeschichte, H. 38-39, 2017, S. 25ff.

Aufgaben

1 a) Analysieren Sie die Entwicklung der Wahlbeteiligung bei Bundestagswahlen (M 9, M 10).
b) Stellen Sie Hypothesen zur Wahlenthaltung der Nichtwähler auf.

2 Erklären Sie das Verhalten von Nichtwählern (M 11).

3 Prüfen Sie vor dem Hintergrund Ihrer Kenntnisse des Wahlverhaltens, ob die Darstellung der Nichtwähler in der Karikatur angemessen ist (M 8).

4 Erörtern Sie die Forderung nach einer Wahl(teilnahme)pflicht (M 12).

M zu Aufgabe 1
Gehen Sie arbeitsteilig vor und führen Sie Ihre Ergebnisse anschließend in 3er-Gruppen zusammen.

2.5.4 Wie wird in Deutschland gewählt? Grundlagen des Wahlsystems

E Setzen Sie die Wahlentscheidungen bei der Bundestagswahl 2017 zu der daraus resultierenden Sitzverteilung in Beziehung (M 13).

M 13 • Die Sitzverteilung im Deutschen Bundestag – repräsentativ?

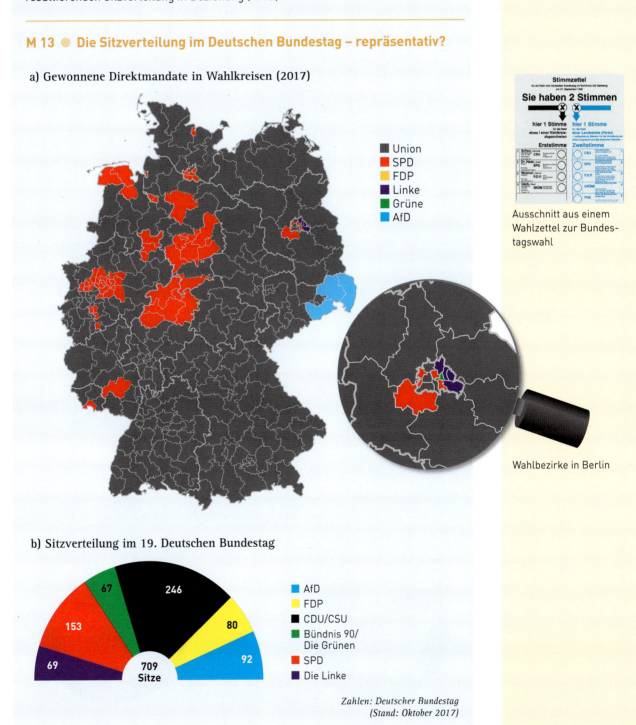

a) Gewonnene Direktmandate in Wahlkreisen (2017)

Ausschnitt aus einem Wahlzettel zur Bundestagswahl

Wahlbezirke in Berlin

b) Sitzverteilung im 19. Deutschen Bundestag

Zahlen: Deutscher Bundestag (Stand: Oktober 2017)

M 14 ● „Die Mehrheit gewinnt" vs. „die Verhältnisse abbilden" – Wahlsysteme im Vergleich

Das Ergebnis der Wahl kann je nach Wahlsystem – bei gleicher Stimmverteilung – ganz unterschiedlich aussehen.

Diese lassen sich auf zwei Grundtypen zurückführen: Mehrheitswahl und Verhältniswahl. Sie unterscheiden sich in der Art und Weise, wie die Stimmen der Wählerinnen und Wähler in Mandate verwandelt werden. Dabei handelt es sich um mehr als ein bloß formelles Problem. Die Zusammensetzung des Parlaments fällt je nach Wahlsystem unterschiedlich aus. In der parlamentarischen Demokratie bestimmt das Wahlsystem darüber, wer die Regierung stellen kann. [...]

Verhältniswahl
Die Grundvorstellung der Verhältniswahl ist, dass im Parlament alle gesellschaftlichen Gruppen gemäß ihrem Anteil an Wählerstimmen vertreten sind. Es soll die „Landkarte" der Gesellschaft sein. Deshalb ist die Anzahl der Sitze, die jede Partei erhält, proportional zu der Anzahl ihrer Stimmen. So gehen nicht wie bei der Mehrheitswahl Stimmen verloren. Sie zählen alle gleich und haben den gleichen Erfolgswert. [...]

Relative Mehrheitswahl
Bei der relativen Mehrheitswahl wird das Wahlgebiet in so viele Wahlkreise unterteilt, wie Abgeordnete zu wählen sind. Jeder Wahlkreis wählt einen Abgeordneten. Man spricht daher von Einpersonenwahlkreisen. Der Wähler hat eine Stimme, die er einem der Kandidaten gibt. Der Kandidat, der mehr Stimmen als jeder andere seiner Mitbewerber (d. h. die relative Mehrheit) auf sich vereinigt, zieht ins Parlament ein. Die Stimmen für die unterlegenen Kandidaten gehen verloren („The winner takes it all"-Prinzip). Die Zusammensetzung des Parlaments ist leicht durchschaubar, da sich in der Regel klare Mehrheiten bilden. Die relative Mehrheitswahl hat einen „mehrheitsbildenden Effekt".

Absolute Mehrheitswahl
Eine Variante der Mehrheitswahl stellt das System der absoluten Mehrheitswahl dar. Auch hier werden Abgeordnete auf Wahlkreisebene gewählt. Diese benötigen jedoch im ersten Wahlgang die absolute Mehrheit (> 50 %) der abgegebenen Stimmen. Erreicht dies keiner der Kandidaten, so findet nach einer gewissen Frist (häufig 14 Tage) ein zweiter Wahlgang statt, bei dem – je nach Ausgestaltung – nur die beiden besten Kandidaten des ersten Wahlgangs zur Wahl stehen und/oder die relative Mehrheit der Stimmen ausschlaggebend ist.

Karl-Rudolf Korte, Wahlen in Deutschland, Bonn 2013, S. 25

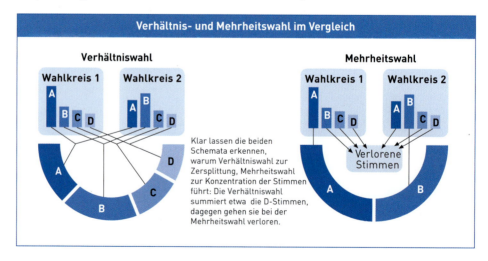

Verhältnis- und Mehrheitswahl im Vergleich

Klar lassen die beiden Schemata erkennen, warum Verhältniswahl zur Zersplittung, Mehrheitswahl zur Konzentration der Stimmen führt: Die Verhältniswahl summiert etwa die D-Stimmen, dagegen gehen sie bei der Mehrheitswahl verloren.

M 15 • Wie erfolgt die Wahl zum Deutschen Bundestag

Die Erststimme und ihre Bedeutung

Das Gebiet der Bundesrepublik ist in 299 Wahlkreise eingeteilt. Jeder Wähler/jede Wählerin entscheidet sich für einen Kandidaten/eine Kandidatin seines Wahlkreises. Gewählt ist, wer mindestens eine Stimme mehr hat als jeder andere Bewerber (relative Mehrheitswahl). Ein gewählter Direktkandidat kommt auf jeden Fall ins Parlament, auch wenn seine Partei die 5%-Hürde nicht schafft.

Die Zweitstimme und ihre Bedeutung

Nach der Gesamtzahl der Zweitstimmen, die für eine Partei bei der Wahl abgegeben werden, richtet sich die Anzahl der Sitze, die diese Partei im Bundestag erhält (Verhältniswahl).
299 Abgeordnete ziehen bei der Sitzverteilung über diese Listen in den Bundestag ein.

Überhangmandate

Hat eine Partei in einem Bundesland mehr Direktmandate errungen als ihr – den Zweitstimmen nach – zustehen, erhält sie Überhangmandate.
Beispiel: Die Partei B hat im Bundesland Y 28 Direktmandate gewonnen. Nach Zweitstimmen stehen ihr nur 26 Mandate zu. Die zwei fehlenden Sitze erhält die Partei als Überhangmandate. Die Gesamtzahl der Sitze im Bundestag nimmt um die Anzahl der Überhangmandate sowie der Ausgleichsmandate für die anderen Parteien zu.

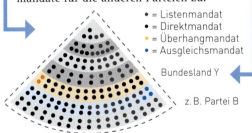

- = Listenmandat
- = Direktmandat
- = Überhangmandat
- = Ausgleichsmandat

Bundesland Y
z. B. Partei B

Ausgleichsmandate

Da die Überhangmandate das Ergebnis der Verhältniswahl verzerren, werden die erzielten Überhangmandate seit dem Jahr 2013 mit sog. Ausgleichsmandaten für die anderen Parteien kompensiert. Ausgleichsmandate können auch zustande kommen, wenn der Wahlausgang z. B. durch eine unterschiedliche Wahlbeteiligung in den Bundesländern verzerrt worden ist.

Verteilung der Sitze auf die Parteien

Bei der Vergabe der Sitze werden nur Parteien berücksichtigt, die bundesweit mindestens 5% der Zweitstimmen oder drei Direktmandate errungen haben (Sperrklausel).
Wie viele Abgeordnetensitze den Parteien zustehen, wird mithilfe der Divisormethode mit Standardrundung (Sainte-Laguë/Schepers) berechnet. Die Stimmen der Parteien, die an der Stimmvergabe teilnehmen, werden dazu durch einen Divisor geteilt. Als Divisor eignet sich die Zahl der durchschnittlich auf einen Sitz entfallenen Stimmen. Beispielrechnung:

Partei	Zweitstimmen	Divisor	Ergebnis	Sitze
A	3.700.000	18.896	195,80	196
B	5.500.000	18.896	291,06	291
C	2.100.000	18.896	111,13	111
598 Sitze zu vergeben	gesamt: 11.300.000	Gesamtstimmenzahl/Gesamtzahl der Sitze	Stimmen für Partei X/ Divisor	nach Standardrundung

Die Sitzverteilung nach Zweitstimmen

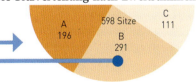

598 Sitze
A 196
B 291
C 111

Verteilung der Sitze auf die Landeslisten der Parteien

Der Landesverband einer Partei erhält die Anzahl an Sitzen, die dem Anteil an Zweitstimmen entspricht, der auf seine Landesliste entfiel.

Partei	Sitze insgesamt	Zweitstimmen im Bundesland Y	Gesamtzahl der Zweitstimmen der Partei B	Sitze im Bundesland Y
B	291	x 500.000	: 5.500.000	= 26,45	26

Die Anzahl der errungenen Bundestagssitze wird dann zunächst mit den in dem Bundesland direkt gewählten Wahlkreiskandidaten dieser Partei besetzt (Direktmandate), die verbleibenden Sitze mit Kandidaten der Landesliste (Listenmandate).

Autorentext

M 16 ● Was muss ein Wahlsystem leisten?

Die Frage, welche Funktionen ein Wahlsystem in der repräsentativen Demokratie erfüllen soll, wird seit Langem kontrovers diskutiert. Dazu gibt es zwei normative
5 Grundpositionen. Verfechter der Mehrheitswahl sind in der Regel der Ansicht, dass ein Wahlsystem die Konzentration des parlamentarischen Parteiensystems befördern und so zur Bildung von Einparteien-
10 regierungen oder zumindest kleinen Mehrheitskoalitionen führen soll, was wiederum die Effizienz und die Effektivität des demokratischen Regierungssystems steigert. Befürworter der Verhältniswahl argumentie-
15 ren dagegen, dass ein Wahlsystem insofern gerechte Ergebnisse hervorbringen soll, als es die Stimmenanteile der einzelnen politischen Gruppierungen möglichst proportional in Mandatsanteile überführt, damit die
20 gesellschaftliche Vielfalt gleichsam spiegelbildlich im Parlament abgebildet wird. [...] Vor diesem Hintergrund hat Dieter Nohlen [...] allgemeine Kriterien identifiziert, die in der internationalen Debatte zur Be-
25 wertung von Wahlsystemen herangezogen werden:

(1) **Repräsentation**
Gemeint ist damit zum einen eine faire Repräsentation im Sinne des Verhältniswahl-
30 prinzips, d.h. ein Wahlsystem sollte das Wählervotum unverfälscht wiedergeben, indem es die Stimmenanteile für die Parteien bzw. Kandidaten möglichst proportional in Mandatsanteile überführt. Zum anderen
35 sollte es auch eine angemessene Vertretung relevanter gesellschaftlicher Gruppen befördern (z.B. parlamentarische Repräsentation von Frauen oder ethnischen Minderheiten).

(2) **Konzentration** 40
[...] Ein Wahlsystem soll [...] zu einem konzentrierten parlamentarischen Parteiensystem führen und so idealerweise zur Bildung einer mehrheitsfähigen [...] [R]egierung beitragen [...]. 45

(3) **Partizipation**
Hier geht es nicht um politische Beteiligung an sich, sondern um die Möglichkeiten des Wählers, seinen Willen differenziert zum Ausdruck zu bringen. Konkret ist bspw. ge- 50
meint, dass die Bürger nicht nur über die parteipolitische Ausrichtung des Parlaments entscheiden, indem sie zwischen starren Listen auswählen, sondern auch die personelle Zusammensetzung der Abgeordneten 55
beeinflussen können, indem sie ihre Präferenzen [= Vorlieben] für bestimmte Kandidaten in Wahlkreisen und/oder innerhalb von Parteilisten zum Ausdruck bringen. Dies sollte zu einer engeren Bindung zwi- 60
schen Wählern und Gewählten beitragen.

(4) **Einfachheit**
Darüber hinaus sollte ein Wahlsystem möglichst einfach strukturiert sein, damit die Wähler seine Funktionsweise verstehen 65
können. Dies gilt für die Handhabbarkeit des Stimmzettels und die Verständlichkeit des Stimmgebungsverfahrens ebenso wie für die grundsätzliche Nachvollziehbarkeit der Stimmenverrechnung. 70

Florian Grotz, Kriterien und Ansatzpunkte einer nachhaltigen Wahlrechtsreform, in: Joachim Behnke et al., Reform des Bundestagswahlsystems. Gütersloh 2017, S. 44f.

Ⓗ **zu Aufgabe 2**
Berücksichtigen Sie folgende Aspekte: Vertretung gesellschaftlich unterschiedlicher Gruppen, Verständlichkeit des Wahlrechts, Verbindung von Wählern und Abgeordneten, Regierungsbildung, Gewicht der Wählerstimme.

Aufgaben

① Vergleichen Sie die Funktionsweise von Verhältnis- und Mehrheitswahlsystemen (M 14) und die daraus resultierenden „Stärken" und „Schwächen" beider Systeme (tabellarisch).

② Erläutern Sie anhand des in M 13 dargestellten Wahlergebnisses das Wahlsystem der Bundesrepublik Deutschland (M 15).

③ Erörtern Sie anhand der in M 16 dargestellten Kriterien das Wahlsystem der Bundestagswahlen (M 13–M 16).

2.5.5 (Wie) Sollte das Wahlrecht reformiert werden?

🇪 Das Bild illustriert eine Schlagzeile „Der Mega-Bundestag kommt. Überhangmandate nehmen überhand". Problematisieren Sie einen solch „vollen" Bundestag (M 17).

M 17 ● Berstender Bundestag?

Interpretationshilfe
Im 2017 gewählten Bundestag sitzen 709 Bundestagsabgeordnete. Seine Sollgröße liegt bei 598.

M 18 ● Bundestag verkleinern – ein Vorschlag

Eine der vordringlichsten Aufgaben des neuen Bundestags wird es sein, endlich das Wahlrecht zu reformieren. [...] Ein Anwachsen des Bundestages um fast 20 Prozent
5 über seine Sollgröße hinaus ist nicht zu legitimieren. Dabei geht es weniger um die ärgerlichen Mehrkosten oder um mögliche Beeinträchtigungen seiner Funktionsfähigkeit aufgrund der Aufblähung (nur der chi-
10 nesische Volkskongress hat mehr Abgeordnete). Vielmehr ist fragwürdig, warum ein Parlament, dessen reguläre Größe bei 598 Abgeordneten liegt, je nach Zufall auf 631 oder 709 Abgeordnete „anschwellen" sollte.
15 Das ist beispiellos. Die zusätzlichen Mandate unterminieren [= untergraben] den Sanktionscharakter einer Wahl, weil sich Stimmenverluste nicht in entsprechenden Mandatsverlusten niederschlagen. Dies
20 spielt verbreiteten Vorurteilen über die Selbstbedienungsmentalität der Parteien in die Hände. Deren unausgesprochene Devise: Wenn wir schon Stimmen einbüßen, wollen wir wenigstens möglichst viele Mandate behalten. Diese bedeuten mannig- 25 fache – personelle und materielle – Ressourcen.
Ging die Vergrößerung 2013 vor allem auf die niedrige Wahlbeteiligung und den hohen Anteil nicht berücksichtigter Stimmen 30 in Bayern zurück, so war sie diesmal hauptsächlich den „klassischen" Überhangmandaten geschuldet. Die Anzahl der von den Unionsparteien und der SPD gewonnenen Wahlkreise blieb im Vergleich zu 2013 na- 35 hezu konstant. Weil beide Parteien aber herbe Verluste erlitten, standen ihren Direktmandaten diesmal deutlich geringere Zweitstimmenanteile gegenüber. Dies führte allein bei der Union zu 39 Überhängen, 40

Proporz
Verhältnis der Angehörigen von Gruppen (hier politische Parteien) und deren Vertreter in einem Gremium (hier Deutscher Bundestag)

für deren Ausgleich 62 weitere Mandate auf die anderen Parteien entfielen. Transparenz fehlt. [...]
Wie ist die Reform zu bewerkstelligen? Sie muss schnell geschehen, weil jedes Zögern die Bedenkenträger stärkt, die auf Zeit spielen; und sie muss das 2013 vereinbarte Prinzip des vollständigen Proporzes bewahren, da die von den Überhangmandaten nicht profitierenden Parteien sonst kaum zustimmen dürften.
Viele Ideen, wie sich ein aufgeblähtes Parlament vermeiden lässt, sind im Gespräch. Die weitaus beste Variante: Die Zahl der Direktmandate, bisher 50 Prozent, wird auf ein Drittel (200) oder sogar auf ein Viertel (150) reduziert. So sind Überhangmandate nach menschlichem Ermessen nicht mehr möglich, und Ausgleichsmandate entfallen demzufolge. Der Wählerwille kommt ohne Aufstockung der Mandate ungefiltert zur Geltung, von der Fünfprozentklausel einmal abgesehen.
Eine andere Möglichkeit ist, die Zahl der Wahlkreise auf 150 zu halbieren, in diesen aber statt wie bisher einen künftig zwei Abgeordnete zu wählen. Damit wären Überhangmandate auch fast ausgeschlossen; gleichzeitig würde sich das Verhältnis von direkt gewählten und Listenabgeordneten bei den großen Parteien ausgewogener gestalten, weil auch die zweitstärkste Partei [...] damit rechnen könnte, eine erhebliche Zahl von Direktmandaten zu gewinnen.
Gegen größere Wahlkreise wenden viele ein, die Verbindung zwischen Abgeordneten und Wählern würde lockerer. Dies ist ein Missverständnis, weil auch die im Wahlkreis unterlegenen Kandidaten, die in der Regel über die Liste ins Parlament einziehen, ihre Wahlkreise pflegen. Im Bundestag spielt der Unterschied zwischen Wahlkreis- und Listenabgeordneten keine große Rolle, wenngleich ein direkt Gewählter wohl über eine größere Unabhängigkeit verfügt.
Der Zuschnitt neuer Wahlkreise ist eine heikle und gewaltige Aufgabe. Dennoch müssen die Parteien [...] sie angehen.

Frank Decker, Eckhard Jesse, Verkleinert endlich das Parlament, in: Frankfurter Rundschau, 13.11.2017

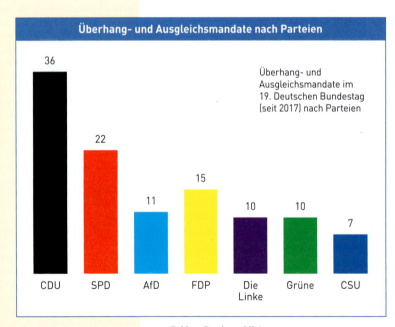

Überhang- und Ausgleichsmandate im 19. Deutschen Bundestag (seit 2017) nach Parteien

CDU 36 | SPD 22 | AfD 11 | FDP 15 | Die Linke 10 | Grüne 10 | CSU 7

Zahlen: Bundeswahlleiter

H zu Aufgabe 3
Prüfen Sie u. a., inwieweit Deckers und Jesses Vorschlag den Anforderungen an ein Wahlsystem genügen würde und ob er politisch durchsetzbar wäre (M 13, M 16).

Aufgaben

1. Entwickeln Sie eigene Ideen für eine Begrenzung der Zahl der Bundestagsabgeordneten.
2. Fassen Sie die Kernaussagen von Frank Deckers und Eckhard Jesses Wahlrechtsreformvorschlag zusammen (M 18).
3. Vergleichen Sie Ihre Vorschläge für eine maximale Abgeordnetenzahl mit denen Deckers und Jesses (M 18).
4. Nehmen Sie, ausgehend vom Text (M 18), Stellung zum Reformvorschlag des deutschen Wahlrechts.

Ein demokratisches Wahlsystem soll dafür sorgen, dass die (Interessen der) **Bevölkerung** in den politischen Institutionen **angemessen repräsentiert** werden. Dadurch verleiht es dem politischen System (Input-)**Legitimität** und durch die Abwählbarkeit von Repräsentanten gibt es regelmäßig ein starkes **Kontrollelement**. Das Wahlsystem soll überdies noch gewährleisten, dass eine **handlungsfähige Regierung** gebildet werden kann.

Funktionen demokratischer Wahlen
(Basiskonzept: Ordnungen und Systeme)

Die Quote der Nichtwähler nimmt – trotz etwas steigender Wahlbeteiligung bei der Bundestagswahl 2017 – tendenziell zu. Je unwichtiger die Wahl empfunden wird, desto höher ist dabei die Quote der Nichtwähler (gipfelnd in Wahlen zum Europäischen Parlament).
In der öffentlichen Diskussion wird Nichtwählern häufig politisches Desinteresse und Desinformiertheit unterstellt, teilweise sogar Demokratiefeindlichkeit. Empirische Studien zeichnen aber ein differenzierteres Bild: Über 20 % der Nichtwähler sind Demokraten, die aus **Systemzufriedenheit** ihr Wahlrecht nicht nutzen. Mehr als die Hälfte der Nichtwähler sind **„politikkritische Demokraten"**, die aber nicht zwingend uninformiert oder uninteressiert sein müssen. Regelrechte **Anti-Demokraten** machen weniger als 10 % der Nichtwähler aus.

Erklärungsansätze für Nichtwahl
(Basiskonzept: Motive und Anreize)
M 11

Zur Charakterisierung des Deutschen Bundestagswahlsystems wird häufig der Begriff **personalisierte Verhältniswahl** verwendet. Er verdeutlicht, dass das Wahlsystem im Kern auf dem Verhältniswahlrecht beruht. Diese Grundstruktur gewährleistet zunächst die Repräsentation jeder Stimme, die **5-Prozent Sperrklausel** sorgt für die notwendige Konzentrationswirkung und stellt Regierungsstabilität her.
Für die Wahl der 598 Abgeordneten des Deutschen Bundestages haben die Wähler zwei Stimmen: Die **Zweitstimme**, die nach den Prinzipien der Verhältniswahl abgegeben wird, ist die entscheidende Stimme: Durch sie wird die Zahl der Mandate bestimmt, die den gewählten Parteien im Bundestag zusteht. Mit der **Erststimme** entscheiden die Wähler – nach den Prinzipien der relativen Mehrheitswahl – über ihren Wahlkreisabgeordneten (= Direktmandat). Hat eine Partei die Sperrklausel überwunden (5 % der Zweitstimmen oder drei Direktmandate), wird die Gesamtzahl der für sie abgegebenen Zweitstimmen in Mandate umgerechnet.

Das Wahlsystem zum Deutschen Bundestag
(Basiskonzept: Ordnungen und Systeme)
M 14, M 15

In den letzten Jahrzehnten wurden mehrere Elemente des deutschen Wahlsystems kritisiert (u. a. Sperrklausel, Landeslisten). Seit einigen Wahlperioden steht die zuletzt drastisch angestiegene Anzahl von **Überhang- und Ausgleichsmandaten** in der Kritik, weil die „Aufblähung des Bundestages" auf 709 (statt 598) Abgeordnete nach der Wahl 2017 nicht zur Erfüllung seiner Aufgaben notwendig ist und darüber hinaus die Arbeitseffizienz des Parlaments senkt und das Abgeordnetenhaus in der Öffentlichkeit tendenziell delegitimiert.
Es existieren verschiedene **Reformvorschläge**: von der Deckelung der Überhang- und Ausgleichsmandate bis hin zu einer Verringerung der Wahlkreise. Die grundsätzliche Schwierigkeit bei einer solchen Reform besteht darin, sowohl das bundesweite **Stimmenverhältnis** als auch den **Länderproporz** angemessen zu berücksichtigen.

Kritik am und Reformoptionen für das deutsche Wahlrecht
(Basiskonzept: Ordnungen und Systeme)
M 18

2.6 Sollte die direkte Einflussnahme der Bürgerschaft erweitert werden?

2.6.1 Welche direktdemokratischen Rechte hat ein Niedersachse in Land und Bund?

> Die Große Koalition aus CDU/CSU und SPD setzt laut Koalitionsvertrag 2018 eine Expertenkommission ein, die prüfen soll, ob und in welcher Form Elemente der Bürgerbeteiligung und direkten Demokratie unsere Demokratie ergänzen sollen.
>
> Erläutern Sie als Mitglieder dieser Expertenkommission, ob Sie der Bundesregierung eher zu Elementen direkter Demokratie raten oder von diesen abraten würden.

direkte Demokratie
1) Herrschaftsform, in der die Bürger als Souverän unmittelbar über Gesetze abstimmen
2) Verfahren in einem ansonsten repräsentativen System, bei denen die Bürger unmittelbar abstimmen

Wahlberechtigte in Niedersachsen
In Niedersachsen gibt es knapp 6.100.000 Wahlberechtigte (Stand 2017).

M 1 ● Direkte Demokratie in Niedersachsen

Artikel 47. Volksinitiative
70.000 Wahlberechtigte können schriftlich verlangen, dass sich der Landtag im Rahmen seiner verfassungsmäßigen Zuständigkeit mit bestimmten Gegenständen der politischen Willensbildung befasst. Ihre Vertreterinnen oder Vertreter haben das Recht, angehört zu werden.

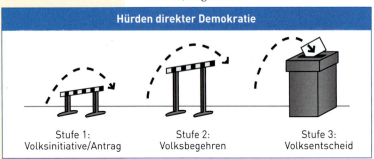

Hürden direkter Demokratie: Stufe 1: Volksinitiative/Antrag – Stufe 2: Volksbegehren – Stufe 3: Volksentscheid

Artikel 48. Volksbegehren
(1) Ein Volksbegehren kann darauf gerichtet werden, ein Gesetz im Rahmen der Gesetzgebungsbefugnis des Landes zu erlassen, zu ändern oder aufzuheben. Dem Volksbegehren muss ein ausgearbeiteter, mit Gründen versehener Gesetzentwurf zugrunde liegen. Gesetze über den Landeshaushalt, über öffentliche Abgaben sowie über Dienst- und Versorgungsbezüge können nicht Gegenstand eines Volksbegehrens sein. (2) Die Landesregierung entscheidet, ob das Volksbegehren zulässig ist; gegen ihre Entscheidung kann der Staatsgerichtshof angerufen werden. (3) Das Volksbegehren kommt zustande, wenn es von zehn vom Hundert der Wahlberechtigten unterstützt wird. Die Landesregierung leitet dann den Gesetzentwurf mit ihrer Stellungnahme unverzüglich an den Landtag weiter.

Artikel 49. Volksentscheid
(1) Nimmt der Landtag einen Gesetzentwurf, der ihm auf Grund eines Volksbegehrens zugeleitet wird, nicht innerhalb von sechs Monaten im wesentlichen unverändert an, so findet spätestens sechs Monate nach Ablauf der Frist oder nach dem Beschluss des Landtages, den Entwurf nicht als Gesetz anzunehmen, ein Volksentscheid über den Gesetzentwurf statt. Der Landtag kann dem Volk einen eigenen Gesetzentwurf zum Gegenstand des Volksbegehrens zur Entscheidung mit vorlegen. (2) Ein Gesetz ist durch Volksentscheid beschlossen, wenn die Mehrheit derjenigen, die ihre Stimme abgegeben haben, jedoch mindestens ein Viertel der Wahlberechtigten, dem Entwurf zugestimmt hat. Die Verfassung kann durch Volksentscheid nur geändert werden, wenn mindestens die Hälfte der Wahlberechtigten zustimmt.

Verfassung des Landes Niedersachsen vom 19. Mai 1993

2 Wie könn(t)en Bürger politisch partizipieren?

M 2 ● Verbietet das Grundgesetz direkte Demokratie im Bund?

Artikel 20 [des Grundgesetzes] kennt nicht nur die Wahl. Er spricht vollmundig und gleichberechtigt von Abstimmungen. Was also wäre, wenn [...] nicht die Frage des Ob,
5 sondern nur die Frage des Wie vom Grundgesetz offengelassen worden wäre? Und die Verfassung sogar den Auftrag enthielte, dem Volk regelmäßig oder gelegentlich Fragen zur Abstimmung vorzulegen?
10 Hans Meyer, Staatsrechtler und früherer Präsident der Berliner Humboldt-Universität, vertritt diese These seit Jahrzehnten. In der „Juristenzeitung" schrieb er 2012: „Es handelt sich um einen selbstverständlichen
15 Verfassungsauftrag an das Parlament, die Möglichkeit zu schaffen, das Instrument zu nutzen." Will heißen: Der Gesetzgeber sei verpflichtet, eine Regelung für Volksabstimmungen zu verabschieden. Meyer hält
20 es für einen Irrglauben, dass das Grundgesetz eine rein repräsentative Demokratie vorsieht. Es gibt gewichtige Argumente für seine These. [...]
Der Status quo in den Bundesländern
25 spricht dafür. In sämtlichen Länderverfassungen ist, freilich in unterschiedlicher Ausprägung, Volksgesetzgebung vorgesehen. Alle 16 Länder kennen direkte Demokratie, der übergeordnete Bundesstaat aber
30 nicht? Das würde bedeuten, dass Bund und Länder verschiedene Demokratiebegriffe zugrundelegen. Und das ist ausgeschlossen [...]. Entweder sind also sämtliche Länderverfassungen grundgesetzwidrig oder aber
35 das Grundgesetz selbst. Im Zusammenhang mit den Ländern spricht die Verfassung auch das einzige Mal von einer bundesweiten Volksabstimmung, nämlich bei der Neugliederung des Bundesgebietes. Dieser
40 Fall scheint so wichtig zu sein, dass hierfür der Souverän persönlich befragt werden soll. Etwa dann, wenn Bundesländer verschmelzen sollen. [...]
Stets heißt es, das Grundgesetz kenne keine
45 direkte Demokratie, weil die Weimarer Republik nicht zuletzt daran gescheitert sei. „Weimar wird immer als Horrorbild gezeichnet", sagt etwa der Würzburger Staatsrechtler Horst Dreier. In diesem Zusammen-
50 hang von negativen Weimarer Erfahrungen zu sprechen sei „wenig reflektiert", meint Dreier. Es hat damals drei Volksbegehren gegeben, von denen zwei Volksentscheide wurden. Beide scheiterten.
55 Natürlich gibt es Hindernisse und Unklarheiten. Die Frage, warum das Grundgesetz ausführliche Regeln zur Bundestagswahl, aber keine zur Abstimmung enthält. Oder den Artikel 76, der bestimmt, dass Geset-
60 zesvorlagen beim Bundestag und vom Bundestag eingebracht werden – und nicht etwa vom Volk. [...]
Wann und in welchen Fällen das Volk selbst entscheiden soll, sagt uns das Grundgesetz
65 zwar nicht. Es ist dies genau die Debatte, die wir aber lebhaft führen sollten.

Henning Rasche, Wir müssen endlich über direkte Demokratie reden, in: Rheinische Post, 29.8.2016

Direkte Demokratie in der Schweiz

Die Schweiz ist der europäische Staat mit den stärksten plebiszitären Elementen in der gesamtstaatlichen Gesetzgebung:
In der Regel wird viermal jährlich über Sachfragen abgestimmt. Dann bekommt jeder Bürger ein Heftchen mit Argumenten, Gegenargumenten und einer Empfehlung des Bundesrats, der schweizerischen Bundesregierung, zugeschickt [...]. Weitere Urnengänge auf Kantons- und Gemeindeebene kommen hinzu – und alle vier Jahre werden die Nationalräte, also die Mitglieder der großen Kammer des Schweizer Parlaments, gewählt. [...]
In den meisten Kantonen wird brieflich oder per Urnengang abgestimmt und gewählt. Nur in Appenzell Innerrhoden und in Glarus wird die Demokratie in ihrer wohl ursprünglichsten Form gelebt: auf dem Dorfplatz während der sogenannten Landsgemeinde. Die Abstimmungen erfolgen dort per Handheben.

Alice Kohli, Hände hoch, in: Fluter Nr. 48/Herbst 2013, S. 25

Aufgaben

1 Geben Sie die Rechte niedersächsischer Bürger zu direktdemokratischen Verfahren wieder (M 1).

2 Erläutern Sie mögliche Gründe für die Ausgestaltung der Hürden für die Durchführung direktdemokratischer Verfahren.

3 Fassen Sie Henning Rasches Argumentation zusammen, wonach direkte Demokratie im Bund nicht grundgesetzwidrig sein könne (M 2).

4 Nehmen Sie Stellung zu Rasches Aussage (M 2).

2.6.2 Repräsentative und direktdemokratische Demokratiemodelle in der Theorie

> **E** Philosophische Preisfragen: Sollten die Bürgerinnen und Bürger eines Staates direkt über Gesetze abstimmen können? Oder benötigt man zwingend politische Repräsentanten? Antworten Sie auf diese Preisfrage in demokratietheoretischer Hinsicht, nutzen Sie dabei u. a. die Begriffe „Souveränität" und „Gemeinwohl".

M 3 ● John Stuart Mill: Über die Repräsentativregierung

John Stuart Mill
(1806-1873) liberaler britischer Philosoph und Politiker; setzte sich für bürgerliche Freiheitsrechte als Grundrechte und für das Frauenwahlrecht ein. Mill vertrat gleichzeitig die Idee eines übergangsweisen Mehrklassenwahlrechts mit unterschiedlichem Stimmgewicht je nach Bildungsstand; erstrebenswert wären aber gleiche Wahlen, wenn alle Menschen entsprechend gebildet wären.

Repräsentativkörperschaft
politische Institution, die sich aus gewählten Vertretern des souveränen Volkes zusammensetzt (z. B. Parlament)

Es lässt sich unschwer nachweisen, dass die ideale Regierungsform jene ist, in der die Souveränität oder die höchste Kontrollvollmacht als letzter Instanz bei der gesamten Öffentlichkeit liegt und jeder Bürger nicht nur bei der Ausübung dieser obersten Souveränität eine Stimme hat, sondern auch, zumindest zeitweise, zur aktiven Teilnahme am Regierungsprozess aufgefordert ist, indem er eine öffentliche Funktion, sei sie lokaler oder übergreifender Art einnimmt. [...]
Ganz anders [als in despotischen Regierungssystemen nämlich] steht es um die menschlichen Fähigkeiten, wo der Mensch sich keinem anderen äußeren Zwang unterworfen fühlt als den notwendigen Bedingungen der Natur oder den Gesetzen der Gesellschaft, die unter seiner Mitwirkung erlassen worden sind; findet er sie schlecht, kann er gegen sie öffentlich auftreten und sich aktiv für ihre Abänderung einsetzen. [...] Wichtiger noch als diese Frage des individuellen Bewusstseins ist die praktische Disziplinierung des Charakters durch die Aufforderung, abwechselnd gesellschaftliche Funktionen für begrenzte Zeit zu übernehmen. Man bedenkt zu selten, dass das gewöhnliche Leben der meisten Menschen kaum geeignet ist, die Grenzen ihrer Vorstellungs- und Empfindungskraft auszudehnen. [...] Wenn die Verhältnisse es gestatten, dass die ihm zugewiesenen öffentlichen Pflichten umfangreich sind, wird er zu einem gebildeten Menschen. [...]
Alle hier vorgebrachten Überlegungen machen deutlich, dass nur eine Regierungsform, die auf der Beteiligung des ganzen Volkes beruht, allen Erfordernissen des Gesellschaftszustands gerecht wird, dass jede Partizipation, auch in der geringfügigsten Funktion, von Nutzen ist und so umfassend sein sollte, wie es der allgemeine Entwicklungsgrad des jeweiligen Gemeinwesens gestattet, und dass letztlich das Ziel allein die Zulassung aller zur Teilhabe an der Staatsgewalt sein kann. Da aber in einem Gemeinwesen, das mehr als eine kleine Stadt umfasst, die persönliche Partizipation aller – es sei denn in gänzlich untergeordneten Teilbereichen des öffentlichen Lebens – unmöglich ist, folgt daraus notwendig, dass die Repräsentativregierung der ideale Typus der vollkommenen Regierungsform ist. Die Dauer von Repräsentativinstitutionen hängt notwendig von der Bereitschaft ab, im Falle der Bedrohung für sie zu kämpfen. Werden sie zu gering bewertet, können sie sich selten überhaupt etablieren und sind, wenn sie doch Fuß gefasst haben, in der Regel leicht zu stürzen, sobald das Staatsoberhaupt oder irgendein Parteiführer, dessen Macht groß genug für einen Handstreich ist, beim Griff nach der absoluten Macht zu einem gewissen Risiko bereit ist. [...]
Ein Fortschritt in Richtung auf eine qualifizierte Demokratie [skilled democracy] ist überhaupt nur dann denkbar, wenn der Volkssouverän bereit ist, die Arbeit, die spezifische Fähigkeiten voraussetzt, denen zu überlassen, die sie besitzen. Das Volk selbst ist genug damit beschäftigt, ein für seine eigentliche Aufgabe der Oberaufsicht und

2 Wie könn(t)en Bürger politisch partizipieren?

Kontrolle ausreichendes Maß geistiger Befähigung zu erwerben.

Die Frage, wie dieses Mindestmaß zu erreichen und zu sichern ist, muss im Zusammenhang mit der Untersuchung über die besondere Zusammensetzung einer Repräsentativkörperschaft gestellt werden. Je weniger ihre Zusammensetzung diese geistige Qualifikation gewährleistet, desto mehr wird sich die gesetzgebende Versammlung durch entsprechende Beschlüsse Übergriffe auf das Gebiet der Exekutive leisten, wird fähige Minister ihres Amtes entheben und schlechte in ihren Positionen halten, wird den Missbrauch ihrer Amtsgewalt ruhig hinnehmen oder übersehen [...]; sie wird eine egoistische, unberechenbar jedem Antrieb gehorchende, kurzsichtige, von Kenntnis ungetrübte und mit Vorurteilen beladene Innen- und Außenpolitik unterstützen oder fordern; sie wird gute Gesetze abschaffen oder schlechte erlassen [...]. Diese und andere Gefahren ergeben sich aus einem Repräsentativsystem, in dem die Zusammensetzung der Volksvertretung nicht ein adäquates Maß an politischem Urteilsvermögen und Wissen garantiert. [...]

Man kann sich einen modernen Staat, der nicht durch starke Antipathien rassischer, sprachlicher oder nationaler Art in sich zerrissen ist, grundsätzlich in zwei Lager geteilt denken, die, von partiellen Abweichungen abgesehen, mit zwei verschiedenen Richtungen des scheinbaren Interesses korrespondieren. Um der terminologischen Kürze willen wollen wir die eine Gruppe als die der Arbeiter, die andere als die der Arbeitgeber bezeichnen [...]

Ein Repräsentativsystem [...] müsste in einer Weise organisiert sein, dass beide Klassen, Arbeiter und Unternehmer [...], ein Gleichgewicht der Kräfte bildeten und jede Klasse ungefähr auf die gleiche Anzahl von Stimmen im Parlament Einfluss nehmen könnte. Denn wenn man annimmt, dass sich bei Meinungskonflikten zwischen beiden Klassen die Majorität [= Mehrheit] auf beiden Seiten jeweils nur von ihren spezifischen Klasseninteressen leiten ließe, gäbe es eine Minorität [= Minderheit] in beiden Klassen, die sich der Vernunft, der Gerechtigkeit und dem Allgemeinwohl unterordnen würde; und wenn sich diese Minderheit der einen Klasse mit der Gesamtheit der anderen verbände, so würde sich das Kräfteverhältnis zuungunsten der ungerechtfertigten Forderungen der eigenen Minorität verschieben. [...]

Die Verfassung eines Repräsentativsystems müsste [demnach] Folgendes gewährleisten: kein partikulares Interesse [= Teilinteresse einer gesellschaftlichen Gruppe] sollte so stark werden können, dass es in der Lage wäre, sich gegen Wahrheit und Recht sowie alle anderen Teilinteressen zusammen durchzusetzen. [...]

Soll ein Mitglied der Legislative an die Weisungen seiner Wähler gebunden sein? Soll es Organ ihrer oder seiner eigenen Ansichten sein? [...]

Auch lang bewährte Befähigung und unzweifelhafte Charaktervorzüge des Abgeordneten sind keine Legitimation, die persönlichen Ansichten der Wähler ganz außer Acht zu lassen. Die Ehrfurcht vor geistiger Überlegenheit soll nicht bis zur Selbstaufgabe, zur Verleugnung jeder persönlichen Meinung gehen. Sofern die Meinungsunterschiede nicht die Grundfragen der Politik berühren, sollte der Wähler, so entschieden er auch in seinen Überzeugungen sein mag, bei einer Divergenz [= einem Unterschied] zwischen seinen Ansichten und denen eines fähigeren Mannes doch berücksichtigen, dass die Möglichkeit eines Irrtums auf seiner Seite zumindest nicht von der Hand zu weisen ist. Aber auch da, wo dies nicht zutrifft, wird das Opfer der eigenen Meinung in Fragen, die nicht gerade von zentraler Bedeutung sind, durch den unschätzbaren Vorteil aufgewogen, durch einen befähigten Mann in den vielen Angelegenheiten vertreten zu werden, in denen der Wähler selbst sich kein Urteil zu bilden vermag.

John Stuart Mill [1861], Betrachtungen über die Repräsentativregierung, Berlin 2013, S. 51, 60f., 63, 101f., 109-111, 188, 191, 196

Despotie
politisches System, in dem eine Person die uneingeschränkte Herrschaft ausübt

M 4 Jean-Jacques Rousseau: Identität vor Regierenden und Regierten

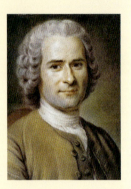

Jean-Jacques Rousseau (1712–1778), aufklärerischer Philosoph, Schriftsteller und Pädagoge

a) Feststehender Gemeinwille

Rousseau geht von der Grundfrage aus, wie Menschen eine politische Gemeinschaft bilden können, um sich gegenseitig zu schützen, ohne Gefahr zu laufen, dass dieses neu geschaffene Gemeinwesen dem Bürger Freiheiten nimmt. Er argumentiert, dass jeder in einen Gesellschaftsvertrag (contrat social) einwilligt und sich damit dem sog. Gemeinwillen (volonté générale) unterwirft. Dieser Gemeinwille sei aber nichts von außen an den Bürger Herangetragenes, sondern schlummere ohnehin in ihm als eine rationale Orientierung am Wohl für die gesamte Gemeinschaft. Dieser Gemeinwille könne aber im Individuum schlechterdings überdeckt oder verschüttet sein durch dessen egoistische Einzelinteressen (volonté particulière). Diese abzulehnende Orientierung an Einzelinteressen könne sogar noch verstärkt werden, indem sich durchsetzungsstarke Parteien von Bürgern bilden, die alle ähnliche Sonderinteressen zu Lasten der Gemeinschaft verfolgen. Rousseau leitet aus diesen Überlegungen Folgendes ab:

Damit nun aber der Gesellschaftsvertrag keine Leerformel sei, schließt er stillschweigend jene Übereinkunft ein, die allein die anderen ermächtigt, dass, wer immer sich weigert, dem Gemeinwillen zu folgen, von der gesamten Körperschaft dazu gezwungen wird, was nichts anderes heißt, als dass man ihn zwingt, frei zu sein [...]. [1, 7]

Dass die Souveränität unveräußerlich ist

Ich behaupte deshalb, dass die Souveränität, da sie nichts anderes ist als die Ausübung des Gemeinwillens, niemals veräußert werden kann und dass der Souverän, der nichts anderes ist als ein Gesamtwesen, nur durch sich selbst vertreten werden kann [...]. [II, 1]

Ob der Gemeinwille irren kann

Aus dem Vorhergehenden folgt, dass der Gemeinwille immer auf dem rechten Weg ist und auf das öffentliche Wohl abzielt: Woraus allerdings nicht folgt, dass die Beschlüsse des Volkes immer gleiche Richtigkeit haben. Zwar will man immer sein Bestes, aber man sieht es nicht immer [...]. Wenn die Bürger keinerlei Verbindung untereinander hätten, würde, wenn das Volk wohlunterrichtet entscheidet, aus der großen Zahl der kleinen Unterschiede immer der Gemeinwille hervorgehen, und die Entscheidung wäre immer gut. Aber wenn Parteiungen entstehen, Teilvereinigungen auf Kosten der großen, wird der Wille jeder dieser Vereinigungen ein allgemeiner hinsichtlich seiner Glieder und ein besonderer hinsichtlich des Staates; man kann dann sagen, dass es nicht mehr so viele Stimmen gibt wie Menschen, sondern nur noch so viele wie Vereinigungen. Die Unterschiede werden weniger zahlreich und bringen ein weniger allgemeines Ergebnis. Wenn schließlich eine dieser Vereinigungen so groß ist, dass sie stärker ist als alle anderen, [...] gibt es keinen Gemeinwillen mehr, und die Ansicht, die siegt, ist nur eine Sonderanschauung. Um wirklich die Aussage des Gemeinwillens zu bekommen, ist es deshalb wichtig, dass es im Staat keine Teilgesellschaften gibt und dass jeder Bürger nur seine eigene Meinung vertritt [...]. [II, 3]

Von den Abgeordneten oder Volksvertretern

Die Souveränität kann aus dem gleichen Grund, aus dem sie nicht veräußert werden kann, auch nicht vertreten werden; sie besteht wesentlich im Gemeinwillen, und der Wille kann nicht vertreten werden: er ist derselbe oder ein anderer; ein Mittelding gibt es nicht. Die Abgeordneten des Volkes sind also nicht seine Vertreter, noch können sie es sein, sie sind nur seine Beauftragten; sie können nicht endgültig beschließen. Jedes Gesetz, das das Volk nicht selbst beschlossen hat, ist nichtig; es ist überhaupt kein Gesetz. [III, 15]

Jean-Jacques Rousseau (1762), Vom Gesellschaftsvertrag oder Grundsätze des Staatsrechts (Hg. und übersetzt von Hans Brockard), Stuttgart 1991, S. 17–21, 28–31, 103

b) Politische Entscheidungen treffen nach Rousseau

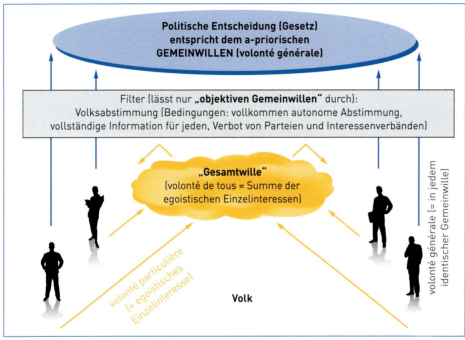

Autorengrafik

Info

Gemeinwohl a-priori bzw. a-posteriori

Grundsätzlich lassen sich zwei unterschiedliche theoretische Konzepte des Zustandekommens von Gemeinwohl unterscheiden. Die heute gängige Auffassung eines **Gemeinwohls a-posteriori** besteht darin, dass jedes Ergebnis eines politischen Prozesses als Gemeinwohl zu bezeichnen ist, wenn das Entscheidungsverfahren demokratischen Grundsätzen genügt (und wenn durch das Ergebnis die Menschen- und Bürgerrechte gewahrt bleiben). Gemeinwohl wird in diesem Sinne hergestellt. Anders bei der Vorstellung eines **Gemeinwohls a-priori**: Nach dieser steht das Gemeinwohl (der Inhalt/Gehalt der politischen Entscheidung) von vornherein fest, es ist gleichsam objektiv und (naturgegeben) in jedem verankert. Das demokratische Entscheidungsverfahren dient nur noch dazu, das Gemeinwohl herauszufinden.

Autorentext

Aufgaben

1. Arbeiten Sie John Stuart Mills sowie Jean-Jacques Rousseaus zentrale Aussagen zur Begründung der Demokratie sowie zum politischen Entscheidungsverfahren heraus (M 3, M 4).
2. Vergleichen Sie Rousseaus und Mills Konzeptionen von Demokratie (M 3, M 4).
3. Bewerten Sie das politische System der Bundesrepublik Deutschland aus der Perspektive Rousseaus bzw. Mills.

M zu Aufgabe 1 und 2
Gehen Sie zunächst in arbeitsteiliger Partnerarbeit (Aufgabe 1) und dann in Gruppenarbeit vor (Aufgabe 2).

H zu Aufgabe 2
Berücksichtigen Sie – neben Ihren Ergebnissen zu Aufgabe 1 – auch die Aspekte Menschenbild, Haltung zu Partikularinteressen/Minderheitenschutz und Gewaltenteilung.

2.6.3 Sollten direktdemokratische Elemente auf Bundesebene verankert werden?

E Positionieren Sie sich spontan zu den Forderungen der AfD in Bezug auf Volksinitiativen und -abstimmungen. Nutzen Sie dazu eine Meinungslinie und halten Sie Ihre Begründungen fest (M 5).

M 5 ● Volksabstimmungen – eine Forderung der AfD

▶ Wir wollen dem Volk das Recht geben, über vom Parlament beschlossene Gesetze abzustimmen. Dieses Recht würde in kürzester Zeit präventiv mäßigend auf das Parlament wirken und die Flut der oftmals unsinnigen Gesetzesvorlagen nachhaltig eindämmen. Zudem würden die Regelungsinhalte sorgfältiger bedacht, um in Volksabstimmungen bestehen zu können. Auch Beschlüsse des Parlaments in eigener Sache, beispielsweise über Diäten oder andere Mittelzuweisungen, würden wegen der Überprüfungsmöglichkeit der Bürger maßvolle Inhalte haben. Gesetzesinitiativen aus dem Volk haben eigene Gesetzesvorlagen zum Gegenstand und können durch die Stimmbürger angestoßen werden.

▶ Ohne Zustimmung des Volkes darf das Grundgesetz nicht geändert und kein bedeutsamer völkerrechtlicher Vertrag geschlossen werden. Das Volk muss das Recht haben, auch initiativ über Änderungen der Verfassung selbst zu beschließen. Besonders der Abgabe nationaler Souveränität an die EU und andere internationale Organisationen über die Köpfe der Bürger hinweg ist hierdurch der Riegel vorgeschoben.

Programm für Deutschland. Das Grundsatzprogramm der Alternative für Deutschland, Berlin 2016, S. 16

M 6 ● Volksabstimmungen im Bund? Ein konkreter Vorschlag

1 Bürgerinnen und Bürger erarbeiten einen Gesetzentwurf oder einen politischen Vorschlag. Dabei können sie das zum Thema machen, was auch Sache des Bundestages ist.

2 Für eine **Volksinitiative** sind 100.000 Unterschriften zu sammeln. Eine Sammlungsfrist gibt es nicht.

3 Der Vorschlag wird im Bundestag binnen sechs Monaten behandelt. Die Initiative hat Rederecht. Lehnt der Bundestag den Vorschlag ab, kann innerhalb von 18 Monaten ein Volksbegehren erarbeitet werden.

4 Bestehen Zweifel an der Verfassungsgemäßheit des Vorschlages, kann die Bundesregierung oder ein Drittel des Bundestages das Bundesverfassungsgericht anrufen.

5 Für ein **Volksbegehren** sind eine Million Unterschriften notwendig, für grundgesetzändernde Volksbegehren 1,5 Millionen. Sammlungsfrist: neun Monate

6 Volksentscheid: Der Bundestag kann einen Alternativvorschlag mit zur Abstimmung stellen. An alle Haushalte geht ein Abstimmungsheft. Es entscheidet die einfache Mehrheit. Grundgesetzändernde Volksentscheide benötigen außerdem das „Ländermehr", eine Mehrheit in den Bundesländern.

Erklärfilm Volksentscheid

Mediencode: 72052-07

Die dreistufige Volksgesetzgebung gibt Bürgerinnen und Bürgern das Recht, selbst Gesetzesinitiativen zu starten und bei genügend Unterschriften einen bundesweiten und verbindlichen Volksentscheid dazu herbeizuführen.

Grund- und Minderheitenrechte sollen nicht zur Abstimmung stehen. Initiativen, die Grund- und Minderheitenrechte berühren, sollen zu einem frühen Zeitpunkt durch das Verfassungsgericht überprüft und ge- stoppt werden können. Um eine gute Verknüpfung zwischen Volksinitiative und Parlament zu gewährleisten, kann das Parlament einen eigenen Vorschlag mit zur Abstimmung stellen. Transparenz ist wichtig, deswegen sollte es Klauseln zur Spendenoffenlegung geben. Dann wird klar, welche Interessen hinter einer Initiative stehen. [...]

www.mehr-demokratie.de/ueber-uns/profil, Abruf am 6.4.2018

M 7 ● Kontrovers diskutiert: Volksabstimmungen auch auf Bundesebene?

a) Martin Reeh: Für Volksabstimmungen

Volksabstimmungen werden kritisch betrachtet. Die SPD kippte die Forderung nach bundesweiten Volksentscheiden aus ihrem Programm für die Wahl 2017. Vier Jahre zuvor stand sie noch drin. Auch ob sich die Jamaika-Unterhändler auf bundesweite Volksentscheide einigen, obwohl nur die CDU dagegen ist, ist eher fraglich. Nicht einmal den Grünen scheint das Thema wichtig genug. [...]

Wer Volksentscheide wirklich befürwortet, sollte sie nicht mit Nützlichkeitsargumenten, sondern mit demokratischen Erwägungen begründen. Klar ist dabei: Ebenso wie ein rein repräsentatives System Nachteile hat, haben auch Volksentscheide Nachteile. Etwa die Möglichkeit, dass kapitalkräftige Unternehmen durch Werbung Einfluss nehmen [...].

Wer eine Partei wählt, wählt ein Gesamtpaket: Wer etwa für die Grünen stimmt, weil er den Familiennachzug von Flüchtlingen will, zugleich aber mehr sozialen Wohnungsbau, muss damit leben, dass die Partei nach den Wahlen das eine wichtig findet und das andere vergisst. Wer 2002 Schröder wählte, gab ihm einen Blankoscheck für die Agenda 2010, die nicht im Wahlprogramm stand. Volksentscheide können solche Entscheidungen korrigieren. Die Wahl einer Partei fällt leichter, wenn der Blankoscheck für vier Jahre kleiner ausfällt – die Repräsentanten können auch mitten in Wahlperioden abgestraft werden.

Das Land Berlin ist dafür ein gutes Beispiel. Hier gibt es eine strukturelle Mehrheit der drei linken Parteien. [...] Erst seit 2006 gibt es die Möglichkeit zu Volksentscheiden auf Berliner Landesebene. Zunächst wurden durch Volksbegehren einige Privatisierungsentscheidungen von Rot-Rot korrigiert. Es war ein klassisches Muster: Linke Volksbegehren trieben eine linke Landesregierung vor sich her. Anders motiviert sind die Erfolge späterer Volksentscheide. 2014 fand sich eine Mehrheit für die Nichtbebauung des Tempelhofer Felds. Die Bürgerinitiative hätte nie eine Mehrheit bekommen, wenn sich nicht auch in Spandau und Hellersdorf viele gefunden hätten, die zur Urne gingen, um dem [...] Regierenden Bürgermeister Klaus Wowereit (SPD) ihr Misstrauen auszudrücken. Wowereit trat wenige Monate später zurück. Ähnliche Motive liegen der Mehrheit für die Offenhaltung des Flughafens Tegel im September 2017 zugrunde. Ähnliches wäre auch auf Bundesebene zu erwarten. Die Parteien würden redemokratisiert, vor allem die CDU. Der entpolitisierende Merkel'sche Regierungsstil ließe sich bei möglichen bundesweiten Volksabstimmungen kaum durchhalten. Dass die Bevölkerung dann manchmal anders abstimmt, als sich Linksliberale erhoffen, muss man in Kauf nehmen.

Martin Reeh, in: die tageszeitung, 8.11.2017

Martin Reeh ist Parlamentskorrespondent der tageszeitung (taz).

Mehr Demokratie e. V.
bundesweit operierender, 1988 gegründeter Verein mit ca. 10.000 Mitgliedern und ca. 34 Mitarbeitern; Ziele u. a.: Einführung/Stärkung direktdemokratischer Elemente, Wahlrechtsreform, Stärkung der Informationsfreiheit

Grundgesetzänderungen
Bisher kann das Grundgesetz nur mit einer Zweidrittelmehrheit des Bundestags geändert werden. Die Artikel 1 bis 19 („Grundrechte") dürfen dabei „in ihrem Wesensgehalt" nicht angetastet werden.

Jamaika-Unterhändler
Nach der Bundestagswahl 2017 führten Unterhändler von CDU/CSU, FDP und Grünen Sondierungsgespräche mit dem Ziel einer schwarz-gelb-grünen Bundesregierung (die nach knapp vier Wochen von der FDP für gescheitert erklärt wurden).

Autorentext

b) Jost Maurin: Gegen Volksabstimmungen

Die Bilanz von Volksentscheiden etwa in der Schweiz ist zumindest aus linker Sicht miserabel. Plebiszite führen dazu, dass die Armen noch weniger an Entscheidungen
5 beteiligt werden als eh schon in der repräsentativen Demokratie. In der Schweiz nahmen an den bundesweiten Abstimmungen von 1971 bis 2010 im Schnitt nur 42,5 Prozent der Wahlberechtigten teil, wie der
10 Politikwissenschaftler Wolfgang Merkel errechnet hat. Das waren gut 5 Prozentpunkte weniger als bei den Wahlen im selben Zeitraum. Es ist klar, wer eher bei Urnengängen zu Hause bleibt: Arme und
15 weniger gut Gebildete. Obere und mittlere Schichten und Gebildete beteiligen sich überproportional.

Entsprechend unsozial ist das Ergebnis dieser Abstimmungen. In der Schweiz und Ka-
20 lifornien haben haushaltspolitische Plebiszite regelmäßig dazu geführt, dass der Staat weniger Steuern einnimmt und auch weniger ausgibt. Davon profitieren meist die Reichen, die Armen verlieren. Die Spitzen-
25 verdiener schaffen es immer wieder, den Normalverdienern Angst einzuflößen, dass Mindestlöhne, Steuererhöhungen oder die Begrenzung von Managergehältern Arbeitsplätze gefährden würden.

30 Volksabstimmungen würden die Macht der Lobbys beschneiden, sagen die Befürworter. In Wirklichkeit mischt Big Business auch bei Plebisziten kräftig mit – und siegt ständig. [...] In Berlin warb der Billigflieger
35 Ryanair Hand in Hand mit der FDP erfolgreich für eine Mehrheit bei der Volksab-
stimmung zur Offenhaltung des Flughafens Tegels – auf Kosten Hunderttausender lärmgeplagter Anwohner.

Die Niederlagen der mächtigen Lobbys bei 40 Referenden sind die Ausnahme. Volksabstimmungen werden ja auch mitnichten vom Volk insgesamt initiiert, sondern von der meinungsstarken Mittelschicht, von Interessengruppen und Parteien. Klar, Lobbys 45 beeinflussen ebenfalls Abstimmungen im Parlament oder Wahlen. Aber es ist eben eine Illusion, dass Plebiszite dieses Problem lösen.

Referenden können aber auch gefährlich 50 sein. Sie eignen sich hervorragend für Rechtspopulisten, um ihre Themen auf die Agenda zu zwingen – und oft genug, um ihre Ziele durchzusetzen. 2009 siegten Fremdenfeinde in der Schweiz bei der 55 Volksabstimmung „Gegen den Bau von Minaretten", 2014 beim Referendum „Gegen Masseneinwanderung". Parlament und Regierung hatten die Initiativen abgelehnt. [...]   60

In Deutschland sieht sich ausgerechnet die AfD als Vorreiter der direkten Demokratie. Mit monatelangen Kampagnen könnte sie hervorragend Stimmung machen. Denkbar wären zum Beispiel Plebiszite zur „Kürzung 65 der Hilfe für Asylanten" oder „Abschaffung des Asylrechts". [...] Und das Gefühl mancher Menschen, „Die da oben machen doch sowieso, was sie wollen", wird durch gelegentliche Volksabstimmungen zu einzelnen 70 Themen kaum verschwinden.

Jost Maurin, in: die tageszeitung, 8.11.2017
Jost Maurin ist Wirtschafts- und Umweltredakteur der tageszeitung.

H zu Aufgabe 3
Stellen Sie Argumente für und gegen Volksentscheide einander gegenüber (M 7).

M zu Aufgabe 3
Führen Sie eine Podiumsdiskussion zu der Frage durch.

Aufgaben

1 Beschreiben Sie den von „Mehr Demokratie e. V." geforderten Ablauf einer Gesetzesinitiative durch das Volk (M 6).

2 Ordnen Sie die Forderung von „Mehr Demokratie e. V." demokratietheoretisch ein (M 6; Kap. 2.6.2).

3 Erörtern Sie die Forderung nach Volksinitiative, -begehren und -entscheid (M 6, M 7).

2.6.4 Sollten deliberative Entscheidungsstrukturen auf- oder ausgebaut werden?

E Beschreiben Sie die Situation (M 8) und vergleichen Sie sie mit Ihnen bekannten demokratischen Entscheidungsverfahren.

M 8 ● **Anders demokratisch entscheiden?**

Autorengrafik

M 9 ● **Ungewöhnliche Mitentscheidungsverfahren für Bürger**

Bürgerhaushalte
Für alle Interessenten offene Bürgerversammlungen der Stadtbezirke unterbreiten Vorschläge zum Einsatz der städtischen Mittel. Gewählte Vertreter dieser Versammlungen gewichten die Vorschläge. Dabei erhalten ärmere Stadtteile eher den Zuschlag als reichere. In Lateinamerika existieren derzeit ca. 1.000 Bürgerhaushalte, erstmals 1989 im brasilianischen Porto Alegre.

deliberative polls
Eine zurzeit (z. B. auf EU-Ebene) häufiger angewendete Methode, bei der eine repräsentative Auswahl an Bürgern (ein Wochenende) über ein ausgewähltes politisches Problem diskutiert; die veröffentlichten Ergebnisse des Diskurses können den politischen Entscheidern und der Öffentlichkeit als Entscheidungs- und Meinungsbildungsgrundlage dienen.

deliberare (lat.) = beraten, erwägen

Autorentext

M 10 ● Welchen Prinzipien folgen deliberative Entscheidungsverfahren?

Jürgen Habermas
(*1929), bekanntester deutscher Gegenwartsphilosoph; starker Befürworter politischer Partizipation der Bürger in ihren eigenen Angelegenheiten durch vernunftgeleitete, konsensorientierte sprachliche Aushandlungsprozesse

H zu Aufgabe 2b
Beachten Sie dabei z. B. folgende Dimensionen: Argumentationsweise, Herbeiführung einer Entscheidung, Umfang und Dauer der Gültigkeit von Entscheidungen

M zu Aufgabe 2b
Nutzen Sie dazu entweder eine Matrix mit Vergleichsdimensionen oder ein Venn-Diagramm.

F Überprüfen Sie, ob es sich bei Bürgerhaushalten und *deliberative polls* um echte Elemente deliberativer Demokratie handelt.

Hauptcharakteristikum [der deliberativen Demokratietheorie] ist der Anspruch, Normen zu formulieren, die durch den fairen und respektvollen Austausch von guten Argumenten zustande kommen. Entscheidungen werden „gesprächszentriert" und nicht „abstimmungszentriert" getroffen [...]. Einflussreichster Theoretiker der deliberativen Demokratie war insbesondere in ihrer Anfangsphase der deutsche Sozialphilosoph Jürgen Habermas. [...]
[D]er deliberative Ansatz [kritisiert] die im liberalen Modell inhärente Vorstellung von Politik als Wettbewerb. Dies impliziert Sieger und Verlierer. Der deliberative Ansatz setzt die Möglichkeit der Verständigung und des gemeinsam erzielten besten Ergebnisses dagegen. [...]
[Es werden] sechs Anforderungen [formuliert], denen deliberative Verfahren und Prozesse entsprechen müssten, um die normativen Ansprüche der Theorie zu erfüllen:
1. *Offenheit der Teilnahme:* Alle, die möchten, sollen teilnehmen und sich gleichberechtigt an der Diskussion und auch an der Festlegung der Diskussionsregeln beteiligen können.
2. *Qualität der Begründung:* Ein fruchtbarer Diskurs braucht gute und gültige Begründungen für alle Behauptungen, was insbesondere eine logische Kohärenz [= Widerspruchsfreiheit] der Argumentation erfordert.
3. *Gemeinwohlorientierung:* Die Teilnehmenden der Deliberation sollen das Gemeinwohl beachten, also Zugewandtheit zum Gegenüber und Orientierung auf Solidarität mit eigenen Interessen in einen Ausgleich bringen.
4. *Gegenseitiger Respekt:* Respekt für die Anliegen der anderen ist die Grundlage für Respekt gegenüber der gesamten teilnehmenden Gruppe. Dies beinhaltet auch die Notwendigkeit von Respekt gegenüber Gegenargumenten und deren wirkliche Erwägung und Erörterung.
5. *Konsensusorientierung:* Auch wenn es ein oft schwer zu erreichendes Ziel ist, ist der Konsens das angestrebte, ideale Ergebnis der Deliberation. In der strengen Konzeption ist es die einzige tragfähige Basis für universalistische [= allumfassende] Gültigkeit von Normsetzungen.
6. *Authentizität:* Die Deliberation *mit Konsensorientierung* erfordert es, nicht strategisch oder irreführend zu argumentieren, sondern ernsthaft und klar hinsichtlich der eigenen Präferenzen [= Vorlieben, Interessen] und Begründungen zu sein, damit auch diese (argumentativ und respektvoll) hinterfragt werden können.

Diese Bedingungen verwirklichen eine „ideale Sprechsituation", die die Voraussetzung gelingender Deliberation darstellt, um schließlich legitime Normen zu begründen.

Sophia Alcántara et al., Demokratietheorie und Partizipationspraxis. Analyse und Anwendungspotentiale deliberativer Verfahren, Wiesbaden 2016, S. 34ff.

Aufgaben

1. Arbeiten Sie die Besonderheiten der skizzierten Mitentscheidungsverfahren heraus (M 9).
2. a) Geben Sie die zentralen Elemente deliberativer Demokratie wieder (M 10).
   b) Vergleichen Sie die Charakteristika und Anforderungen deliberativer Demokratie mit den gängigen Entscheidungsverfahren in Deutschland (M 10).
3. Entwickeln Sie Möglichkeiten, deliberative Verfahren in die Entscheidungsstrukturen in der Bundesrepublik mit einzubinden.

2.6.5 Welche Beteiligungsmöglichkeiten haben EU-Bürger?

E Stimmen Sie in Ihrem Kurs auf einer Skala von 1 (gar nicht) bis 5 (vollauf) darüber ab, für wie bürgernah Sie die EU halten. Beschreiben Sie im Anschluss die Partizipationsmöglichkeiten für EU-Bürgerinnen (M 11) und setzen Sie beide Ergebnisse zueinander in Beziehung.

M 11 ● Welche Partizipationsmöglichkeiten haben EU-Bürger?

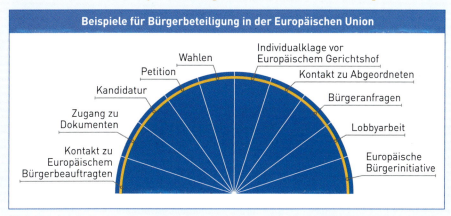

Nach: www.bpb.de, Partizipationsmöglichkeiten, 27.9.2010

Info

Was wird auf EU-Ebene eigentlich entschieden?

Ihre Mitgliedstaaten haben mit der Zeit immer mehr Souveränitätsrechte an die Europäische Union abgegeben. Dabei haben aber die einzelnen Politikbereiche eine jeweils unterschiedliche „Integrationstiefe" erreicht. In manchen Bereichen werden die wesentlichen Entscheidungen auf der Ebene der Europäischen Union getroffen („**Supranationalität**"), in anderen wiederum existieren zwar gemeinsame Zielsetzungen, aber die endgültigen Entscheidungen werden von den nationalen Parlamenten und Regierungen getroffen bzw. von diesen in der EU ausgehandelt („**Intergouvernementalität**").

Am weitesten integriert sind – somit supranationale – Politikbereiche wie die Wirtschaftspolitik, die Währungspolitik (zumindest bei den 19 Staaten, die die Gemeinschaftswährung Euro eingeführt haben), die Außenhandelspolitik und die Agrarpolitik. Ebenfalls starke supranationale Entwicklungen gibt es im Bereich der Umweltpolitik. Demgegenüber sind die Sozial- und Beschäftigungspolitik sowie v. a. die Außen- und Sicherheitspolitik Bereiche, in denen intergouvernementale Aushandlungsprozesse notwendig sind, da die Nationalstaaten die Entscheidungsbefugnis (bislang noch) nicht abgegeben haben.

Recht wird in der EU gesetzt mittels Verordnungen in Form von Beschlüssen oder Richtlinien. Während **Beschlüsse** unmittelbar in das jeweilige nationale Recht der Mitgliedstaaten übernommen werden müssen, geben **Richtlinien** verbindliche Zielsetzungen vor (z. B. die Verringerung des CO_2-Ausstoßes), die durch Umsetzung in nationales Recht erreicht werden müssen.

Autorentext

Ablauf einer EBI

1 Ihre Initiative vorbereiten und einen Bürgerausschuss bilden

2 Initiative anmelden

Die Kommission antwortet innerhalb von 2 Monaten.

3 Sie möchten online sammeln? Lassen Sie Ihr System zertifizieren.

Die nationale Behörde antwortet innerhalb von 1 Monat.

4 Sammeln Sie in mindestens 7 EU-Ländern Unterstützungsbekundungen.

Max. 12 Monate

5 Lassen Sie die Anzahl der Unterstützungsbekundungen durch die nationalen Behörden bescheinigen.

Die nationalen Behörden antworten innerhalb von 3 Monaten.

6 Sie haben mindestens 1 000 000 Unterstützungsbekundungen gesammelt? Legen Sie Ihre Initiative der Kommission vor.

7 Die Kommission prüft Ihre Initiative und antwortet.

Die Kommission antwortet innerhalb von 3 Monaten.

8 Wenn die Kommission beschließt, Ihrer Initiative zu folgen, wird das Gesetzgebungsverfahren in Gang gesetzt.

Europäische Kommission, www.ec.europa.eu; Für die Wiedergabe und Anpassung ist allein die C. C. Buchner Verlag GmbH verantwortlich.

M 12 ● Mit der EBI zu mehr Bürgernähe – das Beispiel „Right2Water"

Die Initiative „Right2Water" [vgl. Randspalte nächste Seite] ist gleich in zweierlei Hinsicht die erste erfolgreich durchgeführte Europäische Bürgerinitiative (EBI). Zum einen wurden gut 1,5 Millionen Unterschriften gesammelt und in acht Mitgliedstaaten der EU die nötige Mindestzahl von Unterstützungsbekundungen erreicht. Damit ist „Right2Water" die erste EBI, welche die Anforderungen erfüllt, um die EU-Kommission zu bewegen, das Thema der Initiative auf die politische Agenda zu setzen.

Zum anderen hat „Right2Water" einen handfesten politischen Erfolg vorzuweisen. Michel Barnier, EU-Kommissar für Binnenmarkt und Dienstleistungen und damit verantwortlich für den Richtlinienvorschlag zur Vergabe von Konzessionen, im Zuge derer viele eine Privatisierung der Wasserwirtschaft „durch die Hintertür" befürchteten, gab [...] bekannt, dass er sich dem Wunsch der Bürger beugt und vorschlägt, die Wasserversorgung ganz aus dem Anwendungsbereich der Konzessionsrichtlinie auszunehmen. In seiner Erklärung verwies Barnier explizit auf die Bürgerinitiative „Right2Water" und ihre 1,5 Millionen Unterstützer. Nur wenige Tage später vereinbarten die Verhandlungsführer der jeweiligen EU-Institutionen endgültig, die Wasserversorgung aus der Richtlinie auszuklammern.

Grundvoraussetzung für eine erfolgreiche EBI ist es, dass ihr Thema die Menschen in vielen Teilen Europas bewegt. Schließlich reicht es nicht, in einem Mitgliedstaat Unterstützer zu gewinnen, auch wenn deren Anzahl eine Million weit überschreitet. Der Gesetzgeber hat bewusst eine Hürde geschaffen, um zu verhindern, dass das Instrument der EBI für rein nationale Anliegen benutzt wird. In mindestens sieben Mitgliedstaaten muss eine von der Gesamtbevölkerung abhängende Mindestanzahl von Unterschriften gesammelt werden. Dies ist auch Ausdruck des Subsidiaritätsprinzips: Über regionale und nationale Anliegen kann auf der jeweiligen Ebene besser entschieden werden.

Die Herausforderung für die Initiatoren einer Bürgerinitiative besteht nun darin, oft komplexe Sachverhalte und Forderungen in einen kurzen und prägnanten Slogan zu übersetzen, der aber gleichzeitig jedem sofort deutlich macht, worum es geht. Den Initiatoren von „Right2Water" ist dies auf geradezu geniale Weise geglückt. [...]

Ebenso wichtig ist es, die Möglichkeiten einer EBI realistisch einzuschätzen und keine falschen Erwartungen zu wecken. Die Bürgerinitiative stellt kein Vorschlagsrecht für Gesetze dar, auch werden sich im Falle von langen Forderungskatalogen nicht alle einzelnen Punkte durchsetzen lassen, selbst wenn eine EBI breite Unterstützung genießt. „Right2Water" schreibt dazu: „Die EBI muss als das gesehen werden, was sie ist – ein themenbestimmendes Instrument, das den Bürgern die Möglichkeit gibt, die Aufmerksamkeit nicht nur der Kommission, sondern auch der Medien und der Öffentlichkeit auf eine bestimmte Fragestellung zu lenken und eine europaweite Diskussion darüber anzuregen." Diese Darstellung ist absolut richtig. Öffentlichkeit erzeugt mitunter starken politischen Druck, der die Verantwortlichen zum Handeln zwingt, selbst wenn diese die Ansichten nicht teilen. [...]

Mit dem Erfolg von „Right2Water" hat die EBI als wichtige Neuerung des Lissabon-Vertrags für mehr Bürgerbeteiligung seine Feuertaufe bestanden. Nicht jede EBI wird so erfolgreich sein, doch das Potenzial der EBI als Instrument, um europäische Debatten zu stimulieren und konkret die europäische Politik zu beeinflussen, kann nicht von der Hand gewiesen werden. [...] Damit steht den Bürgern auf EU-Ebene ein Mittel der direkten Demokratie zur Verfügung, das es so nicht in allen Mitgliedstaaten gibt, auch nicht in Deutschland. [...]

Jo Leinen, Europäische Bürgerinitiative (EBI), www.EurActiv.de, 3.7.2013

Jo Leinen (SPD) ist seit 1999 Mitglied des Europäischen Parlaments.

M 13 ● Die Grenzen einer „guten Idee"

Bürgernäher sollte die Europäische Union werden. „Giving Citizens a Say" – den Bürgern eine Stimme geben, so bewirbt die Europäische Kommission das Instrument.
5 Es geht um die Europäische Bürgerinitiative (EBI) und beim Start vor drei Jahren wurde sie noch als „neues Kapitel der europäischen Demokratie" bejubelt. Drei Jahre später fällt die Bilanz folgendermaßen aus:
10 Von insgesamt 51 Initiativen konnten nur drei genügend Unterstützer mobilisieren. [...]
Jeder Bürger kann seit 2012 eine Initiative bei der EU-Kommission registrieren. Aber
15 bereits da beginnen die Schwierigkeiten. Das mussten kürzlich die Organisatoren der Initiative gegen die umstrittenen Freihandelsabkommen TTIP und Ceta feststellen. Die EU-Kommission lehnte diese mit einer
20 juristisch umstrittenen Argumentation ab: die Verhandlungsmandate seien keine Rechtsakte, sondern interne Vorbereitungsakte [und somit nicht Gegenstand der EBI]. So wie den TTIP-Gegnern ergeht es den
25 meisten Initiativen: Sie scheitern bereits an der Registrierung. [...]
Die [bisher erfolgreichen] Beispiele offenbaren die Schwächen der Europäischen Bürgerinitiative: Sie kann ein sinnvolles
30 Anliegen haben, sie kann aber auch von dubiosen Aktivisten eingesetzt werden. Die Initiative „One of Us" unterstützten auch fundamental-christliche Abtreibungsgegner und selbsternannte Lebensschützer, die
35 sich im Sinne der US-amerikanischen Pro-Life-Bewegung verstehen. Sie verweigern

der schwangeren Frau jegliches Selbstbestimmungsrecht. [...]
Europawissenschaftler Janning hält die Auflagen für angemessen. Er sieht das Ins- 40 trument als eine von mehreren Möglichkeiten, am politischen Prozess teilzunehmen. Allerdings sei das Potential der Bürgerinitiative zu Beginn überverkauft worden. „Dass aus einer guten Idee einzelner EU- 45 Bürger aus unterschiedlichen Mitgliedstaaten eine Initiative wird, die zu einem Gesetzgebungsvorschlag der Kommission führt, ist ein frommer Wunsch, beschreibt aber nicht die Realität." Denn bis- 50 lang hat noch kein Privatbürger eine Initiative erfolgreich abgeschlossen. Hinter den obigen Beispielen stehen Organisationen, die Kampagnen-Erfahrung haben. Im Fall von Right2Water sogar ein bestehendes 55 europaweites Netzwerk, nämlich der Europäische Gewerkschaftsverband des öffentlichen Dienstgewerbes, zu dem in Deutschland Verdi gehört.
Interessant findet Janning auch, welche 60 Dinge die EBI gerade nicht leisten kann. Die Initiative muss sich im Rahmen der Befugnisse der Europäischen Kommission bewegen. Die Bürger können also zum Beispiel nicht den mächtigen Ministerrat auffor- 65 dern, seine Geschäftsordnung zu ändern. Und zwar dahingehend, dass die Gesetzgebungsentscheidungen des Rates in öffentlicher Sitzung getroffen werden.

Kathrin Haimerl, www.sueddeutsche.de, 12.4.2015, Abruf am 2.1.2019

„Right2Water"
Die EBI forderte von der EU, den Zugang zu Wasser als allgemeines und unveräußerliches Menschenrecht zu definieren. Die Organisatoren hatten Sorge, dass durch die auf Liberalisierung ausgerichtete „Konzessionsrichtlinie" der EU-Kommission auch Wasser zunehmend privatisiert werden könnte.

Die EBI **„One of Us"** wurde von Abtreibungsgegnern betrieben, die die EU-Kommission dazu aufforderten, die öffentliche Finanzierung von Aktivitäten zu stoppen, die zur Tötung von Embryonen führen könnten (z. B. medizinische Forschung, Schwangerschaftskonfliktberatung).

Autorentexte

Ⓗ zu Aufgabe 3
Skizzieren Sie im Rahmen der Stellungnahme mindestens ein weiteres Element der EU-Bürgerbeteiligung.

Ⓕ Entwickeln Sie einen eigenen Vorschlag für eine EBI. Vorgehensweise: 1) Auswahl eines für Sie relevanten Themas; 2) Formulierung politischer Ziele; 3) Skizze einer Erfolg versprechenden Kampagne.

Aufgaben

❶ Erläutern Sie den möglichen politischen Nutzen einer (erfolgreichen) EBI (M 12).

❷ Arbeiten Sie die Grenzen der EBI als Instrument politischer Bürgerpartizipation heraus (M 12, M 13).

❸ Die Bürgerbeteiligung in der EU sollte durch weitere Elemente ausgeweitet werden! Nehmen Sie Stellung zu dieser Forderung.

ORIENTIERUNGSWISSEN

Direkte Demokratie in Deutschland
(Basiskonzept: Ordnungen und Systeme)
M 6

Auf Bundesebene gibt es nur ganz punktuell direktdemokratische Elemente, dabei ließe die Grundgesetzformulierung durchaus einen Ausbau direkter Demokratie zu. Die Verfassungen der Bundesländer räumen den Bürgerinnen und Bürgern eindeutigere Partizipationsrechte ein: So können 70.000 niedersächsische Wahlberechtigte den Landtag zur Befassung mit einer Sachfrage bzw. Forderung zwingen (**Volksinitiative**). Für ein **Volksbegehren** (Gesetzesvorschlag aus der Bevölkerung), das auch in einem Volksentscheid münden könnte, sind die Unterschriften von 10 % der Wahlberechtigten notwendig. Diese hohen Hürden bedingen, dass eher auf kommunaler als auf Landesebene direktdemokratische Elemente genutzt werden.

Kontroverse um direktdemokratische Elemente auf Bundesebene
(Basiskonzept: Interaktionen und Entscheidungen)
M 7

Befürworter sehen im deutlichen Ausbau direkter Demokratie im Bund die Chance, dass Regierungsparteien auch innerhalb der Wahlperioden vom Souverän kontrolliert würden und so **bürgernähere Entscheidungen** träfen. Dies trüge nicht unerheblich zu einer stärkeren **Legitimation** auch des repräsentativen Systems bei.
Gegner direktdemokratischer Elemente im Bund befürchten einerseits durch (Rechts-)Populisten stark beeinflusste Bürgerinitiativen und -begehren. Andererseits kritisieren sie, dass vor allem privilegierte Bevölkerungsschichten an Initiativen teilnähmen.

Deliberative Demokratie als Alternative
(Basiskonzept: Interaktionen und Entscheidungen)
M 10

Der deutsche Philosoph Jürgen Habermas entwickelte maßgeblich ein alternatives Modell demokratischer Entscheidungsfindung: Die souveränen Bürgerinnen und Bürger sollen selbst über ihre Angelegenheiten entscheiden, indem sie in einer offenen Runde alle Argumente vortragen (dürfen) und diese ernsthaft abwägen. Wichtig ist dabei, dass der argumentative Austausch „herrschaftsfrei" (also z. B. ohne Überredungsversuch) stattfindet und dass sich Jede dem rationaleren Argument beugt.

Repräsentative und direkte Demokratie in der politischen Theorie
(Basiskonzept: Ordnungen und Systeme)
M 3, M 4

Neben vielen anderen Theoretikern trat **John Stuart Mill** (1806-1873) für ein konsequent repräsentatives System ein, da er befürchtete, dass die (aufgrund mangelnder allgemeiner Bildung) politisch uninformierte bzw. kurzsichtige Bevölkerungsmehrheit die zu rationalen Entscheidungen fähige Minderheit der Gebildeten faktisch unterdrücken könne.
Jean-Jacques Rousseau (1712-1778) hingegen plädierte für eine reine Versammlungsdemokratie mit Volksabstimmungen. Er unterstellte, dass es ein objektives Gemeinwohl gebe („volonté générale"), das in diesen Abstimmungen zu Tage trete. Daher müssten auch alle politischen Parteien und sonstigen Vereinigungen verboten werden, da sie nur Partikularinteressen vertreten und fördern würden.

Beteiligungsrechte auf Ebene der EU
(Basiskonzept: Ordnungen und Systeme)
M 11, M 12

Neben den **Wahlen zum Europäischen Parlament** und dem Petitionsrecht steht den EU-Bürgern seit 2012 die **Europäische Bürgerinitiative** (EBI) zur Verfügung. Um einen Gesetzesvorschlag in den EU-Entscheidungsprozess einzubringen, bedarf es insg. einer Million Unterschriften von EU-Bürgern aus mindestens sieben Mitgliedstaaten. Kritiker bemängeln, dass es nur erfahrenen Kampagnen-Organisationen gelingen kann, eine erfolgreiche EBI zu initiieren, und dass über diesen Beteiligungskanal auch fundamentalistische Gruppen Zugang zur EU-Gesetzgebung erhalten würden.

Jason Brennan: Für eine Epistokratie

Mr. Brennan, Sie plädieren in Ihrem Buch für eine Epistokratie, eine sogenannte Philosophenherrschaft, in der nur noch gebildete, politisch informierte Bürger
5 wählen dürfen.
Wenn man sich die Modelle ansieht, wie Demokratien nach philosophischen Vorstellungen funktionieren sollten und dann die empirischen Daten, wie es in Wirklich-
10 keit zugeht, besteht ein großes Missverhältnis. Klar ist, dass die Qualität unserer Regierungen zum großen Teil von der Qualität der Wähler abhängt. Aber die meisten von ihnen sind schlecht informiert und wissen
15 kaum etwas über Politik. Als Ergebnis hat man dann eine schlechte Regierung. Die Folge sind womöglich Kriege, Mauern oder eine schlechte Sozialpolitik. [...]
Die Leute sind nicht unbedingt inkompe-
20 tent, aber sie haben keinen Anreiz, sich anders zu verhalten. In der Wirtschaftslehre nennen wir das rationale Ignoranz. Die Leute entscheiden sich nur, Informationen zu konsumieren und zu behalten, wenn es
25 für sie nützlich oder interessant ist.
Wie erklären Sie sich diese Ignoranz?
In einer Demokratie zählt die individuelle Wahl so wenig, dass es keinen Unterschied macht, ob man wählt oder nicht. Da die
30 Menschen das wissen, haben sie keinen Anreiz. Und der durchschnittliche Wähler weiß wenig, bis zur vollkommenen Ignoranz. [...]
Und die Lösung dafür soll weniger Demo-
35 kratie sein, an der sich nur Auserwählte beteiligen dürfen?
Es ist klar, dass die Demokratie im Allgemeinen besser funktioniert als alle anderen Regierungsformen. [...] Demokratie, wie wir sie kennen, hat [aber] einige systemische 40 Fehler wie das erwähnte niedrige Wissen, ein hohes Niveau an Vorurteilen und Wut. Wenn Leute sagen, sie wünschen sich mehr Demokratie, um Probleme zu lösen, haben sie eine ideale Demokratie im Hinterkopf 45 [...]. Aber in Wirklichkeit verschärft es das Problem, wenn zu viele Leute involviert sind: Es führt zu einer tieferen Spaltung [...].

Wer fällt denn die Entscheidung darüber, 50 wer schlau genug ist, um wählen zu dürfen?
Darauf gibt es zwei Antworten: Eine ist, dass in einer Form der Epistokratie niemand wählen darf, bis er oder sie die Qua- 55 lifikation dafür erworben hat. Es gibt darüber hinaus noch viele weitere Arten der Epistokratie, in der wortwörtlich jede einzelne Person ein Wahlrecht hat, man aber statistische Methoden verwendet, in denen 60 die Wählerstimmen nach dem jeweiligen Wissenslevel bewertet werden.

Und das soll funktionieren?
Die Frage, was einen guten Wähler ausmacht, ist in der Theorie einfach zu beant- 65 worten. [...] Durchschnittliche demokratische Systeme verstehen sehr gut, was ein guter Wähler und was ein guter Repräsentant ist, aber sind sehr schlecht darin, auf der Basis dieser Standards die entsprechen- 70 den Personen zu benennen.

Interview: Sabine Sasse, www.tagesspiegel.de, 20.4.2017, Abruf am 21.6.2018

Jason Brennan lehrt Strategie, Wirtschaft, Ethik und Öffentliche Ordnung an der Georgetown University in Washington D.C.

Aufgaben

1 Geben Sie Jason Brennans Reformvorschläge für Wahlen in einer Demokratie sowie deren Begründung wieder.

2 Vergleichen Sie Brennans Grundannahmen mit denen einer Ihnen bekannten Demokratietheorie.

3 Nehmen Sie Stellung zu Brennans Forderungen. Beziehen Sie sich dabei auf das politische System der Bundesrepublik Deutschland.

Zusatzmaterial zu aktuellen **Abitur-schwerpunkten**

Mediencode: 72052-01

Medien heute – Kanäle zur politischen Partizipation und demokratischen Kontrolle?

3

„Lügenpresse" – „Fake News" – „Informationsflut": Diesen und ähnlichen Vorwürfen sehen sich „die" Medien heute (besonders) in westlichen Demokratien ausgesetzt. Aufgrund dieser verbreiteten kritischen Sicht auf Medien sowie der gleichzeitigen Unübersichtlichkeit der verfügbaren Medien im Zeitalter von Internet und Social Media erscheint es besonders wichtig, als aufgeklärter Bürger die Arbeitsweise von (politischen) Medien zu kennen und zu verstehen.

In **Kapitel 3.1** analysieren Sie zunächst fallorientiert die Rolle von Medien in der politischen Kommunikation. Sie unterscheiden dabei unterschiedliche mediale Darstellungsformen und untersuchen insbesondere die Rolle der Medien in der Demokratie. In **Kapitel 3.2** lernen Sie die Vorgaben des Grundgesetzes kennen, die auch die besondere Stellung des öffentlich-rechtlichen Rundfunks legitimieren. Fragt man nach den Schwierigkeiten, die einer umfassenden Medienvielfalt im Wege stehen können, dürfen die ökonomischen Gesetzmäßigkeiten der Medienproduktion nicht vernachlässigt werden.

Die Bedeutung von Internet und insbesondere Social Media schlägt sich dahingehend nieder, dass einerseits neue Medien wie Facebook oder Twitter entstanden sind, die andererseits von traditionellen Medien genutzt werden, um weiterhin mit Nutzerinnen und Nutzern in Kontakt zu bleiben. Hierbei entstehen auch neue Möglichkeiten der politischen Partizipation, die Sie in **Kapitel 3.3** untersuchen und diskutieren werden.

Was wissen und können Sie schon?

1. Welche Medien nutzen Sie, um sich über das aktuelle Tagesgeschehen in der Bundesrepublik zu informieren? Erstellen Sie eine Rangliste dieser Medien. An erster Stelle nennen Sie das Medium, das Sie am häufigsten nutzen. Vergleichen Sie Ihre Liste mit der Ihres Nachbarn / Ihrer Nachbarin und begründen Sie Ihre Auswahl.

2. Äußern Sie sich in einem Blitzlicht zu den Aufgaben der Medien in der Demokratie. Notieren Sie diese auf Karten (an einer Pinnwand o. Ä.) und vergleichen, korrigieren bzw. ergänzen Sie diese im Laufe der Beschäftigung mit dem folgenden Kapitel.

KOMPETENZEN

Am Ende dieses Kapitels sollten Sie Folgendes wissen und können:

... Formen medialer Politikvermittlung beschreiben.

... Funktionen der Medien für das politische System darstellen und an Beispielen erläutern.

... aktuelle Entwicklungen auf Medienmärkten (Medienökonomie) erläutern.

... Einflüsse medialer Kommunikation auf politische Prozesse und Entscheidungen erörtern.

... Möglichkeiten der Partizipation über Medien beschreiben.

... Chancen und Risiken digitaler Mediennutzung für politische Partizipation erörtern.

3.1 (Wie) Machen Medien Politik? Politikvermittlung in der Mediengesellschaft

3.1.1 Informieren und mehr – welche Aufgaben haben „die" Medien?

E Jedes Jahr vergibt die Stiftung „Freiheit der Presse" den „Wächterpreis der deutschen Tagespresse". Sammeln Sie Kriterien, nach denen dieser Preis an Journalisten vergeben werden sollte.

BVerfG zur Aufgabe der Medien

[Die Definition entstand im Zuge der juristischen Auseinandersetzung um die „Spiegel-Affäre".] Das Nachrichtenmagazin Der SPIEGEL kam im Oktober 1962 mit der Titelgeschichte „Bedingt abwehrbereit" über die militärische Lage in Deutschland und in der NATO heraus. Daraufhin wurden gegen den Verleger Rudolf Augstein und den verantwortlichen Redakteur wegen des Verdachts auf Landesverrat Haftbefehle erlassen und die Redaktionsräume der Zeitschrift durchsucht. Gegen dieses Vorgehen legte der Spiegel-Verlag Verfassungsbeschwerde ein[, die zurückgewiesen wurde].

Stefan Marschall, Das politische System Deutschlands, Bonn 2015, S. 84

Verfassungsbeschwerde → vgl. Kap. 1.4.1

M 1 ● Aufgaben der Medien – ein Urteil des Bundesverfassungsgerichtes

Das Bundesverfassungsgericht definierte 1966 die wesentlichen Aufgaben der Medien in der Demokratie:
Eine freie, nicht von der öffentlichen Gewalt gelenkte, keiner Zensur unterworfene Presse ist ein Wesenselement des freiheitlichen Staates [...]. Soll der Bürger politische Entscheidungen treffen, muss er umfassend informiert sein, aber auch die Meinungen kennen und gegeneinander abwägen können, die andere sich gebildet haben. Die Presse hält die ständige Diskussion in Gang; sie beschafft die Informationen, nimmt selbst dazu Stellung und wirkt damit als orientierende Kraft in der öffentlichen Auseinandersetzung. In ihr artikuliert sich die öffentliche Meinung; die Argumente klären sich in Rede und Gegenrede, gewinnen deutliche Konturen und erleichtern so dem Bürger Urteil und Entscheidung.

Bundesverfassungsgerichtsentscheid (BverfGE) 20,162

M 2 ● Welche Funktionen sollen Medien wahrnehmen?

Information

Bürger müssen die demokratischen Kommunikations- und Entscheidungsprinzipien grundsätzlich verstehen, die aktuell lösungsbedürftigen Probleme und Konflikte zumindest ansatzweise überblicken, die relevanten politischen Akteure, ihre Lösungsvorschläge und Argumente kennen sowie über die Meinungsverteilung in der Bevölkerung hierzu orientiert sein. [Diese Informationsaufgabe sollen – neben dem Bildungssystem – die Medien wahrnehmen.] [...]

Kritik und Kontrolle

Der einzelne Bürger ist kaum in der Lage, das tatsächliche Verhalten politischer Akteure, die Legitimität ihrer Interessen sowie die Stichhaltigkeit ihrer Argumente zu beurteilen. Deshalb obliegt dem Journalismus die Aufgabe, das Verhalten und die Kommunikation von Regierenden, Parteien, Verbänden, Wirtschaftsunternehmen und anderen zu kontrollieren und gegebenenfalls zu kritisieren. Für eine wirksame Kontrolle sind journalistische Ressourcen nötig, da nur so längerfristige Recherchen finanziert werden können. Auch eine gewisse Machtposition des Journalismus als ‚vierte Gewalt' im Staat gegenüber politischen Akteuren ist hilfreich, denn diese sind oft nur bei ausreichendem öffentlichen Druck auskunftsbereit.

[Urteils- und Meinungsbildung]

Journalistische Medien informieren nicht nur über politische Akteure, sondern sie [...] berichten [auch] über das aktuelle Meinungsklima in der Bevölkerung. Große Bedeutung haben dabei Meinungsumfragen, über die Nachrichtenmedien besonders in Wahlkampfphasen intensiv berichten [...]. Für Bürger ist die Kenntnis des Meinungsklimas in der Bevölkerung von Bedeutung, da es erheblichen Einfluss auf ihre eigene Meinungsbildung hat. [...] Zur Meinungsbildung tragen nicht nur Nachrichten und Fakten bei, sondern auch Interviews und Kommentare (von Journalisten oder Gastkommentatoren), die Fakten einordnen und interpretieren. Solche meinungsbetonten Darstellungstexte dienen dem Publikum als Interpretationshilfen und Meinungs-Vorlagen. Im Idealfall decken sie alle Sichtweisen ab, so dass die Bürger aus der Vielfalt der angebotenen Weltsichten ihre persönliche Meinung ableiten können.

[Artikulation]

Das deutsche Grundgesetz garantiert in Artikel 5 nicht nur die Freiheit, sich eine Meinung zu bilden, sondern sie auch zu artikulieren [vgl. Kap. 3.2.1] – sei es in persönlichen Gesprächen oder in der Öffentlichkeit. In der Demokratie ist freie Meinungsäußerung nicht nur ein Grundrecht. Sie gilt vielmehr, zusammen mit der freien und gleichen Wahl, als unverzichtbares Fundament politischer Entscheidungen. Erst wenn ein Problem auf breiter Ebene in allen seinen Aspekten von möglichst vielen Akteuren und Bürgern diskutiert wurde [...], sollten die verantwortlichen Politiker idealerweise entscheiden. Neben die klassischen Instrumente der indirekten Artikulation von Bürgermeinungen unter journalistischer Kontrolle [z. B. Originaltöne in Reportagen, Leserbriefe] sind auf Nachrichten-Websites und in den sozialen Medien neue, leistungsfähige Kanäle getreten. In Diskussionsforen oder Nutzerkommentaren können sich alle Bürger, die das wollen, direkt und ungefiltert öffentlich zu Wort melden.

Wolfgang Schweiger
Professor für Kommunikationswissenschaft an der Universität Stuttgart-Hohenheim

Wolfgang Schweiger, Der (des)informierte Bürger im Netz. Wie soziale Medien die Meinungsbildung verändern, Wiesbaden 2017, Seite 8ff.

Kölner Medienlandschaft
Die Kölner Presselandschaft wird von drei Tageszeitungen bestimmt, die sich allesamt im Besitz der Du-Mont-Mediengruppe befinden:
- Kölner Stadt-Anzeiger: Tageszeitung, die als eher linksliberal gilt
- Kölnische Zeitung: Tageszeitung

Beide Tageszeitungen verfügen über eigenständige Redaktionen. Sie erzielen gemeinsam eine verkaufte Tagesauflage von ca. 250.000 (seit 2000 um knapp 40 % gesunken).
- Express: Boulevard-Zeitung des Hauses, die in Köln, Düsseldorf und Bonn mit je eigenen Lokalteilen erscheint. Der Express verkauft täglich gut 100.000 Exemplare (seit 1998 um gut 65 % gesunken).

Wichtigster Fernseh- und Rundfunkanbieter ist – als Teil der ARD – der Westdeutsche Rundfunk (WDR).

M 3 ● Die „Silvesternacht von Köln" und die Medien

a) Die Silvesternacht von Köln

In der Silvesternacht 2015/2016 kam es in der unmittelbaren Umgebung des Kölner Hauptbahnhofes zu massiven sexuellen Übergriffen, die überwiegend von aus nordafrikanischen bzw. arabischen Staaten stammenden jungen Männern ausgingen. Einsatzplanung und -durchführung seitens der Polizei wurden dem Ausmaß der Ausschreitungen nicht gerecht. Diese Versäumnisse und auch einige Vertuschungsversuche der staatlichen Sicherheitsbehörden bzw. der nordrhein-westfälischen Landesregierung wurden vom Neujahrstag 2016 an von Journalisten der drei Kölner Zeitungen „Kölner Stadt-Anzeiger", „Kölnische Rundschau" und „Express" (alle im Besitz der DuMont-Mediengruppe) aufgedeckt – die Redaktionsteams wurden für ihre Berichterstattung mit dem Wächterpreis der deutschen Tagespresse 2017 (1. Preis) ausgezeichnet.

Die Geschehnisse der Silvesternacht und das Agieren von Politik und Sicherheitsbehörden haben nach Einschätzung zahlreicher Beobachter zu einem Stimmungswandel in der deutschen Bevölkerung geführt: die bis dato ausgeprägte „Willkommenskultur" und die verbreitete Unterstützung der Bundesregierung für eine Politik (relativ) offener Grenzen schwanden massiv.

Autorentext

Autorentext

b) Die „Silvesternacht": Staatliches Handeln und Medienberichterstattung

Am frühen Silvesterabend (ab ca. 20:00h) halten sich in und um den Hauptbahnhof zahlreiche Gruppen junger Männer – dem Aussehen nach nicht-deutscher Herkunft – auf, die laut Augenzeugenberichten dort trinken, sich gegenseitig mit Böllern bewerfen oder Raketen in Richtung der hohen Fenster des Domes abfeuern.

Gedränge und Übergriffe nehmen zu, da sich wegen des ausgesetzten Eisenbahnverkehrs niemand der Situation entziehen kann.

Die Bundespolizei, die für den gesamten Bahnhof zuständig ist, setzt um 20:34h eine Meldung an die Kölner Polizei ab. Dort vermerkt man den Hinweis so: Die Bundespolizei „meldet Asylanten, die sich angeblich mit Raketen beschießen. Bisher nur eine Meldung."

Um 20:48h geht der erste Notruf ein, der von der Polizei ebenfalls nicht ernsthaft verfolgt wird.

Um 22:03h melden Streifenpolizisten die Eskalation der Situation und machen deutlich, dass sie angesichts von insgesamt 1.000 pöbelnden Menschen machtlos sind.

In der Facebook-Gruppe „NETT-WERK Köln" – eine Gruppe, in der Veranstaltungstipps ausgetauscht sowie Gebrauchtwaren, Wohnungen und Jobs geteilt werden – melden sich Opfer und Augenzeugen der Silvesternacht zu Wort und widersprechen der offiziellen Darstellung der Polizei. Ein weibliches Opfer meldet sich auch direkt bei der Reaktion des Kölner Stadt-Anzeigers.

Um 13:21h veröffentlicht die dortige Online-Redakteurin Janine Grosch folgende Meldung:

> **Sexuelle Belästigung in der Silvesternacht.**
> **Frauen im Kölner Hauptbahnhof massiv bedrängt**
>
> **Kölner Stadt-Anzeiger** Im Kölner Hauptbahnhof sind mehrere Frauen von unbekannten Männern belästigt worden. Wie die Polizei mitteilte, wurden die Beamten zum Bahnhof gerufen. [...]
>
> Eines der Opfer berichtete dem Kölner Stadt-Anzeiger, eine Gruppe von etwa fünf Männern habe die beiden jungen Frauen eingekreist und begonnen, sie zu begrapschen. „Die waren mit ihren Händen wirklich überall. So etwas habe ich noch nie erlebt", sagte die 22-Jährige: „Als wir um Hilfe gerufen haben, haben sie gelacht. Dann haben sie versucht nach meinem Handy zu greifen." Ein Passant erkannte offenbar den Ernst der Lage und kam den Frauen zur Hilfe. [...]
>
> Die Polizisten am Bahnhof hätten die Situation heruntergespielt, so die 22-Jährige: „Die Polizisten haben gesagt, da könne man nichts machen und man solle auf seine Sachen aufpassen." Inzwischen haben die beiden Frauen Anzeige erstattet.

| Silvesternacht (Donnerstag, 31.12.2015) | Freitag, 1. Januar 2016 | Samstag, 2. Januar 2016 |

Die diensthabende Pressesprecherin setzt um 8:57h folgende Pressemitteilung ab:

> **Ausgelassene Stimmung –**
> **Feiern weitgehend friedlich**
>
> Kurz vor Mitternacht musste der Bahnhofsvorplatz im Bereich des Treppenaufgangs zum Dom durch Uniformierte geräumt werden. Um eine Massenpanik durch Zünden von pyrotechnischer Munition bei den circa 1.000 Feiernden zu verhindern, begannen die Beamten kurzfristig die Platzfläche zu räumen. Trotz der ungeplanten Feierpause gestaltete sich die Einsatzlage entspannt – auch weil die Polizei sich an neuralgischen Orten gut aufgestellt und präsent zeigte.
>
> *POL-K:160101-1-K/LEV*

Kölnische Rundschau ®

Die Kölnische Rundschau macht ihre Samstag-Ausgabe mit der Titelgeschichte „Frauen ausgeraubt und sexuell belästigt" auf. Damit werden die Ereignisse der Silvesternacht erstmals in einem Printmedium verbreitet.

Gegen Mittag veröffentlichen der Kölner Stadt-Anzeiger und der Kölner Express auf ihren Online-Auftritten die Meldung, dass die Polizei bereits von rund 30 sexuellen Übergriffen und 40 Tätern ausgehe.

Auch der WDR greift als erstes öffentlich-rechtliches Medium das Thema auf.

Die Polizei setzt eine neue Pressemeldung ab, informiert ihrerseits über die Übergriffe und nennt als Täter vor allem „nordafrikanisch Aussehende".

In einer weiteren Pressemitteilung werden die Aussagen von Stadt-Anzeiger und Express ebenfalls bestätigt.

| Staatliches Handeln (Polizei, Politik) | Ereignisse | Medienberichterstattung und Social Media-Aktivitäten |

Die nordrhein-westfälische Landesregierung unter Hannelore Kraft (SPD) erfährt – nach ihren eigenen Angaben – erst jetzt vom wahren Ausmaß der Übergriffe. Innenminister Jäger (SPD) fordert einen Bericht von der Kölner Polizei an: Zwar hätte die Behörde seit dem Neujahrstag vier interne „Wichtige Ereignis"-Meldungen verschickt, die auch die Regierungsebene erreicht hätten, wie er Wochen später zugeben muss. Aber sie hätten nicht die ganze Dramatik widergespiegelt.

Kölns Polizeipräsident Wolfgang Albers äußert sich am Mittag auf einer eilends anberaumten Pressekonferenz, spricht von „Straftaten einer neuen Dimension" und jungen Männern aus Nordafrika als Tatverdächtige. Bisher seien deswegen 60 Anzeigen eingegangen.

Der nordrhein-westfälische Landtag setzt mit den Stimmen nahezu aller Abgeordneten einen Parlamentarischen Untersuchungsausschuss ein, der die Ereignisse der Kölner Silvesternacht und insbesondere Versäumnisse und Fehler der Sicherheitsbehörden aufdecken soll.

 Am Abend berichtet die Tagesschau (ARD) erstmals über die Geschehnisse der Silvesternacht und die politischen bzw. polizeilichen Reaktionen (fünfte Meldung, Bericht von ca. 1:45 min).

Der nordrhein-westfälische Innenminister Ralf Jäger (SPD) versetzt den Kölner Polizeipräsidenten Albers in den vorzeitigen Ruhestand.

| Sonntag, 3. Januar 2016 | Montag, 4. Januar 2016 | Donnerstag, 7. Januar 2016 | Freitag, 8. Januar 2016 | Montag, 18. Januar 2016 |

EXPRESS In seiner Sonntags-Ausgabe lässt der Kölner Express Opfer der sexuellen Übergriffe als Augenzeugen zu Wort kommen. Am Folgetag berichten Polizisten, die in der Silvesternacht im Einsatz waren.

Kölner Stadt-Anzeiger Der Kölner Stadt-Anzeiger enthüllt, dass sich die Polizeiführung schon in der Silvesternacht der politischen Brisanz der Übergriffe sehr wohl bewusst war. Im ersten Bericht am frühen Neujahrsmorgen hatte ein Dienstgruppenleiter die Herkunft von in der Nacht kontrollierten Männern bewusst verschwiegen – sie zu nennen sei ihm „politisch zu heikel" gewesen, wird der Beamte einige Wochen später vor dem Parlamentarischen Untersuchungsausschuss (PUA) erklären.

Zusammenstellung des Autors nach: www.anstageslicht.de, 12.4.2017 und Joachim Frank, story.ksta.de (Seite für multimediale Geschichten des „Kölner Stadt-Anzeiger"), Abruf am 27.3.2018

Aufgaben

1 Beschreiben Sie die Ereignisse und die Medienberichterstattung rund um die Kölner Silvesternacht 2015/2016 (M 3).

2 a) Erläutern Sie die (normativen) Funktionen von Medien (M 1, M 2) anhand von Beispielen Ihrer eigenen Mediennutzung.
b) Überprüfen Sie, inwieweit einzelne Medien und das Mediensystem als Ganzes diese Funktionen in ihrer Berichterstattung zur Kölner Silvesternacht 2015/2016 wahrgenommen haben.

H zu Aufgabe 1
Gehen Sie dabei insbesondere auf die Bedeutung von Facebook und anderer Medien für die Aufarbeitung der Geschehnisse der Silvesternacht ein.

H zu Aufgabe 2 b)
Unterscheiden Sie dabei zwischen unterschiedlichen Medien, ihrer (vermutlichen) Nutzer- bzw. Zielgruppe sowie ihrer Reichweite.

METHODE

Kritische Analyse politischer Informationen im Internet

Warum sollte ich politische Informationen kritisch analysieren?

Politische Ereignisse, Debatten und Positionen erreichen uns in der Regel nur medienvermittelt. Doch hat der Politiker, den wir für eine Äußerung kritisieren oder loben (und diese medial aufbereitete Position vielleicht bei Facebook oder WhatsApp teilen), sich tatsächlich so geäußert? Steht das im Internet kursierende Zitat möglicherweise in einem ganz anderen Zusammenhang, in dem es weniger kritisch zu bewerten wäre? Oder: Wie ist ein politischer Vorgang „wirklich" abgelaufen?

Vielfach sind es nicht die uns als erstes – per Internet oder Social Media – erreichenden Nachrichten, die uns umfassend informieren; und wenn wir nur dieser ersten Nachricht trauen und folgen, steht unsere Bewertung eines Sachverhaltes auf sehr wackeligem Boden.

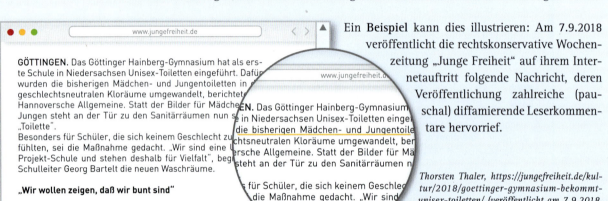

Ein **Beispiel** kann dies illustrieren: Am 7.9.2018 veröffentlicht die rechtskonservative Wochenzeitung „Junge Freiheit" auf ihrem Internetauftritt folgende Nachricht, deren Veröffentlichung zahlreiche (pauschal) diffamierende Leserkommentare hervorrief.

Thorsten Thaler, https://jungefreiheit.de/kultur/2018/goettinger-gymnasium-bekommt-unisex-toiletten/ (veröffentlicht am 7.9.2018, Abruf am 26.9.2018)

Wie in dem Bericht der Jungen Freiheit kenntlich gemacht wird, beruft sich die Redaktion auf eine Veröffentlichung der Hannoverschen Allgemeinen Zeitung (HAZ) – ruft man diesen Artikel auf, so wird deutlich, dass ein minimaler Eingriff der JF-Redaktion die Hauptaussage des Ursprungsartikels deutlich verändert:

Filip Donth, www.haz.de/Nachrichten/Der-Norden/Unisex-Toiletten-Gymnasium-in-Goettingen-fuehrt-All-Gender-Klos-ein (veröffentlicht am 6.9.2018, Abruf am 26.9.2018).

Erklärfilm
Fake News

Mediencode: 72052-09

3 Medien heute ● ● ○

METHODE

Wie sollte ich bei der kritischen Analyse von Internetseiten vorgehen?

Gerade im schnelllebigen Internet sowie auf Social Media-Kanälen erscheint es besonders geboten, den Wahrheitsgehalt von Nachrichten genauer zu prüfen, ehe man sich selbst eine Meinung zu Sachverhalten und Positionen bildet und/oder diese Nachrichten selbst weiterverbreitet.

Dabei können Sie sich an den folgenden Hinweisen orientieren:

Schritt	Beschreibung/Leitfragen
(1) Darstellungsweise kontrollieren	• Prüfen Sie, ob Inhalte überspitzt dargestellt werden, z. B. unter Auslassung von Erklärungen. Dies sollte ein erstes Alarmsignal sein. Wenig Inhalt, eine merkwürdige Quelle oder stark verkürzte Darstellungen sollten Sie aufmerksam machen. • Wenn auf seriöse Quellen referiert wird, sollten Sie unbedingt auch in diesen Quellen recherchieren, um herauszufinden, ob die ursprüngliche Aussage inhaltlich angemessen und vollständig berücksichtigt worden ist.
(2) URL kontrollieren	• Prüfen Sie die Webadresse in der Browserzeile. Oft unterscheidet sich die URL minimal vom Original.
(3) Impressum ansehen	• Sehen Sie sich das Impressum einer Website an. Es gibt Auskunft über den Urheber einer Nachricht. In Deutschland müssen Websites ein Impressum haben. Einer Seite ohne Impressum sollte man prinzipiell kein Vertrauen schenken.
(4) Absender kontrollieren	• Prüfen Sie das Profil eines Absenders: Wie lange gibt es den Account bereits? Welche Tweets/Posts wurden dort bislang abgesetzt? Wenige Follower und sehr neue Profile sollten Sie skeptisch werden lassen. Lesen Sie auch bisher veröffentlichte Beiträge des Absenders: Sind diese in sich schlüssig, oder zeigen sich Widersprüche? Wer sind die Follower? Wurde das Profil auf Echtheit verifiziert (blauer Verifizierungshaken)?
(5) Fotos und Videos überprüfen	• Schauen Sie sich Fotos im Netz genau an: Wurde das Foto tatsächlich an dem angegebenen Ort aufgenommen? Verkehrsschilder und Autokennzeichen können Hinweise geben. • Mit der umgekehrten Bildersuche können Sie viele gefälschte Inhalte und im falschen Zusammenhang geteilte Inhalte entlarven. Durch den Foto-Upload in der Bildersuche von Suchmaschinen werden Webseiten angezeigt, auf denen das Foto integriert ist. Für eine umgekehrte Bildersuche können Sie die Bild-URL eingeben oder durch rechten Mausklick auf das Foto suchen lassen (im Dialogfenster Option „In Google nach diesem Bild suchen" auswählen). So bekommen Sie u. a. Hinweise auf Urheber und Datum. Andere Anbieter für „Rückwärtsbilder"-Suchen sind Tineye und RevEye.
(6) Ähnliche Meldungen	• Geben Sie das Datum und die Überschrift bzw. das Thema in eine Suchmaschine ein und suchen Sie nach ähnlichen Meldungen in anderen Quellen.

Autorentext

Links

Folgende Internetseiten von beispielsweise öffentlich-rechtlichen Fernsehsendern oder regierungsunabhängigen Vereinen und Initiativen beobachten Internet und Social Media permanent nach Fake News und Desinformation und stellen solche Nachrichten begründet in Frage:
• http://faktenfinder. tagesschau.de/ (ARD)
• https://www.mimikama.at/ (Verein zur Aufklärung über Internetmissbrauch)
• Das Niedersächsische Landesinstitut für schulische Qualitätsentwicklung stellt die kostenlose App „Fake News Check" zur Verfügung (Android, iOS), die Sie gezielt bei der Identifizierung von Fake News unterstützt.

Aufgaben

❶ Analysieren Sie die beiden Medientexte zu Unisex-Toiletten und arbeiten Sie – auch unter Berücksichtigung der Leserkommentare – mögliche Intentionen der Verfasser heraus.

❷ Analysieren Sie eine Nachricht Ihrer Wahl anhand dieser Analyseschritte und beurteilen Sie ihre Glaubwürdigkeit. Wählen Sie vorzugsweise eine Nachricht aus, die Ihnen auf einem Social Media-Kanal begegnet ist.

3.1.2 Wie wird Politik medial vermittelt? Formen und Akteure politischer Kommunikation

E
- Bewerten Sie die Beispiele medialer Politikvermittlung (M 4, Einzelarbeit).
- Diskutieren Sie im Kurs Ihre Bewertungen und Bewertungskriterien.

M 4 ● Wie wird Politik medial vermittelt?

a) Internetpräsenz der Bundesregierung

b) Der YouTuber LeFloid interviewt Bundeskanzlerin Angela Merkel

c) Politiker auf Instagram

e) Presseecho: Nachrichtenmagazine

d) Politische Talkshow im deutschen Fernsehen

M 5 ● Wer kommuniziert? (Nachrichten-)Journalismus, PR und öffentliche Bürgerkommunikation

Nachrichten sind öffentlich verfügbare Informationen mit dem Anspruch auf Wahrheit, Aktualität und politische Relevanz. Sie sind in journalistischen Darstellungsformen aufbereitet und erscheinen in integrierten Nachrichtenangeboten. Journalistische Strukturen und Routinen, ökonomische Zwänge, öffentlicher Auftrag sowie kritische Beobachter sichern die journalistische Qualität der meisten deutschen Nachrichtenmedien. Neben Wahrheit, Aktualität und Relevanz sind die wichtigsten Qualitätskriterien: Unabhängigkeit und Ausgewogenheit, Vielfalt, Verständlichkeit und Unterhaltsamkeit. [Außerdem ist] das Qualitätskriterium Ordnung [von] Bedeutung: Denn nur journalistische Nachrichtenmedien liefern ihrem Publikum einen wohlgeordneten Überblick über das aktuelle Nachrichtengeschehen und ordnen Ereignisse und Themen in einen Gesamtzusammenhang ein.

Medien, die das Qualitätskriterium der Ausgewogenheit für sich ablehnen und bewusst Nachrichten mit einer bestimmten politischen Stoßrichtung veröffentlichen, heißen [...] ‚alternative Medien' [...]. Parteiische bzw. alternative Medien haben durchaus ihre Berechtigung, aber sie fallen nach allgemeinem Verständnis nicht unter das Konzept Journalismus [...] als neutrales Vermittlungssystem des „Zeitgesprächs der Gesellschaft". Wer seine eigene Meinung veröffentlicht, tut das hingegen als Publizist. Damit sind alternative Medien Teil der Publizistik, so wie auch Buchautoren oder Filmregisseure, sie erbringen aber keine journalistische Vermittlungsleistung. Das gilt auch für den so genannten PR-Journalismus, also für Mitgliedermagazine (z.B. ADAC Motorwelt, DB mobil oder Apothekenumschau), bezahlte Themenbeilagen in Zeitungen oder sogenannte Advertorials, also redaktionelle Beiträge mit nicht offenkundig werblichem Inhalt. Immer wenn Akteure journalistische Arbeitstechniken und Darstellungsformen einsetzen, um ihre eigenen Interessen zu vertreten, ist das kein Journalismus [...].

Um Aussagen politisch aktiver Bürger als Informationsquelle [von den zuvor genannten Sendern] eindeutig abzugrenzen, [bietet sich der] Begriff der öffentlichen Bürgerkommunikation (ÖBK) [an]. Diese umfasst sämtliche öffentliche [also theoretisch von allen Bürgern zu rezipierende] Aussagen von Urhebern, die diese selbstständig in ihrer Rolle als Bürger und nicht als Repräsentant einer Organisation [in der Regel online] artikulieren. Sie umfasst alle Themen, die das Gemeinwesen im weitesten Sinn betreffen und politische Maßnahmen erfordern können.

Wolfgang Schweiger, Der (des)informierte Bürger im Netz. Wie soziale Medien die Meinungsbildung verändern, Wiesbaden 2017, S. 42f., 66

„alternative Medien"
Der Begriff wird im vorliegenden Text ausschließlich als analytische Kategorie verwendet, um den Journalismus mit bestimmten Qualitätsstandards (insbesondere Unabhängigkeit und Ausgewogenheit) von anderen, meinungsbetonten oder werbeorientierten Darstellungsformen abzugrenzen. Dies impliziert ausdrücklich nicht die Unterstellung, „alternative Medien" würden per se „alternative Fakten", also „Fake News" verbreiten.

Autorentext

Wer verbreitet Nachrichten und Meinungen

Journalismus → Informationen

Publizistik
— alternative Medien
— PR-Journalismus

öffentliche Bürgerkommunikation

Autorengrafik

Erklärfilm „Social Media"

Mediencode: 72052-08

M 6 ● Nur noch Sensation und Unterhaltung? Tendenzen der medialen Politikvermittlung

Affinität
Nähe, Verbundenheit, hier auch: Anziehungskraft

Nachrichtenwert
Die Nachrichtenwerttheorie beschreibt zentrale Faktoren einer Nachricht (vgl. M 6), die maßgeblich beeinflussen, ob eine Nachricht aus der Sicht von Medienproduzenten berichtenswert erscheint.

Wendet man sich der Frage zu, wie die Medien die ihnen zugeordneten Funktionen [vgl. M 2, M 3] erfüllen, so fallen Defizite und Probleme ins Auge:

5 1. In der medialen Vermittlung von Politik wird – besonders bei Fernsehen und Boulevardpresse – ein Trend zur Vereinfachung, Personalisierung und Emotionalisierung konstatiert: „Die dramaturgischen Notwen-10 digkeiten – Spannung, Verkürzung, Simplifizierung – lassen Kontinuität und Rationalität auf der Strecke", fasst [der Politikwissenschaftler Heinrich] Obereuter zur Fernsehvermittlung der Politik zusam-15 men. Auf diese Weise wird einerseits oberflächliche Anteilnahme und unbegründetes Kompetenzbewusstsein beim Publikum, andererseits dementsprechendes Öffentlichkeitsverhalten bei Politikern erzeugt. 20 Politiker entwickeln häufig eine „symbiotische Kommunikationsgemeinschaft" mit Journalisten, produzieren bloße Medienereignisse und bedienen sich öffentlich einer plakativ-symbolischen Sprache. [...]

2. Ähnlich problematisch wirkt sich eine 25 zweite strukturelle Bedingung medialer Vermittlung aus: die journalistische Auswahl nach [dem „Nachrichtenwert"]. Zu ihnen zählen: der (gehobene) Status eines Akteurs, die Konflikthaftigkeit und die Re-30 levanz eines Themas für viele Menschen, die Identifikation (dank räumlicher Nähe und Emotionalität), Dramatik und Affinität des Geschehens. Im Ergebnis wird dem Atypischen Vorrang vor dem Normalen, der 35 Neuigkeit vor der Wiederholung (Neophilie), der affektiv ansprechenden Katastrophe bzw. dem Skandal vor ordentlichen Verhältnissen (Videomalaise) eingeräumt. So notwendig dies ist, um Aufmerksamkeit 40 zu erringen, hat es zur Folge, dass beim Konsumenten im Laufe der Zeit ein systematisch verzerrtes Bild der Welt entsteht. [...]

3. Allgemein wird den Medien unbestritten 45 die Wirkung zugeschrieben, die Themen der Politik und Diskussion zu bestimmen (Agenda Setting [vgl. Infobox, Kap. 3.1.3]. Dabei neigen sie dazu, bei Wahlen den Akzent relativ stark auf Politikkonstellationen 50 und Personen (horse race-Aspekt) zu Lasten von Sachthemen zu legen.

Wolfgang Rudzio, Das politische System der Bundesrepublik Deutschland, Opaden 2015, S.465ff.

Info

Medialisierung

Medialisierung beschreibt in der Kommunikationswissenschaft die Annahme, dass sich Bereiche der Gesellschaft wie Politik, Wirtschaft und Wissenschaft zunehmend der Logik der Medien anpassen. Das bedeutet, dass sie sich an den Rollenvorgaben in den Medien orientieren, Stilmittel wie z. B. Skandalisierung, Personalisierung und Emotionalisierung übernehmen und sich an die Formate sowie Zeitschemata (Sendedauer und -zeiten) wichtiger Medien anpassen.

Heinz Bonfadelli, Michael Meyen, www.bpb.de, Dossier: Medienpolitik. Glossar, 6.10.2014, Abruf am 26.9.2018

H zu Aufgabe 1
Ordnen Sie zunächst die medialen Beispiele (M 4) den Medien (M 5) zu.

F zu Aufgabe 3
Gehen Sie dabei auch auf einen möglichen Zusammenhang zwischen Medienberichterstattung und Politikverdrossenheit (vgl. M 6) ein.

Aufgaben

1 Vergleichen Sie die Beispiele medialer Politikvermittlung (M 4) hinsichtlich ihrer Urheber, Adressaten, Medien (M 5) und Inhalte.

2 a) Erläutern Sie die behaupteten Tendenzen der Medialisierung (M 6) an Beispielen (M 4).

 b) Überprüfen Sie die Indikatoren der Medialisierungsthese (Infobox) am Beispiel der Berichterstattung zur Kölner Silvesternacht (M 1).

3 Diskutieren Sie Chancen und Risiken einer am Nachrichtenwert sowie an den Vermittlungsstrategien von Unterhaltungsmedien (vgl. M 6) orientierten öffentlichen Politikvermittlung.

3.1.3 Wer beherrscht wen? Das Verhältnis von Politik und Medien

E
- Analysieren Sie die Karikatur (M 7) hinsichtlich des dargestellten Verhältnisses von Medien und Politik.
- Diskutieren Sie – ausgehend von Ihren bisherigen Erkenntnissen (Kap. 3.1.1 und 3.1.2) die unterschiedlichen Sichtweisen (beispielsweise auf einer Positionslinie).

M 7 ● Medien und Politik(er) – wer beherrscht wen?

Karikatur: Burkhard Mohr

M 8 ● Wer beherrscht wen? Theorien zum Verhältnis von Medien und Politik

[Der Dependenzansatz]
Die These von der Mediendependenz [hier: Abhängigkeit] behauptet, durch die Medialisierung [vgl. M 6] sei die Politik in die Abhängigkeit der Massenmedien geraten. Dieser Ansatz geht ganz selbstverständlich vom Primat [hier: Vorrang] der Politik aus, und daher finden sich seine Anhänger vor allem unter Politikern und Politikwissenschaftlern [...]. Sie weisen der Autonomie und Funktionssicherung politischer Institutionen einen hohen Rang zu und erwarten dementsprechend von den Massenmedien eine dienende Rolle gegenüber Parlament, Regierung und staatlicher Verwaltung. [...] Folgt man [den Einschätzungen dieser Beobachter], so hat sich das Verhältnis der Politik zu den Medien inzwischen aber umgekehrt. Die politischen Institutionen sind von den Massenmedien abhängig geworden; die Medien haben sich zu einer eigenen politischen Institution emanzipiert und vertreten als politische Akteure eigene politische Interessen [...]. Dieser Wandel wird vor allem in historischer Perspektive deutlich. Während im Absolutismus das auf Geheimhaltung aufgebaute politische System gegenüber der Presse weitgehend autark war, gewann das Prinzip Öffentlichkeit zwar im Laufe des 19. Jahrhunderts an Bedeutung; aber Regierung, Parlament und auch die Parteien hatten ihren eigenen Zugang zum Volk und behandelten die Presse nur als reines Übermittlungsorgan. In den parlamentarischen Demokratien des 20. Jahrhunderts dagegen sind die politischen Institutionen

nicht nur abhängig geworden von den Vermittlungsleistungen der Massenmedien. Es haben darüber hinaus auch zunehmend Grenzverschiebungen und Machtverlagerungen zugunsten der Massenmedien und zum Nachteil des Systems politischer Herrschaft stattgefunden [...].

[Der Instrumentalisierungsansatz]

Vertreter der Gegenthese, die auch als [Instrumentalisierungsansatz] bezeichnet wird, beklagen demgegenüber eine zu große Abhängigkeit der Medien von der Politik. Folgt man [diesen Beobachtern], so haben wir es mit einem zunehmenden Autonomieverlust der Massenmedien als Resultat von Instrumentalisierungsstrategien [...] von Regierung und Verwaltung, Parlament und Parteien [zu tun]. Diese versuchen, Leistungsdefizite staatlicher Politik durch eine bessere Kontrolle der Massenmedien zu kompensieren. Das geschieht oft indirekt und unauffällig durch Kommunikationsmanagement und politische Public Relations, in die inzwischen ein ganzes Berufsfeld professioneller Politikberater und Öffentlichkeitsarbeiter eingespannt ist [...]. Die Medien verlassen sich aber auch aus freien Stücken häufig auf „offizielle" Quellen und übernehmen deren Sichtweise und Argumente, insbesondere zu solchen Themen, über die in der politischen Elite weitgehend Konsens besteht. Dieses [...] als Indexing bezeichnete Verhalten führt zu einer „Gleichschaltung der medialen Debattenstruktur mit dem Diskurs der politischen Elite" [Adrian Pohr].

Vertreter der [Instrumentalisierungsthese] weisen der Autonomie der Massenmedien einen besonders hohen Rang zu. Sie erwarten von den Medien, dass sie aktiv die Interessen der Bevölkerung artikulieren, dass sie Machtpositionen kritisieren und kontrollieren. Die Medien sollen die Bürger umfassend informieren und damit die Voraussetzungen für eine rationale politische Meinungs- und Willensbildung schaffen [vgl. M 3]. [...]

[Der Interdependenzansatz]

Die [im Dependenz- und Instrumentalisierungsansatz zum Ausdruck kommenden] Auffassungen „starker Medien" und „schwacher Medien" [...] sind idealtypisch vereinfacht. Für beide Sichtweisen lassen sich Argumente und empirische Belege bei-

Info

„Agenda-Setting" und Leitmedien

Der Begriff Agenda-Setting verweist auf die Rolle der Medien bei der Festlegung der gesellschaftlichen Tagesordnung, d.h. der Themen, mit denen sich die Gesellschaft auseinandersetzt. Mit dieser auch als „Thematisierungsfunktion" bezeichneten Rolle ist eine der zentralen Leistungen der Medien für die öffentliche Kommunikation angesprochen.

Entwickelt wurde das Konzept Agenda-Setting seit Anfang der 1970er Jahre im Zusammenhang mit der Annahme, dass die Medien nicht so sehr beeinflussen, was die Menschen über bestimmte Themen denken, sondern vielmehr worüber die Menschen nachdenken. In diesem Sinne wurde das Agenda-Setting als Medienwirkung verstanden. [...]

Heute unterscheidet man drei verschiedene Tagesordnungen:
– Die **Medienagenda** entspricht der Rangordnung der Themen in der Berichterstattung, also die Häufigkeit und der Umfang, mit denen verschiedene Themen behandelt werden.
– Die **Politische Agenda** spiegelt wider, welche Themen in der politischen Diskussion zwischen Regierung und Opposition und zwischen den politischen Parteien im Vordergrund stehen.
– Die **Publikumsagenda** gibt an, welche Themen die Bevölkerung für mehr oder weniger wichtig hält.

Angenommen wird, dass diese drei Agenden sich gegenseitig beeinflussen: So orientiert sich die Agenda der Politik daran, was die Bevölkerung für wichtig hält und was in den Medien besonderes Gewicht bekommt. [...]

Viel Interesse hat in den letzten Jahren auch das sogenannte **Intermedia Agenda-Setting** gefunden. Damit sind Einflüsse gemeint, die die verschiedenen Medien untereinander ausüben. Bestimmte Medien dienen dabei als „Leitmedien", indem sie Themen setzen, die dann von anderen Medien aufgegriffen werden. Als ein solches Leitmedium wird etwa das Nachrichtenmagazin **Der Spiegel** angesehen, aber auch die Zeitung **Bild** zählt zu den Medien, die besonders oft von anderen Medien zitiert wird.

Uwe Hasebrink, Art. ‚Agenda-Setting', in: Hans-Bredow-Institut für Medienforschung (Hg.), Medien von A bis Z, Wiesbaden 2006, S. 19f.

bringen. Das deutet aber auch darauf hin, dass die Situationsanalysen jeweils einseitig sind, weil sie von zugespitzten Prämissen [hier: Annahmen] ausgehen. [...]
95 [Beide Sichtweisen werden im Modell] „interdependenter Systeme" von Politik und Medien, die wechselseitig aufeinander angewiesen sind, [zusammengeführt]. Die Politik liefert den Medien „Rohmaterial" für
100 die Berichterstattung in Form von Ereignissen und Entscheidungen, das teils auch schon durch Presse- und Öffentlichkeitsarbeit journalistisch aufbereitet ist. Auf der anderen Seite verhelfen die Medien den Politikern zu Publizität und tragen dazu 105 bei, dass politische Entscheidungen den Bürgern bekannt gemacht und von ihnen akzeptiert werden.

Winfried Schulz, Politische Kommunikation. Theoretische Ansätze und Ergebnisse empirischer Forschung, Wiesbaden 2011, S. 48ff.

Winfried Schulz war bis zu seiner Pensionierung Professor für Kommunikationswissenschaft an der Universität Erlangen-Nürnberg.

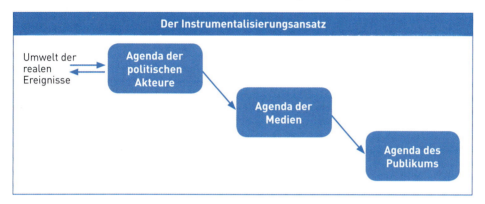

M 9 ● Das Verhältnis von Medien und Politik aus der Perspektive der Akteure

a) Die Perspektive eines Politikers:
Ole von Beust
Nachdem Sie Ihr Amt 2010 niedergelegt hatten, kritisierten Sie, dass die Politik pausenlos zum Gegenstand journalistischer Bewertungen, Beurteilungen und
5 auch Verurteilungen gemacht wird. Finden Sie nicht, dass gerade darin die Aufgabe der Medien in einer demokratischen Gesellschaft besteht?
Doch, es gehört zu deren Job dazu, das zu
10 tun. Aber das heißt ja nicht, dass es einem als Politiker immer gefallen muss. Zu Anfang ist es natürlich ein prickelndes Gefühl, sich andauernd in der Zeitung zu sehen. Ich will gar nicht verhehlen, dass dies der Ei-
15 telkeit schmeichelt. Zudem erhöht es den Bekanntheitsgrad, den man ja braucht, um gewählt zu werden. Aber obwohl ich von den Medien meistens fair behandelt wurde, hat mich diese ständige Bewertung mit der Zeit gestört. Das ist so, als ob man täglich 20 ein Schulzeugnis bekäme. Diese Situation fand ich selbst dann belastend, wenn das ‚Zeugnis' gut ausfiel.
Was ist denn an positiver Bewertung belastend? 25
Die ständige mediale Beobachtung führte dazu, dass ich kaum noch Dinge intern unter strategischen oder grundsätzlichen Gesichtspunkten besprechen konnte, weil wir nicht frei waren, auch mal provokative oder 30 unpopuläre Themen und Positionen in einer vertraulichen Runde offen zu diskutieren. Sie müssen nämlich immer damit rechnen, dass es jemanden gibt, der das – oft aus purer Eitelkeit – an die Medien weiter- 35 gibt. Aus einer solchen Indiskretion wird dann eine aufgeblasene Berichterstattung über vermeintliche Pläne und Absichten.

Ole von Beust (CDU) war von 2001 bis 2010 Erster Bürgermeister der Freien und Hansestadt Hamburg.

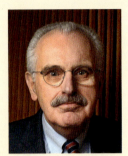

Ulrich Deppendorf
(*1950) ist Journalist und Fernsehmoderator. Er war von 2007 bis 2015 Studioleiter und Chefredakteur im ARD-Hauptstadtstudio. In dieser Funktion verantwortete und moderierte er den „Bericht aus Berlin", in dem die ARD sonntags Hintergrundberichte und Interviews zur aktuellen Bundespolitik zeigt.

🅗 **zu Aufgabe 2 a)**
Gestalten Sie zunächst (arbeitsteilig) in Analogie zur Grafik zum Instrumentalisierungsansatz Skizzen für die übrigen Ansätze.

🅗 **zu Aufgabe 2 b)**
Gehen Sie dabei auch auf das Konzept des Agenda-Settings (vgl. Infobox) ein.

🅗 **zu Aufgabe 3**
Berücksichtigen Sie dabei insbesondere die Kriterien der Verfassungsmäßigkeit, Partizipation, Transparenz und Repräsentativität (Urteilskategorie Legitimität).

Mit der Wirklichkeit hat das wenig zu tun, aber derjenige, der gequatscht hat, bekommt zur Belohnung zehn Tage später einen positiven Artikel in der Zeitung. [...] **Die Kehrseite dieser politisch korrekten Selbstkontrolle ist wahrscheinlich, dass am Ende nur noch Floskeln dabei herauskommen ...**
Natürlich, man versucht, sprachlich keine Konflikte auszulösen, sich bloß nicht festzulegen und wenig Gefühl zu zeigen. Stattdessen spricht man ganz automatisch ‚Politdeutsch'. Das ist zwar langweilig, aber man macht keine Fehler. Die Alternative ist, möglichst wenig zu sagen. Diese Strategie verfolgt die Bundeskanzlerin, die auf Interviewfragen immer betont nüchtern und wortkarg antwortet.
Fühlen Sie sich den Medien gegenüber machtlos?
Wehrlos, ja. [...] Wenn die Journalisten einen mögen, wird man – oft auch unangemessen – gelobt. Aber wenn sie das Gefühl haben, jetzt sei Ihre Zeit abgelaufen, werden Sie für dieselben Dinge in die Pfanne gehauen. Besonders problematisch finde ich, dass man in ein Klischee gepresst wird, von dem man erstens nicht wieder loskommt und das zweitens von den Journalisten ganz nach Gusto [eigenem Gefallen] positiv oder negativ aufgeladen wird. Ein Beispiel ist der Regierende Bürgermeister von Berlin, Klaus Wowereit. Der wird das Etikett des Partylöwen, der Sekt aus Frauenschuhen trinkt, nicht mehr los. Früher wurde das positiv, als neuer, lockerer Politik-Stil bewertet. Jetzt wendet man dieses Image gegen ihn und unterstellt, er würde über dem Feiern seine Aufgaben vernachlässigen.

Interview: Rena Föhr, Gregor Landwehr, in: Bernhard Pörksen, Wolfgang Krischke, Die gehetzte Politik. Die neue Macht der Medien und Märkte, Köln 2013, S. 34ff.

b) Die Perspektive eines Journalisten: Ulrich Deppendorf
Wer regiert in Berlin eigentlich wen – Politiker die Medien oder andersherum?
Wenn Politiker stark sind, mit einer entsprechenden Persönlichkeit und überzeugenden Konzepten, dann haben immer noch sie die Oberhand. Und die Online-Medien – Facebook, Twitter, Videobotschaften – geben ihnen ja unzählige Möglichkeiten, sich ohne journalistische Filter zur Schau zu stellen und politische Botschaften abzusenden, die sich rasend schnell verbreiten – deshalb ist übrigens für uns Journalisten gute Recherche umso wichtiger geworden. Die Geschwindigkeit des Internets setzt die Politiker aber auch unter Druck, zwingt sie, schneller zu handeln. Dadurch werden Entscheidungen nicht immer sorgfältig genug getroffen und ausgeführt. Vor ein paar Jahren hätte ich noch gesagt, es ist die politische Klasse, die das Handeln vorgibt. Heute ist sie zum Teil auch eine getriebene Klasse. Ich würde sagen: Im Augenblick ist es ein Unentschieden zwischen Medien und Politik.

Interview: Alina Rafaela Hübner, Carina Stefak, in: Bernhard Pörksen, Wolfgang Krischke, Die gehetzte Politik. Die neue Macht der Medien und Märkte, Köln 2013, S. 82f.

Aufgaben

1. Erläutern Sie, worin die Herausforderungen für politisches Handeln unter den Bedingungen der „Medialisierung von Politik" bestehen (M 7, M 6).

2. a) Erläutern Sie die theoretischen Annahmen zum Verhältnis von Medien und Politik (M 8) an selbst gewählten Beispielen.
   b) Überprüfen Sie die Theorien zum Verhältnis von Medien und Politik (M 8) am Beispiel der Medienberichterstattung und der politischen Reaktionen rund um die „Silvesternacht von Köln" (M 1).

3. Erörtern Sie – ausgehend von M 9 – Einflüsse medialer Kommunikation auf politische Prozesse und Entscheidungen.

3 Medien heute ● ● ● 147

Politische Nachrichten, Informationen und Meinungen werden vom Nachrichten-Journalismus, von der politischen Öffentlichkeitsarbeit (PR) sowie der öffentlichen Bürgerkommunikation in Sozialen Medien an uns gerichtet.

Dabei werden an den **Nachrichten-Journalismus** (Presse, Rundfunk, Fernsehen und ihre Ableger in Internet und Social Media) bestimmte Erwartungen gerichtet, die sich beispielsweise aus dem Grundgesetz ableiten. **Aufgabe** der Medien ist es demnach,

- die Bürgerinnen und Bürger über das alltägliche Geschehen in Politik, Wirtschaft und Gesellschaft zu **informieren**.
- die unterschiedlichen Meinungen, die in der Gesellschaft verbreitet sind, darzustellen und durch meinungsorientierte Kommentare zur **politischen Meinungsbildung** beizutragen sowie die **Artikulation** von Positionen zu ermöglichen.
- die gesellschaftlichen und politischen Institutionen und deren Repräsentanten – auf der Grundlage nachvollziehbarer Recherche – zu **kontrollieren** und Fehlverhalten zu **kritisieren**.

Damit ergänzen die Medien die in Demokratien institutionalisierten „checks and balances" (institutionelle Gewaltenteilung), weshalb sie vielfach auch (nicht ganz zutreffend) als „Vierte Gewalt" bezeichnet werden.

Mediale Darstellung von Politik begegnet uns (heute) nicht überwiegend in Form ausführlicher Hintergrundanalysen, sondern häufig in Form kurzer Statements oder bildhafter Darstellungen, die vielfach auch Politiker in unpolitischen Situationen (Familie, Sport ...) zeigen (**Medialisierung von Politik**). Diese Entwicklungstendenz ist darauf zurückzuführen, dass Nachrichten häufig mit der (unterstellten) Erwartung produziert werden, sie müssten neu und außergewöhnlich (**Nachrichtenwert**) sowie – angesichts einer begrenzten Zuschaueraufmerksamkeit – zugleich einfach, personalisiert und emotionsgeladen sein, um wahrgenommen zu werden.

Über den Stellenwert und die Bedeutung der Medien im politischen System gibt es unterschiedliche Theorien. So hat einerseits vor allem die Erwartung, die Medien sollten das politische Handeln kontrollieren und bei Bedarf kritisieren, den Begriff der Medien als „**vierte Gewalt**" geprägt; andererseits wird eine zunehmende Ausrichtung der Politik auf die Medien und die Abhängigkeit der Bürgerinnen und Bürger von der Politikvermittlung durch die Medien wahrgenommen, die viele Beobachter von der „**Mediendemokratie**" sprechen lässt. Ein unauflösliches Verhältnis zwischen Medien(akteuren) und Politik zeigt sich vor allem dort, wo Nachrichtenjournalismus durch seine Berichterstattung die Themen setzt (**Agenda-Setting**), auf die politische Akteure reagieren müssen – und Medienakteure somit zu politischen Akteuren werden.

ORIENTIERUNGSWISSEN

(Normative) Medienfunktionen
(Basiskonzept: Ordnungen und Systeme)
M 1, M 2

Tendenzen medialer Politikvermittlung
(Basiskonzept: Interaktionen und Entscheidungen)
M 6

Medien und Politik – ein schwieriges Wechselverhältnis
(Basiskonzept: Interaktionen und Entscheidungen)
M 8

3.2 Medienvielfalt unter Druck. Wie entwickelt sich die Medienlandschaft?

3.2.1 Pressefreiheit – Voraussetzung der Demokratie?

E Stellen Sie sich ein Land mit drastisch eingeschränkter Pressefreiheit vor. Beschreiben Sie Ihre Informationsmöglichkeiten sowie die politische Kultur dieses Landes.

M 1 ● Arbeitsalltag von Journalistinnen und Journalisten in der Türkei

Die Journalistin Christiane Schlötzer berichtet über die Entwicklungen im türkischen Mediensektor seit dem Putschversuch vom Sommer 2016:

5 [Ende Februar 2017] stand die Zahl 115 ganz groß auf der Titelseite der *Cumhuriyet*. 115 Tage sind zehn Journalisten der türkischen Zeitung, die es seit 1924 gibt, nun schon in Haft. [...] Angehörige müs-
10 sen dort bei Besuchen hinter einer Glasscheibe sitzen, als seien die Journalisten Schwerverbrecher. Was wird ihnen vorgeworfen? Viele wissen es nicht. Derzeit sind mehr als 150 Journalisten in Haft – und in
15 den meisten Fällen gibt es keine Anklageschrift.
Die türkische Webseite *platform24.org* zählt die Festnahmen, sie veröffentlicht ständig aktualisierte Namenslisten. Ge-
20 macht wird die Webseite von mutigen Journalisten, sie dokumentieren Verletzungen der Pressefreiheit [...].
Festgenommen wurden seit dem Putschversuch im [...] Juli [2016] vor allem Journa-
25 listen, die für Medien gearbeitet haben, die dem Prediger Fethullah Gülen nahestanden. Gülen gilt Staatspräsident Recep Tayyip Erdoğan als Drahtzieher des versuchten [Militärputsches]. Gerichtsfeste Beweise
30 dafür gibt es bislang nicht. Aber Journalisten der linksgerichteten *Cumhuriyet* sind gewöhnlich Gülen-Gegner, genauso wie kurdische Journalisten, die ebenfalls festgenommen wurden und deren Medien nun
35 geschlossen sind.

Die Angst vor dem Gefängnis treibt viele in die Flucht. [...] Auch in Deutschland haben mehrere türkische Journalisten Asyl beantragt und um Schutz gebeten, Can Dündar, der Ex-Chefredakteur von *Cumhuriyet*, ist 40 der berühmteste von ihnen. Dündar hat mit mehreren Kollegen inzwischen eine deutsch-türkische Online-Zeitschrift gegründet. *Özgürüz* – Wir sind frei – heißt sie. In der Türkei wurde der Zugang noch vor 45 dem Start der Webseite gesperrt.
Die meisten größeren türkischen Medien – Zeitungen wie Fernsehen – sind mittlerweile regierungsnah. Sie gehören [Großkonzernen], die mit Staatsaufträgen, vor allem in 50 der Bauwirtschaft, reich geworden sind. Aber es gibt immer noch Oppositionsblätter, Zeitungen und Webseiten, sie erreichen allerdings nur Menschen, die Erdoğans Kurs ohnehin nicht teilen, und dies ist klar 55 die Minderheit. Die Gesellschaft ist extrem polarisiert [...].
Zwischen Opposition und Liebedienerei gibt es bei den Medien noch etwas: Selbstzensur. *Hürriyet*, mit derzeit 323.000 Exem- 60 plaren auflagenstärkste Zeitung der Türkei, verzichtete jüngst auf ein bereits geführtes Interview mit dem Literaturnobelpreisträger Orhan Pamuk, weil dieser darin für ein „Nein" zu Erdoğans Verfassungsänderung 65 plädierte. Auch so macht man Medien mundtot und Journalisten mürbe.

Christiane Schlötzer, Was von der Pressefreiheit in der Türkei noch übrig ist, in: Süddeutsche Zeitung, 27.2.2017, Abruf am 9.10.2018

Pressefreiheit im Grundgesetz

(1) Jeder hat das Recht, seine Meinung in Wort, Schrift und Bild frei zu äußern und zu verbreiten und sich aus allgemein zugänglichen Quellen ungehindert zu unterrichten. Die Pressefreiheit und die Freiheit der Berichterstattung durch Rundfunk und Film werden gewährleistet. Eine Zensur findet nicht statt. (2) Diese Rechte finden ihre Schranken in den Vorschriften der allgemeinen Gesetze, den gesetzlichen Bestimmungen zum Schutze der Jugend und in dem Recht der persönlichen Ehre.

Artikel 5, Grundgesetz für die Bundesrepublik Deutschland

Angriffe auf Journalisten

Laut einer Studie des European Center for Press & Media Freedom (ECPMF) in Leipzig gab es in Deutschland gewalttätige Angriffe auf Journalisten
- 2015: 43
- 2016: 19
- 2017: 5
- 2018 (bis Anfang September): 22

Nach: www.mdr.de, 20.9.2018, Abruf am 9.10.2018

M 2 ● Eingeschränkte Pressefreiheit – auch in Deutschland

Skandinavien hat die freieste Presse der Welt. Das zeigt eine Statistik der Organisation Reporter ohne Grenzen (ROG) zur Pressefreiheit [siehe Infobox]. Deutschland be-
5 *legt unter den 180 untersuchten Nationen den 16. Platz. ROG-Geschäftsführer Christian Mihr erklärt [die Ergebnisse]:*

n-tv.de: Weshalb liegt Deutschland im internationalen Pressefreiheits-Ranking
10 nur auf dem 16. Platz?

Christian Mihr: Die Probleme in Deutschland sind Einschüchterungen, Drohungen und tätliche Angriffe gegen Journalisten. In Nordrhein-Westfalen konnten wir bei-
15 spielsweise beobachten, dass Journalisten, die über rechtsextreme und neonazistische Umtriebe berichten, teilweise unter Polizeischutz arbeiten müssen. Gleiches gilt für die Berichterstattung über AfD- und Pegi-
20 da-Kundgebungen. Zwar ist die Zahl tätlicher Angriffe im Vergleich zum Vorjahr etwas zurückgegangen, dennoch ist sie auf einem erschreckend hohen Niveau. Darüber hinaus wurde die Vorratsdatenspeicherung
25 wieder eingeführt. Auch die Befugnisse des Bundesnachrichtendienstes wurden ausgeweitet. Wenn sich Quellen aus Angst vor Überwachung nicht mehr trauen, Journalisten zu kontaktieren, wird das Grundprin-
30 zip des Journalismus infrage gestellt und ausgehöhlt.

Was muss sich in Deutschland verbessern?

Erstens muss in das unsägliche BND-Gesetz
35 [= Bundesnachrichtendienst], durch das Journalisten ausgespäht wurden, ein Privileg für Medienvertreter eingefügt werden. Dieses muss sie von Überwachung ausschließen und schützen. Das muss auch für

ausländische Journalisten gelten. Zweitens 40 muss der Straftatbestand der Datenhehlerei, das heißt des Umgangs mit geleakten Daten, abgeschafft werden.

Warum schneidet Skandinavien (Plätze 1 bis 4) so gut ab in der Rangliste? 45
Die skandinavischen Länder liegen traditionell weit vorne. Sie haben bessere Quellenschutzgesetze und einen einfacheren Zugang zu Behördeninformationen. Hinzu kommen gute Voraussetzungen in der Inf- 50 rastruktur: In Finnland kann das Recht auf einen Breitbandzugang beispielsweise eingeklagt werden. Außerdem gibt es starke Minderheitengesetze, die eine mediale und sprachliche Vielfalt garantieren. In Skandi- 55 navien gibt es auch keine Gewalt gegen Journalisten.

Interview: Lisa Schwesig, Warum belegt Deutschland nur Rang 16? www.n-tv.de, 26.4.2017, Abruf am 9.10.2018

Vorratsdatenspeicherung
→ vgl. Kap. 1

leaken
vertrauliche (als geheim eingestufte, politisch brisante) Informationen (zumeist mithilfe einer Enthüllungsplattform im Internet) der Öffentlichkeit (widerrechtlich) zugänglich machen

---

Info

Rangliste der Pressefreiheit 2018

1. Norwegen (0)	73. Ungarn (– 2)
2. Schweden (0)	74. Griechenland (+ 14)
3. Niederlande (+ 2)	...
4. Finnland (– 1)	148. Russland (0)
5. Schweiz (+ 2)	...
6. Jamaika (+ 2)	157. Türkei (– 2)
...	
14. Portugal (+ 4)	176. China (0)
15. Deutschland (+ 1)	177. Syrien (0)
...	...
33. Frankreich (+6)	180. Nordkorea (0)
...	
40. Großbritannien (0)	Angaben in Klammern = Veränderung der Rangplätze gegenüber dem Vorjahr
...	
45. USA (–2)	
46. Italien (+ 6)	*Reporter ohne Grenzen, Rangliste der Pressefreiheit 2018*
...	

Aufgaben

1. Arbeiten Sie die Einschränkungen der Pressefreiheit in der Türkei (M 1) und in Deutschland (M 2) heraus.

2. Erläutern Sie anhand Ihrer bisherigen Ergebnisse sowie des Grundgesetzes (Art. 5), inwiefern die Pressefreiheit eine notwendige Voraussetzung einer lebendigen Demokratie darstellt.

Ⓜ zu Aufgabe 1
Erarbeiten Sie die Situation in beiden Staaten arbeitsteilig und führen Sie die Ergebnisse in einem Partnerpuzzle zusammen.

3.2.2 Alles gleich? Formen und (ökonomische) Ursachen der Medienkonvergenz

E Der damalige Bundesaußenminister und heutige Bundespräsident Frank-Walter Steinmeier sagte 2014 vor Journalisten: „Wenn ich morgens manchmal durch den Pressespiegel meines Hauses blättere, habe ich das Gefühl: Der Meinungskorridor war schon einmal breiter. Es gibt eine erstaunliche Homogenität in deutschen Redaktionen, wenn sie Informationen gewichten und einordnen."

Diskutieren Sie diese Aussage anhand der journalistischen Kommentare zu den Ereignissen im Hambacher Forst (M 6).

Auseinandersetzung um Hambacher Forst
Der westlich von Köln gelegene Hambacher Forst gehört zu einem großen Braunkohlevorkommen, dessen Eigentümer der Energiekonzern RWE ist. Im Herbst 2018 kam es dort zum Teil heftigen Auseinandersetzungen, da die Polizei die im Wald aus Protest errichteten Baumhaussiedlungen räumte, um RWE (als Eigentümer) die Rodung des Waldes und im Anschluss die Förderung von Braunkohle zu ermöglichen.

Autorentext

M 3 ● **Ein politisches Ereignis im Medienecho – der Konflikt um den „Hambacher Forst"**

Kurzfristiger Profit oder langfristiges Wohlergehen? Der Kampf um den Hambacher Forst ist eine Grundsatzfrage
(Sonya Diehn, Deutsche Welle, 17.9.2018)

DIE ZEIT ZUM HANDELN IST JETZT
(Bernhard Pötter, taz, 15.9.2018)

Verheizte Heimat
(Michael Bauchmüller, Süddeutsche Zeitung, 15.9.2018)

Recht muss gelten – in Chemnitz wie im Hambacher Forst
(Rainer Haubrich, Die Welt, 13.9.2018)

Lasst die Bäume stehen
(Petra Pinzler, Die Zeit, 22.8.2018)

Wie Reichsbürger mit Rastas
(Friederike Haupt, Frankfurter Allgemeine Zeitung, 16.9.2018)

Energiekonzern RWE sollte im Hambacher Forst nicht auf sein Recht pochen
(Jürgen Flauger, Handelsblatt, 12.9.2018)

M 4 ● **Zwischen Kostendruck und Qualitätsanspruch: Die Produktionsbedingungen im Mediensektor**

a) „Die Klickfabrik" – Vermarktungsanforderungen in Online-Medien
Die ökonomischen Zwänge der Medienproduktion werden im Bereich der Online-Auftritte der wichtigsten Tages- und Wochenzeitungen (Leitmedien) besonders deutlich:

5 Manchmal, um zwei Uhr nachts, sitzt Jule Lotteroth im Pyjama vor ihrem Rechner und sammelt Leser ein. Etwas Wichtiges ist passiert. Irgendwo auf der Welt. Sie tippt eine Nachricht. [...] Jedes Wort muss sitzen.
10 Das gehört zu ihrem Job. Lutteroth arbeitet bei Spiegel Online. Sie darf nichts verpassen. [...]
Immer online sein, immer auf der Jagd nach News, nach Klicks, das ist zu ihrer Routine geworden. Die Zeitung der Moderne er- 15 scheint morgens, mittags, abends. 24 Stunden am Tag. Aktualisiert wird im Minutentakt. Es gibt eine Klickquote. Sie misst, wie häufig Nutzer einzelne Artikel aufrufen. [...]
Die Macher haben sie umgehend auf dem 20 Schirm. In Echtzeit. Die Quote treibt die Online-Medien an [...]. Von [Hamburg] aus

---

Zusatzmaterial:
Medienangebot und -nachfrage in Deutschland

Mediencode: 72052-10

jagt die Redaktion täglich bis zu 140 Artikel in die Welt. Eine Kommandozentrale. [...]

25 Etwas auszulassen, mal eine Pause einzulegen, würde bedeuten, der Konkurrenz das Thema zu schenken.

Lutheroth [...] hat sich Lesezeichen gesetzt, für Seiten wie Süddeutsche.de, Welt.de und

30 FAZ.net. „Wir haben die Konkurrenz immer im Blick", sagt sie. Alle machen das so. Deshalb ähneln sich die Themen, die Meinungen, die Gewichtungen. Der Stoffhunger ist riesig. Die Klickfabriken liefern. Spiegel

35 Online bringt alle drei Stunden einen neuen Aufmacher. Ist die Nachrichtenlage langweilig, werden Themen zugespitzt. Oder alten Geschichten wird ein neuer Dreh verpasst. Hat ein Medium etwas Spannendes,

40 setzen sich alle drauf, schaukeln sich gegenseitig hoch. Onliner, Agenturen, Radios, Zeitungen, Talkshows.

In vielen Redaktionen des Landes sind die Ressourcen knapp. Die reichweitenstärks-

45 ten Nachrichtenseiten sind Bild.de, Spiegel Online, Focus Online, Welt.de und Süddeutsche.de. Sich an eine ihrer Geschichten dranzuhängen, ist günstiger, als selbst wel-

che zu recherchieren. Der Journalismus wird dadurch stromlinienförmiger, schnel- 50 ler, härter. Hypes entstehen. Und genauso schnell verpuffen sie. [...]

Merle Schmalenbach, Die Klickfabrik, in: Cicero 12/2013, S. 28ff.

Info

**Tempo vs. Originalität:
Wie Nachrichten online verbreitet werden**

In einer [...] Untersuchung [wurde] die Geschwindigkeit der Informationsverbreitung im Netz gemessen. Berücksichtigt wurden die Websites aller politischen Informations- und Nachrichtenmedien in Frankreich und die Gesamtheit der 2013 auf diesen Seiten veröffentlichten Artikel. Dabei hat sich gezeigt, dass es im Durchschnitt ungefähr drei Stunden braucht (187 Minuten), bis eine im Internet veröffentlichte Information auf einer anderen Seite erneut publiziert wird – in 25 Prozent aller Fälle jedoch nur etwa dreieinhalb Minuten (215 Sekunden). Die Geschwindigkeit geht auf Kosten der Originalität: 66 Prozent der im Internet veröffentlichten Artikel sind zumindest zur Hälfte durch copy and paste (Kopieren und Einfügen) entstanden, die „Originalitätsrate" der Online-Artikel liegt also bei nur 38 Prozent.

Julia Cagé, Medien, Macht, Demokratie. Wettbewerb und Konzentration auf dem Medienmarkt, in: Aus Politik und Zeitgeschichte 30 – 32/2016, S. 29

b) Medienökonomie: Die Kostenstruktur in der Medienproduktion

Man wird die demokratische Funktion der Medien nicht verstehen können, wenn man sich nicht für ihre wirtschaftliche Situation und vor allem dafür interessiert, welche

5 Anreize sie haben (oder eben nicht haben), unabhängige und hochwertige Information zu produzieren. [...]

Medien sind ein Wirtschaftszweig, in dem hohe Fixkosten vergleichsweise geringen

10 variablen Kosten gegenüberstehen – das Internet hat dieses Übergewicht der Fixkosten noch gesteigert, weil die Vertriebskosten im Netz gegen Null gehen. Anders gesagt, Medien zeichnen sich durch das aus,

15 was man Skaleneffekte nennt: Die Produktionskosten steigen mit der Qualität, nicht mit der Marktgröße. Während in den meisten Industrien bei rückläufigen Absätzen die Lösung darin besteht, Kosten zu senken,

sieht es im Mediensektor anders aus: Ganz 20 gleich, wie viele Exemplare verkauft werden, die zur Herstellung der Zeitung erforderliche Zahl von Journalisten bleibt mehr oder wenig gleich. Die Zahl der Themen, über die zu berichten ist, ändert sich nicht, 25 und der gesamte Arbeitsaufwand konzentriert sich auf die Herstellung des ersten Exemplars, während die danach anfallenden Reproduktionskosten kaum ins Gewicht fallen. Wenn eine Zeitung also beschließt, 30 ihre Redaktion zu verkleinern, um Umsatzrückgänge auszugleichen, kann sie dies nur um den Preis von Qualitätseinbußen tun. [...]

Julia Cagé, Medien, Macht, Demokratie. Wettbewerb und Konzentration auf dem Medienmarkt, in: Aus Politik und Zeitgeschichte 30 – 32/2016, S. 30

Julia Cagé ist Professorin für Ökonomie am Institut d'études politiques de Paris (Sciences Po).

M 5 „Gleichschaltung", „Lügenpresse", „Mainstream-Medien"? Eine begriffliche Differenzierung

Leitmedien

Laut Journalistenbefragungen zählen die folgenden Medien zu den „Leitmedien":
- die Nachrichtensendungen von ARD und ZDF,
- die Tageszeitungen „Süddeutsche Zeitung", „Frankfurter Allgemeine Zeitung", „Die Welt", „Frankfurter Rundschau", „Die Tageszeitung" (taz) und „Bild"
- die Wochenzeitung „Die Zeit", die Nachrichtenmagazine „Der Spiegel" und „Focus", die Illustrierte „Stern"
- sowie alle Internet-Auftritte dieser genannten Medien

Autorentext

„Gleichschaltung", „Lügenpresse", „Systemmedien", „Mainstream-Medien": Mit diesen Schlagworten bringen [...] viele Nutzerinnen und Nutzer ihre Entfremdung von den etablierten Medien zum Ausdruck [...]. Will man in dieser Beziehungskrise Verständigung herstellen und den Ursachen der Problematik näherkommen, sollte man sich von einigen dieser Begriffe wohl verabschieden. Der Begriff „Lügenpresse" ist nicht nur historisch diskreditiert und transportiert Aggressivität gegen Journalisten, sondern er trifft die Sache nicht: Die Anklage des revoltierenden Publikums lautet schließlich nicht auf Lügen im Sinne von absichtsvoll falschen Sachverhaltsaussagen, sondern eher auf Einseitigkeit in der Auswahl und Darstellung von Themen, Informationen und Meinungen. Ebenso wenig geeignet erscheint das Wort „Gleichschaltung", denn es hat den Ruch des Totalitären, impliziert Lenkung und Vorzensur durch vorgeschaltete und gleichschaltende Institutionen.

Der Begriff der „Mainstream-Medien" [eignet sich] am ehesten [...], um sich den Mechanismen anzunähern, die in einer grundsätzlich pluralistischen, demokratisch verfassten Gesellschaft zu einer hohen Konformität der Medien führen können und Journalisten zuweilen wie einen Fischschwarm in dieselbe Richtung schwimmen lassen. [...] Ein Schimpfen auf „die Mainstream-Medien" legt nahe, dass es eine Anzahl von (Leit-)Medien gibt, die immer dasselbe schreiben oder senden – und die einen offiziellen oder zumindest offiziösen Diskurs führen, dessen Legitimität oder Alleingültigkeit der Kritiker der „Mainstream-Medien" anzweifelt.

Nun gibt es tatsächlich eine Anzahl von Leitmedien, die aufgrund ihrer Reichweite und Bedeutung eine Art „Kern" des deutschen Mediensystems ausmachen und Taktgeber auch für andere Medien sind [...] – doch pauschal zu behaupten, darin würde überall dasselbe gesagt, wird der Sache nicht gerecht. [...]

Was es jedoch zweifellos immer wieder gibt, ist ein „Medien-Mainstream", ein mehr oder weniger weitgehender medialer Konsens in bestimmten Fragen, oder auch: eine Anzahl von Themen und Meinungen, die in einem bestimmten Zeitraum in der Medienlandschaft dominiert und damit eine „Hauptströmung" [...] bildet. [...] „Medialer Mainstream" ist also zunächst einmal, ganz wertfrei, das Phänomen, dass zu einem Zeitpunkt die Mehrzahl der Leitmedien ein bestimmtes Thema behandelt oder eine bestimmte Meinung vertritt. Kommunikationswissenschaftler sprechen bei großer Übereinstimmung in der Themen-Agenda von hoher „Fokussierung" und bei großem Gleichklang in den Meinungen von hoher „Konsonanz". [...]

Quellen des Mainstreams

Welches sind die sanften Mechanismen, durch die Meinungsvielfalt in einer demokratisch-pluralistischen Mediengesellschaft eingeschränkt werden kann? [...] [Zunächst] wählen Journalisten aus der Fülle der Ereignisse nach professionellen, standardisierten Kriterien aus, über welche Themen

Heinz Bonfadelli, Bundeszentrale für politische Bildung, 9.12.2016

3 Medien heute

berichtet wird. Zu den sogenannten Nachrichtenfaktoren gehören etwa Prominenz, Aktualität, Konflikt, Nähe, Folgenschwere und anderes mehr. Da die Aufmerksamkeitsstrukturen in verschiedenen Redaktionen ähnlich sind und viele Journalisten qua Ausbildung denselben Ereignissen ähnliche Eigenschaften zuschreiben, kann sich auch die Nachrichtenauswahl ähneln. Auch beobachten sich Journalisten gegenseitig. Man rezipiert andere Medien, um auf Themenideen zu kommen, die eigene Position abzugleichen und die Konkurrenz- und Anschlussfähigkeit der eigenen Berichterstattung beim Publikum sicherzustellen. Auch durch eine solche Kollegen-Orientierung entstehen gemeinsame Bezugsrahmen. Ein weiterer Punkt ist die Abhängigkeit verschiedener Redaktionen von denselben Quellen, zum Beispiel denselben Nachrichtenagenturen oder Produkten der Öffentlichkeitsarbeit von Institutionen aus Politik, Verwaltung oder Wirtschaft (Pressekonferenzen, Pressemitteilungen). Fehlt das Personal beziehungsweise die Zeit für eigenständige Themensetzung, Recherche und Reflexion, kann sich auch hier ein Gleichklang einstellen. Gerade aufgrund der wirtschaftlichen Schwäche vieler Medienhäuser infolge von Anzeigen- und Auflagenschwund scheint sich dieses Problem verschärft zu haben. [...] Schließlich dürften auch demografische Besonderheiten der Journalisten eine Rolle spielen. Die Meinungsmacher sind nämlich in ihrer Merkmalsverteilung keinesfalls ein Spiegelbild der Bevölkerung. Der Beruf ist inzwischen fast durchakademisiert, ohne Studienabschluss ist der Eintritt in eine Redaktion heute kaum noch möglich – demgegenüber haben nur 14 Prozent der Gesamtbevölkerung einen Hochschulabschluss. Journalisten sind also zunächst einmal eine Bildungselite. Darüber hinaus sind zwei Drittel aller deutschen Journalisten in einem gut abgesicherten Angestellten- oder Beamtenhaushalt groß geworden, Arbeiterkinder stellen nur eine kleine Minderheit dar. [Insgesamt ist] die Szene der Journalisten relativ homogen: [...] Deutlich überrepräsentiert ist das gut situierte „liberal-intellektuelle Milieu". Konservativ-kleinbürgerliche Werte und prekäre Lebenslagen sind in deutschen Redaktionshäusern offenbar notorisch unterrepräsentiert – was zum Beispiel in Fragen des Umgangs mit Flüchtlingen und Sorgen vor einer „Islamisierung", in Sachen Multikulturalität, Toleranz und Weltoffenheit, Minderheitenschutz und Gleichstellung, Antidiskriminierung und Gender Mainstreaming (kurz: in Fragen politischer Korrektheit) zwischen Medienmachern und Mediennutzern zu gegenseitiger Abneigung bis Feindseligkeit führen kann. [...]

Uwe Krüger, Medien im Mainstream. Problem oder Notwendigkeit?, in: Aus Politik und Zeitgeschichte 30 – 32/2016, S. 23ff.

Uwe Krüger ist wissenschaftlicher Mitarbeiter für Journalistik an der Universität Leipzig. Er forscht insbesondere zur Unabhängigkeit der Medien und derzeit Mitglied des MDR-Rundfunkrates.

Nachrichtenfaktoren
Faktoren wie beispielsweise Status einer handelnden bzw. betroffenen Person, Emotionalität und Dramatik eines Ereignisses, die ein Ereignis berichtenswert erscheinen lassen → vgl. Kap. 3.1.2

Stellenabbau
Allein im Jahr 2013 wurden in Deutschland 1.000 Stellen festangestellter Journalisten abgebaut.

H zu Aufgabe 1
Berücksichtigen Sie dabei sowohl die Kostenstrukturen des einzelnen Medienunternehmens als auch die Wettbewerbsbedingungen und gehen Sie auf die daraus resultierenden Anreize für (Qualitäts-)Journalismus ein.

F zu Aufgabe 2
Gehen Sie dabei auch auf die Schlagzeilen aus M 3 ein.

Aufgaben

1. Stellen Sie die Produktionsbedingungen im Mediensektor dar (M 4).

2. Erläutern Sie die Hintergründe der – besonders in Online-Medien zu beobachtenden – Tendenz zu gleichermaßen ähnlicher Themenauswahl und zugespitzter, häufig personalisierter Darstellung (M 4, M 5).

3. Setzen Sie sich mit dem verbreiteten Kampfbegriff der „Lügenpresse" auseinander (M 5).

3.2.3 Gibt es eine demokratiegefährdende Konzentration im Mediensektor?

Abonnementzeitungen in Niedersachsen

In den niedersächsischen Großstädten Braunschweig, Göttingen, Oldenburg und Osnabrück erscheint jeweils nur eine lokal verankerte Abonnementzeitung, in Hannover sind zwei Abonnementzeitungen derselben Verlagsgruppe verfügbar.

E Analysieren Sie das verfügbare Angebot an Tageszeitungen (M 6) und bewerten Sie die mediale Vielfalt in Deutschland.

M 6 ● Journalistische Vielfalt, adé!?

	2000	2005	2010	2016
Tageszeitungen gesamt	357	359	347	324
Überregionale Abonnementenzeitungen	10	10	10	7
Lokale und regionale Abonnementzeitungen	339	341	329	309
Straßenverkaufszeiten	8	8	8	8
Redaktionelle Ausgaben	1.576	1.538	1.509	1.496
Publizistische Einheiten	135	138	132	121

Uwe Hasebrink u. a., Zur Entwicklung der Medien in Deutschland zwischen 2013 und 2016, Hamburg 2017, S. 12

Erklärungen

- *Redaktionelle Ausgaben:* Einzelne Zeitung, die sich inhaltlich (i.d.R. durch einen eigenständigen Lokalteil) und/oder durch einen eigenen Titel von anderen Zeitungen unterscheidet.
- *Publizistische Einheiten:* Zusammenfassung aller redaktionellen Ausgaben, die mit einem (weitgehend) identischen „Mantel" (Überregionales, Politik und Wirtschaft) erscheinen.

Beispiel: Das Göttinger Tageblatt sowie das Eichsfelder Tageblatt (Madsack-Gruppe) sind zwei redaktionelle Ausgaben (Lokalteil für Göttingen und nähere Umgebung bzw. Duderstadt und Eichsfeld) einer publizistischen Einheit; beide Tageszeitungen erscheinen also mit einem weitgehend identischen „Mantel", bei dessen Produktion zusätzlich auf Artikel der Hannoverschen Allgemeinen Zeitung (HAZ) zurückgegriffen wird.

Medienkonzern

Wirtschaftskonzern im Mediensektor, Zusammenschluss mehrerer rechtlich selbständiger Einzelunternehmen.
Die deutsche Bertelsmann SE & Co. KGaA steht auf Platz acht der weltweit größten Medienkonzerne. →

M 7 ● Wer beeinflusst unsere Meinungen?

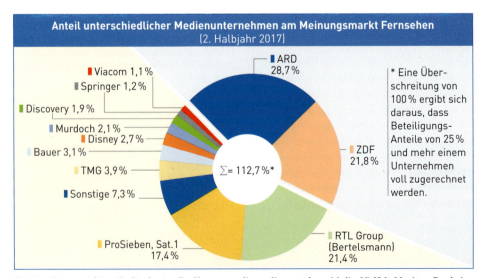

Kristian Kunow, Adrian Gerlitsch, Amelie Herrmann, die medienanstalten, MedienVielfaltsMonitor. Ergebnisse 2. Halbjahr 2017, Berlin: Arbeitsgemeinschaft der Landesmedienanstalten 2018, S. 18

3 Medien heute

Info

Konzentrationsprozesse auf Medienmärkte

Die Tendenz zur Medienkonzentration ergibt sich aus den Gutseigenschaften der Medien. In der Produktion und Distribution von Medien bestehen erhebliche Größenvorteile. Dadurch können Marktteilnehmer mit einem größeren Marktanteil günstiger wirtschaften und entsprechend ihren Marktanteil stetig ausbauen. Im Medienmarkt ist dies insofern problematisch, als dass davon eben nicht nur der ökonomische Aspekt der Medien betroffen ist, sondern auch der publizistische. Konzentration auf dem Medienmarkt kann in der Folge also zu einer Konzentration auf dem Meinungsmarkt führen. [...]

Björn von Rimscha, Gabriele Siegert, Medienökonomie. Eine problemorientierte Einführung, Wiesbaden 2015, S. 91

Die **Bertelsmann Stiftung** wurde 1977 von Reinhard Mohn gegründet. Sie hält 77,6 Prozent des Aktienkapitals der Bertelsmann SE & Co. KGaA. Dem Stiftungs-Vorstand gehören auch Vertreter der Eigentümerfamilie Mohn an.

Autorentext

M 8 ● Medienkonzerne in Deutschland – das Beispiel Bertelsmann

Medienaktivitäten der Bertelsmann SE & Co. KGaA in Deutschland

TV — RTL Group

Programme
- **Free-TV**
- RTL Television
- RTL NITRO
- VOX
- n-tv
- SUPER RTL (50 %)
- RTL II (35,9 %)
- TOGGO plus (50 %; geplant)
- RTL plus (geplant)
- **Pay-TV**
- RTL Crime
- RTL Living
- RTL Passion
- GEO Television
- auto motor und sport channel (Mehrheitsbeteiligung)
- **Regionalfenster**
- RTL Nord (HH, SH, NI, HB)
- RTL WEST (NW; 75 %)
- RTL Hessen (60 %)

Rechte
- FremantleMedia
- CLT-UFA
- UFA Sports

Produktion
- UFA Film & TV Produktion
  - UFA FICTION
  - UFA SERIAL DRAMA
  - UFA SHOW & FACTUAL
- infoNetwork
- NORDDEICH TV
- Screenworks

Online — RTL Group/Gruner+Jahr
- über 40 Angebote der Mediengruppe RTL Deutschland, u. a.:
- Online-Auftritte der RTL-TV-Programme (RTL.de, RTLNITRO.de, VOX.de, n-tv.de, Toggo.de (SUPER RTL), RTL2.de)
- TV NOW (Livestream und Abruf der Programme RTL, VOX, n-tv, RTL NITRO, SUPER RTL und RTLII)
- Video-on-Demand-Angebote (clipfish.de, RTL Next)
- Communities, Information (GZSZ.de, frauenzimmer.de, elementgirls.de, kochbar.de, VIP.de, wetter.de, sport.de)
- **Online-Auftritte der RTL-Radioprogramme**
- **Online-Auftritte Gruner+Jahr-Printtitel**
- **Broadband TV (Multi-Channel-Network)**

Musik — Bertelsmann
- BMG Rights Management

Random House (deutsche Sparte mit 43 Beteiligungen ohne %-Angabe bezeichnen 100%ige bzw. geringfügig darunter liegende Beteiligungen (bezogen auf die angegebene Obergesellschaft). Zu Beteiligungsverhältnissen bei Bertelsmann und der RTL Group siehe RTL Group.

Quelle: Unternehmensangaben, KEK
Stand: 05/2016

Radio — RTL Group
- **RTL Radio (bundesweit)**
- 104,6 RTL
- 05.5 Spreeradio
- the wave - relaxing radio
- HITRADIO RTL Sachsen (86 %)
- 89,0 RTL (57 %)
- Radio Brocken (57 %)
- Radio Leipzig 91,3 (55 % über RTL Sachsen)
- Antenne Niedersachsen (49,9 %)
- Sachsen-Funkpaket (55 % über RTL Sachsen)
- Radio Hamburg (29,2 %)
- radio NRW (16,1 %)
- Antenne Bayern (16 %)
- Rock Antenne (16 %)
- Radio Regenbogen (15,8 %)
- Antenne Thüringen (15 %)
- radio TOP 40 (15 %)
- Radio 21 (9,8 % + weitere indirekte Anteile)
- weitere indirekte Beteiligungen an bigFM, Oldie 95, Radio NORA, Radio Galaxy, Radio TON, apollo Radio, Radio 21

Print — Gruner+Jahr/Bertelsmann

Zeitungen
- Sächsische Zeitung (60 %)
- Morgenpost Sachsen (60 %)

Zeitschriften
- Art
- Beef!
- Brigitte
- Brigitte (Mom, Woman, Wir)
- Business Punk
- Capital
- Chefkoch Magazin
- Couch
- Deli
- Dogs
- Eltern
- Eltern Family
- essen und trinken
- Flow
- Gala
- Geo (diverse Hefte)
- Geolino
- Grazia
- Häuser
- in – Das Premium Weekly
- Jamie
- Living at Home
- National Geographic
- neon
- Nido
- P.M.-Hefte
- Schöner Wohnen
- Spiegel (25,25 %)
- Stern (crime, gesund leben)
- View
- viva!
- Wunderwelt Wissen
- 11 Freunde (51 %)
- Titel des Motor-Presse-Verlags (59,9 %; z. B. auto motor sport) und von dessen Gemeinschaftsunternehmen (u. a. Men´s Health, Women´s Health (50 %))

Buchverlage
- Penguin Random House (international)
- Random House (deutsche Sparte mit 43 Verlagen, u. a. Blessing, C. Bertelsmann, Heyne, Knaus, Luchterhand, Siedler etc.)

Nach: www.kek-online.de, Abruf am 4.10.2016

M 9 • Wie vollzieht sich Konzentration im Mediensektor?

Auch wenn es sich aus ökonomischer Perspektive nur bei der horizontalen Konzentration um Konzentration im eigentlichen Sinne handelt, werden in der Medienökonomie drei verschiedene Formen der Konzentration unterschieden:

Horizontale Konzentration fokussiert auf einen klar abgegrenzten Markt. Es geht also in der Regel um eine Wertschöpfungsstufe für eine Mediengattung in einer abgegrenzten geographischen Region, z. B. um Zeitungsredaktionen in einer Stadt. Horizontale Konzentration liegt folglich vor, wenn es in einem Markt nur wenige, oder im Extremfall nur einen Anbieter gibt. In Deutschland gab es 2013 mit 329 Titeln zwar immer noch vergleichsweise viele Tageszeitungen [...], betrachtet man jedoch das jeweilige Verbreitungsgebiet, fällt auf, dass in der Mehrzahl der Gemeinden jeweils nur eine Redaktion eine Zeitung produziert. Man spricht von Einzeitungskreisen. Im Idealfall bildet dieser eine Anbieter alle Interessen und Meinungen aus der Gemeinde ab. In der Praxis wird ein Verlag aber nur solche Minderheitenpositionen bedienen, die einen positiven Grenznutzen haben. Ein Monopolist wird also beispielsweise nur dann Positionen der FDP recherchieren und darstellen, wenn der Aufwand dafür geringer ist als die Einnahmen, die mit potenziellen FDP-Wählern erzielt werden können. Weitet man die Perspektive von einer einzelnen Stadt auf das ganze Land aus, so zeigt sich, dass auch auf dieser Ebene die Konzentration weit fortgeschritten ist. Die vier größten Verlagsgruppen in Deutschland hatten 2012 zusammen einen Anteil von 39,2 % am gesamten nationalen Tageszeitungsmarkt [...]. Betrachtet man nur die Boulevardzeitungen, kann allein die *Axel Springer AG 78,6 %* des Marktes auf sich vereinen. [...]

Vertikale Konzentration beschreibt den Prozess, bei dem ein Unternehmen durch Zukäufe oder Fusionen mehrere Stufen der Wertschöpfungskette [...] vereint. Also etwa, wenn ein TV-Sender eine Produktionsfirma als Zulieferer übernimmt, eine Filmdistributionsfirma eine Kinokette kauft oder eine Zeitschrift mit einer Druckerei fusioniert. In keinem dieser Beispiele ver-

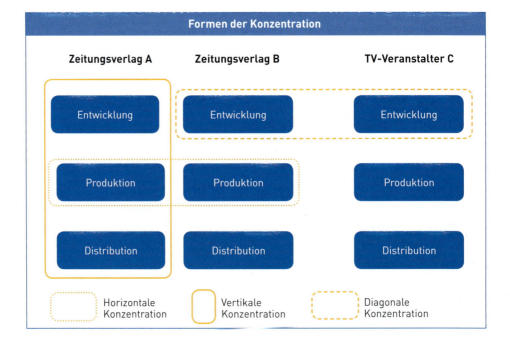

ändern sich die Anzahl der Marktteilnehmer und deren Marktanteile in den einzelnen Märkten; es gibt dadurch nicht weniger TV-Produktionsfirmen oder Druckereien. Betrachtet man jedoch den Medienmarkt als Ganzes, reduziert sich die Zahl der Akteure sehr wohl. Das Wettbewerbsfeld wird zudem intransparenter, weil die Preisbildung nicht mehr am Markt geschieht, sondern zum Teil innerhalb des Unternehmens. Auch Marktverzerrungen werden wahrscheinlicher, da vertikal integrierte Unternehmen den eigenen Schwesterfirmen vermutlich bessere Konditionen eingestehen als der Konkurrenz. So wird die eigene Zeitschrift sicherlich günstiger gedruckt als die der Konkurrenz, und fremde Filmverleiher müssen der Kinokette vermutlich höhere Anteile an den Eintrittspreisen überlassen. Aus gesellschaftlicher Perspektive kann das bedeuten, dass nicht alle Meinungen dieselben Chancen haben, gehört zu werden. Für ein Unternehmen bedeutet die vertikale Integration ein[en] Zuwachs an Verhandlungsmacht, da es nicht mehr zwingend Dienstleistungen auf anderen Wertschöpfungsstufen einkaufen muss. Des Weiteren werden Quersubventionierungen möglich, welche seine Position auf einzelnen Wertschöpfungsstufen gegenüber seiner Konkurrenz verbessern können.

Der Begriff der **diagonalen Konzentration** bezieht sich auf den Zusammenschluss von Unternehmen, die nicht im selben Markt aktiv sind. Dabei kann es sich sowohl um Anbieter aus unterschiedlichen Medienteilmärkten handeln, wenn also z. B. ein Zeitungsverlag eine Filmproduktionsfirma kauft, als auch um Zusammenschlüsse zwischen einem Medien- und einem branchenfremden Unternehmen, etwa wenn ein Autohändler die Lokalzeitung kauft. Probleme für den Wettbewerb ergeben sich dabei nicht durch die verringerte Anzahl von Marktteilnehmern oder die Ungleichbehandlung von Zulieferern und Abnehmern, sondern vor allem durch Ungleichbehandlungen in der Vermarktung. Der Autohändler, der die Zeitung kauft, kann dort prominent für seine Angebote werben und gleichzeitig konkurrierenden Autohändlern Werberaum zu schlechteren Konditionen anbieten. Auch Zusammenschlüsse zwischen Anbietern unterschiedlicher Medientypen können vor allem für Cross-Promotion oder die gebündelte Vermarktung genutzt werden.

Björn von Rimscha, Gabriele Siegert, Medienökonomie. Eine problemorientierte Einführung, Wiesbaden 2015, S. 78ff.

Aufgaben

1. Beschreiben Sie die Medienaktivitäten des Bertelsmann-Konzerns (M 7, M 8).
2. Ordnen Sie das Beispiel der Bertelsmann SE & Co. KGaA (M 8) in das ökonomische Konzept der Medienkonzentration ein (M 9).
3. Konzentrationsprozesse im Mediensektor – ein politisch zu regulierendes Problem? Nehmen Sie zu dieser Frage Stellung.

F zu Aufgabe 3
Die Kommission zur Ermittlung der Konzentration (KEK) im Medienbereich betreibt eine umfangreiche Mediendatenbank zu Medienaktivitäten: *www.kek-online.de →* *Medienkonzentration*

3.2.4 (Wozu) Brauchen wir den öffentlich-rechtlichen Rundfunk?

E Ein Rundfunkbeitrag in Höhe von monatlich 17,50 € wird von allen Bürgerinnen und Bürgern (ab 18 Jahre) zur Finanzierung des öffentlich-rechtlichen Rundfunks (M 10) entrichtet – diskutieren Sie diese Regelung.

M 10 ● Der Preis für öffentlich-rechtlichen Rundfunk

Der Rundfunkbeitrag zur Finanzierung des öffentlich-rechtlichen Rundfunks und Fernsehens beträgt für alle Bürger ab 18 Jahren 17,50 € pro Monat. Dabei gilt: eine Wohnung – ein Beitrag. Wohnen mehrere Personen zusammen, zahlt nur eine Person den Beitrag.

M 11 ● Die Rundfunkordnung in Deutschland

Jenseits der allgemeinen verfassungsrechtlichen Würdigung und der Interpretation des Bundesverfassungsgerichts [vgl. Kap. 3.1.1] wird das bundesdeutsche Mediensystem durch einschlägige Gesetze und Staatsverträge detailliert geregelt.

Hier kommt der deutsche Föderalismus ins Spiel. Denn die Medienpolitik fällt zu größten Teilen in die Regelungskompetenz der Länder. So regulieren die jeweiligen Pressegesetze der Bundesländer die Zeitschriften- und Zeitungslandschaft in der Bundesrepublik Deutschland. [...] Das Rundfunkrecht ist wie das Presserecht gleichermaßen Ländersache. In diesem Feld haben die Länder in Staatsverträgen, also rechtlich verbindlichen Vereinbarungen untereinander, bundeseinheitliche Richtlinien entwickelt. Zentral ist dabei der [...] „Rundfunkstaatsvertrag", der die Grundlagen für die Existenz und die Arbeit von Fernsehen und Hörfunk legt. Der „Rundfunkgebührenstaatsvertrag" und der „Rundfunkfinanzierungsstaatsvertrag" ergänzen das bundeseinheitliche Rundfunkrecht; diese regeln die Finanzierung des öffentlich-rechtlichen Rundfunks. Aufbau und Funktion einzelner öffentlich-rechtlicher Rundfunkanstalten [insbesondere des 1961 gegründeten ZDF] sind ebenfalls in Staatsverträgen fixiert worden. [...]
Während der Pressebereich [in der Bundesrepublik ausschließlich] nach privatwirt-

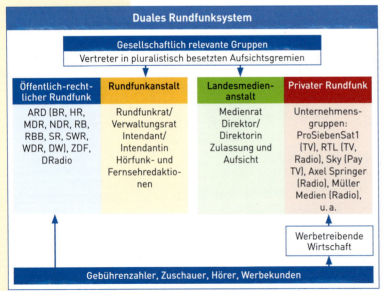

Grafik: Markus Behmer, u.a, Bundeszentrale für politische Bildung, Massenmedien, Informationen zur politischen Bildung 309/2010, S. 25 (gekürzt)

schaftlichen Prinzipien aufgebaut ist, begründet das deutsche Rundfunkrecht eine „duale" Struktur: ein Nebeneinander von öffentlich-rechtlichen und privaten Anbietern. Dabei waren im Bereich des Fernsehens lange Zeit alleine öffentlich-rechtliche Anstalten zugelassen; als Vorbild diente das britische Modell der BBC. Erst Mitte der 1980er Jahre hat man den Staatsvertrag dahingehend geändert, dass nach und nach Frequenzen an private Anbieter [beim privaten Fernsehen waren RTL und Sat.1 die Vorreiter] vergeben werden konnten. Mittlerweile existiert ein Nebeneinander beider Anbieterformen, wobei die privaten Anstalten ihre Marktanteile im Laufe der Jahre erheblich ausbauen konnten [...].

Angesichts der veränderten Rahmenbedingungen wird immer wieder die Frage nach der aktuellen Existenzberechtigung der öffentlich-rechtlichen Anbieter gestellt. Als Bestandsargument für den öffentlich-rechtlichen Rundfunk bleibt die Idee der ausgewogenen Grundversorgung im Sinne der Gewährleistung einer breiten Angebots- und Meinungsvielfalt. Es hat jedoch angesichts des Engagements der öffentlich-rechtlichen Sender im Spartenbereich (z. B. der Nachrichtenkanal PHOENIX oder der Kinderkanal KIKA) kritische Fragen seitens der privaten Anbieter gegeben, ob dieses noch vom Prinzip der Grundversorgung gedeckt wird.

Das öffentlich-rechtliche Angebot bewegt sich zwischen zwei Perspektiven: dem Blick auf hohe Einschaltquoten sowie dem Ziel, auch für Minderheiten Angebote bereitzustellen. [...]

Stefan Marschall, Das politische System Deutschlands, Bonn 2015, S. 85ff.

Info

Öffentlich-rechtlicher Rundfunk

Eine öffentlich-rechtliche Rundfunkanstalt unterscheidet sich sowohl von einem staatlichen als auch von einem privat-wirtschaftlich organisierten Anbieter. Die Kennzeichen des öffentlich-rechtlichen Rundfunks in Deutschland sind folgende:
- Die Anstalten sind „binnenpluralistisch" organisiert. In den Aufsichtsgremien (den Rundfunkräten) sitzen Vertreter unterschiedlicher gesellschaftlicher Interessengruppen (z. B. Parteien, Gewerkschaften, Kirchen, Sozialverbände, Umweltverbände).
- Die Anstalten finanzieren sich zum Großteil aus Gebühren und nur zu einem geringen Teil aus Werbeeinnahmen.
- Das Programm soll der Grundversorgung der Bevölkerung dienen.
- Die Programmgestaltung soll ausgewogen sein.

Stefan Marschall, Das politische System Deutschlands, Bonn 2015, S. 86

M 12 ● Brauchen wir den öffentlich-rechtlichen Rundfunk, wie wir ihn kennen?

17,50 Euro im Monat. Damit kann man einen guten Burger essen gehen [...]. Aber was wäre, wenn man Burger auf den Tod nicht ausstehen kann [...] und trotzdem überweist man jeden Monat brav seinen Beitrag für seine nie gegessenen Burger [...]? Bei Semestertickets ist es ähnlich – ob man direkt neben der Uni wohnt oder stundenlang mit Zug, Bus und Tram durch die Gegend fährt, zahlen muss jeder, erst dadurch ist es möglich, das Ticket zu einem niedrigen Preis anzubieten. Genauso ist es mit dem Rundfunkbeitrag. Fast alle müssen dafür zahlen, dass der Staat ein breites Angebot von Medien, also Fernsehen, Radio und Internetformate, macht, ganz egal, ob wir diese Angebote nutzen oder eben nicht.

Aber wie viel Angebot darf es sein? Und wieso lässt man uns, also die Gebührenzahler, nicht gleich darüber abstimmen, ob wir das alles überhaupt noch haben wollen? Diese Frage [wurde] in der Schweiz gestellt. Dort [fand] im März 2018, angestoßen durch eine Initiative, eine Volksabstimmung über die Abschaffung der Radio- und Fernsehgebühren statt. Wie auch in Deutschland kommt die fundamentale Kritik am staatlich finanzierten Rundfunk vorrangig aus dem rechten politischen Lager. Das wirft dem Schweizer Pendant von ARD und ZDF, der Schweizerischen Radio- und Fernsehgesellschaft (SRG), die Eintreibung einer „Zwangsgebühr" vor. Die widerspreche der freien Medienwahl der Bürger und koste viel Geld. [...]

Volksabstimmung in der Schweiz

Bei der Volksabstimmung am 4.3.2018 haben die Schweizer mit einer deutlichen Mehrheit (71,6 % der abgegebenen Stimmen) für die Beibehaltung des Rundfunkbeitrages gestimmt.

Autorentext

Zu den **Medienfunktionen** → vgl. Kap. 3.1.1

Der Streit um die Rundfunkgebühren und damit um die Zukunft der öffentlich-rechtlichen Sender schwelt [...] auch in Deutschland [...]. Vordergründig ist das Thema eigentlich recht simpel. Durch den Rundfunkbeitrag erhalten die öffentlich-rechtlichen Sender ein Jahresbudget von etwa acht Milliarden Euro. Damit werden die Rundfunkanstalten, also ARD, ZDF, die Dritten Programme und deren Radiosender, der Deutschlandfunk und Spartenkanäle wie arte, 3Sat, ZDFneo und andere Angebote finanziert. Gerade dieses breite mediale Angebot ist für Kritiker ein gefundenes Fressen: So fragte zum Beispiel Jürgen Kaube, Herausgeber der „Frankfurter Allgemeinen Zeitung", provokativ, welchen Bildungsauftrag die Öffentlich-Rechtlichen denn mit Fußball, Musikanten, Nordseekrimis, Traumschiff, Quiz- und Kochshows erfüllen wollen.

Der Kommunikationswissenschaftler Dr. Jeffrey Wimmer von der Uni Augsburg sagt: „Sicher kann man sich fragen, ob die Landesrundfunkanstalten zusammen mehr als 24 Kochshows brauchen, aber wir können in Deutschland, was die Qualität des öffentlich-rechtlichen Rundfunks angeht, verglichen mit anderen Ländern trotzdem äußerst zufrieden sein." Hinzu kommt: Die öffentlich-rechtlichen Anstalten sollen gar nicht nur informieren. Im Rundfunkstaatsvertrag, der die Aufgabe der Sender festhält, heißt es auch, dass der öffentlich-rechtliche Rundfunk mit seinen Programmangeboten zur Information, Bildung, Beratung, Kultur und Unterhaltung einen Beitrag zur Sicherung der Meinungsvielfalt und somit zur öffentlichen Meinungsbildung leisten soll. [...]

Eine weitere Frage im Diskurs lautet: Wie unabhängig können Sender, die durch eine staatlich organisierte „Zwangsabgabe" finanziert werden, wirklich sein? Nicht nur ausgewiesene Kritiker der Rundfunkgebühren bemängeln die Verfilzung von Politik und öffentlich-rechtlichen Sendern. Besonders oft stehen die Rundfunkräte in der Kritik. In ihnen sitzen neben Mitgliedern von Gewerkschaften, Kirchen und Verbänden nämlich auch Politiker verschiedener Parteien. Sie kontrollieren das Programm, sie kontrollieren den Haushalt, sie wählen die Intendanten, die wiederum das Programm verantworten. Kurz: Sie sind am Ende die großen Entscheider. [...]

Aber ist das, was die Öffentlich-Rechtlichen berichten, journalistisch tatsächlich nicht mehr unabhängig, weil Politiker in den Rundfunkräten sitzen? Es gibt zumindest auch gute Beispiele, die das widerlegen: Da wäre die Geschichte von Hans-Michael Strepp, dem Pressesprecher der CSU. Der meldete sich beim letzten bayerischen Landtagswahlkampf per Telefon und mehrmals per SMS bei der Redaktion der „heute"-Nachrichten und wollte verhindern, dass über den Parteitag der SPD berichtet wird. Seine Anrufe wurden von den Öffentlich-Rechtlichen publik gemacht, Strepp musste von seinem Amt zurücktreten. [...]

Durch diese Freiheit, gesichert durch die breite Aufmerksamkeit der Gesellschaft und die Rundfunkgebühren, können die öffentlich-rechtlichen Sender auch starke Waffen für unabhängigen Journalismus sein. [...]

Marcus Ertle, Der Streit um den Rundfunkbeitrag, fluter, 26.12.2017, Abruf am 9.10.2018

F zu Aufgabe 1
Nehmen Sie dabei eine kriterienorientierte Unterscheidung bzw. Abgrenzung von privatwirtschaftlichen Rundfunk- und Fernsehanstalten vor.

H zu Aufgabe 2
Sammeln Sie hierfür zunächst Argumente und strukturieren Sie diese anhand unterschiedlicher gesellschaftlicher Perspektiven (z. B. Mediennutzer, Medienunternehmer, Staat, Gemeinwohl).

Aufgaben

1. Stellen Sie die Aufgaben und die Funktionsweise des öffentlich-rechtlichen Rundfunks im Mediensystem der Bundesrepublik dar (M 11, Infobox).

2. Auch in Deutschland werden die Rundfunkgebühren kontrovers diskutiert, die duale Rundfunkordnung wird immer wieder in Frage gestellt.
Erörtern Sie, ob bzw. inwieweit wir Rundfunkgebühren und den öffentlich-rechtlichen Rundfunk in seiner bisherigen Form weiterhin brauchen (M 12).

Art. 5 Abs. 1 Grundgesetz garantiert die **Meinungs-, Informations- und Pressefreiheit** als konstitutives Merkmal einer freiheitlichen Grundordnung. Diese Freiheit wird derzeit von ca. 325 Zeitungen und ca. 20.000 Zeitschriften (Print) gewahrt. Daneben hat sich die „**duale Rundfunkordnung**" etabliert. Die ARD (= Arbeitsgemeinschaft der öffentlich-rechtlichen Rundfunkanstalten der Bundesrepublik Deutschland) und das ZDF (Zweites Deutsches Fernsehen) sind **öffentlich-rechtliche Rundfunkanstalten**, bei denen gewählte Gremien alle wichtigen Personal- und Programmentscheidungen treffen. Seit den 1980er Jahren sind daneben **private Hörfunk- und Fernsehanbieter** getreten. Die 14 Landesmedienanstalten überwachen die Ausgewogenheit deren Programme und entscheiden über die Zulassung neuer Sender.

Aufgrund einer zunehmenden Distanz größerer Bevölkerungsteile zu „den" Medien sehen sich die öffentlich-rechtlichen Rundfunkanstalten in der Kritik; die Pflicht, den zu ihrer Finanzierung dienenden Rundfunkbeitrag zu entrichten, stößt vielfach auf Kritik.

Im Mediensektor verursacht vor allem die Produktion eines „ersten" Medienproduktes aufgrund des für Recherche, Textproduktion und Layout notwendigen Personaleinsatzes hohe Kosten, wohingegen die Vervielfältigung und Distribution (Weitergabe) dieses Produktes gerade in Zeiten des Internets geringe oder sogar keine Kosten verursacht (**Skaleneffekte**). Daher ist es zumindest im privaten Mediensektor ökonomisch effizient(er), auf bereits bestehende „Vorprodukte" von Nachrichtenagenturen, anderen Medienschaffenden sowie PR-Abteilungen zurückzugreifen. Diese durch das Internet noch verschärfte Logik führt dazu, dass Berichterstattung und Kommentierung in den sogenannten „Leitmedien" als relativ homogen wahrgenommen werden („**Mainstream-Medien**").

Der aus den Produktionsbedingungen resultierende Kostendruck hat in der Vergangenheit zudem zu einer erkennbaren **Konzentration im** (privaten) **Mediensektor** geführt, da sich vor allem durch die vertikale und diagonale Konzentration strategische und somit ökonomische Vorteile für das jeweilige Medienunternehmen ergeben.

Aus gesamtgesellschaftlicher Sicht ist jedoch zu hinterfragen, inwieweit die – für Mediennutzer meist intransparente – Dominanz einzelner Medienkonzerne auf einzelnen Meinungsmärkten (so dominiert beispielsweise Bertelsmann die Meinungsbildung von gut einem Viertel der Fernsehzuschauer), die aus Konzentrationsprozessen resultiert, eine Gefahr für die Demokratie darstellt.

Mediensystem in Deutschland
(Basiskonzept: Ordnungen und Systeme)
GG, Art. 5

M 11, M 12

Auswirkungen der Medienkonvergenz
(Basiskonzept: Motive und Anreize)
M 4, M 5

Konzentrationsprozesse
(Basiskonzept: Interaktionen und Entscheidungen)
M 7, M 9

3.3 Partizipation 2.0: Chancen und Risiken einer „digitalen Demokratie"

3.3.1 Schauen, klicken, kommentieren: Wie findet Partizipation im Internet statt?

E Stellen Sie im Kurs zusammen, auf welche Weise und über welche Internetseiten Sie sich bislang im Internet politisch eingebracht haben.

M 1 ● **Politische Partizipation im Internet – Beispiele**

3 Medien heute

M 2 ● Demokratie, Regierung und Bürgerbeteiligung digital

Mit der fortschreitenden Digitalisierung der Bürger-Staat-Beziehungen wurde auch der Diskurs über diese Entwicklung mit neuen Begriffen angereichert. Die prominentesten
5 dieser Wortneuschöpfungen sind „E-Demokratie", „E-Government" und „E-Partizipation", die allesamt eng miteinander verknüpft sind und in den Debatten über digitale Politik manchmal fälschlicherweise
10 synonym verwendet werden. Dabei entspricht die Beziehung zwischen E-Demokratie auf der einen sowie E-Government und E-Partizipation auf der anderen Seite derselben hierarchischen Abstufung wie
15 auch Demokratie, Regierung und Bürgerbeteiligung in der „analogen" Welt:
E-Demokratie spiegelt einen Ausschnitt von demokratischen Prozessen und Strukturen zwischen Bürger und Staat im Internet wi-
20 der. *E-Government* dagegen bildet eine Unterkategorie der elektronischen Demokratie, nämlich die elektronische Abwicklung der Geschäftsprozesse von Verwaltung und Regierung, was auch die sogenannte E-Admi-
25 nistration (elektronische Verwaltung) einschließt. *E-Partizipation* schließlich bildet die zweite Unterkategorie der E-Demokratie, allerdings ist diese weniger in Gesetzesbüchern als im wissenschaftlichen Diskurs konstitu-
30 iert. [...] Die E-Demokratie bildet eine Ergänzung und Erweiterung der Bürger-Staat-Beziehungen auf digitaler Ebene. [...]
Partizipation von unten (bottom-up)
Die überwiegende Mehrheit der bottom-
35 up-Bewegungen im Internet lassen sich entweder als Partizipationsplattformen

oder Transparenzinitiativen einordnen. Partizipationsformate reichen von Kampagnenplattformen über Online-Petitionen bis hin zum Internet-Ratgeber. Die Initia- 40 toren sind dabei sowohl einzelne Bürgerinnen und Bürger als auch Nichtregierungsorganisationen.
Transparenzinitiativen untersuchen häufig Abstimmungsverhalten, Spendenpraktiken 45 oder Anwesenheitszeiten der Abgeordneten im Parlament. Mehr Transparenz fördert mehr Demokratie - so zumindest die Annahme der Initiatoren. Sie durchleuchten oder hinterfragen die parlamentarische Ar- 50 beit von Politikern, etwa auf dem Portal „abgeordnetenwatch.de". Die Quellen, aus denen sich viele Transparenzportale speisen, sind öffentlich zugängliche Daten, ihre Werkzeuge sind oft visuelle Applikationen, 55 welche die Fülle von Informationen verdichten und über eine grafische Ausgabe einen niedrigschwelligen Zugang zu komplexen Prozessstrukturen bieten.
Regieren von oben (top-down) 60
Das E-Government teilt sich hauptsächlich in zwei große Bereiche: die elektronische Verwaltung und die digitale Konsultation. Die Digitalisierung von Geschäftsprozessen in der Verwaltung soll administrative Pro- 65 zesse vereinfachen und den Bürgern mehr Service bieten. Ferner soll die Verbesserung der Zusammenarbeit verschiedener Verwaltungsstellen untereinander mit Hilfe der elektronischen Medien Kosten einsparen. 70

Daniel Roleff, Digitale Politik und Partizipation, in: APuZ 7/2012, S. 16f.

Aufgaben

❶ a) Beschreiben Sie die Funktionsweise des internetbasierten Partizipationsangebotes von Campact (M 1, Recherche).

b) Vergleichen Sie die im Internet bereitgestellten Partizipationsmöglichkeiten hinsichtlich ihrer Anbieter und Nutzungsmöglichkeiten.

❷ Ordnen Sie diese sowie die von Ihnen genutzten (vgl. Einstiegsaufgabe) Partizipationsmöglichkeiten im Internet in das Modell der „E-Demokratie" (M 2) ein.

❸ Das Internet verbessert die Möglichkeiten politischer Partizipation! Nehmen Sie zu dieser These (vorläufig) Stellung.

🅗 **zu Aufgabe 2**
Unterscheiden Sie dabei zwischen den Teilbereichen „E-Government" und „E-Partizipation" sowie zwischen den „Transferrichtungen" („top-down" vs. „bottom-up").

🅜 **zu Aufgabe 3**
Diskutieren Sie Ihre Einschätzungen auf einer Positionslinie.

3.3.2 (Wie) Erweitern sich Partizipationsspielräume durch das Internet?

E
- Beschreiben Sie die Tendenzen der Internetnutzung in politischen Zusammenhängen (M 3).
- Stellen Sie begründete Vermutungen hinsichtlich der Ursachen dieser Tendenzen an.

M 3 ● Wer partizipiert (wie) online?

a) Online- und offline-Partizipation

b) Formen politischer Online-Partizipation

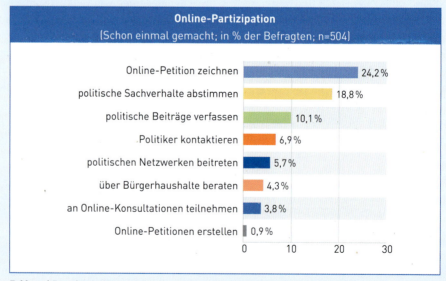

Zahlen: a) Demokratie-Monitoring Baden-Württemberg 2013/2014 (Baden-Württemberg Stiftung), b) Online mitmachen und entscheiden. Partizipationsstudie 2014 (Alexander von Humboldt Institut für Internet und Gesellschaft)

M 4 ● Mit Online-Protest zu mehr politischer Partizipation? Das Beispiel „Campact"

Die Zentrale des Online-Protests befindet sich irgendwo zwischen Bremen und Hannover. Am Stadtrand von Verden, einer 30.000-Einwohner-Stadt. [...] Inzwischen arbeiten 25 Menschen für Campact [...]. Aus einer kleinen Gruppe engagierter Idealisten ist in wenigen Jahren eine der mächtigsten NGOs geworden. Und sie wächst weiter und weiter.

Jetzt hat die Zahl der Campact-Aktiven die Eine-Million-Marke durchbrochen – eine Zahl, von der andere Organisationen nur träumen können. Die Campact-Aktiven sind im E-Mail-Verteiler angemeldet und werden regelmäßig auf neue Online-Petitionen aufmerksam gemacht. Die bislang erfolgreichste Unterschriftensammlung [richtete sich] gegen das Freihandelsabkommen zwischen EU und USA [TTIP] [und erhielt knapp 850.000 Unterschriften [Stand: April 2018].

Wie verändert das Internet den Polit-Aktivismus? Kommt eine Welle der Demokratisierung? Oder konzentriert sich die Macht bei wenigen Organisationen wie Campact in Deutschland oder Avaaz und Change.org auf internationaler Ebene?

Christoph Bautz ist Geschäftsführer von Campact. Er sagt: „Protestbewegungen haben durch das Internet enorme Erleichterungen bekommen." Es sei „viel einfacher, sich einzumischen in die Politik". Aber kann man durch eine Online-Petition wirklich etwas verändern? Politiker wissen, dass ein Klick schnell gemacht ist. Beim ersten Mal mag es noch beeindrucken, wenn tausend gleichlautende E-Mails das Postfach verstopfen. Danach ist klar: Im Internet-Zeitalter ist das nicht besonders viel.

Campact tüftelt bereits an Strategien, mehr Menschen auf die Straße zu bringen. „Eine Online-Aktion alleine verpufft sehr schnell", sagt Geschäftsführer Bautz. Es brauche stets einen „intelligenten Austausch zwischen Protest online und offline". Deshalb ruft Campact inzwischen auch häufiger dazu auf, zu einer Großdemo nach Berlin zu fahren, sich an dezentralen Aktionstagen zu beteiligen oder vor Ort eine Grillparty für die Agrarwende zu organisieren. So kommen die engagierten Bürger miteinander in Kontakt, diskutieren, überzeugen andere Menschen von ihrer Sache. Das Beispiel Campact zeigt aber auch: Durch das Internet gewinnen die Bürger nicht den Einfluss, den bislang die NGOs und Verbände haben. Die Macht der Protest-Institutionen bleibt; die Organisationen mit zentralistischen Strukturen haben bezahlte Mitarbeiter, kennen sich aus mit Lobbyismus und Öffentlichkeitsarbeit – und jetzt eben auch mit dem Internet.

Trotzdem gibt es eine Machtverschiebung. Weg von den auf ein Thema spezialisierten NGOs, hin zu Organisationen wie Campact – den „Profis für Online-Mobilisierung", wie Sigrid Baringhorst sie bezeichnet. Baringhorst ist Protestforscherin an der Universität Siegen und sagt, die neuen Organisationen werden „die Arbeitsstruktur unter den Bewegungsakteuren neu strukturieren". In der Tat gibt es eine Arbeitsteilung: Die Fach-NGOs erarbeiten die inhaltlichen Positionen, schreiben Analysen zu den neuesten Gesetzesentwürfen, liefern die Experten für Gespräche mit Fachpolitikern. Thematisch flexible Kampagnen-NGOs wie Campact bringen „die Mobilisierungskraft und die Öffentlichkeitswirkung" mit, wie Geschäftsführer Bautz es formuliert. Er spricht von einer „Win-Win-Situation", wenn die Organisationen gemeinsam eine Kampagne starten und Unterschriften sammeln. [...] Das Problem an der Zusammenarbeit: Die Fachorganisationen profitieren deutlich weniger und verlieren letztlich im Kampf um Aufmerksamkeit und Spendengelder. [...]

[Campact verfolgt einen] Politikansatz [,der] kurzfristig zwar sehr effektiv [ist], [...] auf lange Sicht aber die Bewegung schwächen [könnte]. Campact startet eine Kam-

Wichtige Netzaktivisten

Zu **Initiativen** und **Bewegungen**
→ vgl. Kapitel 2.3

pagne, wenn sie hohe Erfolgschancen hat. Wenn die Bundesregierung beispielsweise bei einem Thema zerstritten ist, kann der öffentliche Protest den Ausschlag geben. So lassen sich schnell sichtbare Erfolge produzieren, aber gleichzeitig fehlen in der Öffentlichkeit die Forderungen nach Veränderungen. „Wir haben nicht den Anspruch, sämtliche Meinungen abzubilden", sagt dazu Geschäftsführer Bautz. „Niemand ist daran gehindert, selber was zu starten mit radikaleren Forderungen."

Das ist zwar leicht gesagt, dürfte jedoch schwierig sein. Denn Campact profitiert auch von der Masse der Menschen – und lässt daher auch lieber die Finger von umstrittenen Themen. Es gibt dafür sogar extra einen Mechanismus: Bevor eine Kampagne beginnt, wird ein Testballon gestartet. 5-10.000 zufällig ausgewählte Newsletter-Empfänger sollen sagen, was sie von der Kampagne halten: Würden sie sich beteiligen, Freunde darauf hinweisen? Oder finden sie die Forderungen unwichtig oder gar falsch? Bei zu vielen negativen Rückmeldungen wird die Kampagne abgeblasen. Das Ergebnis: Themen wie Bundeswehr-Einsätze oder Eurokrise werden ignoriert, auch die Asylpolitik wird nur selten angegangen. [...] Typische Kampagnen fordern mehr Ökologie, Datenschutz oder soziale Gerechtigkeit.

In den Protestbewegungen ist Campact umstritten. Zu den wenigen, die ihre Kritik öffentlich äußern, gehört die Aktivistin Hanna Poddig. „Campact steht für eine Professionalisierung und eine Ausrichtung auf Realpolitik, die allerdings auch bei anderen Organisationen in schwächerer Form zu finden sind", sagt sie. So würden „keine Visionen und Utopien formuliert", zudem mache Campact „die Leute nicht zu Mitgliedern eines Netzwerks, sondern zu weitgehend blinden Konsumentinnen und Konsumenten von Protestaktionen". [...] Die Struktur von Campact führe dazu, „dass es keine Basis gibt, die rebellieren kann". Ortsgruppen wie etwa beim BUND existieren nicht. Jedoch werden die Förderer jährlich zu einer Ideenwerkstatt eingeladen, dort können sie auch Vertreter in den Campact-Verein wählen, der wiederum den geschäftsführenden Vorstand wählt. Poddig reicht das nicht. „Bei einem Treffen einmal im Jahr gibt es keine Möglichkeit, sich so zu organisieren, dass man die Machtfrage stellen könnte." [...]

Felix Werdermann, Die Mitmachmacht, in: Der Freitag, 9.1.2014

M 5 ● Reichweitenstark, aber unreflektiert!? Online-Partizipation in der Diskussion

Allgemein bezeichnet der Begriff Klicktivismus die Nutzung digitaler Werkzeuge zur gesellschaftspolitischen Beteiligung. So gibt die fortschreitende Digitalisierung den Bürgerinnen und Bürgern zunehmend mehr Möglichkeiten an die Hand, sich einfach mit politischen Fragen auseinanderzusetzen und die Gesellschaft mitzugestalten. Einerseits durch den Zugang zu vielfältigen Quellen, andererseits durch partizipativ angelegte Online-Dienste. Diese neuen Wege entstehen unter anderem, indem klassische Formen der gesellschaftspolitischen Beteiligung digitalisiert, beziehungsweise durch digitale Plattformen ermöglicht werden: Die Ankündigung von Demonstrationen erfolgt mittlerweile über Facebook-Veranstaltungen anstelle von Flyern [...]. Aktivistinnen und Aktivisten sparen somit Zeit und Kosten und können mehr Menschen erreichen.

Gleichzeitig kritisiert [der Begriff] Klicktivismus den Umstand, dass die Inhalte politisch motivierter Initiativen in der digitalen Welt zwar häufig gelikt, geteilt oder kommentiert und damit weiterverbreitet werden – etwa in den Sozialen Netzwerken – jedoch selten Auswirkungen auf das politi-

sche Geschehen haben bzw. weiterführendes politisches Engagement oft ausbleibt. [...]
Der Begriff „Slacktivismus" ist eine Verbindung der englischen Wörter „slack" (bummeln) und „activism" (Aktivismus) und bezeichnet [in diesem Sinne] eine oberflächliche Art der Beteiligung: Sie verlangt wenige inhaltliche Auseinandersetzung und Aktivität und hat wenige konkrete Auswirkungen in der analogen Welt. Dennoch hat der oder die Slacktivist/in das Gefühl, etwas getan und bewirkt zu haben. Slacktivismus ist demnach die negative Form beziehungsweise Folge des Klicktivismus.

Soziale Netzwerke ermöglichen Aktivistinnen und Aktivisten, eine sehr große Anzahl an Menschen zu erreichen. Ebenso groß ist die Menge an Informationen (Artikeln, Bewegungen, Petitionen), die regelmäßige Facebook- und Twitter-Nutzer erreicht. Dieser Informationsüberfluss in Kombination mit einer geringen inhaltlichen Auseinandersetzung kann dazu führen, dass der oder die Nutzende die politische Botschaft, Bewegung oder den dahinterliegenden Sachverhalt schnell vergisst. Beispielhaft hierfür sind Aufrufe zu Demonstrationen auf Facebook. Sie sind in den letzten Jahren zur Norm geworden und haben bereits zu nahezu historischen Ereignissen geführt (vgl. etwa der Women's March, der ursprünglich für Washington D.C. geplant war, dann jedoch an vielen Orten in der ganzen Welt stattgefunden hat). Zusagen bei Facebook-Veranstaltungen sind allerdings nicht verbindlich, was dazu führt, dass die Diskrepanz zwischen der Absicht eines Demonstrationsbesuches und einer tatsächlichen Teilnahme immer größer wird. Aufrufe zu einer Demonstration mit 10.000 Teilnehmenden auf Facebook haben oft in der analogen Welt deutlich weniger Beteiligte. Diese oberflächliche und nicht nachhaltige Beteiligung wird von Klicktivismus-Skeptikern stark kritisiert. [...]

Slacktivist sein kann jeder, (Online-)Aktivismus aber fordert, dass man sich wirklich für dieses Anliegen einsetzt, sich informiert und damit beschäftigt. So kann man online direkt mit wichtigen politischen Akteurinnen und Akteuren über Twitter kommunizieren, auf Plattformen wie „Lasst uns streiten" oder „Diskutier mit mir" Meinungen austauschen, oder mit Tools wie „FragDenStaat" eigene Aktionen mit Informationen aus Behörden anreichern.

Die Digitalisierung ändert unsere Partizipationskultur. Durch sie wird unsere Vorstellung von Partizipationsformen erweitert. Sie erleichtert und potenziert die Verbreitung von politischen Botschaften und den Zugang zu Informationen, kann aber gleichzeitig zu einer oberflächlichen Beteiligung führen. Um dies zu vermeiden, ist es als Nutzerin oder Nutzer sinnvoll, Klicktivismus und digitale Partizipation nicht als eine getrennte Dimension zu betrachten, sondern als Erweiterung der analogen Welt. Am Stand einer Initiative würden wir keine Unterschrift oder Daten angeben, ohne sicher zu sein, dass sie gut genutzt werden.

Lya Cuèllar, Klicktivismus: Reichweitenstark aber unreflektiert?, www.bpb.de, 4.12.2017, Abruf am 16.10.2018

Aufgaben

1. Erläutern Sie die „hybride" – also online- und offline-Aktivitäten verbindende – Mobilisierungsstrategie und die Partizipationsmöglichkeiten von Campact (M 4).

2. Arbeiten Sie Chancen und Risiken dieser webzentrierten Kampagnenstrategie heraus.

3. Erfolgreiche Förderung politischer Partizipation oder Heranziehen „blind[er] Konsumentinnen und Konsumenten von Protestaktionen" (vgl. M 4)?
   Erörtern Sie die Bedeutung digitaler politischer Kommunikation für die (zukünftige) Partizipationskultur in der Demokratie (M 4, M 5).

H zu Aufgabe 2
Berücksichtigen Sie dabei (mindestens) folgende Kriterien: Wirksamkeit, Transparenz, Chancengleichheit, unerwünschte Nebenfolgen.

M zu Aufgabe 3
Führen Sie hierzu eine Strukturierte Kontroverse durch.

H zu Aufgabe 3
Nutzen Sie dabei auch die Begriffe des „Klicktivismus" bzw. „Slacktivismus" (M 5).

3.3.3 Erhöhte Chancengleichheit oder digitale Spaltung? Die Sozialstruktur internetbasierter politischer Partizipation

E Alter – Einkommen – Bildungsgrad: Stellen Sie begründete Vermutungen darüber an, von welchen Menschen das Internet besonders häufig allgemein und insbesondere für politische Information und Partizipation genutzt wird.

M 6 ● Wer nutzt digitale Medien für politische Partizipation?

Die folgenden Daten entstammen einer repräsentativen Online-Befragung, die das gemeinsam von mehreren Berliner Hochschulen getragene Alexander von Humboldt Institut für Internet und Gesellschaft im Jahr 2014 durchführte.

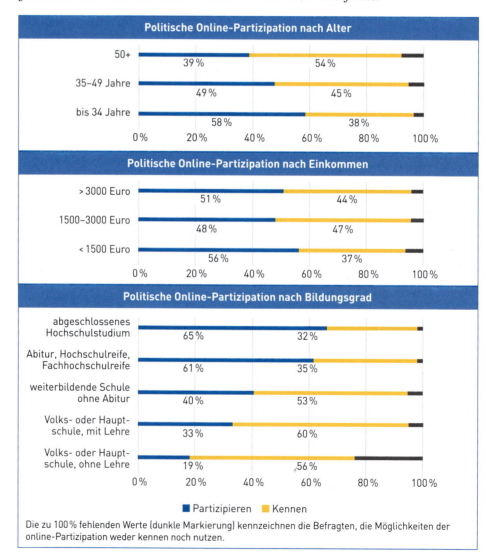

Politische Online-Partizipation nach Alter
- 50+: 39 % Partizipieren, 54 % Kennen
- 35–49 Jahre: 49 %, 45 %
- bis 34 Jahre: 58 %, 38 %

Politische Online-Partizipation nach Einkommen
- > 3000 Euro: 51 %, 44 %
- 1500–3000 Euro: 48 %, 47 %
- < 1500 Euro: 56 %, 37 %

Politische Online-Partizipation nach Bildungsgrad
- abgeschlossenes Hochschulstudium: 65 %, 32 %
- Abitur, Hochschulreife, Fachhochschulreife: 61 %, 35 %
- weiterbildende Schule ohne Abitur: 40 %, 53 %
- Volks- oder Hauptschule, mit Lehre: 33 %, 60 %
- Volks- oder Hauptschule, ohne Lehre: 19 %, 56 %

■ Partizipieren ■ Kennen

Die zu 100 % fehlenden Werte (dunkle Markierung) kennzeichnen die Befragten, die Möglichkeiten der online-Partizipation weder kennen noch nutzen.

Thomas Schildhauer, Hendrik Send, Online Mitmachen und Entscheiden. Partizipationsstudie 2014, Berlin: Alexander von Humboldt Institut für Internet und Gesellschaft, a) S. 21 , b) S. 23, c) S. 24

M 7 ● Digitale Spaltung? Soziale Ungleichheit der Internetnutzung in der Diskussion

[D]ie These der digitalen Spaltung [...] besagt, dass insbesondere eine höhere Bildung und ein höheres Einkommen eine gewinnbringende Internetverwendung begünstigten, weshalb die Verbreitung des Internets eher mit wachsenden als schrumpfenden sozialen Ungleichheiten einhergehe.

So nutzen in Deutschland nach Angaben des (N)Onliner-Atlas 2013 insgesamt drei Viertel der über 14-Jährigen regelmäßig das Internet. Jedoch tun sich auch hier deutliche Klüfte auf: Es sind eher die Jüngeren, Höhergebildeten, Einkommensstärkeren, die auf das Internet zugreifen. Auch jenes Viertel der Deutschen, das inzwischen zu den mobilen Internetnutzern gehört, unterscheidet sich soziodemografisch in der genannten Art und Weise von jenen, die das Internet unterwegs nicht verwenden. Doch nicht nur der technologische Zugang zum Internet, sondern auch die Art und Weise der Internetnutzung hängt in hohem Maße vom gesellschaftlich-wirtschaftlichen Status ab: Statushohe Personen nutzen das Internet im Allgemeinen in einem höheren zeitlichen Ausmaß, verfügen über eine größere Nutzungskompetenz und greifen eher auf politische, wissenschaftliche, gesundheitsbezogene Informationen, das heißt auf jene Inhalte zu, von denen angenommen wird, dass sie sich vorteilhaft auswirken.

Dabei ist jedoch zu hinterfragen, inwiefern diese festgestellten Unterschiede der Internetnutzung tatsächlich messbare Auswirkungen auf die gesellschaftliche Teilhabe und die Verteilung gesellschaftlich relevanter Ressourcen haben. In diesem Sinne fragt die sogenannte Digital-Divide-Forschung nach der Verteilung von Partizipationsmöglichkeiten, Informationen, Geld oder Sozialkapital infolge der Verfügbarkeit des Internets. In empirischen Arbeiten wurden so beispielsweise die Effekte der Internetnutzung auf die Arbeitsmarktintegration, die politische Information, das bürgerschaftliche Engagement und die Einkommenshöhe geprüft.

Bei aller [Unterschiedlichkeit sind die Forschungsergebnisse] auf einen vereinfachten Nenner zu bringen: Im Großen und Ganzen zeigt sich, dass jene, die sich bereits in einer privilegierten gesellschaftlichen Position befinden, in einem höheren Ausmaß von der Verfügbarkeit des neuen Mediums profitieren. Das heißt, es tritt jeweils das Muster sich selbst verstärkender Ungleichheiten auf. Der niederländische Soziologe Jan van Dijk beschreibt die sozialen Folgen der ungleichen Internetnutzung deshalb als „Matthäus-Effekt": „Denn wer da hat, dem wird gegeben werden, und er wird die Fülle haben" (Matthäus 25, 29). Der Nachsatz von Matthäus – „wer aber nicht hat, dem wird auch, was er hat, genommen werden" – lässt sich allerdings hinsichtlich der statusdifferenten Internetnutzung im Allgemeinen nicht belegen. Vielmehr tritt auch auf Seiten der schlechter positionierten Internetnutzer üblicherweise ein positiver Effekt auf – aber eben in vergleichsweise schwachem Ausmaß.

Nicole Zillien, Digitale Spaltung – Reproduktion sozialer Ungleichheit im Internet, www.bpb.de, 14.11.2013, Abruf am 16.10.2018

Sozialer Status bezeichnet die beispielsweise durch Einkommen, Vermögen, Bildung, Prestige, Macht und Einfluss charakterisierte gesellschaftliche Position von Individuen bzw. sozialer Gruppe

M zu Aufgabe 1
Arbeiten Sie in 3er-Gruppen in der Placemat-Methode. Aufgabe 1 bearbeitet jedes Gruppenmitglied in seiner Ecke, Aufgabe 2 wird als gemeinsames Ergebnis in der Mitte formuliert.

F zu Aufgabe 1
Vergleichen Sie Ihre Analyseergebnisse mit Ihren Vermutungen aus der Einstiegsaufgabe.

H zu Aufgabe 2
Nutzen Sie dabei das Konzept der digitalen Spaltung (Digital Divide).

Aufgaben

1. Analysieren Sie die in M 6 dargestellten Befragungsergebnisse.
2. Diskutieren Sie mögliche Auswirkungen der zwischen sozialen Gruppen unterschiedlichen Nutzung internetbasierter Partizipationsmöglichkeiten (M 6, M 7).

3.3.4 Sowieso nur „Filterblasen" oder: Ist echte Meinungsbildung mit digitalen Medien möglich?

E Vergleichen Sie die in einem Bloggingdienst verbreiteten Kommentare zur Haushaltsdebatte des Deutschen Bundestages und beschreiben Sie die Botschaft, die beide Darstellungen ihren – vermutlich unterschiedlichen – Lesern vermitteln (M 8).

M 8 ● Ein politisches Ereignis – zwei Perspektiven

Die Debatte des Deutschen Bundestages zum Bundeshaushalt 2019 wurde sowohl von Bundestagsabgeordneten als auch von Bürgerinnen und Bürgern vielfältig kommentiertt

Fiktive Autorentexte in Anlehnung an realexistierende Tweets.

M 9 ● Wie entstehen und funktionieren „Filterblasen"?

Facebook und andere Social Network Sites [SNS] [...] sind universelle Filter der personalisierten Umweltwahrnehmung und schieben sich als neue Intermediäre (=Ver-
5 mittlungssysteme) zwischen Realität und Publikum. Anders als in Nachrichtenmedien als klassische Intermediäre ist Gesellschaftsrelevanz in SNS kein Auswahlkriterium. Ihre Algorithmen liefern den Nutzern
10 konsequent die Inhalte, die diese *persönlich* interessieren. Diese *Personalisierung* macht sie ja gerade so attraktiv. Neben dem persönlichen Interesse gilt die *Beziehungsstärke* als wichtigstes Selektions- und Ord-
15 nungskriterium: SNS zeigen ihren Nutzern Beiträge von anderen Nutzern und Anbietern, mit denen sie sich in der Vergangenheit verbunden haben [...].
Anders als in [klassischen] Nachrichtenme-
20 dien spielen der gesellschaftliche Status einer Quelle und ihre Glaubwürdigkeit keine Rolle, weshalb SNS die Posts guter Freunde solchen von gesellschaftlich relevanten Quellen vorziehen. Zudem unter-
25 scheiden SNS bei der Ermittlung der Beziehungsqualität nicht zwischen den eigentlichen Urhebern von Meldungen und Vermittlern, die sie lediglich weiterverbreiten [...]. Der Journalist Götz Hamann (2015)
30 beschreibt es unter Bezug auf Nachrichten so:

„In den Sozialen Netzwerken hat sich ein alternativer Nachrichtenkosmos entwickelt, in dem eine andere Vertrauenswährung gilt. Dort ist erst mal
35 unwichtig, ob jemand ein professioneller Journalist ist, das Vertrauen wächst dort anders, es zählt der Glaube an den Menschen, denen man auf Facebook oder

Algorithmen
sprachlich präzise Beschreibung einer Vorgehensweise zur Lösung eines Problems oder Aufgabenstellung. Anhand dieses Bearbeitungsplans werden in (endlichen) Einzelschritten, die in der Regel maschinell ausgeführt werden, Eingabedaten (z. B. „gelikte" Bands und Musikvideos) in aufgabenbezogene Ausgabedaten (z. B. vorgeschlagene Musikvideos auf YouTube) umgewandelt.

Twitter folgt und von denen man erwartet, dass sie auf wichtige Ereignisse und interessante Texte hinweisen. In diesen Netzwerken werden Artikel von Journalisten empfohlen und geteilt, sie sind weiterhin die zentrale Informationsquelle, aber ihre Glaubwürdigkeit beziehen sie vor allem von denen, die auf sie verweisen."

Ein weiteres Selektions- und Ordnungskriterium ist die Aktualität: Je aktueller eine Meldung zum Zeitpunkt des Aufrufs einer SNS ist, desto eher und auffälliger wird sie angezeigt. [...] Nachrichtenmedien [heben] eine gesellschaftlich relevante Meldung auch am Folgetag hervor, während diese Meldung in SNS längst ‚durch' ist. Die *Zahlungsbereitschaft* von Urhebern ist ein gern übersehenes Kriterium. Bei Facebook beispielsweise müssen Nachrichtenmedien [...] Quellen dafür bezahlen, dass ihre Posts möglichst vielen ihrer Fans angezeigt werden.

Bekanntlich sind die etablierten Nachrichtenmedien auch in den SNS präsent, allen voran auf Facebook. Ihre dortigen Fan-Zahlen halten durchaus mit den Reichweiten der Print-Muttermedien und Websites mit [...]. Dennoch entsteht eine ganz andere Nachrichtenauswahl. Erstens speisen die Medienmarken nur noch eine ‚Facebook-taugliche' Auswahl ihrer Nachrichtenbeiträge ein. Zweitens bestimmen die Facebook-Algorithmen darüber, welche dieser Beiträge die Nutzer dann tatsächlich angezeigt bekommen – und zwar nach den soeben genannten Kriterien Aktualität, Beziehungsqualität und Zahlungsbereitschaft von Informationsanbietern. Die anderen Beiträge bleiben unsichtbar. Welche Nachrichten Nutzer letztlich auf Facebook und anderen SNS sehen, hängt also von den Auswahlentscheidungen der Nachrichtenmedien als primäre Intermediäre und den SNS als sekundäre Intermediäre ab. [...]

Dass [dieser] personalisierte, interessengeleitete Zugang zur (Nachrichten-)Welt über die sozialen Medien mit erheblichen Gefahren für den Einzelnen und die Gesellschaft verbunden ist, hat erstmals [der US-amerikanische Polit-Aktivist] Eli Pariser [...] beschrieben. [Die von ihm so bezeichnete] Filterblase führe dazu, dass SNS-Nutzer kaum mehr Kontakt mit Akteuren, Themen oder Meinungen haben, die sie nicht interessieren. Das Problem dabei: [...] SNS-Nutzer befinden sich in einer individuellen Filterblase, für die sie sich nicht entschieden haben, von der sie nicht wissen, dass sie existiert, und deren Regeln sie nicht kennen [...].

Wolfgang Schweiger, Der (des)informierte Bürger im Netz. Wie soziale Medien die Meinungsbildung verändern, Wiesbaden 2017, S. 86ff.

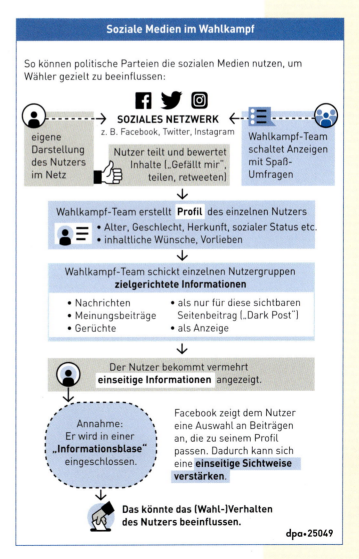

M 10 ● Einschränkende Filterblase oder welterschließende (digitale) Netzwerke? Die Wirkungsmöglichkeiten Sozialer Medien

a) Kommunikationswissenschaftliche Überlegungen

So plausibel die Vorstellung einer Filterblase auf den ersten Blick sein mag – es gibt auch gegenteilige Überlegungen. Die erste bezieht sich auf die [...] Vielfalt an Inhalten im Internet. Auch wenn der individuelle Zugriff darauf zunehmend durch Algorithmen personalisiert sein mag, bleiben immer noch unzählige Gelegenheiten, mit Informationen in Berührung zu kommen, für die man sich zunächst nicht interessiert und nach denen man nicht gesucht hat. [...]

Die zweite Überlegung setzt bei der Größe und Beschaffenheit des persönlichen Netzwerks von SNS-Nutzern an. Während Menschen normalerweise mit einer begrenzten Zahl an Personen regelmäßig in direktem und engem Kontakt stehen, hat ein durchschnittlicher Facebook-Nutzer dort 342 Freunde [...]. Offline bestehen persönliche Netzwerke überwiegend aus ‚Strong Ties'. Das sind Beziehungen zwischen Menschen, die oft und intensiv miteinander zu tun haben und sich eng verbunden fühlen. SNS hingegen ermöglichen die Pflege von oberflächlichen Beziehungen mit mehr Menschen, die seltener und weniger intensiv miteinander kommunizieren [‚Weak Ties']. [Dabei ist zu berücksichtigen, dass] kleine Netzwerke dazu [neigen], homogen zu sein. Je größer Netzwerke hingegen werden und je mehr Weak Ties sie enthalten, desto unterschiedlicher sind die beteiligten Personen. [...] Persönliche Netzwerke bestehen nicht nur aus direkten Kontakten, sondern auch aus indirekten Kontakten. Das sind Freunde von Freunden [...] usw. Damit potenziert sich der beschriebene Effekt der Netzwerkgröße und [H]eterogenität: Je mehr direkte Freunde man in SNS hat, desto mehr Kontakte n-ten Grades hat man dort. Daraus ergibt sich eine exponentiell steigende Wahrscheinlichkeit von Kontakten mit heterogenen Inhalten.

Beide Überlegungen führen zur selben Konsequenz: Je mehr Informationen eine Person generell im Internet aufnimmt und je mehr Kontakte sie in ihren SNS-Netzwerken hat, desto höher ist die Wahrscheinlichkeit, dass sie mit Inhalten in Kontakt kommt, die nicht ihren persönlichen Interessen entsprechen. Damit stehen sich zwei Annahmen [über die Informationswirkung von SNS] gegenüber:

- Die *Theorie der Filterblase* [vgl. M 9] postuliert, dass Aggregatoren gegenüber der klassischen Mediennutzung zu einem höheren Anteil personalisierter Kontakte beitragen, so dass die Menschen unbemerkt in eine Blase geraten, die ausschließlich ihre eigenen Interessen und Einstellung widerspiegelt.
- Die *Netzwerk-Theorie* dagegen geht davon aus, dass persönliche Online-Netzwerke größer und damit automatisch heterogener sind, so dass eine Person über direkte und indirekte Kontakte häufiger mit heterogenen Inhalten konfrontiert wird.

Welcher Effekt wie stark ausfällt, ist individuell unterschiedlich.

Wolfgang Schweiger, Der (des)informierte Bürger im Netz. Wie soziale Medien die Meinungsbildung verändern, Wiesbaden 2017, S. 91f.

Aggregatoren
Dienstleister und Plattformen (wie Facebook), die verschiedene (digitale) Medieninhalte „sammeln" und – nach bestimmten Kriterien – ihren Nutzern zur Verfügung stellen

Weil wir nur ganz bestimmte Nachrichten angezeigt bekommen, leben wir zunehmend in einer Filterblase.

b) Realitätstest: Wahlkampfbezogene Bürgerkommunikation in Sozialen Medien
Im Kontext der Bundestagswahl 2017 untersuchte die Süddeutsche Zeitung die politische Kommunikation auf Facebook. Anhand der dort erhobenen Daten – 5.000 Facebook-Nutzer und ihre über eine Million Likes – konnte analysiert werden, inwieweit Anhänger einzelner politischer Parteien auch Inhalte zur Kenntnis nehmen, die Anhängern anderer Parteien zusagen. Die Grafik zeigt die dabei entstehenden Beziehungen; sie zeigt: Voneinander abgeschottete Filterblasen in dieser strengen Deutung gibt es der Datenauswertung zufolge auf Facebook um die deutschen Parteien herum praktisch nicht. Denn wie die dichten, fast spinnennetzartigen Verbindungen in der Netzwerk-Grafik zeigen, gibt es zwischen fast allen Milieus um die Parteien Verbindungen. Allein die Sphäre der Alternative für Deutschland (AfD) auf der rechten Seite der Grafik erscheint vergleichsweise isoliert.

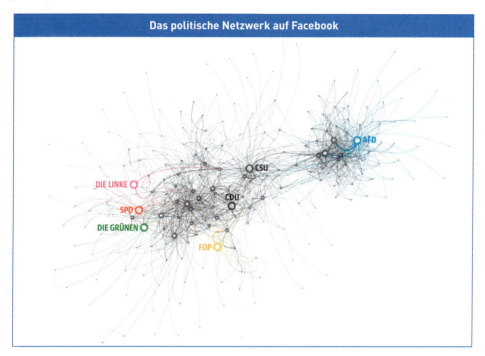

Das politische Netzwerk auf Facebook

Die räumliche Nähe von Knotenpunkten richtet sich nach der Anzahl der Verbindungen: Je näher zwei Punkte, also Facebook-Seiten, einander sind, desto mehr direkte Verbindungen - desto mehr Nutzer haben also die beiden Seiten gelikt.

Katharina Brunner, Sabrina Ebitsch, Süddeutsche Zeitung, 2.5.2017, Abruf am 16.10.2018

Aufgaben

1. Erläutern Sie die angenommene Funktionsweise von „Filterblasen" und die damit verbundenen Folgen für die politische Meinungsbildung (M 8, M 9).
2. Überprüfen Sie die Annahmen der „Filterblase" (M 9, M 10, eigene Nutzungserfahrungen).
3. Medienkritiker fordern Soziale Netzwerke wie Facebook dazu auf, die Funktionsweise ihrer Algorithmen (stärker) offenzulegen und Nutzern stärkere Eingriffsmöglichkeiten – wie etwa durch einen Befehl „Bitte zeige mir mehr Inhalte, die nicht meiner Meinung entsprechen" – zu gewähren. Diskutieren Sie diese Forderungen.

H zu Aufgabe 1
Gehen Sie dabei auf die normativen Erwartungen der Funktionswahrnehmung von Medien (vgl. Kap. 3.1) ein.

F zu Aufgabe 1
Berücksichtigen Sie auch das „Digital Divide"-Konzept (Kap. 3.3.3).

3.3.5 Das Internet – Ort eines demokratischen Diskurses?

E Das Internet – ein Demokratiemotor? Diskutieren Sie die These (M 11) auf einer Positionslinie.

M 11 ● Das Internet – ein Demokratiemotor?

[Die teils euphorischen Erwartungen an das Internet speisen sich aus der] Hoffnung, dass die Bürger die technischen Möglichkeiten [des Internets] auch tatsächlich nutzen. Dass sie sich am öffentlichen Diskurs beteiligen, in Diskussionen ihre eigenen Positionen und Argumente zum Ausdruck bringen und damit die Sichtweise von Journalisten und politischen Akteuren ergänzen. Tatsächlich werden Nachrichtenbeiträge großer Online-Medien oft hundert- oder tausendfach von Nutzern kommentiert und auf Facebook unzählige Male gelikt oder geteilt. Doch was bedeutet das? Setzen sich hier wirklich Bürger und Journalisten ,in Beziehung zueinander', um bei Brecht zu bleiben? Bringt das die Demokratie wirklich voran? Oder haben wir es mit einer riesigen Menge an Bürger-Statements zu tun, die sich nur selten zu einer echten Diskussion entwickeln, aber immerhin im Netz von anderen Bürgern gelesen werden und sie in ihrer Meinungsbildung beeinflussen?

Wolfgang Schweiger, Der (des)informierte Bürger im Netz. Wie soziale Medien die Meinungsbildung verändern, Wiesbaden 2017, S. 55

M 12 ● Der herrschaftsfreie öffentliche Diskurs – Idealbild gesellschaftlicher Kommunikation

Die Vorstellung eines Diskurses unter Bürgern wurde maßgeblich von Jürgen Habermas [...] geprägt. [...] Erstmals in seinem Buch „Strukturwandel der Öffentlichkeit" von 1962 argumentiert er, dass in einer funktionierenden Demokratie die Legitimität politischer Entscheidungen nicht nur durch freie Wahlen gewährleistet wird, sondern auch durch öffentliche Diskurse. [...] [Die von Habermas entworfene] ideale Diskurs-Öffentlichkeit [...] besteht aus freien Bürgern, die an öffentlichen Orten und in den Medien zusammenkommen, um über gesellschaftsrelevante Probleme zu diskutieren. Dieser Diskurs findet nach Regeln statt, die sich auf den Zugang zur Diskussion (Input), ihren Ablauf (Throughput) und ihr Resultat (Outcome) beziehen [...]:

• *Zugang/Input:* Alle politisch Interessierten und Informierten können ohne Standes- oder Machtunterschiede teilnehmen (offener Zugang). Sie dürfen ohne Tabus alle relevanten Themen (thematische Offenheit) diskutieren; alle Argumente und Meinungen dürfen zur Sprache kommen (Meinungsoffenheit). Auf diese Weise wird die Vielfalt aller existierenden Perspektiven, Argumente und Meinungen gesammelt. Der Redeanteil der Diskutanten bzw. die Aufmerksamkeit, die ihnen im Diskurs zukommt, hängt nicht von ihrer Stellung oder ihrer Macht ab (herrschaftsfreier Diskurs), sondern allein von der Qualität der Argumente.

• *Ablauf/Throughput:* Die Diskussion ist auf aufrichtige Verständigung und Beratschlagung im Sinne einer gründlichen politischen Erwägung ausgerichtet: Die Diskutanten bleiben beim aktuell gewählten Thema; sie lenken nicht ab. Sie begründen ihre Forderungen durch schlüssige und widerspruchsfreie Argu-

Zur **deliberativen Demokratietheorie** nach Jürgen **Habermas**
→ vgl. Kap. 2.6.4

mente. Strategische Kommunikations-Tricks wie Halbwahrheiten oder andere Manipulationsversuche sind nicht zulässig (Rationalität). Die Diskursteilnehmer versuchen sich gegenseitig zu überzeugen, hören einander offen zu und lassen sich von besseren Argumenten der Anderen überzeugen (Reflexivität). Sie gehen höflich und in angemessener Sprache miteinander um und vermeiden persönliche Angriffe, denn das könnte Diskutanten einschüchtern und zum Verstummen bringen und relevante Positionen und Argumente unterdrücken.

• *Outcome*: Am Ende einer Diskussion steht zumindest ein gemeinsamer Wissenszuwachs – die Teilnehmer haben etwas voneinander gelernt. Im Idealfall sind sie zu einem Konsens gelangt. Zumindest aber haben sie verstanden, wo die Gründe für ihren Dissens liegen. Zudem dient eine Diskussion nicht nur ihren Teilnehmern, sondern auch Zuhörern oder späteren Lesern als Grundlage für deren eigene politische Meinungsbildung.

Wolfgang Schweiger, Der (des)informierte Bürger im Netz. Wie soziale Medien die Meinungsbildung verändern, Wiesbaden 2017, S. 55ff.

M 13 ● Kann das Internet „vermachtete" Kommunikation überwinden?

Habermas [...] beklagt bereits 1962, dass das Mediensystem dieses Diskursideal kaum unterstützt. [...] Das Problem aus Habermas' Sicht ist [...], dass im Kapitalismus der Zugang zu den Medien ‚vermachtet' ist. Vor allem die ökonomische Abhängigkeit der Medien [...] gefährdet den chancengleichen Zugang aller Meinungen und Argumente: Ob es ein Akteur in die Medien schafft und wie ausführlich er zu Wort kommt, hängt weniger davon ab, wie bedeutend oder sinnvoll die Argumente sind, als vielmehr von seiner ökonomischen und kommunikativen Macht. In den Medien kommen also überwiegend Akteure mit wirtschaftlicher oder politischer Macht, hohen Werbe- und PR-Budgets oder prominenter Sprecher zu Wort. [...]
Führt man diese Überlegungen weiter, so ist das Internet „der denkbar großartigste Kommunikationsapparat des öffentlichen Lebens" (Brecht), denn er kann zwei Schwächen der journalismusvermittelten Öffentlichkeit beheben: Es bietet erstens eine *in puncto Kapazität unbegrenzte und leistungsfähige Kommunikationsinfrastruktur.* Hier kommen auch jene Themen, Akteure, Meinungen und Argumente zum Zug, die es nicht in die Medien geschafft haben – das allerdings meist zum Preis einer geringeren öffentlichen Aufmerksamkeit [...]: Wenige Angebote – darunter viele Nachrichtenmedien – haben viele Nutzer und maximale Publizität, während es unzählige andere auf nur geringe Reichweiten bringen. Das Internet stellt zweitens eine *Diskurs-Plattform* dar, auf der professionelle politische Akteure, Journalisten und Bürger ohne Standesunterschiede miteinander in Dialog treten können. Damit ist es tatsächlich die Verwirklichung von Habermas' Ideal einer diskursiven Öffentlichkeit – zumindest potenziell.

Wolfgang Schweiger, Der (des)informierte Bürger im Netz. Wie soziale Medien die Meinungsbildung verändern, Wiesbaden 2017, S. 57f.

Ⓜ **zu Aufgabe 1**
Visualisieren Sie Ihre Ergebnisse in einem Strukturbild bzw. Flussdiagramm.

Ⓜ **zu Aufgabe 2**
Führen Sie hierzu eine Podiumsdiskussion oder Talkshow mit je zwei Skeptikern bzw. Optimisten durch.

Ⓗ **zu Aufgabe 2**
Nutzen Sie für Ihre Argumentation Ihre Erkenntnisse zur internetbasierten politischen Kommunikation und Partizipation (Kap. 3.3) sowie zur Rolle „der" Medien gegenüber „der" Politik (Kap. 3.1).

Aufgaben

❶ Stellen Sie die Anforderungen an einen ‚idealen' öffentlichen Diskurs nach Jürgen Habermas (M 12) dar.

❷ Erörtern Sie ausgehend von M 12 und M 13 die Chancen und Risiken des Internets als „Ort" der demokratischen Öffentlichkeit.

ORIENTIERUNGSWISSEN

Politische Partizipation im Internet
(Basiskonzept: Interaktionen und Entscheidungen)
M 2, M 5

Im sogenannten „**Internet 2.0**" – den Internetanwendungen, die über eine reine Darstellung hinaus Interaktivität ermöglichen – haben sich vielfältige politische Informations- und Partizipationsmöglichkeiten eröffnet. Plattformen wie „abgeordnetenwatch.de" bieten **Informationen** über politische Prozesse und erweitern die öffentliche **Kontrolle** politischer Akteure. Unterschiedliche Angebote bieten darüber hinaus **Partizipations**möglichkeiten; dabei sind Kampagnenplattformen wie Campact stärker **bottom-up** organisiert, wohingegen staatliche Institutionen wie der Deutsche Bundestag (E-Petitionen) oder Kommunalverwaltungen (Bürgerhaushalte) auch **top-down** Partizipationsangebote unterbreiten.

Auch wenn diese Angebote zweifellos für spezifische Nutzergruppen sehr attraktiv sind und politische Partizipation generieren, bemängeln Kritiker den „**klicktivism**" – eine politische Partizipation, die sich auf schnell ausgeführte Klicks (z. B. Unterzeichnung einer Petition) beschränkt, ohne in ein dauerhaftes politisches Engagement zu münden und somit eher einer passiven Konsumentenhaltung entspricht.

Digitale Spaltung
(Basiskonzept: Motive und Anreize)
M 7

In diesem Zusammenhang wird auch die Sozialstruktur der im Internet politisch Aktiven kritisch diskutiert. Da der Zugang zu internetbasierten Partizipationsangeboten nicht allen Menschen offensteht, wird von einer **digitalen Spaltung** der Gesellschaft (**Digital Divide**) gesprochen. Da es vor allem jüngere Menschen mit gehobenem Bildungsgrad sowie höheren Einkommenspositionen sind, die digitale Partizipationsmöglichkeiten nutzen, ist die **Repräsentativität** der dort kollektiv formulierten politischen Positionen nur **eingeschränkt** gegeben.

Filterblasen und Echokammern?
(Basiskonzept: Interaktionen und Entscheidungen)
M 9, M 10

Für die internetbasierte Information und Meinungsbildung, die vielfach über Social Media-Angebote sowie Suchmaschinen erfolgt, wird zudem das Problem von **Filterblasen** und **Echokammern** diskutiert. Auch wenn es noch zu wenige empirische Belege für die vermuteten Zusammenhänge gibt, lässt sich beobachten, dass Nutzerinnen und Nutzer durch die **Algorithmen** vor allem solche Inhalte vorgeschlagen bekommen, die mit ihrem bisherigen Nutzungsverhalten (Klicks, Likes usw.) korrespondieren, sodass mit zunehmender Nutzungsdauer entgegenstehende Meinungen nicht mehr wahrgenommen werden, sofern die Nutzer nicht gezielt nach diesen suchen.

Internet als Demokratiemotor?
(Basiskonzept: Ordnungen und Systeme)
M 12, M 13

Somit stellt sich die Frage, ob „das" Internet bzw. die auf Interaktivität zielenden digitalen Angebote wie Social Media oder Partizipationsplattformen die Demokratie neu beleben. Optimisten führen an, dass im Internet die „**Vermachtung" der Medien** – also ein sozial selektiver Zugang zu Öffentlichkeit – überwunden werde und ein **herrschaftsfreier Diskurs** möglich werde. Die Beobachtungen zur digitalen Spaltung sowie zu Filterblasen lassen jedoch Zweifel daran aufkommen, dass die Kriterien eines idealen öffentlichen Diskurses nach Habermas (Rationalität und Reflexivität) im Internet erreicht werden.

Machtverhältnisse zwischen Politik und Medien im Internetzeitalter

Als das Magazin Time im Jahr 2006 [...] den Menschen des Jahres auf dem Cover präsentierte, sah man [...] das Foto eines Computerbildschirms mit einer reflektierenden, das eigene Gesicht spiegelnden Fläche. Die Botschaft: Schau her, da bist du selbst, fähig zu publizieren und zu protestieren, eigene Themen zu setzen und die öffentliche Agenda zu bestimmen. „Es geht darum", so begründete das Magazin die Wahl des digital vernetzten Individuums zur Person des Jahres, „dass die Vielen den Wenigen die Macht entreißen."

Heute [...] wird deutlich, dass tatsächlich eine neue Macht- und Einflusssphäre entstanden ist [...]. Diese [...] fünfte Gewalt ist nicht fremdorganisiert, sondern selbstorganisiert. Sie zeigt sich – im Unterschied zu einem hierarchisch geprägten Kollektiv – als ein Konnektiv, als eine Organisation ohne Organisation. Kollektive agieren auf der Grundlage klarer Absprachen, gemeinsamer Grundsätze und starker Bindungen, orientiert an deutlich erkennbaren Machtzentren. Das konnektive Handeln [...] ist demgegenüber [...] stärker am persönlichen Selbstausdruck ausgerichtet [...]. Die Mobilisierung kann spontan und ohne klar identifizierbare Anführer erfolgen [...]. Die neue Macht solcher Konnektive bedeutet jedoch nicht, dass Kollektive – NGOs, professionelle Kampagneros, institutionell stabile Interessengruppen – überflüssig werden [...]. Vielmehr können klassische Kollektive [...] die Bildung von Konnektiven mehr oder minder zielgerichtet inspirieren. Sie liefern den Vielen, die sich plötzlich zuschalten, vorfabrizierte Materialien, ausformulierte Protestschreiben, aufrüttelnde Bilder, einfache, massenwirksame Botschaften und animieren sie zum Twittern und Klicken. [...]

Die fünfte Gewalt mag als Ausdruck eines autonomen Publikumswillens erscheinen, [...] aber das stimmt längst nicht immer. Die neue Macht ist selbst manipulierbar und korrumpierbar, sie wirkt unabhängig, aber das muss sie nicht sein. Ryan Holiday, PR-Berater aus den USA, beschreibt dies im Detail [...]. Man nehme ein paar interne Sitzungsprotokolle, kennzeichne sie als geheim, schicke sie an Blogger, die diese dann als exklusive News veröffentlichen, schreibe unter Pseudonym Kommentare, erzeuge künstlich Traffic und mache die klassischen Medien auf die gewünschten Themen aufmerksam. „Aufwärts verkaufen" nennt Holiday diese Strategie: Fake-Personen können so Fake-Nachrichten zur Netzveröffentlichung bringen, um schließlich „echte" Artikel in den etablierten Medien auszulösen. [...] Damit stellt sich grundsätzlich die Frage, wer eigentlich spricht, wenn scheinbar die Masse online die Stimme erhebt. [...] Heute verwandelt sich die einst von publizistischen Großmächten regierte Mediendemokratie allmählich in die Empörungsdemokratie des digitalen Zeitalters. Macht verstreut sich, sie verliert ihr institutionelles Zentrum. [...] Aber kann Machtkontrolle ohne institutionelle Adresse funktionieren? [...] Braucht es den Zwang? Oder reicht die Debatte?

Bernhard Pörksen, Die fünfte Gewalt des digitalen Zeitalters, in: Cicero online, 17.4.2015, Abruf am 16.10.2018

Aufgaben

1 Fassen Sie Pörkens Überlegungen zu den Veränderungen der politischen Kommunikation durch das Internet zusammen.

2 Erläutern Sie Möglichkeiten der internetbasierten politischen Partizipation.

3 „Braucht es den Zwang? Oder reicht die Debatte?" (Z. 72 f.). Setzen Sie sich mit der Notwendigkeit und den Möglichkeiten einer Regulierung internetbasierter politischer Kommunikation auseinander.

Mediencode: 72052-01

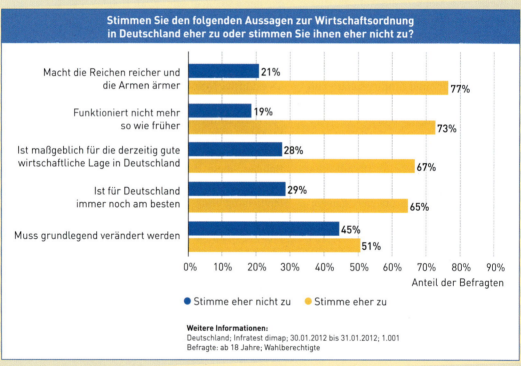

Umfrage des ARD-DeutschlandTREND, Januar 2012
Zahlen: www.statista.com

Mit (reguliertem) Wettbewerb zu Wohlstand? Die Wirtschaftsordnung der Sozialen Marktwirtschaft

4

Die Entscheidung für eine Wirtschaftsordnung ist zentral für einen Staat. Dabei stehen Systeme zur Verfügung, die sich zwischen freier Marktwirtschaft und Zentralverwaltungswirtschaft („Planwirtschaft") verorten lassen. Die denkbaren Wirtschaftsordnungen unterscheiden sich in ihrem Verständnis bzw. ihrer Gewichtung der gesellschaftlichen Grundwerte Freiheit, Gerechtigkeit und Sicherheit. Wie Markt- und wie Planwirtschaft diese Werte verstehen und gewichten, können Sie in Kapitel 4.1 erarbeiten.

Die Soziale Marktwirtschaft als Wirtschaftsordnung der Bundesrepublik Deutschland seit 1949 wird häufig als „dritter Weg" zwischen freier Markt- und Zentralverwaltungswirtschaft bezeichnet. Inwieweit diese Bezeichnung zutrifft, erarbeiten Sie in Kapitel 4.2. Zudem analysieren und erörtern Sie Aufgaben, die der Staat nach dem Konzept der Sozialen Marktwirtschaft übernehmen soll, und inwiefern diese Aufgaben mit den staatlichen Handlungsmöglichkeiten in den Bereichen der Struktur-, Ordnungs- und Prozesspolitik erreicht werden können.

In Kapitel 4.3 stehen die wirtschaftspolitischen Ziele der Bundesrepublik im Mittelpunkt, die sich aus den genannten Grundwerten ableiten lassen. Sie können analysieren, ob all diese Ziele sinnvoll umgesetzt werden bzw. gleichzeitig umgesetzt werden können. Abschließend diskutieren Sie die Begrenzung wirtschaftspolitischer Handlungsfähigkeit des Staates anhand der Kontroverse um einen ausgeglichenen Haushalt bzw. die Staatsverschuldung.

Was wissen und können Sie schon?

1. Führen Sie in Ihrem Kurs/Ihrem Jahrgang eine Umfrage wie die angeführte durch. Halten Sie dabei die Begründungen für die jeweilige Einschätzung der/des Befragten fest.
2. Systematisieren Sie die Begründungen für bzw. gegen die deutsche Wirtschaftsordnung unter Oberbegriffen.

KOMPETENZEN

Am Ende dieses Kapitels sollten Sie Folgendes wissen und können:

... die Prinzipien (Wettbewerbs-, Sozial-, Marktkonformitäts-, Eigentums- und Haftungsprinzip) und die wirtschaftspolitischen Maßnahmen des Staates (Ordnungs-, Struktur- und Prozesspolitik) in der Sozialen Marktwirtschaft beschreiben.

... die Aufgaben des Staates in der Sozialen Marktwirtschaft (u. a. Ordnungsrahmen, Bereitstellung öffentlicher Güter, Wettbewerbssicherung, soziale Sicherung) vor dem Hintergrund der wirtschaftspolitischen Ziele des Magischen Sechsecks erläutern.

... kriterienorientiert das Verhältnis von Markt und Staat in der Sozialen Marktwirtschaft erörtern.

... staatliches Handeln vor dem Hintergrund von wirtschaftspolitischen Zielen und Zielkonflikten des Magischen Sechsecks erörtern.

4.1 (Wie) Soll die Wirtschaft geordnet sein?

4.1.1 Welche Ziele soll staatliche Wirtschaftspolitik verfolgen?

E Analysieren Sie die Versorgungssituation mit Strom in Ionien anhand der Perspektiven Anbieter, Verbraucher und Gemeinwohl (M 1).

M 1 • Stromversorgung in Ionien

Zu **Verteilungsgerechtigkeit**
→ vgl. Kap. 5

Die Stromversorgung der Republik Ionien wird durch vier Energieunternehmen sichergestellt, von denen je eines in voneinander abgegrenzten regionalen Märkten als Anbieter auftritt. Der eher dünn besiedelte Norden Ioniens wird durch das transnational agierende Unternehmen *Weltstrom* versorgt, das Strom aus unternehmenseigenen Atomkraftwerken des Nachbarlands Uranistan importiert. Die reichere Küstenregion des Westens wird durch das Unternehmen *Ventoux* versorgt, das seine Stromproduktion zu 100 % auf Windenergie umgestellt hat.

Der im Vergleich zum Landesdurchschnitt ärmere und landwirtschaftlich geprägte Süden wird durch das Unternehmen *Fossen* versorgt, das Strom in Wasserkraftwerken produziert. Im dicht besiedelten, industriell geprägten Osten des Landes agiert das Unternehmen *Kraftwerk*, welches die Stromproduktion, die für diese Region ein deutlich höheres Volumen umfasst als für die übrigen Landesteile, mithilfe von Braunkohlekraftwerken sicherstellt.

Die Stromnetze der einzelnen Regionen befinden sich im Besitz des jeweiligen Unternehmens. Die Preisstruktur ist aus Sicht der Kunden relativ ähnlich; etwas günstigere Preise haben Privatverbraucher im Süden und im Norden, wohingegen im Osten den energieintensiven Unternehmen Rabatte eingeräumt werden.

Diese Ausgangslage verändert sich durch folgende Entwicklungen:
Viele Kernkraftwerke in Uranistan nähern sich ihrem Laufzeitende. Sie meldeten in den letzten Jahren häufiger Störfälle und mussten zeitweise vom Netz genommen werden. Die Regierung Ioniens fordert die Abschaltung der ältesten Reaktoren in Grenznähe.

Ventoux produziert in seinen Offshore-Windparks oft Energieüberschüsse. Das Vorhaben, Strom in andere Regionen Ioniens zu liefern, scheitert bislang daran, dass die regionalen Netze nur gegen die Entrichtung hoher Durchleitungsgebüh-

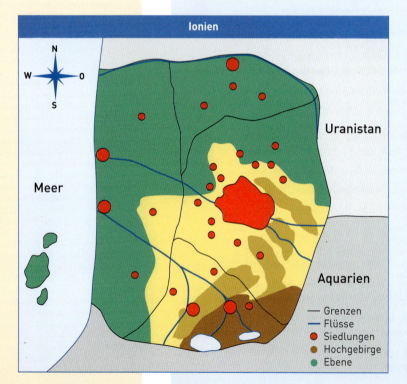

4 Die Wirtschaftsordnung der Sozialen Marktwirtschaft

ren genutzt werden können. Dadurch wird der Windstrom für den Endverbraucher teurer als der regionale Strom.

Die durch einen Wirtschaftsaufschwung wachsende Stromnachfrage im Osten verändert die Bedingungen der Braunkohleverstromung: Die Kohleförderung im Tagebau soll stärker ausgeweitet werden als bislang geplant. Dadurch werden in der dicht besiedelten Region bald Wohnsiedlungen und ganze Kleinstädte dem Braunkohleabbau weichen müssen. In den vor allem von einfachen Industriearbeitern bewohnten Siedlungen, aber auch bei Klimaschützern organisiert sich massiver Widerstand.

Die dezentrale Stromproduktion durch Solaranlagen privater Haushalte wird in Ionien immer wichtiger. Mit einem Anteil von ca. 9 Prozent an der gesamten Stromerzeugung ist Ionien hier international Vorreiter. Eine Grundlage hierfür

war der Aufstieg des ionischen Start-ups *SolarKRAFT* zum weltgrößten Photovoltaik-Hersteller vor 15 Jahren. Allerdings steht das Unternehmen heute vor der Insolvenz: Solarpanels südostasiatischer Hersteller haben bei der Qualität aufgeholt, kosten aber mittlerweile nur noch die Hälfte im Vergleich zu solchen aus ionischer Produktion. Tausende Mitarbeiter in der Fertigung stünden bei der Insolvenz vor der Arbeitslosigkeit.

Das Unternehmen *Fossen* gerät unter Druck, weil es in Folge von Stauprojekten im benachbarten Aquarien sowie insgesamt rückläufiger Wassermengen durch klimatische Veränderungen nicht mehr gleichmäßig Strom produzieren kann. Fossen bietet daher nun einen „Sicherheitstarif" (garantierter Strom bei 100 % Preisaufschlag) und einen „Basistarif" (garantierter Strom nur außerhalb der Hauptlastzeiten zum bisherigen Preis der Vollversorgung) an. *Autorentext*

M 2 ● Auf welche Grundwerte stützen sich Gesellschaften?

Jede Gesellschaft braucht eine [...] Übereinstimmung über Grundwerte, sonst verliert sie ihre Stabilität, und ohne einen solchen „Konsens" kann Politik das gesellschaftliche Zusammenleben nicht gestalten. Für die Wirtschaftspolitik spielen folgende gesellschaftliche Grundwerte eine besondere Rolle: Freiheit, Gerechtigkeit, Sicherheit [...]. Die gesellschaftlichen Grundwerte können als Oberziele jeder Politik angesehen werden. Wirtschaftspolitik und wirtschaftspolitische Ziele im engeren Sinne – wie zum Beispiel Vollbeschäftigung und Preisstabilität – dienen letztlich dazu, diese gesellschaftlichen Grundwerte zu verwirklichen. Freiheit bedeutet, dass der Einzelne sein Leben selbst gestalten, nach seinem Willen und in frei verantworteter, eigener Entscheidung nach Glück und Erfolg streben kann. Zur Freiheit gehören allerdings auch

die Möglichkeit zu scheitern und die Pflicht, die Folgen des Scheiterns selbst zu tragen und zu verantworten, soweit der Einzelne dazu in der Lage ist. Da individuelles Handeln Konsequenzen für andere haben kann, beschränkt die Ausübung der Freiheit des einen möglicherweise die Freiheit von anderen. [...] Häufig wird Freiheit auch negativ definiert, als Abwesenheit von unangemessenen Zwängen. Wir sprechen dann von „formaler" Freiheit. [...] Die Freiheit, [einen] Entschluss auch umsetzen zu können, nennt sich im Gegenzug „materiale" Freiheit. In freiheitlichen Gesellschaften ist unbestritten, dass der Staat formale Freiheit garantieren muss. Aber ist er auch verpflichtet, die materiale Freiheit zu gewährleisten? Oder anders gesagt: Ist Freiheit nur dann etwas wert, wenn man sie auch nutzen kann? [...]

Zum Verhältnis von Sicherheit – Freiheit
→ vgl. Kap. 1

Sicherheit

Gerechtig-keit

Sicherheit ist ein gesellschaftlicher Grundwert, denn ohne Sicherheit wäre die Gesellschaft ein „Kampf aller gegen alle". Die Gewährleistung von Sicherheit und Frieden
45 ist daher eine vordringliche staatliche Aufgabe. Eine Bedrohung der Sicherheit geht von Konflikten aus. Extreme Beispiele sind Kriege zwischen Staaten, Bürgerkriege und Terrorismus.
50 In der Wirtschaftspolitik geht es indessen nicht um diese dramatischen Bedrohungen der Sicherheit, sondern um die Konflikte des wirtschaftlichen Lebens. [...] Wirtschaftliche Sicherheit bedeutet, dass der
55 Einzelne nicht mit der Zerstörung seiner wirtschaftlichen Grundlagen rechnen muss und sicher in die Zukunft blicken kann, um sein Leben zu planen und zu gestalten.
In der Wirtschaftspolitik unterscheiden wir
60 [folgende] Formen von Risiken:
- Erwerbsunfähigkeitsrisiken entstehen zum Beispiel durch Krankheiten, Unfälle oder durch das Älterwerden.
- Beschäftigungsrisiken entwickeln sich
65 aus kurzfristigen Konjunkturkrisen, wenn nicht genügend Güter gekauft werden, um alle Betriebe beschäftigt zu halten, oder aber aus langwierigen Strukturkrisen, wenn Branchen oder Regionen einen
70 wirtschaftlichen Niedergang erleiden und nicht genügend neues Wirtschaftswachstum entsteht, um dies auszugleichen. In der Folge verlieren Arbeitskräfte ihre Beschäftigung und Unternehmen gehen
75 Bankrott.
- Einkommens- und Vermögensrisiken haben ihre Ursachen zum Beispiel in einer Inflation (Geldentwertung), die das Sparvermögen vernichtet [...].
80 - [Als wirtschaftspolitische Risiken im weiteren Sinne können Versorgungs- und Umweltrisiken angesehen werden.]

Zusammen führen solche Risiken [...] zu einem Bedarf an staatlicher Risikovorsorge.
85 Unterschiedliche Auffassungen bestehen dabei darüber, welchen Umfang die Risikovorsorge durch den Staat haben sollte und

inwieweit der Einzelne für seine wirtschaftliche Sicherheit selbst verantwortlich ist.
[...] Zwar kann Sicherheit erhöht werden, 90 indem die Verhaltensspielräume für Einzelne und Gruppen eingeschränkt werden, aber dann gerät Sicherheit in Konflikt mit Freiheit. [...]
Gerechtigkeit hängt zugleich eng mit 95 Gleichheit zusammen, Ungerechtigkeit beinhaltet immer Ungleichheit; Ungleichheit muss aber umgekehrt nicht immer Ungerechtigkeit bedeuten. Wie beim Grundwert Freiheit zwischen materialer und formaler 100 Freiheit unterschieden wird, so lässt sich auch beim Grundwert Gerechtigkeit eine Unterscheidung treffen.
Bei der Verfahrensgerechtigkeit geht es darum, dass gleiches Verhalten gleich behan- 105 delt werden muss. Die wichtigste Ausprägung der Verfahrensgerechtigkeit ist die Gleichheit vor dem Gesetz, das für ausnahmslos alle gilt. Das versteht man unter Rechtsstaatlichkeit. [...] Bei der Verteilungs- 110 gerechtigkeit geht es indessen um eine Norm zur Beurteilung von gesellschaftlichen Stellungen, zum Beispiel eine gerechte Verteilung von Einkommen und Besitz zwischen Personen und Gruppen. Dahinter 115 steht die Erkenntnis, dass die Wahrnehmung von Rechten, die für alle gleich sind, nicht für alle zu gleichen wirtschaftlichen Ergebnissen führt. Folglich steht die Verteilungsgerechtigkeit in einem Zusammen- 120 hang mit der materialen Freiheit.
So hat auch die Gerechtigkeit zwei Dimensionen: eine Verfahrensdimension und eine Verteilungsdimension. Führt Gleichbehandlung zu ungleichen wirtschaftlichen 125 Ergebnissen, dann erfordert die Angleichung der wirtschaftlichen Ergebnisse durch die Wirtschaftspolitik ein Abweichen von der Gleichbehandlung. [...]

Hans-Jürgen Schlösser, Wirtschaftspolitik und gesellschaftliche Grundwerte, in: Informationen zur politischen Bildung (Heft 294), Bonn 2007, S. 4ff. (Reihenfolge geändert)

M 3 ● Eine gerechte Verteilung?

a) Kuchen

Ist das gerecht?
Unterschiedlich große Stücke vom Kuchen.

b) Hocker

Ist das gerecht?
Jeder erhält einen Hocker.

Aufgaben

1. a) Entwickeln Sie zunächst auf die Stromversorgung (vgl. M 1) bezogene, konkrete Ziele, an denen sich der ionische Staat in seinem (wirtschaftspolitischen) Handeln orientieren sollte.
   b) Verallgemeinern Sie im Anschluss die konkreten zu umfassenden wirtschafts- und gesellschaftspolitischen Zielen, die Ihrer Meinung nach jeder Staat verfolgen sollte.
   c) Wählen Sie die für Sie zentralen Ziele aus und ordnen sie begründet nach Bedeutsamkeit.
2. Ordnen Sie die von Ihnen ausgewählten wirtschafts- bzw. gesellschaftspolitischen Ziele den von Schlösser genannten gesellschaftlichen Grundwerten zu (M 2).
3. Erörtern Sie, inwiefern von einer gerechten Versorgung und Bepreisung des Stroms der ionischen Bevölkerung gesprochen werden kann (M 1-M 3).

M zu Aufgabe 1
Arbeiten Sie nach dem Dreischritt des kooperativen Lernens: Einzelarbeit (Auswahl der zentralen Ziele) – Partnerarbeit (Vergleich und Begründung der ausgewählten Ziele, Festlegung einer gemeinsamen Auswahl) – Plenum (Präsentation und Diskussion der Ziele im Kurs).

H zu Aufgabe 3
Arbeiten Sie zunächst unterschiedliche Vorstellungen von Gerechtigkeit heraus.

4.1.2 Garantiert die freie Marktwirtschaft eine optimale Versorgung?

E Analysieren Sie die Karikatur (M 4). Stellen Sie im Anschluss Hypothesen zur Frage auf, warum Menschen wirtschaften, also arbeiten, konsumieren, Unternehmen gründen etc.

M 4 ● Motive des Wirtschaftens

Karikatur: Dirk Meissner

Adam Smith
(1723-1790) war Moralphilosoph und Wirtschaftstheoretiker. Er gilt als Begründer der modernen Nationalökonomie. In seinem Hauptwerk „The Wealth of Nations" (1776) kritisiert er die seinerzeit europaweit verbreitete Wirtschaftspolitik des Merkantilismus.

M 5 ● Adam Smith: Das Modell der freien Marktwirtschaft

Fast jedes Tier ist völlig unabhängig und selbstständig, sobald es ausgewachsen ist, und braucht in seiner natürlichen Umgebung nicht mehr die Unterstützung anderer.
5 Dagegen ist der Mensch fast immer auf Hilfe angewiesen, wobei er jedoch kaum erwarten kann, dass er sie allein durch das Wohlwollen der Mitmenschen erhalten wird. Er wird sein Ziel wahrscheinlich viel eher erreichen, wenn er deren Eigenliebe zu 10 seinen Gunsten zu nutzen versteht, indem er ihnen zeigt, dass es in ihrem eigenen Interesse liegt, das für ihn zu tun, was er von ihnen wünscht. Jeder, der einem anderen irgendeinen Tausch anbietet, schlägt vor: 15 Gib mir, was ich wünsche, und du be-

kommst, was du benötigst. Das ist stets der Sinn eines solchen Angebotes, und auf diese Weise erhalten wir nahezu alle guten

20 Dienste, auf die wir angewiesen sind. Nicht vom Wohlwollen des Metzgers, Brauers und Bäckers erwarten wir das, was wir zum Essen brauchen, sondern davon, dass sie ihre eigenen Interessen wahrnehmen. Wir wen-

25 den uns nicht an ihre Menschen-, sondern an ihre Eigenliebe, und wir erwähnen nicht die eigenen Bedürfnisse, sondern sprechen von ihrem Vorteil. Niemand möchte weitgehend vom Wohlwollen seiner Mitmen-

30 schen abhängen. [...] Da aber jeder Mensch Kapital zur Unterstützung seines Erwerbsstrebens nur mit Aussicht auf Gewinn einsetzt, wird er stets bestrebt sein, es zur Hilfe für solche Erwerbe anzulegen, deren

35 Ertrag voraussichtlich den höchsten Wert haben wird, oder für den er das meiste Geld oder die meisten anderen Waren bekommen kann. Nun ist aber das Volkseinkommen eines Landes immer genau so groß wie der

40 Tauschwert des gesamten Jahresertrags oder, besser, es ist genau dasselbe, nur anders ausgedrückt.

Wenn daher jeder Einzelne so viel wie nur möglich danach trachtet, sein Kapital zur

45 Unterstützung der einheimischen Erwerbstätigkeit einzusetzen und dadurch diese so lenkt, dass ihr Ertrag den höchsten Wertzuwachs erwarten lässt, dann bemüht sich auch jeder Einzelne ganz zwangsläufig,

50 dass das Volkseinkommen im Jahr so groß wie möglich werden wird. Tatsächlich fördert er in der Regel nicht bewusst das Allgemeinwohl, noch weiß er, wie hoch der eigene Beitrag ist. [...]

55 [Der Bürger] wird [...] von einer unsichtbaren Hand geleitet, um einen Zweck zu fördern, den zu erfüllen er in keiner Weise beabsichtigt hat. Auch für das Land selbst ist es keineswegs immer das Schlechteste,

60 dass der Einzelne ein solches Ziel nicht bewusst anstrebt, ja, gerade dadurch, dass er das eigene Interesse verfolgt, fördert er häufig das der Gesellschaft nachhaltiger, als wenn er wirklich beabsichtigt, es zu tun.

65 [...] Der Einzelne vermag ganz offensicht-

lich aus seiner Kenntnis der örtlichen Verhältnisse weit besser zu beurteilen, als es irgendein Staatsmann oder Gesetzgeber für ihn tun kann, welcher Erwerbszweig im Lande für den Einsatz seines Kapitals geeig- 70 net ist und welcher einen Ertrag abwirft, der den höchsten Wertzuwachs verspricht. [...] So wird in jeder Wirtschaftsordnung, in der durch besondere Förderung mehr volkswirtschaftliches Kapital in einzelne Er- 75 werbszweige gelenkt werden soll, als von selbst dorthin fließen würde oder durch außerordentliche Beschränkung Teile des Kapitals von Branchen ferngehalten werden, in denen sie sonst investiert worden 80 wären, in Wirklichkeit das Hauptziel unterlaufen, das man zu fördern vermeint. Sie verzögert den Fortschritt des Landes zu Wohlstand und Größe, anstatt ihn zu beschleunigen, und sie verringert den wirkli- 85 chen Wert des Jahresprodukts aus Boden und Arbeit, statt ihn zu vergrößern. Gibt man daher alle Systeme der Begünstigung und Beschränkung auf, so stellt sich ganz von selbst das einsichtige und einfache 90 System der natürlichen Freiheit her. [...] Im System der natürlichen Freiheit hat der Souverän lediglich drei Aufgaben zu erfüllen, die sicherlich von höchster Wichtigkeit sind, aber einfach und dem normalen Ver- 95 stand zugänglich: Erstens das Land gegen Gewalttätigkeit und Angriff anderer unabhängiger Staaten zu schützen, zweitens die Aufgabe, jedes Mitglied der Gesellschaft soweit wie möglich vor Ungerechtigkeit 100 oder Unterdrückung durch einen Mitbürger in Schutz zu nehmen oder ein zuverlässiges Justizwesen einzurichten, und drittens die Pflicht, bestimmte öffentliche Anstalten und Einrichtungen zu gründen und zu un- 105 terhalten, die ein Einzelner oder eine kleine Gruppe aus eigenem Interesse nicht betreiben kann, weil der Gewinn ihre Kosten niemals decken könnte, obwohl er häufig höher sein mag als die Kosten für das ganze 110 Gemeinwesen.

Adam Smith, Der Wohlstand der Nationen, übersetzt und herausgegeben von Horst Claus Recktenwald, München 2003, S. 16f., 370f., 582f.

„besondere Förderung"
Förderung von Branchen oder Unternehmen durch staatliche Maßnahmen, wie z. B. Subventionen, Einfuhrbeschränkungen für ausländische Konkurrenz

Merkantilismus
Bezeichnung für eine durch massive Staatseingriffe gekennzeichnete Wirtschaftspolitik während der Zeit des Absolutismus in Europa (16. bis 18. Jahrhundert). *Ziel:* Steigerung der nationalen Wirtschaftskraft zur Erhöhung der staatlichen Einkünfte. Der Finanzbedarf in absolutistisch regierten Staaten wuchs z. B. durch den Unterhalt großer Armeen, den wachsenden Beamtenapparat sowie infolge des repräsentativen Aufwands bedeutend an. *Mittel:* Insbesondere die staatliche Förderung der Inlandsproduktion von Waren und die Erwirtschaftung von Außenhandelsüberschüssen. Dazu wurden beispielsweise Zölle auf ausländische Fertigwaren erhoben oder Ausfuhrverbote auf Rohstoffe erlassen, teils wurden industrielle Betriebe unter staatliche Aufsicht gestellt.

Autorentext

M 6 ● Ökonomische Freiheit als Chance?

Der Index „Economic Freedom of the World" ist ein volkswirtschaftliches Ranking, das seit 1995 jährlich zur Beurteilung der wirtschaftlichen Freiheit veröffentlicht wird.

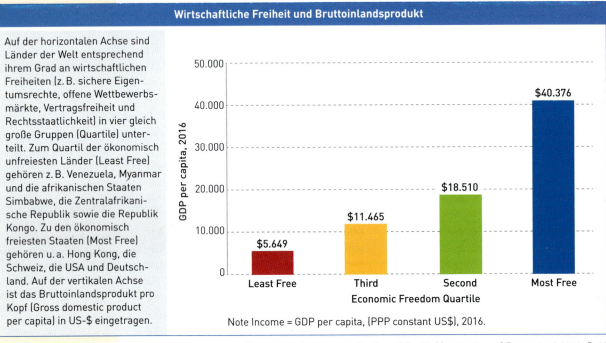

Auf der horizontalen Achse sind Länder der Welt entsprechend ihrem Grad an wirtschaftlichen Freiheiten (z. B. sichere Eigentumsrechte, offene Wettbewerbsmärkte, Vertragsfreiheit und Rechtsstaatlichkeit) in vier gleich große Gruppen (Quartile) unterteilt. Zum Quartil der ökonomisch unfreiesten Länder (Least Free) gehören z. B. Venezuela, Myanmar und die afrikanischen Staaten Simbabwe, die Zentralafrikanische Republik sowie die Republik Kongo. Zu den ökonomisch freiesten Staaten (Most Free) gehören u. a. Hong Kong, die Schweiz, die USA und Deutschland. Auf der vertikalen Achse ist das Bruttoinlandsprodukt pro Kopf (Gross domestic product per capita) in US-$ eingetragen.

Fraser Institute, Economic Freedom of the World, 2018 Annual Report, 25.9.2018, S. 18

M 7 ● Chile: Die Grenzen der freien Marktwirtschaft

Die gewaltsame Machtübernahme durch Diktator Augusto Pinochet im Jahr 1973 markiert einen Wendepunkt in der Wirtschaftsordnung Chiles. Die Chicago Boys, in
5 den USA ausgebildete chilenische Ökonomen, berieten in den 1980er Jahren die Militärdiktatur. Ihr erklärtes Ziel: Schluss zu machen mit den Umverteilungsideen der sozialistischen Vorgängerregierung unter
10 Salvador Allende. Die chilenische Wirtschaft sollte von da an nur noch den Regeln des freien Marktes gehorchen. Die Regierung sorgte für die Privatisierung nahezu aller Wirtschaftsbereiche und verringerte
15 die Rolle des Staates auf ein Minimum. Das südamerikanische Land wurde so zu einem Experimentierfeld des Neoliberalismus.
[In Chile] regiert der Kapitalismus stärker als anderswo – mit allen Konsequenzen für den sozialen Zusammenhalt und die Schwä- 20
cheren in der Gesellschaft. Kannst du nicht mithalten, gehörst du nicht dazu [...].
Das hohe Wirtschaftswachstum, das die [neoliberale Politik] dem Land bescherte [...], gab den Ideologen lange recht. [...] Bis 25
heute setzen auch die demokratischen Nachfolgeregierungen dem Markt nur sehr wenige Regeln. „Man kann sich Chile vorstellen wie ein bunt angestrichenes Haus", sagt Marco Kremerman, [Wirtschaftsexper- 30
te der regierungskritischen Organisation Fundación Sol]: „Von außen schön anzusehen, denn makroökonomisch stehen wir gut da. Kein Land ist in den vergangenen 25 Jahren so gewachsen wie Chile." [...] Die 35
Arbeitslosigkeit ist mit sechs Prozent ähnlich niedrig wie in Deutschland, die Inflation ebenfalls nicht der Rede wert. [...]. In den

---

Makroökonomie
Teil der Volkswirtschaftslehre, der sich mit den gesamtwirtschaftlichen Entwicklungen befasst

Neoliberalismus
Ökonomische Schule des 20. Jahrhunderts in der Denktradition der freien Marktwirtschaft (Liberalismus) nach Adam Smith

vergangenen Jahren ist der Lebensstandard gestiegen, auch für die Armen. Aber, und dieser Punkt ist Kremerman wichtig, es ist eben auch so, dass es im Inneren des Haus Chile sehr unterschiedlich aussieht: Dass dort nur die Reichen von der Vielfalt der Auswahlmöglichkeiten an privaten Schulen, Hundesittern fürs Gassigehen im Park, dicken Autos und Anlageprodukten profitieren können. Der Armutsforscher Thomas Piketty geht davon aus, dass ein Prozent der Chilenen 35 Prozent des Reichtums des Landes besitzen. „Damit sind wir das ungleichste Land der Welt", betont Kremerman. Auf der anderen Seite leben 14 Prozent der Bevölkerung unter der Armutsgrenze. Und der staatliche Mindestlohn in Chile beträgt gerade einmal umgerechnet 330 Euro – bei Lebenshaltungskosten, die den deutschen ähneln. „Und 50 Prozent der Arbeitnehmer verdienen weniger als 400 Euro im Monat", stellt Kremerman fest [...].

Ähnlich ist es mit dem System der sozialen Sicherheit, das nach Ansicht der Experten oftmals lediglich auf dem Papier existiert. „Ja, in Chile träumen die Menschen davon, Millionär zu werden" sagt auch Pedro Santander, Professor für Journalismus an der Universität Valparaiso und bekennender Linker, „aber warum tun sie das? Weil nichts sonst sie und ihre Familien vor Schicksalsschlägen schützt". Wer arbeitslos wird, kann sich kaum auf staatliche Hilfe verlassen. Auch die Renten- und Krankenversorgung ist zum größten Teil privatisiert. Wer kann, lässt sich nicht in einem öffentlichen Krankenhaus behandeln: „Die Wartezeiten für Operationen sind so lang,

Studentenproteste für weniger Gebühren und mehr Chancengleichheit im öffentlichen Bildungssystem (Santiago De Chile, August 2014).
In Chile befinden sich 85% der Universitäten in privater Hand. Aufgrund der Studiengebühren von bis zu 5.000 Euro pro Semester starten Universitätsabsolventen häufig mit hohen Schulden in das Berufsleben.

dass die Menschen, die ernsthaft erkrankt sind, manchmal sterben, bevor sie an die Reihe kommen", sagt Wirtschaftsexperte [Eugenio] Yáñez. Und die staatliche Rente? Sie ist – getreu dem neoliberalen Motto – am Finanzmarkt angelegt – mit allen Risiken und Nebenwirkungen. [...] Während Deutschland die Altersarmut fürchtet, ist sie in Chile längst Realität. [...]
Wettbewerb zwischen Unternehmen existiert [...] kaum. Im Gegenteil: Sechs bis acht Familienkonzerne regieren das Land, sie haben über die Jahre zahlreiche Firmen aufgekauft [...]. Wer es sich mit den so entstandenen Oligopolen verscherzt, kann kein Geschäft mehr betreiben. Auch der Verbraucher leidet: Zuletzt wurden zahlreiche illegale Preisabsprachen zwischen den wenigen mächtigen Wirtschaftsbossen bekannt – zum Beispiel ist Klopapier in Chile mit bis zu fünf Euro für acht Rollen absurd teuer.

Lisa Caspari, Endstation Reichtum, Die Zeit, 27.6.2017

Oligopol
Marktform, in der wenige große Anbieter den Markt dominieren (vgl. Kap. 4.2.3)

M zu Aufgabe 1
Visualisieren Sie das Ergebnis in einem strukturierten Schaubild.

H zu Aufgabe 3
Erklären Sie in Zusammenhang mit der Kritik an der freien Marktwirtschaft die Proteste von Schülern und Studenten (M 7).

H zu Aufgabe 4
Beziehen Sie sich bei Ihrer Argumentation auf die gesellschaftlichen Grundwerte (M 2).

F Vergleichen Sie die freie Marktwirtschaft nach Adam Smith' mit dem Konzept des absolutistischen Merkantilismus.

Aufgaben

1. Stellen Sie Adam Smith' Konzept einer freien Marktwirtschaft dar (M 5).
2. Analysieren Sie die Statistik M 6. Berücksichtigen Sie folgende Perspektiven: Bürger (u. a. als Arbeitnehmer, Arbeitslose, Konsumenten), Unternehmen, Volkswirtschaft als Ganze.
3. Arbeiten Sie mögliche Probleme einer freien Marktwirtschaft am Beispiel Chiles heraus (M 7).
4. Erörtern Sie das Konzept der freien Marktwirtschaft (M 5-M 7).

4.1.3 Ist Wirtschaften in der Zentralverwaltungswirtschaft effizient?

E Versetzen Sie sich in die Rolle der verantwortlichen Planungsbehörde (M 8). Bilden Sie dazu Gruppen und stellen Sie zusammen, welche Informationen Sie für die Produktions- und Verteilungsentscheidungen einerseits von den Elektronikherstellern und andererseits von den Konsumenten benötigen. (Bedenken Sie dabei auch, wie Ihre Entscheidungen über die Produktion von Smartphones möglicherweise andere Entscheidungen beeinflussen würden, z. B. zu Standards von Akkuladesystemen, Datenübertragung und Speichersystemen.)

M 8 ● Planwirtschaft einführen? Ein Gedankenspiel

Angenommen, die Bundesrepublik Deutschland würde mit sofortiger Wirkung eine zentrale volkswirtschaftliche Planung einführen. Unter den Millionen von Entscheidungen, die für den nächsten Planungsraum von fünf Jahren getroffen werden müssen, fällt auch der Bereich der Smartphones:

M 9 ● Warum Zentralverwaltungswirtschaft

In seinem erstmals 1942 veröffentlichten Werk „Kapitalismus, Sozialismus und Demokratie" untersuchte der Ökonom Joseph A. Schumpeter (1883 –1950) als Vertreter
5 *der Marktwirtschaft die (zerstörerische) Dynamik kapitalistischer Systeme. In seinem Werk analysiert Schumpeter kritisch, aber durchaus würdigend die marxistisch-sozialistische Wirtschaftstheorie.*

10 Wir werden der Einfachheit halber bloß zwei Typen der Gesellschaft ins Auge fassen [...]. Diese beiden Typen wollen wir die „kommerzielle" und die „sozialistische" Gesellschaft nennen. Die kommerzielle Gesell-
15 schaft ist zu definieren durch ein institutionelles System, aus dem wir nur zwei Elemente zu erwähnen brauchen: das Privateigentum an den Produktionsmitteln und die Regelung des Produktionsprozesses durch Privatvertrag. [...] Mit sozialistischer 20 Gesellschaft wollen wir ein institutionelles System bezeichnen, in dem die Kontrolle über die Produktionsmittel und über die Produktion selbst einer Zentralbehörde zusteht, – oder wie wir auch sagen können, in 25 dem grundsätzlich die wirtschaftlichen Belange der Gesellschaft in die öffentliche und nicht in die private Sphäre gehören. [...] Da es [...] keine Marktwerte [...] gibt, fehlt der Verteilungsautomatismus der kommer- 30 ziellen in einer sozialistischen Gesellschaft. Die Lücke muss durch einen politischen Akt geschlossen werden. [...] Die Verteilung [der Waren und Dienstleistungen] [...] ist, wenigstens logisch, vollständig getrennt von 35

4 Die Wirtschaftsordnung der Sozialen Marktwirtschaft

der Produktion. [...] [Das Gemeinwesen] kann die Wünsche der einzelnen Genossen erforschen oder es kann beschließen, ihnen das zu geben, was die eine oder andere Behörde als das Beste für sie erachtet; das Schlagwort „jedem nach seinen Bedürfnissen" kann beide Bedeutungen haben. [...] Nehmen wir an, dass die ethische Überzeugung unseres sozialistischen Gemeinwesens zutiefst egalitär [gleichheitsorientiert] ist, doch zu gleicher Zeit vorschreibt, es stehe den Genossen frei, unter allen Konsumgütern, die das Ministerium [Zentralbehörde] zu produzieren fähig und willens ist, nach Belieben zu wählen, so kann die Gemeinschaft selbstverständlich die Produktion gewisser Waren, zum Beispiel alkoholischer Getränke, verweigern. Wir wollen des Weiteren annehmen, dass dem in diesem Fall geltenden Gleichheitsideal dadurch Genüge geschieht, dass jeder Person [...] ein Gutschein ausgehändigt wird, der ihren Anspruch auf eine gewisse Menge von Konsumgütern darstellt, – diese Menge wäre gleich dem in der laufenden Rechnungsperiode zur Verfügung stehenden Sozialprodukt, geteilt durch die Zahl der Berechtigten –; und dass alle Gutscheine am Ende dieser Periode ihre Gültigkeit verlören. Man kann sich diese Gutscheine vorstellen als Ansprüche auf den x-ten Teil aller Nahrungsmittel, Kleider, Haushaltungsgegenstände, Häuser, Autos, Filmvorführungen usw., die während der in Betracht stehenden Periode für den Konsum [...] produziert wurden oder werden. [...] Eine der wichtigsten Schwierigkeiten jeder Geschäftsführung [besteht in der freien Marktwirtschaft] in den Unsicherheiten, die jede Entscheidung umgeben. Eine ihrer wichtigsten Kategorien besteht wiederum in der Unsicherheit über die Reaktion der tatsächlichen und potentiellen Konkurrenten und darüber, wie sich die allgemeinen Wirtschaftsverhältnisse gestalten werden. [Es] ist mit guten Gründen zu erwarten, dass diese zwei beinahe vollständig verschwinden werden. Die Leitungen sozialisierter Industrien und Werke wären in der Lage, genau zu wissen, was die andern vorhaben, und nichts würde sie daran hindern, sich zu gemeinsamem Vorgehen zusammenzuschließen. Das Zentralamt könnte [...] die Entscheidungen aufeinander abstimmen [...].

Joseph A. Schumpeter, Kapitalismus, Sozialismus und Demokratie, Tübingen/Basel 2005, S. 267f., 278f., 297f. (Rechtschreibung angepasst)

1951 feierte die SED, Staatspartei der DDR, den Beginn des ersten Fünfjahresplans (1951-1956). In diesem Wirtschaftsplan werden zentrale Vorgaben zu Produktion und Dienstleistungen für die Betriebe festgelegt, aber auch Investitionen, Preise und Löhne geregelt.

M 10 ● Wie soll die Zentralverwaltungswirtschaft funktionieren?

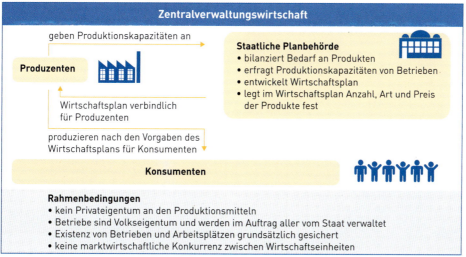

Nach: Christian Fischer, Planspiel Planwirtschaft, in: Gesellschaft – Wirtschaft – Politik 57 (Heft 1) 2008, S. 143

M 11 • Grenzen der Zentralverwaltungswirtschaft in der DDR

a) Zentralverwaltungswirtschaft am Beispiel der Chipherstellung – innovationsfähig und effizient?

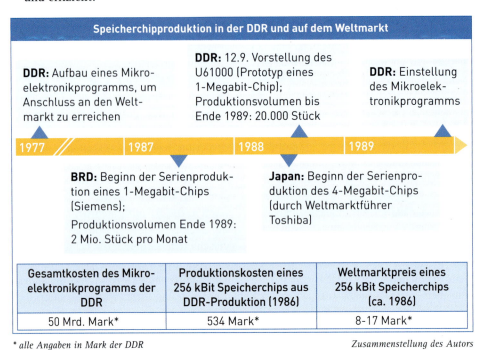

Speicherchipproduktion in der DDR und auf dem Weltmarkt

- **DDR:** Aufbau eines Mikroelektronikprogramms, um Anschluss an den Weltmarkt zu erreichen (1977)
- **BRD:** Beginn der Serienproduktion eines 1-Megabit-Chips (Siemens); Produktionsvolumen Ende 1989: 2 Mio. Stück pro Monat (1987)
- **DDR:** 12.9. Vorstellung des U61000 (Prototyp eines 1-Megabit-Chip); Produktionsvolumen bis Ende 1989: 20.000 Stück (1988)
- **Japan:** Beginn der Serienproduktion des 4-Megabit-Chips (durch Weltmarktführer Toshiba) (1988)
- **DDR:** Einstellung des Mikroelektronikprogramms (1989)

Gesamtkosten des Mikroelektronikprogramms der DDR	Produktionskosten eines 256 kBit Speicherchips aus DDR-Produktion (1986)	Weltmarktpreis eines 256 kBit Speicherchips (ca. 1986)
50 Mrd. Mark*	534 Mark*	8-17 Mark*

* alle Angaben in Mark der DDR

Zusammenstellung des Autors

Berlin 12.9.1988: Forscher präsentieren dem Politbüro um Erich Honecker (3.v.r.) den Schaltkreisplan des U61000.

b) Handzettel für Westpakete

Postsendungen von Familien und Freunden aus der Bundesrepublik Deutschland, sogenannte Westpakete, halfen vielen Bürgerinnen und Bürgern der DDR, Versorgungslücken zu schließen. Die Informationen wie dieser Handzettel aus den 1960er Jahren lagen in vielen Postämtern der Bundesrepublik aus. 28 Millionen Westpakete mit Waren im Wert von 5,5 Milliarden Ostmark erreichten allein 1988 die DDR.

Nach: Markus Würz, Mangelwirtschaft, in: Lebendiges Museum Online, www.hdg.de, Stiftung Haus der Geschichte der Bundesrepublik Deutschland, Abruf am 19.9.2018

4 Die Wirtschaftsordnung der Sozialen Marktwirtschaft

M 12 ● DDR: Konsumkultur zwischen Schlangestehen und Verschwendung

Der Versuch, [in der DDR] soziale Gerechtigkeit, Konsum für jedermann und stabile Preise [...] per Planbeschluss zu erreichen, ging mit einer rigorosen [drastischen]
5 staatlichen Lenkung der Volkswirtschaft einher, die die Verwaltung überforderte und die wirtschaftliche Produktivität hemmte. So führten die verordnet stabilen und niedrigen Preise etwa für Grundnahrungsmittel,
10 Wohnungsmieten, Heizung oder im sozialen Bereich zu immer horrenderen [= extrem übertriebenen] Subventionssummen, die nur durch Überteuerung anderer Produkte (etwa technischer Geräte und „Lu-
15 xusartikel") oder durch Kredite zu finanzieren waren. [...] Die DDR begann sich massiv zu verschulden, sie wurde zum „Sozialstaat auf Pump". [...] Die DDR lebte über ihre Verhältnisse und konnte die versprochenen
20 Leistungen nur noch unter rücksichtsloser Verschwendung ihrer Ressourcen aufbringen. Wenn überhaupt.
1977 [kam es] zu einer beispielhaften Versorgungskrise, der sogenannten „Kaffeekri-
25 se". Die stark gestiegenen Weltmarktpreise für Rohkaffee ließen die nötige Menge an Devisen, die zur Deckung des Inlandsbedarfs von ca. 50.000 Tonnen jährlich benötigt wurden, von ca. 150 Millionen Valuta-
30 mark auf über 650 Millionen Valutamark steigen. Das war nicht mehr zu finanzieren. Die Experten schlugen vor: Einstellung der Kaffeeproduktion bis auf einen Mischkaffee aus 50% Röstkaffee und 50% Ersatzstof-
35 fen, Verdopplung des Kaffeepreises. [...] Die

Bürger lehnten „Erichs Krönung", wie das Gemisch bald darauf genannt wurde, entschieden ab. Nur der schnelle Einkauf von Rohkaffee in Staaten der Dritten Welt
40 konnte die Lage wieder stabilisieren, aber auch hierfür mussten erhebliche Beträge in Devisen bezahlt werden. [...]
Dass zur Erwirtschaftung der nötigen Devisen darüber hinaus massiv in DDR-Betrie-
45 ben produzierte Waren ins Ausland verkauft wurden und somit der eigenen Bevölkerung fehlten (das betraf unter anderem sowohl den begehrten Weihnachtsschmuck aus dem Erzgebirge als auch
50 Möbel, die in bundesdeutschen Versandhauskatalogen wieder auftauchten) zeigt deutlich, dass sich die DDR-Wirtschaft in einem Teufelskreis bewegte [...].
Bis zum Ende der DDR blieben Versorgungsschwierigkeiten ständiger Begleiter
55 im Alltag. Es war tatsächlich eine eigene sozialistische Konsumkultur entstanden, anders aber, als sich das die wirtschaftliche Führung ausgemalt hatte: Das Schlangestehen vor den Geschäften gehörte ebenso
60 dazu wie der Tauschhandel, die Eigenversorgung mit allem, was der Garten hergab, und die Verschwendung hochsubventionierter Lebensmittel wie zum Beispiel von Brot, das als Tierfutter billiger war als die
65 Erzeugnisse der volkseigenen Futtermittelproduktion.

Wirtschaft in der DDR, www.mdr.de, Abruf am 19.9.2018

Devisen
Geldmittel in ausländischen Währungen (Fremdwährung)

Valutamark
in der DDR verwendete Bezeichnung der westdeutschen D-Mark

H zu Aufgabe 2
Gliedern Sie den Vergleich nach den Kategorien Menschenbild, Art und Akteur der Wirtschaftslenkung, Preisbildung (für Güter und Arbeit), Eigentumsverfassung, Rolle wirtschaftlicher Freiheiten, Verteilungsprinzipien und Rolle des Staates in einer Vergleichstabelle (vgl. Methodenseite).

F Arbeiten Sie heraus, welches Bild durch die Handzettel (M 11b) in Westdeutschland von der DDR gezeichnet wurde und welche Interessen damit verbunden sein könnten.

Aufgaben

1 Stellen Sie wesentliche Grundannahmen und Funktionselemente der Zentralverwaltungswirtschaft dar (M 9, M 10).

2 Vergleichen Sie kriterienorientiert die Grundkonzeptionen der freien Marktwirtschaft (Kap. 4.1.2) mit der Zentralverwaltungswirtschaft (M 9, M 10).

3 Analysieren Sie die Probleme bei der Umsetzung der Zentralverwaltungswirtschaft in der DDR am Beispiel der Speicherchipproduktion (M 11a) und der Sicherstellung der Grundversorgung (M 11b, M12).

Systematisch Vergleichen – am Beispiel Wirtschaftsordnungen

Warum sind systematische Vergleiche wichtig?
Vergleiche sind aus unterschiedlichsten (alltäglichen) Anlässen notwendig, um Entscheidungen vorbereiten und begründete Urteile fällen zu können. Der Vergleich dient dabei dem Zweck, Besonderheiten eines Sachverhalts durch die Abgrenzung oder Analogiebildung zu einem „verwandten" Sachverhalt zu beleuchten. Auch beim Lernen kann der Prozess des Vergleichens zu einem vertieften Verstehen beitragen. Allerdings wird bei (alltäglichen) Vergleichen nur selten offengelegt, nach welchen Kriterien (d. h. nach welchen Vergleichsmerkmalen) die Gemeinsamkeiten, Ähnlichkeiten und Unterschiede abgeglichen werden. Gerade diese sind jedoch für eine strukturierte und fundierte Gegenüberstellung notwendig und nur sinnvoll zu entwickeln, wenn die Zielsetzung und der Gegenstand des Vergleichs geklärt sind.

Wie können Vergleiche übersichtlich dargestellt werden?
Zur Visualisierung von Vergleichen eignen sich verschiedene grafische Formen, von denen hier zwei vorgestellt werden:

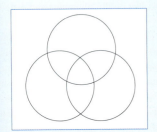

a) **Venn-Diagramm:** Das Venn-Diagramm kann zur Gegenüberstellung von zwei bis drei Sachverhalten (z. B. Theorien, politische Positionen, Parteiprogramme, wirtschaftspolitische Konzepte,...) genutzt werden. In den Kreisflächen werden die Unterschiede festgehalten, während im Überschneidungsbereich der Kreise die Gemeinsamkeiten stichwortartig notiert werden. Der große Vorteil der Darstellung liegt darin, dass der Schwerpunkt auf die Gemeinsamkeiten und Ähnlichkeiten gelegt wird. Zusätzlich lassen sich z. B. durch Pfeilverbindungen oder Symbole Beziehungen zwischen den Vergleichsgegenständen darstellen. Nachteil des Venn-Diagramms ist zum einen, dass eine Orientierung an Vergleichskriterien in den Hintergrund rückt und zum anderen die Gefahr der Unübersichtlichkeit – v. a. bei drei Vergleichsthemen.

b) **Vergleichsmatrix / -tabelle:** Die Vergleichstabelle kann zur Gegenüberstellung von zwei oder mehr Sachverhalten verwendet werden. In der ersten Spalte werden die Kriterien angeführt, an denen sich der Vergleich orientiert. Diese können vorgegeben sein, in der Regel werden Sie diese jedoch selbst, z. B. anhand einer vorgeschalteten Materialanalyse, herausarbeiten müssen. In die weiteren Spalten tragen Sie dann die zu den Kriterien gehörenden Inhalte ein, sodass eine Vergleichstabelle immer mindestens drei Spalten umfasst. Vorteil dieser Visualisierungsform ist die klare Orientierung an Vergleichskriterien im Sinne des Operators „vergleichen" und die Hervorhebung von Unterschieden, Gemeinsamkeiten treten dagegen grafisch nicht hervor.

Wie gehe ich vor bei einem kriteriengeleiteten Vergleich?

Schritt	Beispiel
(1) Bevor der eigentliche Vergleich bearbeitet werden kann, sollten Sie zunächst die **Aufgabenstellung und insbesondere deren Zielsetzung erfassen.**	**Beispielaufgabe:** „Vergleichen Sie kriterienorientiert die Grundkonzeptionen der freien Marktwirtschaft (Kap. 4.1.2) mit der Zentralverwaltungswirtschaft (Kap 4.1.3)." In der Beispielaufgabe ist gefordert, anhand geeigneter und selbst herausgearbeiteter Kriterien, zwei theoretische Konzeptionen hinsichtlich ihrer Gemeinsamkeiten, Ähnlichkeiten und Unterschiede zu vergleichen. Ebenfalls ist es möglich, dass die Vergleichskriterien durch die Aufgabenstellung vorgegeben werden.

4 Die Wirtschaftsordnung der Sozialen Marktwirtschaft

METHODE

(2) Für den Fall, dass Sie die **Kriterien des Vergleichs** selbst zu erarbeiten haben, steht als nächstes an, hierfür geeignete **Aspekte zu identifizieren.** Erfahrungsgemäß bereitet dieser Schritt die meisten Schwierigkeiten. Empfehlenswert ist daher eine gründliche **Analyse der Sachverhalte**, die in vielen Fällen eine **Materialauswertung** einschließt. Nehmen Sie sich ausreichend Zeit hierfür, da hiermit die Grundlage des Vergleichs gelegt wird, die letztlich über dessen Qualität und Zielgenauigkeit entscheidet.	Zentrale Vergleichsaspekte zwischen den beiden Wirtschaftsordnungen der Beispielaufgabe sind die Form der Wirtschaftslenkung sowie die Eigentumsverfassung (für die detaillierte Analyse, siehe M 13). Aus der Erarbeitung der freien Marktwirtschaft und der Zentralverwaltungswirtschaft bieten sich weitere Vergleichskriterien an, die für eine größere Differenzierung herangezogen werden können (vgl. Tabelle, linke Spalte).
(3) Nach der Analyse der allgemeinen Merkmale legen Sie die wesentlichen **Kriterien der Vergleichstabelle** fest und notieren diese, beispielsweise systematisch nach ihrer Relevanz. Zur größeren Klarheit können Sie die Vergleichskriterien durch **Leitfragen** präzisieren.	*Siehe Tabelle unten*
(4) Ist die Vorarbeit geleistet, wird die **Tabelle mit den Merkmalen stichpunktartig, aber möglichst aussagekräftig und präzise ausgefüllt.** Die (farbliche) **Hervorhebung besonders wichtiger Gemeinsamkeiten, Ähnlichkeiten und Unterschiede** oder sonstiger **Auffälligkeiten** bildet den Abschluss. Mithilfe der Tabelle lässt sich ebenso eine sinnvoll strukturierte Verschriftlichung der Aufgabe erstellen.	

Tabelle zum Vergleich von freier Marktwirtschaft und Zentralverwaltungswirtschaft

Vergleichskriterium	Freie Marktwirtschaft	Zentralverwaltungswirtschaft
Wirtschaftslenkung *Wie und durch wen ist die Steuerung von Güterproduktion und Verteilung geregelt?*		Zentral: Staat/ Verwaltungsorgane ermitteln gesamtgesellschaftlichen Bedarf und lassen „passgenau" produzieren
Eigentumsverfassung *Welche Rechte und Beschränkungen existieren in Bezug auf das Eigentum (an Produktionsmitteln)?*	Produktionsmittel sind Privateigentum	
Preisbildung *Wie bildet sich der Preis für Güter und Arbeit (Löhne)?*		
Rolle wirtschaftlicher Freiheiten *Welche wirtschaftlichen Freiheiten werden gewährt bzw. eingeschränkt?*		
Verteilungsprinzipien *Nach welchen Regeln wird die Verteilung von (Konsum-)Gütern und Einkommen in der Bevölkerung geregelt?*		
Rolle des Staates *Welche Rolle übernimmt der Staat in der gesellschaftlichen Ordnung?*		
Menschenbild *Welche Annahmen werden über den Menschen (als ökonomischer Akteur) getroffen?*	Menschen (als ökonomische Akteure) sind Nutzenmaximierer mit prinzipiell unbegrenzten Bedürfnissen; brauchen Leistungsanreize für maximalen Einsatz	

METHODE

Genossenschaften
Zusammenschluss von Personen, die Eigentum an einem gemeinschaftlichen Geschäftsbetrieb besitzen

Elemente von Wirtschaftsordnungen

Eine Wirtschaftsordnung ist ein Regelwerk, das die Produktions- und Konsumvorgänge einer Gesellschaft steuert. Zur vollständigen Beschreibung eines Wirtschaftssystems [hier synonym für: Wirtschaftsordnung] müssten sämtliche Bausteine [oder Elemente] herangezogen werden. Zwei der Bausteine spielen indes in der Diskussion [und beim Vergleich] eine besondere Rolle:
- der Koordinationsmechanismus von Angebot und Nachfrage sowie
- die Eigentumsordnung für Produktionsmittel.

[...] Im Rahmen des bereits beschriebenen Koordinationsmechanismus unterscheidet man
- die zentrale Planung, auch zentrale Verwaltungswirtschaft, Kommandowirtschaft, vertikale Koordination oder verkürzt nur Planwirtschaft genannt und
- die dezentrale Planung, auch Marktwirtschaft, horizontale Koordination oder freie Verkehrswirtschaft genannt.

Die Eigentumsordnung gilt als zentrales Element, bisweilen sogar als entscheidendes Element eines Wirtschaftssystems, weil sie die Art des Sanktionssystems bestimmt. Dabei geht es nur um die Frage des Eigentums an Produktionsmitteln (Maschinen, Anlagen, Fabriken: kurz um das „Kapital"), weil die Handlungsmotive von Unternehmern von zentraler Bedeutung sind. Das Eigentum an Konsumgütern wird dagegen in allen Wirtschaftssystemen immer als Privateigentum vorgesehen. Eigentum an Produktionsmitteln kann grundsätzlich drei Formen annehmen: Privateigentum, Gemeineigentum (Gesellschafts-, Volks- oder Staatseigentum) und genossenschaftliches Eigentum.

Eine Gesellschaft, in der die Produktionsmittel Privaten gehören, bezeichnet man als kapitalistisches Wirtschaftssystem. Eine Gesellschaft, in der die Produktionsmittel Gemeineigentum sind, nennt man ein sozialistisches Wirtschaftssystem.

Ulrich Baßeler, Jürgen Heinrich, Burkhard Utecht, Grundlagen und Probleme der Volkswirtschaft, 17. Auflage, Stuttgart 2002, S. 29 (Text ergänzt)

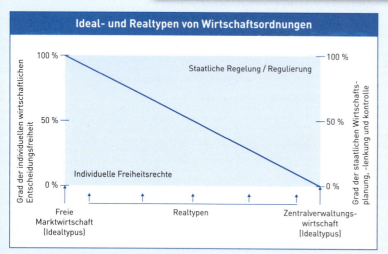

Wirtschaft und Schule, Unterrichtsmaterialien, Die Soziale Marktwirtschaft, www.wirtschaftundschule.de, Abruf am 14.5.2018

Als „Typus" bezeichnet man in der Theorie der Sozialwissenschaften ein von der Realität abstrahierendes Konstrukt. Ziel ist es, reale Phänomene (z. B. bestehende Wirtschaftsordnungen) miteinander vergleichbar zu machen bzw. sie Typen zuordnen zu können.
Der deutsche Soziologe Max Weber (1864 – 1920) schöpfte den Terminus „Idealtypus". Er wird gewonnen, indem man eine „einseitige Steigerung eines oder einiger Gesichtspunkte" (Weber) vorweg gedanklich vornehme. Der vor der Wirklichkeitsanalyse gewonnene Idealtypus reduziert also auf ein oder ganz wenige Merkmale. Idealtypen helfen, (soziale) Phänomene zu erklären, indem man sie mit der Realität abgleicht.
Ein sogenannter „Realtypus" kommt zustande, indem man tatsächlich vorhandene Phänomene auf Merkmalsähnlichkeiten „abklopft". Ein Realtypus soll so viele Ähnlichkeiten wie möglich umfassen und ist daher näher an der Wirklichkeit als der Idealtypus.

Autorentext

M Führen Sie ein Streitgespräch zum Thema: „Die optimale Wirtschaftsordnung: Freie Marktwirtschaft oder Zentralverwaltungswirtschaft?" durch.

Aufgabe

1. Erörtern Sie vergleichend die Konzeption von Zentralverwaltungswirtschaft und freier Marktwirtschaft (Kap. 4.1.2, M 9-M 12). Beziehen Sie sich dabei auf die gesellschaftlichen Grundwerte (M 2).

4 Die Wirtschaftsordnung der Sozialen Marktwirtschaft

Konkrete wirtschaftspolitische Entscheidungen – gleich, ob es die Entscheidung für eine Wirtschaftsordnung (**Ordnungspolitik**), die Gestaltung der Wirtschaftsstruktur (**Strukturpolitik**) oder die politische Beeinflussung konjunktureller Schwankungen (**Prozesspolitik**) betrifft – lässt sich immer nach der Gewichtung von **drei zentralen gesellschaftlichen Grundwerten** mit folgenden Leitfragen analysieren:

1. Freiheit: Inwieweit kann die (**formale**) wirtschaftliche **Freiheit** des Einzelnen (z. B. Unternehmensgründung, Berufswahl, Konsum...) gewährleistet werden? Inwieweit soll die Wirtschaftsordnung die Bürgerinnen und Bürger mit Mitteln ausstatten, um ihre formalen Freiheiten auch tatsächlich realisieren zu können (**materiale Freiheit**)?

2. Gerechtigkeit: Welches Verständnis von Gerechtigkeit in Bezug auf die Güter- und Einkommensverteilung liegt vor (**Verteilungsgerechtigkeit**)? (Wie) wird Leistung belohnt? In welchem Maße wird Ungleichheit toleriert bzw. wann ist diese erwünscht? Inwieweit sind die gesellschaftlichen Mitglieder (tatsächlich) an gültige Regeln und Gesetze gebunden (**Verfahrensgerechtigkeit**)?

3. Sicherheit: Wie wird ökonomische **Sicherheit** im weiteren Sinne für die Bürgerinnen und Bürger gewährleistet (z. B. Absicherung gegen wirtschaftliche Risiken, Zugang zu natürlichen Ressourcen, Rechtssicherheit)?

Gesellschaftliche Grundwerte als Basis wirtschaftspolitischer Entscheidungen
(Basiskonzept: Interaktionen und Entscheidungen)
M 2

Idealtypisch lassen sich die beiden **Wirtschaftsordnungen** „freie Marktwirtschaft" und „Zentralverwaltungswirtschaft" unterscheiden:
Die **freie Marktwirtschaft** kennzeichnet die dezentrale Koordination der Produktion und Verteilung von Gütern durch die **freie Preisbildung aus Angebot und Nachfrage am Markt**. Als Voraussetzung werden dem Individuum umfassende Freiheitsrechte und insbesondere das **Recht auf Privateigentum** (an Produktionsmitteln) gewährt. Der Staat beschränkt sich in der freien Marktwirtschaft im Wesentlichen auf die Herstellung von (Rechts-)Sicherheit („Nachtwächterstaat"). Folglich fällt die Regulierung von sozial, ökologisch bzw. wirtschaftlich problematischen Entwicklungen nicht in den Aufgabenbereich des Staates. Die zentrale Kritik lautet dementsprechend, dass es zu einer äußerst **ungleichen Verteilung** komme und die (staatliche) Versorgung leistungsschwächerer Bürger nicht gewährleistet sei.

Freie Marktwirtschaft
(Basiskonzept: Ordnungen und Systeme)
M 5, M 6

In der **Zentralverwaltungswirtschaft** (auch: Planwirtschaft) werden die wesentlichen wirtschaftlichen Entscheidungen über die Produktion und Verteilung der Güter durch eine **zentrale staatliche Instanz** getroffen. Dementsprechend obliegt auch die Kontrolle der Produktionsmittel (Maschinen, Fabriken,...) der staatlichen Hand. Die Steuerung der Wirtschaft erfolgt auf Grundlage von **Bedarfsanalysen**. Allerdings führe die Schwierigkeit genauer Prognosen von wirtschaftlichen Entwicklungen im Zusammenspiel mit **geringen individuellen Leistungsanreizen** (als Folge des Egalitätsprinzips) regelmäßig zu **ineffizienter Ressourcennutzung** und geringer Innovationsfähigkeit, sodass es zu **Versorgungsengpässen** kommen müsse.

Zentralverwaltungswirtschaft
M 9, M 11, M 12

ORIENTIERUNGSWISSEN

4.2 Die Soziale Marktwirtschaft in Theorie und Praxis

4.2.1 Soziale Marktwirtschaft als „dritter Weg"? Prinzipien unserer Wirtschaftsordnung

E Stellen Sie sich vor, Sie gründen einen Staat auf einer verlassenen, von der Außenwelt weitgehend abgeschiedenen Insel. Die Organisation Ihrer Wirtschaft ist eine der drängendsten Aufgaben, um die Versorgung der Bürger zu ermöglichen.

In Kapitel 4.1 haben Sie Stärken und Schwächen der idealtypischen Wirtschaftsordnungen der freien Marktwirtschaft und der Zentralverwaltungswirtschaft analysiert. Entwickeln Sie in Gruppen, ausgehend von Ihren Kenntnissen, Grundprinzipien für eine eigene Wirtschaftsordnung Ihres Inselstaats. Orientieren Sie sich dabei an folgenden Leitfragen:

- (Wie) Soll die Wirtschaft des Staates gesteuert werden?
- (Inwieweit) Soll privater Besitz von Produktionsmitteln (Boote, Werkzeug, Maschinen, Jagdwaffen …) möglich sein?
- Nach welchen Kriterien werden lebensnotwendige oder knappe Ressourcen (z. B. Grundnahrungsmittel, Kleidung, Baumaterial, Luxusartikel, …) verteilt?
- Welche Freiheiten und welche Einschränkungen von Freiheiten (Wahl der Tätigkeit, Konsum, Unternehmensgründungen,…) sollen für die Bürger gelten?
- Wie soll mit Ungleichheiten zwischen den Bürgern (z. B. arm-reich, alt-jung, …) umgegangen werden?

M 1 ● Welchen Grundideen folgt die Soziale Marktwirtschaft?

1. Die Soziale Marktwirtschaft basiert auf den Funktionen eines beweglichen und sich dynamisch entwickelnden Marktes. [...]

2. Die Soziale Marktwirtschaft ist angetreten mit dem Anspruch, durch den marktwirtschaftlichen Prozess nicht nur die Gütererzeugung anzuheben, den Bereich persönlicher freier Gestaltungsmöglichkeiten für die Einzelnen zu erweitern, sondern auch soziale Fortschritte zu bringen. [...]

3. Die Soziale Marktwirtschaft fordert keinen schwachen Staat, sondern sieht in einem starken demokratischen Staat die Voraussetzungen für das Funktionieren dieser Ordnung. Der Staat hat nicht nur der Sicherung der Privatrechtsordnung zu dienen, er [hat] [...] sich für die Erhaltung eines echten Wettbewerbs [...] einzusetzen. Die vom Staat zu sichernde Wettbewerbsordnung wehrt zugleich Machteinflüsse auf dem Markt ab.

4. Garant des sozialen Anspruchs der Marktwirtschaft ist nicht nur der Markt, dessen wirtschaftliche Leistungen sehr oft schon sozialen Fortschritt bedeuten. Der Staat hat vielmehr die unbestrittene Aufgabe, über den Staatshaushalt und die öffentlichen Versicherungen die aus dem Markt resultierenden Einkommensströme umzuleiten und soziale Leistungen, wie Kindergeld, Mietbeihilfen, Renten, Pensionen, Sozialsubventionen und so weiter, zu ermöglichen. [...] Das bedeutet keineswegs ein Hinüberwechseln aus dem Markt in den staatlichen Bereich, sofern man sich dabei bewusst ist, dass die Mittel, die der Staat transformiert [hier: umleitet], von der wirtschaftlichen Leistung des Marktes abhängig bleiben und marktkonform sein müssen. Es muss die Grenze eingehalten werden, deren Überschreitung eine Störung der Marktvorgänge bewirkt.

5. Neben den engeren Aufgaben der Wettbewerbssicherung und den weiteren Aufgaben des sozialen Schutzes steht der Staat seit je und heute bewusster als früher vor Aufgaben der Gesellschaftspolitik, um die [...] Lebensumstände für alle zu verbessern. [...] Ich nenne Erweiterung der Vermögensbildung, Verbesserungen der Investitionen im Bereich des Verkehrs, des Gesundheitswesens, Aufwendungen für Bildung und Forschung, Schutz gegen die wachsende Verschlechterung vieler Umweltbedingungen, Städtebauförderung. [...] Diese Aufgaben [...] bedeuten keine Grenze, an der die Soziale Marktwirtschaft gezwungen wäre, ihren marktwirtschaftlichen Charakter einzubüßen. Gerade darin liegen die besten Voraussetzungen, um die aus dem Wachstumsprozess herrührenden Mittel über [...] den Staat zur Verbesserung der öffentlichen Umweltbedingungen zu nutzen.

6. Die Ordnung der Sozialen Marktwirtschaft schließt also alle Ziele, die wir auch für eine weitere Zukunft ins Auge zu fassen haben, ein. Sie bleibt insofern Marktwirtschaft, als sie darauf besteht, dass das durch freie Betätigung aller Gruppen gesicherte Privateigentum, eine gesicherte Rechtsordnung und stetes Wirtschaftswachstum auch [...] in der Zukunft die besten Grundlagen bieten, um die Fülle der vor uns stehenden Aufgaben im staatlichen und privaten Bereich zu fördern. [...] Die Soziale Marktwirtschaft ist ein Stil, der ein festes Formprinzip mit der Fülle der Gestaltungsmöglichkeiten im Einzelnen verbindet. [...]

Alfred Müller-Armack, Die Soziale Marktwirtschaft und ihre Widersacher, in: Ludwig Erhard, Alfred Müller-Armack (Hg.), Soziale Marktwirtschaft. Ordnung der Zukunft, Frankfurt/M. 1972, S. 25ff.

Alfred Müller-Armack
Der Wirtschaftswissenschaftler und Soziologe (1901-1978) gilt als einer der Begründer der Sozialen Marktwirtschaft und schöpfte den Begriff bereits 1946. Ab 1952 war er enger Mitarbeiter von Wirtschaftsminister Ludwig Erhard.

M 2 ● Prinzipien der Sozialen Marktwirtschaft

a) Fünf Grundprinzipien

Zwei Prinzipien bilden die Basis der Sozialen Marktwirtschaft: Es gilt der Grundsatz des Privateigentums, der Nutzungs- und Verfügungsrechte sowohl über Konsumgü-
⁵ ter als auch über Produktionsmittel umfasst. Das **Eigentumsprinzip** ist Grundlage der wirtschaftlichen Freiheiten wie unternehmerische Betätigung (Gewerbefreiheit), Berufs- und Arbeitsplatzwahl oder die freie
¹⁰ Konsumwahl. Allerdings soll Eigentum gleichzeitig dem Wohl der Allgemeinheit dienen (Sozialbindung des Eigentums). Der Staat hat demnach die Möglichkeit, in Eigentumsrechte einzugreifen, wo diese zu
¹⁵ sozialen Fehlentwicklungen führen. So kann der Staat bei Wohnungsnot die Belegung einer Wohnung anordnen, falls der Eigentümer diese für längere Zeit ungenutzt lässt. Die Mieteinnahmen stehen dem
²⁰ Eigentümer jedoch weiterhin zu.
Das Eigentumsprinzip umfasst nicht nur das Recht, aus Eigentum Nutzen (z. B. Gewinn) zu erzielen, sondern auch die Verpflichtung, Verantwortung für wirt-
²⁵ schaftlichen Misserfolg zu tragen (**Haftungsprinzip**). Wenn ein Unternehmen dauerhaft Verluste erwirtschaftet, muss es in letzter Konsequenz in die Insolvenz gehen und den Markt verlassen.

Beide Basisprinzipien liefern Anreize zu ³⁰ ökonomisch rationalem Handeln und sind damit Voraussetzung für marktwirtschaftliche Koordination und den Wettbewerb in der Sozialen Marktwirtschaft.

Daran anknüpfend lassen sich drei weitere ³⁵ zentrale Prinzipien unterscheiden: (1) Nach dem **Wettbewerbsprinzip** muss der Staat dafür Sorge tragen, dass in allen Branchen und Sektoren möglichst (große) Konkurrenz herrscht, indem er die Bildung von ⁴⁰ ökonomischen Machtpositionen (Kartelle, Monopole und Oligopole) verhindert. Damit soll erreicht werden, dass der Marktmechanismus aus Angebot und Nachfrage möglichst effizient funktionieren kann. (2) ⁴⁵ Führt der Markt jedoch zu sozial unerwünschten Ergebnissen, ist es nach dem **Sozialprinzip** möglich, Mitglieder der Gesellschaft zu unterstützen, damit sie (durch Konsum) am Markt teilnehmen können ⁵⁰ (z. B. Bezuschussung der Wohnungsmiete). (3) Allerdings ist bei staatlichen Eingriffen das **Marktkonformitätsprinzip** zu berücksichtigen. Das Prinzip besagt, dass kein (wirtschafts)politischer Eingriff des Staates ⁵⁵ die Preisbildung aus Angebot und Nachfrage stören darf (z. B. dürften Vermietern keine festen Quadratmeterpreise vorgeschrieben werden). Insbesondere das Sozial- und das Marktkonformitätsprinzip stehen also ⁶⁰ in einem Spannungsverhältnis zueinander. Wie stark das Sozialprinzip gewichtet wird, ist von der jeweiligen Konstellation in den politischen Entscheidungsgremien und der gesellschaftlichen Situation abhängig. ⁶⁵

b) Gewichtung der Prinzipien am Beispiel einer Mietpreisdeckelung

Um die Gewichtung der Prinzipien bei konkreten politischen Vorschlägen oder Entscheidungen zu veranschaulichen, kann man sich ein gleichseitiges Fünfeck vorstel-

Prinzipien Sozialer Marktwirtschaft am Bsp. Mietpreisdeckelung

■ Mietpreisdeckelung

Prinzip...
4 = voll erfüllt; 3 = überwiegend erfüllt; 2 = in Teilen erfüllt; 1 = nicht erfüllt

len, dessen Ecken jeweils die vollständige Erfüllung eines der fünf Prinzipien symbolisieren. Je weniger ein Prinzip berücksichtigt wurde, desto weiter zur Mitte des Fünfecks würde der Bezugspunkt rücken. Beispiel: Eine staatlich vorgeschriebene maximale Mietpreishöhe bei 7,- Euro pro Quadratmeter würde eine starke Umsetzung des Sozialprinzips bedeuten, da sich auch Mitglieder unterer Einkommensgruppen größere Wohnungen in begehrterer Lage leisten könnten (4). Allerdings wäre das Marktkonformitätsprinzip nur in Teilen berücksichtigt (2), da eine freie Preisbildung aus der Relation von Angebot und Nachfrage stark eingeschränkt würde. Auch das Eigentumsprinzip wäre durch Begrenzung der möglichen Mieterlöse und damit des Nutzens aus dem Immobilienbesitz nicht in vollem Umfang gewährleistet (3). Das Wettbewerbsprinzip und das Haftungsprinzip wären nicht berührt (4).

Autorentext und -grafik

M 3 ● Wettbewerbsordnung in der Sozialen Marktwirtschaft

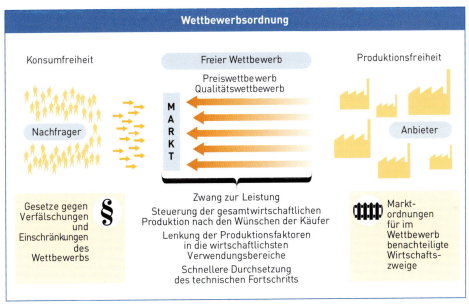

Bergmoser + Höller Verlag AG, Zahlenbilder 200290

Aufgaben

1. Geben Sie die wesentlichen Ziele und Prinzipien des Konzepts der Sozialen Marktwirtschaft nach Müller-Armack wieder (M 1-M 3).
2. a) Vergleichen Sie die Prinzipien und Ziele der Sozialen Marktwirtschaft (M 1, M 2) mit der von Ihnen entwickelten Wirtschaftsordnung (vgl. Einstiegsaufgabe).
   b) Erläutern Sie die Bedeutung des – ggf. staatlich „erzwungenen" – Wettbewerbs für das Modell der Sozialen Marktwirtschaft.
3. Analysieren Sie, welche Prinzipien der Sozialen Marktwirtschaft in welchem Maß bei der ionischen Stromversorgung vorzufinden sind (M 2, Kap. 4.1.1).
4. Vielfach wird die Soziale Marktwirtschaft als „dritter Weg" zwischen freier Marktwirtschaft und Zentralverwaltungswirtschaft bezeichnet. Überprüfen Sie diese These.

F zu Aufgabe 1
„Die verfassungsrechtliche Wirtschaftsordnung der Bundesrepublik ist die Soziale Marktwirtschaft!" Überprüfen Sie diese Aussage am Grundgesetz für die Bundesrepublik Deutschland (GG Art. 1-28).

F Begründen Sie, in welchen Politikfeldern der Staat in die Wirtschaftsabläufe eingreifen sollte.

4.2.2 Markt oder Staat – wer soll für digitale Infrastruktur sorgen? Strukturpolitik in der Praxis

Strukturpolitik im Rahmen von wirtschaftspolitischen Handlungsfeldern → vgl. Kap. 4.3.1

E Formulieren Sie ausgehend von der skizzierten Situation (M 4) hypothesenartig Probleme für Unternehmen und Privathaushalte, die aus langsamen Internetanschlüssen resultieren könnten.

M 4 ● Lange Wartezeiten durch langsames Internet

„Sebastian Paschun, Unternehmer [...], starrt auf den soeben gestarteten Download auf seinem Dell-Laptop: fünf Stunden 45 Minuten geschätzte Download-Zeit."

Hannes Vollmuth, Tal der Ahnungslosen, www.sueddeutsche.de, 3.2.2017, Abruf am 20.9.2018

M 5 ● Das A und O: Breitbandanschlüsse

a) Verfügbarkeit von Breitbandanschlüssen in Niedersachsen

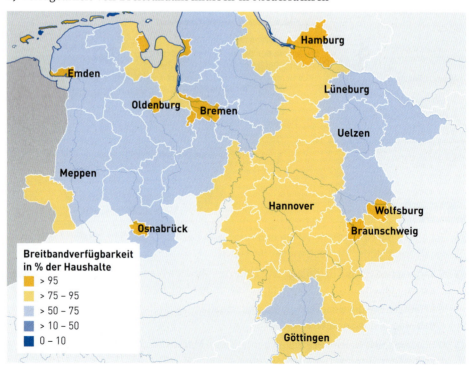

Die Verfügbarkeit von Breitbandanschlüssen (mind. 50 Mbit/s) in Niedersachsen ist sehr unterschiedlich (Stand: 4.9.2018).
Bundesministerium für Verkehr und digitale Infrastruktur, www.bmvi.de, Der Breitbandatlas, Abruf um 20.9.2018

4 Die Wirtschaftsordnung der Sozialen Marktwirtschaft

b) Prognose: Erforderliche Bandbreiten im Jahr 2025

Anwendungskategorie	Downstream (Mbit/s)	Upstream (Mbit/s)
Basis Internet z. B. Surfen, Mail, soziale Netzwerke, Bilder	≈ 20	≈ 16
Kommunikation z. B. Telefonie, Chats, Instant Messaging	≈ 8	≈ 8
Konventionelles TV (4k/Ultra-HD) z. B. Internetfernsehen (ohne Video-on-Demand)	≈ 90	≈ 20
Cloud Computing z. B. Nutzung von aufwändiger Software in einer Cloud, Nutzung externer Hardware wie Speicher- und Rechenkapazitäten	≈ 250	≈ 250
Gaming z. B. Online-Gaming, Massen-Online-Gemeinschaftsspiel	≈ 300	≈ 150

Zusammenstellung des Autors nach: Sonia Strube Martins u.a., Die Privatkundennachfrage nach hochbit-ratigem Breitbandinternet im Jahr 2025, WIK Bericht März 2017, S. 14

M 6 ● Langsames Internet – ein Problem für Unternehmen

Am Rande der Stadt Wolfach, in einem Seitental des Schwarzwaldes, am Fuße eines schneebedeckten Hangs liegt das Gewerbegebiet Ippichen. Dort hat „Visuelle Technik"
5 seinen Firmensitz, ein Mittelständler, der sich leidenschaftlich der Hochtechnologie verschrieben hat. Visuelle Technik entwickelt Kamera-Mess-Systeme, die Fehler in der Produktion erkennen können, beliefert
10 Intel, die Deutsche Bahn, ist in Taiwan aktiv, in Indien, den USA. Und muss für seine Arbeit hin und wieder Messbilder aus der weiten Welt zurück in den Schwarzwald laden, über das Internet. Was aber nicht
15 geht, zumindest nicht in der Lebenszeit der Mitarbeiter. Die Zwölf-Mann-Firma hat nur drei Megabit pro Sekunde (Mbit/s) zur Verfügung. [...]
Dass Unternehmen in manchen Landstri-
20 chen [...] nur langsam im Internet unterwegs sind, ist mehr als ein Problem. Es ist ein Zeichen. Deutschland ist mächtig stolz auf seinen Mittelstand, der aber meistens eben nicht in Köln, Berlin oder Hamburg
25 sitzt, eher in einem Schwarzwaldtal. Es ist ein Zeichen dafür, dass der Fortschritt an Provinz und Mittelstand vorbeigaloppiert. Nicht nur der Schwarzwald ist betroffen, genauso Regionen in [Niedersachsen,]
30 Schleswig-Holstein, Mecklenburg-Vor-

pommern oder Ostbayern. Je abgelegener eine Gegend, so die Regel, desto langsamer das Internet. Und so krebsen Firmen wie Visuelle Technik im Schwarzwald mit einer drei Mbit/s-Leitung durchs Netz [...]. Für 35 Videokonferenzen, Cloud-Dienste, für Downloads von Gigabyte-Paketen ist das zu wenig. [...]
26. Das ist der Rang, den Deutschland laut den Erhebungen des Unternehmens Akamai 40 in Sachen Internetgeschwindigkeit weltweit belegt. Länder, die schneller im Netz unterwegs sind: Bulgarien, Rumänien, Lettland. Im Durchschnitt surft Deutschland mit 13,7 Mbit/s im Internet. Im Durch- 45 schnitt bedeutet, dass die Städte ihre Datenautobahnen haben und das Land stellenweise nur Trampelpfade. [...]
2015 befragte der Deutsche Industrie- und Handelskammertag (DIHK) 1849 Unterneh- 50 men. Fast jedes dritte gab an, zu langsames Internet sei ein Hemmnis für ihr Geschäft. [...] Manche Unternehmen auf dem Land wollen der Telekom jetzt Geld geben für schnelles Internet. Andere gründen eine 55 Genossenschaft. Wieder andere ziehen weg, dem schnellen Internet hinterher. Und manche hoffen noch auf die Politik [...].

Hannes Vollmuth, Tal der Ahnungslosen, www.sued-deutsche.de, 3.2.2017, Abruf am 20.9.2018

M 7 ● Ursachen der ungleichen Verfügbarkeit von Breitbandanschlüssen

Anbieter von Glasfaser-anschlüssen

Neben diversen regionalen Anbietern bieten die bundesweit agierenden Telekommunikationsunternehmen Telekom, 1 & 1, Telefonica Deutschland, unitymedia und vodafone Glasfaseranschlüsse für Unternehmen und Privathaushalte an.

Autorentext

Vordergründig scheint die Internetwelt hierzulande in Ordnung: Die Deutschen surfen immer schneller im Netz, gut zwei Drittel der Haushalte verfügt inzwischen
5 über einen Internetanschluss mit mindestens 50 Mbit pro Sekunde. Eine Studie des Instituts der deutschen Wirtschaft (IW) [...] zeigt jedoch: Der Ausbau der Breitbandinfrastruktur kommt nicht rasch genug voran
10 – insbesondere in dünn besiedelten Regionen. Deutschland gilt weiter als „digitales Entwicklungsland". [...]
Die [...] Studie des IW schlüsselt den Ausbaustand nach Landkreisen auf [...]. Gewin-
15 ner sind die städtisch geprägten Kreise. Hier entstanden in den vergangenen zwei Jahren durch Netzausbau schnelle Internetverbindungen für rund 1,7 Millionen Haushalte. „Im Vergleich zu städtischen Kreisen
20 holen ländliche Regionen nicht auf", sagte Studienautor Oliver Koppel [...]. In großen Teilen von Niedersachsen, Brandenburg, Sachsen-Anhalt, Sachsen und Ostbayern haben höchstens 72 Prozent der Haushalte
25 überhaupt Zugang zu Internetanschlüssen mit mehr als 50 Mbit pro Sekunde. Anders sieht es in Großstädten und Ballungsräumen aus: In der Region Hannover sind es 91 Prozent, rund um Wolfsburg 97 Prozent
30 und im Raum Rostock 94 Prozent. [...]
Der Großteil der Breitbandversorgung läuft unverändert „kabelgebunden". Je niedriger die Einwohnerdichte, desto weniger Haushalte könnten pro Meile Glasfaserkabel mit Breitbandinternet versorgt werden. Für die 35 Anbieter lohnen sich Investitionen in der Fläche daher kaum. [...]
Flächendeckend leistungsfähige Glasfaserleitungen zu legen würde nach Experteneinschätzung sehr lange dauern und rund 40 80 Milliarden Euro verschlingen. Um schnelleres Surfen anbieten zu können, bindet die Deutsche Telekom häufig die grauen Verteilerkästen auf den Straßen mit Glasfaserkabeln an. Für die „letzte Meile" 45 zum Kunden werden die bestehenden Kupferleitungen genutzt und mithilfe des sogenannten Vectoring technisch „aufgepeppt", sodass Übertragungsraten kurzfristig und vergleichsweise kostengünstig bis zu 100 50 Mbit je Sekunde möglich werden – ein umstrittenes Verfahren, das nur als Brückentechnologie und technologische Sackgasse gilt. [...]
„Der komplette Ausbau dieser Netzinfra- 55 struktur würde bedeuten, rund eine Million Kilometer Glasfaser zu verlegen", erklärt Bitkom-Chef Bernhard Rohleder. „In einem Rutsch funktioniert das ohnehin nicht, da dies sinnvollerweise geschieht, wenn Stra- 60 ßen aufgerissen und generell neue Leitungen – Wasser, Gas, Strom – gelegt werden." Da würden manche Dörfer Ewigkeiten warten. [...]

Rasmus Buchsteiner, Das Märchen vom Breitbandland, RedaktionsNetzwerk Deutschland, www.haz.de, 29.11.2017, Abruf am 20.9.2018

M 8 ● Ziel: Gleichwertigkeit der Lebensverhältnisse

Die Herstellung gleichwertiger Lebensverhältnisse im Bundesgebiet als politisches Ziel wird aus Artikel 72 (2) Grundgesetz abgeleitet und im Raumordnungsgesetz in-
5 *haltlich konkretisiert.*
(2) Grundsätze der Raumordnung sind insbesondere:
1. Im Gesamtraum der Bundesrepublik Deutschland und in seinen Teilräumen sind ausgeglichene soziale, infrastrukturelle, 10 wirtschaftliche, ökologische und kulturelle Verhältnisse anzustreben. Dabei ist die nachhaltige Daseinsvorsorge zu sichern, nachhaltiges Wirtschaftswachstum und Innovation sind zu unterstützen, Entwick- 15 lungspotenziale sind zu sichern und Ressourcen nachhaltig zu schützen. Diese Aufgaben sind gleichermaßen in Ballungs-

räumen wie in ländlichen Räumen, in strukturschwachen wie in strukturstarken Regionen zu erfüllen. Demographischen, wirtschaftlichen, sozialen sowie anderen strukturverändernden Herausforderungen ist Rechnung zu tragen, auch im Hinblick auf den Rückgang und den Zuwachs von Bevölkerung und Arbeitsplätzen; regionale Entwicklungskonzepte und Bedarfsprognosen der Landes- und Regionalplanung sind einzubeziehen. Auf einen Ausgleich räumlicher und struktureller Ungleichgewichte zwischen den Regionen ist hinzuwirken. Die Gestaltungsmöglichkeiten der Raumnutzung sind langfristig offenzuhalten.

Raumordnungsgesetz (ROG), § 2

Info

Typen ökonomischer Güter

Die Wirtschaftswissenschaft unterscheidet verschiedene Güterarten voneinander, die sich z. B. nach den Kriterien „Grad der Rivalität im Konsum" und „Ausschließbarkeit vom Konsum" voneinander unterscheiden. „Rivalität im Konsum" liegt vor, wenn ein Produkt (gleichzeitig) nicht von mehreren Personen genutzt werden kann oder nur einmal konsumiert werden kann. Zum Beispiel kann eine Kugel Speiseeis nur einmal verspeist werden. „Ausschließbarkeit vom Konsum" bedeutet, dass der Besitzer eines Gutes alle anderen Personen von der Nutzung ausschließen kann. Der Besitzer der Eiskugel kann zum Beispiel bestimmen, wer von seinem Eis essen darf. Im Gegensatz dazu herrscht bei der Nutzung von Straßenbeleuchtung keine Konsumrivalität, da diese gleichzeitig von mehreren Personen genutzt werden kann. Vom Konsum des Lichts der Straßenbeleuchtung kann zudem niemand ausgeschlossen werden.

	Ausschließbarkeit vom Konsum	Keine Ausschließbarkeit vom Konsum
Rivalität im Konsum	Private Güter (z. B. Autos)	Allmendegüter (z. B. saubere Luft, Hochseefischgründe)
Keine Rivalität im Konsum	Clubgüter (z. B. Pay-TV-Angebote)	(„Geborene") öffentliche Güter (z. B. Deiche, Straßenbeleuchtung)

Unabhängig von den oben genannten Kriterien können Güter als meritorische Güter (auch: „erkorene" öffentliche Güter) eingestuft werden. Diese Güter könnten eigentlich auf Märkten gehandelt werden, aber sie werden politisch bzw. sozial für so bedeutsam gehalten, dass sie staatlich für alle Bürger verfügbar gemacht werden (z. B. Kranken-, Arbeitslosenversicherung, Schulbildung).

Autorentext

Aufgaben

1. Vergleichen Sie die (heutige) Verfügbarkeit von Breitbandanschlüssen mit dem prognostizierten Bedarf für Privatkunden im Jahr 2025 (M 5). Leiten Sie daraus ein strukturpolitisches Problem ab.

2. Analysieren Sie die problematischen Folgen der regional ungleichen Versorgung mit Breitbandanschlüssen in Deutschland (M 5b, M 6).

3. Arbeiten Sie die Ursachen für die regional ungleiche Versorgung mit Breitbandanschlüssen heraus (M 7).

4. Ordnen Sie Breitbandanschlüsse in die Typen ökonomischer Güter ein (M 7, Infobox).

5. Setzen Sie sich mit der strukturpolitischen Frage auseinander, ob Breitbandanschlüsse für die Gesellschaft so bedeutsam sind, dass sie in unterversorgten Regionen als meritorisches Gut vom Staat zur Verfügung gestellt werden sollten (M 7, M 8).

H zu Aufgabe 2
Unterscheiden Sie die Perspektive von Unternehmen und Konsumenten.

H zu Aufgabe 5
Beachten Sie das wirtschaftspolitische Ziel des Wachstums sowie die Förderung der Konkurrenz- und Innovationsfähigkeit der Wirtschaft.

F zu Aufgabe 5
Entwickeln Sie aus der Perspektive von Adam Smith eine Position zu der Fragestellung, ob Breitbandanschlüsse als meritorisches Gut eingestuft werden sollten.

4.2.3 Wettbewerb schaffen oder regulieren? Ordnungspolitik in der Praxis

E Stellen Sie begründete Vermutungen über mögliche Auswirkungen der Übernahme von Air Berlin durch die Lufthansa für die Flugkunden auf (M 9).

M 9 ● Lufthansa übernimmt Teile von Air Berlin

+++ Air Berlin insolvent +++ Lufthansa übernimmt von den 140 Maschinen 81 sowie Start- und Landerechte +++ Start- und Landerechte u. a. für Berlin und Palma de Mallorca werden u. U. abgegeben +++ Lufthansas Marktanteil auf Inlandsflügen jetzt bei über 90%

Autorentext

M 10 ● Folgen der Air Berlin-Übernahme

a) Monopolstrecken bei Inlandsflügen

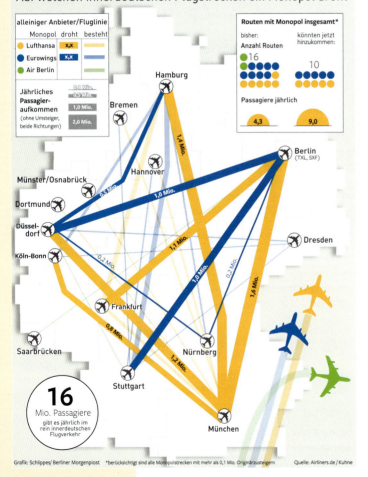

b) Preisentwicklung für Inlandsflüge
Die insolvente Fluggesellschaft Air Berlin führte am 27.10.2017 ihren letzten Flug durch.

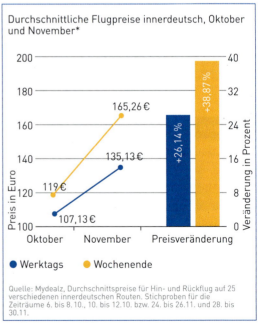

Grafik: www.spiegel.de, 26.11.2017

4 Die Wirtschaftsordnung der Sozialen Marktwirtschaft

M 11 ● Prüfung durch das Bundeskartellamt

Im Streit um möglicherweise überhöhte Ticketpreise tadelt das Bundeskartellamt die Lufthansa. Die Argumentation der deutschen Fluglinie, sie habe das Tarifsystem
5 nicht verändert, sondern das computerbasierte Preissystem habe diese automatisch angeglichen, sei nicht stichhaltig. „Solche Algorithmen werden ja nicht im Himmel vom lieben Gott geschrieben", sagte der
10 Präsident des Bundeskartellamts, Andreas Mundt, der Süddeutschen Zeitung. Unternehmen könnten „sich nicht hinter Algorithmen verstecken".
Die Wettbewerbsbehörde hatte Ende No-
15 vember angekündigt, dass sie die stark gestiegenen Ticketpreise für Inlandsflüge untersuchen werde. Es habe viele Beschwerden gegeben, sagte Mundt. Nach dem Aus von Air Berlin, dem bislang in Deutschland
20 wichtigsten Lufthansa-Konkurrenten, waren die Tarife teilweise deutlich gestiegen, um bis zu 30 Prozent, sagen Experten. [...] Lufthansa begründete den jüngsten Preisanstieg mit der erhöhten Nachfrage bei gleichzeitig reduziertem Angebot. Nach der 25 Insolvenz von Air Berlin mussten zahlreiche Maschinen am Boden bleiben. Lufthansa ist seitdem auf vielen Strecken als einziger Anbieter unterwegs und verzeichnet eine deutlich höhere Auslastung ihrer Flug- 30 zeuge. Teilweise werden mehr Verbindungen angeboten und größere Maschinen eingesetzt, etwa der Jumbojet 747 zwischen Berlin und Frankfurt.

Das Kartellamt prüfe nun, ob eine Preis- 35 schwelle übertreten worden sei, bei der Lufthansa ihre neue Macht missbraucht und die Preise unangemessen heraufgesetzt habe, sagte Mundt, und gab zu bedenken: „Ich habe jedenfalls noch nie einen Markt 40 gesehen, auf dem es keinen Wettbewerb gibt, aber die Preise niedrig sind und die Innovationen groß." Er kenne aber „mannigfaltig Fälle, bei denen die Preise explodiert sind, nachdem es keine Konkurrenz 45 mehr gab". [...]

Caspar Busse, Bundeskartellamt rügt Lufthansa, www.sueddeutsche.de, 28.12.2017, Abruf am 20.9.2018

Info

Das Bundeskartellamt

Das Bundeskartellamt ist eine selbstständige und nicht an Weisungen gebundene Bundesbehörde im Geschäftsbereich des Bundesministeriums für Wirtschaft und Technologie. Die rechtliche Grundlage für das Handeln des Bundeskartellamts ist das Gesetz gegen Wettbewerbsbeschränkung (GWB) vom 1.1.1958. Ziel der Behörde ist der Schutz des Wettbewerbs, dafür stehen ihr drei Instrumente zur Verfügung:

Kartellverbot: Treffen Wettbewerber Absprachen über ihr Verhalten auf dem Markt (z. B. Preisgestaltung, Aufteilung von Absatzgebieten), spricht man von einem Kartell. Folgen davon sind häufig überhöhte Preise und eine geringere Qualität von Produkten. Aufgabe des Kartellamts ist es, entsprechende Absprachen zu verhindern. Dafür kann es Bußgelder in Höhe von bis zu 10 Prozent des Jahresumsatzes der betroffenen Unternehmen an diese aussprechen und an die verantwortlichen Personen Bußgelder von bis zu einer Millionen Euro verhängen.

Fusionskontrolle: Fusionen von Unternehmen unterliegen der Kontrollpflicht durch das Bundeskartellamt, wenn drei Kriterien erfüllt sind. Die beteiligten Unternehmen müssen weltweit mehr als 500 Millionen Euro Umsatz erzielen, eines der Unternehmen muss in Deutschland mehr als 25 Millionen Euro und das andere Unternehmen mehr als fünf Millionen Euro in Deutschland umsetzen. Ergibt die Prüfung, dass die Unternehmen so eine marktbeherrschende Stellung erlangen würden, kann die Fusion verboten oder nur unter Auflagen genehmigt werden.

Missbrauchsaufsicht: Unternehmen können z. B. durch eine besondere Innovationskraft eine marktbeherrschende Stellung erlangen und so keinem wirksamen Wettbewerbsdruck mehr ausgesetzt sein. Dem Bundeskartellamt obliegt es dann, einen Missbrauch dieser Stellung (z. B. Preiserhöhungen, Druck auf Lieferanten) zu verhindern. Mittel dafür sind Anordnungen, das beanstandete Verhalten zu beenden oder die Verhängung von Bußgeldern.

Autorentext

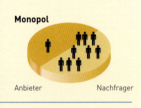

Allokation
optimale Verwendung / Verteilung aller Mittel

M 12 ● Marktformen

Je nach Anzahl der Marktteilnehmer erhält der Markt insbesondere im Hinblick auf die Preisbildung eine ganz spezifische Ausprägung. Die [...] atomistische Marktform wird
5 Polypol genannt. Sind auf einer Seite nur wenige Marktpartner vorhanden, spricht man von einem Oligopol, und wenn es lediglich einen einzigen Anbieter oder Nachfrager gibt, handelt es sich um ein Mono-
10 pol. [...] Abhängig von der Marktform finden wir ganz unterschiedliche Ausgestaltungen des Wettbewerbs. [...] Wäre auf allen Märkten die Bedingung der vollständigen Konkurrenz gegeben, so würde also
15 automatisch die effiziente Allokation erreicht.
Den Gegenpart zur vollständigen Konkurrenz bildet das Angebotsmonopol, also die Marktform, in der die Nachfrager nur auf
20 einen einzigen Anbieter treffen. Aus ökonomischer Sicht lässt sich feststellen, dass [...] die Preise hier im Vergleich wesentlich höher liegen. Gleichzeitig sind Monopolmärkte durch geringere Angebotsmengen
25 und damit durch eine schlechtere Marktversorgung gekennzeichnet. [...].
In der Realität findet man vollständige Konkurrenz und Monopol nur äußerst selten in ihrer Reinform. [...] Häufig treten [...]
30 oligopolistische Strukturen mit einer geringen Zahl von Anbietern in Erscheinung. Diese Strukturen werden mit dem Instrument der Unternehmenskonzentration näher beschrieben. Abhängig vom Grad [dieser] drohen auch auf oligopolistischen
35 Märkten ähnliche Auswirkungen [...]. Der Begriff der Marktmacht spielt in diesem Zusammenhang eine wesentliche Rolle.
Mit der Marktmacht gehen oft Möglichkeiten einer, potenziellen Wettbewerbern den
40 Zugang zum Wettbewerb über Markteintrittsbarrieren zu verwehren. Darunter werden alle spezifischen Kostennachteile für neu eintretende Unternehmen verstanden. So müssen diese in den entsprechenden
45 Märkten hohe Kosten aufwenden, um z. B. gegen fest etablierte Marken und bestehende Größenvorteile der bereits am Markt agierenden Unternehmen konkurrieren zu können. Darüber hinaus droht, dass etab-
50 lierte Anbieter ihre Marktposition mit Hilfe eines aggressiven Wettbewerbs (z. B. über Kampfpreise) verteidigen könnten.

Hans Kaminski, oec. Ökonomie. Grundfragen wirtschaftlichen Handelns, Braunschweig 2005, S. 390ff.

M 13 ● Ziele und Funktionen der Wettbewerbspolitik

Die Wettbewerbspolitik soll allgemein zur Erhaltung der wirtschaftlichen Freiheit beitragen: Freiheit unternehmerischer Tätigkeit, Freiheit der Berufs- und Arbeitsplatz-
5 wahl, Freiheit der Konsumgüterwahl usw. [...]
Wettbewerb und die daraus resultierende Freiheit ist allerdings nicht nur Selbstzweck. Vielmehr dient der Wettbewerb als
10 Instrument zur Erreichung diverser ökonomischer (und nicht-ökonomischer) Zielfunktionen. Üblicherweise werden dem Wettbewerb folgende wichtige Funktionen zugesprochen:
15 Wettbewerb trägt zur Einführung kostengünstigerer Produktionsverfahren und zur Entwicklung neuer Produkte und besserer Qualitäten (Prozess- und Produktinnovationen) bei (Innovationsfunktion). Zu einem solchen Verhalten werden die Unternehmen
20 durch den Wettbewerb gezwungen: Kostenvorteile verschaffen diesen höhere Gewinne gegenüber weniger fortschrittlichen Konkurrenten, denn der Verkauf neuer und verbesserter Produkte erlaubt es, höhere Preise
25 zu verlangen. Bei offenem Wettbewerb sind solche Sondergewinne der „Pionierunternehmen", eine Bezeichnung, die von Joseph Alois Schumpeter (1893 – 1950) geprägt wurde, indes nur kurzfristig:
30

Nachahmung (Imitation) führt zu ihrem Abbau. Die Kostenvorteile müssen infolge des Kostendrucks (steigendes Angebot der Imitatoren) in sinkenden Preisen an die Nachfrager weitergegeben werden. Wettbewerb ist demnach durch eine Abfolge von Inventionen (Erfindungen), Innovationen (Neuerungen im Sinne von realisierten Inventionen) und Imitationen (Nachahmungen) gekennzeichnet. Er soll auch eine höhere Anpassungseffizienz an gesamtwirtschaftliche Datenänderungen, an Änderungen der Rechts- und Sozialordnung gewährleisten (Anpassungsfunktion). [...]
Wettbewerb lenkt die knappen Produktionsfaktoren der Volkswirtschaft in die von den Nachfragern gewünschte Verwendung [...] und sorgt dafür, dass die Produktionsfaktoren in den Unternehmen möglichst effizient verwendet werden (Allokationsfunktion). Dies wird dadurch erreicht, dass die sich ändernden Preise für Produkte und Produktionsfaktoren Signale für andere Marktteilnehmer über Knappheiten der Güter und damit Gewinnmöglichkeiten darstellen (Informationsfunktion) und Reaktionen hervorrufen. Dabei kommt es im Allgemeinen zu einem Ausgleich von Angebot und Nachfrage (Marktausgleichsfunktion). [...]
Wettbewerb sorgt dafür, dass wirtschaftliche Machtpositionen nicht dauerhaft möglich sind (Funktion der Beschränkung wirtschaftlicher Macht), denn gute Gewinnaussichten locken neue Anbieter an. [...]

Außerdem besitzt der Wettbewerb eine Sanktionsfunktion. Der Tüchtige wird durch Gewinne belohnt, derjenige, der Marktentwicklungen nicht rechtzeitig erkennt oder Managementfehler begeht, wird durch Verluste, im Extremfall durch den Konkurs, bestraft.
Schließlich wird dem Wettbewerb auch die Eigenschaft zugesprochen, für eine leistungsgerechte Einkommensverteilung auf den Faktormärkten zu sorgen (Verteilungsfunktion). Gewinne und Verluste von Unternehmen spiegeln dabei auf wettbewerblichen Märkten deren Leistungen im Wettbewerb wider.

Markus Fredebeul-Krein u.a., Grundlagen der Wirtschaftspolitik, Konstanz 2014, S. 106

Karikatur: Thomas Plassmann

Aufgaben

1. Beschreiben Sie die Marktsituation bei Inlandsflügen Ende 2017 (M 9–M 11).
2. Arbeiten Sie die wettbewerbspolitischen Herausforderungen heraus, die sich aus der Situation bei Inlandsflügen Ende 2017 ergeben haben (Infobox, M 12).
3. a) Analysieren Sie unter Berücksichtigung der bisherigen Ergebnisse die Karikatur (M 13).
   b) Beurteilen Sie, ob die teilweise Übernahme von Air Berlin durch die Lufthansa aus wettbewerbspolitischen Gründen hätte untersagt werden sollen (M 13).

H zu Aufgabe 3
Berücksichtigen Sie für Ihr Urteil die Folgen eines Übernahmeverbots aus der Perspektive der Mitarbeiter von Air Berlin.

F Begründen Sie das Bestehen des Bundeskartellamts mit den Prinzipien der Sozialen Marktwirtschaft.

4 Die Wirtschaftsordnung der Sozialen Marktwirtschaft

4.2.4 Mit Prozesspolitik aus der Konjunkturkrise?

E Arbeiten Sie Ursachen und Folgen der wirtschaftlichen Krise in Lacunien (M 14) heraus. Unterscheiden Sie hierbei die Perspektiven Unternehmen, Bürger (als Arbeitnehmer und Konsument) und Staat.

M 14 ● Depression in Lacunien

Das kleine Land Lacunien ist nach den Prinzipien einer liberalen Marktwirtschaft organisiert. Der Staat gewährt seinen Bürgern und Unternehmen viele
5 Freiheiten und unterhält weltweite wirtschaftliche Beziehungen. Besonders eng sind die Verbindungen zur Republik Pecunien, dem großen Nachbarland im Süden, das mit seinen 400 Mio. Einwoh-
10 nern auch ökonomisch zum Kreis der Supermächte zählt.
Seit Jahrzehnten hat Lacunien einen wirtschaftlichen Aufschwung erlebt und ist mittlerweile eines der wohlhabendsten
15 Länder der Welt. Die Volkswirtschaft ist in vielen industriellen Bereichen Innovationsführer: Lacunien produziert und exportiert vor allem Investitionsgüter (Maschinen, technische Anlagen). Daneben
20 bilden hochwertige Dienstleistungen (Finanz- und Versicherungsunternehmen) und die Bauwirtschaft weitere Säulen der Wirtschaft. Die Unternehmen freuen sich über einen steigenden Absatz ihrer Waren und Dienstleistungen sowie volle
25 Auftragsbücher. Dementsprechend investieren insbesondere die exportorientierten Branchen Lacuniens in ihre Produktionsanlagen und suchen händeringend nach neuen Mitarbeitern. Insbe-
30 sondere Fachkräfte sind zuletzt nur noch schwer und dann zu hohen Lohnforderungen zu finden. Daher kommt es bei der Bereitstellung von einigen sehr stark
35 nachgefragten Gütern und Dienstleistungen bereits zu Engpässen.
Angesichts der sehr guten Beschäftigungslage (Arbeitslosigkeit unter 3 %)

zeigt sich auch die Konsumlaune der la-
40 cunischen Bevölkerung sehr positiv. Nicht nur für hochwertige Konsumgüter steigt die Nachfrage, auch verwirklichen immer mehr Menschen ihren Traum vom Eigenheim – trotz steigender Preise am
45 Markt.
Mit dem schwarzen Donnerstag im Januar wendet sich die wirtschaftliche Entwicklung schlagartig und unerwartet. In der Republik Pecunien hatte sich
50 nach Jahren, in denen die Börsen des Landes von Höchststand zu Höchststand eilten, eine Spekulationsblase gebildet. Nachdem der Höhenflug der Börsen schon seit einigen Wochen zu stocken
55 schien, brechen die Aktienkurse am schwarzen Donnerstag um durchschnittlich 20 % ein und versetzen Unternehmen, Investoren und Privatanleger in Panik. Bis zum Jahresende verlieren die
60 Wertpapiere im Mittel fast 50 % an Wert, einzelne Titel gar bis zu 90 %.
Lacunien als Land mit engen Wirtschaftsbeziehungen zur Republik Pecunien kann sich dem Sog der Krise nicht entziehen. Der nationale Aktienindex
65 LAX fällt im Verlauf eines Jahres um knapp 60 %. Aktienbesitzer wie auch Pensionsfonds verlieren einen Großteil ihres Vermögens. Die Exporte in die Republik Pecunien gehen stark zurück. Die
70 Lage verschärft sich weiter, als der Präsident von Pecunien nach einem Jahr des ungebremsten Abschwungs zum Schutz der eigenen Wirtschaft ein Gesetz zur Einschränkung von Importen unter-
75 zeichnet. Die lacunischen Unternehmen

verlieren mit einem Schlag große Teile ihres wichtigsten Exportmarkts, müssen weitere Überkapazitäten in der Produktion abbauen und frieren Investitionsprojekte ein. Einige namhafte Unternehmen überleben diese Einschnitte nicht und müssen Insolvenz anmelden. Das Bruttoinlandsprodukt des Landes sinkt im ersten Jahr der Krise um 6%. Eine zunehmend große Zahl von Arbeitnehmern findet sich auf der Straße wieder, die Arbeitslosigkeit schnellt innerhalb von 18 Monaten auf über 15%. Darunter leidet auch die Kaufkraft der Bürger Lacuniens zusehends: Diejenigen, die noch einen Job haben, sparen – trotz immer unattraktiverer Zinsen und sinkender Preise – einen größeren Teil ihres Einkommens, um sich für eine mögliche Entlassung zu wappnen. Hinzu kommt, dass viele Arbeitnehmer Lohnkürzungen akzeptiert haben, um ihre Arbeitsplätze zu sichern.

Die Regierung Lacuniens, die in den Monaten nach dem schwarzen Donnerstag einen harten Sparkurs gefahren hat, um die Staatsverschuldung nicht anwachsen zu lassen, steht der größten ökonomischen Krise des Landes weitgehend plan- und hilflos gegenüber. *Autorentext*

M 15 ● Die Phasen des idealtypischen Konjunkturzyklus

Als Konjunktur bezeichnet man zyklische Schwankungen im Auslastungsgrad der gesamtwirtschaftlichen Produktionskapazitäten. Der wichtigste Indikator hierfür ist das reale Bruttoinlandsprodukt (BIP). Die Schwankungen können mithilfe von Konjunkturzyklen als wiederkehrende wellenförmige Veränderung des wirtschaftlichen Aktivitätsniveaus dargestellt werden. Die Konjunkturtheorie beschreibt diese regelhaften Konjunkturbewegungen und versucht deren Entstehung anhand des Konjunkturmodells zu erklären. Wie bei jedem wissenschaftlichen Modell handelt es sich um ein stark vereinfachtes und idealisiertes Abbild der Wirklichkeit. So kann beispielsweise die Dauer eines vollständigen Konjunkturzyklus sehr unterschiedlich sein oder einzelne Konjunkturphasen können gänzlich ausgelassen werden. *Autorentext*

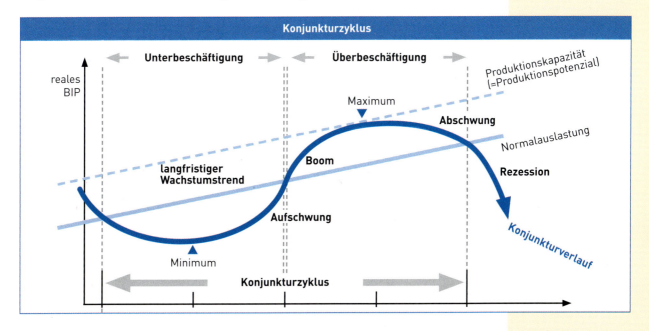

4 Die Wirtschaftsordnung der Sozialen Marktwirtschaft

John Maynard Keynes
(1883–1946), britischer Ökonom und Regierungsberater, gilt als Begründer der nachfrageorientierten Wirtschaftspolitik.

Fiskalpolitik
Einsatz der staatlichen Finanzen für die Stabilisierung der Konjunkturentwicklung. Expansive Fiskalpolitik: nachfrageerhöhend, z. B. durch Senkung von Steuern, staatliche Infrastrukturprojekte, staatliche Kaufprämien; kontraktive bzw. restriktive Fiskalpolitik: nachfragedämpfend, z. B. durch Steuer- und Abgabenerhöhung.

M 16 • Die „keynesianische Revolution": Mit Fiskalpolitik aus der Wirtschaftskrise

Die große Weltwirtschaftskrise, die schwerpunktmäßig während der 1930er Jahren in den westlichen Staaten herrschte, führte weltweit zu einem starken Rückgang der wirtschaftlichen Gesamtleistung. Die damals dominierende ökonomische Theorierichtung (Neoklassik) ging davon aus, dass bei flexiblen Preisen und Löhnen keine unfreiwillige Arbeitslosigkeit bestehen könne und sich Vollbeschäftigung von selbst einstellen würde. Dementsprechend empfahlen die führenden Wirtschaftswissenschaftler wirtschaftspolitische Zurückhaltung und Einsparungen bei den Staatsausgaben, wodurch sich die Krise jedoch in dramatischem Ausmaß verstärkte: Trotz massiv gesunkener Preise und Löhne kam es zu einer bis dahin nicht gekannten Massenarbeitslosigkeit von bis zu 30 % – einhergehend mit Verarmung und sozialem Elend breiter Bevölkerungsteile.

Der britische Nationalökonom John Maynard Keynes hingegen forderte genau das Gegenteil. Er empfahl der britischen Regierung, sich bei den Banken Geld zu leihen und damit Aufträge an die Industrie zu finanzieren. Die aufgenommenen Kredite könne man in der dann folgenden Boomphase, wenn bei hoher Beschäftigung die Steuern reichlicher fließen, wieder zurückzahlen.

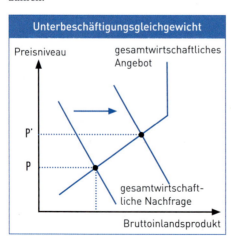

Das Keynessche Rezept des so genannten Deficit-Spending bildet heute einen normalen Bestandteil der Fiskalpolitik. Damals jedoch war es ein Frontalangriff gegen die herrschende Lehre der Klassiker, die staatliche Interventionen in den Wirtschaftsablauf ablehnten und darauf vertrauten, dass sich auf lange Sicht automatisch ein Gleichgewicht bei Vollbeschäftigung einstellen werde. Die von Keynes darauf gegebene Antwort ist Legende: „In the long run", bemerkte er, „we are all dead."

Keynes stellte die Grundpfeiler des klassischen Systems infrage: Das Saysche Theorem [vgl. Info] könne unter anderem deshalb nicht funktionieren, da die Leute Geld nicht nur halten, um damit Güter zu kaufen oder Wertpapiere zu erwerben (deren Gegenwert dann als Kredit den Investoren zufließt), sondern auch als Wertaufbewahrungsmittel in Form einer so genannten *Spekulationskasse*. Durch dieses Horten von Geld kommt es zu einem effektiven Nachfrageausfall. Erschwerend tritt hinzu, dass die Löhne nach unten nicht flexibel sind, sondern starr. Dadurch ist der zweite von den Klassikern behauptete Mechanismus der Anpassung in Richtung eines Gleichgewichts bei Vollbeschäftigung blockiert. Vielmehr besteht die Gefahr, dass es zu einem *Unterbeschäftigungsgleichgewicht* kommt, aus dem sich die privaten Wirtschaftssubjekte alleine nicht befreien können (siehe Schaubild).

Es kann deshalb nach Keynes nur der Staat sein, der durch eine expansive Politik die fehlende gesamtwirtschaftliche Nachfrage erzeugt und damit einen multiplikativen Aufschwung in Gang setzt. Im Schaubild würde sich die Nachfragekurve nach rechts verschieben. Bei steigendem Preisniveau (und – damit verbunden – sinkenden Reallöhnen) nehmen die Produktion und die Beschäftigung zu. Dabei unterstellt Keynes […], dass die Arbeiter der Geldillusion unterliegen: Sie erkennen den vollen Umfang der Preisniveauerhöhung nicht und akzeptieren deshalb die entstehende Reallohnsenkung. [...]

Die Gedanken des von Keynes und seinen Anhängern entwickelten Keynesianismus haben die Theorie und die Wirtschaftspolitik nach dem Zweiten Weltkrieg so nachhaltig beeinflusst, dass man von der „keynesianischen Revolution" sprach. Das Konzept der keynesianischen Globalsteuerung fand beispielsweise im deutschen Stabilitätsgesetz von 1967 seinen Niederschlag. Es bildet die Grundlage dafür, dass der Staat von Fall zu Fall (diskretionär) in den Wirtschaftsablauf eingreift. Als Mittel der Stabilisierungspolitik kommen insbesondere fiskalpolitische Maßnahmen – also die Variation von Steuern bzw. Staatseinnahmen und Staatsausgaben – infrage.

Herbert Sperber, Wirtschaft verstehen, Stuttgart 2012, S. 151ff.

Info

Saysches Theorem

Nach dem französischen Nationalökonomen Jean Baptiste Say (*1767, gestorben 1832) bezeichneter ökonomischer Lehrsatz, bei dem angenommen wird, dass sich jedes volkswirtschaftliche Angebot seine eigene Nachfrage selbst schafft, da mit der Herstellung von Gütern gleichzeitig das Geld verdient wird, um diese Güter zu kaufen. Gesamtwirtschaftliches Angebot und Nachfrage haben danach die Tendenz zu einem Gleichgewichtszustand, bei dem Vollbeschäftigung herrscht.

Achim Pollert u. a., Das Lexikon der Wirtschaft, Bonn 2004, S. 118

M 17 • Wie Nachfragesteuerung wirken soll: Der Multiplikatoreffekt

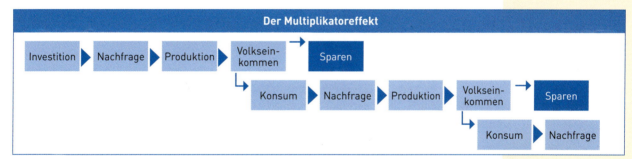

Nach: Herbert Sperber, Wirtschaft verstehen. 120 Lernmodule für Schule, Studium und Beruf, Stuttgart: Schäffer-Poeschel 2012, Seite 126

Der Multiplikatoreffekt bezeichnet in der Wirtschaftstheorie die Zuwächse des Bruttoinlandsprodukts, die sich durch zusätzliche Ausgaben des Staates, der privaten Haushalte oder des Auslands (Exporteinnahmen) sowie vermehrter Investitionsaufgaben von Unternehmen ergeben. Diese Vervielfältigungswirkungen können beispielsweise dadurch zustande kommen, dass infolge steigender Unternehmensinvestitionen neue Arbeitsplätze geschaffen und somit zusätzliche Einkommen auf Seiten der privaten Haushalte generiert werden. Führt dieses höhere Einkommen auch zu höheren Konsumausgaben – ein Teil des Einkommens wird in der Regel gespart –, können durch eine steigende Nachfrage wiederum neue Arbeitsplätze entstehen. Dieselben Prozesse können auch von steigenden Exporten (Exportmultiplikator) und höheren Ausgaben des Staates (Staatsausgabenmultiplikator, vgl. Antizyklische Fiskalpolitik nach Keynes) ausgelöst werden. Der Multiplikatoreffekt kann jedoch durch verschiedene Faktoren begrenzt werden. Hierzu sind insbesondere höhere Steuerbelastungen, eine hohe Sparneigung der privaten Haushalte oder eine stärkere Kapitalmarktorientierung der Unternehmen (z. B. Ausschüttung der höheren Unternehmensumsätze als Dividende statt Reinvestition) zu zählen.

Autorentext

M 18 ● Möglichkeiten und Grenzen nachfrageorientierter Stabilisierungspolitik

Bei der praktischen Anwendung der Keynesianischen Theorie zeigen sich auch ihre Schwierigkeiten – ökonomisch wie politisch. Ein Problem ist das sogenannte Crowding-Out: durch den Anstieg der staatlichen Nachfrage entstehen Verzerrungs- und Verdrängungseffekte auf dem Markt. Diese können verschiedene Formen annehmen: entweder auf den Finanzmärkten als Verdrängung privater Investitionen durch Staatsinvestitionen, beispielsweise auf dem Immobilienmarkt durch staatlichen Wohnungsbau, auf dem Arbeitsmarkt als Verdrängung privater Arbeitsplätze durch staatlich zur Verfügung gestellter Arbeitsplätze (z. B. Ein-Euro-Jobs) oder durch staatliche Investitionen in Aktien und Anleihen, welche die Zinsen steigen lassen und Kredite für private Investitionen verteuern.

Andere Probleme liegen in der Zeitverzögerung begründet – bei der Wahrnehmung (Recognition Lag), der Entscheidungsfindung (Decision Lag), in der Implementationsphase (Implementation Lag) sowie bis zur tatsächlichen Wirkung der einzelnen Maßnahmen (Policy Effect Lag). Das richtige „Timing" ist aber nötig, um nicht prozyklische statt der gewünschten antizyklischen Effekte zu erzielen. So ist es schwierig, die Instrumente [...] in zeitlicher Hinsicht adäquat einzusetzen, zumal in einem politischen System mit allerlei Vetospielern. Diese verhindern durch den Parteienwettbewerb im Übrigen auch die Erhöhung von Steuern in Boomphasen bzw. die Senkung von Ausgaben – also das Ergreifen unpopulärer Maßnahmen –, was auch zu einem anhaltenden Wachstum der Staatsschulden beigetragen hat. So wurde etwa in Deutschland nach intensivem Deficit Spending vor allem in den 1970er Jahren in der Boomphase in den 1980er Jahren keine Haushaltskonsolidierung betrieben.

Daniel Buhr et al., Wirtschaft und Politik – eine Einführung, Stuttgart 2013, S. 53

---

prozyklische Wirtschaftspolitik

Maßnahmen gehen in die gleiche Richtung wie die aktuellen Konjunkturausschläge. Die Konjunkturentwicklung wird also nicht geglättet, sondern deren Ausschläge noch verstärkt.

Vetospieler

Akteure im politischen System, die Reformen (Gesetze) direkt verhindern können

---

Ⓗ zu Aufgabe 2a

Strukturieren Sie Ihre Darstellung anhand folgender Leitfragen: Was sind Ursachen von Wirtschaftskrisen? Welche Maßnahmen sollen zur Stabilisierung der Konjunktur ergriffen werden? Welche Rolle hat der Staat?

Ⓜ zu Aufgabe 2b

Visualisieren Sie die Maßnahmen und Folgewirkungen einer nachfrageorientierten Wirtschaftspolitik in einer Kausalkette.

Aufgaben

① a) Stellen Sie in einer Tabelle die typischen Veränderungen folgender Indikatoren im Verlauf eines Konjunkturzyklus dar (M 15, M 16): Produktion und Auslastung der Produktionskapazität, Konsum und Investitionen, Beschäftigungsniveau, Preise, Löhne sowie Zinsen.

b) Ordnen Sie die wirtschaftliche Entwicklung Lacuniens (M 14) in die Phasen des Konjunkturzyklus (M 15) ein.

② a) Fassen Sie die Ursachenanalyse wirtschaftlicher Krisen und zu ergreifende Gegenmaßnahmen nach Keynes zusammen (M 16).

b) Analysieren Sie die intendierte Wirkungsweise der nachfrageorientierten Wirtschaftspolitik nach Keynes (M 16, M 17, Infobox).

③ a) Entwickeln Sie geeignete Maßnahmen für ein keynesianisch geprägtes Konjunkturprogramm in Lacunien.

b) Beurteilen Sie die voraussichtliche Wirksamkeit der entwickelten Maßnahmen (M 18).

4 Die Wirtschaftsordnung der Sozialen Marktwirtschaft

In der Wirtschaftsordnung der Sozialen Marktwirtschaft sollen die **Vorzüge des freien Marktes** (z. B. effiziente Allokation, hohes Maß an individueller Freiheit) mit einem **sozialen Ausgleich** verbunden werden.

Die Soziale Marktwirtschaft basiert auf zwei Grundprinzipien. Das **Eigentumsprinzip** garantiert mit dem Grundsatz des Privateigentums über Konsumgüter und Produktionsmittel die wirtschaftliche Freiheit der Marktteilnehmer. Nach dem **Haftungsprinzip** sind diese aber auch für die Folgen ihres ökonomischen Handelns verantwortlich.

Dem Staat kommt in der Sozialen Marktwirtschaft die Aufgabe zu, den Wettbewerb auf dem Markt zu sichern (**Wettbewerbsprinzip**). Das **Sozialstaatsprinzip** sieht vor, dass sozial schwächer gestellte Bevölkerungsgruppen unterstützt werden, um ihnen die Teilnahme am Markt zu ermöglichen. Staatliches Handeln soll dabei jedoch den Preisbildungsmechanismus aus Angebot und Nachfrage nicht stören (**Marktkonformitätsprinzip**). Die drei Prinzipien stehen dabei teilweise in einem **Spannungsverhältnis** zueinander. So besteht häufig ein Konflikt zwischen dem Sozial- und dem Marktkonformitätsprinzip.

Dem Staat kommt in Deutschland die strukturpolitische Aufgabe zu, eine **öffentliche Infrastruktur** zur Verfügung zu stellen. Nicht immer kann eindeutig bestimmt werden, welche Infrastruktur dies sein soll. **Öffentliche Güter**, wie Straßenbeleuchtung und Hochwasserschutz, werden nicht von privaten Akteuren angeboten, da aufgrund der fehlenden „Ausschließbarkeit vom Konsum" kein Konsument bereit wäre, für die Nutzung zu bezahlen. Daher müssen öffentliche Güter vom Staat bereitgestellt werden. **Private Güter** können jedoch (struktur)politisch für so bedeutend eingestuft werden, dass sie als **meritorisches Gut** vom Staat zur Verfügung gestellt werden (z. B. schnelle Internetanschlüsse).

Eine wichtige Voraussetzung für das Funktionieren marktwirtschaftlich organisierter Wirtschaftsordnungen ist das Vorhandensein von Wettbewerb, da dieser u.a. mit der **Innovations-**, der **Allokations-** und der **Marktausgleichsfunktion** die Effizienz der Wirtschaftsordnung gewährleistet. Daher ist die **Wettbewerbssicherung** eine zentrale wirtschaftspolitische Aufgabe des Staates. In Deutschland wird diese Aufgabe vor allem vom **Bundeskartellamt** vorgenommen, das verhindern soll, dass durch Kartell- oder Monopolbildung der Wettbewerb eingeschränkt oder eine marktbeherrschende Stellung durch ein Unternehmen ausgenutzt wird.

Die Entwicklung der Wirtschaftsleistung unterliegt in der Regel Schwankungen (**Konjunkturzyklus**). In Phasen des **Abschwungs** gehen Investitionen von Unternehmen und Konsumausgaben privater Haushalte zurück, was zu Arbeitslosigkeit und sinkenden Staatseinnahmen führt. Die daraus resultierende **Rezession** ist eine der größten Herausforderungen staatlicher Wirtschaftspolitik. Der englische Ökonom **John Maynard Keynes** führte die Entstehung ökonomischer Krisen auf eine zu geringe gesamtwirtschaftliche Nachfrage zurück. Der Staat könne daher durch eine über Schulden finanzierte Ausdehnung der staatlichen Investitionen (**deficit spending**), aber auch durch Konsumanreize für private Haushalte aus der Krise herausführen.

Soziale Marktwirtschaft in Theorie und Praxis
(Basiskonzept: Ordnung und System)
M 1, M 2

Aufgaben des Staates in der Sozialen Marktwirtschaft - Strukturpolitik
(Basiskonzept: Motive und Anreize)
M 6, M 7, M8

Ordnungspolitik
(Basiskonzept: Ordnungen und Systeme)
M 11, M 12, M 13

Prozesspolitik
(Basiskonzept: Motive und Anreize)
M 15, M 16, M 18

ORIENTIERUNGSWISSEN

4.3 Die „Magie" der Wirtschaftspolitik: Herausforderungen wirtschaftspolitischer Ziel(konflikt)e

4.3.1 Welche Ziele soll deutsche Wirtschaftspolitik verfolgen?

E Die Regierung von Ionien (Kap. 4.1.1) hat sich für die Wirtschaftspolitik die Ziele *Wohlstand für die Bevölkerung, Umweltschutz* und *Wirtschaftswachstum* gesetzt. Untersuchen Sie die Beziehungen zwischen den wirtschaftspolitischen Zielen für Ionien.

M 1 ● Die Ziele des magischen Sechsecks

Stabilitäts- und Wachstumsgesetz

Das „Gesetz zur Förderung der Stabilität und des Wachstums der Wirtschaft" (Stabilitätsgesetz, StabG, 1967) legt als Ziele der Wirtschaftspolitik ein stabiles Preisniveau, ein stetiges und angemessenes Wirtschaftswachstum, einen hohen Beschäftigungsstand und eine ausgeglichene Außenhandelsbilanz fest. Heute berücksichtigt man auch die Ziele Umweltschutz und gerechte Einkommens- und Vermögensverteilung und spricht von einem magischen Sechseck.

Autorentext

Zu **Konjunkturschwankungen** → vgl. Kap. 4.2.4

Bruttoinlandsprodukt, real

auch: BIP zu konstanten Preisen (bei der Berechnung wird die verzerrende Wirkung von Preisänderungen herausgerechnet)

gesamtwirtschaftliches Produktionspotenzial

theoretisch mögliche Produktion bei Ausschöpfung der verfügbaren Produktionsfaktoren

---

Magisches Sechseck

Außenwirtschaftliches Gleichgewicht:
Langfristig soll der Außenbeitrag, also die Differenz zwischen den Ein- und Ausfuhren von Waren und Dienstleistungen einer Volkswirtschaft, ausgeglichen sein. Dies soll verhindern, dass es zu einem dauerhaften Netto-Abfluss inländischer Ressourcen (Exportüberschuss) oder einer ansteigenden Nettoverschuldung gegenüber dem Ausland (Importüberschuss) kommt.

Stabiles Preisniveau:
Dieses Ziel gilt als erreicht, wenn die jährliche Inflationsrate bei annähernd 2 Prozent liegt. Gemessen wird die Inflationsrate anhand der Entwicklung des Verbraucherpreisindex (durchschnittliche Preisentwicklung aller Waren und Dienstleistungen, die private Haushalte für Konsumzwecke kaufen).

Gerechte Einkommens- und Vermögensverteilung:
Welche Verteilung von Einkommen und Vermögen als gerecht angesehen wird, ist eine politische Wertentscheidung und somit politisch umstritten. Um den Zusammenhalt der Gesellschaft nicht nachhaltig zu gefährden, muss die Verteilung jedoch grundsätzlich anerkannt werden.

Umweltschutz:
Schutz und Erhalt der natürlichen Lebensgrundlagen und der Tiere genießen in Deutschland Verfassungsrang (Art. 20a GG). Um der Verantwortung für zukünftige Generationen gerecht zu werden, sollen Umweltschäden durch wirtschaftliche Aktivitäten vermieden werden.

Hoher Beschäftigungsstand:
Um das gesamtwirtschaftliche Produktionspotenzial bestmöglich auszunutzen und soziale Härten infolge von Arbeitslosigkeit zu vermeiden, gilt eine Arbeitslosenquote von unter 3 Prozent als Zielwert (prozentualer Anteil der registrierten Arbeitslosen an der Gesamtzahl der zivilen Erwerbspersonen).

Stetiges und angemessenes Wirtschaftswachstum:
Ein stetiges Wirtschaftswachstum liegt vor, wenn übermäßige Konjunkturschwankungen vermieden werden. Als „angemessen" wird für Deutschland häufig ein Wert zwischen 2 und 4 Prozent genannt. Gemessen wird das Wirtschaftswachstum mithilfe des realen Bruttoinlandsprodukts.

Autorentext / -grafik

M 2 ● Wirtschaftspolitische Handlungsfelder

Ordnungspolitik...	Strukturpolitik...	Prozesspolitik...
legt die allgemeinen rechtlichen sozialen und wirtschaftlichen **Rahmenbedingungen** für wirtschaftliches Handeln fest	begleitet/gestaltet den **regionalen und sektoralen** (branchenspezifischen) **Strukturwandel**	zielt auf die **Stabilisierung der gesamtwirtschaftlichen Entwicklung** (Konjunktur) im Rahmen der bestehenden Wirtschaftsordnung
• Wettbewerbsordnung (z. B. Kartellrecht) • Verbraucherschutz • Sozialordnung (z. B. Sozialversicherung, Sozialhilfe) • Umweltschutz • Geldordnung (monetäre Ordnung) • Arbeitsrecht	• Regionalentwicklung • Infrastrukturentwicklung • Einkommens- und Vermögensverteilung zwischen Regionen • Forschungsentwicklung • Strukturanpassung • Ausbildung • Arbeitsmarktpolitik	• Geld- und Währungspolitik der autonomen Zentralbank [Europäische Zentralbank (EZB)] • Fiskalpolitik (Einnahmen- und Ausgabenpolitik) der Gebietskörperschaften (Bund, Länder, Gemeinden)
eher **langfristig** angelegt	eher **mittelfristig** angelegt	eher **kurzfristig** angelegt
beeinflusst **primär** das Handeln und Verhalten der **mikroökonomischen Einheiten** (Haushalte, Unternehmen)	beeinflusst **primär** Bedingungen und Entwicklung der **mesoökonomischen Einheiten** (Regionen, einzelne Branchen, Gruppen)	zielt **primär** auf die Stabilisierung von **makroökonomischen Größen** (BIP, privater Konsum, Investitionen)

Nach: Karl-Josef Burkard, Handlungsfelder der Wirtschaftspolitik, in: Unterricht Wirtschaft 9 (Heft 1, Beiheft), 2003, S. 9 (Angaben ergänzt)

Info

Beziehungen zwischen wirtschaftlichen Zielen

Die wirtschaftspolitischen Ziele der Bundesrepublik Deutschland werden als „magisches Sechseck" bezeichnet, weil ein gleichzeitiges Erreichen aller Ziele unmöglich ist. Zwischen den Zielen bestehen vielmehr drei mögliche Zielbeziehungen:
(1) Von Zielkomplementarität spricht man, wenn das Verfolgen eines Ziels das Erreichen eines weiteren ebenfalls fördert. Viele Ökonomen und Politiker gehen von einer Komplementarität zwischen „Wirtschaftswachstum" und „hohem Beschäftigungsstand" aus.
(2) Zielneutralität ist gegeben, wenn Maßnahmen zur Realisierung eines Ziels ein anderes weder positiv noch negativ beeinflussen.
(3) Zielkonflikte existieren dann, wenn die Verwirklichung eines Ziels die eines anderen behindert.

Autorentext

Erklärfilm Wirtschaftswachstum

Mediencode: 72052-11

Aufgaben

1. Beschreiben Sie die Lebensbedingungen in einer fiktiven Gesellschaft, in der die Ziele des magischen Sechsecks nicht erreicht werden (M 1).
2. Analysieren Sie (mögliche) Beziehungen zwischen den Zielen des magischen Sechsecks (M 1, Infobox).
3. Erläutern Sie die Handlungsmöglichkeiten des Staates in der Sozialen Marktwirtschaft zur Realisierung der wirtschaftspolitischen Ziele (M 2).

M zu Aufgabe 1
Gehen Sie in arbeitsteiliger Gruppenarbeit vor. Wählen Sie in Ihrer Gruppe einzelne Ziele für die Bearbeitung aus.

H zu Aufgabe 3
Orientieren Sie sich an den Kapiteln 4.2.2-4.2.4.

4 Die Wirtschaftsordnung der Sozialen Marktwirtschaft

4.3.2 „Die schwarze Null" um jeden Preis? Staatliches Handeln vor dem Hintergrund wirtschaftspolitischer Ziel(konflikt)e

E Analysieren Sie die Karikatur (M 3).

M 3 ● Schuldenberg

Karikatur: Michael Ramirez

debt (engl.): Schulden, Verbindlichkeiten

Generationengerechtigkeit

Der Begriff beschreibt die Gerechtigkeit der Verteilung von materiellen Ressourcen, Lebenschancen und -qualität unter den Generationen. Anders ausgedrückt umschreibt der Begriff die Forderung, dass jede Generation so verantwortungsvoll leben soll, dass sie nachfolgende Generationen keine unzumutbaren Lasten, z. B. in Form von Schulden oder Umweltschäden, aufbürdet.

www.wirtschaftundschule.de, Abruf am 20.9.2018

Bundeshaushalt

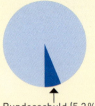

Bundesschuld (5,2 %)
(Stand: 2019)

M 4 ● Bundesschuld im Haushalt: Eingeschränkte Handlungsmöglichkeit?

Im Bundeshaushalt legt der Bundestag auf Vorschlag der Bundesregierung fest, für welche Bereiche wie viel Geld ausgegeben werden darf. Die Festlegung des Budgets legt den (finanziellen) Spielraum für die einzelnen Politikbereiche fest.

Haushaltsposten	Geplante Ausgaben in Mrd. Euro im Jahr 2018	Anteil am Gesamthaushalt in Prozent im Jahr 2018
Arbeit und Soziales	145,3	40,7
Verteidigung	43,2	12,1
Verkehr und digitale Infrastruktur	29,3	8,2
Bundesschuld	18,4	5,2
Bildung und Forschung	18,3	5,1
Umwelt	2,3	0,6

Zusammenstellung des Autors, Zahlen: Bundesfinanzministerium (Stand: Februar 2019)

4 Die Wirtschaftsordnung der Sozialen Marktwirtschaft

M 5 Wie entwickeln sich Deutschlands Staatsschulden?

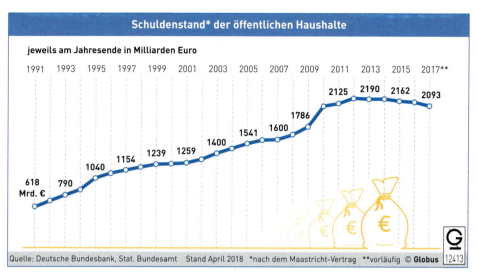

M 6 Wer zahlt die Schulden der jetzigen Generation?

Die durch Zins- und Tilgungszahlungen anfallenden Kosten der Schulden, die der Staat heute zur Finanzierung der Staatstätigkeit aufnimmt, müssen von den Steuerzahlern der heute jungen und noch nicht geborenen Generationen beglichen werden.

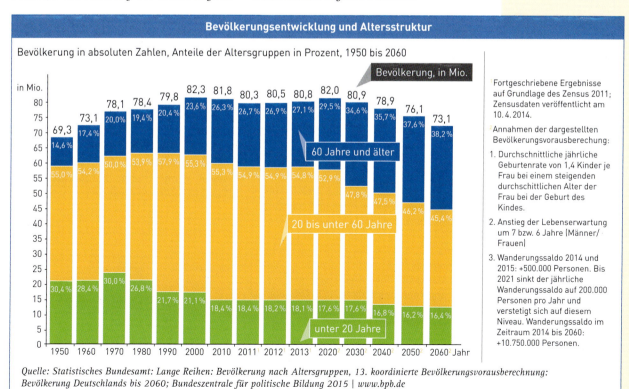

by-nc-nd/3.0/de/, www.bpb.de, 27.12.2015

M 7 ● Kontrovers diskutiert: Staatsschulden

a) Staatsschulden – Fesseln für staatliches Handeln

Zunächst einmal bedeutet eine zunehmende Verschuldung, dass ein ständig wachsender Teil der Staatseinnahmen bereits blockiert wird für den Schuldendienst (d. h.
5 für Verzinsung und Tilgung); dies engt den finanzpolitischen Spielraum der öffentlichen Hand ein. [...] Wenn der Schuldendienst nicht aus den laufenden Einnahmen geleistet werden kann, sind neue Kredite
10 allein zur Verzinsung alter Schulden erforderlich – von Tilgung ist nicht die Rede –, woraus sich eine Schraube ohne Ende ergibt: die sogenannte Schuldenfalle [...].
Staatsverschuldung in größerem Umfange
15 kann den heimischen Geld- und Kapitalmarkt so beanspruchen, dass die Kreditzinsen steigen. Der Zusammenhang mit der kreditinduzierten Inflation ist das Hauptargument gegen exzessive Staatsver-
20 schuldung, wobei wiederum der ständig auftauchende Zielkonflikt zwischen Konjunkturanregung bzw. Beschäftigungsförderung und Preisstabilität deutlich wird. [...] [Es] ist aber zu beachten, dass am Kre-
25 ditmarkt nicht „der Staat" als riesiger Kreditnehmer auftritt, sondern eine Vielzahl von einzelnen Kreditnehmern in Gestalt von Bund, Ländern und Gemeinden. Eine nachhaltige Beeinflussung des Zinsniveaus ist dann zu erwarten, wenn eine plötzliche
30 und massive Erhöhung der staatlichen Kreditnachfrage insgesamt eintritt, welche die Ausdehnungsmöglichkeiten des Kreditangebots überfordert. In diesem Zusammenhang wird oft der sogenannte „Verdrän-
35 gungseffekt" („crowding out") angeführt, d.h. dass der Staat private (Kredit-)Nachfrage verdrängt, was – neben zinssteigernden Effekten – zu Wachstumsverlusten führen könne. [...]
40 Schließlich hat die öffentliche Kreditaufnahme auch Umverteilungseffekte, da die Teilmenge der (meist) besser verdienenden privaten Kreditgläubiger von der Gesamtmenge der Steuerzahler refinanziert wer-
45 den. Dem ist entgegenzuhalten, dass dieser Effekt durch ein progressives Besteuerungssystem – zumindest tendenziell – abgemildert wird, d.h. wer dem Staat Mittel zu Verfügung stellen kann, wird tendenziell
50 stärker besteuert als andere.
Auch eine Verteilungswirkung im längerfristigen Zeitablauf ist zu berücksichtigen. Kreditfinanzierung heute zu tätigender Ausgaben kommt den heutigen Bürgern
55 ohne Belastungen zugute. Verzinsung und Tilgung dieser Schulden müssen aber in der Zukunft geleistet werden, so dass möglicherweise die nächste Generation noch die Schulden abzutragen hat, die heute ge-
60 macht wurden, ohne in gleichem Maße Nutznießer dieser Ausgaben zu sein.

Jörn Altmann, Wirtschaftspolitik. Eine praxisorientierte Einführung, Stuttgart 2007, S. 350ff.

Der Wirtschaftswissenschaftler Prof. Dr. Jörn Altmann ist Emeritus der Hochschule Reutlingen.

b) Staatsschulden – notwendig für Staat und Bürger

Fast alle Menschen und Politiker glauben [...], dass der Staat mit dem Aufnehmen neuer Schulden etwas grundsätzlich Unanständiges tut, weil er dadurch die zukünftigen Generationen belastet [...].
5

Info

Schuldenbremse

Seit dem 1. Januar 2011 gilt die neue Schuldenregel des Artikels 109 Grundgesetz [...]. Danach müssen Bund und Länder einen im Grundsatz ausgeglichenen Haushalt aufweisen. Für den Bund bedeutet dies, dass die [nicht konjunkturbedingte] strukturelle Nettokreditaufnahme nach Artikel 115 Grundgesetz auf maximal 0,35 % in Relation zum [nicht um die Preisentwicklung bereinigten] nominalen Bruttoinlandsprodukt beschränkt ist, während die Länder Haushalte ohne Kreditaufnahme aufstellen müssen. Gemäß der Übergangsregel des Artikels 143d Grundgesetz müssen die [...] strukturellen Defizite beim Bund [seit 01.01.2016] auf 0,35 % in Relation zum Bruttoinlandsprodukt und bei den Ländern bis zum 31.12.2019 auf null zurückgeführt werden. [Im Falle von Naturkatastrophen oder anderen „außergewöhnlichen Notsituationen" darf der Bundestag die Neuverschuldungsobergrenze überschreiten.]

Anke Jancarova-Meyer u.a., Bundesministerium der Finanzen, Produktionspotential und Konjunkturkomponenten, 25.4.2018, Abruf am 20.9.2018

Bei der [...] Überzeugung handelt es sich schon deswegen um einen Mythos, weil Schulden ja auch im privaten Bereich die Vermögenssituation nicht belasten, wenn mit dem geliehenen Geld Vermögenstitel erworben werden. Wenn ich ein Haus auf Kredit kaufe oder der Staat auf Kredit eine Schule baut, werden die künftigen Generationen gerade nicht belastet, sondern man versucht, mithilfe der heute zur Verfügung stehenden Kaufkraft, also der Ersparnisse anderer Gruppen, [...] die Situation der Kinder oder zukünftiger Generationen generell zu verbessern, indem man ihnen eine Infrastruktur und andere reale Vermögensgegenstände (die Ökonomen sprechen hier von einem Kapitalstock) überlässt, aus dem man hohen Nutzen ziehen bzw. mit dessen Hilfe man ein hohes Einkommen erzielen kann.

Dieser Glaube ist aber selbst dann fundamental falsch, wenn der Staat das geliehene Geld nicht investiert, sondern für den Konsum verwendet. Hinter jedem geliehenen Euro steht nämlich eine Forderung gegen den Staat, die sich in den Händen eines privaten Haushalts oder eines Unternehmens befindet. Wann immer der Staat seine Verschuldung erhöht, muss er ja jemanden finden (einen privaten Haushalt in der Regel, in Krisenzeiten auch die Notenbank), der ihm einen Teil seiner Ersparnisse zur Verfügung stellt, der also nicht konsumiert in der Hoffnung, jemand werde sich das Ersparte leihen und ihm einen vernünftigen Zins bezahlen. Wenn aber die Forderungen an den Staat in gleichem Maße wachsen wie seine Schulden, ist es kompletter Unsinn zu behaupten, die Verschuldung des Staates belaste zukünftige Generationen, weil diese zwar zum einen immer die Schulden des Staates erben, von ihren Eltern zum anderen aber auch die Forderungen gegen den Staat. Folglich ändert sich durch staatliche Verschuldung die Vermögensposition zukünftiger Generationen niemals [...]. Ganz gleich, wer konkret das staatliche Schuldpapier hält, also etwa Banken oder private Haushalte: Die zugehörige Vermögensposition ist immer vorhanden, und sie ist, trotz mancher heutiger Zweifel, immer noch die sicherste Art von Vermögensposition, die es gibt.

Heiner Flassbeck, Zehn Mythen in der Krise, Frankfurt a. M. 2012, S. 34f.

Der Wirtschaftswissenschaftler Heiner Flassbeck war 1998/99 Staatssekretär im Bundeswirtschaftsministerium und von 2003 bis zu seiner Pensionierung 2012 Chefvolkswirt der UNO-Organisation für Welthandel und Entwicklung (UNCTAD).

Mythos (griech.)
im ursprünglichen Sinne Erzählung, die Welterklärung enthält, hier: unwahre, aber dauerhaft geglaubte Behauptung

Investitionen in Bildung gehen nicht auf Kosten der nächsten Generation – im Gegenteil.

Aufgaben

1. Analysieren Sie die Diagramme (M 4, M 5, M 6) und formulieren Sie im Anschluss Hypothesen zu Problemen von Staatsfinanzierung durch Kreditaufnahme.
2. Stellen Sie die Positionen für und gegen Staatsverschuldung einander gegenüber (M 7).
3. „Die Schuldenbremse im Grundgesetz – Garant für eine gerechte Vermögensverteilung zwischen den Generationen oder Bremse für Zukunftsinvestitionen?" Nehmen Sie vor dem Hintergrund dieser Fragestellung zur Schuldenbremse in Deutschland (Infobox, M 7).

H zu Aufgabe 2
Nutzen Sie die Vergleichskriterien Folgen und Gerechtigkeit.

M zu Aufgabe 3
Führen Sie zu der Fragestellung eine strukturierte Kontroverse durch.

F Nehmen Sie Stellung, ob eine Begrenzung der Staatsschulden als wirtschaftspolitisches Ziel kodifiziert werden sollte.

**Wirtschaftspoliti-
sche Ziele der
Bundesrepublik**
(Basiskonzept:
Ordnung und
System)
M 1

Im Stabilitäts- und Wachstumsgesetz von 1967 wurden vier wirtschaftspolitische Ziele für die Bundesrepublik festgelegt: **Preisniveaustabilität, ein hoher Beschäftigungsstand, angemessenes und stetiges Wirtschaftswachstum** sowie ein **außenwirtschaftliches Gleichgewicht**. Später kamen noch die Ziele **gerechte Einkommens- und Vermögensverteilung** und **Umweltschutz** hinzu.

Da manche der wirtschaftspolitischen Ziele nicht (vollständig) gleichzeitig realisiert werden können, bezeichnet man sie auch als „magisches Viereck" bzw. „**magisches Sechseck**". Ein wirtschaftspolitischer **Zielkonflikt** spannt sich auf zwischen „Wirtschaftswachstum" und „Umweltschutz", da eine höhere Wirtschaftsleistung häufig mit einem stärkeren Verbrauch bzw. einer stärkeren Beeinträchtigung natürlicher Ressourcen einhergeht.

Neben Zielkonflikten ist aber auch **Zielkongruenz** (gegenseitige positive Beeinflussung) und **Zielneutralität** (keine gegenseitige Beeinflussung) denkbar.

**Wirtschafts-
politische
Handlungsfelder**
(Basiskonzept:
Motive und
Anreize)
M 2

Um die wirtschaftspolitischen Ziele realisieren zu können, hat der Staat verschiedene wirtschaftspolitische Handlungsfelder: Im Bereich der **Ordnungspolitik** legt der Staat die Rahmenbedingungen für wirtschaftliches Handeln fest. Mit Maßnahmen der **Strukturpolitik** kann der Staat bspw. die für Unternehmen notwendige Infrastruktur zur Verfügung stellen oder für gut ausgebildete Arbeitnehmer sorgen. Um konjunkturelle Schwankungen abzufedern, ergreift der Staat Maßnahmen der **Prozesspolitik** (auch Konjunkturpolitik genannt).

**Staatsschulden
– eine Gefahr für
das Wirtschafts-
system?**
(Basiskonzept:
Motive und
Anreize)
M 4, M 5, M 6, M 7

Die Ansicht ist weit verbreitet, dass **Staatsschulden** eines der Hauptprobleme für entwickelte Staaten darstellen: Die finanzielle Handlungsfähigkeit von Parlament und Regierung werde stark eingeschränkt allein aufgrund der Zinslast. Kreditfinanzierter Staatskonsum müsse von der nachfolgenden Generation (mit höheren Steuern) „abbezahlt" werden, Kredite für Privatleute und v. a. Unternehmen würden sich verteuern, da sie gleichsam in Kreditkonkurrenz zum Staat gerieten. Diese Position ist allerdings einzuschränken: Erstens kommt es auf die Gesamtrelation zwischen Schulden und BIP an, ob die Zinslast „erdrückend" wird. Allgemein gilt eine Gesamtverschuldung von 60 % des BIP als unkritisch, teilweise werden auch Schwellen von 80 % oder 100 % genannt. Zweitens kommt es auf die Verwendung der Kredite an. Sinnvolle Investitionen (z. B. in das Bildungssystem oder die Verkehrs- oder Telekommunikationsinfrastruktur) können langfristig zu höheren Einkünften führen als die zu entrichtende Zinslast.

4 Die Wirtschaftsordnung der Sozialen Marktwirtschaft

KOMPETENZEN ANWENDEN

Die chinesische Wirtschaftsordnung

Das BIP der Volksrepublik China hat sich in den letzten 3 Jahrzehnten – vor allem getrieben durch den Außenhandel – mehr als verdreißigfacht, die Wirtschaft wächst in
5 den letzten Jahren mit relativ hoher Geschwindigkeit, jährlich um etwa 6-8 %.
Seit ihrer Gründung 1949 ist die Volksrepublik China eine Einparteiendiktatur der Kommunistischen Partei Chinas (KPCh).
10 „Gewählt" wird das aus 1.500 Abgeordneten bestehende Parlament, das aber faktisch über nur sehr wenig Macht verfügt. Tatsächlich gelenkt wird der Staat durch den 150 Mitglieder starken „Ständigen Aus-
15 schuss" des Nationalen Volkskongresses, sowie die Regierung („Staatsrat" bestehend aus Ministerpräsidenten und den Ministern) und allen voran durch den Staatspräsidenten als Staatsoberhaupt, welcher zudem
20 Generalsekretär der KPCh ist.
Artikel 12 der chinesischen Verfassung beschreibt die Grundlage der Eigentumsordnung: „Das sozialistische öffentliche Eigentum ist heilig." Daneben wurde im Jahr
25 2007 ein Gesetz zur Reform des Eigentumsrechts verabschiedet: „Das rechtmäßige Eigentum individueller Personen soll gesetzlich geschützt sein. [...] Illegale Besitznahme, Plünderung und Zerstörung von solchem
30 Eigentum durch irgendeine Körperschaft oder eine Einzelperson ist verboten." Explizit ausgenommen von diesem neuen Gesetz ist allein der Landbesitz, der nach wie vor ausschließlich staatlich kontrolliert wird.
35 Chinas Wirtschaft war von den 1950er bis in die späten 1970er Jahre vollständig verstaatlicht. Bis heute stehen viele Unternehmen unter Kontrolle der öffentlichen Hand. Nach aktuellen Schätzungen (2017) gibt es

in China rund 150.000 Staatsbetriebe. Den- 40
noch sind viele der Staatsbetriebe in an der Börse notierte Aktiengesellschaften umgewandelt worden. Privatinvestoren können so gewisse Anteile kaufen, die Regierung behält aber eine kontrollierende Mehrheit 45
von mindestens 51 % der Aktien. Ihre Manager sind außerdem überwiegend hochrangige Mitglieder der KPCh. Trotz wiederholter Ankündigungen, dass Privatinvestoren künftig mehr Möglichkeiten ein- 50
geräumt werde, um sich an chinesischen Unternehmen zu beteiligen, kontrolliert die KPCh weiterhin faktisch alle relevanten Wirtschaftsbereiche, darunter sieben Schlüsselindustrien von Telekom über Luft- 55
fahrt bis Petrochemie. Im Jahr 2015 stellte die chinesische Regierung das Modernisierungsprogramm „Made in China 2025" vor, das einen Masterplan zum Aufstieg zur „Industrie-Supermacht" vorgibt. Das Label 60
„Made in China" soll bis spätestens 2049 nicht mehr für billige Massenware, sondern für Innovation, Qualität und Effizienz stehen. In zehn zukunftsorientierten Hochtechnologiebranchen wird China dann 65
nach den Plänen der KPCh Weltmarktführer sein.
Staatliche Lenkung findet in der chinesischen Wirtschaft traditionell durch sogenannte „Fünfjahrespläne" statt. Seit 2006 70
heißen die ehemaligen Pläne „Richtlinienzielsetzungen" und sind offener formuliert. Es existieren sowohl „Richtlinien" für die gesamte Volkswirtschaft als auch für einzelne Wirtschaftsbereiche oder Branchen. 75
Seit 2016 gilt der 13. Fünfjahresplan.

Autorentext

Vorgaben des 13. Fünfjahresplans

- mind. 6,5 % jährliches Wirtschaftswachstum
- Verdopplung des Durchschnittseinkommens bis 2020 im Vergleich zu 2010
- Zuwachs von 50 Millionen Arbeitsplätzen in den Städten
- Reduzierung der CO_2-Emissionen von 18 % gemessen an der Wirtschaftsleistung

Aufgaben

1 Geben Sie die Hauptaspekte der chinesischen Wirtschaftsordnung wieder.

2 Ordnen Sie wesentliche Elemente des chinesischen Wirtschaftssystems den Idealtypen „freie Marktwirtschaft" bzw. „Zentralverwaltungswirtschaft" zu.

3 Die Wirtschaftsordnung Chinas wird häufig als „sozialistische Marktwirtschaft" bezeichnet. Überprüfen Sie diese Bezeichnung mithilfe Ihrer Kenntnisse.

Zusatzmaterial zu aktuellen **Abitur-schwerpunkten**

Mediencode: 72052-01

Willkommen im Zoo des Nordens

Eintrittspreise
Erwachsene 16,00 €
Kinder (3–17 Jahre) 8,00 €

Ermäßigungen
Familienkarte I 22,00 €
Ein Elternteil mit einem eigenen Kind 3–17 Jahre
Familienkarte II 38,00 €
Zwei Elternteile mit einem eigenen Kind 3–17 Jahre
Bei Familienkarte jedes weitere eigene Kind 3–17 Jahre 4,00 €
Sonstige 14,00 €
Schüler, Studenten, Azubis, Schwerbehinderte, Rentner, Arbeitslose, ALG u Empfänger (alle nur mit Nachweis); Mehrfachermäßigungen sind nicht möglich.

Aushang Eintrittspreise

Wassersportmesse „Boot", Düsseldorf, Januar 2018

Plattenbausiedlung in einem Stadtteil von Köln (Finkenberg)

„Wohlstand für alle"? Soziale Ungleichheiten in der Sozialen Marktwirtschaft

5

Kaum ein Thema ist so facettenreich und wird so kontrovers diskutiert wie die Frage der sozialen Gerechtigkeit. Zur Schaffung einer Datengrundlage erhalten Sie in Kapitel 5.1 zunächst die Gelegenheit, den Status quo der (Un-)Gleichheit in Deutschland mithilfe von statistischen Darstellungen zur Einkommens- und Vermögensentwicklung zu analysieren. Ergänzend dazu können Sie Ihr eigenes Gerechtigkeitsverständnis mit anderen Auffassungen vergleichen und mithilfe theoretischer Überlegungen beurteilen, ob das wirtschaftspolitische Ziel einer gerechten Einkommens- und Vermögensverteilung in Deutschland erreicht wird.

Im Anschluss wird der Blick auf die möglichen Auswirkungen von Ungleichheit gelegt und diese problematisiert, um sich dann Lösungsansätzen zur Herstellung von mehr Gerechtigkeit zuzuwenden. Ausgehend von einem Antrag der Fraktion „Die Linke" analysieren Sie politische Standpunkte zu einer allgemeinen Vermögensteuer und erörtern deren Vereinbarkeit mit den Grundwerten der Sozialen Marktwirtschaft (Kap. 5.2).

In Kapitel 5.3 können Sie nachverfolgen, wie es sich auf Ihr Leben auswirken könnte, ein monatliches „bedingungsloses Grundeinkommen" (BGE) zur Verfügung zu haben. Die Frage nach der Umsetzbarkeit, der Wirksamkeit und der Gerechtigkeit eines bedingungslosen Grundeinkommens untersuchen und beurteilen Sie am Beispiel eines konkreten Grundeinkommensmodells.

Was wissen und können Sie schon?

1. Soziale Gerechtigkeit bedeutet für mich...?
   a) Formulieren Sie möglichst prägnant Ihre Vorstellung von sozialer Gerechtigkeit.
   b) Vergleichen Sie die Ergebnisse im Kurs.
2. Diskutieren Sie Ihre Wahrnehmung, inwieweit soziale Gerechtigkeit in der Bundesrepublik Deutschland verwirklicht ist. Beziehen Sie sich dabei auf die Abbildungen.
3. Skizzieren Sie geeignete politische Maßnahmen, mit denen soziale Gerechtigkeit erreicht werden könnte.

KOMPETENZEN

Am Ende dieses Kapitels sollten Sie Folgendes wissen und können:

... soziale Ungleichheit am Beispiel der Einkommens- und Vermögensverteilung in Deutschland beschreiben und anhand statistischer Materialien analysieren.

... Prinzipien der Verteilungsgerechtigkeit (Egalitäts-, Bedarfs-, Leistungsprinzip) als Herausforderung für die Soziale Marktwirtschaft erläutern und die Anwendung dieser Prinzipien in der Steuerpolitik erörtern.

... das System der Primär- und Sekundärverteilung von Einkommen beschreiben.

... politische Positionen zur gerechten Einkommens- und Vermögensverteilung am Beispiel der Vermögensteuer und eines bedingungslosen Grundeinkommens vergleichen.

... politische Vorschläge zur gerechten Einkommens- und Vermögensverteilung vor dem Hintergrund von Grundwerten der Sozialen Marktwirtschaft erörtern.

5 Soziale Ungleichheiten in der Sozialen Marktwirtschaft

5.1 „Wohlstand für alle"? Einkommens- und Vermögensverteilung in Deutschland

5.1.1 Wie sind Einkommen in Deutschland verteilt?

Ⓔ Analysieren Sie die Karikatur (M 1). Hinweis: Greifen Sie dabei auf Ihre Kenntnisse zu den idealtypischen Wirtschaftsordnungen der freien Marktwirtschaft und der Zentralverwaltungswirtschaft zurück und leiten Sie ein politisch zu lösendes Problem ab.

M 1 ● System im Ungleichgewicht?

Zeichnung: Iris Kuhlmann, Der Spiegel, Roman Höfner, Der Spiegel

M 2 ● Wie entwickeln sich Einkommen in Deutschland?

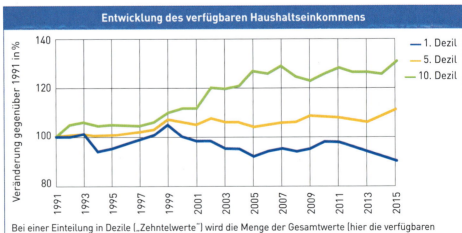

Bei einer Einteilung in Dezile („Zehntelwerte") wird die Menge der Gesamtwerte (hier die verfügbaren Haushaltseinkommen) nach aufsteigender Größe in zehn gleichgroße Teile zerlegt. Entsprechend werden dann z. B. im 1. Dezil die 10 % der Haushalte mit dem geringsten verfügbaren Haushaltseinkommen zusammengefasst.

Zahlen: SOEPv33.1, in: Markus M. Grabka, Jan Goebel, Einkommensverteilung in Deutschland, in: DIW Wochenbericht, 21/2018, S. 449

Verfügbares Haushaltseinkommen setzt sich aus zwei Einkommensarten zusammen: Das **Primäreinkommen** ergibt sich aus dem Marktprozess (z. B. Gehälter, Löhne, Zinserträge). Das **Sekundäreinkommen** entsteht durch staatliche Umverteilung in Form von Transferleistungen nach zumeist sozialen Kriterien (z. B. Sozialhilfe, Kindergeld, Renten).

Autorentext

M 3 Wie sind Einkommen in Deutschland verteilt?

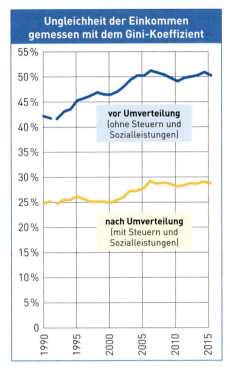

Zahlen: SOEPv33.1, in: Statistisches Bundesamt, Datenreport 2018, S. 242

Info

Gini-Koeffizient

Der Gini-Koeffizient ist ein statistisches Standardmaß zur Messung der Ungleichheit einer Verteilung. Am häufigsten eingesetzt wird der Koeffizient zur Bestimmung von Einkommensungleichheit. Er kann Werte zwischen 0 und 1 annehmen. Je höher der Wert, desto stärker ausgeprägt ist die gemessene Ungleichheit. Beispielsweise bedeutet ein Gini-Koeffizient von 0, dass alle verglichenen Personen genau das gleiche Einkommen haben. Ein Wert von 1 dagegen bedeutet, dass eine Person das gesamte Einkommen erhält und alle anderen nichts. [Die Angabe des Gini-Wertes kann auch in Prozent erfolgen. Dabei stehen 100 Prozent für maximale Ungleichverteilung und 0 Prozent für völlige Gleichheit.] [...] Benannt wurde der Koeffizient nach seinem Erfinder, dem italienischen Statistiker Corrado Gini.

Deutsches Institut für Wirtschaftsforschung e.V., Glossar, www.diw.de, Abruf am 5.11.2018

M 4 Arbeitnehmerentgelte und Gewinneinkommen

Die Statistik vergleicht die Entwicklung der Arbeitnehmerentgelte (Bruttolöhne und Arbeitgeberanteil der Sozialversicherungen) und Gewinneinkommen (Gewinne aus Unternehmenstätigkeit und Vermögen) zwischen 1991 und 2017.

Entwicklung der Arbeitnehmerentgelte und Gewinneinkommen in Deutschland

Veränderung der Arbeitnehmerentgelte und Unternehmens- bzw. Vermögenseinkommen gegenüber dem Basisjahr 1991, in Prozent (1991=100 Prozent)

Unternehmens- und Vermögenseinkommen: 133,5 — 126,9 — 185,3 — 206,8
Arbeitnehmerentgelte: 139,7 — 194,9

WSI Verteilungsbericht 2017, Zahlen: Statistisches Bundesamt, Mikrozensus

Finanz- und Wirtschaftskrise

Die durch die Immobilienkrise in den USA ausgelöste globale Finanz- und Wirtschaftskrise führte 2008/2009 zu einer weltweiten Rezession.

Gatsby-Kurve
entwickelt vom Ökonomen Miles Corak, Name angelehnt an den gleichnamigen Hauptcharakter des Romans „Der große Gatsby" (1925), der den Aufstieg vom Bauernsohn zum Multimillionär schafft

soziale Mobilität
sozialer Aufstieg oder Abstieg einer Person, der sich in Abhängigkeit von bspw. Bildungsniveau, Einkommen oder Vermögen vollzieht

M 5 ● Die Gatsby-Kurve: Zusammenhang zwischen Einkommensungleichheit und sozialer Mobilität

Die Gatsby-Kurve bildet ab, wie stark die Einkommensungleichheit mit der sozialen Mobilität im Generationenvergleich korreliert. Die horizontale Achse stellt den Gini-
5 *Koeffizienten der Einkommensungleichheit nach Steuern dar. Die vertikale Achse gibt an, welcher Anteil des Einkommens einer Person durch das Einkommen ihrer Eltern erklärt werden kann („intergenerative Einkommenselastizität"). Je höher der Wert,* 10 *desto stärker wird das Einkommen der Eltern an die nächste Generation „vererbt". Die sozialen Aufstiegschancen sind also gering, die soziale Mobilität nimmt ab.*

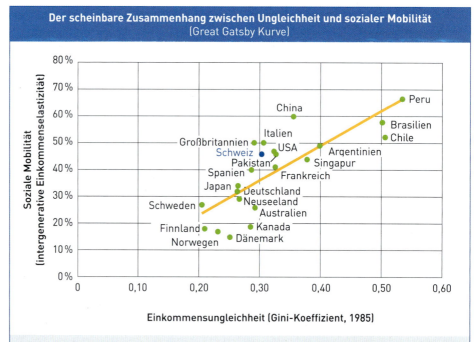

Der Wert von 46 % (vgl. Schweiz) für die intergenerative Einkommenselastizität bedeutet, dass ein Sohn, dessen Vater das Doppelte des Durchschnittseinkommens der Vätergeneration (Bezugsjahr 1985) verdiente, im Durchschnitt ein Einkommen von 46 % über dem Durchschnitt seiner eigenen Generation besitzt. Bei einem Wert von Null hat das Einkommen des Vaters keinen Einfluss auf das Einkommen des Sohnes.

Zahlen: CORAK 2011, SWIID

Ⓜ zu Aufgabe 1
Führen Sie ein Gruppenpuzzle durch.

Ⓗ zu Aufgabe 2
Berechnen Sie die generationsübergreifende Einkommensentwicklung anhand von drei differierenden Länderbeispielen, z. B. Norwegen, Deutschland und Chile.

Aufgaben

① Analysieren Sie die Einkommensverteilung in Deutschland (M 2–M 5).

② Arbeiten Sie die möglichen Zusammenhänge zwischen Einkommensungleichheit und sozialer Mobilität nach der Gatsby-Kurve heraus (M 5).

5.1.2 Sind Einkommen und Vermögen in Deutschland gerecht verteilt?

E Vergleichen Sie die Verteilung der Vermögen in Deutschland mit den Ländern der OECD (Randspalte).

M 6 ● Wie sind die (Netto-)Vermögen in Deutschland verteilt?

Das Nettovermögen setzt sich aus dem Bruttovermögen (z. B. Immobilien, Geldvermögen...) abzüglich sämtlicher Verbindlichkeiten zusammen. Private Haushalte in Deutschland verfügten 2014 über ein Nettovermögen von rund 9,4 Billionen Euro. Über 25 % der Haushalte verfügte über kein oder sogar ein negatives Nettovermögen.

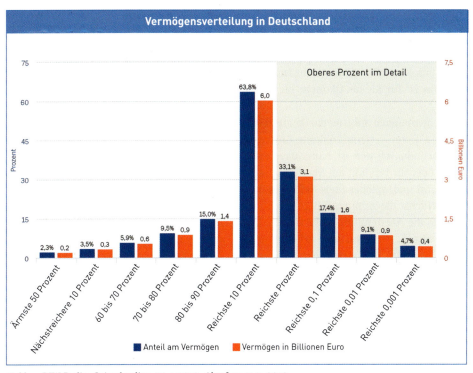

Zahlen: DIW Berlin, Spiegel online, 23.1.2018, Abruf am 5.11.2018

Verteilung der Vermögen innerhalb der OECD (gemessen am Gini-Koeffizienten)

Land*	2018 (in %)
Chile	77,3
Deutschland	81,6
Frankreich	68,7
Schweiz	74,1
USA	85,2
Vereinigtes Königreich	74,7
Welt	90,4

*ausgewählte Länder
Zahlen: Credit Suisse: Global Wealth Databook 2018 (S. 157)

M 7 ● Kontroversen um soziale Gerechtigkeit

Frankfurter Rundschau: Ein Investmentbanker verdient deutlich mehr als eine Altenpflegerin. Weil er mehr leistet?
Gert Wagner: Das kommt auf den Maßstab an. Investmentbanking ist sicher eine anstrengende Tätigkeit. Der Job der Altenpflegerin ist allerdings mit Sicherheit der mühsamere. Jetzt wissen wir noch immer nicht, wer von beiden mehr leistet.
Individuelle Leistung kann man im Allgemeinen nicht messen. Das geht vielleicht noch bei exakt gleichen Tätigkeiten: Der eine baut ein Regal bei gleicher Qualität schneller auf als der andere. Der Schnellere leistet mehr. Aber oft ist „gleiche Qualität"

schwer messbar. Wer leistet mehr: Eine Pflegerin, die einen alten Menschen in zehn Minuten angezogen hat? Oder eine Kollegin, die den alten Menschen hilft, sich selbst anzuziehen und deshalb 20 Minuten braucht? [...]

Wenn ein Leistungsvergleich zwischen Arbeitnehmern unmöglich ist: Warum verdient dann ein Investmentbanker viel mehr als eine Altenpflegerin?

Weil die Bank mehr Geld verdient als das Pflegeheim. Die unterschiedliche Bezahlung hat mit der individuellen Anstrengung nichts zu tun. Das Gehalt wird von vielen Faktoren bestimmt. Eine wichtige Rolle spielt die ökonomische Leistung eines Betriebs, die nicht mit der individuellen Leistung verwechselt werden darf, sondern auch stark von der Nachfrage abhängt.

Und was ist für Sie als Ökonom die Leistung?

Streng genommen gibt es gar keine feste Leistung. Denn was eine konkrete Anstrengung ökonomisch wert ist, hängt davon ab, ob sie oder ihr Produkt am Markt nachgefragt wird und welcher Preis dafür gezahlt wird. Wächst die zahlungsfähige Nachfrage, wird die Anstrengung mehr wert. [...]

Wenn also [...] jemand hart arbeitet und etwas herstellt, das sich nicht verkauft, dann hat er gar nichts geleistet?

Ja, er hat sich ohne Zweifel angestrengt, aber ökonomisch gesehen keine Leistung abgeliefert. Und diese Leistungsbewertung ist auch vernünftig. Warum sollen wir knappe Ressourcen verschwenden für Produkte, die niemand kaufen will? [...]

Nun werden ja umgekehrt auch Dinge nachgefragt und bezahlt, hinter denen keine Leistung steht. Ein Grundstücksbesitzer kann beispielsweise sein Land zu Geld machen.

Wenn er das Grundstück samt der gesamten dazugehörigen Ver- und Entsorgung geerbt hat, hat er Glück gehabt. Hinter den Einnahmen steht tatsächlich keine persönliche Leistung. Daher gibt es ja auch gute Argumente für eine Erbschaftssteuer nahe 100 Prozent. [...]

Woran bemisst sich die Leistungsfähigkeit eines Unternehmers?

Am Erfolg! Der Unternehmer ist dafür verantwortlich, wie produktiv die Arbeitsplätze sind, ob die Arbeitnehmer mit veralteter Technologie arbeiten oder nicht. Seine Leistungsschwäche führt zum Ausscheiden des Unternehmens aus dem Markt. Das kann man nicht den Arbeitnehmern anlasten. [...]

Gibt es bei der Bezahlung [von Arbeitnehmern] letztlich keine Gerechtigkeit?

Am Arbeitsmarkt gibt es – wie auf anderen Märkten – keine Gerechtigkeit. Wenn man mehr Gerechtigkeit anstrebt, dann kann man nicht nur beim Lohn ansetzen. In modernen Staaten gibt es die Möglichkeit, das, was als ungerecht hohes Einkommen und Vermögen empfunden wird, zu verkleinern: durch Steuern.

Interview: Stephan Kaufmann, Eva Roth, Frankfurter Rundschau, 19.4.2014, ©alle Rechte vorbehalten. Frankfurter Rundschau GmbH, Frankfurt

Gert G. Wagner (*1953) war bis 2018 Professor für Volkswirtschaftslehre an der TU Berlin und Vorstandsmitglied des Deutschen Instituts für Wirtschaftsforschung (DIW).

H zu Aufgabe 2
Klären Sie zunächst das Verständnis von „Leistung".

F Charakterisieren Sie verschiedene Ebenen der Verteilungsgerechtigkeit (M 7, Auftaktseite).

Aufgaben

1. Analysieren Sie die Vermögensverteilung in Deutschland (M 6).
2. Geben Sie den Zusammenhang von Leistung und Einkommen (bzw. Vermögen) nach Wagner (M 7) wieder.
3. Wird das Ziel einer gerechten Einkommens- und Vermögensverteilung in Deutschland verfehlt? Beurteilen Sie diese Frage auf Grundlage der Analyseergebnisse sowie der Aussagen Wagners (M 2–M 7).

Statistiken analysieren

Warum sollte ich eine Statistik analysieren und prüfen können?
Statistiken sind systematische Sammlungen von Informationen in Form von Zahlen, die als Tabellen, Schaubilder oder Diagramme visuell aufbereitet werden und so einen raschen Zugriff auf zum Teil sehr komplexe Sachverhalte ermöglichen. Statistische Darstellungen spielen in der medialen Berichterstattung zu ökonomischen und politischen Themen eine
5 zentrale Rolle. Somit werden sie auch im Unterricht bei den verschiedensten Themen herangezogen, um z. B. wirtschaftliche oder soziale Problemlagen herauszuarbeiten. Beim Umgang mit Statistiken ist jedoch Vorsicht geboten! Scheinbar objektive Zahlen können Sachverhalte auch verfälscht bzw. einseitig darstellen und damit bestimmten Interessen dienen. Schon deswegen stellt die methodisch sorgfältige Analyse von Statistiken besonders im
10 Fach Politik-Wirtschaft eine Schlüsselkompetenz dar.

Welche Datengrundlagen sind zu unterscheiden?

Zahlenarten	absolute Zahlen (Maßeinheit beachten!), relative Zahlen bzw. Prozentwerte, Indexzahlen (Relation zu einem als 100 definierten Bezugswert)
Status der Werte	statistische Ermittlung vergangener Sachverhalte, vorläufige Werte, Prognosen, geschätzte Werte,
Sonstiges	exakte Werte vs. gerundete Werte, nominale vs. reale Werte

Welche Darstellungsformen eignen sich?

Wie analysiert man eine Statistik systematisch?
Folgende Schritte dienen einer Auswertung von Statistiken. Die Leitfragen in **Fettdruck** sollten bei jeder Statistikanalyse geklärt werden. Darüber hinaus ist je nach Besonderheiten einer Statistik auch eine weitergehende Auseinandersetzung notwendig.

Einordnen und prüfen	
Thema bestimmen Bezugsrahmen klären	• Was ist Thema, Erhebungsgegenstand bzw. Zweck der Statistik (Titel, Begleittext)? • Auf welchen Zeitpunkt oder Zeitraum bezieht sich die Statistik (einmalige Erhebung, langfristige Entwicklung, Prognose)? • Auf welches Gebiet bezieht sich die statistische Erhebung?
Quelle und Zuverlässigkeit prüfen	• Wer hat die Statistik veröffentlicht? • Wann wurde die Statistik veröffentlicht bzw. die Daten erhoben? • Wie und durch wen sind die Daten erhoben worden? Lassen sich Aussagen über die Zuverlässigkeit der Daten treffen (Aktualität, Seriosität, Repräsentativität, Form der Datenerhebung…)?

METHODE

5 Soziale Ungleichheiten in der Sozialen Marktwirtschaft

Quelle und Zuverlässigkeit prüfen	• Müssen Begriffe geklärt werden? Anhand welcher Merkmale (Kriterien) werden die dargestellten Sachverhalte verglichen? Was wird in Beziehung zueinander gesetzt?
Beschreiben	
Formale Beschreibung	• **Welche statistische Darstellungsform wurde gewählt?** • **Wie sind die Einzelelemente der Statistik aufgebaut (z. B. Achsen-, Säuleneinteilung, Einteilung von Spalten und Zeilen einer Tabelle...)?** • **Welche Zahlenarten (s.o.) und Maßeinheiten wurden verwendet?** • Wie genau sind die verwendeten Zahlenwerte (gerundet, geschätzt, vorläufig, k. A. = keine Angabe, d. h. Zahlen sind nicht verfügbar)?
Inhaltliche Beschreibung	• **Welches sind die zentralen Minimal- und Maximalwerte?** • **Lassen sich charakteristische Verteilungsmuster bzw. zeitliche Entwicklungen in den Daten beschreiben?** • Ist eine Einteilung in Phasen möglich (Zu- und Abnahme, Stagnation, Wechselbeziehungen zwischen verschiedenen Variablen)?
Deuten/Erklären	
Teilaussagen herausarbeiten	• **(Wie) lassen sich die beschriebenen Besonderheiten und Auffälligkeiten im Material erklären?** • **Welche Ursachen von Entwicklungstendenzen und Verteilungsmustern lassen sich (mithilfe von Vorwissen oder anderen Materialien) erkennen?** (Bilden Sie hier ggf. Arbeitshypothesen.) • **Welche Zusammenhänge zwischen den Werten werden deutlich?**
Gesamtaussage formulieren	• **Welche Hauptaussage(n) lässt/lassen sich aus der Statistikanalyse formulieren (Trends, Tendenzen...)?**
Bewerten	
Darstellungsform prüfen **Informationsgehalt bewerten**	• **Sind erkennbare Ungenauigkeiten / Fehler zu bemängeln?** • Ist die gewählte Darstellungsart geeignet (Übersichtlichkeit, Klarheit)? • **Ist die Statistik bei der Beantwortung der Fragestellung hilfreich? Oder sind weitere Informationen notwendig?** • Inwieweit lassen sich die dargestellten Daten (sinnvoll) vergleichen? • Wurden bei relativen Zahlen Bezugswerte genannt? • Lässt sich die Qualität der Daten überprüfen?
Aussageabsicht klären	• **Wird eine Interessengebundenheit / der Versuch der Beeinflussung des Lesers deutlich (Quelle, Datenauswahl, Darstellungsweise)?**

Aufbau einer Statistikanalyse

Für die (schriftliche) Bearbeitung einer Aufgabe, die eine Statistikanalyse beinhaltet, hat sich folgendes Vorgehen bewährt:

Entwicklung von Arbeitnehmerentgelten und Gewinneinkommen
→ vgl. Kap. 5.1.1, M 4

		Lösung am Beispiel von M 4 (Kap. 5.1.1) „Entwicklung von Arbeitnehmerentgelten und Gewinneinkommen"
Einleitung	Beginnen Sie die Analyse mit einem Einleitungssatz, indem Sie das Material thematisch und formal exakt (Quelle, Veröffentlichungsdatum, abgebildete(r) Zeit(raum)) vorstellen und mit eigenen Worten formulieren, was Sie im Folgenden tun werden.	*Die vorliegende Statistik wurde vom Wirtschafts- und Sozialwissenschaftlichen Institut (WSI), einem Forschungsinstitut, das dem Arbeitnehmerdachverband (DGB) nahesteht, veröffentlicht. Sie vergleicht die relative Entwicklung von Arbeitnehmerentgelten und Gewinneinkommen in den Jahren 1991 bis 2017 in Deutschland.*

5 Soziale Ungleichheiten in der Sozialen Marktwirtschaft ● ● ○ ○

METHODE

Hauptteil *Beschreibung Aufbau und Datenbasis* *Beschreibung der Daten* *Analyse / Deutungsansätze mit Beleg an konkreten Werten*	Arbeiten Sie im Hauptteil Ihre Analyse detailliert aus. Gehen Sie dabei nach dem Prinzip „von außen nach innen" bzw. „vom Allgemeinen zum Besonderen" vor, indem Sie zunächst die Statistik allgemein (Aufbau, Datengrundlage) vorstellen, ehe Sie die thematisch relevanten Teilaussagen beispielhaft herausstellen. Belegen Sie dabei Ihre Aussagen am Material. Beachten Sie bei der Analyse die von der Aufgabenstellung vorgegebene Schwerpunktsetzung. Gehen Sie daher im Hauptteil aspektorientiert vor und verdeutlichen Sie diese gedankliche Strukturierung durch Absätze.	[formale Beschreibung]: *Als Darstellungsform wurde ein Kurvendiagramm gewählt, dessen Daten auf Erhebungen des Mikrozensus durch das Statistische Bundesamt (Destatis) basieren. Die Statistik zeigt für den Zeitraum von 1991 bis 2017 (horizontale Achse) die prozentualen Veränderungen der Arbeitnehmerentgelte sowie der Unternehmens- und Vermögenseinkommen (Gewinneinkommen) bezogen auf das gleich 100 (%) gesetzte Basisjahr 1991 (vertikale Achse).* [inhaltliche Beschreibung] *Die Entwicklung lässt sich grob in drei Phasen untergliedern:* *Phase 1: Zwischen 1991 und 2003 entwickeln sich die Arbeiternehmerentgelte und Gewinneinkommen relativ parallel.* *In der folgenden Phase 2 / 3 …* [Analyse / Deutungsansätze] *Konjunkturschwankungen wirken sich unmittelbar auf Gewinneinkommen aus, auf Arbeitnehmerentgelte erst mit Verzögerung: Im Jahr 2000 platzte an den Börsen die sog. Dotcom-Blase, was die Gewinneinkommen merklich zurücksetzte (Rückgang um ca. 6 Prozentpunkte gegenüber 1998). Die allgemeine wirtschaftliche Krise in Deutschland um die Jahrtausendwende verschärfte sich hierdurch und führte zu steigendem Druck auf die Arbeitnehmer. So akzeptierten die Gewerkschaften in den Folgejahren geringere Lohnsteigerungen (2001-2005).* *…*
Fazit/ Schluss *Hauptaussage* *Bewertung der Darstellungsweise*	Formulieren Sie am Ende Ihrer Ausführungen ein (aufgabenbezogenes) Fazit, in dem Sie wesentliche Erkenntnisse Ihrer Analyse pointiert zusammenfassen und ggf. in den unterrichtlichen Zusammenhang einordnen. Dabei können Sie auch auf Grenzen der Aussagekraft der Statistik Bezug nehmen.	*Insgesamt verdeutlicht die Statistik, dass alle Einkommensarten im Betrachtungszeitraum angestiegen sind, die Arbeitnehmerentgelte mit einer Zunahme von 94,9 % allerdings weniger zulegen konnten als die Unternehmens- und Vermögenseinkommen (plus 106,8 %). Die Unternehmens- und Vermögensbesitzer profitieren demnach zu einem höheren Anteil am wirtschaftlichen Aufschwung. Die Gewinneinkommen weisen eine stärkere Abhängigkeit von Konjunkturausschlägen auf, sodass diese eine höhere Variabilität aufweisen.* [Grenzen der Statistik] *Aus den Angaben geht nicht hervor, ob sich die Kurven auf nominale oder auf reale Werte beziehen; nur durch Heranziehen weiterer Informationen wird klar, dass den Daten die Nominalwerte zugrunde liegen.* *…*

Die **Dotcom-Blase** bezeichnet eine im März 2000 geplatzte Spekulationsblase an vielen Börsen der Industrieländer, die insbesondere Unternehmen der IT-Branche betraf.

Nominale Werte sind Nennwerte. Im Gegensatz dazu erfassen **reale Werte** z. B. tatsächliche Kaufkraftveränderungen, die Veränderungen des Preisniveaus durch Inflation und Deflation einberechnen.

5.1.3 Wann sind Einkommen und Vermögen gerecht verteilt? Prinzipien sozialer Gerechtigkeit in der Diskussion

E Das Unternehmen Schön&Schick (M 8) entwickelt und vertreibt Produkte für den Kosmetikbereich. Sie sind Abteilungsleiterin der Designabteilung und dürfen in diesem Jahr einen Bonus von 3.000 € an Ihre drei Mitarbeiter verteilen. Sie haben die Aufgabe, die Summe mithilfe der Ihnen zur Verfügung stehenden Informationen aufzuteilen. Diskutieren Sie a) aus Perspektive des Unternehmens und b) nach sozialen Gesichtspunkten Kriterien, die zu einer gerechten Verteilung des Bonus herangezogen werden sollten. Nehmen Sie eine konkrete Verteilung vor.

M 8 ● Steckbriefe der Mitarbeiter aus der Grafikabteilung Schön&Schick

	Klaus Heckmann	Melanie Hense	Annika Behrens
Ausbildung	Betriebswirt, auf zweitem Bildungsweg zum Abitur	Abitur, Diplom in Produkt- und Grafikdesign (FH)	Realschule, Ausbildung zur Mediengestalterin im Unternehmen
Alter	56 Jahre	35 Jahre	24 Jahre
Tätigkeit im Unternehmen	Produktmanager, Koordination von Produktgestaltung, Zuliefererkontakte pflegen	Grafikdesign von Kosmetikprodukten	Grafikdesign von Kosmetikprodukten, Gewinnerin eines Designpreises
Dauer der Betriebszugehörigkeit	23 Jahre	5 Jahre	7 Jahre
Beurteilung im letzten Jahresgespräch	befriedigend	gut	sehr gut
Bruttogehalt (mtl.)	3.600 €	2.900 €	1.800 €
Nettogehalt (mtl.)	Ca. 2.250 €	Ca. 1.920 €	Ca. 1.280 €
Wochenarbeitszeit	32,5 Std.	37,5 Std. (Vollzeit)	37,5 Std
Familiensituation	Verheiratet, 2 Kinder (21 und 17 Jahre)	Ledig, 1 Kind (5 Jahre), alleinerziehend	Verheiratet, keine Kinder
Privates/Sonstiges	Nach längerer Krankheit wieder im Beruf, ältestes Kind studiert im hochpreisigen München	Ehrenamt im Sportverein als Trainerin	Geht gerne Shoppen – exklusiver Modegeschmack

Autorengrafik

M 9 ● Konzepte von sozialer Gerechtigkeit

Unter „sozialer Gerechtigkeit" sind allgemein akzeptierte und wirksame Regeln zu verstehen, die der Verteilung von Gütern und Lasten durch gesellschaftliche Einrichtungen (Unternehmen, Fiskus, Sozialversicherungen, Behörden etc.) an eine Vielzahl von Gesellschaftsmitgliedern zugrunde liegen [...].

Soziale Gerechtigkeit findet sich auf mehreren Ebenen: Erstens ist sie gewissermaßen

5 Soziale Ungleichheiten in der Sozialen Marktwirtschaft

„eingebaut" in viele gesellschaftliche Einrichtungen [...]. Zweitens ist soziale Gerechtigkeit in den Einstellungen der Menschen enthalten. Und drittens wird sie deutlich in deren Verhalten, z. B. in der politischen Partizipation.

Konzentriert man sich auf die Einstellungen der Menschen, so finden sich in ihren Köpfen [...] meist mehrere unterschiedliche Gerechtigkeitsvorstellungen. [...] Vorstellungen von *Leistungsgerechtigkeit* fordern, dass Menschen so viel erhalten sollen (Lohn, Schulnoten, Lob etc.), wie ihr persönlicher Beitrag und/oder ihr Aufwand für die jeweilige Gesellschaft ausmachen. Konzepte der Leistungsgerechtigkeit sehen also ungleiche Belohnungen vor, um die Menschen für ungleiche Bemühungen und ungleiche Effektivität zu belohnen, sie zur weiteren Anstrengung zu motivieren und so für alle Menschen bessere Lebensbedingungen zu erreichen.

Vorstellungen von *(Start-)Chancengerechtigkeit* zielen darauf ab, dass alle Menschen, die im Wettbewerb um die Erlangung von Gütern und die Vermeidung von Lasten stehen, die gleichen Chancen haben sollen, Leistungsfähigkeit zu entwickeln und Leistungen hervorzubringen. Das Konzept der Chancengerechtigkeit bezieht sich also [...] auf die Ausgestaltung von Leistungswettbewerb. Unterstellt werden durchaus ungleiche Verteilungsergebnisse. Die Vorstellung von Chancengerechtigkeit hat nur dann einen Sinn, wenn Chancen bestehen, mehr oder weniger große Erfolge zu erzielen (zum Beispiel das Abitur statt einen Hauptschulabschluss zu absolvieren). [...]

Als *bedarfsgerecht* gelten Verteilungen, die dem „objektiven" Bedarf von Menschen entsprechen, insbesondere ihren Mindestbedarf berücksichtigen. Empirisch vorzufinden ist Bedarfsgerechtigkeit zum Beispiel in den unterschiedlichen Steuerklassen des Einkommenssteuerrechts. Hinter diesem Konzept steht die Einsicht, dass Chancen- und Leistungsgerechtigkeit nicht in der Lage sind, dem jeweiligen Bedarf der nicht Leistungsfähigen, das heißt der Kranken, Alten, Kinder etc. gerecht zu werden. Dem Konzept der *egalitären* Gerechtigkeit [Gerechtigkeit als Gleichheit] zufolge sollen Güter und Lasten möglichst gleich verteilt werden. In einer abgeschwächten Version dieser Gerechtigkeitsvorstellung werden auch Verteilungen von Gütern und Lasten, die gewisse Bandbreiten der Ungleichheit nicht überschreiten, als gerecht angesehen. Empirisch äußern sich egalitäre Gerechtigkeitsvorstellungen zum Beispiel in der Kritik an bestimmten Managergehältern allein aufgrund ihrer enormen Höhe oder an der Erwartung, dass eine „gerechte" Gesundheitsversorgung für alle Menschen gleich gut sein müsse. [...]

Die vier Grundtypen sozialer Gerechtigkeitsvorstellungen sind nicht alle vereinbar. Wer Leistungsgerechtigkeit und/oder Chancengerechtigkeit fordert, befürwortet die Verteilung von ungleich hohen Belohnungen, also soziale Ungleichheit. Wer sich jedoch für Gleichheitsgerechtigkeit oder Bedarfsgerechtigkeit ausspricht, sieht gleich oder ähnlich hohe Belohnungen als Kern der Gerechtigkeit. Diese Konzeptpaare stehen also im Widerspruch zueinander und können nicht ohne weiteres gleichzeitig gefordert werden.

Stefan Hradil, Soziale Ungleichheit, in: ders. Hrsg., Deutsche Verhältnisse. Eine Sozialkunde, Bonn 2012, S. 181ff.

Aufgaben

1. Fassen Sie die Prinzipien von sozialer Gerechtigkeit zusammen (M 9).

2. Arbeiten Sie das Gerechtigkeitsverständnis im Konzept der Sozialen Marktwirtschaft (vgl. Kap. 4.2) heraus.

3. Ordnen Sie die von Ihnen gewählte Verteilung der Boni aus der Einstiegsaufgabe vor dem Hintergrund der Gerechtigkeitsprinzipien ein (M 8, M 9).

M zu Aufgabe 1
Erstellen Sie eine tabellarische Übersicht der Gerechtigkeitsebenen.

F Überprüfen Sie in Ihrem näheren Umfeld (Familie, Schule, Vereine,...), wo und inwiefern dort unterschiedliche Gerechtigkeitsprinzipien Anwendung finden.

5.1.4 Folgen von Ungleichheit aus verschiedenen Perspektiven

E Vom Tellerwäscher zum Millionär – Traum oder Wirklichkeit? Beurteilen Sie die Wahrscheinlichkeit eines erfolgreichen sozialen Aufstiegs aus der Armut in Deutschland. Diskutieren Sie in diesem Zusammenhang auch die gesellschaftlichen und ökonomischen Bedingungen, die einen solchen Aufstieg in Deutschland Ihrer Ansicht nach ermöglichen bzw. verhindern.

M 10 ● Welche Gestalt nimmt Armut in Deutschland an?

Materielle Entbehrung nach einzelnen Kriterien – in Prozent der Bevölkerung	
	2016
Zahlungsrückstände bei Hypotheken, Konsumentenkrediten, Miete, Rechnungen von Versorgungsbetrieben	4,2
Der Haushalt kann sich finanziell nicht leisten …	
… die Wohnung angemessen warm zu halten.	3,7
… unerwartet anfallende Ausgaben in Höhe von mindestens 985 Euro aus eigenen Mitteln zu bestreiten.	30,0
… jeden zweiten Tag eine vollwertige Mahlzeit mit Fleisch, Geflügel oder Fisch (oder eine entsprechende vegetarische Mahlzeit) einzunehmen.	6,5
… jedes Jahr eine Woche Urlaub woanders als zu Hause zu verbringen.	18,4

Selbsteinschätzung der Haushalte

Zahlen: Datenreport 2018, Statistisches Bundesamt, S. 236

Info

Armut, Armutsgefährdung

Armut wird heute als multidimensionaler Begriff verstanden. Dabei wird also nicht auf materielle Armut (Einkommens-/Vermögensarmut) beschränkt, sondern erweitert, z. B. um das Armutsempfinden bzw. -erleben. Materielle Armutsgefährdung wird nach der gängigen Skala der Organisation für wirtschaftliche Zusammenarbeit und Entwicklung (OECD) folgendermaßen gemessen: Zunächst wird das Medianeinkommen erhoben (Einkommen, bei dem die Anzahl der Haushalte mit geringerem und höherem Einkommen gleich groß ist). 60 % dieses **Medianeinkommens** gelten als Betrag der Armutsschwelle.
Um den Bedarf von Kindern, Jugendlichen und Erwachsenen sowie Familien und Alleinstehenden schlüssiger erfassen zu können, wird das sogenannte **Nettoäquivalenzeinkommen** gebildet. Darunter wird ein Nettobetrag verstanden, der jedem Haushaltsmitglied, wäre es erwachsen und lebte es alleine, den gleichen Lebensstandard ermöglichen würde. Dabei wird der erste Erwachsene im Haushalt mit dem Faktor 1,0 multipliziert, jeder weitere Erwachsene und jeder Jugendliche über 14 Jahren mit dem Faktor 0,5 und jedes Kind bis einschließlich 13 Jahren mit dem Faktor 0,3. Beispiel: Eine Familie, bestehend aus einer Alleinerziehenden mit einem fünf- und einem 15-jährigen Kind, hätte also den Multiplikationsfaktor 1,8 (1,0+0,5+0,3). Steht dieser Familie also weniger als 60 % des 1,8-Fachen des jeweiligen Medianeinkommens zur Verfügung, gilt sie als armutsgefährdet. *Autorentext*

M 11 ● Wie wirkt sich soziale Ungleichheit auf die politische Partizipation aus?

a) Zusammenhänge von Einkommenssituation und politischer Beteiligung

b) Wahlbeteiligung in Abhängigkeit vom Sozialstatus

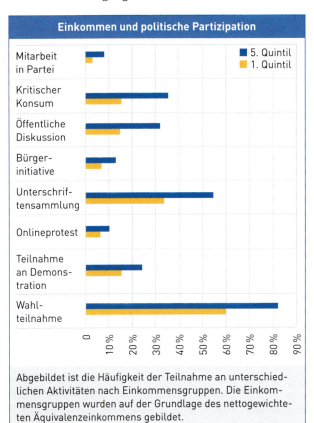

Abgebildet ist die Häufigkeit der Teilnahme an unterschiedlichen Aktivitäten nach Einkommensgruppen. Die Einkommensgruppen wurden auf der Grundlage des nettogewichteten Äquivalenzeinkommens gebildet.

Sebastian Bödeker, Soziale Ungleichheit und politische Partizipation in Deutschland. WZ Brief Zivilengagement 5, 2012, S. 5; Zahlen: Allbus 2008 (gewichtet)

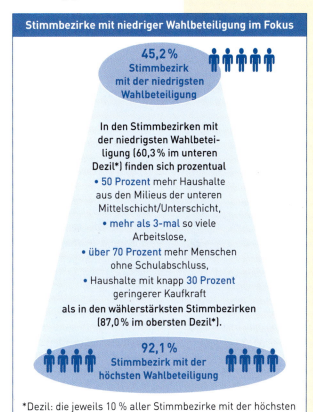

*Dezil: die jeweils 10 % aller Stimmbezirke mit der höchsten bzw. geringsten Wahlbeteiligung

Robert Vehrkamp, Klaudia Wegschaider, Populäre Wahlen. Mobilisierung und Gegenmobilisierung der sozialen Milieus bei der Bundestagswahl 2017, Bertelsmann Stiftung, S. 16

M 12 ● Kontrovers diskutiert: Ist eine egalitäre Gesellschaft erstrebenswert?

a) Soziale Ungleichheit und Bildungschancen

Wenn Menschen nur über ein geringes Einkommen und Vermögen verfügen können, ist es schwierig oder unmöglich für sie, in ihre eigene Bildung, Fortbildung und andere Qualifikationen zu investieren. Aber meist kann nur, wer solche Investitionen in sein Humankapital tätigt, seine Talente und Fähigkeiten wirklich voll entwickeln und nutzen. Menschen, die besser gebildet sind – das zeigen unzählige Studien –, können ihr Humankapital gewinnbringender einsetzen und sind stärker motiviert, die Investitionen in Bildung und Fortbildung fortzusetzen - wovon sie wiederum profitieren. Eine Positiv-Spirale setzt sich in Gang. Die Menschen hingegen, die nicht in ihre Bildung investieren, können nicht nur ihre Talente nicht entwickeln, sondern sie profitieren wirtschaftlich und sozial auch weniger von ihren Fähigkeiten. Dies spiegelt sich in geringerem Einkommen, schlechteren Berufschancen, der höheren

Humankapital
Begriff aus der Betriebswirtschaftslehre, bezeichnet das auf Bildungsprozessen beruhende personenabhängige Leistungspotenzial von Mitarbeitern für ein Unternehmen

Wahrscheinlichkeit einer prekären Beschäftigung und vielen anderen Merkmalen wider. Für die Volkswirtschaft als Ganzes bedeutet dies einen riesigen Verlust.

Dabei ist enorm wichtig, sich klarzumachen, dass von einem besseren Humankapital nicht nur der Einzelne profitiert, sondern alle. Und zwar auch, wenn sich nicht das „Kapital in den Köpfen" der Bildungselite verbessert, sondern auch das der sozial schwächsten und einkommensärmsten Bürger. Eine Arbeitnehmerin mit besserer Ausbildung und besseren Fähigkeiten ist produktiver, trägt somit zum Erfolg eines Unternehmens und letztlich der gesamten Wirtschaft bei. Sie bezahlt auch höhere Steuern und Abgaben, erhält weniger Transferleistungen und verbessert die Leistungsfähigkeit des Staates. [...]

Marcel Fratzscher, Verteilungskampf, München 2016, S. 93f.

b) Warum ist Ungleichheit prima?

Wirtschaftliche Revolutionen, bei denen der Wohlstandsgewinn gleichmäßig verteilt wird, hat die Geschichte bislang noch nicht erlebt. Aber meist finden die Menschen, nachdem sie es alle zu einem gewissen Wohlstand gebracht haben, die Ungleichheit untereinander unerträglich und sinnen auf Programme der Umverteilung. [...] Je schwächer [...] die soziale Mobilität, desto größer ist die Legitimation solcher Eingriffe. Steuern und Abgaben werden zu Transferinstrumenten der Umverteilung: Wer mehr einnimmt, muss auch mehr abgeben, damit die Einkommensunterschiede schrumpfen.

Doch die politische Strategie des Ausgleichs der Einkommensunterschiede ist riskant. Denn egalitäre Wohlstandsgesellschaften werden träge, lohnt sich doch die individuelle Anstrengung immer weniger, wenn die Früchte des Erfolgs an andere verteilt werden. Mehr noch: Sollte höhere Bildung sich in höheren Einkommen auszahlen, dann wäre es nicht sehr vernünftig, die Reicheren stärker zu besteuern. Denn Investitionen in ihr Humankapital lohnten sich künftig nicht mehr für sie. Das wäre kontraproduktiv für den Wohlstand eines Landes und zudem ungerecht: Denn Ungleichheiten, die aufgrund von Leistung und Bildung zustande kommen, sind sogar die schärfsten Gleichheitsfanatiker bereit zu tolerieren. Während aber meritokratisch, also durch Leistung verursachte Ungleichheit in den vergangenen zwanzig Jahren zugenommen hat, ist die Diskriminierung der Einkommen aufgrund von Geschlecht oder Nationalität geschrumpft. Der Abstand zwischen Frauen- und Männereinkommen nimmt ab. Keine schlechte Entwicklung für die Ungleichheit. Ist Ungleichheit also wirklich prima? Ja. Sie ist unsere condition humaine, unter der wir leben: Voraussetzung für Individualität und Ansporn zum Leistungswettbewerb. Gleichheit wäre ziemlich lahm und langweilig.

Rainer Hank, Warum ist Ungleichheit prima? Frankfurter Allgemeine Sonntagszeitung, 30.5.2007, S. 51, © Alle Rechte vorbehalten. Frankfurter Allgemeine Zeitung GmbH, Frankfurt. Zur Verfügung gestellt vom Frankfurter Allgemeine Archiv

---

condition humaine
grundlegende Bedingungen des Menschseins

Ⓜ zu Aufgabe 1
Erarbeiten Sie M 10 und M 11 arbeitsteilig.

Ⓜ zu Aufgabe 2 und 3
Erschließen Sie M 12 arbeitsteilig in Kleingruppen. Simulieren Sie im Anschluss ein kurzes Streitgespräch zwischen Fratzscher und Henk zur Frage: „Wie egalitär soll unsere Gesellschaft sein?".

Ⓕ ⎁
„Soziale Ungleichheit schwächt die Legitimität des politischen Systems." Erörtern Sie diese These.

Aufgaben

1 Analysieren Sie die gesellschaftlichen Folgen der Ungleichverteilung von Einkommen und Vermögen (M 10, M 11, Infobox).

2 Vergleichen Sie die Positionen und Argumentationen für und wider das Ziel gesellschaftlicher Gleichheit (M 12).

3 Setzen Sie sich mit der Forderung nach einer möglichst egalitären Gesellschaft auseinander.

5 Soziale Ungleichheiten in der Sozialen Marktwirtschaft

Die ungleiche Verteilung von Einkommen und Vermögen in Deutschland ist seit Beginn der 1990er Jahre angestiegen. Damit liegt die Entwicklung im **Trend zunehmender sozialer Ungleichheit** in den westlichen Industrieländern (OECD).

Bei der **Einkommensungleichheit** liegt Deutschland mit einem Gini-Koeffizienten von 0,29 (2016) leicht unter dem OECD-Mittelwert, da **staatliche Umverteilungsmaßnahmen** in Form von Steuern und Sozialleistungen die tatsächlichen Ungleichheiten beim Primäreinkommen abschwächen. Die Auseinanderentwicklung der Einkommensgruppen in Deutschland ist infolge guter Lohnabschlüsse in den letzten Jahren zudem teils rückläufig.

Die **Vermögensungleichheit** ist in Deutschland dagegen auch in den letzten Jahren weiter signifikant gestiegen. Mit einem Gini-Koeffizienten von 0,79 (2017) besitzt Deutschland eine der stärksten Vermögenskonzentrationen unter den Industrieländern. Die wachsende Ungleichheit hat drei wesentliche Ursachen: (1) Als langfristiger Effekt führen Einkommensunterschiede zu ungleichen Möglichkeiten, Vermögen aufzubauen. (2) Die Rendite von Kapital (Einkommen aus Vermögen und Unternehmensgewinnen) lag häufig über den Zuwächsen bei den Einkommen aus Erwerbstätigkeit. (3) Wachsende Unterschiede bei intergenerationalen Erbschaften verstärken die Vermögenskonzentration zusätzlich.

> **Wie sind Einkommen und Vermögen in Deutschland verteilt?**
> (Basiskonzept: Ordnung und System)
>
> M 2, M 3, M 6

Ungleichheitsstrukturen sind Gegenstand kontroverser politischer Debatten, in denen sich verschiedene **Konzepte sozialer Gerechtigkeit** gegenüberstehen, die sich teils gegenseitig ausschließen. Die **Bedarfsgerechtigkeit** setzt beispielsweise die **Leistungsgerechtigkeit** außer Kraft, wenn Menschen ohne etwas zu leisten eine an den Bedürfnissen orientierte Leistung erhalten. Dieser Widerspruch besteht auch zum **Egalitätsprinzip**, welches die Gleichverteilung der Güter vorsieht. Die motivierenden und produktiven Kräfte der Leistungs- und (**Start-)Chancengerechtigkeit** schaffen dagegen z.B. die Voraussetzung, um Maßnahmen zur Herstellung von Bedarfs- und Gleichheitsgerechtigkeit umzusetzen.

> **Wann sind Einkommen und Vermögen gerecht verteilt?**
> (Basiskonzept: Motive und Anreize)
>
> M 9

Einkommens- und Vermögensungleichheit hat unterschiedliche ökonomische, politische und gesellschaftliche Effekte. Aus volkswirtschaftlicher Perspektive bleibt **Humankapital** einerseits ungenutzt, da ökonomische Nachteile sich in Bildungsmerkmalen fortschreiben. Andererseits ist soziale Ungleichheit ein starker Anreiz für individuelle Leistungsbereitschaft und steht somit oft am Beginn von (wirtschaftlichen) Innovations- und Wachstumsprozessen.

Soziale Ungleichheit spiegelt sich zudem auch in deutlich unterdurchschnittlicher politischer **Partizipation** ärmerer Bevölkerungsschichten wider. Die daraus resultierende geringere politische Repräsentation unterer Einkommensschichten begrenzt deren gesellschaftliche Einflussmöglichkeiten und könnte die Legitimation des politischen Systems untergraben.

Neben der politischen Partizipation sind bei Zunahme von relativer Armut auch die **soziale Teilhabe** und der **gesellschaftliche Zusammenhalt** in Gefahr.

> **Folgen von Ungleichheit**
> (Basiskonzept: Ordnung und System)
>
> M 11, M 12

ORIENTIERUNGSWISSEN

5.2 Mit Vermögensteuer zu sozialer Gerechtigkeit? Umverteilungspolitik in der politischen Auseinandersetzung

5.2.1 Wie soll Gerechtigkeit hergestellt werden? Das Instrument der Vermögensteuer

E (Wie) Soll Vermögen über eine Million Euro besteuert werden? Diskutieren Sie diese Frage (M 1).

M 1 • Wahlplakat zur Bundestagswahl 2017

www.die-linke.de

M 2 ● Einführung einer Vermögensteuer: Antrag der Fraktion „Die Linke"

I. Der Deutsche Bundestag stellt fest:

In keinem Land Europas, ausgenommen Österreich, ist Reichtum so ungleich verteilt wie in Deutschland. Nach aktuellen Schätzungen des Deutschen Instituts für Wirtschaftsforschung verfügen die 400.000 vermögendsten Haushalte – das sind 1 Prozent aller Haushalte – mit rund 2,7 Billionen Euro über etwa ein Drittel des gesamten Nettovermögens. Demgegenüber hat die ärmere Hälfte aller Haushalte lediglich einen Anteil von 2,6 Prozent am gesamten Nettovermögen.

Die Ungleichheit der Vermögensverteilung nimmt in Deutschland beständig zu. Nach Angaben des „Manager Magazins" hat das Vermögen der 500 reichsten Deutschen im Zeitraum von 2011 bis 2016 von 500 Milliarden Euro auf gut 692 Milliarden Euro und damit um über 38 Prozent zugenommen.

Zur wachsenden Ungleichverteilung des Vermögens hat auch die steuerliche Privilegierung von Vermögen, nicht zuletzt durch die Aussetzung der Vermögensteuer seit 1997, beigetragen. Kaum ein Land erzielt bei den vermögensbezogenen Steuern (Grund-, Vermögen-, Erbschaft-, Schenkung- sowie Vermögensverkehrssteuern) so geringe Einnahmen wie Deutschland. Laut OECD betrug deren Anteil am Bruttoinlandsprodukt (BIP) in Deutschland nur 0,9 Prozent im Jahr 2013. Damit erreichte Deutschland im OECD-Vergleich gerade einmal ein gutes Drittel des BIP-gewichteten Durchschnitts von 2,5 Prozent. Das entsprach Platz 27 innerhalb der 34 OECD-Mitgliedstaaten.

Die Wiederhebung der Vermögensteuer ist daher überfällig. Gezielt ausgestaltet als Millionärsteuer im Sinne einer ausschließlichen Besteuerung der vermögendsten 1 bis 2 Prozent der Bevölkerung, wirkt sie der steigenden Vermögenskonzentration entgegen. Zugleich werden damit hohe Mehreinnahmen für die öffentliche Hand erschlossen.

II. Der Deutsche Bundestag fordert die Bundesregierung auf,

einen Gesetzentwurf vorzulegen, der die Vermögensteuer als Millionärsteuer wieder einführt. [...] Vom Vermögen werden private Verbindlichkeiten abgezogen. Das so ermittelte gesamte Nettovermögen einer Person (Individualbesteuerung) bleibt bis zu einem Betrag von 1 Million Euro steuerfrei. Für betriebsnotwendiges Sachvermögen von Einzelunternehmerinnen und Einzelunternehmern sowie Personenunternehmen gilt nach Abzug der darauf lastenden Verbindlichkeiten ein erhöhter Freibetrag von 5 Millionen Euro. Das oberhalb des jeweiligen Freibetrags von 1 Million bzw. 5 Millionen Euro liegende Nettovermögen wird mit einem Steuersatz von 5 Prozent besteuert.

Deutscher Bundestag, Drucksache 19/94, 22.11.2017

Info

Vermögensteuer in Deutschland

Die Vermögensteuer wurde in Deutschland von 1923 bis 1996 erhoben. Der Steuersatz betrug für natürliche Personen ab 1995 ein Prozent (vorher 0,5 Prozent) und für juristische Personen (z. B. Unternehmen) 0,7 Prozent. Die Einnahmen aus der Steuer standen nach Artikel 106 GG den Bundesländern zu. Im Jahr 1996 betrugen die Einnahmen daraus ca. 4,62 Mrd. Euro, was ungefähr 23 Prozent des den Ländern zustehenden Steueraufkommens entsprach.

Die Vermögensteuer ist seit 1997 in Deutschland ausgesetzt. Das Bundesverfassungsgericht hatte ein Jahr zuvor entschieden, dass die Ausgestaltung der Steuer verfassungswidrig sei. Begründet wurde diese Entscheidung damit, dass die Bewertungsgrundlagen für Immobilien und Grundstücke seit 1964 nicht mehr angepasst worden waren und daher anderen Vermögensarten (bspw. Aktien- und Geldvermögen) gegenüber privilegiert seien.

Autorentext

M 3 ● Rechenbeispiele für eine Vermögensteuer

Vermögen: 1,3 Mio. Euro

Einkommen aus Vermögen: 27.000 Euro
(36.000 Euro abzüglich 9.000 Euro Kapitalertragsteuer)

Höhe der jährlich zu entrichtenden Vermögensteuer nach dem Konzept der Partei „Die Linke": 15.000 Euro

Herr Meyer war selbständiger Ingenieur und ist mittlerweile im Ruhestand. Er hat ein Vermögen von 1,3 Millionen Euro, das sich aus einer selbstbewohnten Immobilie im Wert von 400.000 Euro und einem Geldvermögen von 900.000 Euro zusammensetzt. Das als Teil der Altersversorgung gedachte Geldvermögen hat er durch den Verkauf seiner gut laufenden Firma erhalten und in unterschiedlichen Anlageformen investiert, so dass er damit eine jährliche Rendite von durchschnittlich 4 Prozent erzielt, die seine monatliche Rente von 1.900 Euro ergänzen soll.

Vermögen: 55 Mio. Euro

Einkommen aus Vermögen: ca. 2 Mio. Euro (nach Abzug der Steuern)

Höhe der jährlich zu entrichtenden Vermögensteuer nach dem Konzept der Partei „Die Linke": 2,5 Mio. Euro

Frau Müller ist alleinige Inhaberin eines weltweit erfolgreichen Unternehmens, das spezielle Bauteile für Industrieroboter fertigt. Das Betriebsvermögen (z. B. Produktion, Patente, finanzielle Reserven) beläuft sich auf 55 Millionen Euro. Der jährliche Gewinn des Unternehmens beläuft sich durchschnittlich auf 4 Millionen Euro, wovon nach Abzug von Steuern und Abgaben ca. 2 Millionen Euro übrigbleiben.

Zusammenstellung des Autors (vereinfachte Darstellung des Steuersystems); Fallbeispiel II angelehnt an: Christian Freiherr von Stetten (CDU/CSU), Deutscher Bundestag, Plenarprotokoll 19/7, 18.1.2018, S. 563

zu Aufgabe 1
Verorten Sie den Antrag der Partei „Die Linke" im formalen Gang der Gesetzgebung.

zu Aufgabe 2
Entwickeln Sie eigene Rechenbeispiele zur Vermögensteuer.

zu Aufgabe 4
Beachten Sie dabei Kap. 4.1.1, M 2.

Aufgaben

1. Geben Sie die Position der Partei „Die Linke" zur Vermögensteuer wieder (M 2).
2. Ordnen Sie die Position der Partei „Die Linke" in das Spektrum politischer Orientierungen ein (Methode „Politische Positionen analysieren").
3. Arbeiten Sie heraus, welche Vorstellung von Verteilungsgerechtigkeit dem Konzept der Partei „Die Linke" zugrunde liegt (M 2, M 3, Kap. 5.1.2 M 9).
4. Nehmen Sie unter Beachtung der gesellschaftlichen Grundwerte Freiheit, Sicherheit und Gerechtigkeit Stellung zu der Forderung der Partei „Die Linke" (M 2, M 3).

Politische Positionen analysieren

Warum sollte ich politische Positionen analysieren können?

„Es ist nur gerecht, wenn Menschen, die vierzig Jahre lang gearbeitet haben, eine auskömmliche Rente erhalten" – „Bei der Versorgung aller Regionen mit schnellem Internet ist der Staat gefordert." – „Der Staat sollte sich nicht bevormundend in die privaten Angelegenheiten der Menschen einmischen". Solche und ähnliche Schlagwörter begegnen uns häufig im medial vermittelten politischen Diskurs. Doch was verbirgt sich genau hinter solch fokussierten Aussagen? Welche politischen Denkrichtungen lassen sich ausmachen, wenn Politikerinnen und Politiker ganz unterschiedlicher Parteien eine politische Forderung als „richtig", „sinnvoll" oder „gerecht" bezeichnen? Diese Methode hilft Ihnen, konkrete politische Aussagen hinsichtlich ihrer Grundannahmen zu analysieren und so politisch verorten zu können.

Was muss ich über die Analyse mit Konfliktlinien wissen?

In ihrer historischen Entstehung haben sich politische Denktraditionen, die bis heute fortwirken, im Wesentlichen entlang zweier grundlegender politischer Fragen und Konflikte herausgebildet. Die Reduzierung des politischen Spektrums auf eben diese Konfliktlinien hilft auch heute noch, politische Positionen genau zu verorten (siehe Schaubild).

(1) Menschen haben sich stets gefragt, nach welchen Kriterien die Güter verteilt werden sollen, die eine Gesellschaft erwirtschaftet. Diese Verteilungskonfliktlinie ist durch zwei gegensätzliche Positionen gekennzeichnet:

- Auf der einen Seite („links") fordern Bürger und Politiker die Einhaltung sozialer Gleichheit, die durch eine gesellschaftlich organisierte Umverteilung der erwirtschafteten Güter erreicht werden soll. „Gerecht" geht es in dieser Vorstellung zu, wenn alle Menschen das Gleiche erhalten.
- Auf der gegenüberliegenden Seite („rechts") steht die Position, dass die Verteilung der vorhandenen Güter über den Markt erfolgt, was Ungleichheiten nach sich ziehen kann – und als Anreiz auch nach sich ziehen soll. Die – ungleiche – Verteilung von Gütern erscheint dieser Vorstellung als „gerecht", weil sie die Anstrengungen, Fähigkeiten und die daraus resultierenden Erfolge Einzelner abbildet.

(2) Ein Gemeinwesen muss darüber hinaus die Frage beantworten, auf welcher gesellschaftlichen Ebene über Aspekte der individuellen und kollektiven Lebensführung befunden wird. Auch auf dieser Entscheidungskonfliktlinie lassen sich zwei gegensätzliche Positionen ausmachen:

- Auf der einen Seite („links") steht das Ideal individueller Freiheit und Selbstbestimmung. Gesamtgesellschaftlich relevante Entscheidungen sollten demnach durch den freien Zusammenschluss der Bürgerinnen und Bürger herbeigeführt werden.
- Dem steht die Position gegenüber („rechts"), dass kollektiv bindende Entscheidungen nur durch übergeordnete Autoritäten herbeigeführt und durchgesetzt werden können und sollen. Während in der Zeit vor der Aufklärung im 18. Jahrhundert hier vor allem die Kirche in Frage kam, stehen in der Moderne hierfür staatliche Institutionen und Organe bereit.

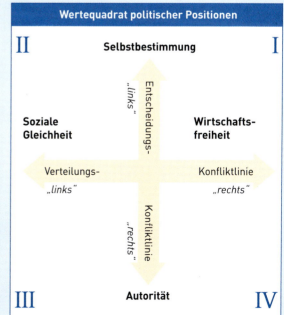

Die vier Quadranten des „Wertequadrates" repräsentieren historisch dominierende politische Strömungen. So steht der zweite Quadrant für einen linkslibertären Anarchismus, während die Verteilungsfrage im Sozialismus weitaus autoritärer entschieden wird (dritter Quadrant, linksautoritär).

Auch die Anerkennung ungleicher Marktergebnisse kann mit unterschiedlichen Vorstellungen über die „richtige" Ebene gesellschaftlicher Entscheidungsfindung verknüpft werden. Während der Liberalismus (erster Quadrant, rechtslibertär) die weitgehende Selbstorganisation freier Individuen vorsieht, bedarf es nach Auffassung des Konservatismus (vierter Quadrant, rechtsautoritär) traditioneller, übergeordneter Instanzen, um den Zusammenhalt der Gesellschaft zu gewährleisten.

Was bedeuten die Konfliktlinien konkret?

Dies lässt sich an einem alltäglichen Beispiel, das auf den ersten Blick keine Berührungspunkte mit „der Politik" aufweist, nachvollziehen. Ihre Schule veranstaltet im Sommer ein großes Schulfest. Wie immer gibt es zahlreiche Stände und Attraktionen, mit denen die Klassen und Kurse Geld einnehmen – jedoch je nach Angebot (Essen, Tombola, Kinderschminken ...) und Standort auf dem Schulgelände in unterschiedlicher Höhe. Was aber soll mit diesem Geld geschehen? Und: wer entscheidet endgültig über Verteilung und Verwendung des Geldes?

Hinsichtlich dieser grundlegenden Fragen sind (a) zwischen Anweisungen der Schulleitung und eigenverantwortlicher Entscheidung der Schülerinnen und Schüler sowie (b) zwischen einer Gleichverteilung der Einnahmen und der „Anerkennung" des „Erfolges" einzelner Klassen diverse Positionen vorstellbar, die auf politische Denktraditionen verweisen.

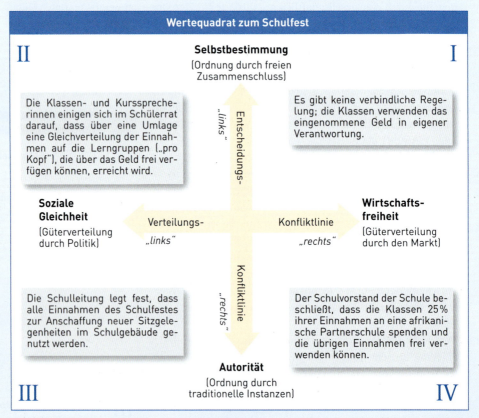

Autorengrafik

5 Soziale Ungleichheiten in der Sozialen Marktwirtschaft

METHODE

Wie gehe ich bei der Analyse politischer Positionen vor?

Schritt	Beschreibung/Leitfragen
(1) Klärung der Position	Bevor Sie mit der eigentlichen Analyse beginnen, müssen Sie sich die Position inhaltlich erschließen. Benennen Sie die zentrale These des Verfassers der Position und bestimmen Sie die Kernargumente für die These.
(2) Analyse der Verteilungsfrage	Bei der Analyse können Sie sich an den folgenden Leitfragen orientieren: • Wie wird die bestehende Verteilung bewertet? • Sollen die Verteilungsergebnisse des Marktes akzeptiert werden? • Welche Vorstellung von Verteilungsgerechtigkeit (Leistungs-, Bedarfs- oder Egalitätsprinzip) ist zu erkennen? • Sollen Einkommen und Vermögen umverteilt werden? • In welchem Maß soll die Wirtschaft bzw. Verteilung gesteuert werden?
(3) Analyse der Entscheidungsfrage	Bei der Analyse können Sie sich an den folgenden Leitfragen orientieren: • Sollen die Gesellschaftsmitglieder möglichst selbständig entscheiden? • Sollen Individuen frei von äußeren Zwängen (z. B. staatliche Restriktionen, Traditionen) entscheiden? • Sollen Entscheidungen durch Autoritäten (z. B. Staat, Kirche) erfolgen? • Soll sich bei der Entscheidung an traditionellen Werten und Normen orientiert werden? • Sollen politische Entscheidungen zentral oder dezentral getroffen werden?
(4) Zusammenführen der Ergebnisse	Anhand Ihrer Ergebnisse aus den Schritten (2) und (3) können Sie die zu analysierende politische Position in das Wertequadrat einordnen (vgl. links).

Autorentext, Schaubild nach: Andreas Petrik, Genesis ist nicht Geschichte, in: Jan Bauer u. a. (Hg.), Geschichtslernen – Innovationen und Reflexionen, Pfaffenweiler 2008, S. 383

Aufgaben

1 Recherchieren Sie zu aktuellen politischen Konflikten unterschiedliche politische Positionen. Verorten Sie diese Positionen im Wertequadrat.

2 Entwickeln Sie ausgehend von den vier politischen Grundorientierungen zu einem aktuellen politischen Konflikt (idealtypische) politische Positionen.

5.2.2 Schafft der Staat gerechte Einkommen und Vermögen? Umverteilung durch Steuern und Transfers

M 4 ● Wie wird das Einkommen in Deutschland besteuert?

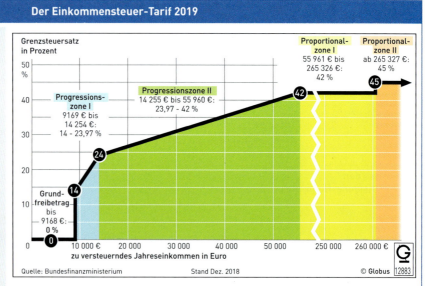

Angenommen, Sie beziehen ein Bruttogehalt von 62.000 € im Jahr. Dann sind 9.168 € Ihres Einkommens als Existenzminimum steuerfrei. Für den ersten zusätzlichen Euro Ihres Verdienstes führen Sie 14 % Steuern ab. Dieser Steuersatz steigert sich in den Progressionszonen I und II schrittweise bis auf 42 %. Da Sie mehr als 55.960 € im Jahr verdienen, erreichen Sie die Proportionalzone I und müssen die letzten 6.040 € Ihres Einkommens mit 42 % versteuern. Insgesamt führen Sie 17.259 € als Einkommensteuer ab. Der durchschnittliche Steuersatz liegt damit bei 27,84 %. (Annahme: kinderloser Single, nicht kirchensteuerpflichtig, ohne Solidaritätszuschlag) *Autorentext*

Grenzsteuersatz
Steuersatz, der auf die jeweils nächste Einheit des Einkommens erhoben wird. Er gibt also an, welcher prozentuale Anteil eines zusätzlich zu versteuernden Euro als Steuer abgeführt werden muss.

Steuertarif
Bei einem **proportionalen** Steuertarif müssen alle Steuerzahler einen einheitlichen Prozentsatz an Steuern zahlen. Dagegen steigt bei einem **progressiven** Steuertarif der Steuersatz mit zunehmendem Einkommen oder Vermögen an.

M 5 ● Prinzipien des deutschen Steuersystems

Steuerpolitik muss es geben, wenn es einen modernen Staat geben soll – denn sie stellt seine Einnahmen sicher. [...] Als verfassungsrechtliche Maßstäbe der Besteuerung
5 sind vor allem der allgemeine Gleichheitssatz (GG Art. 3), der Schutz von Ehe und Familie (GG Art. 6) sowie das Sozialstaatsprinzip (GG Art. 20) von Bedeutung. [...] Aus dem allgemeinen Gleichheitssatz wird
10 das Gebot der Steuergerechtigkeit abgeleitet, was durch den Grundsatz der Besteuerung nach der Leistungsfähigkeit [...] konkretisiert wird. [...] Das Leistungsfähigkeitsprinzip ist ein Grundsatz, der besagt,
15 dass die Besteuerung im Verhältnis zum verfügbaren Einkommen der Steuerpflichtigen erfolgen muss [...]. Ein wesentlicher Aspekt der gleichmäßigen Besteuerung nach dem Leistungsfähigkeitsprinzip ist die
20 horizontale Steuergerechtigkeit. Horizontale Steuergerechtigkeit bedeutet, dass bei gleicher Leistungsfähigkeit auch die gleiche Steuer zu entrichten ist. Die vertikale Ausgestaltung dieses Prinzips verlangt, dass bei
25 unterschiedlicher Leistungsfähigkeit auch unterschiedlich zu besteuern ist, niedrigere Einkommen also auch geringer zu besteuern sind. [...]
Für alle Einkommensarten mit Ausnahme der Kapitaleinkünfte (Einkünfte aus Aktien,
30 Investmentfonds, Zinseinnahmen) gilt derzeit im Einkommensteuergesetz eine Kombination aus einem progressiven und einem proportionalen Steuertarif. Einkünfte aus Kapitaleinkommen oberhalb einer be-
35 stimmten Grenze (801 Euro für Unverheiratete, 1602 Euro für Verheiratete) werden seit 2009 [dagegen] mit einem proportionalen Tarif von 25 Prozent besteuert. [...]

Maria Wersig, (Gerechtigkeits-)Prinzipien des deutschen Steuersystems, in: Aus Politik und Zeitgeschichte 10-11, 2013, S. 9

5 Soziale Ungleichheiten in der Sozialen Marktwirtschaft

Info

Direkte und indirekte Steuern

Die von Bund, Ländern und Gemeinden erhobenen Steuern lassen sich in direkte und indirekte Steuern untergliedern.
Direkte Steuern werden direkt vom Steuerschuldner (Unternehmen, Privatpersonen) gezahlt. Zu dieser Gruppe gehören auf der Seite der Unternehmen z. B. die Körperschaftssteuer, bei den Privatpersonen z. B. die Einkommen- und Lohnsteuer oder der Solidaritätszuschlag.
Indirekte Steuern werden dagegen nicht vom eigentlichen Steuerträger, sondern von einem Dritten an die Finanzbehörden gezahlt. Das bekannteste Beispiel hierfür ist die Umsatzsteuer (oft Mehrwertsteuer genannt), die beim Kauf von Waren und Dienstleistungen erhoben wird. Der Käufer, der die Umsatzsteuer von aktuell 19 % (mit zahlreichen Ausnahmen wie bei Lebensmitteln, die nur mit 7 % belastet werden) letztlich tragen soll, zahlt sie indirekt über einen Preisaufschlag mit. Der Verkäufer überweist dann als Steuerschuldner den entsprechenden Steueranteil an das Finanzamt. Zu den indirekten Steuern zählen neben der Umsatzsteuer auch die Verbrauchsteuern (z. B. Mineralölsteuer, Tabaksteuer, Stromsteuer, Biersteuer, Kaffeesteuer, Branntweinsteuer...).

Autorentext

M 6 ● Welche Steuern und Abgaben leisten die Haushalte in Deutschland?

Die Grafik zeigt, welche Anteile des Haushaltseinkommens für welche direkten und indirekten Steuern einerseits sowie Sozialbeiträge andererseits aufgebracht werden müssen.

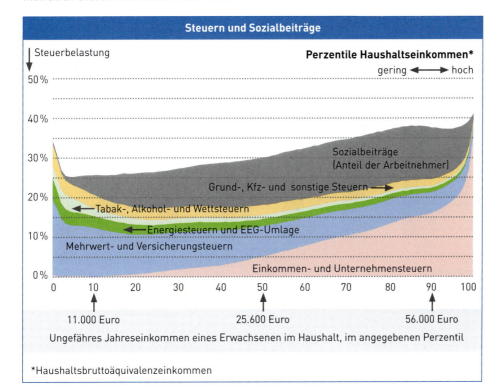

Zahlen: DIW, SOEP, Einkommens- und Verbraucherstichprobe (EVS), Einkommensteuerstatistik, 2016

Sozialbeiträge
von Arbeitnehmerinnen und Arbeitgebern getragene Aufwendungen zur Finanzierung der Sozialversicherungen (v. a. Renten-, Kranken- und Pflegeversicherung). Sie werden vom Bruttolohn oder -gehalt erhoben, wobei Arbeitnehmer und Arbeitgeber grundsätzlich je die Hälfte der jeweiligen Beiträge zahlen.

Perzentile
Einteilung der Bevölkerung in 100 gleich große Bevölkerungsgruppen

EEG-Umlage
Abgabe des Erneuerbare-Energien-Gesetzes, damit wird der Ausbau von erneuerbaren Energien finanziert

M 7 ● Welche Haushalte übernehmen wie viel vom Steueraufkommen?

Anteil an Steuern und Einkommen nach Einkommensdezilen

Anteile in Prozent nach Einkommensdezilen im Jahr 2017

	Einkommenssteuer und Solidaritätszuschlag	Mehrwertsteuer und Versicherungsteuer	Steuer insgesamt	Haushaltsbruttoeinkommen	Anteil der Sozialtransfers am Bruttoeinkommen
1. Dezil (geringes Einkommen)	0,0	5,5	2,0	2,8	43,8
2. Dezil	0,3	6,8	2,6	4,4	16,5
3. Dezil	1,0	7,9	3,5	5,5	9,1
4. Dezil	2,0	8,4	4,3	6,5	6,0
5. Dezil	3,5	9,1	5,5	7,3	4,8
6. Dezil	5,6	9,6	7,1	8,6	3,9
7. Dezil	8,4	10,4	9,1	10,1	3,8
8. Dezil	12,2	11,5	12,0	12,1	2,8
9. Dezil	18,7	13,3	16,8	15,4	1,7
10. Dezil (höchstes Einkommen)	48,2	17,5	37,2	27,3	0,9

Einkommensdezile: auf Basis des Haushaltsbruttoäquivalenzeinkommens

Zahlen: Institut der deutschen Wirtschaft Köln, IW Medien / iwd, Die sechs wichtigsten Fragen zur Steuerlast der Bundesbürger, 16.05.2017, Zahlen: SOEP 2014

M 8 ● Höhe der Abgaben im internationalen Vergleich

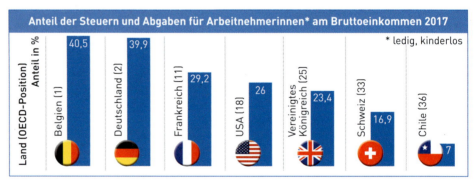

Zahlen: OECD, Taxing Wages, 2018

Aufgaben

① Geben Sie die Prinzipien, Ziele und Funktionsweise des deutschen Steuersystems wieder (M 4, M 5, Kap. 5.2.1).

② Analysieren Sie die Steuer- und Abgabenstruktur nach Einkommensgruppen (M 6, M 7).

③ Entwickeln Sie anhand der Merkmale des Einkommensteuersystems Argumente für und gegen die Einführung einer Steuer auf Vermögen (M 4-M 8).

🅗 zu Aufgabe 1
Unterscheiden Sie die Besteuerung von Einkommen, Konsum, Kapitalerträgen und Vermögen.

🅗 zu Aufgabe 3
Berücksichtigen Sie dazu mindestens die Werte Gerechtigkeit und Freiheit.

5.2.3 Mit „Reichensteuer" zu mehr Gerechtigkeit? Die Vermögensteuer in der Diskussion

E Positionieren Sie sich ausgehend von den Zitaten (M 9) zu einer möglichen Wiedereinführung der Vermögensteuer.

M 9 ● Pro und Kontra Vermögensteuer

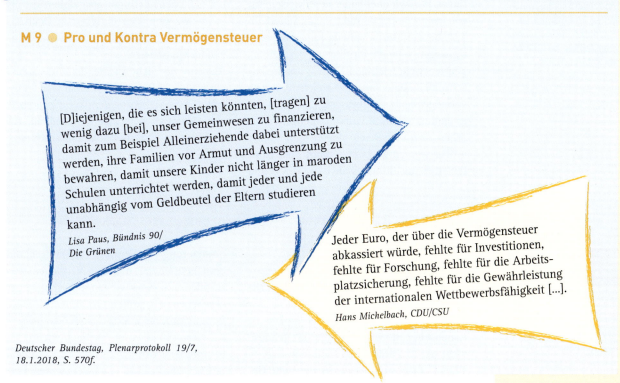

[D]iejenigen, die es sich leisten könnten, [tragen] zu wenig dazu [bei], unser Gemeinwesen zu finanzieren, damit zum Beispiel Alleinerziehende dabei unterstützt werden, ihre Familien vor Armut und Ausgrenzung zu bewahren, damit unsere Kinder nicht länger in maroden Schulen unterrichtet werden, damit jeder und jede unabhängig vom Geldbeutel der Eltern studieren kann.

Lisa Paus, Bündnis 90/ Die Grünen

Jeder Euro, der über die Vermögensteuer abkassiert würde, fehlte für Investitionen, fehlte für Forschung, fehlte für die Arbeitsplatzsicherung, fehlte für die Gewährleistung der internationalen Wettbewerbsfähigkeit [...].

Hans Michelbach, CDU/CSU

Deutscher Bundestag, Plenarprotokoll 19/7, 18.1.2018, S. 570f.

M 10 ● Die Vermögensteuer – notwendig (nicht nur) für mehr Gerechtigkeit

Lisa Paus antwortet für die Fraktion von „Bündnis 90/Die Grünen" auf den Antrag der Partei „Die Linke":

Wir haben einen Kapitalismus, in dem lei-
5 der Erbschaft, Heirat und große Vermögen und eben nicht Talent, nicht Bildung, nicht persönlicher Einsatz zum Erfolg führen. Kurz: Es ist ein Land, in dem sich Leistung nicht mehr wirklich lohnt, weil in Deutsch-
10 land die soziale Herkunft über Lebenschancen entscheidet.

Das liegt nicht daran, dass die Steuern so hoch sind und die sogenannten Leistungsträger am Ende des Monats zu wenig auf
15 ihrem Konto haben, sondern es liegt ganz zentral daran, dass die Vermögensbesteuerung in Deutschland viel zu niedrig ist, um der Spaltung in Arm und Reich entgegenzuwirken.

Es liegt daran, dass diejenigen, die es sich 20 leisten könnten, zu wenig dazu beitragen, unser Gemeinwesen zu finanzieren, damit zum Beispiel Alleinerziehende dabei unterstützt werden, ihre Familien vor Armut und Ausgrenzung zu bewahren, damit unsere 25 Kinder nicht länger in maroden Schulen unterrichtet werden, damit jeder und jede unabhängig vom Geldbeutel der Eltern studieren kann. Wir können nicht länger zulassen, dass Teile unserer Gesellschaft ab- 30 gehängt werden, während das Vermögen von anderen ins Unermessliche steigt und eigentlich nur noch die Mittelschicht in Deutschland Steuern zahlt.

OECD
Organisation für wirtschaftliche Zusammenarbeit und Entwicklung (OECD), Zusammenschluss von 36 vorwiegend westlichen Industriestaaten, darunter Deutschland. Ziel der Organisation ist die Förderung des weltweiten Wirtschaftswachstums, u. a. durch eine Liberalisierung des Welthandels.

IWF
Internationaler Währungsfonds, Sonderorganisation der UN, 189 Mitgliedstaaten. Ziel der Organisation ist die Stabilisierung des weltweiten Finanzsystems u. a. durch die Vergabe von Krediten an Staaten mit Zahlungsbilanzschwierigkeiten, sofern diese vom IWF vorgegebene Auflagen erfüllen.

Nicht erst seit der Veröffentlichung des Fünften Armuts- und Reichtumsberichts wissen wir, dass sich mehr als die Hälfte des gesamten Nettovermögens in Deutschland in den Händen der reichsten 10 Prozent befindet. Was wir aber leider nicht wissen, ist, wie genau dieses Vermögen sich innerhalb des obersten Dezils verteilt. [...]

Deswegen wäre die Einführung der Vermögensteuer ein wichtiger Schritt, um die katastrophale Datenlage im Bereich der Hochvermögenden zu verbessern. [...] Wenn wir es endlich schaffen würden, die Kluft zwischen Arm und Reich kleiner statt immer größer werden zu lassen, dann – so empfehlen es uns übrigens auch die OECD und der IWF – wäre sogar unsere wirtschaftliche Entwicklung in Deutschland besser. Die OECD sagt konkret, dass die Steigerung beim deutschen Bruttoinlandsprodukt wegen der gestiegenen Ungleichheit seit 1985 um 6 Prozent geringer ausgefallen ist, als wenn wir mehr Gerechtigkeit in Deutschland hätten. Deswegen müssen wir dringend gegensteuern.

Aus unserer Sicht ist die Vermögensteuer ein wichtiger Baustein für mehr Gerechtigkeit, für die Sicherung der ökologisch-sozialen Marktwirtschaft in Deutschland, für eine bessere wirtschaftliche Entwicklung.

Lisa Paus, Deutscher Bundestag, Plenarprotokoll 19/7, 18.1.2018, S. 570f.

M 11 • Die Vermögensteuer – notwendig und verfassungskonform

Vermögensteuer im Grundgesetz
In Artikel 106 GG wird geregelt, welche Steueraufkommen jeweils Bund, Ländern und Gemeinden zustehen. In diesem Zusammenhang wird die Vermögensteuer genannt, die daraus erzielten Einnahmen stünden den Ländern zu.

a) Die Position der SPD
Cansel Kiziltepe antwortet für die Fraktion von der SPD auf den Antrag der Partei „Die Linke".

[D]ie 5-Prozent-Forderung der Linken ist hanebüchen, da sie den Milliardär genauso stellt wie den dreifachen Millionär. [...]
Wie es besser geht, zeigt der Deutsche Gewerkschaftsbund, der ganz im Sinne der Besteuerung der Leistungsfähigkeit eine progressive Vermögensteuer vorschlägt: Der dreifache Millionär zahlt 1 Prozent, der Milliardär 2 Prozent. Das nenne ich progressiv, das ist gerecht, und das ist auch ein Novum. Wir Sozialdemokraten werden uns das DGB-Modell sehr genau ansehen.
Die Vermögensungleichheit ist nicht nur in Deutschland, sondern auch in Europa erschreckend hoch; das ist unstrittig. Dieser Trend beschädigt nicht nur unseren Staat, unsere Gesellschaft und unsere Demokratie, sondern er ist auch ökonomisch schädlich. In kaum einem anderen Land – das wurde hier schon gesagt – ist der Beitrag des Vermögens zum Steueraufkommen geringer als in Deutschland.
[...] Es ist offensichtlich, dass wir aufgrund der Vermögensungleichheit eine fundierte Besteuerung von Vermögen in Deutschland brauchen. Ob dies mit einer Vermögensteuer oder mit einer echten Erbschaftsteuer geschehen soll, prüfen wir aktuell in einer Kommission beim SPD-Parteivorstand. [...] An dieser Stelle ist es mir auch wichtig zu betonen: Das Grundgesetz hat kein Problem mit der Vermögensteuer. Im Gegenteil. Warum sonst steht die Vermögensteuer im Grundgesetz? [...] Wie konnte Deutschland in der Nachkriegszeit mit einer Vermögensteuer und einer Lastenausgleichsabgabe ein Wirtschaftswunder erleben? Das sind Fragen, die sich die Gegner der Vermögensteuer [...] einmal stellen sollten.
Damit es alle richtig verstehen, sage ich es deutlich: Damit es in Deutschland gerechter zugeht, brauchen wir eine höhere Besteuerung von Höchstvermögen. Und natürlich brauchen wir auch vermögensbezogene Steuern, die ihrem Namen gerecht werden. Die Vermögensteuer ist in dieser Diskussion natürlich nicht alternativlos. [...] Möglich wäre zum Beispiel ein höherer Spitzensteuersatz oder eine weitere Reform der Erbschaftsteuer. [...]

Cansel Kiziltepe, Deutscher Bundestag, Plenarprotokoll 19/7, 18.1.2018, S. 564f.

b) Untersuchung zu Auswirkungen von sozialer Ungleichheit

Einkommensungleichheit und BiP

Der Gesamteffekt gibt an, um wie viele Milliarden Euro das reale BIP durch einen Anstieg der Einkommensungleichheit um zwei Gini-Punkte in einem bestimmten Zeitraum verändert wird. Ein Gesamteffekt von -10 nach sechs Jahren bedeutet demnach, dass eine entsprechende Zunahme der Einkommensungleichheit das reale BIP nach sechs Jahren um 10 Mrd. Euro reduziert.

Impuls-Antworten des realen Bruttoinlandsprodukts (in Mrd. Euro) infolge eines Anstiegs der Einkommensungleichheit um zwei Gini-Punkte

— Gesamteffekt
● Humankapitalkanal
● Anreizkanal
● Sparquotenkanal

Wirkungsweise der Einflusskanäle

Anreiz: Extreme soziale Ungleichheit führt bei Geringverdienern zu einer sinkenden Motivation und infolgedessen zu sinkender Produktivität.

Human: Geringverdiener können weniger in Bildung investieren, wodurch ihre Produktivität und damit auch die der Gesamtwirtschaft langfristig sinkt.

Sparquote: Je höher das Einkommen, desto höher die Sparquote. Dies wirkt sich negativ auf den Konsum, durch sinkende Zinsen langfristig allerdings positiv auf die Investitionen von Unternehmen aus.
Autorentext

Abbildung: Hanne Albig u. a., Friedrich Ebert Stiftung (Hg.), *Zunehmende Ungleichheit verringert langfristig Wachstum*, Berlin 2017, S. 14

M 12 ● Die Vermögensteuer – ineffizient und ungerecht

Dr. Hans Michelbach antwortet für die Fraktion der CDU/CSU auf den Antrag der Fraktion „Die Linke":
[...] [Mit] Gerechtigkeit [...] hat [die Vermö-
5 gensteuer] wirklich nichts zu tun. Stattdessen führen Sie von den Linken die Menschen in diesem Land hinters Licht; denn Sie verschweigen, dass die 10 Prozent der Steuerpflichtigen mit den höchsten Ein-
10 kommen in Deutschland zu mehr als 50 Prozent des Einkommensteueraufkommens beitragen. Sie verschweigen, dass die oberen 50 Prozent der Steuerpflichtigen sogar 94 Prozent der Einkommensteuer tragen.
15 Sie stellen also gute Steuerzahler einfach so an den Pranger. Das kann man nicht so einfach hinnehmen. Wir stehen für das Prinzip der Besteuerung nach der Leistungsfähigkeit. Diejenigen mit den hohen Einkommen
20 leisten eben sehr viel für unser Gemeinwohl, und das muss auch so bleiben. [...]
Die andere Seite ist: Die Vermögensteuer ist ein bürokratisches Monster. Es bedarf einer riesigen bürokratischen Leistung, eines bürokratischen Aufwands, um die Steuer 25 überhaupt erheben zu können. Allein die Neubewertung des Grundbesitzes könnte die öffentliche Verwaltung auf Jahre blockieren; von der Bewertung anderer Vermögensbestandteile will ich gar nicht re- 30 den.
Wir haben uns damals intensiv mit der Erhebung dieser Steuer befasst, bevor wir sie ausgesetzt haben. Die zuständigen Gutachterausschüsse für Grundstückswerte wären 35 personell überhaupt nicht in der Lage, kurzfristig eine Neubewertung aller Immobilien vorzunehmen. [...]
Hauptleidtragende Ihrer Vermögensteuer wären aber insbesondere [...] der Mittel- 40

stand und die risikobereiten Familienunternehmer. Damit träfen Sie den Motor des Wirtschaftsstandortes Deutschland, den Motor von Wachstum, Ausbildung und Be-
45 schäftigung in Deutschland; denn die Vermögensteuer ist ja nichts anderes als eine Substanzbesteuerung. Mit einer solchen Substanzbesteuerung könnte man natürlich die Leistungsträger, diejenigen, die in-
50 vestieren sollen, sehr schnell überfordern. Jeder Euro, der über die Vermögensteuer abkassiert würde, fehlte für Investitionen, fehlte für Forschung, fehlte für die Arbeitsplatzsicherung, fehlte für die Gewährleistung der internationalen Wettbewerbsfä- 55 higkeit, meine Damen und Herren. [...] [D]ie Vermögensteuer der Linken ist der gerade Weg zu weniger Beschäftigung, zu weniger Wohlstand, zu weniger Investitionen und am Ende auch zu weniger Einnah- 60 men im Bereich der Ertragsteuern. [...]

Hans Michelbach, Deutscher Bundestag, Plenarprotokoll 19/7, 18.1.2018, S. 571f.

Substanzsteuern
Steuerarten, bei denen Vermögen die Besteuerungsgrundlage ist; Beispiele sind Erbschaftsteuer, Grundsteuer

M 13 ● Die Vermögensteuer – schädlich für den Wirtschaftsstandort

Freie Demokraten FDP

a) Die Position der FDP
Christian Dürr antwortet für die Fraktion der FDP auf den Antrag der Partei „Die Linke":

[D]ie Vermögensteuer ist eine verdammt
5 teure Steuer, und zwar vor allen Dingen für den Staat. Etwa ein Drittel der Einnahmen gehen am Ende des Tages für Verwaltungskosten drauf. [...]
[...] Sie haben unterstellt, es würden die Rei-
10 chen getroffen. Die Frage ist doch: Wen würden Sie in Wahrheit mit einem solchen Steuervorschlag treffen? Es sind doch in Wahrheit nicht die Googles, Apples und IKEAs, die Sie an der Stelle vielleicht im Kopf haben. Sie treffen mit einem solchen 15 Vorschlag zur Vermögensteuer die kleinen und mittleren Unternehmen in Deutschland. Es sind die Familienbetriebe, die Sie im Kern kaputtmachen werden, diejenigen, die bei uns in den letzten Jahren die Ar- 20 beitsplätze geschaffen haben, die einen Großteil der Ausbildungsplätze bei uns bereithalten, kurz: die Deutschland zu dem Wohlstand verholfen haben, den wir heute haben. Die machen Sie mit diesem Vor- 25 schlag kaputt [...].
Das zentrale Problem [...] ist [...]: Sie tun so [...], als ob es sich um Vermögen handelt, das auf einem Sparbuch bei der Sparkasse um die Ecke liegt. Das ist mitnichten der 30 Fall. Es handelt sich um Anlagevermögen, das in den deutschen Mittelstand investiert worden ist [...]. Und den wollen Sie mit Ihrem Antrag kaputtmachen. Das ist Ihr zentrales Ziel, und das wird die Mitte dieses 35 Hauses verhindern, um das ganz klar zu sagen. [...]

Christian Dürr, Deutscher Bundestag, Plenarprotokoll 19/7, 18.1.2018, S. 568ff.

b) Bedeutung des deutschen Mittelstandes für die Gesamtwirtschaft

Der deutsche Mittelstand (KMU) in Zahlen			
Unternehmen	Umsatz	Tätige Personen	Bruttowertschöpfung
0,7	31,8	40,0	52,9
99,3	68,2	60,0	47,1

■ KMU ■ Großunternehmen

Zahlen: René Söllner, Der deutsche Mittelstand im Zeichen der Globalisierung, in: WISTA – Wirtschaft und Statistik, Statistisches Bundesamt, 2/2016, S. 110

🄷 zu Aufgabe 3
Gehen Sie dabei vom Konzept der Linken aus. Im Folgenden können Sie sich auch auf andere Ausgestaltungsmöglichkeiten beziehen.

Aufgaben

1. Arbeiten Sie arbeitsteilig die Positionen der Fraktionen zur Einführung einer Vermögensteuer und deren Begründung heraus (M 10–M 13).
2. Vergleichen Sie die Positionen der Fraktionen (M 10–M 13). Ordnen Sie dazu die Positionen der Parteien begründet in das Spektrum politischer Orientierungen ein.
3. Soll eine Vermögensteuer eingeführt werden? Nehmen Sie Stellung zu dieser Frage.

Aus der Perspektive der Fraktion der Linkspartei handelt es sich bei der **sozialen Ungleichheit** in Deutschland um ein **politisch zu gestaltendes Problem**, da die Vermögensungleichheit im europäischen Vergleich besonders ausgeprägt sei. Ziel der Partei ist es, gezielt die Vermögen der reichsten ein bis zwei Prozent der Bevölkerung zu besteuern. Dies soll erreicht werden, indem Privatvermögen ab einer Summe von 1 Million Euro und Unternehmensvermögen ab einer Summe von 5 Millionen Euro jährlich mit einem Steuersatz von 5 Prozent besteuert werden.

Um die **Finanzierung der Staatstätigkeiten** sicherstellen zu können, werden Einnahmen aus Steuern benötigt. Unterschieden werden **direkte Steuern** wie die Einkommensteuer, die durch die Steuerschuldner direkt entrichtet werden und **indirekte Steuern** wie die Mehrwertsteuer, die durch Dritte bezahlt werden. Um das Ziel der **Steuergerechtigkeit** zu erreichen, erfolgt die Besteuerung nach der **individuellen Leistungsfähigkeit**. Realisiert wird dies durch progressive Steuersätze. So trägt das 10. Dezil (höchste Einkommen) 37,2 Prozent der gesamten Steuern in Deutschland, während das 1. Dezil einen Anteil von 2 Prozent der gesamten Steuern beiträgt.

Die Fraktion „**Bündnis 90/Die Grünen**" unterstützt die Forderung nach einer Wiedereinführung der Vermögensteuer, da es ungerecht sei, dass in Deutschland die soziale Herkunft über Lebenschancen entscheide. Die Steuer würde dazu beitragen, dass Vermögende stärker zur **Finanzierung des Gemeinwesens** herangezogen würden. Zudem hemme die Ungleichheit die wirtschaftliche Entwicklung in Deutschland.
Aus der Sicht der Fraktion der **SPD** sei die hohe **Vermögensungleichheit in Deutschland schädlich** für Staat, Gesellschaft und Wirtschaft und daher eine Reduzierung der Ungleichheit notwendig. Eine progressive Besteuerung hoher Vermögen mit Steuersätzen von ein bis zwei Prozent sei eine Möglichkeit dies zu erreichen.
Die Fraktionen **CDU/CSU** und **FDP** lehnen den Vorschlag der Linkspartei als ungerecht ab, da dieser unberücksichtigt lasse, dass das **oberste Dezil bereits über 50 Prozent des Einkommensteueraufkommens** trage. Zudem sei der Vorschlag eine **Gefahr für Unternehmen** und aufgrund des bürokratischen Aufwands ineffizient, nicht zuletzt wegen der **hohen Verwaltungskosten**.

Das Instrument der Vermögensteuer – Konzept der Partei „Die Linke"
(Basiskonzept: Motive und Anreize)

M 2, M 3

Grundlagen des deutschen Steuersystems
(Basiskonzept: Ordnung und System)

M 5, M 6, M 7

Das Instrument der Vermögensteuer – Positionen der Parteien zum Konzept der Linkspartei
(Basiskonzept: Motive und Anreize)

M 10-M 13

5.3 Wohlstand für alle – aber wie? Alternativen zur Sozialen Marktwirtschaft in der Diskussion

5.3.1 Ein „bedingungsloses Grundeinkommen" – wozu?

> **E** Der Verein „Mein Grundeinkommen" aus Berlin verlost in regelmäßigen Abständen ein bedingungsloses Grundeinkommen von 1.000 Euro, das für ein Jahr ausgezahlt wird. Stellen Sie sich vor, Sie würden in zehn Jahren ein solches Grundeinkommen gewinnen. Was würden Sie mit dem Geld anfangen? Wie würde sich Ihr Leben, wie Sie es sich jetzt vorstellen, in dem Jahr verändern?

M 1 ● Erfahrungen mit dem Grundeinkommen

Der Verein „Mein Grundeinkommen"
Der 2014 von Michael Bohmeyer in Berlin gegründete Verein sammelt per Crowdfunding Geld ein, um Menschen ein Jahr lang ein bedingungsloses Grundeinkommen von 1.000 Euro zu finanzieren. Bisher erhielten 234 zufällig ausgeloste Personen (Stand: November 2018) für jeweils ein Jahr ohne Gegenleistung und Bedingungen das Geld.

Autorentext

Erklärfilm Bedingungsloses Grundeinkommen

Mediencode: 72052-12

Marc hat das 13. vom Verein „Mein Grundeinkommen" verloste Grundeinkommen gewonnen. Er erhielt von August 2015 bis Juli 2016 monatlich 1.000 Euro.

Seit seinem Abitur begleitet [Marc] die chronische Magen-Darm-Erkrankung Morbus Crohn. Geschwächt durch die Krankheit und das verschriebene Cortison musste der Kasseler zunächst zwei Versuche, ein Studium abzuschließen, aufgeben. Nach der Umstellung seiner Ernährung und Lebensgewohnheiten sowie dem Beginn einer psychoanalytischen Behandlung gelang es dem heute 31-Jährigen schließlich, eine Berufsausbildung zum Bankkaufmann erfolgreich abzuschließen. [...] Mit der Zeit wurde jedoch deutlich, dass ein weiterer Fortschritt der Analyse mit seinem Job nicht vereinbar war: die Krankheitssymptome verschlimmerten sich wieder und Marc wurde [...] krankgeschrieben. Von nun an war er auf Krankengeld angewiesen. Durch die wiederkehrenden Auseinandersetzungen mit Ämtern und Behörden, zu denen er seitens der Krankenkasse gezwungen war, verzögerte sich der Prozess durch den seelisch erlebten Druck allerdings. [...] Die Aussicht, dass der Anspruch auf das Krankengeld bald auslaufen würde und weitere Auseinandersetzungen mit den Behörden nötig sein würden, führten zu einer drastischen Verschlimmerung von Marcs Symptomatik. Doch dann gewann er sein Grundeinkommen.

Auf einmal war er finanziell nicht mehr abhängig, die Sorge um das auslaufende Krankengeld vergessen. [...] Mit dem Stress und Existenzängsten verschwanden Schritt für Schritt auch die Symptome seiner Krankheit [...]. Bis Marc auch sein Selbstvertrauen wiedergefunden hatte, dauerte es etwas länger. Nach drei Monaten fühlte er sich wieder stark genug, sich seinen Herausforderungen zu stellen. In der Folge schaffte er es, mit seinem Arbeitgeber einen Aufhebungsvertrag zu seinen Gunsten auszuhandeln. Im März 2016 folgte dann ein weiterer Meilenstein: Nach zehn Jahren Krankheit konnte er erstmals das Cortison absetzen! [...]

Marc: „Dank meinem Grundeinkommen finde ich wieder zu meiner inneren Stabilität und komme auf gesunde Weise zu Kräften. Ohne Kortison, dafür umso nachhaltiger."

Mein Grundeinkommen e.V., www.mein-grundeinkommen.de, Abruf am 31.1.2019

M 2 ● Wie kann ein bedingungsloses Grundeinkommen gestaltet werden?

Herr Werner, Sie plädieren in Ihrem jüngsten Buch vehement für ein bedingungsloses Grundeinkommen (BGE). Was bedeutet das?

Götz Werner: Jeder Einzelne erhält einen monatlichen Betrag, der sein kulturelles Existenzminium abdeckt, ohne dass er dafür eine Gegenleistung erbringen müsste.

An welche Summe denken Sie?

Derzeit wären wohl um die 1.000 Euro pro Kopf und Monat angemessen.

[Würde das bedingungslose Grundeinkommen] doch nur zu einem Konjunkturprogramm für Hängemattenhersteller?

Eltern mit drei Kindern kämen in Ihrem Modell auf 5.000 Euro netto im Monat, ohne auch nur eine Minute bezahlte Arbeit geleistet zu haben. Das ist deutlich mehr, als eine Durchschnittsfamilie dieser Größe an Arbeitseinkommen erzielt.

Es wird einen kleinen Teil der Bevölkerung geben, vielleicht ein oder zwei Prozent, die das Grundeinkommen nehmen und das war's. [...] Tatsächlich aber ist das gegenteilige Phänomen viel verbreiteter. Nämlich dass Menschen ungeheure gesellschaftliche Leistungen erbringen, ohne dafür bezahlt zu werden: Sie erziehen Kinder, pflegen Angehörige, arbeiten in Vereinen und Bürgerinitiativen oder engagieren sich anderweitig ehrenamtlich. Das zeigt einesteils die Bereitschaft der Menschen zu sinnhafter, für das soziale Gefüge wertvoller Arbeit. Andernteils verringert ein bedingungsloses Grundeinkommen ungerechte Schieflagen. Zum Beispiel stünden Frauen, die ihr Leben lang hart für ihre Familie gearbeitet haben und deshalb keine eigenen Rentenansprüche erwerben konnten, mit einem Grundeinkommen viel besser da.

Aber was gilt für junge Leute mit schlechtem Schulabschluss und wenig erbaulichen Berufsaussichten? Die könnten das BGE als Einladung begreifen, jedwede Anstrengung zu weiterem Fortkommen einzustellen. Das würde die Benachteiligung bestimmter Bevölkerungsschichten noch zementieren.

Ich glaube, das Gegenteil wird der Fall sein. Das Grundeinkommen befreit vom Arbeitszwang – man könnte auch sagen: von Zwangsarbeit – und eröffnet so erst die Möglichkeit für den Einzelnen, sich zu entfalten und weiterzuentwickeln. Nichtstun ist vielleicht einige Wochen ganz nett, aber es wird schnell langweilig. Da fehlen Ziele, da fehlt Sinnstiftendes. Das findet man nun einmal in einer Arbeit, die einem Anerkennung bringt und natürlich auch Geld, mit dem sich Wünsche jenseits der Grundbedürfnisse befriedigen lassen. [...]

Aber wenn jeder nur noch tut, wonach ihm ist, geht die Wirtschaft den Bach runter.

Glauben Sie? Ich nicht. Produktivität und gesellschaftlicher Wohlstand wären viel höher, wenn alle Menschen aus freiem Willen arbeiteten. Für den französischen Aufklärer Jean-Jacques Rousseau bedeutete Freiheit, nicht tun zu müssen, was man soll, sondern tun zu können, was man will. Diesem Gedanken folgt das BGE, indem es die Möglichkeit eröffnet, auch Nein zu einem miesen Job sagen zu können. [...]

Interview: Stefan Sauer, Man kann zu einem miesen Job Nein sagen, www.fr.de, 14.7.2017

Götz W. Werner ist Gründer und Aufsichtsratsmitglied der Drogeriemarktkette DM. Zudem gründete er die Initiative „Unternimm die Zukunft", die sich für die Einführung eines bedingungslosen Grundeinkommens einsetzt.

Aufgaben

1. Arbeiten Sie die Auswirkungen für Marc, den Bezieher des bedingungslosen Grundeinkommens, heraus (M 1).
2. Fassen Sie die von Götz Werner vorgeschlagene Ausgestaltung des bedingungslosen Grundeinkommens und dessen Begründung zusammen (M 2).
3. „Produktivität und gesellschaftlicher Wohlstand wären viel höher, wenn alle Menschen aus freiem Willen arbeiteten." Nehmen Sie Stellung zu dieser Einschätzung Werners (M 2).

F zu Aufgabe 2
Beurteilen Sie, inwiefern das bedingungslose Grundeinkommen nach Götz W. Werner mit der Wirtschaftsordnung der Sozialen Marktwirtschaft vereinbar ist.

F zu Aufgabe 2
Arbeiten Sie das Menschenbild heraus, das Werners Überzeugung zugrundeliegt.

5.3.2 Mit dem „bedingungslosen Grundeinkommen" Armut und Ungleichheit beseitigen? Kann das gelingen?

E Positionieren Sie sich (vorläufig) auf einer Positionslinie zu der Frage, ob das bedingungslose Grundeinkommen nach der Vorstellung Werners gelingen kann.

M 3 ● Ist das bedingungslose Grundeinkommen finanzierbar?

Im zweiten Teil des Interviews der Frankfurter Rundschau mit Götz W. Werner erläutert der Unternehmer, wie er sich die Finanzierung eines bedingungslosen Grund-
5 *einkommens vorstellt.*
Bleibt die Frage, wer das [BGE] bezahlen soll. 82 Millionen Bürger mal 1.000 Euro mal zwölf Monate ergeben fast eine Billion Euro pro Jahr. Das ist beinahe ein Drit-
10 tel der gesamten deutschen Jahreswirtschaftsleistung. Woher soll das Geld kommen?
So einfach ist die Rechnung nicht. Denn mit der Einführung des Grundeinkommens
15 werden Hartz IV, Kindergeld und fast alle anderen Sozialtransfers abgeschafft ebenso wie Steuervergünstigungen und Freibeträge. Nur besonders bedürftige Personen, etwa Schwerbehinderte, werden neben dem
20 Grundeinkommen auf weitere soziale Leistungen angewiesen sein. Meine Koautoren Matthias Weik und Marc Friedrich haben das durchgerechnet und sind auf einen Fehlbetrag von 70 Mrd. Euro gekommen,
25 die unser Konzept unter dem Strich pro Jahr zusätzlich kostet.
Auch nicht gerade ein Klacks. Wollen Sie die Vermögensteuer wieder einführen? Oder den Spitzeneinkommensteuersatz
30 erhöhen?
Ganz im Gegenteil. All diese Steuern gehören abgeschafft.
Und der Herr ließ Manna vom Himmel regnen und alle Menschen wurden satt...
35 Darauf würde ich mich nicht verlassen. Wir schlagen vor, alle Steuern durch eine einzige Verbrauchssteuer zu ersetzen, mit der dann sämtliche staatlichen Aufgaben finanziert werden können. Unser Steuersys-
40 tem setzt bisher an der völlig falschen Stelle an: Es besteuert vor allem die Leistung der Menschen, also Einkommen und Gewinne, dafür aber nur in geringem Umfang den Konsum. Wir begehen eine Art Knos-
45 penfrevel, indem wir die jungen Blüten hoch besteuern, anstatt erst bei den reifen Früchten zuzulangen. Wir plädieren für eine Umkehr: Besteuerung der Leistung abschaffen, dafür den Konsum besteuern.
Wie hoch müsste der Mehrwertsteuersatz 50 **denn steigen, um das BGE und alle staatlichen Aufgaben daraus zu finanzieren?**
Er müsste sich in etwa an der Staatsquote orientieren, also am Anteil sämtlicher Staatsausgaben an der Wirtschaftsleistung. 55 Die Quote liegt in Deutschland seit Jahren um die 45 Prozent. Addiert man jene 70 Mrd. Euro, die unser Konzept zusätzlich kostet, kommt man auf einen Konsumsteuersatz von rund 50 Prozent. 60
Steigen dann alle Preise um die Hälfte?
Nein. Denn schon heute sind in den Preisen alle Steuern enthalten, die dann wegfielen: Mineralölsteuer beim Warentransport, Lohnsteuer, Grundsteuer, Energie- 65 steuer, Körperschaftssteuer und so weiter. Außerdem wird ja schon heute eine Mehrwertsteuer erhoben, die man verrechnen muss. Naheliegend ist aber, dass einige Luxusgüter und besondere Dienstleistungen 70 teurer würden. [...]

Interview: Stefan Sauer, Man kann zu einem miesen Job Nein sagen, www.fr.de, 14.7.2017

5 Soziale Ungleichheiten in der Sozialen Marktwirtschaft

M 4 ● Reduziert das BGE soziale Ungleichheit?

a) Wer profitiert vom bedingungslosen Grundeinkommen?

Progressive Steuerbelastungswirkung der Mehrwertsteuer anhand eines Beispiels					
(1) Grund-einkommen (in Euro)	(2) Hinzu-verdienst	(3) Konsumaus-gaben	(4) Steuerlast I (bei 50 % Steueranteil)	(5) Steuerlast II ((4)abzgl. Grundeink.)	(6) Steuerlast in Prozent ((5)*100/(3))
1.000	0	1.000	500	-500	-50
1.000	500	1.500	750	-250	-16,67
1.000	1.000	2.000	1.000	0	-
1.000	2.000	3.000	1.500	500	16,67
1.000	4.000	5.000	2.500	1.500	30
1.000	8.000	9.000	4.500	3.500	38,89
1.000	19.000	20.000	10.000	9.000	45

Angenommen, die Mehrwertsteuer beträgt 100 Prozent. Dann könnten mit einem Grundeinkommen von 1.000 Euro ohne Hinzuverdienst Waren und Dienstleistungen im Wert von 500 Euro konsumiert werden. Bei dem angenommenen Mehrwertsteuersatz würden dann 500 Euro Mehrwertsteuer anfallen. Vergleicht man diese Steuerlast mit dem Grundeinkommen, erhielte die betreffende Person 500 Euro mehr vom Staat, als sie an Steuern abtreten müsste. Demnach liegt die Steuerlast in Prozent bei –50 Prozent.

Grundeinkommen 1.000 Euro, Mehrwertsteueranteil 50 Prozent, Mehrwertsteuersatz 100 Prozent (eigene Darstellung in enger Anlehnung an Schmidt und Häni (2008), alle Angaben bis auf die letzte Spalte in Euro)

Zahlen: André Presse, Grundeinkommen. Idee und Vorschläge zu seiner Realisierung, Karlsruhe 2010, S. 78

b) Schützt das bedingungslose Grundeinkommen vor Armutsgefährdung?

Staatliche Grundsicherung					
Haushalts-konstellation	Armuts-gefährdung	Monatliche Leistungen nach dem SGB II (2018) in Euro			
	60%-Schwelle (2016) – auf volle Euro gerundet	Regel-leistungen	Mehrbedarf	Ø Leistungen für Unterkunft und Heizung (2017)	insgesamt
Alleinstehende	969	424	/	321	745
Alleinerziehende					
Mit einem Kind unter 7 Jahren	1.260	726	150	464	1.340
Mit zwei Kindern (eines unter 7 Jahren und eines unter 14 Jahren)	1.550	1.048	150	643	1.841
Paare					
Mit einem Kind unter 7 Jahren	1.744	1.066	/	562	1.628
Mit zwei Kindern (eines unter 7 Jahren und eines unter 14 Jahren)	2.035	1.388	/	644	2.032

Zahlen: Bundesministerium für Arbeit und Soziales, Arbeitslosengeld II und Sozialgeld, 2019; Landeszentrale für politische Bildung Baden-Württemberg, Regelsatz ALG II 2019; Wirtschafts- und Sozialwissenschaftliches Institut, mittlere Nettomonatseinkommen 2017

Gesetz zu Bildungs- und Teilhabechancen

Für Kinder und Jugendliche, deren Eltern Leistungen nach dem SGB II beziehen, können zusätzliche Leistungen beantragt werden:

- Zuschuss zum Mittagessen in Schulen (Eigenbeitrag 1 €)
- Nachhilfe, jedoch nur bei erkennbarer Versetzungsgefährdung
- 10 € monatlich für Kultur- und Sportangebote
- Erstattung der Kosten von Schulausflügen
- Zuschuss zum Schulbedarf (100 €)
- Kostenübernahme der Schülerbeförderung

Autorentext

M 5 ● Kontrovers diskutiert: Das bedingungslose Grundeinkommen

Bernd Leukert
seit 2014 Vorstandsmitglied von SAP, dem größten europäischen Softwareunternehmen und seite 2017 im aufsichtsrat der Bertelsmann SE & Co KGaG

a) BGE nötig als Reaktion auf den technologischen Wandel

Herr Leukert, die Digitalisierung der Wirtschaft geht mit hohem Tempo voran. Viele Menschen befürchten den Verlust ihres Arbeitsplatzes und haben Sorge vor immer größer werdenden Einkommensunterschieden. Wie könnte die Antwort auf diese Herausforderung aussehen?

Die gesamte Gesellschaft wird von der vierten industriellen Revolution große Vorteile haben. Es stimmt auch, dass sich Kompetenzen verlagern werden. Wissen, das man vor zwanzig Jahren erworben hat, hat morgen wahrscheinlich einen geringeren Wert. Das wird noch nicht einmal so sehr Führungskräfte treffen, auch nicht die weniger gut bezahlten normalen Arbeiter. Aber das mittlere Gehaltssegment wird unter Druck kommen.

Anders formuliert: Wer sehr gut ausgebildet ist und sich ständig weiterbildet, wird grundsätzlich auch künftig einen guten Job haben. Im mittleren Management, zum Beispiel in der Steuerabteilung, im Einkauf oder auch in einer Bank, wird es aber ohne Weiterbildung eine Verlagerung in Richtung geringerer Einkommen geben. Hier wird die Informationstechnologie viele der heutigen Aufgaben übernehmen können.

So weit zur Bestandsaufnahme. Was kann man nun tun?

Ich bin der Meinung, dass man die Bedingungen für ein faires Einkommen nicht der Wirtschaft überlassen sollte. Hier ist die Politik gefragt, den richtigen Rahmen zu setzen.

Bis hin zu einem bedingungslosen Grundeinkommen?

Ja, davon würden langfristig auch diejenigen profitieren, die weiterhin höhere Gehälter beziehen. Wenn wir an dieser Stelle nichts tun, droht die Gesellschaft auseinanderzubrechen. [...]

Die Zukunft heißt also Einkommen ohne Arbeit?

Zum einen reden wir natürlich über sehr langfristige Entwicklungen. Zum anderen muss das System so strukturiert sein, dass man auch künftig noch gute Anreize hat, um etwas zu erreichen. Durch Arbeit. Vom Aufstieg mancher Volkswirtschaften im asiatischen Raum kann Europa sich einiges abschauen.

Interview: Carsten Knop, Ein Grundeinkommen hilft allen, www.faz.net, 21.1.2016, Abruf am 7.11.2018, © Alle Rechte vorbehalten. Frankfurter Allgemeine Zeitung GmbH, Frankfurt. Zur Verfügung gestellt vom Frankfurter Allgemeine Archiv

Christoph Butterwegge
Armutsforscher und Professor im Ruhestand an der Universität Köln. Bis 2005 war er Mitglied der SPD. Im Jahr 2017 trat er als Kandidat der Linkspartei bei der Wahl zum Bundespräsidenten an.

b) BGE würde an der Kluft zwischen Arm und Reich nichts ändern

Auf den zweiten Blick fallen [...] gravierende Nachteile [der Idee des bedingungslosen Grundeinkommens] ins Auge: Beim BGE handelt es sich um eine Leistungsart, die mit der Konstruktionslogik des bestehenden, früher als Jahrhundertwerk gefeierten und selbst in entfernten Weltgegenden nachgeahmten Wohlfahrtsstaates brechen und seine ganze Struktur zerstören würde. Der Wohlfahrtsstaat gründet seit Bismarck auf einer Sozialversicherung, die in unterschiedlichen Lebensbereichen, -situationen und -phasen auftretende Standardrisiken (Krankheit, Alter, Invalidität, Arbeitslosigkeit und Pflegebedürftigkeit) kollektiv absichert, sofern entsprechende Beiträge entrichtet wurden. Nur wenn dies nicht der Fall ist oder der Leistungsanspruch bei längerer Arbeitslosigkeit endet, muss man auf steuerfinanzierte Leistungen zurückgreifen, die bedarfsabhängig – also nur nach Prüfung der Einkommensverhältnisse, vorrangigen Unterhaltspflichten und Vermögen – gezahlt werden. Wenn (fast) alle bisherigen Leistungsarten zu einem Grundeinkommen verschmolzen würden, wäre das Ende des Sozialstaates gekommen, wie Deutschland ihn seit mehr als 100 Jahren kennt. [...]

Völlig unberücksichtigt lässt das Grundeinkommen [zudem] die Lebensumstände der Individuen. Alle erhalten denselben Geldbetrag, unabhängig davon, ob sie ihn brauchen oder nicht. [...] Auch widerspricht eine Sozialpolitik nach dem Gießkannenprinzip dem vorherrschenden Gerechtigkeitsverständnis. Dies strebt nach Bedarfsgerechtigkeit – wer nichts hat, soll viel, wer viel hat, soll nichts bekommen –, nach Leistungsgerechtigkeit – wer viel leistet, soll viel, wer wenig leistet, wenig bekommen – und nach Verteilungsgerechtigkeit – alle sollen gleichermaßen am gesellschaftlichen Reichtum des Landes beteiligt werden.

Das bedingungslose Grundeinkommen wirkt egalitär, ist aber in Wirklichkeit elitär, weil es nach dem Lebensentwurf eines Lottogewinners oder eines reichen Müßiggängers konstruiert wurde. Es scheint, als wollten seine Anhänger den Kommunismus im Kapitalismus verwirklichen. An der sozialen Ungleichheit und der sich vertiefenden Kluft zwischen Arm und Reich könnte das Grundeinkommen indes nichts Wesentliches ändern.

Seit den griechischen Philosophen des Altertums ist bekannt, dass Gleiches gleich und Ungleiches ungleich behandelt werden muss, soll es gerecht zugehen. Milliardären denselben Geldbetrag wie Müllwerkern und Multijobberinnen zu zahlen, verfehlt das Ziel einer „austeilenden Gerechtigkeit" (Aristoteles), weil die sozialen Gegensätze nicht beseitigt, sondern zementiert würden.

BGE-Befürworter gehen davon aus, dass seine Bezieher nicht bloß schmutzige und schwere Arbeiten meiden, sondern auch für bessere Arbeitsbedingungen und höhere Löhne sorgen würden. Eher ist das Gegenteil anzunehmen: Weil das Grundeinkommen den Menschen schon aus Kostengründen höchstens eine spartanische Lebensführung ermöglicht, ihr Existenzminimum aber auf einem Minimalniveau durch den Staat gesichert wird, könnten dessen Bürger auch schlechter entlohnte Jobs annehmen, ohne darben zu müssen. Daher würde der Niedriglohnsektor, schon heute das Haupteinfallstor für Erwerbs- und spätere Altersarmut, nach Einführung des Grundeinkommens noch größer. [...]

Christoph Butterwegge, Ein teurer Irrweg, in: Süddeutsche Zeitung, 11.10.2017, S. 2

Reiche Müßiggänger oder faires Einkommen für sinnvolle Arbeit: das BGE in der Diskussion.

Aufgaben

1. Geben Sie wieder, wie das bedingungslose Grundeinkommen nach dem Modell von Götz W. Werner finanziert werden könnte (M 3).
2. Analysieren Sie, inwiefern soziale Ungleichheit durch das bedingungslose Grundeinkommen reduziert würde (M 4).
3. Arbeiten Sie die Argumente für und gegen das bedingungslose Grundeinkommen heraus (M 5).
4. Nehmen Sie Stellung zu einer möglichen Einführung des von Werner vorgeschlagenen Modells des bedingungslosen Grundeinkommens in Deutschland.

H zu Aufgabe 2
Vergleichen Sie die monatlichen Leistungen nach dem SGB II der dargestellten Haushalte mit dem den Haushalten zustehenden bedingungslosen Grundeinkommen.

M zu Aufgabe 4
Führen Sie zu der Fragestellung eine Podiumsdiskussion durch.

H zu Aufgabe 4
Berücksichtigen Sie in Ihrer Argumentation die gesellschaftlichen Grundwerte Freiheit, Sicherheit und Gerechtigkeit.

ORIENTIERUNGSWISSEN

Wie kann ein bedingungsloses Grundeinkommen gestaltet werden?
(Basiskonzept: Ordnung und System)

M 2, M 3

Die in der gegenwärtigen gesellschaftlichen und wirtschaftlichen Ordnung bestehenden **ökonomischen Zwänge** führen zu einer **Einschränkung der individuellen Freiheit**. Um diese Einschränkung zu reduzieren und dem Individuum die Möglichkeit zu geben, sich zu entfalten, wird von verschiedenen gesellschaftlichen Gruppen die Einführung eines bedingungslosen Grundeinkommens gefordert.

Götz W. Werner setzt sich für die Einführung eines bedingungslosen Grundeinkommens in Höhe von 1.000 Euro ein, das vom Staat ohne Gegenleistungen an alle Bürgerinnen und Bürger ausgezahlt werden soll. Finanziert werden soll das Grundeinkommen durch einen **Wegfall der meisten Sozialtransfers und Steuervergünstigungen**. Zudem soll eine **Konsumsteuer** in Höhe von ca. 50 Prozent eingeführt werden, die alle anderen Steuern ersetzen soll.

Das bedingungslose Grundeinkommen in der Diskussion
(Basiskonzept: Motive und Anreize)

M 4, M 5

Befürworter eines bedingungslosen Grundeinkommens argumentieren unter anderem, dass dieses die **individuelle Freiheit erhöhen** und auch die gesellschaftliche und ökonomische **Produktivität zunehmen** würde. Darüber hinaus würden vor allem **Haushalte mit geringem Einkommen entlastet** werden. Ein zentrales Argument der Befürworter aus der Wirtschaft ist, dass den sozialen **Herausforderungen der Digitalisierung begegnet** werden könne. Durch den immer rascher fortschreitenden technologischen Wandel gehen zahlreiche Wissenschaftler davon aus, dass zukünftig immer mehr - auch qualifizierte - Tätigkeiten durch Maschinen ersetzt würden. Dies könnte zu erheblichen sozialen Spannungen führen, wenn diese Entwicklung nicht sozialpolitisch abgefedert würde.

Die Gegner eines bedingungslosen Grundeinkommens wenden neben **Zweifeln an der Finanzierbarkeit** und **fehlenden Leistungsanreizen** vor allem ein, dass ein pauschales Grundeinkommen die Lebensumstände der Individuen unberücksichtigt ließe und somit – anders als im bestehenden Sozialsystem – **keine bedarfsgerechte Umverteilung möglich** sei. Zudem würde die soziale **Ungleichheit durch ein Grundeinkommen nicht reduziert**.

100-prozentige Erbschaftsteuer gegen Vermögensungleichheit?

Der Vorschlag in seinen Grundzügen: Beim Tod des Erblassers soll das gesamte Erbe an einen Fonds abgeführt werden. Will sagen: Die Söhne und Töchter reicher Eltern erhal-
5 ten vorerst nichts. Im Weiteren aber werden sie dann – wie alle anderen Mitglieder der heranwachsenden Generation – mit einem bestimmten Betrag [, der für alle gleich ist,] ausgestattet. [...] Was diese vielen dann je-
10 weils mit „ihrem" Erbe machen, bleibt ih-
nen überlassen.
Dieser Vorschlag [...] entspringt dem Engagement für einen individualistischen Liberalismus. In der Tat: Wer den Einzelnen
15 ernst nimmt, muss es geradezu als Ärgernis empfinden, wenn die Söhne und Töchter reicher Väter im Zweifel nur deshalb besser als andere durch das Leben gehen können, weil sie reiche Eltern haben. [...] Man mag
20 hier einwenden wollen, dass [..] die Väter etwa aus Liebe zu ihren Kindern diesen et-
was hinterlassen wollen. [...] Die Frage ist, ob es nicht auch andere Wege gibt, die Verbindung der Generationen untereinander
25 auszuleben. Wenn dies allerdings nicht der Fall sein sollte, man also um der intergene-
rationellen Verbundenheit willen glaubt, auf hohe Erbschaft- und Schenkungsteuern verzichten zu sollen, so sollte man ehrlich
30 genug sein zu bekennen, dass man [...] feu-
dal-tribalem Denken anhängt: Wie ehedem der Sohn im Zweifel nur deshalb ein Graf war, weil der Vater ein Graf war, so soll dann der Sohn ohne Weiteres bemittelt
35 sein, weil der Vater bemittelt war. [...]
Schenkungen hingegen sollten steuerlich moderater behandelt werden, um die Er-
sparnisbildung aufgrund des Schenkungs-
motivs nicht nennenswert zu beeinträchti-
40 gen. Dem Ziel wäre durchaus gedient, wenn beispielsweise die Hälfte des Betrages der Schenkung ebenfalls in den genannten Fonds fließen würde. Würde jemand also eine Million hinterlassen wollen, müsste er oder sie eben zwei Millionen ansparen und 45 schenken. [...]
Ein weiterer, oft genannter Punkt betrifft das Erbe in Form von Familienbetrieben. Das Bundesverfassungsgericht hat die Bun-
desregierung aufgefordert, die weitgehende 50 oder sogar komplette Freistellung von Erb-
schaft- und Schenkungsteuern bei Hinter-
lassenschaft eines Familienbetriebs zu än-
dern. Die Bevorzugung tritt in Kraft, wenn der Betrieb einige Jahre weitergeführt wird 55 und die Lohnsumme weitgehend stabil bleibt. [...]
Ist der Sohn oder die Tochter eines Famili-
enunternehmens von der Zukunft des Be-
triebes und des eigenen Talents überzeugt, 60 warum soll er oder sie nicht einfach einen Kredit aufnehmen wie andere Unterneh-
mensgründer auch? Nur würde hier die Kre-
ditaufnahme nötig zur Entrichtung der Erb-
schaft- oder Schenkungsteuer. [...]   65
Die Akzeptanz einer marktwirtschaftlichen Ordnung setzt Chancengleichheit voraus, welche ein urliberales Anliegen ist. Eine Vermögensverteilung, die als ungerecht empfunden wird, unterminiert das Funkti- 70 onieren von Gesellschaft, Wirtschaft und Politik ungemein. [...] [Statistische Untersuchungen legen] außerdem nahe, dass eine hohe Vermögenskonzentration zu geringer sozialer Mobilität führt – also nicht die ta- 75 lentiertesten Menschen im Leben Erfolg haben, sondern diejenigen aus reichen El-
ternhäusern. [...]

Volker Grossmann, Guy Kirsch, Erben ist ungerecht,
www.sueddeutsche.de, 21.3.2016, Abruf am 8.11.2018

Aufgaben

1 Fassen Sie das Konzept zur Erbschaftsteuer sowie deren Begründung zusammen.

2 Ordnen Sie das Konzept in die Prinzipien sozialer Gerechtigkeit ein.

3 Nehmen Sie Stellung zu der Forderung nach einer 100-prozentigen Erbschaftsteuer.

Zusatzmaterial zu aktuellen **Abitur-schwerpunkten**

Mediencode: 72052-01

Welterschöpfungstag [engl.: Earth Overshoot Day]

Die Menschheit lebte aus ökologischer Sicht vom 1. August 2018 an über ihre Verhältnisse. Das heißt, wir haben vom 1. Januar bis zum 1. August so viele Ressourcen (z. B. Holz) verbraucht, wie die Erde im ganzen Jahr erneuern kann. Das sind die Overshoot Days, wenn alle Menschen so leben würden wie in diesen ausgewählten Ländern:

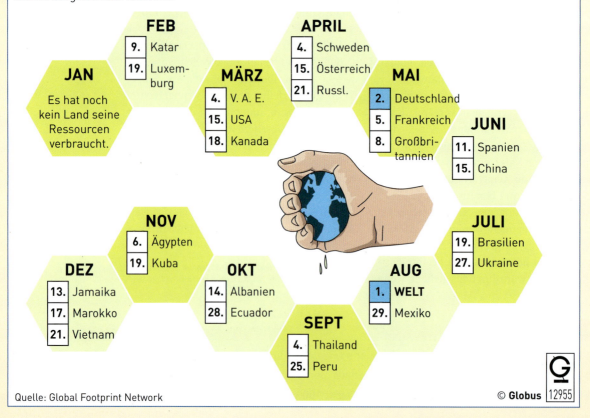

Quelle: Global Footprint Network

© Globus 12955

6 Wirtschaftswachstum, Lebensqualität und Umweltschutz – ein Konflikt?

Heiße und trockene Sommer in Deutschland, extreme Niederschläge in Südeuropa – global ansteigender Meeresspiegel, gesundheitsschädigende Emissionsbelastungen (nicht nur) in deutschen Großstädten: Die menschengemachten Umweltprobleme sind vielfältig und haben heute ein Ausmaß erreicht, das an vielen Orten der Erde die (gewohnten) Lebensbedingungen der Menschen existenziell bedroht bzw. in Frage stellt. Um Strategien zur Lösung dieser Probleme entwickeln zu können, müssen dabei – wie im vorliegenden Kapitel – ökologische Fragen im Kontext des Wirtschaftens bzw. der Ökonomie betrachtet werden.

Allgemein wird ein Zielkonflikt zwischen den gesellschaftlichen Zielen eines stetigen Wirtschaftswachstums und dem Schutz der Umwelt angenommen. Anhand eines kommunalpolitischen Konfliktes aus Niedersachsen untersuchen Sie in Kapitel 6.1 diesen Zielkonflikt genauer.

Umweltpolitiker und -experten stehen vor der Aufgabe, Instrumente zu implementieren, die quasi zwangsläufig zu einem weitreichenden Umweltschutz führen. In Kapitel 6.2 vergleichen und beurteilen Sie verschiedene Ansätze.

Während diese Instrumente auf die Lösung der Umweltkrise im Rahmen einer wachstumsorientierten Marktwirtschaft abzielen, gehen zahlreiche Wachstumskritiker weiter und fordern die Orientierung an alternativen Wohlstands- und Wirtschaftsmodellen (Kap. 6.3). In diesem Zusammenhang überprüfen Sie auch die Aussagekraft des BIP als Wohlstandsindikator.

KOMPETENZEN

Am Ende dieses Kapitels sollten Sie Folgendes wissen und können:

... an Fallbeispielen Konflikte zwischen Eigeninteresse und Gemeinwohl erkennen.

... Spannungsverhältnisse zwischen Wirtschaft (Wirtschaftswachstum) und Umwelt (Schutz natürlicher Lebensgrundlagen) beschreiben und erörtern.

... heutige Umweltprobleme als Marktversagen beschreiben.

... unterschiedliche umweltpolitische Instrumente beschreiben sowie ihre Möglichkeiten und Grenzen erörtern.

... das Bruttoinlandsprodukt als Methode zur Wohlstandserfassung einer Gesellschaft darstellen und beurteilen.

Was wissen und können Sie schon?

1. Charakterisieren Sie das Menschheitsproblem, auf das mit dem „Overshoot Day" aufmerksam gemacht werden soll.
2. Erläutern Sie die Ursachen und Hintergründe der Übernutzung der Erde. Gehen Sie dabei insbesondere auch auf Ursachen in der wirtschaftlichen Sphäre der (Welt-)Gesellschaft ein.
3. Skizzieren Sie Möglichkeiten zu einer nachhaltigen (und global gerechten) Nutzung des Planeten.

6 Wirtschaftswachstum, Lebensqualität und Umweltschutz – ein Konflikt?

6.1 (Wie) Können Wirtschaftswachstum und Umweltschutz sinnvoll vereinbart werden?

6.1.1 Der globale Klimawandel – ein politisches Problem?

E Wie gestalten sich die Lebensbedingungen in den verschiedenen Regionen der Erde, wenn der Klimawandel nicht rechtzeitig gestoppt werden kann? Beschreiben Sie ausgehend von M 1 (arbeitsteilig) – beispielsweise in Form einer Radioreportage – die Lebensbedingungen in ausgewählten Regionen der Erde im Jahr 2050.

Klimaflüchtlinge
Im August 2014 hat Neuseeland erstmals einer Familie aus dem Pazifik-Inselstaat Tuvalu Bleiberecht aufgrund der drohenden Gefahren des Klimawandels gewährt.

Autorentext

Erklärfilm Klimawandel

Mediencode: 72052-13

IPCC
im Deutschen häufig als „Weltklimarat" bezeichnetes „Intergovernmental Panel on Climate Change" (IPCC), ein mit Wissenschaftlern besetzter Ausschuss, der von den Vereinten Nationen (UN) mit der Aufgabe betraut wurde, die wissenschaftlichen Erkenntnisse zum Klimawandel zu bündeln und für politische Verhandlungen im Rahmen der UN aufzubereiten.

M 1 ● Folgen des Klimawandels

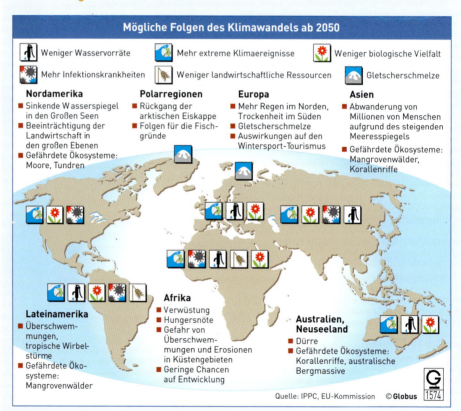

Quelle: IPPC, EU-Kommission © Globus 1574

M 2 ● Was getan werden muss – Erkenntnisse des Weltklimarates

Was sich verändern muss? Alles, sagt Daniela Jacob. „Wir brauchen Anstrengungen auf allen Ebenen, vom Individuum bis zur Kanzlerin." Jacob leitet das Climate Service
5 Center am Helmholtz-Zentrum Geesthacht, sie ist eine der Autorinnen des jüngsten Berichts des Weltklimarats. [...] Im Auftrag der Staatengemeinschaft haben Wissenschaftler aus aller Welt untersucht, was der Welt
10 bei einem Temperaturanstieg um 1,5 Grad Celsius im Vergleich zu den Jahren am Beginn der Industrialisierung blüht: Extrem-

6 Wirtschaftswachstum, Lebensqualität und Umweltschutz – ein Konflikt?

wetter, steigende Meeresspiegel, Verlust an Artenvielfalt, Hunger und Not. Vor allem aber sollten die Wissenschaftler beantworten, was geschehen müsste, um den Klimawandel in diesem Stadium zu stoppen. Die Antwort ist radikal, aber unmöglich ist die Wende nicht: Bis 2030 müssten die globalen Treibhausgas-Emissionen um 45 Prozent unter den Wert von 2010 sinken, bis 2050 dürften unter dem Strich keine klimaschädlichen Gase mehr ausgestoßen werden. Was noch an CO_2 anfällt, müsste andernorts entzogen werden, etwa durch Aufforstungen. Die Vollbremsung müsste quasi sofort beginnen. „Die nächsten zehn Jahre sind entscheidend", sagt Hans-Otto Pörtner vom Alfred-Wegener-Institut in Bremerhaven. [...]

Bislang allerdings hinkt Deutschland allen Klimazielen weit hinterher. Bis 2020 sollten die Treibhausgas-Emissionen hierzulande um 40 Prozent sinken, doch erreicht sind nur knapp 28 Prozent. Bis 2030 sollen sie sogar um mindestens 55 Prozent sinken – jeweils gemessen an 1990. Legt man die Berechnungen des IPCC zugrunde, würde Deutschland damit nicht mal einen ausreichenden Beitrag leisten, um das globale Ziel zu erreichen.

„Beispiellose Veränderungen" verlangt der Weltklimarat, auch hierzulande. Neben der Abkehr vom Kohlestrom müsste sich Deutschland im nächsten Jahrzehnt auch schrittweise von Verbrennungsmotoren verabschieden. In Gebäuden müssten alte Öl- und Gasheizungen peu à peu gegen Wärmepumpen oder Solarthermie ausgetauscht werden, die Industrie müsste ihre Prozesse so umstellen, dass weniger oder gar kein Kohlendioxid mehr entsteht, und das auch bei so energieintensiven Produkten wie Stahl, Alu oder Zement. Experimente dazu laufen schon. „Auf der physikalisch-chemischen Seite haben wir kein Problem", sagt Forscher Pörtner. Eher schon auf der psychologischen: Menschen trennen sich nur ungern von alten Techniken. [...]

Michael Bauchmüller, Jenseits der Physik, in: Süddeutsche Zeitung, 9.10.2018

M 3 ● Klimafaktor Mensch

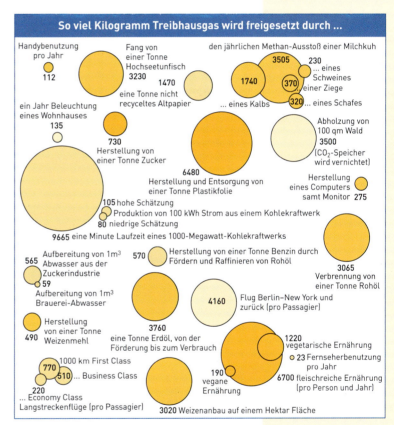

Barbara Bauer u.a., Le monde diplomatique, Atlas der Globalisierung, Berlin 2010, S. 72f.

Ökologischer Fußabdruck
U. a. auf der Internetseite www.fussabdruck.de können Sie Ihren persönlichen ökologischen Fußabdruck (bzw. denjenigen Ihrer Familie) ermitteln.

H zu Aufgabe 1
Berücksichtigen Sie dabei gleichermaßen die ethische Verantwortung als Mitverursacher der Klimaerwärmung sowie mögliche (ökonomische, gesellschaftliche, politische) Eigeninteressen.

Aufgaben

1. a) Charakterisieren Sie den Klimawandel als ein (globales) politisches Problem (M 1–M 3).
   b) Erläutern Sie, warum sich auch Deutschland um die Erreichung der Klimaziele bemühen sollte (M 1, M 2).
2. Entwickeln Sie (skizzenhaft) Ansatz- und Eckpunkte politischer Lösungen zur Begrenzung des Klimawandels bzw. zur Eindämmung seiner (globalen) Folgen und problematisieren Sie ihre Durchsetzbarkeit (M 2).

6.1.2 Ein neues Kohlekraftwerk für Stade? Ein umweltpolitischer Konflikt in Niedersachsen

E Beschreiben Sie den dargestellten Konflikt (M 4): Worum geht es? Wer sind die Beteiligten und Betroffenen? Welche Interessen vertreten sie?

M 4 ● Der Konflikt um ein Kohlekraftwerk

Es wäre einer der letzten Kraftwerksneubauten seiner Art in Deutschland: Im niedersächsischen Stade soll ein Kohlekraftwerk errichtet werden – so wollen es der ansässige Chemiekonzern Dow Chemical und [die Stadtverwaltung]. [...] Das Kraftwerk soll auf dem Betriebsgelände von Dow gebaut werden. Mit einer Leistung von 900 Megawatt elektrischer Energie soll es vor allem der Eigenversorgung des Unternehmens dienen. Im Stader Dow-Werk arbeiten rund 1.500 Menschen, es ist der größte Chlorchemiestandort Europas. [...]

„Für das Chemiewerk ist die sichere Versorgung mit Energie zu wettbewerbsfähigen Preisen unverzichtbar", erklärt Dow. [...] Alle Vorgaben würden Gutachten zufolge eingehalten, modernste Technik werde eingesetzt, der Schadstoffausstoß liege unter den Grenzwerten. Neben Steinkohle sollen Biomasse und Wasserstoff verbrannt werden. Der Konzern schwärmt vom „integrierten Energiekonzept", zu dem neben dem Kohlekraftwerk auch ein Gas- und Dampfturbinenkraftwerk mit 160 Megawatt gehört, das seit 2013 in Betrieb ist.

Bei einer Laufzeit von über 40 Jahren stoße das Kohlekraftwerk noch über Jahrzehnte Kohlendioxid aus, hält der BUND dagegen. Nach seinen Berechnungen belastet es die Umwelt und das Klima jährlich mit bis zu 5,6 Millionen Tonnen CO_2. Der Energiemix der Zukunft bestehe aber aus erneuerbaren und schadstoffarmen Energieträgern; Sonne, Wind, Wasserstoff und moderne Speichertechniken müssten ab 2050 die Stromversorgung übernehmen. „Ein neues Kohlekraftwerk würde diese Entwicklung gefährden", sagt der BUND-Landesvorsitzende Heiner Baumgarten. [...] Große Sorgen bereitet den Umweltschützern das geplante Kohlekraftwerk auch aufgrund seiner Nähe zu Wohnungen und Freizeiteinrichtungen. Die Feinstaubemissionen könnten zu schweren Gesundheitsschäden führen, kritisiert Wolfgang Werther von der regionalen Initiative Haseldorfer Marsch: „Schadstoffe wie Dioxine und Furane und Schwermetalle wie Quecksilber werden in die umliegenden Gemeinden und auf die andere Elbseite getragen." [...]

Reimar Paul, Das letzte Kohle-Gefecht, in: Neues Deutschland, 27.9.2017, Abruf am 7.1.2019

Schadstoffe

Dioxine sind meist Nebenprodukte industrieller Produktionsprozesse, die hochgradig giftig und umweltbeständig sind.
Furane sind in Wasser schlecht lösliche Stoffe, die sich häufig in Aromen finden; sie werden von der Weltgesundheitsorganisation WHO als möglicherweise Krebs erregend eingestuft.

Autorentext

Blick auf die Raffinerie-Anlagen des Chemiewerks der Dow Chemical Company in Stade (2014).

Umweltschützer demonstrieren vor dem Rathaus von Stade gegen den geplanten Bau des umstrittenen Kohlekraftwerks auf dem Gelände des Chemiewerks Dow (2014).

M 5 ● Einladung zur Bürgerversammlung

BÜRGERVERSAMMLUNG

THEMA: **Soll Dow Chemical ein neues Kohlekraftwerk am Standort Stade errichten dürfen?**

ZIEL: **Information der Bürgerschaft über Chancen und Risiken des Bauvorhabens, Meinungsäußerung gegenüber Stadtverwaltung und Mandatsträgern**

TEILNEHMER: Bürgermeisterin der Hansestadt Stade sowie weitere Vertreter der Stadtverwaltung, Vertreter Dow Chemical Deutschland, interessierte Bürgerschaft sowie Sprecher von Bürgerinitiativen

TAGESORDNUNGSPUNKTE:

1. Begrüßung und Einführung durch die Bürgermeisterin
2. Projektvorstellung durch Dow Chemical
3. Positionen von Bürgerinitiativen
4. Aussprache (Diskussion)

M 6 ● Positionen, Interessen, Argumente – Rollenkarten

a) Verwaltung der Hansestadt Stade

In der Hansestadt Stade leben (Stand: 01/2019) etwa 49.600 Einwohner. Die Stadt liegt am südwestlichen Ufer der Unterelbe, etwa 45 Kilometer westlich von Hamburg, gehört zur Metropolregion Hamburg und ist Sitz des Landkreises Stade (Niedersachsen).
5 Durch das Stadtgebiet fließt die Schwinge, die etwa vier Kilometer nordöstlich des Stadtzentrums bei Stadersand in die Elbe mündet.
Nicht zuletzt aufgrund dieser Lage ist die Hansestadt Stade regionales Arbeitsmarktzentrum. Hier waren am 30.06.2017 insgesamt 26.506 sozialversicherungspflichtig Beschäftigte tätig. Hinzu kommen rund 3.000 Beamte bei Bundes- und Landeseinrichtungen, Land-
10 kreis- und Stadtverwaltung. Damit hat die Hansestadt über 29.500 Beschäftigte, sodass das Verhältnis von Einwohnern und Arbeitsplätzen als positiv eingeschätzt werden kann.
Besondere Bedeutung als Arbeitgeber haben Unternehmen des produzierenden Gewerbes, in dem mehr als ein Drittel aller Arbeitsplätze zu finden sind. Insbesondere die Chemie- und Aluminiumindustrie, der Flugzeugbau und die Elektrizitätsversorgung stellen viele Arbeits-
15 plätze zur Verfügung. Allein die großen drei Industriebetriebe Airbus, Dow und AOS beschäftigen über 4.500 Mitarbeiter. Dies entspricht einem Anteil von fast 17 % an allen sozialversicherungspflichtig Beschäftigten in Stade.
Dow Chemical ist mit 1.500 Beschäftigten ein wichtiger Arbeitgeber der Hansestadt, der zudem mehrere Millionen Euro Gewerbesteuer in die Stadtkasse abführt. Das Interesse der
20 Stadtverwaltung und Kommunalpolitik muss es daher sein, den Industriestandort Stade attraktiv zu gestalten und die Rahmenbedingungen so zu gestalten, dass Dow Chemical seinen Standort an der Unterelbe langfristig hält.

Autorentext

b) Bund für Umwelt und Naturschutz Deutschland – BUND

Der Bund für Umwelt und Naturschutz Deutschland e. V. ist eine nichtstaatliche Umwelt- und Naturschutzorganisation. Mit derzeit über 590.000 Mitgliedern und Förderern und über 2.000 Orts- und Kreisgruppen (Stand 2019) ist er einer der größten Umweltverbände Deutschlands. Vom Staat ist er als Umwelt- und Naturschutzverband (im Rahmen des Bundesnaturschutzgesetzes) anerkannt und muss daher bei Eingriffen in den Naturhaushalt angehört werden.

Das Selbstverständnis des BUND ist das eines kritischen Mahners und Beobachters, der umweltpolitische Defizite aufdeckt, politischen Lobbyismus leistet und die Öffentlichkeit aufklärt. Er setzt sich – nicht zuletzt durch öffentlichkeitswirksame Aktionen und Kampagnen – für den Ausbau erneuerbarer Energien, den Naturschutz wie insbesondere den Schutz und Erhalt von Flüssen und Seen und die Reduzierung von Strahlenbelastungen (Antiatomkraft) sowie eine Stärkung ökologischer Landwirtschaft ein.

Entsprechend seines Selbstverständnisses spricht sich der BUND Niedersachsen gegen ein neues Kohlekraftwerk in Stade aus. Insbesondere stellen seine Vertreter in Frage, ob es sich hierbei – wie DOW behauptet – um ein innovatives Energiekonzept handelt, das zu einer Reduzierung klimaschädlicher Emissionen führt.
Autorentext

Vergleich der CO$_2$-Emissionen des heutigen Strombedarfs mit Varianten künftiger Eigenstromversorgung in Stade

	Stromquelle	elektrische Leistung [Megawatt]	CO$_2$-Ausstoß pro Jahr [Tonnen]	CO$_2$-Differenz zu heutigem Strombezug [Tonnen]
Situation heute	deutscher Energieträgermix	410 MW	1.806.575 t	0 t
	Gaskraftwerk (alt)	190 MW	837.193 t	
Situation zukünftig	SteinkohleKW (neu)	600 MW	3.863.160 t	1.219.392 t
	SteinkohleKW (neu) + Wasserstoff (max)	510 MW / 90 MW	3.283686 t	639.918 t
	SteinkohleKW (neu) + Wasserstoff (max) Gaskraftwerk (in Bau)	360 MW / 90 MW / 150 MW	2.317.896 t / 455.958 t	130.086 t
	Gaskraftwerk (in Bau + neu)	600 MW	1.823.832 t	-819.936 t
	Gaskraftwerk (in Bau + neu) + Wasserstoff (max)	510 MW / 90 MW	1.550.275 t	-1.093.511 t

Zahlen: Jürgen Quentin, Deutsche Umwelthilfe, Warum das Kohlekraftwerk von Dow in Stade weder umwelt- noch klimaverträglich ist, Berlin 2013 (DUH-Hintergrund), S. 2

c) Bürgerinitiative Stade – Altes Land

Bürgerinitiative Stade – Altes Land
www.bi-stade-altesland.de

Die Bürgerinitiative „Stade – Altes Land" wurde im Juli 2008 gegründet, um den Bürgerprotest sowie rechtliche Schritte gegen drei geplante Kohlekraftwerke in der Region Stade – neben Dow planten auch Electrabel und und E.on (beide nicht realisiert) den Bau von Kohlekraftwerken – zu organisieren.

Die beteiligten Bürgerinnen und Bürger sehen den Neubau von Kohlekraftwerken in Zeiten der Energiewende – also dem Ausbau klimaneutraler Stromproduktion aus nichtfossilen Energieträgern (Sonne, Wind, Wasser) – als nicht zeitgemäß an. Zudem vereint sie die Sorge, dass die Emissionen (insbes. Feinstaub) der Kohlekraftwerke die Gesundheit der Anwohnerschaft gefährden und insgesamt die Lebens- und Wohnqualität in Stade und Umgebung sinkt. Nicht zuletzt setzen sich die Mitglieder auch für den Gewässerschutz ein, den sie ebenfalls durch die Emissionen der Kohlekraftwerke gefährdet sehen.

Die Bürgerinitiative „Stade – Altes Land" kooperiert in ihren Protestaktionen eng mit der Bürgerinitiative „Haseldorfer Marsch" (Haseldorf liegt am Schleswig-Holsteinischen Nordufer der Elbe) und hat sich mit dieser gemeinsam einem Aktionsbündnis von BUND, NABU und Greenpeace angeschlossen.
Autorentext

d) Dow Chemical Deutschland

Deutschland ist für den US-amerikanischen Chemiekonzern The Dow Chemical Company nach den USA der weltweit zweitwichtigste Produktionsstandort und Absatzmarkt; Dow Deutschland beschäftigt hier rund 4.700 Mitarbeiter an 16 Standorten und erwirtschaftete 2017 einen Umsatz von über 3 Milliarden US-Dollar.
Am Standort Stade produziert Dow Grund- und Spezialchemikalien für den Eigenbedarf sowie für internationale Kunden; Produkte sind beispielsweise Chemikalien, die in Frostschutzmitteln, Bremsflüssigkeiten, Farben, der Textilreinigung oder Dämmstoffen Verwendung finden.
Das Werk in Stade verbraucht insbesondere in der energieintensiven Chlorproduktion so viel Strom wie eine Million Privathaushalte. Um die internationale Wettbewerbsfähigkeit des Standortes Stade sicherzustellen, ist es erforderlich, die im internationalen Vergleich relativ hohen Kosten für Industriestrom zu senken. Daher hat Dow ein integriertes Gas-Kohle-Biomasse-Kraftwerk entwickelt, mit dem ein hoher Nutzungsgrad der eingesetzten Energieträger (60 % statt durchschnittlich 46 % bei modernen Kohlekraftwerken) erreicht werden soll. Durch die eigenverantwortliche Stromproduktion ergibt sich zudem Planungs- und Versorgungssicherheit unabhängig von den Entwicklungen auf den nationalen und internationalen Strom- und Energiemärkten. Zumindest kurzfristig sind durch den Einsatz von Steinkohle Kosteneinsparungen zu erwarten, da deren Weltmarktpreis deutlich unter demjenigen von Gas liegt und die globalen Steinkohlevorkommen noch länger ausreichen und überwiegend nicht in Konfliktregionen liegen.

Autorentext

Entwicklung der Kosten für Industriestrom (€-Cent/kWh, ohne Mehrwertsteuer)

Land / Jahr	2009	2012
Deutschland	9,22	10,40
Tschechische Republik	8,93	9,44
Italien	11,09	12,39
Rumänien	6,44	6,75
Vereinigtes Königreich	9,33	10,00
Norwegen (99 % des Stroms stammt aus Wasserkraft)	5,81	6,07

Zahlen: Jürgen Quentin, Deutsche Umwelthilfe, Warum das Kohlekraftwerk von Dow in Stade weder umwelt- noch klimaverträglich ist, Berlin 2013 (DUH-Hintergrund), S. 2

Aufgaben

① Führen Sie die Bürgerversammlung (M 5) mit verteilten Rollen (M 6) durch.

- Bereiten Sie hierfür in Kleingruppen arbeitsteilig Ihre Rollen vor. Welche Forderungen und Interessen verfolgen Sie? Mit welchen Argumenten verleihen Sie Ihren Forderungen Nachdruck? Wie reagieren Sie auf (zu erwartende) Gegenargumente?
- Darüber hinaus können Sie auch als Journalisten (mit anschließendem Bericht über die Bürgerversammlung) oder interessierte Bürgerinnen und Bürger (mit anschließendem Statement in Form eines Leserbriefes) agieren.
- Führen Sie nach der Vorbereitung die Bürgerversammlung unter Leitung der Bürgermeisterin und ihres Stellvertreters durch (Plenum).

② Analysieren Sie den umweltpolitischen Konflikt hinsichtlich der Akteure und Betroffenen, ihrer Interessen und Argumente (M 4-M 6).

③ Begründen Sie, welche Durchsetzungschancen die unterschiedlichen Interessengruppen im politischen Entscheidungsprozess haben.

④ Setzen Sie sich ausgehend vom Konflikt um das Stader Kohlekraftwerk auseinander mit der Vereinbarkeit von (stetigem) Wirtschaftswachstum und Umweltschutz.

⑤ Im Juli 2014 votierte der Rat der Stadt Stade für den Bau des Kohlekraftwerkes. Nehmen Sie zu dieser Entscheidung Stellung.

Nach der Bürgerversammlung

Treten Sie nach der Simulation der Bürgerversammlung aus Ihren Rollen heraus und reflektieren Sie u.a. die folgenden Leitfragen:

- (Warum) Ist Ihnen die Übernahme Ihrer Rolle leicht oder schwer gefallen?
- Welche Argumente aus der Diskussion waren (warum) besonders überzeugend?

M zu Aufgabe 2
Visualisieren Sie Ihre Ergebnisse in einem Venn-Diagramm.

Venn-Diagramm

H zu Aufgabe 4
Gehen Sie dabei auch auf das „magische Sechseck" (vgl. Kap. 4.3.1) ein.

6.1.3 (Warum) Versagt der Markt beim Umweltschutz?

E Erläutern Sie (hypothesenartig), warum es sich für ein einzelnes Unternehmen betriebswirtschaftlich nicht bzw. kaum „lohnt", in umwelt- bzw. klimafreundliche Anlagen zu investieren.

M 7 ● (Warum) Fehlen Anreize für umweltfreundliches Wirtschaften?

Zum Begriff des **ökonomischen Anreizes** → vgl. Kap. 6.2.5.

Zur Einordnung von Umweltgütern in den **ökonomischen Güterbegriff** → siehe Kap. 4.2.2 Dabei ist zu beachten, dass Journalisten und Politiker, aber auch Ökonomen zum Teil den Begriff der „öffentlichen Güter" verwenden, wo systematisch der Begriff der „Allmendegüter" korrekt wäre.

Mit einem funktionierenden Wirtschaftssystem allein ist der natürlichen Umwelt noch lange nicht gedient, weil im Bereich des Umweltschutzes Marktversagen vorliegt. Für Umweltgüter wie Wasser, Luft oder Landschaften bilden sich auf dem Markt keine Preise, welche die tatsächlichen Knappheiten ausdrücken. Weil entsprechende (internationale) Rahmenbedingungen fehlen, wird die natürliche Umwelt als freies Gut betrachtet, das nahezu jeder in gleicher Menge konsumieren kann, unabhängig davon, ob er etwas zu dessen Erstellung beigetragen hat oder nicht und von dessen Nutzung konkurrierende Benutzer nur sehr schwer ausgeschlossen werden können. Besonders bei den Umweltgütern „Luft" und „Wasser" ist ein Ausschluss nahezu unmöglich: Saurer Regen fällt bekanntlich auch auf abgegrenzte Gebiete, und fließende Gewässer oder Luft können ebenfalls nicht durch Landesgrenzen kontrolliert werden. So treten [...] keine Nachteile bei unverantwortlichem Konsum auf. Wenn es aber Konsumenten und Unternehmen kostenfrei erlaubt ist, Luft und Flüsse zu verschmutzen, dann bestehen keine (oder kaum) Anreize dazu, freiwillig zur Verbesserung der Umweltqualität beizutragen. Ein Qualitätsverlust der Umweltgüter scheint somit vorprogrammiert zu sein.

Weil die verursachten Umweltschäden nicht in die Kalkulation der Unternehmen eingehen, werden sie auch nicht auf Märkten abgegolten (sog. externe Effekte). Es kommt zu Preisverzerrungen: Produkte, deren Herstellung umweltbelastend ist, kosten zu wenig. Bei begrenztem Angebot an natürlichen Umweltgütern müsste aber normalerweise eine Nachfrageerhöhung zu einem Preisanstieg führen. Der Mangel an [...] Rahmenbedingungen „verlockt" geradezu zu einer Übernutzung der freien Umweltgüter, weil deren maximale Nutzung zu einem besseren Betriebsergebnis führt (von vereinzelten Kostenvorteilen durch Einsparungen abgesehen).

Oliver Fries, Treffpunkt Umweltethik, *www.treffpunkt-umwelt-ethik.de, 3.5.2010*

Info

Externe Effekte

Externe Effekte sind die Wirkungen (Vor- und Nachteile), die von der ökonomischen Aktivität eines Wirtschaftssubjektes (Produzent oder Konsument) auf die Produktions- und Konsummöglichkeiten anderer Wirtschaftssubjekte ausgehen, ohne dass diese Wirkungen vom Preissystem berücksichtigt werden: Im Falle positiver externer Effekte (externe Nutzen, externe Ersparnisse) erhält der Verursacher der Vorteile (z. B. Klimaverbesserung durch Baumanpflanzung) kein Entgelt von den Begünstigten, im Falle negativer externer Effekte (externe Kosten) muss der Urheber der Nachteile (z. B. Umweltbelastung durch Schadstoffemissionen von Kraftfahrzeugen) den Betroffenen keine Entschädigung leisten.

Nach: Schülerduden Wirtschaft, Mannheim u. a. *1992, S. 130*

6 Wirtschaftswachstum, Lebensqualität und Umweltschutz – ein Konflikt?

M 8 ● (Warum) Versagt der Markt beim Umweltschutz?

Bei der Darstellung des Marktmechanismus sind wir davon ausgegangen,

- dass jeder Produzent für die von ihm beanspruchten Inputs einen Preis bezahlen
5 muss und dass er für die von ihm produzierten Güter einen Preis erzielen kann,
- dass damit auch jeder Konsument für die von ihm konsumierten Güter einen Preis bezahlen muss.

10 Im Fall der öffentlichen Güter sind diese fundamentalen Annahmen nicht mehr erfüllt.

Wenn wir mit dem Flugzeug von Frankfurt nach New York fliegen, werden wir nicht
15 mit den Kosten belastet, die dadurch für die Umwelt entstehen. Die *privaten Kosten* des Flugs sind also geringer als die insgesamt anfallenden Kosten, zu denen neben den Kosten der Fluggesellschaft auch die mit
20 dem Flug verbundenen Umweltbelastungen zählen. Die gesamten Kosten, die mit wirtschaftlichem Handeln verbunden sind, werden als *soziale Kosten* bezeichnet. Wenn die sozialen Kosten höher sind als die pri-
25 vaten Kosten, spricht man davon, dass *negative externe Effekte (NEE)* bestehen. Probleme mit negativen externen Effekten treten vor allem bei der Nutzung natürlicher Ressourcen auf, für die (noch) kein
30 Ausschluss praktiziert wird. [...]

Negative und *positive externe Effekte* beruhen also auf der Tatsache, dass für bestimmte Güter (Inputs oder Outputs) kein Preis gefordert werden kann. [...]
35 Sowohl bei positiven wie bei negativen externen Effekten kommt es also zu einem Marktversagen. Während im Fall negativer externer Effekte ein übermäßig hoher Verbrauch öffentlicher Güter stattfindet, kommt
40 es im Fall positiver externer Effekte dazu, dass das Angebot eines öffentlichen Gutes völlig unterbleibt (oder zu gering ausfällt), obwohl es allen Beteiligten mehr wert ist als die zu seiner Erstellung erforderlichen Kos-
45 ten.

Externe Effekte sind eine wichtige Rechtfertigung dafür, dass sich der Staat auch in einer Marktwirtschaft nicht völlig aus dem Marktprozess zurückziehen kann. Er hat bei
- *positiven* externen Effekten die Aufgabe, 50 die Produktion öffentlicher Güter sicherzustellen,
- *negativen* externen Effekten dafür zu sorgen, dass ein Raubbau an den davon betroffenen öffentlichen Gütern verhindert 55 wird.

Peter Bofinger, Grundzüge der Volkswirtschaftslehre, 3. Auflage, München, 2011, 259ff.

Info

Marktversagen

Marktversagen liegt vor, wenn der Marktmechanismus aus Angebot und Nachfrage nicht zu den volkswirtschaftlich wünschenswerten Ergebnissen führt und die Produktionsfaktoren nicht so verwendet werden, dass sie den größtmöglichen Ertrag für die Gesamtwirtschaft bringen. In Fällen des Marktversagens, z. B. bei externen Effekten, öffentlichen Gütern oder Monopolen greift der Staat in das Marktgeschehen ein, um Nachteile von Verbrauchern oder anderen Anbietern zu verhindern oder volkswirtschaftlich sinnvollere Ergebnisse zu erreichen. So werden vom Staat z. B. Forschungs- und Entwicklungsarbeiten von Unternehmen finanziell unterstützt, um damit einen Anreiz zu schaffen, Grundlagenforschung zu betreiben, die für das einzelne Unternehmen hohe Kosten verursacht, gleichzeitig aber das Knowhow in der gesamten Volkswirtschaft verbessert [...].

Duden Wirtschaft von A bis Z, Bonn 2004

M 9 ● Wie können die negativen Folgen externer Effekte eingedämmt werden? Aufgaben staatlicher Umweltpolitik

Eine Umweltpolitik, die erfolgreich sein soll, [ergibt] sich dann, wenn [...] Produzenten und Konsumenten veranlasst werden, die gesamten gesellschaftlichen (Grenz-)Kosten ihres Handelns zu tragen. Dies geschieht, wenn diese Kosten internalisiert werden, sodass sie vom Produzenten in seine Kostenrechnung aufgenommen werden und sich dann auch in den Preisen niederschlagen. Dies ist der ökonomische Sinn des Verursacherprinzips: Nur dann, wenn auch die gesellschaftlichen Zusatzkosten in die betriebswirtschaftlichen Kalküle eingehen, haben die Unternehmen einen Anreiz, umweltschonende Technologien zu entwickeln und einzusetzen, und nur dann, wenn die Konsumenten als eigentliche Verursacher der Umweltbelastung auch mit den gesamten Kosten der von ihnen konsumierten Güter konfrontiert werden, haben sie einen Anreiz, Güter, bei deren Produktion oder Konsum die Umwelt vergleichsweise stark belastet wird, durch solche Güter zu substituieren, bei denen dies weniger geschieht.

Bruno S. Frey, Gebhard Kirchgässner, Demokratische Wirtschaftspolitik, 3. Auflage, München, 2002, S. 232f.

M 10 ● Mit welchen Maßnahmen können Anreize für umweltfreundliches Wirtschaften geschaffen werden?

Autorengrafik nach: Klaus Deimer u.a, Ressourcenallokation, Wettbewerb und Umweltökonomie. Wirtschaftspolitik in Theorie und Praxis, Berlin 2017, S. 101

Aufgaben

1. Beschreiben Sie, welche – negativen und positiven – externen Effekte (M 7, M 8, Infobox) sich durch den Bau des Kohlekraftwerkes in Stade (M 4) ergeben können.

2. a) Erläutern Sie das Problem des Marktversagens (Infobox, M 7, M 8) und die daraus resultierenden Schädigungen der Umwelt bei öffentlichen bzw. Allmende-Gütern.
   b) Stellen Sie Möglichkeiten der Internalisierung externer Kosten (M 10) dar.

3. Skizzieren Sie ausgehend von M 10 umweltpolitische Maßnahmen, die für Unternehmen wie Dow Chemical Anreize für ein „optimales" Umweltverhalten (M 9) setzen könnten.

H zu Aufgabe 2
Anregungen für Beispiele: (zunehmender) Autoverkehr in einer Großstadt, Flugreise mit einer „Billig-Airline" nach Barcelona

6 Wirtschaftswachstum, Lebensqualität und Umweltschutz – ein Konflikt?

Die weltweit in gravierender Weise zunehmenden **Umweltprobleme** wie die Luft- und Wasserverschmutzung, der (anthropogene) Klimawandel, die Übernutzung der natürlichen Ressourcen, die steigende Müllproduktion etc. stellen die (Welt-)Gemeinschaft vor große Herausforderungen, sie führen zu teilweise irreparablen Schäden am Ökosystem Erde, die wiederum die Existenzbedingungen der Menschen in vielen Teilen der Erde gefährden (z. B. Überschwemmung von Küstenregionen, fortschreitende Desertifikation).

Die **Ursachen** hierfür sind vom Menschen verursacht und liegen darin begründet, dass ein Großteil der Gesellschaften in ihrem Streben nach wirtschaftlichem Wachstum die Natur in der Vergangenheit massiv als Konsumgut, als Produktionsfaktor sowie als Aufnahmemedium für Schadstoffe ausgebeutet hat und dies auch weiterhin tut.

Umweltprobleme und ihre Ursachen
(Basiskonzept: Interaktionen und Entscheidungen)
M 1, M 2

Zwischen **wirtschaftlichem Wachstum** und dem **Schutz der Umwelt** besteht – zumindest überwiegend – ein **Spannungsverhältnis** (Zielkonflikt): Wirtschaftswachstum schafft – so die modellhafte Annahme – Arbeitsplätze und sorgt damit für Wohlstand, der über Steuereinnahmen und Staatsausgaben der Gesamtgesellschaft zu Gute kommen kann. Zumindest in industriell geprägten Gesellschaften, deren Wirtschaftssystem auch auf dem Verbrauch bzw. der Nutzung natürlicher Ressourcen beruht, steigt mit dem Wirtschaftswachstum jedoch zugleich häufig auch die Umweltbelastung beispielsweise durch erhöhte Schadstoffemissionen (vgl. Bau eines Kohlekraftwerkes). In Abwägung der Interessen zwischen Umweltschützern und Wirtschaftsvertretern setzen sich häufig Letztere deshalb durch, weil bei Entscheidungsträgern die Sorge vor (kurzfristigem) Arbeitsplatzabbau und konjunkturellen Krisen gegenüber (langfristigen) Umweltschäden überwiegt.

Spannungsverhältnis zwischen Wirtschaft(swachstum) und Umweltschutz
(Basiskonzept: Interaktionen und Entscheidungen)
M 4

Ein weiterer Grund für die häufige Durchsetzung von Unternehmensinteressen besteht zudem im **Marktversagen** bei der (Über-)Nutzung von Umweltgütern. Bei der Nutzung natürlicher Ressourcen versagt der Marktmechanismus, da in die Preise von Allmende-Gütern wie der (reinen) Luft nicht die tatsächlichen Kosten einfließen. Wer mit dem Auto fährt, bezahlt zwar den Kraftstoff, nicht aber die Kosten der Luftreinhaltung, des Flächenverbrauchs zu Lasten der Tier- und Pflanzenwelt etc.

Ökonomen sprechen in diesen Fällen von **negativen externen Effekten**; diese treten dann auf, wenn die Kosten ökonomischen Handelns nicht vollständig vom Verursacher getragen werden, sondern ganz oder teilweise auf (unverschuldet) Betroffene oder die Gesamtgesellschaft abgewälzt werden.

Die Lösung des Umweltproblems besteht für viele Experten daher darin, umweltpolitische Instrumente so auszugestalten, dass – dem Verursacherprinzip entsprechend – die Nutzung von Umweltgütern mit einem **Preis** belegt wird, der die tatsächlichen (gesamtgesellschaftlichen) **Kosten** der Nutzung abbildet; die Kosten der Umweltnutzung sollen also **internalisiert** werden (vgl. Kap. 6.2).

Marktversagen im Umweltschutz
(Basiskonzept: Motive und Anreize)
M 7, M 8

ORIENTIERUNGSWISSEN

6.2 Wie kann umweltschonendes Verhalten erzielt werden? Instrumente der Umweltpolitik

6.2.1 Verbote, Auflagen und Strafen – rechtliche Instrumente der Umweltpolitik

E Nennen Sie Verbote und Auflagen, denen Sie in Ihrer alltäglichen Lebensführung unterworfen sind, und diskutieren Sie deren Wirksamkeit.

M 1 ● Umweltauflagen: Ge- und Verbote für potenzielle Umweltverschmutzung

Die wohl am stärksten einengende Form der Umweltpolitik sind Auflagen in Form von Geboten und Verboten. Hierunter werden Vorschriften verstanden, die bestimmte
5 Vorgaben staatlicherseits für Emittenten und Verursacher von Umweltschäden beinhalten [, deren Nichteinhaltung mit in der Regel finanziellen Strafen belegt wird.] Beispiele sind:
10 • Höchstgrenzen für den Schwefelgehalt leichter Heizöle,
• Einhaltung bestimmter Grenzwerte bei der Einleitung von Schadstoffen in Gewässer (Wasserhaushaltsgesetz),
15 • Vorgabe von Grenzwerten bei Emissionen in die Luft (Bundesimmissionsschutzgesetz bzw. Technische Anleitung Luft, sog. TA-Luft),
• Einhaltung bestimmter Normen beim
20 Lärmschutz (Bundesimmissionsschutzverordnung, Fluglärmgesetz),
• Begrenzung des Phosphatgehaltes in Waschmitteln (Waschmittelgesetz)
• [Verbot des Einsatzes bestimmter umwelt-
25 schädigender Stoffe (z. B. FCKW)].

Ordnungsrechtliche Instrumente stellen das traditionelle und auch heute noch überwiegend verwendete Instrumentarium der Umweltpolitik dar. Eine derartige Umweltpolitik, die mit Geboten und Verboten arbeitet,
30 entspringt letztlich der polizei- und gewerberechtlichen Tradition. Die umweltpolitische Flut von Gesetzen und Verordnungen hat inzwischen zu einem dichten Geflecht an Vorschriften geführt. Etwa 90 Prozent
35 der Umweltpolitik basiert auf dem Ordnungsrecht. Insgesamt hat der Umweltsachverständigenrat 154 Grenzwertlisten gezählt, die bislang erstellt wurden: Die Werte dieser Listen finden sich in über 800
40 Umweltgesetzen, 2.770 Umweltverordnungen und 4.690 Verwaltungsvorschriften. Das Ordnungsrecht ist wegen seines Zwangscharakters ökologisch wirksam; es ist dort unverzichtbar, wo es um die unmittelbare
45 Gefahrenabwehr geht.

Jürgen Pätzold, Umweltökonomik und Umweltpolitik (o. J.), www.juergen-paetzold.de, Abruf am 26.11.2018

M 2 ● Welche Vor- und Nachteile haben Umweltauflagen?

Auflagen [...] sind, da relativ schnell wirkend, zweifellos dort gerechtfertigt, wo akute Gefahr im Verzug ist. Sie haben allerdings auch eine Reihe von Nachteilen. So
5 treffen sie z. B. alle Unternehmen gleich,

egal, ob diese hohe oder niedrige [...] Vermeidungs- bzw. Reinigungskosten aufweisen. Damit sind sie [gesamtgesellschaftlich] nicht kostenminimal. [...]
Von Auflagen gehen zwar Anreize aus, den 10

Vermeidungs- und Reinigungskosten

Kosten, die ein Unternehmen aufbringen muss, um die im Produktionsprozess entstehenden Emissionen zu vermeiden (z. B. Filteranlagen) bzw. um verschmutzte Umweltgüter (z. B. Wasser) zu reinigen gewählten [bzw. vorgegebenen] Standard zu erreichen, sonst droht beispielsweise ein Produktionsverbot. Der Anreiz zur Unterschreitung ist jedoch nicht gegeben [- und führt damit auch nicht zur technischen Innovation in diesem Bereich.] [...]

Darüber hinaus besteht ein Informationsproblem, da der gegebene Stand der Technik zugrunde gelegt werden muss. Was aber wirklich machbar und für Unternehmen wirtschaftlich tragbar ist, kann eine Bürokratie (Umweltbehörde) nur schwer beurtei-len, denn die Informationen über Vermeidungstechniken und deren Kosten sind asymmetrisch verteilt. Produzenten bzw. Verursacher von Emissionen sind besser über die tatsächlichen Kosten und technischen Möglichkeiten informiert. Dies müsste bei der Festsetzung der Auflagen einkalkuliert werden.

Klaus Deimer u.a, Ressourcenallokation, Wettbewerb und Umweltökonomie. Wirtschaftspolitik in Theorie und Praxis, Berlin 2017, S. 103f.

M 3 ● Wirken Auflagen? Das Problem des „optimalen" Strafmaßes

Systematisch stellt das Umwelthaftungsrecht einen eigenständigen Rechtsbereich dar. Das Haftungsrecht sollte aber auch im Zusammenhang der Umweltauflagen betrachtet werden, die – ähnlich wie beispielsweise Ge- und Verbote im Straßenverkehr – erst durch das Zusammenspiel mit Strafen bzw. der Haftung Wirksamkeit entfalten:

Das Umwelthaftungsrecht ist ein wichtiges wirtschaftspolitisches Instrument, um Umweltschäden vorzubeugen bzw. nach Eintritt zu kompensieren. Es soll Verhaltensanreize für die Individuen setzen, um eine Umweltschädigung zu vermeiden. [...] Das Haftungsrecht muss in ökonomischer Hinsicht eine Internalisierung der externen Effekte [vgl. M 6] erzielen. An dieser Zielerreichung muss das umweltpolitische Instrument gemessen werden. [...] [Es] muss sowohl sicherstellen, dass Umweltschäden durch den Verursacher kompensiert werden, als auch unterstützen, dass umweltpolitische Ziele erreicht werden. Die[se] flankierende Funktion [...] wird bei der genaueren Analyse von Auflagen deutlich: Ein Unternehmen hat die Entscheidung darüber, ob es Umweltauflagen erfüllt. Ein rational handelndes Unternehmen wird diese Entscheidung, eine Auflage zur Abfallbeseitigung oder Reduktion von Emissionen zu erfüllen oder nicht, durch eine Kostenabwägung vornehmen. [...] Wenn ein Unternehmen im Fall der Nichterfüllung von Auflagen mit einer Strafe un-

Auswirkung der Verschuldungshaftung in der Umweltpolitik				
Entscheidungs-situation	Szenarien	Verhaltens-verschleierung	Verhaltens-aufdeckung	Rahmen-bedingungen
		treten mit einer Wahrscheinlichkeit von je 50 % ein.		
	Handlungs-alternativen	verursachen dem Unternehmen Kosten in Höhe von ...		
Sollen Filteranlagen eingebaut werden?	Filtereinbau (auflagengemäße Emissionen)	100.000 €	100.000 €	Kosten Filtereinbau: 100.000 €
	Kein Filtereinbau (auflagenwidrige Emissionen)	0 €	200.000 €	Strafe auflagenwidrige Emission: 200.000 €

Autorenübersicht nach Deimer u.a., a.a.O.

Zeitpräferenz des Geldes

ökonomische Annahme, dass Konsumenten den gegenwärtigen Konsum höher bewerten als einen (hypothetischen) Konsum in der Zukunft. Analog wird angenommen, dass Unternehmen einen gegenwärtigen Gewinn (Kostenersparnis) höher bewerten als einen potenziellen zukünftigen.

terhalb der Kosten der Schadensvermeidung zu rechnen hat, wird das Unternehmen sich für die kostenminimale Lösung, also die Strafzahlung entscheiden. Das Bußgeld für Umweltverstöße muss also zwingend über den Kosten der Schadensvermeidung liegen, damit das Haftungsrecht seinen Zweck erfüllen kann. Diese Bedingung ist notwendig, aber nicht hinreichend für die Schadensvermeidung. Wenn sich die Auflagenerfüllung nicht sicher kontrollieren lässt, ist die Wahrscheinlichkeit <1, dass eine Umweltschädigung entdeckt wird. Die steigert die Attraktivität der Schädigung unter sonst gleichen Bedingungen.

In der [Tabelle] sind zwei verschiedene Entscheidungssituationen für ein Unternehmen dargestellt. Es sei angenommen, das Management hat die Wahl zwischen einer ökologischen Handlungsweise und einer umweltbelastenden Alternative. Es handelt gewinnmaximierend und risikoneutral. [...] Es kann abgeleitet werden, dass die Umweltverschmutzung wahrscheinlicher wird, je höher die Kosten der Auflagenerfüllung, je geringer die Sanktionen für Fehlverhalten (schwaches Haftungsrecht) und je geringer die Wahrscheinlichkeit der Aufdeckung eines Fehlverhaltens sind. Erschwerend muss unter Berücksichtigung der Zeitpräferenz des Geldes argumentiert werden, dass der rationale Entscheidungsträger die in der Zukunft liegenden Strafzahlungen [...] auf die Gegenwart mit der erwarteten Rendite seiner Wirtschaftsaktivitäten [vergleicht]. Es müsste also der Barwert der Strafzahlungen den Vermeidungskosten gegenüber gestellt werden. [...]

Allokationspolitisch bleibt festzuhalten, dass das Haftungsrecht [...] wirksam ist, wenn unterstellt wird, dass eine Auflage tatsächlich die externen Kosten der Umweltverschmutzung internalisiert und die Höhe der Strafzahlung so gewählt wird, dass die Auflagenerfüllung zum kostenminimalen Ergebnis führt [...]. Ergänzend bleibt darauf hinzuweisen, dass verhaltenssteuernde Umweltpolitik [...] [vgl. Kap. 6.2.5] eine Veränderung der Entscheidungsrelation zugunsten der Umwelt herbeiführen [kann]. Ein Umweltbewusstsein in der Gesellschaft und die gesellschaftliche Sanktionierung einer vorsätzlichen Umweltschädigung würden in dem Modell drohende Umsatzverluste sowie Einkommens- und Reputationsverluste für die Manager implizieren und die Kalkulation der Entscheidungsfindung zugunsten einer ökologischen Handlungsweise verändern.

Klaus Deimer u.a, Ressourcenallokation, Wettbewerb und Umweltökonomie. Wirtschaftspolitik in Theorie und Praxis, Berlin 2017, S. 107ff.

H zu Aufgabe 1
Berücksichtigen Sie dabei folgende Perspektiven: Unternehmen, Staat, Gesamtgesellschaft.

F zu Aufgabe 2
Skizzieren Sie für die beiden in M 3 dargestellten Entscheidungssituationen ein Strafmaß, das eine ökologische Handlungsweise auf Seiten des Managements sicherstellt.

Aufgaben

1 a) Beschreiben Sie mögliche Auflagen (M 1) für das in Stade geplante Kohlekraftwerk (Kap. 6.1.2).

b) Erläutern Sie an diesem Beispiel Vor- und Nachteile von Umweltauflagen (M 2).

2 Erklären Sie, wie Strafen im Kontext von Umweltauflagen ausgestaltet sein sollten (M 3), um umweltförderliches Verhalten sicherzustellen.

3 Beurteilen Sie die Leistungsfähigkeit von Auflagen als (ordnungspolitisches) Instrument der Umweltpolitik.

6.2.2 Umweltverbrauch besteuern? Finanzpolitische Instrumente der Umweltpolitik

E Szenario: Die Bundesregierung plant, die jährliche Laufleistung aller privaten PKW zu ermitteln und eine jährliche Mobilitätssteuer von 0,10 € je gefahrenem Kilometer zu erheben (vgl. M 4).

Beschreiben Sie, wie sich Ihr individuelles – und daraus folgend: das gesamtgesellschaftliche – Mobilitätsverhalten entwickeln würde.

M 4 ● Was kostet unsere Mobilität wirklich?

Nach Berechnungen des – ökologisch-alternativ ausgerichteten – VCÖ (Verkehrsclub Österreichs) verursacht die Mobilität mit PKW externe Kosten in Höhe von ca. 12 €-Cent je Personenkilometer. Diese Kosten beinhalten in erster Linie die Folgekosten von Luftverschmutzung, Klimaschäden sowie Verkehrsunfällen.
Bei der Eisenbahn liegen diese externen Kosten bei ca. 1 €-Cent je Personenkilometer, bei (Reise-)Bussen bei ca. 6 €-Cent.

Zahlen: VCÖ, Ausgeblendete Kosten des Verkehrs, www.vcoe.at, Abruf am 31.1.2019

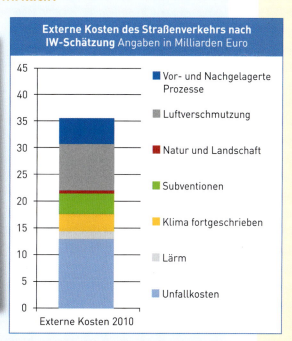

Zahlen: IW, Externe Kosten des Straßenverkehrs in Deutschland, Köln 2013, S. 7

M 5 ● Mit der „Öko-Steuer" den Klimawandel einhegen?

[Angesichts der gegenwärtigen Emissionsentwicklungen sorgen sich] [e]inige Städte [...] so sehr um die Gesundheit ihrer Bürger, dass sie Fahrverbote für Diesel erwägen.
⁵ Trotzdem möchte kaum jemand weniger Auto fahren oder auf ein Modell mit Elektromotor umsteigen. Dafür scheint für den Einzelnen zu wenig Anreiz zu bestehen: Schadstoffe kann man nicht sehen und
¹⁰ spürt sie kaum. [...] Da lässt es sich leicht verdrängen, dass jede Fahrt den Mitmenschen und der Umwelt Schaden zufügt. Schaden, für den nicht der Autofahrer zahlt, sondern die Gesellschaft. [...]
Solches Marktversagen [vgl. Kap. 6.1.2] ¹⁵ kann nur der Staat verhindern. „An die Moral zu appellieren und an die Eisbären zu erinnern, reicht nicht", sagt Brigitte Knopf vom Mercator-Forschungsinstitut für globale öffentliche Güter und Klimawandel. ²⁰ Umweltprobleme werden nicht dadurch gelöst, dass der Einzelne zurücksteckt. Dafür

ist der Mensch zu egoistisch. Man weiß schließlich nie, ob andere genauso moralisch handeln und will deshalb nicht riskieren, schlechter dazustehen. „Manche gehen das Risiko ein, weil sie ein Vorbild sein wollen, aber darauf kann sich der Staat nicht verlassen", sagt Thomas Wein, Professor für Volkswirtschaftslehre an der Leuphana-Universität Lüneburg. „Gegen Marktversagen vorzugehen, ist eine staatliche Aufgabe und die Instrumente dafür gibt es."

Zum einen kann der Staat stark in den Markt eingreifen, indem er zum Beispiel Verbrennungsmotoren verbietet. [...] Unternehmen, die die Auflagen nur unter großen Kosten oder gar nicht einhalten können, könnten dadurch pleite gehen oder Angestellte entlassen. [...]

Deshalb findet eine andere Idee immer mehr Befürworter: eine Steuer auf CO_2. Dabei legt ein Staat oder ein Staatenbund einen Preis für CO_2 fest. Wer fossile Brennstoffe aus dem Ausland importiert oder in Deutschland fördert, müsste dafür etwas an den Staat zahlen. Dadurch würden Öl, Gas und Kohle teurer und für Unternehmen und Verbraucher weniger attraktiv. [...]

Firmen, die von fossilen Brennstoffen abhängig sind, würden vermutlich ihre Mehrkosten an die Verbraucher weitergeben. Dieser Effekt ist gewünscht [...].

Vor allem Strom und Heizen, aber auch Autofahren und Fliegen wäre von der Steuer betroffen [...]. [...]

Viele Wissenschaftler plädieren dafür, die Einnahmen aus der Steuer zumindest teilweise an die Bürger auszuschütten, etwa über eine Senkung anderer Steuern, höhere Sozialleistungen oder einfach per Auszahlung. Der Staat könnte allen Bürgern zu Weihnachten den gleichen Betrag überweisen. Das würde klimafreundlichen Konsum zusätzlich belohnen: Wer Produkte mit kleinem CO_2-Ausstoß kauft und deshalb wenig unter der CO_2-Steuer leidet, hätte nach der Auszahlung mitunter sogar mehr Geld auf dem Konto als ohne die Steuer. [...] Aber ein sozialer Ausgleich ist wichtig, damit Arme nicht mehr unter der Steuer leiden als Reiche. Denn Arme geben einen größeren Anteil ihres Budgets für Strom und Heizen aus. Trotzdem würde die Steuer dazu führen, dass sich manche Menschen manches nicht mehr leisten können. Vor allem Fernflüge dürften deutlich teurer werden. „Aber gibt es ein Recht auf Fernflüge? Auch heute schon können sich das nicht alle leisten", sagt [...] Brigitte Knopf. „Klimaschutz und soziale Gerechtigkeit sollte man nicht gegeneinander ausspielen."

Das Modell der CO_2-Steuer wird sogar schon angewandt. Schweden erhebt sie seit

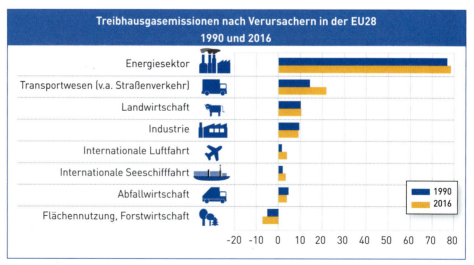

Zahlen: Angaben in CO_2-Äquivalent, Europäische Umweltagentur, 2018

1991. Bis 2013 ging der Ausstoß an Klimagasen um fast 14 Prozent zurück, obwohl [...] im gleichen Zeitraum die Wirtschaftskraft, gemessen am Bruttoinlandsprodukt (BIP), um 60 Prozent wuchs. [...] Ebenfalls seit 2008 besteuert die kanadische Provinz British Columbia CO_2. Bis 2014 verringerten sich die Emissionen um gut 5 Prozent, obwohl das BIP in derselben Zeit um mehr als 12 Prozent stieg. [...]

Wenn sowohl die Wissenschaft als auch die Wirtschaft sich für eine CO_2-Steuer ausspricht, warum führt sie die Politik dann nicht ein? „Um die Wettbewerbsfähigkeit zu erhalten, kann Deutschland nicht alleine damit anfangen", sagt Brigitte Knopf. [...] Zum anderen ist die Steuer innenpolitisch schwierig durchzusetzen. Denn Maßnahmen, die Preise erhöhen, sind bei den Bürgern immer unbeliebt. „Wir können keinen CO_2-Preis einführen, ohne dass die Bevölkerung umweltbewusst denkt", sagt Knopf deshalb. Also muss das Umdenken doch beim einzelnen Bürger beginnen – und nicht nur in der Politik.

Sören Götz, Wie eine Steuer den Klimawandel aufhalten könnte, www.zeit.de, 5.9.2017, Abruf am 26.11.2018

M 6 ● Grenzen einer CO_2-Steuer

[In der Praxis] werden Lenkungssteuern zur Internalisierung negativer externer Effekte nach dem sogenannten Standard-Preis-Ansatz gestaltet. Die Exekutive bestimmt dazu eine wie auch immer begründete Menge der gehandelten schädlichen Güter als politisches Ziel (Standard). Diese Zielvorgabe kann sich theoretisch an dem Versuch der Abschätzung der externen Effekte bemessen. Realistischerweise wird man jedoch erwarten müssen, dass auch eine ganze Reihe anderer Erwägungen [z. B. Erhalt bzw. Schaffung von Arbeitsplätzen, angedrohte Standortverlagerungen] die Zielfestlegung mitbestimmen. Anschließend erprobt der Gesetzgeber unterschiedliche Steuersätze, um an dieses Mengenziel heranzukommen. Er verändert also durch Steuern die Marktpreise, zu denen die betreffenden Güter gehandelt werden. Geht die am Markt gehandelte Menge weiter zurück als angestrebt, so muss der Steuersatz reduziert werden. Genügt die Mengeneinschränkung hingegen nicht dem ins Auge gefassten Ziel, muss die Steuer erhöht werden. Umso besser der Gesetzgeber über die Grenzvermeidungskosten der schädigenden Güter informiert ist und umso genauere Kenntnis er von der Preisreagibilität des Angebots und der Nachfrage hat, desto schneller wird ihm die Festlegung des zielführenden Steuersatzes gelingen. Theoretisch wird durch Versuch und Irrtum irgendwann der Steuersatz gefunden, der die als Ziel vorgegebene Reduzierung der externen Effekte verursachenden Gütermenge erreicht.

Steffen J. Roth, VWL für Einsteiger. Mikroökonomik, Wirtschaftspolitik, Neue Politische Ökonomie, Konstanz 2011, S. 174f.

Aufgaben

1. Stellen Sie Ziele und Funktionsweise einer „Öko-Steuer" (M 5) dar.
2. Vergleichen Sie die umweltpolitischen Instrumente der CO_2-Steuer (M 5) und der Verbote bzw. Auflagen (Kap. 6.2.1) hinsichtlich der (vermutlichen) Anreize für Unternehmen und Konsumenten sowie ihrer daraus resultierenden umweltpolitischen Wirksamkeit.
3. Erläutern Sie Möglichkeiten und Grenzen einer „Öko-Steuer" (M 5, M 6).

Ⓗ zu Aufgabe 1
Der „Effekt", dass „Firmen [...] ihre Mehrkosten an die Verbraucher weitergeben", ist in diesem Modell erwünscht (vgl. Z. 50ff.). Erläutern Sie ausgehend von diesem Zitat die anvisierte Funktionsweise (Anreize für Verhaltensänderungen) der „Öko-Steuer".

Ⓗ zu Aufgabe 3
Nutzen Sie dazu das Beispiel eines Kohlekraftwerkes zur Stromerzeugung (vgl. Kap. 6.1.2).

6.2.3 Mit Verschmutzungsrechten handeln? Marktförmige Instrumente der Umweltpolitik

Ausgestaltungsmöglichkeiten des Emissionshandels

- **Ausgabe der Zertifikate**
  → kostenlose Vergabe vs. Versteigerung

- **Nur bei Versteigerung: Teilnehmer der Versteigerung**
  → nur Emittenten oder freier Zugang (z. B. für Umweltverbände, Investoren)

- **Umfang der ausgegebenen Zertifikate**
  → aktuelles Emissionsvolumen vs. (stark) reduziertes Emissionsvolumen

- **Geltungsdauer eines Zertifikates**
  → unbefristet vs. befristet

Autorentext

Erklärfilm Emissionshandel

Mediencode: 72052-14

E **Szenario**: Um die tatsächlichen Kosten des automobilen Verkehrs (M 4) zu internalisieren, gibt die Bundesregierung an jeden Bürger Mobilitätsrechte aus. Jedes Zertifikat erlaubt seinem Besitzer, 5.000 km pro Jahr mit einem PKW zurückzulegen. Legt man längere Strecken zurück, muss man weitere Zertifikate erwerben, die von denjenigen Besitzern angeboten werden, die weniger unterwegs sind.

Beschreiben Sie, wie sich Ihr individuelles – und daraus folgend: das gesamtgesellschaftliche – Mobilitätsverhalten entwickeln würde.

M 7 ● Wie funktioniert der Handel mit Verschmutzungszertifikaten?

Der Emissionshandel ist ein marktbasiertes Klimaschutzinstrument und funktioniert nach dem Prinzip des „Cap and trade". Die Gesamtemissionen der einbezogenen Anlagen werden durch eine Emissionsobergrenze [= Cap] [...] gedeckelt. Am Ende eines Jahres muss jeder Anlagenbetreiber Emissionsberechtigungen im Gesamtumfang seiner Treibhausgasemissionen abgeben. Die Emissionsberechtigungen werden vom Staat ausgegeben und entsprechen in ihrer Summe dem Cap.

[...] [Für Unternehmen, deren Treibhausgasemissionen den Umfang ihrer Emissionsberechtigungen übersteigen, ist] immer ein Zukauf auf dem Markt für Emissionsberechtigungen möglich. Denn die Emissionsberechtigungen sind zwischen den Unternehmen handelbar („trade"). Hierdurch bildet sich ein allgemeiner Marktpreis für den Ausstoß von Treibhausgasen, den die Unternehmen in ihren Investitions-, Produktions- und Brennstoffeinsatzentscheidungen berücksichtigen.

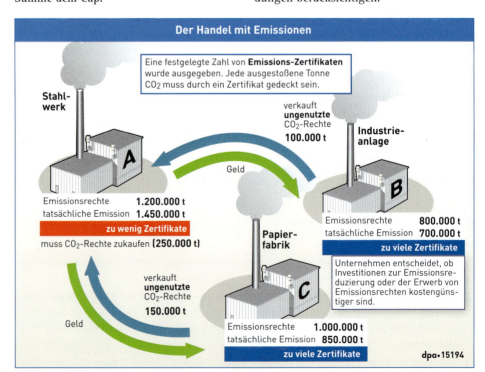

Folgendes Beispiel soll dies verdeutlichen: Liegt der Marktpreis für Emissionsberechtigungen bei 15 Euro, werden solche Unternehmen ihre Emissionen mindern, die dies zu Kosten von unter 15 Euro je eingesparter Tonne CO_2 umsetzen können. Die Emissionsminderung ist nämlich für diese Unternehmen günstiger als der Kauf von Emissionsberechtigungen. Unternehmen mit höheren Minderungskosten werden hingegen zunächst auf eine Minderung verzichten und stattdessen Emissionsberechtigungen kaufen. Die Flexibilität des Emissionshandels bewirkt also, dass die Emissionsminderungen in den einbezogenen Sektoren zu den geringsten Kosten erbracht werden.

Deutsche Emissionshandelsstelle im Umweltbundesamt (DEHSt), Emissionshandel in Zahlen, Berlin 2015, S. 6

Zusatzmaterial: Wie verändern sich Preise? Orientierung auf Märkten

Mediencode: 72052-15

M 8 ● Mit Marktwirtschaft gegen den Klimawandel? Die Probleme des Europäischen Emissionshandels

Um die im Kyoto-Protokoll (1997) festgeschriebenen Klimaziele zu erreichen, führte die Europäische Union im Jahr 2005 das Instrument des Emissionshandels (EHS) ein.

Deutschland hat das hehre Ziel, bis 2020 40 Prozent weniger Treibhausgase zu produzieren als im Jahr 1990. Dieses Ziel ist inzwischen in weite Ferne gerückt. „Nur 30 Prozent statt 40 Prozent weniger CO_2 ist nicht ein bisschen daneben, das wäre eine krachende Verfehlung des Klimaziels für 2020", sagt Patrick Graichen, Direktor der Denkfabrik „Agora Energiewende". Wie aber kann das sein, wo es doch seit 2005 ein europäisches Emissionshandelssystem gibt, um den Ausstoß von Kohlendioxid zu verringern?

Um das zu verstehen, zuerst ein Blick zurück zu den Grundlagen. Den Klimawandel begrenzen, das bedeutet den Ausstoß von Kohlendioxid zu reduzieren, denn CO_2 ist die Hauptursache für die Erderwärmung. [...] Inzwischen gibt es weltweit viele Regionen, in denen Kohlendioxid mit einem Preis versehen wird. [...] Vor rund 13 Jahren hat sich die EU für ein solches Emissionshandelssystem entschieden, dem neben den [noch] 28 EU-Mitgliedstaaten auch Norwegen, Island und Liechtenstein angehören. Allerdings wird nur die Energiewirtschaft und energieintensive Industrie vom EHS erfasst. Ihre Anlagen verursachen rund 45 Prozent der Treibhausgasemissionen in Europa. Seit 2012 ist auch der innereuropäische Luftverkehr in den Handel mit Emissionsrechten einbezogen.

Was sich gut für die Umwelt anhört, war bislang aber wenig wirkungsvoll. Hat also der Markt versagt? Nein, der Markt hat gut funktioniert, nur die Politik hat das System nicht richtig gestaltet: Von Anfang [an] wurden zu viele Zertifikate ausgegeben und ein großer Teil der Zertifikate wurde auch noch verschenkt. So sollte verhindert werden, dass besonders energieintensive Branchen wie die Zement- und Stahlindustrie aus der EU abwandern. Hinzu kam, dass [in Folge der globalen Finanz- und Wirtschaftskrise] seit 2008 weniger emittiert wurde, als es Zertifikate auf dem Markt gab. Ein Überangebot von Zertifikaten führt aber zu einem niedrigen CO_2-Preis. Der lag 2016 bei unter vier Euro pro Tonne Kohlendioxid [...]. „Die Anreize für Emissions-

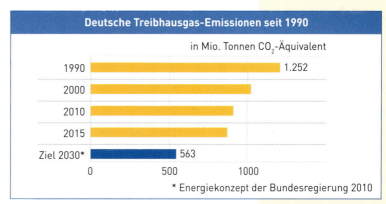

Deutsche Treibhausgas-Emissionen seit 1990
in Mio. Tonnen CO_2-Äquivalent

1990	1.252
2000	
2010	
2015	
Ziel 2030*	563

* Energiekonzept der Bundesregierung 2010

Zahlen: Umweltbundesamt 01/2018

Klimapolitik der EU

Die EU orientiert sich in ihrer Klimapolitik an dem sog. **2-Grad-Ziel**, wonach die Klimaerwärmung auf maximal 2°C gegenüber den vorindustriellen Werten begrenzt werden soll. Um dieses Ziel zu erreichen, formulierte sie erstmals 2007 für die Mitgliedstaaten verbindliche Klimaziele. 2014 verabschiedeten die Staats- und Regierungschefs der EU die klimapolitischen Ziele für 2030. Sie umfassen:
– eine Verringerung der Treibhausgasemissionen um mindestens 40% gegenüber dem Stand von 1990, →

Deutsche Emissionshandelsstelle im Umweltbundesamt (DEHSt), Emissionshandel in Zahlen, Berlin: DEHSt 2015, S. 20

– eine Erhöhung des Anteils erneuerbarer Energien am Gesamtenergieverbrauch auf mindestens 27%,
– eine Steigerung der Energieeffizienz um mindestens 27%.
Langfristig (bis 2050) sollen die klimaschädlichen Emissionen sogar um 80–95 % gegenüber den Werten von 1990 reduziert werden.

Autorentext

minderungen sind zu niedrig oder gar nicht vorhanden – das Emissionshandelssystem kann so nicht funktionieren", kritisiert Juliette de Grandpré vom World Wildlife Fund (WWF). Damit nicht genug, zwischen 2008 und 2015 konnte die europäische Schwerindustrie mehr als 25 Milliarden US-Dollar an Gewinn erzielen, indem sie die zu viel ausgegebenen Zertifikate am Markt weiterverkaufte, prangert das Climate Action Network an. [...]

Es gibt aber noch mehr am europäischen Emissionshandelssystem zu bemängeln als nur den niedrigen Preis. Mit dem System sind nämlich nur knapp 50 Prozent der CO_2-Emissionen in der EU abgedeckt. Insbesondere die am stärksten steigenden Emissionen, nämlich die des Verkehrs, werden nicht berücksichtigt. „Die Idee war ja, mit einem Kern anzufangen und das System schrittweise zu erweitern", erläutert [Andreas] Lösche [, Professor für Energie- und Ressourcenökonomik an der Universität Münster]. „Das Ziel muss aber sein, einen höheren CO_2 Preis in allen Bereichen zu bekommen." [...]

Insa Wrede, Wie Marktwirtschaft das Klima retten kann, Deutsche Welle, www.dw.com, 8.11.2017, Abruf am 26.11.2018

M 9 ● Mit einem regulierten Markt gegen den Klimawandel? Die Reform des EU-Emissionshandels

a) „Emissionshandel kann endlich Wirkung entfalten"

Das Bundesumweltministerium erläutert und begrüßt die im November 2017 beschlossene und im Februar 2018 vom Europäischen Parlament sowie vom Rat der EU (Ministerrat Umwelt) angenommene Reform des EU-Emissionshandels.

Der Rat der EU-Mitgliedstaaten und das EU-Parlament haben sich auf eine umfassende Reform des Emissionshandels geeinigt. [...] Bundesumweltministerin Barbara Hendricks [SPD]: „Es ist gut, dass nach jahrelangen Verhandlungen diese Einigung erreicht wurde. Mit dieser Reform wird das Instrument des Emissionshandels nach 2020 endlich Wirkung entfalten für den Klimaschutz. [...] Die europäische Industrie wird sich zwar anstrengen müssen, wird aber vor unfairem internationalen Wettbewerb geschützt. [...]"

Die Reform beseitigt das zentrale Problem des bisherigen Emissionshandels. Denn bislang gab es nicht genug Anreize für Investitionen in klimafreundliche Technologien, da es keine Knappheit am Markt gab. Das soll sich nun ändern: Mit der Reform wird der Zertifikate-Überschuss doppelt so schnell abgebaut werden wie bisher geplant. Ab 2019 werden jedes Jahr 24 Prozent des Überschusses aus dem Markt genommen [...]. Damit werden voraussichtlich schon zu Anfang der nächsten Handelsperiode knappheitsbedingte Preisanreize für Emissionsminderungen gesetzt. [...]

Ein weiterer Erfolg der Reform ist, dass der Emissionshandel künftig besser mit nationalen Maßnahmen verzahnt werden kann.

6 Wirtschaftswachstum, Lebensqualität und Umweltschutz – ein Konflikt?

Wenn ein Mitgliedstaat zum Beispiel Kohlekraftwerke stilllegen will, kann er Zertifikate im eingesparten Umfang vom Markt
40 nehmen. Bislang bestand zumindest theoretisch die Gefahr, dass zusätzliche nationale Einsparungen in einem Land durch Mehremissionen in einem anderen Land zunichte gemacht werden. [...]
45 Die Reform stellt zugleich sicher, dass die energieintensive Industrie weiterhin vor unfairem Wettbewerb aus dem Ausland geschützt wird [...]. Die Regelungen sehen weiterhin eine kostenlose Zuteilung von Zertifikaten für gefährdete Industriezweige 50 vor. [...] Die kostenlose Zuteilung darf jedoch sogenannte Benchmarks nicht übersteigen, die sich an den 10 Prozent effizientesten Unternehmen im jeweiligen Sektor orientieren. Die Benchmarks werden dann 55 jährlich an den technologischen Fortschritt angepasst. [...]

Pressemitteilung des Bundesministeriums für Umwelt, Naturschutz und nukleare Sicherheit, Emissionshandel kann endlich Wirkung entfalten, 7.11.2017

b) Stimmen zur Reform des EU-Emissionshandels

[Nach Auffassung von Kritikern] hat auch die Industrie ihre Pfründe gesichert: Firmen, die viel Energie verbrauchen und im internationalen Wettbewerb stehen,
5 bekommen weiter ihre Zertifikate umsonst zugeteilt – nach Schätzungen der EU sind das indirekte Subventionen von mindestens 60 Milliarden Euro zwischen 2021 und 2030. Und durchgesetzt haben
10 sich auch die Kohlestaaten aus Osteuropa. Ihre Industrien bekommen aus EU-Töpfen etwa 5 Milliarden für die Modernisierung ihrer Anlagen. Und die Länder dürfen ihre Kohlekraftwerke weiterhin
15 mit Gratis-Lizenzen im Wert von etwa 10 Milliarden am Leben halten. Die Umweltschutzgruppen im „Climate Action Network" kritisierten, die EU bringe statt echter Anstrengung zu mehr Klimaschutz
20 nur eine Reform zustande, die „ihren Kohlenstoffmarkt für ein weiteres Jahrzehnt wirkungslos belässt. Das verfehlt dramatisch die Ziele des Pariser Abkommens".

Bernhard Pötter, Europa macht ein bisschen Ernst, tageszeitung, 9.11.2017

- [Durch die Reform] steige der Preis ver- 25 mutlich auf 25 Euro pro Tonne Kohlendioxid, erwartet der Europaabgeordnete Peter Liese (CDU).
- „Der Emissionshandel bleibt der zahnlose Tiger der europäischen Klimapoli- 30 tik", sagte Hubert Weiger vom Umweltverband BUND.
- „Unsere Unternehmen befürchten massiv steigende CO_2-Preise", sagte Holger Lösch, stellvertretender BDI-Chef. 35 „Die EU dreht an zu vielen Schrauben gleichzeitig."

Michael Bauchmüller, Thomas Kirchner, Der Dreh mit den Zertifikaten, Süddeutsche Zeitung, 10.11.2018

H zu Aufgabe 1
Grenzen Sie dazu zunächst den Emissionshandel von einer Öko-Steuer (Kap. 6.2.2) ab.

F zu Aufgabe 3
Stellen Sie in einem Referat die Grundannahmen der (neo-)klassischen Ökonomie hinsichtlich der Preisbildung auf (vollkommenen) Märkten dar und wenden Sie diese auf den EU-Emissionshandel an.

F zu Aufgabe 4
Wissenschaftler und Umweltverbände fordern vermehrt, den Emissionshandel durch die Festsetzung eines (jährlich steigenden) Mindestpreises für CO_2-Emissionen – vorgeschlagen werden zunächst 30 € je Tonne CO_2-Emission – zu stärken. Setzen Sie sich mit dieser Forderung auseinander.

Aufgaben

1. Erläutern Sie am Beispiel des Stader Kohlekraftwerks (Kap. 6.1.2) die Funktionsweise des Handels mit Emissionszertifikaten (M 7).

2. Analysieren Sie die potentiellen Wirkungsweisen der unterschiedlichen Ausgestaltungsmöglichkeiten des Emissionshandels (Randspalte) und beurteilen Sie deren ökologische und ökonomische Effizienz.

3. Arbeiten Sie die Gründe für die geringe ökologische Wirksamkeit des bestehenden EU-Emissionshandels heraus (M 8).

4. „Der Emissionshandel bleibt der zahnlose Tiger der europäischen Klimapolitik" (M 9). Beurteilen Sie vor dem Hintergrund der Problemanalyse (M 8) die beschlossene Reform des EU-Emissionshandels.

6.2.4 Zu umweltverträglichem Verhalten „anstupsen"? Alternative Verhaltensanreize in der Umweltpolitik

E Beschreiben Sie (arbeitsteilig) die beiden Verbraucherinformationen (M 10): Wie wirken diese auf den Betrachter? Welche Absichten werden mit ihnen (vermutlich) verfolgt?

M 10 ● Verbraucherhinweise zum Energieverbrauch

a) **Verbrauchsverhalten im Vergleich**
Viele Stromanbieter drucken Informationen wie die folgende in die jährliche Stromabrechnung.

b) **Energieausweise**
Elektrogeräte wie beispielsweise Fernseher und Waschmaschinen müssen mit „Energieausweisen" (Energieverbrauchskennzeichnung) gekennzeichnet werden.

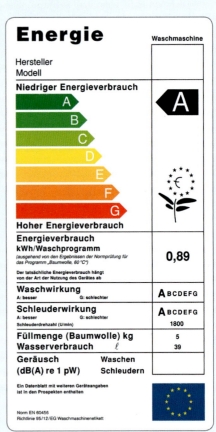

Autorengrafik

M 11 ● Was sind Nudges? Der Ansatz einer verhaltensbasierten Regulierung

Nudging entstand in den USA zunächst als Theorie, fand unter Präsident Barack Obama aber schnell den Weg in die Praxis. Das Konzept beruht auf dem grundlegenden Buch „Nudge" von Cass Sunstein, einem Juristen, und Richard Thaler, einem Verhaltensökonomen […]. Nudging lässt sich auf Deutsch mit „anstupsen" übersetzen und meint, jemandem in seinem eigenen Interesse einen kleinen Schubs zu geben, damit er sich so verhält, wie es in seinem oder dem gesellschaftlichen Interesse ist. Diese Regulierungstechnik beruht darauf, dass Menschen, wie die psychologische Forschung […] gezeigt hat, in zwei Systemen denken: in einem schnellen, emotionalen, intuitiven System 1 und einem langsamen, überlegten, kalkulierenden System 2. Nudges zielen zumeist auf das System 1, welches eben auch Fehler macht […].

Nudging ist allerdings nicht gleich Nudging, auch wenn (zu) oft alles in einen Topf geworfen wird. Nudges unterscheiden sich sowohl in der Zielsetzung als auch in der Wahl der Mittel. […] Es gibt Nudges, die darauf abzielen, den Menschen vor sich selbst zu schützen, und somit in ihrer Stoßrichtung paternalistisch sind. Sogenannte „Lifestyle Nudges" sollen insbesondere Anreize für eine gesunde Lebensweise schaffen. Es geht darum, die Menschen dazu zu bringen, gesünder zu leben, also beispielsweise weniger zu rauchen, Alkohol zu trinken oder ungesunde Lebensmittel zu essen. Um dies zu erreichen, wird nicht nur auf traditionelle Regulierung wie einem Rauchverbot in öffentlichen Räumen zurückgegriffen. Zigaretten werden unter die Ladentheke verbannt oder die Schachteln mit abschreckenden Bildern versehen. Auch wenn Obst und Salat in der Schulmensa nach vorne und kalorienreiche Gerichte nach hinten wandern, ist Nudging am Werk. […]

Eine andere Stoßrichtung, nämlich Allgemeinwohlziele, verfolgen Nudges in verkehrsberuhigten 30er-Zonen. Tatsächlich beeindrucken Emoticons Raser weit mehr als neutrale Verkehrsschilder. Auch die viel diskutierten Regeln zur Organspende gehören in diese Kategorie. Es ist gut erforscht, dass Länder, in denen man sich aktiv für eine Organspende entscheiden muss („Opt-in"-Vorgabe), erheblich niedrigere Quoten an Organspenden haben als diejenigen Länder, in denen eine „Opt-out"-Regel gilt. Das liegt am „Status-Quo-Bias": Menschen tendieren dazu, den jetzigen Zustand gegenüber einer Veränderung zu bevorzugen. Eine kleine Änderung der Vorgabe könnte also dem Organmangel begegnen.

Auch die in Großbritannien angewendeten Nudges zum Energieverbrauch gehören in die zweite Kategorie. Verbraucher bekamen in der Rechnung die Information, dass sie viel mehr Energie verbrauchten als ihre Nachbarn. Ein anderes Beispiel: Bei der Steuereintreibung wurde säumigen Zahlern vorgehalten, dass die meisten Nachbarn ihre Steuern längst bezahlt hätten. In beiden Fällen wird die Gefühlsebene angesprochen und Gruppendruck erzeugt, um Menschen zum Handeln zu bewegen.

Nudging bietet einige Chancen. Es wird oft als milderes regulatorisches Mittel betrachtet als Steuern oder Verbote. Der Staat verbietet und gebietet nicht mehr, er „stupst" nur. Die Entscheidung liegt beim Individuum. Es wird nur in die erwünschte Richtung geschubst. Der Mensch ist jedoch nach wie vor grundsätzlich frei in seiner Entscheidung. Und oft ist Nudging wirksam, wie die genannten Beispiele zeigen. […]

Anne van Aaken, Nudging: Schöne neue Regierungswelt?, in: politik & kommunikation, 22.5.2015

Anne van Aaken ist Professorin für Law and Economics, Rechtstheorie, Völker- und Europarecht an der Universität St. Gallen.

Richard Thaler
(*1945) US-amerikanischer Wirtschaftswissenschaftler, der mit seinen verhaltensökonomischen Studien – gemeinsam mit dem Juristen Cass Sunstein – als Vordenker der „Nudges" gilt und u. a. den US-amerikanischen Präsidenten Obama beraten hat. Für seine Forschungen wurde Thaler 2017 mit dem Nobelpreis für Wirtschaftswissenschaften ausgezeichnet.

M 12 ● (Erfolgreiche) Nudges für Umweltschutz und nachhaltigen Konsum

Default-Regeln	„Ein besonders beliebtes Werkzeug der Nudging-Politik sind Default-Regeln, also Voreinstellungen. Die Rutgers University [im US-Bundesstaat New Jersey] verbrauchte in drei Jahren 55 Millionen Blatt weniger Papier, nachdem sie alle Drucker auf beidseitig drucken umgestellt hatte."
Vereinfachung	Vereinfachungen von Formularen, Antragsmodalitäten oder rechtlichen Regelungen. Durch diese Reduzierung von Komplexität werden mehr potenzielle Nutzer zur Teilnahme bzw. Nutzung animiert.
Soziale Normen	„In den USA verschickte ein Energieversorger an 40.000 Haushalte eine monatliche Energiebilanz, die den Stromverbrauch im Vergleich zu den effizientesten Nachbarn bezifferte, zusammen mit Energiespartipps und Smileys für sparsame Kunden. [...] Der Stromverbrauch sank während des einjährigen Tests um zwei Prozent gegenüber der Vergleichsgruppe. ‚Das hatte einen größeren Effekt als signifikante Preissteigerungen‘, schwärmte Cass Sunstein."
Erhöhung der Bequemlich-keit/Einfachheit	„[B]ritische Hausbesitzer [sollten] motiviert werden, ihr Haus zu isolieren. Trotz Subventionen machten das nur wenige. Die Forscher standen vor einem Rätsel – bis sie feststellten, dass die Bürger davor zurückschreckten, ihren Dachboden für die Handwerker aufzuräumen. Als das Angebot zur Hausdämmung mit einem Entrümpelungsservice verbunden wurde, verdreifachte sich die Nachfrage."
Offenlegung	Leicht verständliche Informationen, die den Konsumenten anregen, erwünschte Entscheidungen zu treffen. Beispiele: Offenlegung von Umwelt-/Energiekosten (über eine bestimmte Nutzungsdauer) beim Kauf eines Haushaltsgerätes.
Ausnutzen des menschlichen Spieltriebes	„In Australien [warfen] Autofahrer [...] ihre leeren Getränkedosen achtlos aus dem Fenster auf die Straßen. Entlang der Highways häufte sich der Müll – bis Verhaltensforscher auf die Idee kamen, den menschlichen Spieltrieb auszunutzen. Sie stellten in der Nähe von Ortschaften Tore auf. Nun hoben sich die Autofahrer ihre Dosen bis zum nächsten Ziel werfen auf. Die Stadtreinigung brauchte nur noch dorthin zu fahren und alles einzusammeln."

Zusammenstellung des Autors nach: Lucia A. Reisch, Julia Sandrini, Nudging in der Verbraucherpolitik. Ansätze verhaltensbasierter Regulierung, Baden-Baden 2015, S. 28f., Beispiele in der rechten Tabellenspalte: Max Rauner, Die Fliege im Klo – und die Stupser der Kanzlerin, in: ZEIT Wissen Nr. 6/2014

M 13 ● Mit Nudging dem Klimawandel begegnen? Eine Kritik

Nudging versteht sich als grundlegende Alternative zu klassischen Steuerungsansätzen wie Verboten oder ökonomischen Anreizen, die beispielsweise fossile Energie
5 und damit Flüge, Autofahrten und tierische Nahrungsmittel teurer machen – etwa durch Emissionshandel oder Ökosteuern. Seine Verfechter sagen: Verbote und wirtschaftliche Anreize funktionierten nicht.
10 [...] Es stimmt schon: Würden sämtliche Menschen rein rational handeln, wären wir alle wohl hundertprozentige Ökos. Schließlich ist der Umweltschutz – auch rein ökonomisch – auf lange Sicht vorteilhafter als
15 eine Welt der Öko-Katastrophen. [...]

Nur sieht man jeden Tag, dass es nicht so einfach ist. Dass wir mit dem Umweltschutz nicht weiterkommen, muss also – da haben Thaler und seine Anhänger Recht – daran liegen, dass wir Menschen ziemlich emoti- 20 onal sind. Wir sind eben keine hundertprozentigen Umweltschützer, zum Beispiel aus Bequemlichkeit, aus Gewohnheit oder weil wir die Umweltfolgen unserer Autofahrten und Flüge verdrängen. 25
Daran will das Nudging ansetzen. Den Bürger sollen weder Verbote noch höhere Preise für Energie oder Ressourcen treffen. Vielmehr soll dem irrationalen Wesen Mensch durch staatliche Festsetzung ein 30

„Stupser" in die richtige Richtung gegeben werden. [...]

Kritiker finden das paternalistisch und bevormundend. [...] Der Haken beim Nudging liegt aber woanders. Im Kern beruht Nudging ja darauf, Gewohnheiten zu brechen, indem man eine Ausgangssituation verändert, also beispielsweise Kopierer umprogrammiert. Wohlgemerkt: Die Nutzer können ihre Kopierer jederzeit wieder umstellen, es gibt keinen Zwang und keine [monetären] Anreize. Die Masse der relevanten Handlungen für den Klimaschutz – Fliegen, Autofahren, Heizen, Konsum tierischer Nahrungsmittel, Kauf von (zu) vielen Produkten aller Art – ist aber mit Nudging nicht ausreichend bekämpfbar. [...]. [Denn] solange der Kohlestrom von seinen riesigen Umweltfolgekosten freigestellt und damit billig bleibt, wird nur eine Minderheit der Stromkunden grüne Energie beziehen.

Insgesamt verkennen die Nudging-Fans das Ausmaß der Herausforderung. Zwar mag Nudging in der Lage sein, die Menschen einen kleinen Schritt in die richtige Richtung zu schubsen. Aber Klimaschutz zum Beispiel bedeutet nicht, ein kleines bisschen besser zu werden. Sondern – so steht es rechtsverbindlich in Artikel 2 des Pariser Klima-Abkommens – die globale Erwärmung auf deutlich unter 2 Grad und besser noch 1,5 Grad zu begrenzen. Das erfordert aber globale Nullemissionen in ein, zwei Jahrzehnten, wenn man die Daten des Weltklimarates (IPCC) zugrunde legt. Neben besserer Technik – erneuerbare statt fossile Energien – sind damit auch Verhaltensänderungen gefragt. Also nicht nur smarter, sondern auch weniger konsumieren. Nur durch Nudging aber kann man die Zahl der Flüge und Schnitzel nicht drastisch reduzieren. [...]

Felix Ekardt, Angestupst in die Katastrophe, Zeit online, 25.12.2017

Der Autor ist Leiter der Forschungsstelle Nachhaltigkeit und Klimapolitik in Leipzig und Berlin sowie Professor an der Uni Rostock.

Tragen Nudges zu derart weitreichenden Verhaltensveränderungen bei, dass auch schwerwiegende „Umweltsünden" wie Kohleabbau und -verstromung mit ihnen beseitigt werden können? Abbildung: Proteste gegen die Rodungspläne von RWE für den Hambacher Wald an der Abrisskante des Hambacher Tagebaus, Oktober 2018.

Aufgaben

1. a) Fassen Sie die Funktionsweise von Nudges sowie die zugrundeliegenden Annahmen hinsichtlich des menschlichen Verhaltens zusammen (M 11).
   b) Ordnen Sie die in M 10 dargestellten Nudges in die Typologie von Nudges ein (M 12).

2. „Die Masse der relevanten Handlungen für den Klimaschutz [...] ist aber mit Nudging nicht ausreichend bekämpfbar" (Felix Eckardt, M 13). Beurteilen Sie ausgehend von diesem Zitat Nudges als Instrument der Umweltpolitik.

3. „[Bestimmte] Nudges aber sind verdeckt. Und hier kommen die Kritiker ins Spiel: Nudging sei manipulativ, sagen sie. Der Bürger könne sich nicht dagegen wehren und noch schlimmer, er wisse gar nicht, dass er manipuliert werde. Diese Kritik ist berechtigt. Verdeckte Nudges sind in einem liberalen Rechtsstaat problematisch." (Anne van Aaken, M 11) Nehmen Sie zur Kritik an Nudges als „paternalistischer Liberalismus" Stellung.

zu Aufgabe 2
Berücksichtigen Sie dabei die von Nudges ausgehenden Anreize, die politische Durchsetzbarkeit und die (vermutliche) ökologische Wirksamkeit.

6.2.5 Was wirkt? Umweltpolitische Instrumente im Spiegel der ökonomischen Theorie

M 14 ● Homo oeconomicus – die ökonomische Verhaltenstheorie

Was genau ist unter der „ökonomischen Verhaltenstheorie" zu verstehen? Hier sind sechs wesentliche Elemente zu nennen:

1. Die ökonomische Verhaltenstheorie trifft
5 Aussagen über Entscheidungen und Handlungen von Individuen. Dabei bildet sie nicht „jedes beobachtbare Verhalten von Individuen und nicht [das] beobachtete Verhalten jedes einzelnen Individuums" ab.
10 Vielmehr bietet sie Mustererklärungen an, die für sich in Anspruch nehmen, für große Gesamtheiten das übliche Verhalten vieler Menschen (nicht eines Durchschnitts!) zu erklären. So mag es immer auch beobacht-
15 bare Fälle/Situationen geben, in denen einzelne Menschen sich anders entscheiden bzw. anders handeln als von der Theorie für die Mehrheit prognostiziert.

2. Die ökonomische Verhaltenstheorie er-
20 klärt Entscheidungen und Handlungen von Menschen aus einem Zusammenspiel von (individuellen) Präferenzen – das sind Wünsche, Ziele, Werte usw. – und überin-dividuellen Rahmenbedingungen [...]. Nicht jedes Ziel kann (sofort) erreicht werden. 25 Restriktionen begrenzen den Handlungsraum von Individuen. Nicht immer reicht das Einkommen, um der Tochter den Wunsch nach einem Pferd zu erfüllen; und isst jemand gerne Fisch, auf dem Büfett fin- 30 det sich jedoch nur Fleisch, Wurst und Salat, dann kann er – auch wenn er es möchte – keinen Fisch essen. Individuelle Ziele werden – nach einer Formulierung von Homann und Suchanek – „unter Nebenbe- 35 dingungen" verfolgt.

3. Wie wählen Menschen nun aus vielen möglichen Optionen ihre Handlungen aus? Die ökonomische Verhaltenstheorie unter-stellt, dass Menschen dies nicht immer wie- 40 der willkürlich, sondern nach einem bestimmten Muster tun: Sie entscheiden sich rational unter den Möglichkeiten, die ihnen ins Blickfeld geraten, i.d.R. systematisch für die für sie vorteilhafteste Alternative. 45 Aber Achtung: Dies bedeutet nicht, dass die gewählte Handlungsoption objektiv die beste ist: Schon die Lebensweisheit „Hinterher ist man immer schlauer!" zeigt, dass man sich auch trotz (vermeintlich) guter 50 Argumente falsch entscheiden kann. Es kommt also auf die wahrgenommenen (entdeckten) Möglichkeiten und deren Bewertungen durch die Individuen an. Unter diesen wird dann diejenige verfolgt, die die 55 kostengünstigste Erreichung des Ziels verspricht. Dabei bezieht sich „Kosten" nicht nur auf monetär messbare Größen wie Ausgaben, Verlust usw. [...], vielmehr unterstellt die ökonomische Verhaltenstheorie 60 auch die Einbeziehung immaterieller Größen wie Prestige, Zeit, Macht, Status usw. in die individuelle Nutzenabwägung.

4. Nun haben in der ökonomischen Verhaltenstheorie die beiden Erklärungsvariab- 65 len – Präferenzen und Restriktionen – einen

---

Info

Opportunitäts-/Alternativkosten

Bei Opportunitätskosten handelt es sich um die Kosten (bzw. besser den entgangenen Nutzen), die jeder (ökonomische) Akteur in Kauf nimmt, wenn er eine (wirtschaftliche) Entscheidung für etwas und damit gegen die denkbaren Alternativen trifft (daher: Alternativkosten). Wenn also das Taschengeld für neue Kleidung, die Aufrüstung des PCs oder Konzertkarten eingesetzt und nicht auf einem Bankkonto gespart wird, sind die Opportunitätskosten einerseits die entgangenen Zinsgewinne (möglicher Opportunitätserlös) und andererseits die Möglichkeit, das gesparte Geld später für etwas anderes ausgeben zu können. *Autorentext*

unterschiedlichen Rang: Wenn auch beide Faktoren das Handeln beeinflussen, so erklärt die ökonomische Verhaltenstheorie das Verhalten der Menschen mit den Anreizen, denen diese ausgesetzt sind, und somit auch Verhaltensveränderungen zunächst nicht mit einer Veränderung der Präferenzen, sondern mit Veränderungen der Restriktionen bzw. der (äußeren) Handlungsanreize. [...] Rahmenbedingungen (und vor allem deren Veränderungen) lassen sich viel leichter ermitteln und beobachten als individuelle Präferenzen. Werden Ökonomen um Empfehlungen gebeten, wie bestimmte Missstände zu entschärfen sind, so raten sie ebenfalls zu Veränderungen der Handlungsbedingungen, da diese i. d. R. leichter und sicherer zu bewerkstelligen sind als die Beeinflussung unzähliger individueller Einstellungen.

5. Daher untersucht die ökonomische Verhaltenstheorie eher Situationen als Personen: Deren Ziele werden als mittelfristig konstant angesehen. Was dann das Handeln beeinflusst und Handlungsveränderungen hervorruft, sind die (Veränderungen der) Rahmenbedingungen bzw. Anreize in der jeweiligen Handlungssituation.

6. Wenn sich die ökonomische Verhaltenstheorie auf individuelle Entscheidungen und Handlungen bezieht [sog. methodologischer Individualismus], welchen Beitrag kann sie dann zur Erklärung gesellschaftlicher Phänomene, zum Verhalten von Gruppen, von Kollektiven leisten? Der Ansatz der ökonomischen Verhaltenstheorie führt kollektives Verhalten bzw. dessen Auswirkungen (bspw. Umweltbelastungen) stets auf das Verhalten/die Handlungen von Individuen zurück. Parteien, Gewerkschaften, Verbände usw. entscheiden und handeln nicht wie eine Person, sondern Stellungnahmen und das Verhalten dieser Gruppen ergeben sich aus dem Zusammenspiel des Verhaltens ihrer einzelnen Mitglieder. Diese wiederum, so unterstellt die ökonomische Verhaltenstheorie, folgen auch innerhalb ihrer Verbände rational ihren jeweils eigenen Interessen.

Andreas Zoerner, Unterricht Wirtschaft, Heft 22, 2/2005, S. 27

M 15 ● Die Bedeutung von Anreizen für wirtschafts- und umweltpolitische Instrumente

Weil die Menschen bei Entscheidungen Kosten und Nutzen vergleichen, wird sich ihr Verhalten oft dadurch verändern, dass sich die Kosten oder die Nutzen verändern. Das bedeutet, dass Menschen auf Anreize reagieren. Wenn z. B. der Preis eines Apfels steigt, werden sich die Leute dafür entscheiden, mehr Birnen und weniger Äpfel zu essen, weil die Kosten eines Apfels höher sind. Gleichzeitig werden die Apfelplantagen mehr Arbeitskräfte einstellen und mehr Äpfel ernten wollen, weil der Stückgewinn aus dem Verkauf eines Apfels höher ist. Die zentrale Bedeutung der Anreize auf die Festlegung wirtschaftlichen Verhaltens ist für jene wichtig, die unsere Wirtschaftspolitik konzipieren. Politische Maßnahmen verändern oft die Kosten und die Nutzen privater Handlungen. Wenn die Politiker nicht in der Lage sind, die von staatlichen Maßnahmen ausgelösten Verhaltensänderungen richtig abzuschätzen, können sich die Maßnahmen in nicht beabsichtigter Art und Weise auswirken.

Nach: N. Gregory Mankiw, Mark P. Taylor, Grundzüge der Volkswirtschaftslehre, übersetzt von: Marco Herrmann, Adolf Wagner, 5. Auflage, Stuttgart 2012, S. 8

M 16 ● Das Ultimatumspiel

Spielanleitung

Jede Schülerin nimmt zuerst die Rolle von Spieler A ein und entscheidet sich laut Rollenkarte für eine von elf festgelegten
5 Verteilungen von 1.000 (fiktiven) Euro. In der zweiten Runde übernimmt sie die Rolle von B und entscheidet, welchen der elf Verteilungen sie zustimmen
10 würde beziehungsweise welche sie ablehnen würde. Das Ergebnis lässt sich nach dem Muster der Abbildung darstellen und analysieren.

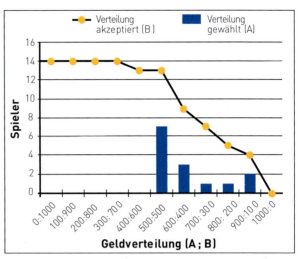

Muster für eine Auswertung (bei einer Gruppe von 14 Spielern)

Spielbeschreibung:

Ein Betrag von 1.000 (fiktiven) Euro soll unter zwei Personen aufgeteilt werden. Spieler A muss Spieler B ein Angebot machen, wie viel Letzterer erhalten soll. Spieler B kann dem Angebot zustimmen
5 oder es ablehnen.
Wenn Spieler B zustimmt, wird das Geld dem Vorschlag gemäß aufgeteilt. Lehnt er jedoch ab, so gehen beide leer aus.
Die Regeln sind sehr streng: Beide Personen dür-
10 fen nicht miteinander kommunizieren, sodass Feilschen unmöglich ist. Spieler A stellt B ein Ultimatum. Die Summe verschwindet, wenn sie nicht beim ersten Versuch aufgeteilt wird, und das Spiel ist nicht wiederholbar.

Rollenkarte Spieler A

Aufgabe:
Sie sind in der Rolle von Spieler A: Entscheiden Sie sich für eine der folgenden elf Verteilungen (die Auszahlung an Spieler A ist zuerst genannt):
1000:0 / 900:100 / 800:200/ 700:300/ 600:400 / 500:500 / 400:600 / 300:700 / 200:800 / 100:900 / 0:1000

Spielbeschreibung:

Ein Betrag von 1.000 (fiktiven) Euro soll unter zwei Personen aufgeteilt werden. Spieler A muss Spieler B ein Angebot machen, wie viel Letzterer erhalten soll. Spieler B kann dem Angebot zustimmen
5 oder es ablehnen.
Wenn Spieler B zustimmt, wird das Geld dem Vorschlag gemäß aufgeteilt. Lehnt er jedoch ab, so gehen beide leer aus.
Die Regeln sind sehr streng: Beide Personen dür-
10 fen nicht miteinander kommunizieren, sodass Feilschen unmöglich ist. Spieler A stellt B ein Ultimatum. Die Summe verschwindet, wenn sie nicht beim ersten Versuch aufgeteilt wird, und das Spiel ist nicht wiederholbar.

Rollenkarte Spieler B

Aufgabe:
Sie sind in der Rolle von Spieler B: Entscheiden Sie, welchen der von Spieler A vorgeschlagenen Verteilungen Sie zustimmen würden (die Auszahlung an Spieler A ist zuerst genannt):
1000:0 / 900:100 / 800:200/ 700:300/ 600:400 / 500:500 / 400:600 / 300:700 / 200:800 / 100:900 / 0:1000

Autorentext

M 17 ● Immer rational? Ökonomisches Verhalten im Experiment

a) In den USA gibt es ein [...] vom Staat gefördertes Sparprogramm, die sogenannten „401(k) plans". Es gibt Firmen, bei denen die Arbeitnehmer einen einfachen Antrag ausfüllen müssen, wenn sie an diesem Programm teilnehmen möchten. In anderen Firmen zahlen die Arbeitnehmer automatisch in dieses Sparprogramm ein, wenn sie nicht widersprechen. Das Ergebnis ist, dass im zweiten Fall viel mehr Arbeitnehmer an diesem Plan teilnehmen als im ersten Fall.

Karlheinz Ruckriegel, Quo vadis, Homo oeconomicus? In: Das Wirtschaftsstudium 36 (2007) H. 2, S. S. 200

b) Wir [Forscher des Massachusetts Institut of Technology] stellten vor einem großen öffentlichen Gebäude einen Tisch auf und boten zwei Sorten Schokolade an – Lindt-Trüffel und Hershey's Kisses. Über dem Tisch stand auf einem großen Plakat:

„Eine Praline pro Kunde." Wenn die potenziellen Kunden näher traten, konnten sie die beiden Sorten und ihren Preis sehen. [...] Die Schokotrüffel von Lindt gelten als besonders hervorragend [...]. Sie kosten in den USA pro Stück etwa 50 (Dollar-)Cent, wenn man sie lose kauft. Die Hershey's Kisses hingegen [...] sind [...] ziemlich gewöhnlich: Hershey produziert davon täglich 80 Millionen Stück. [...]

Als wir den Preis für eine Lindt-Trüffel auf 15 ct festsetzten und den für einen Hershey's Kiss auf 1 ct [...], verglichen unsere Kunden den Preis und die Qualität der Hershey-Praline mit dem Preis und der Qualität der Lindt-Trüffel und trafen dann ihre Wahl: Etwa 73 Prozent wählten eine Trüffel und 27 Prozent einen Kiss.

Anschließend [...] boten wir die Lindt-Trüffel für 14 ct und den Kiss gratis an. Würde nun ein anderes Ergebnis herauskommen? [...] An die 69 Prozent unserer Kunden entschieden sich für den Gratis-Kiss, während die Lindt-Trüffel regelrecht abstürzte: Der Anteil der Kunden, die sich für sie entschieden, sank von 73 auf 31 Prozent.

Dan Ariely, Denken hilft zwar, nützt aber nichts, übersetzt von: Gabriele Gockel, Maria Zyback, München 2008, S. 77f.

M 18 ● Abschied vom Homo oeconomicus: Die Verhaltensökonomik

Die vielfältigen Forschungsergebnisse der Verhaltensökonomik zeigen immer wieder systematische Abweichungen von dem, was man auf Grund rationaler Entscheidungsfindung erwarten würde.

Diese Ergebnisse lassen sich in fünf Punkten zusammenfassen. Erstens können Menschen gar nicht perfekt rational entscheiden, weil ihnen in der Praxis die Voraussetzungen dafür fehlen. Sie verfügen weder über alle notwendigen Informationen noch sind ihre Zielsetzungen (Präferenzen) stabil. Bei ihren Entscheidungen orientieren sie sich vielmehr an erprobten und bewährten Heuristiken [=vereinfachende Erklärungstechniken], nach denen Verhaltensweisen zustande kommen, die vom Rationalverhalten deutlich abweichen können. Derartige

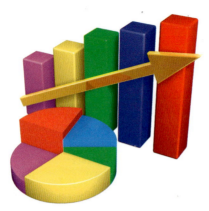

Menschen entscheiden sich eher für den kurzfristigen, schnell zu erzielenden Nutzen, als für den langfristigen, späteren („fixed pie").

Alltagsheuristiken bestehen darin, dass man sich erstens mit befriedigenden Alternativen anstelle einer optimalen zufrieden gibt (satisficing), man sich an hervorstechenden Merkmalen orientiert (Repräsentativität) oder auch verschiedenen Schemata folgt, Ankersituationen bevorzugt, bei Gewinnchancen Verzerrungen in Kauf nimmt oder einfach Verluste vermeidet. Menschen streben zweitens nicht immer nur nach Vorteilen, sie zeigen häufig auch ein beachtlich starkes Gefühl der Fairness/Gerechtigkeit. Daraus lassen sich ethisch begründete Abweichungen vom logisch rationalen Handeln ableiten [...], so die Neigung der Menschen, anderen möglichst wenig schaden zu wollen (no harm). Auch zeigt es sich häufig, dass Menschen einen kurzfristigen, schnell zu erzielenden Nutzen einem langfristigen späteren vorziehen (fixed pie), dass sie sich gerne am Herkömmlichen, am Gewohnten orientieren (status quo), dass sie Fremden gegenüber Vorbehalte zeigen und dass sie ihre subjektiven Ansprüche legitimer einschätzen als die anderer Leute [...]. Darüber hinaus verfügen Menschen drittens nur über ein begrenztes Maß an Selbstkontrolle, so dass sie [...] nur begrenzt längerfristig planen und daher rational entscheiden können. Außerdem unterliegen sie viertens einem hohen Konformitätsdruck, weil sie ihr Verhalten am Verhalten anderer Leute messen und mit diesen „mithalten" wollen. Darin zeigt sich u. a., dass sie fünftens auch andere als rationale Ziele verfolgen und gelegentlich intrinsischen Motivationen, z.B. der sozialen Wertschätzung, den Vorzug vor rationalen geben.

Diese Beobachtungen und Einwendungen gegen das neoklassische Modell des *homo oeconomicus* dürfen allerdings nicht in dem Sinne missverstanden werden, als ob die Verhaltensökonomik daraus schlussfolgern würde, die Menschen verhielten sich bei ihren ökonomischen Entscheidungen schlichtweg irrational. [...] Menschen handeln in konkreten ökonomischen Situationen nicht irrational, sondern eben beschränkt rational.

Toni Pierenkemper, Geschichte des modernen ökonomischen Denkens, Göttingen 2012, S. 214-216

Aufgaben

1. a) Fassen Sie die Grundannahmen der ökonomischen Verhaltenstheorie (homo oeconomicus-Modell) zusammen (M 14, M 15).
   b) Erläutern Sie umweltpolitische Instrumente (Kap. 6.2.1-6.2.4), die auf dem homo oeconomicus-Modell fußen.

2. Überprüfen Sie, inwieweit die Ergebnisse der ökonomischen Experimente (M 17) mit dem Modell des homo oeconomicus (M 13) erklärt werden können.

3. Beurteilen Sie vergleichend den Erklärungswert des homo oeconomicus-Modells und den der Verhaltensökonomik für menschliches Agieren in wirtschaftlichen Entscheidungssituationen (M 14-M 18).

4. Erörtern Sie – unter Berücksichtigung der ökonomischen Theoriebildung – die umweltpolitischen Instrumente (Kap. 6.2.1-6.2.4) hinsichtlich ihrer Anreizwirkungen, der (ökologischen) Wirksamkeit, der (ökonomischen) Effizienz sowie der politischen Durchsetzbarkeit.

zu Aufgabe 2
Führen Sie hierzu in Ihrem Kurs das „Ultimatum-Spiel" (M 16) durch.

Rechtliche Instrumente sind in der Umweltpolitik weit verbreitet. Durch **Auflagen** und **Verbote** werden potenzielle Verursacher von Umweltschäden zur Vermeidung bzw. Reduzierung dieser Schädigungen angehalten. Kontrollen und Sanktionen sollen die Einhaltung dieser Vorgaben sicherstellen. Dabei ist es notwendig, dass die angedrohten **Strafen** so hoch angesetzt sind, dass sie einen erheblichen wirtschaftlichen Schaden für das überführte Unternehmen darstellen würden, sodass die Einhaltung der Auflagen und Verbote als das betriebswirtschaftlich **rationale Verhalten** gewählt wird. Dies gelingt aber nur, wenn zudem durch regelmäßige **Kontrollen** deutlich wird, dass Zuwiderhandeln auch tatsächlich aufgedeckt wird.

Ökonomische Instrumente der Umweltpolitik zielen darauf ab, die **Kosten** der Nutzung von Allmende-Gütern zu **internalisieren** und appellieren somit an das Kalkül der Wirtschaftssubjekte, diese Kosten zu minimieren.
Bei einer **Öko-Steuer** wird dafür beispielsweise auf die Nutzung bzw. den Erwerb bestimmter Güter eine Steuer aufgeschlagen, die die tatsächlichen negativen externen Kosten dieser Ressourcennutzung abbildet. Die höheren Preise sollen das Konsumentenverhalten dergestalt lenken, dass es zu einer Reduzierung der Ressourcennutzung kommt. An diesem Instrument wird kritisiert, dass es nicht flexibel genug ist, um den Preis an sich verändernde Rahmenbedingungen anzupassen.
Die effizientere Anpassung an sich verändernde Rahmenbedingungen verspricht der **Handel mit Verschmutzungszertifikaten**. Hierbei erhalten Unternehmen das Recht auf **Emissionen** in einer bestimmten Höhe, die gesamtwirtschaftlich möglichen Emissionen werden **begrenzt** („**cap**"). Reichen diese Rechte nicht aus, so muss das Unternehmen auf dem Markt weitere Emissionsrechte erwerben, die es von Unternehmen kaufen kann, die nicht alle ihre Emissionsrechte in Anspruch nehmen müssen („**trade**"). Auf diese Weise sollen Emissionen dort vermieden bzw. reduziert werden, so es wirtschaftlich am effizientesten ist.
Der **Zertifikatehandel** im Rahmen der **Europäischen Union** verdeutlicht die Probleme der praktischen Umsetzung dieses Modells: Werden zu viele Zertifikate ausgegeben, bildet sich ein zu niedriger Marktpreis für die Zertifikate heraus und es gibt keine hinreichenden Anreize zur Emissionsreduktion.

Im Anschluss an die Ergebnisse der **Verhaltensökonomik**, die deutlich macht, dass Menschen häufig abseits einer unterstellten ökonomischen Rationalität agieren, wurden unterschiedliche **Instrumente der Verhaltenssteuerung** entwickelt, die insbesondere im Bereich des Umweltschutzes zu gesellschaftlich erwünschtem Verhalten anregen sollen.
Solche „**Nudges**" sind so angelegt, dass sie die Bequemlichkeit, den Spieltrieb oder andere „irrationale" Eigenschaften menschlichen Handelns nutzen, um zum jeweils erwünschten Verhalten „anzustupsen". Neben dem Vorwurf einer verschleierten Bevormundung der Bürgerinnen und Bürger durch den Staat wird kritisiert, dass die erzielten Verhaltensänderungen nicht ausreichen, um eine als notwendig erachtete radikale Wende in der Ressourcennutzung herbeizuführen.

Rechtliche Instrumente in der Umweltpolitik
(Basiskonzept: Motive und Anreize)
M 1, M 2

Ökonomische Instrumente in der Umweltpolitik
(Basiskonzept: Motive und Anreize)
M 5, M 6

M 7, M 8

Alternative Verhaltenssteuerung in der Umweltpolitik
(Basiskonzept: Motive und Anreize)
M 11, M 13

ORIENTIERUNGSWISSEN

6.3 Wirtschaftswachstum = Wohlstandsmehrung = Lebensqualität?

6.3.1 Wie dient das BIP als Wirtschaftsindikator?

E Stellen Sie dar, welche Waren, Dienstleistungen u. Ä. Sie im Verlauf der vergangenen Woche in Anspruch genommen haben. Welche dieser Dinge könnten Eingang in das BIP finden?

Bruttoinlandsprodukt (BIP)

Das BIP wird häufig **nominal** angegeben, was bedeutet, dass bei der Berechnung die jeweils gültigen Marktpreise zugrunde gelegt werden.
Beim **realen** BIP wird die Wirtschaftsleistung anhand der Preise eines zu definierenden Basisjahres ermittelt. Das reale BIP ist somit für zeitliche Vergleiche geeigneter.

Autorentext

M 1 ● Was bedeutet und wozu dient das Bruttoinlandsprodukt?

Wer sich beim Bäcker eine Rosinenschnecke kauft, muss dafür Geld bezahlen. Ist ja klar: Schließlich musste das Produkt hergestellt und von einer bezahlten Arbeitskraft ver-
5 kauft werden. Auch wenn wir zum Friseur gehen, werden wir zur Kasse gebeten. Der Friseur verkauft uns zwar keine anfassbaren Rosinenschnecken, dafür aber eine Dienstleistung, nämlich das Frisieren an sich.
10 Solche Waren und Dienstleistungen haben einen Geldwert, den wir spätestens an der Kasse spüren. Indem man die Geldwerte aller für den Endverbrauch produzierten Waren und Dienstleistungen innerhalb eines Staates 15 addiert, ermittelt man für einen festgelegten Zeitraum das Bruttoinlandsprodukt (kurz: BIP). Mit dem BIP lässt sich die wirtschaftliche Leistung eines Landes etwa innerhalb eines Jahres messen. Wenn das aktuelle BIP 20 im Vergleich zum BIP des Vorjahres steigt, spricht man vom „Wirtschaftswachstum".
Mit den Messwerten können verschiedene Länder (oder auch einzelne Branchen) in ihrer wirtschaftlichen Leistung [auch pro 25 Einwohner] verglichen werden [...].

www.mitmischen.de, 25.8.2014

M 2 ● Was erfasst das BIP nicht?

Es gibt einige Produkte, die aufgrund der auftretenden Schwierigkeiten bei der Messung nicht in das BIP einfließen. Das BIP schließt all diejenigen Dinge aus, die illegal
5 hergestellt und verkauft werden, wie z.B. illegale Drogen. Es schließt ebenso die meisten Dinge aus, die zu Hause produziert und konsumiert werden und damit nicht über den Markt gehandelt werden. Gemüse,
10 das Sie beim Gemüsehändler kaufen, ist ein Teil des BIP; Gemüse, das Sie im eigenen Garten anbauen, zählt hingegen nicht zum BIP. Diese Abgrenzung des BIP kann teilweise zu paradoxen Ergebnissen führen.
15 Bezahlt Karen beispielsweise Doug dafür, dass er ihren Rasen mäht, so geht diese Transaktion in das BIP ein. Würde Karen Doug heiraten, so würde sich die Situation ändern. Auch wenn Doug weiterhin Karens Rasen mäht, bleibt der Wert des Rasenmä- 20 hens nun außerhalb des BIP, denn Dougs Dienstleistung wird nicht mehr über den

> **Info**
>
> Produktionswert aller inländischen Wirtschaftsbereiche
> − Wert der Vorleistungen
>
> = Bruttowertschöpfung
> + Indirekte Steuern bzw. Gütersteuern
> − Subventionen
>
> = **Bruttoinlandsprodukt (BIP)**

Erklärfilm BIP

Mediencode: 72052-16

Markt entlohnt. Wenn also Karen und Doug heiraten, so fällt das BIP.

25 Wenn eine Unternehmung Papier herstellt, welches eine andere Unternehmung dazu benutzt, Grußkarten herzustellen, so wird das Papier Zwischenprodukt genannt und die Karte wird Endprodukt genannt. Das BIP umfasst
30 nur den Wert der Endprodukte. Der Grund

dafür liegt darin, dass der Wert der Zwischenprodukte schon im Preis des Endprodukts enthalten ist. Das Hinzurechnen des Marktwertes des Papiers zum Marktwert der Karte würde eine Doppelzählung beinhalten. [...] 35

N. Gregory Mankiw/Mark P. Taylor, Grundzüge der Volkswirtschaftslehre, 4. Aufl., Stuttgart 2008, S. 564ff. (übers. v. Adolf Wagner und Marco Herrmann)

M 3 ● Wie setzt sich das BIP in Deutschland zusammen?

In der volkswirtschaftlichen Gesamtrechnung wird das BIP hinsichtlich seiner Entstehung (in welchen Wirtschaftssektoren wird die Wirtschaftsleistung „produziert"?),
5 seiner Verwendung (Nachfrageseite: für

welche Ausgaben wird das erwirtschaftete BIP (von wem) eingesetzt?) sowie hinsichtlich seiner Verteilung (welche Wirtschaftsakteure erhalten in welcher Höhe Erlöse aus dem BIP?) erfasst. 10

Bruttoinlandsprodukt 2017

Entstehung (gesamtwirtschaftliche Produktion)	Verwendung (gesamtwirtschaftliche Nachfrage)	Verteilung
Land- Forstwirtschaft, Fischerei **25,5**	Konsumausgaben der privaten Haushalte und privaten Organisationen ohne Erwerbszweck **1.732,2**	Arbeitnehmerentgelt **1.668,8**
Produzierendes Gewerbe **772,5**		
Baugewerbe **144,3**		
Handel, Gastronomie und Verkehr **478,4**	Konsumausgaben des Staates (z. B. Personalausgaben im öffentl. Dienst) **638,9**	
Information und Kommunikation **137,2**		
Finanzierung, Vermietung, Unternehmensdienstleister **113,3**		
öffentliche Dienstleister, Erziehung, Gesundheit **531,3**	Investitionen von Unternehmen (z. B. Maschinen) und des Staates (z. B. in Infrastruktur) **658,5**	Unternehmens- und Vermögenseinkommen **787,6**
Grundstücks- und Wohnungswesen **316,2**		Produktions und Importabgaben abzüglich Subventionen **316,8**
Unternehmensdienstleister **319,4**		Abschreibungen **573,1**
sonst. Dienstleister **116,6**	Außenbeitrag (Wert der Exporte abzügl. Wert der Importe) **247,8**	Saldo der Primäreinkommen aus der übrigen Welt **68,9**
Gütersteuern abzüglich Gütersubventionen **322,6**		

Bruttowertschöpfung 2.954,7 Mrd. € | Bruttoinlandsprodukt 3.277,3 Mrd. € | Bruttoinlandsprodukt 3.277,3 Mrd. € | Volkseinkommen 2.456,4 Mrd. €

Zahlen: Statistisches Bundesamt, November 2018

Aufgaben

1 Erläutern Sie, welche wirtschaftlichen Tätigkeiten durch das BIP (nicht) erfasst werden (M 1, M 2).

2 Das BIP ist eine geeignete Messgröße für die Lebensqualität einer Gesellschaft (M 1–M 3). Diskutieren Sie diese These.

„Was ist was" der Volkswirtschaftlichen Gesamtrechnung

• **Außenbeitrag** (Verwendung): Da Deutschland in der Regel ein positives Handelssaldo hat, also mehr exportiert als importiert, ist dieser Wert in M 3 positiv.

• **Abschreibungen** (Verteilung): Statistische und ggf. steuerrechtliche Erfassung der Wertminderung bei Investitionsgütern (durch Abnutzung oder technischen Fortschritt)

• **Saldo der Primäreinkommen aus der übrigen Welt** (Verteilung): Einkommen, die Einwohner der Bundesrepublik Deutschland im Ausland erzielen (z. B. Arbeitspendler, Kapitaleinkommen), werden von den übrigen Werten subtrahiert, da das BIP gemäß Inlandsprinzip nur die innerhalb einer Volkswirtschaft produzierten Güter und Dienstleistungen erfasst.

Autorentext

🅗 **zu Aufgabe 2**
Stellen Sie dazu zunächst zusammen, welche Elemente Ihrem Verständnis nach Lebensqualität ausmachen.

6.3.2 Ist das BIP ein sinnvoller Indikator für Lebensqualität?

E Schädliche ökonomische Prozesse werden als Wachstumsimpuls im BIP erfasst, während gesellschaftlich nützliche Arbeit oder sinnvoller Verzicht nicht erfasst werden. Erläutern Sie diese These (M 4, M 5).

M 4 • Kritik am BIP

[Auf einer Autobahn ereignet sich eine Massenkarambolage.] Was anschließend alles unternommen werden muss, um die Schäden an Leib und Material zu beheben, setzt viel Geld in Bewegung. Ärzte, Physio- und Psychotherapeuten bekommen zu tun, neue Autos müssen gekauft werden. So steigt das Bruttoinlandsprodukt, auf dem die Angaben über das Wirtschaftswachstum beruhen. Was ist da aber gewachsen? Gar nichts. Menschliches Elend und entstandener Sachschaden wurden, soweit möglich, behoben.

Franziska Augstein, Die große Illusion, Süddeutsche Zeitung, 1.6.2018

M 5 • Das BIP wächst durch ...

Der Freitag, 9.12.2010

Erklärfilm
Wirtschaftswachstum

Mediencode: 72052-17

6 Wirtschaftswachstum, Lebensqualität und Umweltschutz – ein Konflikt?

M 6 ● Der W3-Indikator – eine Alternative zum BIP

In seinem Jahresgutachten 2013/14 stellt der von der Bundesregierung eingesetzte Sachverständigenrat zur Begutachtung der gesamtwirtschaftlichen Entwicklung einen neuen Wohlstandsindikator in Grundzügen vor, der von einer Enquete-Kommission des Deutschen Bundestages entwickelt worden ist:

Indikatorensystem W3		
Materieller Wohlstand	**Soziales und Teilhabe**	**Ökologie**
Leitindikatoren		
Bruttoinlandsprodukt *BIP pro Kopf Veränderungsrate des BIP pro Kopf (Rang des absoluten BIP global)* [2]	**Beschäftigung** *Beschäftigungsquote*	**Treibhausgase** *nationale Emissionen*
Einkommensverteilung *P80/P20*	**Bildung** *Sekundärabschluss-II-Quote*	**Stickstoff** *nationaler Überschuss*
Staatsschulden *Schuldenstandsquote (Tragfähigkeitslücke)* [3]	**Gesundheit** *Lebenserwartung*	**Artenvielfalt** *nationaler Vogelindex*
	Freiheit *Weltbank-Indikator „Voice & Accountability"*	
Warnlampen		
Nettoinvestitionen *Nettoinvestitionsquote*	**Qualität der Arbeit** *Unterbeschäftigungsquote*	**Treibhausgase** *globale Emissionen*
Vermögensverteilung *P90/P50*	**Weiterbildung** *Teilnahmequote an Fort- und Weiterbildung*	**Stickstoff** *globaler Überschuss*
Finanzielle Nachhaltigkeit des Privatsektors *Kreditlücke in Relation zum BIP reale Aktienkurslücke reale Immobilienpreislücke*	**Gesundheit** *gesunde Lebensjahre*	**Artenvielfalt** *globaler Vogelindex*

1) Neben den Leitindikatoren und Warnlampen umfasst das W³-Indikatorensystem in der ersten Säule, dem materiellen Wohlstand, noch die sogenannte Hinweislampe „nicht-marktvermittelte Produktion". Zu dieser gehören etwa Hausarbeit oder ehrenamtliche Tätigkeiten. – 2) Angegeben wird hier zusätzlich der Rang, den die jeweils betrachtete Volkswirtschaft in der Rangliste aller Volkswirtschaften bezogen auf das Niveau des Bruttoinlandsprodukts (in Kaufkraftparitäten) einnimmt. – 3) Die Tragfähigkeitslücke gibt als zusätzliche Information an, um wieviel die Primärsalden ab dem Betrachtungszeitpunkt dauerhaft höher sein müssten, damit die öffentlichen Haushalte langfristig tragfähig sind.

Nach: Sachverständigenrat zur Begutachtung der gesamtwirtschaftlichen Entwicklung, Gegen eine rückwärtsgewandte Wirtschaftspolitik, Jahresgutachten 2013/14, Wiesbaden 2013, S. 485

Das Indikatorensystem W3 folgt [...] in seiner Struktur zwei Grundüberlegungen: Die drei Dimensionen der Nachhaltigkeit werden in drei in etwa gleichgewichtigen Säulen abgebildet. Somit werden die Säulen „Materieller Wohlstand", „Soziales und Teilhabe" sowie „Ökologie" unterschieden. [...] Innerhalb jeder dieser drei Säulen gliedern sich die dort enthaltenen Einzelindikatoren in zwei unterschiedliche Gruppen, die insgesamt zehn Leitindikatoren und die insgesamt neun Warnlampen.

Die Leitindikatoren sollen bei jeder Aufbereitung und Kommentierung des Indikatorensystems explizit dokumentiert und ausführlich diskutiert werden. Indikatoren, die als Warnlampen dienen, sollen hingegen im Normalfall lediglich im Hintergrund mitgeführt werden und nur dann in den Vordergrund treten, wenn ihre Entwicklung einen Warnhinweis gibt. [...] [Es] soll diese zweistufige Verdichtung – die Beschränkung auf lediglich 19 Indikatoren insgesamt und die Delegation [= Verlagerung] eines guten Teils der Information an ein Teilsystem von Warnlampen – garantieren, dass dieses In-

6 Wirtschaftswachstum, Lebensqualität und Umweltschutz – ein Konflikt?

Jahreswohlstands-bericht
Die Bundestagsfraktion von Bündnis 90/Die Grünen präsentierte 2015 einen eigenen Entwurf eines neuen Wohlstandsberichts mit „nur" acht Kernindikatoren (darunter: Einschätzung der Bürger ihrer subjektiven Lebenszufriedenheit).

homo oeconomicus
ökonomische Verhaltenstheorie)
→ siehe Kap. 6.2.5

dikatorensystem viele Bürger erreicht [...]. Die erste Säule des Indikatorensatzes beschäftigt sich mit dem aktuellen Stand und der künftigen Entwicklung des materiellen Wohlstands. Das Bruttoinlandsprodukt ist und bleibt dabei das zentrale Maß der Wirtschaftsleistung einer Volkswirtschaft. Hier werden als erster Leitindikator das (preisbereinigte) Niveau pro Kopf und dessen (preisbereinigte) Wachstumsrate ausgewiesen, um einerseits einen internationalen Vergleich zu ermöglichen und andererseits Fortschritte über die Zeit rasch zu erkennen. [...]
Der zweite Leitindikator dieser Säule spricht die Verteilung der Einkommen an. [...] Dieser Indikator gibt die Relation des Einkommens jenes Prozents der Bevölkerung, das mehr als die unteren 79 % und weniger als die oberen 20 % der Bevölkerung an Einkommen zur Verfügung hat, gegenüber dem Einkommen jenes Prozents der Bevölkerung an, das mehr als die unteren 19 % und weniger als die oberen 80 % an Einkommen realisiert. [...]
Mit dem dritten Leitindikator dieser Säule, der staatlichen Schuldenstandsquote, soll schließlich erfasst werden, inwieweit die Wirtschaftsleistung mit tragfähigen öffentlichen Haushalten einhergeht. [...]
In der zweiten Säule des Indikatorensystems finden sich vier Leitindikatoren zum Fragenkomplex Soziales und Teilhabe. Als erster Leitindikator dieser Säule informiert die Beschäftigungsquote über die Situation auf dem Arbeitsmarkt. Sie gibt den prozentualen Anteil der Erwerbstätigen an der Bevölkerung im Alter von 15 bis 64 Jahren an. [...]
Der zweite Leitindikator spricht das Bildungsniveau der Gesellschaft an: Dies soll durch die Abschlussquote der 20- bis

24-Jährigen im Sekundarbereich II erfasst werden, da dieses Niveau künftig als Mindestqualifikation für eine gelungene gesellschaftliche Teilhabe angesehen werden kann. [...]
Die für das menschliche Wohlergehen zentrale Gesundheitssituation wird durch einen dritten Leitindikator, die durchschnittliche Lebenserwartung, erfasst. Da die durchschnittliche Lebenserwartung jedoch lediglich die Quantität, nicht aber die Qualität der Lebensjahre abbildet, leuchtet hier eine [...] Warnlampe dieser Säule, wenn die Zahl der „Gesunden Lebensjahre" sinkt. [...]
Den Abschluss dieser Säule bildet als vierter Leitindikator der [...] Indikator „Voice and Accountability" als Maß für Freiheit, Rechtsstaatlichkeit und das Ausmaß demokratischer Teilhabe in einer Gesellschaft. [...]
[Im Nachhaltigkeitsbereich Ökologie sind] drei Leitindikatoren vorgesehen, die sich am Konzept der globalen Umweltgrenzen orientieren. Im Einzelnen sollen dabei die Treibhausgas-Emissionen, der Stickstoff-Überschuss und der Vogelindex als Maß für die Entwicklung der Artenvielfalt jeweils die nationalen Entwicklungen erfassen. Da diese jedoch nur wenig Aussagekraft für die entsprechenden globalen Entwicklungen und damit aufgrund der globalen Natur des Problems für die Gesellschaft in Deutschland besitzen, sollen entsprechende Warnlampen jeweils dann aufleuchten, wenn die analog definierten Indikatoren auf globaler Ebene eine Verschlechterung gegenüber dem Vorjahr anzeigen.

Sachverständigenrat zur Begutachtung der gesamtwirtschaftlichen Entwicklung, Gegen eine rückwärtsgewandte Wirtschaftspolitik, Jahresgutachten 2013/14, Wiesbaden 2013, S. 485ff.

F zu Aufgabe 1
Vergleichen Sie die diesem Indikator zugrunde liegenden Ziele mit dem „Magischen Sechseck" (vgl. Kap. 4.3.1).

H zu Aufgabe 2
Berücksichtigen Sie u. a. die Kriterien Wirksamkeit, Validität/Passgenauigkeit, Nachhaltigkeit und politische Durchsetzbarkeit.

Aufgaben

1 Erläutern Sie den neu vorgeschlagenen W3-Wohlstandsindikator sowie die geforderten wirtschaftspolitischen Ziele an eigenen Beispielen (M 6).
2 Nehmen Sie zum W3-Wohlstandsindikator Stellung (M 6).

6 Wirtschaftswachstum, Lebensqualität und Umweltschutz – ein Konflikt?

6.3.3 Green Growth vs. Degrowth – (sinnvolle) Auswege aus der Wachstumskrise?

E Analysieren Sie die Karikatur und verdeutlichen Sie dabei, inwiefern sich die Menschheit in einer „Wachstumskrise" befindet (M 7).

M 7 ● Wachstumskrise

a) Die Menschheit in der Wachstumskrise

Die globale Wirtschaftsleistung wird sich in den kommenden 25 Jahren glatt verdoppeln. Das ist eine gute und eine alarmierende
5 Nachricht zugleich. Gut, weil damit sinkende Kindersterblichkeit, längere Lebenserwartung, bessere Bildung und sozialer Aufstieg in großem Stil einhergehen. Alarmierend,
10 weil eine Verdoppelung des Ressourcenverbrauchs und der Emissionen von heute auf einen ökologischen Super-Gau hinausliefe. Das alte, ressourcenfressende und ener-
15 gieintensive Wachstumsmodell ist nicht steigerbar.

Ralf Fücks, Zwölf Thesen für eine grüne Revolution, in: Cicero, 28.2.2013

b) Der Schrei

Karikatur: Gerhard Mester / Baaske Cartoons, Müllheim, 2003

M 8 ● Green Growth als Ausweg?

Deshalb lautet die zentrale Herausforderung der kommenden Jahrzehnte, das globale Wachstum in eine grüne Richtung zu lenken. [...] Die ökonomische Wertschöp-
5 fung muss vom Naturverbrauch entkoppelt werden. Dafür braucht es eine doppelte Kraftanstrengung: eine kontinuierliche Steigerung der Ressourceneffizienz sowie die weitgehende Dekarbonisierung [=Ab-
10 koppelung von Öl, Gas und Kohle] der Ökonomie, also der Übergang zu erneuerbaren Energiequellen und Rohstoffen. [...]
Die ökologische Transformation des Kapitalismus ist ein gewaltiges Innovations- und Investitionsprogramm: es geht um res- 15 sourceneffiziente Technologien, regenerative Energien, intelligente Stromnetze, neue Werkstoffe, vernetzte Stoffkreisläufe, Elektromobilität, Modernisierung des öffentlichen Nah- und Fernverkehrs, Umbau 20 der Städte, CO_2-Recycling, High-Tech-Biolandwirtschaft etc. Die grüne industrielle Revolution führt zu einer neuen langen Welle des Wachstums, vergleichbar der Elektrifizierung oder dem Siegeszug der di- 25 gitalen Technologien. [...]

Unsere allerwichtigste Ressource heißt Kreativität. Dazu gehört auch die Fähigkeit, Knappheitskrisen durch Innovationen zu überwinden. Der „Faktor Energie" ist zum Beispiel gar nicht begrenzt: Die Sonne und die Geothermie bieten nahezu unerschöpfliche Energiequellen.

Ökologische Verantwortung fängt bei uns selbst an. Es ist gut und richtig, weniger Fleisch zu essen, mit Rad oder Bahn zu fahren und keine Produkte zu kaufen, für die Menschen geschunden oder Regenwälder abgeholzt werden. Aber der Appell zur Genügsamkeit allein reicht nicht: Um das Klima zu stabilisieren, müssen die globalen CO_2-Emissionen bis zur Mitte des Jahrhunderts halbiert werden. Angesichts der wachsenden Weltbevölkerung ist das nicht zu schaffen, indem wir uns zur Enthaltsamkeit verdonnern.

Wir müssen nicht unsere Freude an Mobilität, Mode, Technik und Kommunikation zügeln, sondern vielmehr unseren Natur-

verbrauch. Das sind irreversible Attribute der Moderne. Ziel ökologischer Politik ist eine neue Produktionsweise, nicht ein neuer Mensch.

Wer Produktion und Konsum drastisch reduzieren will, handelt früher oder später autoritär: Wenn die Menschheit nicht freiwillig auf materiellen Komfort verzichten will, muss sie zu ihrem Glück genötigt werden. Die Demokratie wird der Ökologie geopfert. [...] Dagegen gilt es die unverbrüchliche Allianz von Ökologie und Demokratie zu verteidigen: Erstens darf die Freiheit keinem anderen Zweck untergeordnet werden. Zweitens ist eine offene, demokratisch verfasste Gesellschaft auch überlegen, wenn es um Erfindungsreichtum, Selbstverantwortung und Unternehmergeist geht.

Ralf Fücks, Zwölf Thesen für eine grüne Revolution, in: Cicero, 28.2.2013

Ralf Fücks ist Vorstandsmitglied der Heinrich-Böll-Stiftung, der parteinahen Stiftung von Bündnis 90/Die Grünen.

M 9 ● Kritik an (grünen) Wachstumsvorstellungen

Das „Mehr!" als Kern des Wachstumsfetischismus wird so auch bei einem Green New Deal nicht infrage gestellt. Dies zeigt sich zum Beispiel am Bundestagswahlkampf 2009: Statt etwa den sozial-ökologischen Umbau der krisengeschüttelten Autoindustrie forderten die Grünen mehr neue Autos – eine Millionen Elektroautos sollten bis 2020 gebaut werden. Es spricht nichts dagegen, Windräder und Solaranlagen zu bauen und die Energieeffizienz zu steigern. Doch führt die Produktion von Millionen neuer Solaranlagen und Autos wirklich dazu, dass weniger verbraucht wird? Nur wenn der Anteil der erneuerbaren Energien irgendwann bei 100 % liegen würde, gäbe es keine Kohle- und Atomkraftwerke mehr. Doch wer glaubt, dass mehr Solaranlagen automatisch weniger Kohlekraftwerke bedeuten, geht davon aus, dass Substitution stattfindet und die erneuerbare Energie nicht zusätzlich konsumiert wird. Kann da-

her ein Mehr an Solaranlagen der richtige Weg zu einer Welt jenseits fossiler und atomarer Energie sein? Oder muss nicht auch über das Weniger gesprochen und dafür gekämpft werden?

Die Lösung des Problems kann indes auch nicht darin bestehen, dass die Wirtschaft einfach innerhalb des bestehenden Systems schrumpft. Denn eine solche Schrumpfung – innerhalb der kapitalistischen Logik als Rezession bekannt – geht immer zulasten der Ärmsten und Schwächsten der Gesellschaft und ist außerdem eine unfreiwillige Schrumpfung, die von den Menschen als Unglück empfunden wird.

Tanja von Egan-Krieger et al., Ausgewachsen! Nachdenken über eine solidarische Postwachstumsökonomie, in: Werner Rätz et al. (Hg.), Ausgewachsen! Ökologische Gerechtigkeit. Soziale Rechte. Gutes Leben, Hamburg 2011, S. 10

Green New Deal

Begriff in Anlehnung an das große Wirtschaftsprogramm („New Deal") des US-amerikanischen Präsidenten Franklin D. Roosevelt zur Bekämpfung der Wirtschaftskrise 1929 und in den Folgejahren, bei dem staatlicherseits massiv in den Ausbau von Infrastruktur investiert und damit zunächst viele Arbeitsplätze im Straßenbau usw. geschaffen wurden; hier ökologische Wende des Kapitalismus, mit dem Ziel einer Wachstumswirtschaft, die aber ressourcen- und emmissionsneutral ist.

Autorentext

M 10 ● Abschied vom Wachstum – Degrowth als Ausweg?

Unter *Degrowth oder Postwachstum* verstehen wir eine Wirtschaftsweise und Gesellschaftsform, die das Wohlergehen aller zum Ziel hat und die ökologischen Lebensgrundlagen erhält. Dafür ist eine grundlegende Veränderung unserer Lebenswelt und ein umfassender kultureller Wandel notwendig.

Das aktuelle wirtschaftliche und gesellschaftliche Leitprinzip lautet „höher, schneller, weiter" – es bedingt und befördert eine Konkurrenz zwischen allen Menschen. Dies führt zum einen zu Beschleunigung, Überforderung und Ausgrenzung. Zum anderen zerstört die Wirtschaftsweise unsere natürlichen Lebensgrundlagen sowie die Lebensräume von Pflanzen und Tieren. Wir sind der Überzeugung, dass die gemeinsamen Werte einer Postwachstumsgesellschaft Achtsamkeit, Solidarität und Kooperation sein sollten. Die Menschheit muss sich als Teil des planetarischen Ökosystems begreifen. Nur so kann ein selbstbestimmtes Leben in Würde für alle ermöglicht werden.

Praktisch gesehen heißt das:
- Eine Orientierung am guten Leben für alle. Dazu gehören Entschleunigung, Zeitwohlstand und Konvivialität.
- Eine Verringerung von Produktion und Konsum im globalen Norden, eine Befreiung vom einseitigen westlichen Entwicklungsparadigma und damit die Ermöglichung einer selbstbestimmten Gestaltung von Gesellschaft im globalen Süden.
- Ein Ausbau demokratischer Entscheidungsformen, um echte politische Teilhabe zu ermöglichen.
- Soziale Veränderungen und Orientierung an Suffizienz, statt bloßen technologischen Neuerungen und Effizienzsteigerung, um ökologische Probleme zu lösen. Wir betrachten die These von der Möglichkeit der absoluten Entkopplung von Wirtschaftswachstum und Ressourcenverbrauch als historisch widerlegt.
- Regional verankerte, aber miteinander vernetzte und offene Wirtschaftskreisläufe.

Webredaktion degrowth.info, 27.3.2016

Teilnehmer der Demonstration „Genug ist genug für alle!", Leipzig, September 2014

Zeitwohlstand
soziologisch beschrieben als das Verfügen über mehr Zeit, als für die Erledigung von Pflichten notwendig ist. Dabei muss über dieses Mehr an Zeit selbstbestimmt verfügt werden können.

Konvivialität
Kunst, miteinander zu leben („con-vivere"); abgegrenzt von „nebeneinander leben".

Suffizienz
Im ökologischen Sinne bedeutet Suffizienz einen möglichst geringen Rohstoffverbrauch und Energieeinsatz; hier auch: Konsumverzicht, Selbstbegrenzung.

🅗 **zu Aufgabe 1**
Erstellen Sie hierfür eine Tabelle mit Vergleichskategorien.

🅗 **zu Aufgabe 2**
Berücksichtigen Sie z. B. die Bereiche Konsum, Verkehr/Mobilität, Arbeitszeit, Energieversorgung und -nutzung, Freizeitverhalten, Bildung, politische Entscheidungen.

🅜 **zu Aufgabe 2**
Gestalten Sie Radioreportagen (Podcast), die in der Zukunft über den Alltag in einer Postwachstumsgesellschaft berichten.

Aufgaben

1. Vergleichen Sie die Konzepte von „Green Growth" und „Degrowth" miteinander (M 8-M 10).
2. Charakterisieren Sie (arbeitsteilig), welche Auswirkungen die Einführung einer Postwachstums- bzw. Degrowth-Ökonomie für ihr eigenes und für das gesamtgesellschaftliche Leben haben könnte (M 9, M 10).

ORIENTIERUNGSWISSEN

Bruttoinlands-produkt als Wirtschaftsindikator
(Basiskonzept: Ordnungen und Systeme)
M 1, Infobox, M 3

Ein stetiges Wirtschaftswachstum ist ein grundlegendes Ziel der bundesrepublikanischen Wirtschaftspolitik (vgl. Kap. 4.3.1), dessen Erreichung mithilfe des **Bruttoinlandsproduktes (BIP)** überprüft wird.

Mit diesem Indikator wird der **Geldwert aller pro Jahr innerhalb einer Volkswirtschaft produzierten Güter** (Waren und Dienstleistungen) erfasst. Neben dieser Produktionsseite (Entstehung des BIP) wird in der Volkswirtschaftlichen Gesamtrechnung auch die Verwendung des BIP (Nachfrageseite) sowie seine Verteilung auf die Wirtschaftsakteure ermittelt.

Alternative Indikatoren für Wohlstand bzw. Lebensqualität
(Basiskonzept: Ordnungen und Systeme)
M 4, M 6

Als Wohlstandsindikator steht das BIP in der **Kritik**, da einerseits z. B. unentgeltliche Arbeiten wie Haus- und Erziehungsarbeit nicht erfasst werden, wohingegen andererseits ressourcenverschwendendes wirtschaftliches Handeln (z. B. Autokauf nach vorzeitiger Verschrottung eines anderen PKW) positiv in das BIP einfließen.

Reformvorschläge für Wohlstandsindikatoren fassen vor dem Hintergrund dieser Kritik den Wohlstandsbegriff deutlich weiter (im Sinne von **Lebensqualität** in einer Gesellschaft) und versuchen, u. a. die Einkommensverteilung, die Qualität des Gesundheits- und Bildungswesens und Schäden durch Umweltverschmutzung in die Erfassung von Wohlstand einzubeziehen. Politisch konnten sich diese in Deutschland, obwohl teilweise öffentlich in Auftrag gegeben, bisher nicht durchsetzen. Dies ist vermutlich der größeren Anzahl der zu berücksichtigenden Kriterien geschuldet, die diese Indikatoren weniger greif- und vergleichbar erscheinen lassen als das BIP.

Grünes Wachstum oder Degrowth? Antworten auf die Wachstumskrise
(Basiskonzept: Ordnungen und Systeme)
M 8–M 10

Angesichts der **existenzbedrohenden** Folgen des Klimawandels bzw. von **Umweltschäden** allgemein wird das **Wirtschaftsmodell** einer wachstumsorientierten Marktwirtschaft von vielen Seiten in Frage gestellt; Reformüberlegungen zielen auf die Etablierung einer an **Nachhaltigkeit** orientierten Wirtschaft ab.

Befürworter eines „**grünen**" **Wachstums**pfades gehen dabei davon aus, dass Wirtschaftswachstum und Umweltschutz sehr wohl miteinander verknüpft werden können, indem nämlich das Wirtschaftswachstum durch die Entwicklung und Produktion besonders umwelt- und ressourcenschonender Güter generiert wird.

Demgegenüber gehen Befürworter von **Postwachstum**sgesellschaften bzw. eines **Degrowth**-Ansatzes davon aus, dass nur die wirtschaftliche Schrumpfung einen Ausweg aus der ökologischen (Wachstums-)Krise bietet. Dieser Vorstellung zufolge sind also der (Konsum-)Verzicht in nahezu allen Lebensbereichen sowie die langlebige Nutzung von Gütern (einschließlich Recycling) das Gebot der Stunde.

6 Wirtschaftswachstum, Lebensqualität und Umweltschutz – ein Konflikt?

Mit einem Ökobonus dem Klimawandel begegnen?

Eine Lösung der Klima- und Umweltprobleme ist ohne Öko-Abgaben kaum denkbar. Erst wenn umweltschädliche Produkte und Prozesse spürbar teurer werden, sparen
5 Verbraucher und Unternehmer sie ein. Doch die Sache hat einen Haken: Ökoabgaben treffen sozial Benachteiligte, Kinderreiche und kapitalschwache Unternehmen besonders hart. [...]
10 Der Kanton Basel-Stadt führte 1999 eine Stromabgabe ein, die etwa zwanzig Prozent des Strompreises ausmacht. Allerdings verband die Kantonsregierung das mit einem Versprechen: Das Geld fließt nicht in den
15 Stadthaushalt, sondern wird im folgenden Jahr an Bürger und Unternehmen zurückgezahlt. Erst nehmen, dann geben – was soll das?, könnte man kritisch fragen. Doch der Plan ist schlau. Denn alle Bürger, Kinder
20 eingeschlossen, erhalten den gleichen Betrag aus dem eingenommenen Geld, alle Unternehmen den gleichen Anteil pro Arbeitsplatz. Die Botschaft lautet: Je weniger Strom ich verbrauche, desto weniger zahle
25 ich an Abgabe – und desto mehr profitiere ich von der Rückzahlung. [...]
Doch so erfolgreich [dieses Modell ist – es schöpft] die Möglichkeiten des Ökobonus nicht aus. [D]ie Basler Stromabgabe [...] [ist]
30 zu niedrig für eine echte sozial-ökologische Umwälzung. Doch diese ließe sich mit dem System des Ökobonus erreichen: Man stelle sich nur vor, ein mutiger deutscher Finanzminister erhebt oder erhöht Ökoabgaben
35 auf fossile Rohstoffe und auf einige endliche Rohstoffe. Nun werden Sprit, fossil produzierte Energie, Kerosin und endliche Res-

sourcen deutlich teurer. Gleichzeitig zahlt das Finanzministerium das Geld im folgenden Jahr an Bürger und Unternehmer zu- 40 rück [...].
Spätestens jetzt wissen alle, wie sie von diesem System profitieren: Wer wenig Strom verbraucht, mit der Sonne heizt, wenig Auto und lieber Fahrrad fährt, die Bahn 45 nutzt und nicht fliegt, Mehrweg kauft und energiesparende Geräte einsetzt, wird mehr vom Staat herausbekommen, als sie oder er über die Ökoabgabe gezahlt hat. Die Unternehmen investieren massiv in die Einspa- 50 rung von Ressourcen, entwickeln energiesparende Technologien und nutzen erneuerbare Energien. Es wird mehr repariert und weniger weggeworfen. [...] Die regionale Produktion wird wichtiger als die 55 globale. [...] Die ökologische Revolution hat begonnen [...]. Und sie wird akzeptiert, weil die Einnahmen aus den Abgaben sozial gerecht ausgeschüttet werden.
Die Erfahrungen in Basel [...] zeigen, dass 60 diese Vision möglich wäre. Klimaschützer, aber auch Politiker wie der französische Staatspräsident Emmanuel Macron oder Bundeskanzlerin Angela Merkel, fordern einen Preis für Kohlendioxid. Demokratisch 65 durchsetzbar wird dieser Preis erst, wenn damit jene Bürger und Unternehmen belohnt werden, die besonders umweltgerecht leben und wirtschaften.

Wolfgang Kessler, Ein Umweltbonus für alle, Frankfurter Rundschau, 5.2.2018

Wolfgang Kessler ist Wirtschaftspublizist und Chefredakteur der christlichen Zeitschrift Publik-Forum.

Aufgaben

1. Beschreiben Sie die Funktionsweise des im Schweizer Kanton Basel eingesetzten Umweltbonus.

2. Ordnen Sie dieses Instrument umweltpolitisch ein.

3. Arbeiten Sie die wirtschaftstheoretischen Annahmen heraus, die dem Umweltbonus zugrunde liegen.

4. Kessler fordert einen umfassenden Umweltbonus als neuartiges, einen tiefgreifenden Wandel hervorrufendes Instrument. Erörtern Sie diese Forderung.

OPERATOREN

302 ●●● Erläuterungen zu den Operatoren

Operatoren für das Fach Politik-Wirtschaft

Die folgenden Operatoren finden Verwendung in den Aufgabenvorschlägen im Zentralabitur.

Operator	Beschreibung der erwarteten Leistung
Anforderungsbereich I	
beschreiben	strukturiert und fachsprachlich angemessen Materialien vorstellen und/oder Sachverhalte darlegen
darstellen	Sachverhalte detailliert und fachsprachlich angemessen aufzeigen
gliedern	einen Raum, eine Zeit oder einen Sachverhalt nach selbst gewählten oder vorgegebenen Kriterien systematisierend ordnen
wiedergeben	Kenntnisse (Sachverhalte, Fachbegriffe, Daten, Fakten, Modelle) und/oder (Teil-)Aussagen mit eigenen Worten sprachlich distanziert, unkommentiert und strukturiert darstellen
zusammen-fassen	Sachverhalte auf wesentliche Aspekte reduzieren und sprachlich distanziert, unkommentiert und strukturiert wiedergeben

Operator	Beschreibung der erwarteten Leistung
Anforderungsbereich II	
analysieren	Materialien, Sachverhalte oder Räume beschreiben, kriterienorientiert oder aspektgeleitet erschließen und strukturiert darstellen
charakteri-sieren	Sachverhalte in ihren Eigenarten beschreiben, typische Merkmale kennzeichnen und diese dann gegebenenfalls unter einem oder mehreren bestimmten Gesichtspunkten zusammenführen
einordnen	begründet eine Position/Material zuordnen oder einen Sachverhalt begründet in einen Zusammenhang stellen
erklären	Sachverhalte so darstellen (gegebenenfalls mit Theorien und Modellen), dass Bedingungen, Ursachen, Gesetzmäßigkeiten und/oder Funktionszusammenhänge verständlich werden
erläutern	Sachverhalte erklären und in ihren komplexen Beziehungen an Beispielen und/oder Theorien verdeutlichen (auf Grundlage von Kenntnissen bzw. Materialanalyse)
heraus-arbeiten	Materialien auf bestimmte, explizit nicht unbedingt genannte Sachverhalte hin untersuchen und Zusammenhänge zwischen den Sachverhalten herstellen
vergleichen	Gemeinsamkeiten, Ähnlichkeiten und Unterschiede von Sachverhalten kriterienorientiert darlegen

Operator	Beschreibung der erwarteten Leistung
Anforderungsbereich III	
begründen	komplexe Grundgedanken durch Argumente stützen und nachvollziehbare Zusammenhänge herstellen
beurteilen	den Stellenwert von Sachverhalten oder Prozessen in einem Zusammenhang bestimmen, um kriterienorientiert zu einem begründeten Sachurteil zu gelangen
entwickeln	zu einem Sachverhalt oder zu einer Problemstellung eine Einschätzung, ein Lösungsmodell, eine Gegenposition oder ein begründetes Lösungskonzept darlegen
erörtern	zu einer vorgegebenen Problemstellung eine reflektierte, abwägende Auseinandersetzung führen und zu einem begründeten Sach- und/oder Werturteil kommen
sich auseinander-setzen	zu einem Sachverhalt, einem Konzept, einer Problemstellung oder einer These usw. eine Argumentation entwickeln, die zu einem begründeten Sach- und/oder Werturteil führt
Stellung nehmen	Beurteilung mit zusätzlicher Reflexion individueller, sachbezogener und/oder politischer Wertmaßstäbe, die Pluralität gewährleisten, und zu einem begründeten eigenen Werturteil führt
überprüfen	Inhalte, Sachverhalte, Vermutungen oder Hypothesen auf der Grundlage eigener Kenntnisse oder mithilfe zusätzlicher Materialien auf ihre sachliche Richtigkeit bzw. auf ihre innere Logik hin untersuchen

Niedersächsisches Kultusministerium 2017

Hinweise zur Bearbeitung von Aufgabenstellungen ● ● ● 303

Hinweise zur Bearbeitung von Aufgabenstellungen

Bis zum Abitur wird von Ihnen gefordert, mit Operatoren formulierte Aufgaben zu bearbeiten. Im Folgenden werden sieben häufig verwendete Operatoren näher erklärt, um Ihnen die Bearbeitung der Aufgaben zu erleichtern.

zusammenfassen

Sie sollen unter Beweis stellen, dass Sie einen fachspezifischen Text hinsichtlich seiner zentralen Aussagen „verstehen", indem Sie diesen mit eigenen Worten zusammenfassen.

Drei Gesichtspunkte sind hier zentral:
- die **inhaltliche Reduktion**; dabei ist zu beachten, dass oft in den Aufgaben ein Aspekt genannt wird, zu dem die Ausführungen zusammengefasst werden sollen. Alles andere sollte weggelassen werden.
- die **Strukturiertheit**; häufig ist es sinnvoll, sich vom Aufbau des Ausgangstextes selbst zu lösen und eine eigene sinnvolle Struktur für die Zusammenfassung zu finden.
- die **sprachliche Distanzierung**: Verwenden Sie durchgängig eigene Formulierungen (Ausnahme: Fachbegriffe) und grammatische Distanzierungsmittel (insb. Konjunktiv der indirekten Rede)

einordnen

Sie sollen – wie bei allen Aufgaben des Anforderungsbereichs II – fundierte Fachkenntnisse nachweisen, hier indem Sie diese in einem neuen Zusammenhang anwenden. Sie wählen sie bewusst aus und stellen diese nachvollziehbar dar.

Bearbeitungstipp: Stellen Sie sich einen nur wenig vorgebildeten Leser vor! Nichts ist „selbstverständlich", sondern muss diesem Leser genau erklärt werden (Fachbegriffe definieren, Zusammenhänge genau darstellen etc.).

Hier sind zwei unterschiedliche Aufgabenformate vorstellbar: erstens Aufgaben, die genau angeben, in welchen Sachverhalt eine Position eingeordnet werden soll („*Ordnen Sie Bofingers Position in die Theorie der nachfrageorientierten Wirtschaftspolitik ein.*"); zweitens – und wahrscheinlicher – eine offenere Aufgabenstellung („*Ordnen Sie Benjamin Barbers Konzept ‚Starke Demokratie' demokratietheoretisch ein.*"). Beim zweiten Typus sollten Sie bei der schriftlichen Beantwortung der Aufgabe zunächst kurz darlegen, welche Demokratietheorien Sie zur Einordnung heranziehen. Dann können Sie ähnlich vorgehen wie bei der Aufgabenstellung → „vergleichen".
In beiden Varianten geht es oft darum, die im Material nicht unbedingt explizit geäußerten Grundannahmen etc. Fachkonzepten zuzuordnen und diese Zuordnung erklärend zu belegen.

erläutern

Hier sollten Sie unter Beweis stellen, dass Sie eine im vorliegenden Material nicht weiter begründete, aber allgemein als zutreffend angesehene Aussage („Sachverhalt") auf der Basis fundierten Fachwissens umfassend erklären können. Dadurch zeigen Sie, dass Sie gegebene Aussagen tief zu durchdringen verstehen.

Zwei Hauptschwierigkeiten beinhaltet der Operator „erläutern":
- Zum Ersten weist der Sachverhalt häufig mehrere zu erläuternde **Dimensionen** auf, die zunächst von Ihnen identifiziert und in der Einleitung zur Aufgabenbearbeitung dargestellt werden müssen. Materialbeispiel: *„Das Problem des anthropogenen Klimawandels stellt eine der Hauptbedrohungen für die Menschheit dar und konnte politisch bislang allerhöchstens in Ansätzen politisch gelöst werden."* Hier finden sich drei zu erläuternde Aspekte, nämlich erstens die Menschengemachtheit der globalen Erwärmung, zweitens die Behauptung, der Klimawandel sei eine globale Hauptbedrohung, und drittens die fehlende politische Lösung.
- Zum Zweiten müssen **sinnvolle Beispiele** und/oder Theorien zur Verdeutlichung der Aussage angeführt werden.

Materialbeispiel: Das Bedrohungspotential des Klimawandels könnte am Beispiel bereits einsetzender Versteppung und daraus resultierender Nahrungskonkurrenz inkl. Hungermigration verdeutlicht werden. Zusätzlich wäre es möglich, das Nichtzustandekommen umfassender politischer Lösungen (Scheitern von Klimagipfeln) mit der Rational-choice-Theorie systematisch zu analysieren.

herausarbeiten

Sie sollen aus Materialien – Texten, Bildern (z. B. Karikaturen), Statistiken – Sachverhalte erschließen, auch wenn sie nicht ausdrücklich genannt sind. Zwischen diesen Aspekten sollen Sie überdies Zusammenhänge herstellen.

Bearbeitungstipps: Lesen Sie die Aufgabe gründlich. Es soll meist nur ein Aspekt bzw. dessen Verbindung(en) zu anderen herausgearbeitet werden, nicht aber alle möglichen Bezüge, die das Material anböte.

„Herausarbeiten" wird häufig in Bezug auf Texte verwendet. Gerade in meinungsbetonten Texten (z. B. Kommentaren) werden zwar oft zwei oder mehr Sachverhalte in Verbindung gebracht (Auslöser – Folge, Ursache – Wirkung), dieser Zusammenhang wird aber nicht näher ausgeführt. Diesen Zusammenhang müssten Sie dann detailliert mithilfe Ihrer Kenntnisse ausarbeiten und präzise darstellen (z. B.: *„Arbeiten Sie den Zusammenhang zwischen der sozialen Stellung und dem Wahlverhalten heraus."*).
Der Operator wird auch gebraucht, um (Teil-)Aussagen zweier Materialien (z. B. zweier Statistiken) miteinander in Beziehung setzen zu lassen.

OPERATOREN

vergleichen

Vergleiche sind kein Selbstzweck, sondern dienen in der Regel dazu, die Spezifika eines Sachverhaltes durch die Abgrenzung von einem „verwandten" Sachverhalts zu erhellen.

Bearbeitungstipps: Vergegenwärtigen Sie sich die mögliche Zielsetzung des Vergleichs (Darlegen der Spezifika eines Sachverhalts durch Analogie und Abgrenzung), um eine problemorientierte Einleitung formulieren und tragfähige Vergleichskriterien entwickeln zu können.

Nicht immer müssen miteinander verglichene Gegenstände Gemeinsamkeiten und Ähnlichkeiten und Unterschiede aufweisen. Denkbar ist z. B. auch, dass sich nahezu ausschließlich Unterschiede finden.

Erfahrungsgemäß bereitet die **Kriterienorientierung** des Vergleichs die meisten Schwierigkeiten. Empfehlenswert ist daher in einem ersten Schritt, zur Vorbereitung auf die schriftliche Beantwortung der Aufgabe eine Matrix mit (min.) drei Spalten anzulegen: In der linken Spalte werden Vergleichskriterien festgehalten (die Sie in der Regel selbst finden müssen), zu denen dann die Spalten gefüllt werden.

	Demokratietheorien im Vergleich	
	Jean-Jacques Rousseau	John Stuart Mill
Menschenbild		
Begründung für demokratisches System		
Politisches Entscheidungsverfahren		
Haltung zu Partikularinteressen		
Gewaltenteilung		
...		

Gemeinsamkeiten bzw. Ähnlichkeiten sowie Unterschiede könnten in einem zweiten Schritt farbig markiert werden. Im dritten Schritt kann der eigene Text anhand der Kriterien oder – meist empfehlenswerter – nach Gemeinsamkeiten und Unterschieden strukturiert werden, wobei die stärksten Übereinstimmungen/Unterschiede zuerst bzw. zuletzt genannt werden sollten.

begründen

Der Operator ist vergleichbar mit „beurteilen" und „sich auseinandersetzen". Wesentlicher Unterschied: Es wird von Ihnen keine eigene Positionierung verlangt, sondern „lediglich" das strukturierte argumentative Untermauern eines vorgegebenen Gedankens.

Bearbeitungstipp: Achten Sie genau auf die Aufgabenstellung: Ist gefordert,

Richten Sie bei der Bearbeitung der Aufgabe Ihr Augenmerk u. a. auf folgende Aspekte:
- Verdeutlichen Sie sich zunächst die **Ausgangslage** der Aufgabenstellung: Formulieren Sie hierzu die zu begründende Aussage/These mit eigenen Worten.
- In der Planung der Aufgabenbearbeitung ist es sinnvoll, zunächst eine **Argumentsammlung** anzulegen. Argumente können auch ex negativo entwickelt werden, also in einer Darstellung dessen bestehen, was geschähe, wenn der Gedanke nicht umgesetzt würde.
- Die entwickelten Argumente können Sie an Urteilskriterien anbinden, müssen es aber hier nicht zwingend.
- Finden Sie eine **schlüssige Anordnung der Argumente**: Bei eher unzusammenhängenden Argumenten können Sie zen-

OPERATOREN

Hinweise zur Bearbeitung von Aufgabenstellungen

den Grundgedanken aus einer ganz bestimmten Perspektive zu begründen? Wenn ja, kann das Auswirkungen auf die Strukturierung der Argumentation haben.

trale von weniger starken Argumenten trennen. Sachlich zusammengehörige Argumente sollten Sie so anordnen, dass die innere Logik für den Leser erkennbar wird (z. B. Ursache → Auswirkung → erwartete Folgen).

- Möglicherweise ergeben sich auch zwei oder **mehrere voneinander getrennte Begründungsstränge**. Versuchen Sie nicht zwangsweise, solche zu einer einzigen Begründung zusammenzufügen, sondern beschreiben Sie lieber im Einleitungsteil Ihr Vorgehen.

entwickeln

Der Operator erfordert (anders als alle anderen im Anforderungsbereich III), dass Sie selbst ein Lösungskonzept bzw. eine Einschätzung erstellen und keine vorgefundene beurteilend kommentieren.

Bearbeitungstipp: Beachten Sie die Aufgabe genau bzw. legen Sie bereits bei der Planung der Aufgabenbearbeitung fest, ob es sinnvoll ist, eine Einschätzung bzw. einen Lösungsvorschlag aus einer bestimmten **Perspektive** heraus und/oder für einen bestimmten **Adressaten** zu entwickeln.

Achten Sie bei der Planung und Verschriftlichung der Aufgabe auf folgende sechs Punkte:

- Ein Lösungskonzept setzt sich häufig aus mehreren **Teillösungen für zentrale Problembestandteile** zusammen. Finden Sie für jede dieser wesentlichen Problemursachen mindestens einen Lösungsansatz.
- Achten Sie unbedingt darauf, Problemursachen und nicht (nur) -folgen zu „bekämpfen".
- Häufig gibt es mehrere (miteinander nicht unbedingt vereinbare) Teil-Lösungsansätze. Wählen Sie jeweils einen aus und halten Sie die Begründung für die Auswahl stichwortartig fest.
- Achten Sie bei der Kombination der Teil-Lösungsansätze, dass Sie einander nicht „stören".
- Zur Verschriftlichung: Entweder präsentieren Sie – nach einer kurzen Einleitung – Ihre Gesamtlösung und erläutern diese in einem gesonderten schriftlichen Teil. Oder Sie präsentieren immer einen Lösungsansatz für eine wesentliche Problemursache und begründen diesen unmittelbar im Anschluss.
- Sie können am Ende der Aufgabe auch die politische Durchsetzbarkeit Ihres Vorschlags begründet einschätzen, auch wenn dies nicht zwingender Teil der Aufgabe ist.

erörtern

In Ihrer Erörterung (und das gilt genauso auch für die Operatoren **„beurteilen"** und **„Stellung nehmen"**) sollen Sie unter Beweis stellen, dass Sie ein gegebenes Problem unter Nutzung Ihres Fachwissens und der Übernahme

Fünf Punkte sind wesentlich zu beachten:

- Ein politisches Urteil sollte unbedingt kategorial (Legitimität, Effizienz, Grundwerte) erfolgen und diese **Urteilskategorien** sollten je nach Problemstellung in **Kriterien** (z. B. Durchsetzbarkeit, Kosten, Legalität, Repräsentativität, Gleichheit, Freiheit, Sicherheit...) aufgefächert sein. Bei der schriftlichen Entfaltung von Argumenten sollten diese jeweils explizit den Kriterien zugeordnet werden, um dem Leser eine Orientierung zu ermöglichen.

Hinweise zur Bearbeitung von Aufgabenstellungen

unterschiedlicher Perspektiven vielschichtig abwägen können. Es wird eine rein sachorientierte Sprachwahl verlangt.

Der erwartete Text unterscheidet sich daher deutlich von sich einseitig und oft polemisch positionierenden (Zeitungs-)Texten, die immer wieder auch Gegenstand des PoWi-Unterrichts sind.

- Der Operator „erörtern" fordert zwingend die Anführung von Pro- und Kontraargumenten.
- Jedes dieser Argumente muss durch einen (empirischen) **Beleg**, ein schlüssiges **Beispiel** oder eine **logische Herleitung** untermauert werden. Grenzen Sie diese umfassend und verständlich ausgearbeiteten Argumente stets durch Absätze ab.
- Die Argumente können auf zweierlei Weise angeordnet werden: Wenn Sie sich klar gewichten lassen, bietet sich das „**Sanduhrenmodell**" an (zuerst die Pro-, dann die Kontragesichtspunkte oder umgekehrt, endend mit dem überzeugendsten Argument für die eigene Meinung). Entkräften sich jeweils einzelne Argumente inhaltlich sinnvoll, ist das Modell „**dialektische Erörterung**" empfehlenswert (abwechselnd jeweils ein Pro- und ein Kontraargument auf der gleichen inhaltlichen Ebene, endend mit dem überzeugendsten Argument für die eigene Meinung).
- Im Schlussteil der Erörterung sollte die **eigene Position eindeutig geäußert** werden.

Bearbeitungstipp: Um Ihre Erörterung stimmig zu gliedern, muss Ihr Schreibziel, also die vertretene Position, im Voraus klar sein.

Hilfreich kann es hierfür sein, die Problemstellung in Form einer Meinungslinie zwischen den Enden „stimme vollauf zu" und „stimme überhaupt nicht zu" zu visualisieren und die eigene Position als Schreibziel darin zu markieren.

überprüfen

Sie sollen mithilfe Ihrer Kenntnisse und/oder ergänzender Materialien untersuchen, ob Inhalte/Sachverhalte (z. B. die Begründung politischer Forderungen, wissenschaftliche Aussagen) bzw. Annahmen sachlich richtig bzw. in sich widerspruchsfrei sind.

Bearbeitungstipp: Geben Sie zu Beginn der Bearbeitung an, welche Aussage Sie im Anschluss auf welchem Weg/mit welchen zusätzlichen Materialien überprüfen werden.

Oftmals werden politische Forderungen mit vermeintlich schlüssigen Zusammenhängen oder einer anscheinend überzeugenden Faktenbasis begründet. Dabei werden aber nicht selten die Zusammenhänge oder statistischen Daten überbetont, die für die eigene Forderung sprechen. Mit dem Operator „überprüfen" werden Sie dazu aufgefordert, distanziert und **kritisch** mit solchen Aussagen umzugehen.

Das heißt aber nicht, dass Sie am Ende der Überprüfung einen Inhalt oder Sachverhalt vollständig bestätigt oder komplett verworfen haben müssen. Vielmehr können Sie auch zu einer **Differenzierung der ursprünglichen Annahme** kommen.

Zu Beginn der Überprüfung könnten Sie den Inhalt/die Hypothese in einen Kontext einordnen und dessen/deren Relevanz begründen.

OPERATOREN

Abitur	Politik-Wirtschaft	Material für Schülerinnen und Schüler
Die Klausur bezieht sich auf die Inhalte von Kapitel 2 und Kapitel 5.	eA	Bearbeitungszeit: 270 min

Aufgaben

1 Fassen Sie die Gründe einer Wahlteilnahmepflicht nach Michael Kaeding zusammen.

2 Analysieren Sie die Statistik „Arbeitslosenquote und Wahlbeteiligung" (M 2).

3 Erläutern Sie unter Berücksichtigung von M 2 die von Michael Kaeding genannte „zunehmende soziale Spaltung" (Z. 62f.) als Problem für das demokratische System.

4 Setzen Sie sich mit der Forderung einer Wahlteilnahmepflicht auseinander.

M 1 ● Michael Kaeding: Für eine Wahlpflicht

In der Bundesrepublik ist in den zurückliegenden Jahrzehnten der zweitgrößte Rückgang bei der Wahlbeteiligung zu verzeichnen (hinter Portugal, aber vor Frankreich).
5 Bei der Bundestagswahl 2009 erreichte die Wahlbeteiligung mit 70,8 Prozent einen historischen Tiefstand. 2013 betrug sie 71,5 Prozent. Wahlsieger war die Union, die mit einem Zweitstimmenanteil von allen Wahl-
10 berechtigten auf 29 Prozent kam. Damit verpasste sie die absolute Mehrheit im Bundestag um nur fünf Sitze. Vergessen wird aber in dem Zusammenhang häufig, dass bei der Bundestagswahl 2013 eine fiktive „Partei der
15 Nichtwähler" mit 29 Prozent genauso stark wurde wie der Wahlsieger CDU/CSU.
Aber warum gehen so viele Menschen nicht wählen? [...] Das frappierendste Merkmal der Wahlenthaltung in Deutschland ist eine im-
20 mer größere soziale Schieflage der Wahlbeteiligung: Je höher der Anteil der Menschen ohne Schulabschluss oder mit einem Hauptschulabschluss, desto niedriger ist die Wahlbeteiligung. Je höher dagegen der Anteil der
25 Menschen mit (Fach-)Abitur ist, desto höher fällt auch die Wahlbeteiligung aus. Je höher der Anteil an Haushalten mit hohem sozioökonomischen Status in einem Stadtbezirk, umso höher ist die Wahlbeteiligung. Je mehr
30 Haushalte in einem Stadtbezirk von Arbeitslosigkeit betroffen sind, desto geringer ist die Wahlbeteiligung. [...] Zwar hat die Poli-

tikwissenschaft aus dieser Fülle noch kein Kernmodell der Erklärung von Wahlbeteiligung gebildet, es herrscht jedoch weitge- 35 hend Einigkeit darüber, dass die ungleiche Partizipation verschiedener sozialer Gruppen ein „unresolved dilemma" [= ungelöste Zwangslage] moderner Demokratien ist. [...] [N]eben sozial Benachteiligten sind vor al- 40 lem junge Menschen eine weitere „Problemgruppe" mit außerordentlich geringen Beteiligungsraten. Hierbei treffen häufig beide Faktoren aufeinander: Viele Nichtwähler sind sozial benachteiligt *und* jung. [...] 45 Wählen muss gelernt sein: Zur Wahl zu gehen, ist abhängig von der Sozialisation durch Familie und Umfeld. Wenn Eltern nicht wählen gehen oder ihre Kinder nie zum Wahllokal mitnehmen, macht dies 50 auch eine spätere Wahlbeteiligung der Kinder unwahrscheinlicher. Wird man von Freunden seltsam angeschaut oder belächelt, wenn man sie zur Wahl befragt, wird Wählen auch für einen selbst zunehmend 55 „uncool". Sofern es vor allem in jungen Jahren nicht gelingt, auf Menschen mit anderen Lebensverläufen zu treffen, wird ein Abgleiten in politische Apathie [= Teilnahmslosigkeit] und Exklusion [= Aus- 60 schluss] immer wahrscheinlicher. [...] Es gibt Anzeichen, dass sich durch die zunehmende soziale Spaltung der niedrigen Wahlbeteiligung das politische Angebot und wahrscheinlich auch die politische Nachfrage zuungunsten der jungen und sozial Schwächeren verändert. Das sogenannte Robin-Hood-Paradoxon spiegelt sich in der empirischen Realität wider: Umverteilung von den Reichen an die Armen ist dort am unwahrscheinlichsten, wo sie am meisten benötigt würde. Doch warum ist das so? Bei steigender sozialer Ungleichheit sollte sich in der Bevölkerung eigentlich eine Mehrheit für mehr soziale Umverteilung finden lassen. Doch da sich sozial Benachteiligte überproportional häufig der Wahl enthalten, verschiebt sich die „Mitte der politischen Gesellschaft" auf der Einkommensskala nach oben: Die „Mitte der Wähler" ist seit Jahren nicht mehr identisch mit der „Mitte der Gesamtbevölkerung". Mit Vorschlägen für eine stärkere Umverteilung sind immer seltener Mehrheiten zu gewinnen. [...]

Eine Wahlteilnahmepflicht macht den Gang in das Wahllokal zur Pflicht, nicht aber die Abgabe einer gültigen Stimme. Studien aus vielen Ländern der Welt haben gezeigt, dass eine Wahlteilnahmepflicht in der Lage ist, die soziale Spaltung der Wahlbeteiligung zu nivellieren, solange der Wahlzettel Wahlmöglichkeiten aufzeigt, vor allem auch zur Enthaltung. Eine „gewählte Enthaltung" lässt sich zudem viel ehrlicher interpretieren als eine Nichtwahl im heutigen System. Eine Wahlteilnahmepflicht verhindert den ungleich größeren Einfluss der besser gestellten Schichten; sie verhindert, dass immer nur bestimmte soziale Schichten über die Zukunft eines Landes entscheiden. Wir sehen dieser Tage, dass Demokratie einer alltäglichen Verteidigung bedarf. Es ist daher sinnvoll, sich ernsthaft mit einer Wahlteilnahmepflicht auseinanderzusetzen.

Eine Wahlteilnahmepflicht hält die politischen Eliten an, Wählerstimmen aus allen sozialen Schichten zu gewinnen. Die wachsende Gruppe junger, abgehängter, notorischer Nichtwähler und Nichtwählerinnen würde in das politische System Deutschlands reintegriert. Die Repräsentationskraft der Gewählten würde deutlich gestärkt. Derzeit ist es für Parteien nur rational, die eigenen Wahlkämpfe besonders auf jene Stadtviertel auszurichten, in denen die eigene Partei zuletzt hohe Werte erzielen konnte und die eine hohe Wahlbeteiligung aufweisen, da dort automatisch mehr Stimmen zu holen sind.

Michael Kaeding, in: Aus Politik und Zeitgeschichte, Heft 38-39, 2017, S. 25-28

M 2 • Arbeitslosenquote und Wahlbeteiligung

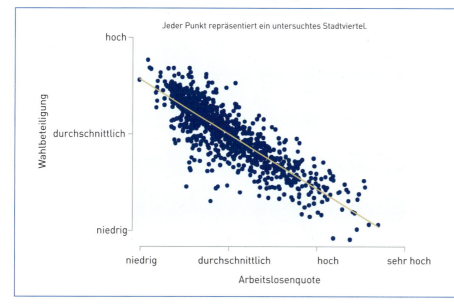

Die Untersuchung wurde in 967 Stadtteilen von insg. 28 deutschen (Groß-)Städten bei der Bundestagswahl 2013 vorgenommen.

Armin Schäfer u.a., Prekäre Wahlen. Milieus und soziale Selektivität der Wahlbeteiligung bei der Bundestagswahl 2013, Bertelsmann-Stiftung, Gütersloh 2013, S. 12

Erwartungshorizont

Lösungsskizze	Formulierungshilfen
Aufgabe 1	
• Der **Einleitungssatz** sollte neben den Formalia (Autor, Erscheinungsmedium und -datum, Textsorte) die Kernaussage/n des Textes enthalten: Kaeding fordert die Einführung einer Wahlteilnahmepflicht und die Aufnahme des Optionsfelds „Enthaltung" auf dem Wahlzettel, um Menschen aus unterprivilegierten sozialen Schichten faktisch stärkere Mitbestimmungsmöglichkeiten einzuräumen. • Zu referierende **Hauptaussagen** sind: (deutlich) geringere Wahlbeteiligung bei Zugehörigkeit zu sozial schwächeren Milieus (Indikatoren: Arbeitslosigkeit, Schulabschluss, Vermögen); Verfestigung der Tendenz dadurch, dass Menschen mit ähnlichen soziostrukturellen Merkmalen und aus ähnlichen Milieus eher räumlich beieinander leben, etwa in Stadtvierteln; Ausrichtung der Politik tendenziell auf große Wählergruppen (also hier die sozioökonomische Mittelschicht) zu Ungunsten unterprivilegierter Gruppen (geringe Umverteilung aufgrund des „Robin-Hood-Paradoxons"); Wahlteilnahmepflicht (inkl. Enthaltungsmöglichkeit) bewirke, dass Politiker alle sozialen Schichten in den Blick nehmen und „bewerben" müssten und dass Wähler durch Entstigmatisierung der Wahl ins politische System „reintegriert" würden.	• Einleitung mit Nennung der Kernaussage: *In seinem Kommentar, der in Aus Politik und Zeitgeschichte, H. 38-39, 2017 erschienen ist, fordert Michael Kaeding die Einführung einer Wahlteilnahmepflicht aller Wahlberechtigten. Damit möchte er erreichen, dass...* Mögliche Textsorten: meinungsbetonte (Kommentar, Leitartikel, Leserbrief...), nicht meinungsbetonte (Bericht, Reportage...) • Wiedergabe der Kernaussagen/-thesen/-argumente: *Der Verfasser legt dar.../ führt aus.../ begründet.../ erklärt dies mit.../ erläutert.../ betont.../ beweist.../ belegt.../ untermauert.../ stützt dies mit.../ zieht dazu heran.../ zeigt auf.../ führt zusammen...*

Lösungsskizze	Formulierungshilfen
Aufgabe 2	
• Die Statistikanalyse umfasst immer einen **Einleitungssatz**, in dem Formalia und Thema der Statistik genannt werden.	*„Das Punkt- bzw. Streudiagramm „Arbeitslosigkeit und Wahlbeteiligung" der Bertelsmann Stiftung, das dem Band „Prekäre Wahlen. Milieus und Soziale Selektivität der Wahlbeteiligung bei der Bundestagswahl 2013" von Armin Schäfer u. a. entnommen worden ist, zeigt die Höhe der Stimmabgabe bei der genannten Wahl in Abhängigkeit zur Höhe der Arbeitslosigkeit in insgesamt 967 Stadtteilen der Bundesrepublik Deutschland."*

• Es schließt sich eine **Beschreibung** der Statistik an:
  • Die Wahlbeteiligung (y-Achse, von niedrig nach hoch) wird gegen die jeweilige Arbeitslosenquote (ALQ) (y-Achse, von niedrig nach hoch) abgetragen.
  • Dabei ergibt sich im Mittel, dass die Wahlbeteiligung steigt, je niedriger sich die ALQ darstellt. Der Median verläuft mit einer Steigung von nahezu -1 von links oben nach rechts unten.
  • Es gibt einige signifikante Abweichungen – insbesondere solche nach unten bei der Wahlbeteiligung trotz niedriger oder zumindest unterdurchschnittlicher ALQ.
	• *Zu beobachten/festzustellen ist erstens..., zweitens..., drittens...*
	• *In der Gesamttendenz lässt sich sagen/konstatieren, dass...*
	• *Davon abweichend... / Lokale Maxima/Minima finden sich...*
	• *Überraschend sind die Ergebnisse...*

Lösungsskizze	Formulierungshilfen
• Die Analyse schließt mit einer **Deutung**, die teilweise auch hypothesenartig sein kann.	• *Die Ergebnisse... sind zu erklären mit...*
• Zwei Deutungsansätze ergeben sich aus Michael Kaedings Text. Zum einen kann es sein, dass die Bürgerinnen und Bürger in sozial unterprivilegierten Stadtteilen „nicht gelernt haben" zu wählen, da die Wahl als aussichtslos angesehen wird. Zum anderen könnte die Wahlteilnahme in diesen Milieus sozial exkludierend wirken.	• *Es ist überdies möglich/ denkbar/ wahrscheinlich, dass...*
• Dazu kommt noch das Argument, dass eine Nichtwahl als rational angesehen werden kann, da die Erfahrung gemacht wurde/die Überzeugung besteht, (anders als Privilegierte) ohnehin nicht vom politischen System bzw. von politischen Entscheidungen zu profitieren.	• *Die Statistik untermauert/ erhärtet/ bestätigt den bekannten Befund...*
• Zudem gab es 2013 noch keine Protestpartei wie die AfD, mit deren Wahl man Systemunzufriedenheit hätte zum Ausdruck bringen können.	
• Die „Ausreißer" nach unten (und nach oben) könnten einerseits durch die Charakteristik der aufgestellten Direktkandidatinnen erklärt werden (mitreißend/einnehmend vs. konturarm), andererseits durch die vermutete Enge des Wahlausgangs (bei wahrscheinlich knapperem Ergebnis werden mehr Wählerinnen aktiviert).	

Aufgabe 3

• **Einleitungssatz:** Hier sollten Sie die folgende Bearbeitung der Aufgabe für den Leser vorstrukturieren, z. B. indem Sie die Aspekte/Dimensionen/ Kategorien nennen, an denen Ihre Erläuterung aufgebaut ist. Auch kann das zentrale Ergebnis bereits angedeutet werden. Insofern bietet es sich an, den Einleitungssatz nach der Anfertigung eines Schreibplans vorzuformulieren und nach Fertigstellung des Antworttextes noch einmal zu überarbeiten.	vgl. Aufgabe 2 sowie:
• Der eigentliche **Hauptteil der Erklärung** ist in Absätze gegliedert, von denen jeder einen Aspekt/eine Dimension/eine Kategorie/einen zentralen Gedankenschritt aufweist. Bei sehr komplexen Zusammenhängen kann auch ein gedanklicher Abschnitt für den Leser durch Absätze binnenstrukturiert werden.	Davon ist abzuleiten... / Aus dem Gesagten ergibt sich... / Als zentrales Problem bleibt festzuhalten...
• Jedes politische Entscheidungssystem benötigt Legitimität, da die Menschen, die die Entscheidungen konkret betreffen, diesen sonst nicht oder nur widerständig folgen. (Man kann unterscheiden zwischen Inputlegitimität, Troughput-Legitimität und Output- oder Ergebnislegitimität.) → Eine ganz zentrale Quelle von Inputlegitimität in Demokratien ist die Wahl der politischen Repräsentanten durch den Souverän, also die Bürgerinnen und Bürger. (Dies ist noch bedeutsamer in einem System, in dem der Regierungschef nicht direkt vom Souverän gewählt wird – wie z. B. im parlamentarischen Regierungstypus der Bundesrepublik.) →Wenn signifikante Teile der Bevölkerung nicht mehr wählen, verringert sich die Inputlegitimität des Entscheidungssystems. Ist die Abnahme zu drastisch, kann von einer Systementfremdung gesprochen werden.	
• Die politischen Repräsentanten werden schwerpunktmäßig von bestimmten Bevölkerungsschichten („Mittelschicht") gewählt. → Hypothese: Daher richten die politischen Parteien ihre Programme tendenziell auf diese entscheidende Wählergruppe aus. → Folge: Die Interessen sozial schwächerer Bevölkerungsgruppen werden deutlich unterrepräsentiert. Damit schwände die Outputlegitimität politischer Entscheidungen.	
• Die Integrationsfunktion des zentralen politischen Partizipationsinstruments „Wahlen" wird dadurch ebenfalls deutlich eingeschränkt, da sich ganze Bevölkerungsgruppen dieser Beteiligungsform verweigern.	

Lösungsskizze	Formulierungshilfen

Aufgabe 4

- Der **Einleitungssatz** sollte die zu diskutierende Frage/These/Forderung und deren Urheber (soweit bekannt) sowie optional einen ersten Hinweis auf die eigene Position aufweisen. Sinnvoll kann es auch sein, einen kurzen Überblick über den gewählten Aufbau der Argumente zu geben.

- Es wird Ihnen eine eindeutige und wohlbegründete Positionierung (hier zu einer Forderung) abverlangt. Zudem sollte die Argumentation kategorien-/kriteriengeleitet erfolgen.

- Zentrale **Pro-Argumente** (nach Michael Kaeding):

  - Faktisch würden ohne Wahlteilnahmepflicht viele Bürgerinnen und Bürger aus sozial unterprivilegierten Gruppen von der Wahl ausgeschlossen, da viele dieser Menschen nie „gelernt" hätten, zu wählen. (Urteilskategorie „Inputlegitimität", Kriterium „Repräsentativität")

  - Daher würden sich zur Wahl stehende Politiker/Parteien in ihren Programmen und (späteren) Entscheidungen eher an den Interessen der sozialen Gruppen orientieren, die überproportional stark wählen gehen – also älteren Menschen aus mittleren und oberen Sozialschichten. (Urteilskategorie „Outputlegitimität", Kriterien „Repräsentativität", „Responsivität")

  - Es besteht nach Kaeding eine Möglichkeit zur „aktiven" Wahlenthaltung. (Grundwert „Freiheit")

- Mögliche **Kontra-Argumente**:

  - Das Grundgesetz weist die allgemeine Handlungsfreiheit als eines der wichtigsten Grundrechte aus (Art. 2). Die Handlungsfreiheit gilt positiv („Etwas zu tun") wie negativ („Etwas zu unterlassen"). Wahlnichtteilnahme ist also grundgesetzlich geschützt (negative Handlungsfreiheit). (Urteilskategorien „Grundwerte"/„Legitimität", Kriterien „Freiheit"/„Legalität").

  - Es bleibt offen, ob Nichtteilnahme an Wahlen sanktioniert werden soll.

  - Es dürfte eine fast unüberwindbare Herausforderung darstellen, für eine solch unpopuläre Maßnahme wie die Wahlpflicht eine für eine Grundgesetzänderung notwendige Zwei-Drittel-Mehrheit zu finden. (Urteilskategorie „Effizienz", Kriterium „Durchsetzbarkeit")

- Der **Schlussteil** enthält noch einmal Ihr eindeutiges Urteil (Achtung: Widersprüche zur Einleitung und zum Hauptteil vermeiden!) und referiert Ihr zentrales Argument in knappen Worten.

Formulierungshilfen:

- *Im Folgenden setze ich mich mit der Forderung... auseinander und komme nach Entkräftung der wenigen Pro-Argumente zu einem eindeutig ablehnenden Urteil.*

- *Befürworter/Gegner einer Wahlteilnahmepflicht führen an.../ führen ins Feld.../ argumentieren.../ legen dar.../ begründen ihre Position mit.../ weisen nach.../ untermauern ihre Haltung mit...*

- *Zwischen Argumenten/Argumentblöcken für die eine bzw. die andere Seite bieten sich folgende sprachliche Überleitungen an: Die Kritiker/Befürworter hingegen argumentieren damit.../ Auf der einen Seite... auf der anderen Seite.../ Entkräftet wird diese Aussage schlüssig durch die Überlegung.../ Dem setzt die andere Seite das sehr starke Argument entgegen, wonach.../*

- *Insbesondere wegen der Bedeutung der allgemeinen Handlungsfreiheit in der Verfassung der Bundesrepublik Deutschland lehne ich die Einführung einer Wahlpflicht, die überdies noch mit ökonomischen Sanktionen bewehrt ist, rundheraus ab.*

- *Oder: Da auch ich die Orientierung politischer Entscheidungsträger an sozial unterprivilegierten Bevölkerungsgruppen für zwingend und deutlich ausbaubedürftig halte, spreche ich mich für die Einführung einer Wahlteilnahmepflicht (mit aktiver Enthaltungsmöglichkeit) aus.*

Unterrichtsmethoden

Amerikanische Debatte

▶ **Ziele:** Perspektivübernahme, Erarbeitung, Artikulation und Argumentation kontroverser Positionen; kommunikatives Handeln

▶ **Orte im U.:** Phase der Urteilsbildung

▶ **Ablauf:** Variante der Pro-Kontra-Debatte (vgl. S. 218): Die Klasse wird in Pro- und Kontra-Gruppen eingeteilt, die auf der Grundlage von Texten oder des vorangegangenen Unterrichts unterschiedliche Positionen zur Debattenfrage erarbeiten. Die Gruppen bestimmen die jeweiligen Diskutanten, deren Anzahl je nach Klassenstärke unterschiedlich sein kann. Die Diskutanten sitzen gegenüber und der Moderator eröffnet die Debatte und erteilt einer Seite das Wort. Das erste Argument wird genannt, die gegnerische Seite greift das Argument auf, versucht es zu widerlegen und nennt ein weiteres Argument, das wiederum von der anderen Seite aufgegriffen wird (siehe Abbildung). Sollten am Ende der Reihe noch nicht alle Argumente ausgetauscht sein, wird von vorne begonnen.
Der Moderator achtet auf die Einhaltung der Reihenfolge sowie der Redezeit und beendet die Debatte. Die Zuschauer bewerten im Anschluss die Diskussion.

▶ **Unbedingt beachten:** Zuspitzung der Themenstellung auf eine Ja-Nein-Frage (Entscheidungsfrage). Da die Debatte eine hoch formalisierte Form der Diskussion ist, sollten die Regeln unbedingt eingehalten werden. Die Redezeit sollte unbedingt begrenzt werden. Die Amerikanische Debatte ist deutlich anspruchsvoller als die „einfache" Pro-Kontra-Debatte, da die Diskutanten mit jedem Beitrag Bezug auf den Vorredner nehmen müssen. Sie empfiehlt sich vor allem für „starke" Lerngruppen.

Ampelkartenabfrage

▶ **Ziele:** Festlegung auf eine eindeutige eigene Position; Ermittlung eines Meinungsbildes der Gesamtgruppe

▶ **Orte im U.:** erste Meinungsabfrage, Einleitung der abschließenden Urteilsbildung

▶ **Ablauf:** Jeder Teilnehmer erhält eine grüne und eine rote Karte. Zu einer politischen Streitfrage (die als Entscheidungsfrage formuliert ist) oder einer kontroversen These positionieren Sie sich nach kurzer Bedenkzeit auf ein Zeichen des Lehrers, indem Sie entweder die grüne (Zustimmung) oder die rote Karte (Ablehnung) deutlich sichtbar hochhalten. Enthaltungen oder Zwischenpositionen sind nicht zugelassen. Einzelne Teilnehmer (ggf. im Blitzlichtverfahren auch alle) werden aufgefordert, ihre Meinung mit ihrem Hauptargument zu begründen. Dieses Argument kann auch in der Vorbereitungszeit stichwortartig bereits auf der (laminierten) Karte notiert werden.

▶ **Unbedingt beachten:** Alle Teilnehmer müssen sich gleichzeitig positionieren. Ein Meinungswechsel und eine Diskussion sind während der Ampelkartenabfrage nicht vorgesehen.

Fish-Bowl-Diskussion

▶ **Ziele:** Perspektivübernahme, Erarbeitung, Artikulation und Argumentation unterschiedlicher Positionen; kommunikatives Handeln

▶ **Orte im U.:** Phase der Urteilsbildung

▶ **Ablauf:** Eine Kleingruppe diskutiert in einem Innenkreis in der Mitte des Raumes ein Thema, während die übrigen Schüler in einem Außenkreis darum herumsitzen („Fish-Bowl"), die Diskussion genau verfolgen und den Diskutanten im Anschluss eine Rückmeldung zum Diskussionsverhalten und Argumentation geben. Ein Moderator im Innenkreis leitet die Diskussion. In der Diskussionsrunde steht ein Stuhl mehr als es Teilnehmer gibt. Den freien Platz kann jemand aus der Beobachtergruppe einnehmen, um Fragen zu stellen oder seine Meinung einzubringen. Danach verlässt er die Diskussionsrunde wieder.

▶ **Variante:** Der Zuschauer verbleibt in der Diskussionsrunde, dafür verlässt ein anderer Diskutant die Runde und macht seinen Stuhl für einen anderen frei.

▶ **Unbedingt beachten:** Fragestellung sollte möglichst offen sein und in der Diskussion verschiedene Richtungen ermöglichen.

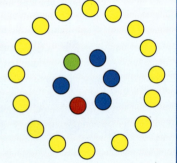

Variante Sitzkreis
- 🟢 Moderator
- 🔵 Gruppensprecher
- 🔴 freier Stuhl
- 🟡 Schüler

Gruppenpuzzle

▶ **Ziele:** Arbeitsteilige selbstständige Erarbeitung und Präsentation von (Teil-) Inhalten

▶ **Orte im U.:** Erarbeitung, Schaffung einer breiten Informationsbasis

▶ **Ablauf:** Ein Thema wird in unterschiedliche, möglichst gleichwertige Teilthemen/ -aufgaben (= Puzzleteile) unterteilt, die in Gruppen erarbeitet werden. Das Gruppenpuzzle arbeitet mit zwei Gruppenformen (Stamm- und Expertengruppe) und wird in drei Phasen durchgeführt:

1. In der ersten Phase werden die Schüler in Stammgruppen eingeteilt. Jedes Mitglied erhält eine Teilaufgabe (= Puzzleteil) einer Gesamtaufgabe, die es erarbeitet und für die es zum „Experten" wird.

2. In der zweiten Phase treffen sich alle „Experten", die dieselbe Teilaufgabe bearbeitet haben, in den sog. Expertengruppen, tauschen sich aus, klären offene Fragen und vertiefen ihr Expertenwissen.

3. In der dritten Phase kehren die Experten in ihre jeweilige Stammgruppe zurück und informieren die Mitglieder der Stammgruppe über ihre Erkenntnisse (=Zusammensetzung der Puzzleteile).

▶ **Unbedingt beachten:** Nach dieser Phase muss jedes Gruppenmitglied über alle Teilaspekte eines Themas (= Puzzleteile) informiert sein. Die Teilergebnisse sollten zu einem Gesamtergebnis zusammengeführt werden.

Methodenglossar · · · 315

Podiumsdiskussion

▶ **Ziele:** Perspektivübernahme, Erarbeitung, Artikulation und Argumentation unterschiedlicher Positionen; kommunikatives Handeln

▶ **Orte im U.:** Phase der Urteilsbildung

▶ **Ablauf:** Zur Vorbereitung werden unterschiedliche Positionen zu einer bestimmten Thematik (in Gruppenarbeit) erarbeitet (Rollenübernahme). Ein Moderator (in der Regel die Lehrperson) führt thematisch in die Diskussion ein, stellt die teilnehmenden Figuren und ihre jeweilige Position kurz vor. Darüber hinaus gibt er die Regeln bekannt:
Zunächst soll jeder Diskutant seine Position in einem kurzen Statement (max. zwei Minuten) vorstellen. Nach Abschluss dieser ersten Runde können die übrigen Teilnehmer darauf Bezug nehmen. Der Moderator wahrt absolute Neutralität, stellt im Verlauf der Diskussion Gemeinsamkeiten und Unterschiede in den Positionen heraus, fragt nach, präzisiert, macht auf Widersprüche aufmerksam und setzt neue Impulse oder provoziert, um die Diskussion weiterzuentwickeln. Er achtet auf eine gleichmäßige Verteilung der Redeanteile und zieht am Ende der Diskussion eine Bilanz.

▶ **Variante:** Die Zuschauer erhalten Rollenkarten und bewerten aus ihrer jeweiligen Position heraus die Diskussion.

▶ **Unbedingt beachten:** Da die Moderatorenrolle äußerst anspruchsvoll ist, sollte sie nur in erfahrenen Lerngruppen an einen Schüler übertragen werden. Auf ein entsprechendes Setting (Podium, Bühne) achten.

Pro-Kontra-Debatte

▶ **Ziele:** Perspektivübernahme, Erarbeitung, Artikulation und Argumentation unterschiedlicher Positionen; kommunikatives Handeln

▶ **Orte im U.:** Phase der Urteilsbildung

▶ **Ablauf:** Einteilung der Klasse in Pro- und Kontra-Gruppen und Erarbeitung der jeweiligen Positionen. Die Gruppen benennen einen Diskutanten. Moderator gibt das Thema bekannt und führt im Publikum eine erste Abstimmung durch. Jeder Debattenteilnehmer stellt seine Position in einem Kurzstatement vor (max. 2 Minuten). Hier empfiehlt sich ein Wechsel zwischen den Pro-Kontra-Positionen. In dieser Phase wird noch nicht aufeinander Bezug genommen. In der folgenden freien Aussprache (max. 10 Minuten) tauschen die Teilnehmer ihre Argumente aus, nehmen aufeinander Bezug. Am Ende sollen Mehrheiten für eine bestimmte Position gewonnen werden. Nach der freien Aussprache geben die Diskutanten ein Schlussplädoyer (max. 1 Min.) ab und werben noch einmal für ihre Position. Im Anschluss wird eine Schlussabstimmung im Publikum, den Adressaten der Debattenteilnehmer, durchgeführt.

▶ **Unbedingt beachten:** Zuspitzung der Themenstellung auf eine Ja-Nein-Frage (Entscheidungsfrage)
Da die Debatte eine hoch formalisierte Form der Diskussion ist, sollten die Regeln unbedingt eingehalten werden. (Zeitmanagement)

METHODENGLOSSAR

Positionierung im Raum, Meinungslinie

▶ **Ziele:** Festlegung auf eine eindeutige eigene Position; Ermittlung eines Urteilsbildes der Gesamtgruppe; ggf. Erhebung von Vorausurteilen (Meinungslinie)

▶ **Orte im U.:** abschließende, kriteriengeleitete Urteilsbildung; ggf. Einleitung der Urteilsbildung

▶ **Ablauf:** Der Unterrichtsraum wird durch zwei vorgestellte (oder auch mit Krepp-Band markierte) Koordinatenachsen durchschnitten; der Ursprung dieses Koordinatensystems liegt in der Mitte des Raumes. Jeweils eine der Achsen repräsentiert entweder die übergeordneten Urteilskategorien Legitimität und Effizienz oder aber themenrelevante Teilkriterien dieser Kategorien (R Urteilsbildung, Kap. 6.1.4) wie z. B. Wirksamkeit und Nebenfolgen (Effizienz) sowie Partizipation (Legitimität). Nach einer Vorbereitungszeit positionieren sich alle Teilnehmer gemäß ihres eigenen Urteils im Koordinatensystem (z. B. bei voller Zustimmung zu Effizienz und Legitimität in der äußersten Ecke des entsprechenden Quadranten im Raum; z. B. bei hoher Legitimität und mittlerer Effizienz auf der Legitimitätsachse ganz an der Raumseite „hohe Legitimität"). Einzelne Teilnehmer werden aufgefordert, ihre Meinung mit ihrem Hauptargument zu begründen.

▶ **Variante:** Bei der Meinungslinie entfällt (a) entweder die Zuordnung zu Kategorien oder es wird (b) lediglich abgefragt, ob eine politische Maßnahme o. ä. entweder als (il)legitim oder als (in)effizient anzusehen ist.

▶ **Unbedingt beachten:** Alle Teilnehmer müssen sich gleichzeitig positionieren. Alle Positionen im Raum sind zugelassen. Ein Meinungswechsel und eine Diskussion sind während der Positionierung im Raum nicht mehr vorgesehen. Die Raumaufteilung sollte im Vorfeld visuell verdeutlicht werden.

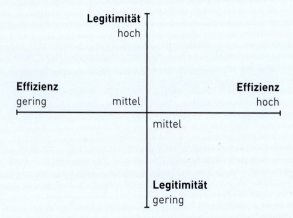

Strukturierte Kontroverse

- **Ziele:** Intensive Vorbereitung der Urteilsbildung vor allem durch Perspektivübernahme

- **Orte im U.:** Einleitung von Urteilsbildungsphasen

- **Ablauf:** **Phase 1** – Materialgebunden werden zu einer politischen Entscheidungsfrage Argumente (inkl. Belegen, Beispielen) für die eigene Position erarbeitet. Zudem wird (in Partner- oder Kleingruppenarbeit) eine möglichst überzeugende Argumentationsstrategie entwickelt.
  Phase 2 – Ein (ggf. moderiertes) Streitgespräch zwischen Pro- und Kontra-Gruppen wird mit wechselseitigem Rederecht durchgeführt.
  Phase 3 – Die entgegengesetzte Position wird, allerdings ohne erneute Materialauswertung, eingenommen und aus dieser wird vor dem Hintergrund der ersten Diskussion eine geeignete Argumentationsstratege gegen die eigene Meinung entwickelt.
  Phase 4 – Ein erneutes Streitgespräch wird – in der neuen Rollenverteilung – durchgeführt. Im Anschluss werden die Rollen verlassen, die Teilnehmer können sich kurz über die Erfahrungen innerhalb des Settings austauschen und es wird zur Urteilsbildung übergeleitet.

- **Unbedingt beachten:** Die ungewohnte Fremdposition sollte mit Ernsthaftigkeit vertreten werden.
  Die Argumente und Strategien sollten (ggf. durch Protokollanten) festgehalten werden, um sie in der anschließenden Urteilsbildung ggf. klären und gewichten zu können.

Tableset / Placemat

- **Ziele:** Erhebung von Vorkenntnissen/Vorstellungen, Entwicklung von Ideen

- **Orte im U.:** Vor der eigentlichen thematischen Erarbeitung, im Rahmen der Möglichkeitserörterung

- **Ablauf:** Es werden 4er-Gruppen gebildet. Jede dieser Gruppen erhält ein quadratisches Papier (mindestens A3-Breite). Knapp die Hälfte der Fläche des Blattes wird durch ein aufgedrucktes Quadrat eingenommen, dessen Seiten immer den gleichen Abstand zum Blattrand aufweisen. In diesem Quadrat steht ein Begriff, eine Frage oder eine Aussage (zu Begriffen kann assoziiert, Fragen können beantwortet, Aussagen können erklärt oder beurteilt werden).
  Phase 1 – Jede/r Schüler/in bearbeitet die gegebene Aufgabe für sich selbst und trägt seine Lösung in das vor ihr/ihm liegende Seitenfeld des Papiers leserlich (stichpunktartig) ein.
  Phase 2 – Das Quadrat wird im Uhrzeigersinn gedreht, sodass jedes Gruppenmitglied die Ansätze der anderen zur Kenntnis nehmen kann.
  Phase 3 – In der Gruppe können Nachfragen gestellt und Klärungen herbeigeführt werden.
  Phase 4 – Die Gruppe entwickelt auf der Grundlage ihrer Ideen aus Phase 1 bis 3 eine gemeinsame Lösung für die Aufgabe, die sie gut lesbar im inneren Quadrat festhält. Diese kann im Anschluss präsentiert und mit den anderen Gruppenergebnissen verglichen werden.

- **Variante:** Die Gruppen können auch unterschiedliche Aufgaben erhalten.
  In Phase zwei können die Gruppenmitglieder bereits Fragen oder weiterführende Ideen mit einer anderen Farbe in den anderen Feldern eintragen.

- **Unbedingt beachten:** Während Phase eins und zwei wird nicht gesprochen. Für die Phasen müssen klare Zeitvorgaben gegeben werden, damit sinnvoll in die jeweils nächste Phase übergeleitet werden kann.

Table-Set für 4 Personen

Register

*Die zentrale Fundstelle eines Begriffs ist **fett** gedruckt.*

A

Abgeordnete – 32, **46**
AfD, Alternative für Deutschland – 64, 65, 102
Agenda-Setting – 12, 47, **144**, 147
Anhörungen, öffentlich – **18**
Anreiz, ökonomisch – 268
Anreize – 287
Armut – **234**, 254
Armutsgefährdung – **234**, 255
Ausgleichsmandate – 18, **111**, 114, 115
Ausschüsse – **18**, 31
außenwirtschaftliches Gleichgewicht – **214**, 220

B

Bündnis 90/Die Grünen – 15, 64f., 102, 247
Bedarfsgerechtigkeit – **233**, 237
bedingungsloses Grundeinkommen – **252**, 253, 254, 256, 258
Beschäftigungsstand, hoher – **214**, 220
Bewegungen, soziale – 19, **96**, 97, 99
Breitbandanschlüsse – **200**, 202
Bruttoinlandsprodukt (BIP) – 186, 209, **214**, **292**, 293, 300
Bruttowertschöpfung – 292, **293**
Bundeshaushalt – **216**
Bundeskanzler – 27, **28**, 29, 46
Bundeskartellamt – **205**, 213
Bundespräsident – 31, **42**, 47
Bundesrat – 31, **38**, 41, 47
Bundesregierung – 11, 25, **26**, 27, 31
Bundesschuld – **216**
Bundestag – 11, 14, 18, 31, **35**, 36, 46, 239
Bundestagsabgeordnete – **32**, 46
Bundestagsfraktion – 15, **32f.**
Bundestagswahl – **102**, 103, 109
Bundesverfassungsgericht (BVerfG) – 10, **48**, 49, 50, 53, 134
Bürgerhaushalte – **125**
Bürgerinitiative – 59, **92**, 93, 94, 99, 265, 266

C

Christlich Demokratische Union Deutschlands (CDU) – 14, 64, 65, 102
CDU/CSU – 14, 102, 249
Chancengerechtigkeit – **233**, 237
Christlich-Soziale Union in Bayern (CSU) – 14, 65, 102

D

Degrowth – **299**, 300
deliberative Entscheidungsverfahren – 125, **126**
Demokratie, direkte – **116**, 122, 130
Demonstrationen – **19**, 59
DIE LINKE – 14, 64, 65, 102, 239

E

digitale Partizipation – **163**, 165, 168
direkte Demokratie – **116**, 122, 130
Direktmandate – **109**
Durchsetzungschancen – **85**, 87

Earth Overshoot Day – **260**
Effekte, externe – **268**, 269, 270, 271
Egalitätsprinzip – 237
Eigentumsprinzip – **198**, 213
Einkommens- und Vermögensverteilung, gerechte – **214**, 220
Einkommensgleichheit – **237**
Einkommensteuer – **244**
Einkommensungleichheit – **226**, **249**
Einkommensverteilung – **224**, 225
Emissionshandel – **278**, **279**, 280
Entscheidungsverfahren, deliberativ – 125, **126**
Epistokratie – **131**
Erbschaftssteuer – **259**
Erststimme – **111**, 115
Europäische Bürgerinitiative (EBI) – **128**, 130
Europäische Union – **76**, 127, 129, 279
Europawahl – **76**, 77
externe Effekte – **268**, 269, 270, 271

F

Facebook – 170, 173
Fake News – **138**
Freie Demokratische Partei (FDP) – 64, 65, 102, 250
Filterblasen – **170**, 172, 176
Fiskalpolitik – **210**
Föderalismus – **40**
Fraktionen – **14**, 32, 34
Fraktionsdisziplin – **32**, 34
Fraktionszwang – 46
freie Marktwirtschaft – **184**, 186, 189, 193, 195
Freiheit – **21**, 22, 25, 181, 182, 186, 195, 258

G

Gatsby-Kurve – **226**
Gemeinwille – **120**
Generationengerechtigkeit – **216**
gerechte Einkommens- und Vermögensverteilung – **214**, 220
gerechte Verteilung – 183
Gerechtigkeit – **181**, 227
Gerechtigkeit, soziale – 191, 227, **232f.**, 237, 238
Gesamtrechnung, volkswirtschaftliche – **293**, 300
Gesetzesinitiative – **27**, 30, 36, 40, 85, 122f.
Gesetzgebung – **30**, 35
Gini-Koeffizient – **225**, 226f.
Gleichgewicht, außenwirtschaftlich – **214**, 220

Globalisierung – 66
Green Growth – **297**
Grundeinkommen, bedingungsloses – **252**, 253f.,
    256, 258
Grundwerte – **21**, 181
Güter, öffentliche – **203**, 213
Güter, ökonomische – **203**, 268

H

Habermas, Jürgen – **126**, 130, 174
Haftungsprinzip – **198**, 199, 213
Haftungsrecht – **273**
Haushaltseinkommen, verfügbares – **224**
homo oeconomicus – **286**, 290

I

Initiative – **19**, 25
innere Sicherheit – **22**
Interessenverbände – **16**, 25, **80**, 82ff., 91
Internet – 162, 168f., **174**, 175f.

J

Journalismus – **141**, 147

K

Kanzlerprinzip – **27**, 29
Keynes, John Maynard – **210**, 212
Klicktivismus – **166**, 176
Klimawandel – **262**, 271, 279, 284
Kohlekraftwerk – 263, **264**, 265ff.
Kollegialprinzip – **27**, 46
Konfliktlinien – **65**, 66, 78, 241
Konjunkturzyklus – **209**, 213
Konkurrenz – 206
Kontrolle – 100
Kontrollrechte – **15**, 46

L

Lebensqualität – **294**, 300
Leistungsfähigkeit – **228**, 244, 251
Leistungsgerechtigkeit – **233**, 237
Leitmedien – **144**, 152
Lesung – 31
Lobbyismus – **86**, 88

M

Macht – **27**, 29, 35f., 42, 99, 175, 177
Magisches Sechseck – **214**, 220
Makroökonomie – 186
Marktformen – **206**
Marktkonformitätsprinzip – **198**, 213
Marktmechanismus – 269
Marktversagen – **269**, 271
Marktwirtschaft – 279
Marktwirtschaft, freie – **184**, 186, 189, 193, 195
Marktwirtschaft, soziale – 196, **197**, 213

Medialisierung – **142**, 147
Medianeinkommen – 234
Medien – 143
Medien, soziale – 171ff.
Medienfunktionen – **134**
Medienkonvergenz – **150**
Medienkonzentration – **155**, 161
Medienökonomie – **151**
Mehrheitswahl – **110**
Mill, John Stuart – **118**, 130
Ministerialbürokratie – 46, **85**, 86, 88
Mitgliederentscheide – **73**, 79
Monopol – **206**
Müller-Armack, Alfred – **197**
Multiplikatoreffekt – **211**

N

Nachfrageorientierung – **211**, 212
Neoliberalismus – 186
Nettoäquivalenzeinkommen – 234
Netzwerke, soziale – 166
Nichtwähler – **107**, 115
Normenkontrolle – **49**, 53
Nudges – **283**, 284, 291

O

öffentliche Anhörungen – **18**
öffentliche Güter – **203**, 213
öffentlich-rechtlicher Rundfunk – **158**, 159, 161
ökologischer Fußabdruck – **263**
ökonomische Güter – **203**
ökonomische Verhaltenstheorie – **286**, 287
ökonomischer Anreiz – 268
ökonomischer Güterbegriff – 268
Öko-Steuer – **275**, 277, 291
Oligopol – 187, **206**
Online-Protest – **165**, 235
Opportunitätskosten – **286**
Opposition – 14, **15**, 25, 34, 47
Opposition, parlamentarische – **15**
Ordnungspolitik – **204**, 215, 220

P

parlamentarische Opposition – **15**
Parteien – **62**, 63f., **68**, 82
Parteien, Entstehung – **65**
Parteienprivileg – **63**
Parteienreform – **75**
Parteiensystem – **65**, 103
Parteimitglieder – 58, **67**, 72
Partizipation – 59, **60**, 62
Partizipation, digitale – **163**, 165, 168
Petition – **20**, 127, 163ff.
Planwirtschaft – **188**
Politikvermittlung – **142**
Politikzyklus – **12**, 13, 25, **55**

REGISTER

politische Willensbildung – 55, 62, 78
politisches Problem – **10**, 25, 55
Polypol – **206**
Postwachstum – **299**, 300
Prävention – 22
Preisniveau, stabiles – **214**
Preisniveaustabilität – 220
Pressefreiheit – **148**, 149, 161
Problem, politisches – **10**, 25, 55
Produktionsmittel – 196
Progressionszone – **244**
Proportionalzone – **244**
Prozesspolitik – **208**, 215, 220
Publizistik – **141**

R

Ressortprinzip – **27**, 46
Rezession – 209, 213, 225, 298
Richtlinienkompetenz – **28**, 46
Rousseau, Jean-Jacques – 120, 121, 130

S

Schuldenbremse – **218**
Sicherheit – **21**, 22, 25, 181, 182, 195
Sicherheit, innere – **22**
Silvesternacht, Köln – 135, **136**
Smith, Adam – **184**
soziale Bewegungen – **96**, 97, 99
soziale Gerechtigkeit – 237, 238
soziale Marktwirtschaft – 196, **197**, 213
soziale Medien – 171, 172, 173
soziale Netzwerke – 166
soziale Ungleichheit – **235**
Sozialprinzip – **198**
Sozialstaatsprinzip – **213**
Sozialdemokratische Partei Deutschlands (SPD) –
    14, 64, 65, 102, 248
Staatsschulden – **217**, 218, 220
stabiles Preisniveau – **214**
Stabilitäts- und Wachstumsgesetz – 211, **214**, 220
Steuergerechtigkeit – **244**, 251
Steuern – **245**, 251
Steuersystem – **244**
Strukturpolitik – **200**, 215, 220

T

Terroristen – 10, 51
Treibhausgas-Emissionen – **276**, 279
Twitter – 10, 146, 167, 171

U

Überhangmandate – **111**, 114, 115
Umverteilungspolitik – **238**
Umweltauflagen – **272**, 273, 291
Umweltpolitik – **270**
Umweltpolitik, Instrumente – **272**

Umweltschutz – 214, 220, **268**, 269, 271
Ungleichheit – 237, 254
Ungleichheit, soziale – **235**

V

Verfahrensgerechtigkeit – 195,
Verfassungsbeschwerde – 11, **48**, 50, 53
Verfassungsnorm – **29**, 46
Verfassungswirklichkeit – **29**
Verhaltensanreize – **282**
Verhaltensökonomie – **289**, 291
Verhaltenstheorie, ökonomisch – **286**, 287
Verhältniswahl – **110**, 115
Vermittlungsausschuss – 31, **39**, 40
Vermögensteuer – **239**, 240, 247, 248, 249, 250, 251
Vermögensungleichheit – 237,259
Vermögensverteilung – **227**, 259
Verschmutzungszertifikate – **278**, 291
Verteilungsgerechtigkeit – 123, 180, 183, 195
Volksbegehren – **116**, 122, 130
Volkseinkommen – **293**
Volksentscheid – **116**, 122
Volksinitiative – **116**, 122, 130
Volkspartei – **69**
volkswirtschaftliche Gesamtrechnung – **293**, 300
Vorratsdatenspeicherung – 10, **11**, 14, 20, 22, 25,
    33, 48, 50, 51, 53, 149

W

Wachstumskrise – **297**
Wahlbeteiligung – **58**, **106**, 107, 108, 113, 235
Wahlen – **100**
Wählerstruktur – **102**
Wahlkreise – **109**
Wahlrecht – **113**
Wahlsystem – **110**, 112, 115
Weltklimarat – **262**
Wertequadrate – **242**
Wettbewerb – 199, 205, 206, 213
Wettbewerbsordnung – **199**
Wettbewerbsprinzip – **198**, 213
Willensbildung, politische – 55, 62, 78
wirtschaftliche Ziele – **215**
Wirtschaftsindikator – **292**
Wirtschaftsordnungen – 178, **192**, 194f.
Wirtschaftspolitik – 180, **214**
Wirtschaftswachstum – 271, 294
Wirtschaftswachstum, angemessenes – **214**, 220
Wohlstandsindikatoren – **295**, 300

Z

Zentralverwaltungswirtschaft – **188**, 189f., 193, 195
Ziele, wirtschaftliche – **215**
Zustimmungsgesetz – 31, **39**
Zweitstimme – **111**, 115

BILDNACHWEIS

© 2017 DiG | TRIALON V.i.S.d.P. Matthias Höhn, Kleine Alexanderstraße 28, 10178 Berlin Foto: WanderingSoul-Stox - S. 238; 2019 Presse- und Informationsamt der Bundesregierung, Berlin – S. 140;

AdobeStock / Marek Gottschalk – S. 158; Alamy Stock Photo / Pictorial Press Ltd – S. 120, 184; Arbeitskreis Vorratsdatenspeicherung cc-by, Berlin – S. 19, 20; Archiv für christlich-demokratische Politik der Konrad-Adenauer-Stiftung, St. Augustin – S. 197; ARD / NDR – S. 137; Aufstehen, Berlin – S. 96; Avaaz – S. 165;

Baaske Cartoons / Burkhard Mohr, Müllheim – S. 143; - / Gerhard Mester, Müllheim – S. 23, 297; - / Thomas Plaßmann, Müllheim – S. 26; Bergmoser + Höller Verlag AG, Aachen – S. 27, 199; Berliner Morgenpost GmbH, Berlin – S. 204; Bertelsmann Stiftung, Gütersloh – S. 309; Bund für Umwelt und Naturschutz Deutschland e.V., (BUND), Berlin – S. 266; Bundesarchiv / Allgemeiner Deutscher Nachrichtendienst – Zentralbild / Bild – 183-1988-0912-400, Klaus Franke, Koblenz – S. 190; Bundesministerium für Verkehr und digitale Infrastruktur, Berlin – S. 200; Bundesrat / Stand November 2018, CC BY-NC-ND – S. 40; Bundesregierung / Steffen Kugler, Berlin – S. 8, 43; Bundesverband Breitbandkommunikation e.V., Bonn – S. 17; Bundeszentrale für politische Bildung 2015 / www.bpb.de – S. 217; BÜNDNIS 90 / DIE GRÜNEN, Berlin – S. 15, 247; Bürgerinitiative Stade – Altes Land – S. 266;

CDU / CSU-Fraktion im Deutschen Bundestag, Berlin – S. 249; CDU Bundesgeschäftsstelle, Berlin – S. 14; CDU Deutschlands, Berlin – S. 76; Change.org, Berlin – S. 165; Christlich-Soziale Union, München – S. 14; Copyright Campact, Verden / Aller – S. 162, 165;

danyonited / Klimagerechtigkeit Leipzig (CC BY-SA) – S. 299; DER FREITAG, Mediengesellschaft GmbH & Co. KG, Felix Verlasco für DER FREITAG, Berlin – S. 294; DER SPIEGEL 39a | 2017, Hamburg – S. 140; Deutsche Umwelthilfe e.V., Berlin – S. 80; Deutscher Bundestag / Achim Melde, Berlin – S. 8, 30, 34; Deutscher Gewerkschaftsbund (DGB), Mindestlohnkampagne, Berlin – S. 222; Deutscher Richterbund (DRB), Berlin – S. 17; DIE LINKE, Berlin – S. 14; DJV-Bundesvorstand, Berlin – S. 17; dm-drogerie markt GmbH + Co. KG / Alex Stiebritz, Karlsruhe – S. 253; Dow Deutschland Anlagengesellschaft mbH, Schwalbach/Ts. – S. 267;

dpa Picture-Alliance – S. 95; - / Andreas Arnold – S. 80; - / APA / picturedesk.com, Karl Schöndorfer – S. 283; - / Wolfgang Borrs, NDR – S. 140; - / Uli Deck – S. 8; - / empics – S. 132; - / Gregor Fischer – S. 8; - / Federico Gambarini – S. 222; - / Christophe Gateau – S. 285; - / Geisler-Fotopress, Christoph Hardt – S. 146, 222; - / Geisler-Fotopress, gbrci – S. 145; - / Greenpeace Hamburg, Holger Becker – S. 264; - / Ralf Hirschberger – S. 28; - / Markus C. Hurek – Cover; - / Carmen Jaspersen – S. 54; - / Rainer Jensen – S. 19; - / Ferenc Kalmandy – S. 126; - / Steffen Kugler – S. 140; - / picturedesk.com, GEORG HOCHMUTH – S. 132; - / Sven Simon – S. 37; - / SVEN SIMON, Elmar Kremser – S. 81; - / Soeren Stache – S. 18; - / Bernd von Jutrczenka – S. 8, 132; - / Zentralbild, Arno Burgi – S. 8; - /

Zentralbild / euroluftbild.de, Bernd Clemens – S. 264; - / Zentralbild, Jens Kalaene – Cover; - / Zentralbild, Michael Reichel – Cover; - / ZUMA Press, Israel Chavez – S. 187; dpa-Infografik / dpa – S. 11, 171, 278; - / Globus-Grafik – S. 42, 67, 102, 103, 106, 217, 244, 260, 262;

EXPRESS, Köln – S. 137;

FDP-Fraktion, Berlin – S. 250; Anja Frers, München – S. 183;

Gemeinde Mühlenbecker Land, Mühlenbecker Land – S. 162; Getty Images Plus / iStockphoto, BrianAJackson – S. 219; - / iStockphoto, grafart – S. 8; - / iStockphoto, Jul Elteste – S. 222; - / iStockphoto, wellphoto – S. 132; - / Yang Mingqi – S. 290; Gewerkschaft der Polizei (GdP) Bundesvorstand, Berlin – S. 16; Glücklicher Montag / Schwarwel, Leipzig – S. 85;

Hansestadt Stade – S. 265; Haus der Geschichte, Bonn – S. 189, 190; Walter Hanel (Künstler), Haus der Geschichte, Bonn – S. 71;

iStockphoto / Nikada – S. 113; - / pixdeluxe – S. 257; IRIS KUHLMANN / DER SPIEGEL, ROMAN HÖFER / DER SPIEGEL – S. 224; Kölner Stadt-Anzeiger / www.ksta.de, Köln – S. 136, 137; Kölnische Rundschau, Köln – S. 136;

Le monde diplomatique, Atlas der Globalisierung, Berlin 2010 - S 263; LobbyControl, Köln – S. 88;

Kirsten Mann, Dresden – S. 135; Dirk Meissner, Köln – S. 184;

NDR / ARD-Design, Hamburg – S. 132; NEL / Ioan Cozacu, Erfurt – S. 106;

obs / Bertelsmann SE&Co. KGaA / SAP SE, Ingo Cordes – S. 256; Cem Özdemir MdB / Instagram – S. 140;

Parlamentwatch e.V., Hamburg – S. 162; Partei DIE LINKE, Berlin - S. 239; Christiane Pfohlmann, Landsberg am Lech – S. 67; Petitionsausschuss des Deutschen Bundestages (https://epeditionen.bundestag.de), Berlin – S. 162; Photothek.net / Thomas Köhler, Radevormwald – S. 104; Thomas Plaßmann, Essen – S. 207;

Michael Ramirez, Hermosa Beach – S. 216;

Wolfgang Schmidt – S. 256; Sozialdemokratische Partei Deutschlands, Berlin – S. 14; SPD-Bundestagsfraktion, Berlin – S. 248; SPIEGEL ONLINE, 23.01.2018 – S. 227; SPIEGEL ONLINE, 26.11.2017 – S. 204; Statista GmbH, Hamburg – S. 178; Statistisches Bundesamt, Wiesbaden – S. 59, 225 (2), 293; Klaus Stuttmann, Berlin – S. 48; Süddeutsche Zeitung Grafik, 2.05.2017, München – S. 173;

Toonpool.com / Erl, Berlin – S. 32;

Ullstein-Bild, Berlin – S. 210;

www.mein-grundeinkommen.de / Franziska Wegner (Fotografin), Berlin – S. 252; www.wikimedia.org / © The Hulton Archive – S. 118; – Chris828, gemeinfrei – S. 282;

ZDF / Gruppe 5, Mainz – S. 172.